Benno Zabel, Tobias Singelnstein und Christoph Burchard (Hg.)
Zwischen Transformation und Abolitionismus

Zwischen Transformation und Abolitionismus

Das Strafrecht und die Vielfalt der Alternativen

Herausgegeben von
Benno Zabel, Tobias Singelnstein und
Christoph Burchard

VELBRÜCK
WISSENSCHAFT

Die Veröffentlichung wurde gefördert durch den Forschungsverbund »ConTrust – Vertrauen im Konflikt. Politisches Zusammenleben unter Bedingungen der Ungewissheit«.

Die Veröffentlichung wurde unterstützt durch den Open Access-Publikationsfonds der Goethe-Universität Frankfurt.

Publikation: Velbrück Wissenschaft
Erste Auflage 2025
Velbrück Wissenschaft in der Velbrück GmbH Verlage, 2025
Meckenheimer Str. 47 · 53919 Weilerswist-Metternich
info@velbrueck.de
www.velbrueck.de

Printed in Germany
ISBN 978-3-95832-425-1

Bibliografische Information der Deutschen Nationalbibliothek
Die Deutsche Nationalbibliothek verzeichnet diese Publikation in der Deutschen Nationalbibliografie; detaillierte bibliografische Daten sind im Internet über http://dnb.d-nb.de abrufbar

Inhalt

VI. Alternativen durch Strafrecht

Vorwort

Der vorliegende Band geht auf den interdisziplinären Workshop *Der politische Kern des Strafrechts* zurück, der am 23. und 24. Juni 2022 an der Goethe-Universität Frankfurt stattfand. Im Rahmen dieses Workshops entstand die Idee, die vielfältigen Alternativen zum, im und durch Strafrecht systematisch in den Blick zu nehmen. Der Band dokumentiert so auch das ausdrückliche Interesse der Herausgebenden, die interdisziplinären Perspektiven sichtbarer zu machen und in ein Gespräch miteinander zu bringen.

Wir danken dem Forschungsverbund *ConTrust – Vertrauen im Konflikt. Politisches Zusammenleben unter Bedingungen der Ungewissheit* für die Unterstützung sowie dem Open Access-Publikationsfonds der Goethe-Universität Frankfurt, der die Veröffentlichung dieses Bandes ermöglicht hat.

Danken möchten wir selbstverständlich allen Autor:innen dieses Bandes für ihre engagierten Beiträge und die Geduld im Prozess der gemeinsamen Erarbeitung und Veröffentlichung. Hinweisen möchten wir darauf, dass wir, neben diesen Beiträgen, auch vier Texte aufgenommen haben, die bereits an anderer Stelle veröffentlicht wurden. Hierbei handelt es sich um Texte von Wolfgang Naucke, Helmut Pollähne, Sebastian Scheerer und Trutz von Trotha. Für einen Wiederabdruck dieser Texte haben wir uns entschieden, weil sie die Debatte um Kritik, Transformation und Abschaffung des Strafrechts wesentlich beeinflusst haben. Es sind nicht zuletzt diese Texte, die uns daran erinnern, dass diese Debatte eine Vorgeschichte und eine Reihe von Forschungsdesideraten hat, die dieser Band aufgreifen und bearbeiten will.

Unser besonderer Dank gilt schließlich den Frankfurter Kolleg:innen und Mitarbeiter:innen, deren konzeptionelle, organisatorische und redaktionelle Unterstützung diesen Band wesentlich mitgetragen hat.

Frankfurt, im Oktober 2025

Benno Zabel
Tobias Singelnstein
Christoph Burchard

I. Einführung in das Thema

Benno Zabel, Tobias Singelnstein
und Christoph Burchard

Reform, Revolution oder alternativlos?
Das Strafrecht und die Alternativen-Debatte

Nur wenn, was ist, sich ändern lässt,
ist das, was ist, nicht alles.
Theodor W. Adorno

I. Was ist das Problem?

Wir kommen vom Strafrecht nicht los. So scheint es jedenfalls. Das zeigt sich gegenwärtig einmal mehr an der kontroversen Debatte um die Entkriminalisierung der Abtreibung, wie sie in der bundesrepublikanischen Gesellschaft, in der Politik und selbstverständlich unter Jurist:innen geführt wird. Den Vorschlägen der Expert:innen-Kommission zur Reform des Abtreibungsrechts folgten, geradezu reflexhaft, die Gegenpositionen: Die Entkriminalisierung werde dem umfassenden Schutzauftrag des Strafrechts nicht gerecht, die Reformvorschläge würden die Position der Schwangeren einseitig bevorzugen und keinen angemessenen Ausgleich der widerstreitenden Interessen anstreben, vor allem markierten sie das falsche Signal an die Gesellschaft.[1] Aber was ist das Signal, um das es hier geht, und was ist falsch daran?

Die Kontroverse führt uns nicht nur mitten hinein in das Dickicht kriminalpolitischer Auseinandersetzungen, sondern auch in das unübersichtliche Gelände der juristischen Rechtfertigungsnarrative, wie sie seit »gefühlten Ewigkeiten« die Lehrbücher, Vorlesungen und Monographien dominieren. Die Praktiken des Strafens, so wie wir sie tagtäglich durch den Rechtsstab vorexerziert bekommen, und ihre theoretischen Einbettungen, wirken so gesehen wie aus der Zeit gefallen und doch zugleich unentbehrlich.[2] Grundlegende strafrechtstheoretische Überlegungen

1 Eine prägnante Darstellung der aktuellen Debatte findet sich bei Friederike Wapler, »Eine Schwangerschaft, eine Beziehung. Plädoyer für eine differenzierte Bewertung des Schwangerschaftsabbruchs«, *verfassungsblog.de* 03.12.2024, https://verfassungsblog.de/eine-schwangerschaft-eine-beziehung (Zugriff: 07.05.2025).

2 Ulfrid Neumann formuliert es so, dass »die Frage nach Alternativen zum Strafrecht zugleich als unzeitgemäß und als drängend« erscheine. Vgl. ders.,

scheinen entweder von dem Bemühen geprägt, durch historische und rechtsphilosophische Begründungen zu einer systematischen Einheit und Geschlossenheit des Strafrechts beizutragen;[3] oder sie ordnen sich mit einem mehr oder weniger pragmatischen Bekenntnis einem der beiden großen Pole – *Prävention* oder *Vergeltung* – der Strafzweckdiskussion zu; zuweilen durch Hinzufügen einer Variation oder, wie es dann heißt, einer vermittelnden Ansicht.[4] In dieser permanenten Verständigung über die Gründe und Grenzen demokratischer Legitimation ist das Strafrecht und die Strafrechtswissenschaft also durchaus reflexiv.

Sehen können wir allerdings auch, dass auf diese Weise nur die eine oder andere Begründungslinie des Strafens reflektiert und kritisiert wird, das heißt, dieser oder jener Akzent im Rahmen der einschlägigen Theorien. Gemeinsamer Bezugspunkt ist und bleibt aber immer die Überzeugung, dass es zur Institution der Strafe, zu den Verfahren der Konfliktbearbeitung in Form des Strafrechts und den damit verbundenen Praktiken der Schmerzzufügung keine Alternativen gibt. Es ist insofern wenig verwunderlich, dass dem Strafrecht, trotz aller Kritik, mantraartig unterstellt wird, über eine anerkannte Steuerungs- und Inklusionswirkung zu verfügen, die das Projekt *Frieden durch Recht* – mehr oder weniger effizient – zu fördern in der Lage sei.[5] Nur so lässt sich – trotz all der bestehenden Zweifel an diesem Befund – der gemeinsame Bezugspunkt aufrechterhalten und legitimieren. Es sind am Ende nur Facetten des Strafens, namentlich des Strafbedürfnisses, die neu oder anders legitimiert, aber in ihrer Berechtigung als solche nicht in Frage gestellt werden.

Die Rede von Frieden durch Recht oder, in klassischer Wendung, von Freiheit durch Strafen ist nach wie vor ein Grund dafür, warum *das*

»Alternativen zum Strafrecht«, in: Ulfrid Neumann/Cornelius Prittwitz (Hg.), *Kritik und Rechtfertigung des Strafrechts*, Frankfurt am Main: Peter Lang 2005, S. 89.

3 Vgl. Michael Pawlik, *Das Unrecht des Bürgers. Grundlinien der Allgemeinen Verbrechenslehre*, Tübingen: Mohr Siebeck 2012.

4 Zu dieser und den nächsten Aussagen aus strafrechtswissenschaftlicher Perspektive Tatjana Hörnle, *Straftheorien*, 2. Aufl., Tübingen: Mohr Siebeck 2017; Claus Roxin/Luis Greco, *Strafrecht Allgemeiner Teil*, 5. Aufl., München: C. H. Beck 2020. Mit strafethischem Fokus Oliver Hallich, *Strafe*, Berlin (u.a.): Walter de Gruyter 2021.

5 So auch die Prämisse von Günther Kaiser, »Abolitionismus – Alternative zum Strafrecht? Was läßt der Abolitionismus vom Strafrecht übrig?«, in: Wilfried Küper (u.a.) (Hg.), *Festschrift für Karl Lackner zum 70. Geburtstag am 18. Februar 1987*, Berlin (u.a.): Walter de Gruyter 1987, S. 1027. Siehe zudem Anthony Duff, *Punishment, Communication, and Community*, Oxford: Oxford University Press 2001; ders., »Responsibility, Restauration, and Retribution«, in: Michael Tonry (Hg.), *Retributivism Has a Past. Has It a Future?*, Oxford: Oxford University Press 2011, S. 63.

Strafrecht als alternativlos, ja unersetzlich erfahren, gedacht und praktiziert wird und Vorschläge alternativer Strategien häufig keine Durchschlagskraft entfalten können. Letztere kämpfen damit paradoxerweise gegen einen Nimbus an, der, vorsichtig formuliert, nicht immer den gesellschaftlichen Erfahrungen mit dem und Erwartungen an das Recht entspricht. Verstärkt wird diese Tendenz durch eine Imagination des Strafrechts als ein *staatliches Großsubjekt* und sich als *institutionelle Einheit* verstehender Akteur, was bestenfalls eine Konstruktion darstellt, wie wir von der modernen Soziologie und der Kriminologie lernen können.[6] Der Wirklichkeit des Strafrechts – und damit des strafenden Staates und der Strafgesellschaft (Michel Foucault) – kommen wir näher, wenn wir die Dynamiken und Kraftfelder zur Kenntnis nehmen, die jede Institution, so auch die des Strafrechts, durchziehen. Insofern markiert das Strafrecht: (1) die Gesamtheit aller Strafgesetze und -praktiken im Gestern, Heute und Morgen; (2) die Praxis von Anzeigeerstattung, polizeilicher Verfolgungstätigkeit und Arbeit des Justizstabes[7] mit all den Verhaltensstandards und Rollenverständnissen der Jurist:innen als *déformation professionelle*; (3) die sozialen Pathologien und gesellschaftlichen Herausforderungen; und (4) die jeweils zugrundeliegenden Herrschafts-, Macht-, Ungleichheitsstrukturen.

II. Wirklichkeitskonstruktionen und Dogmatik

Das Medium, in dem diese Wirklichkeit des Strafrechts ihre ganze Wirkung entfaltet, ist die Dogmatik, konkret, die Strafrechtsdogmatik. Was für Jurist:innen eine Selbstverständlichkeit darstellt und dieser Berufsgruppe spätestens mit dem zweiten Staatsexamen in Fleisch und Blut übergegangen ist, irritiert Außenstehende, nicht nur anderer Wissenschaften. Dogmatik geht etymologisch auf das griechische *Doxa* zurück und verweist auf eine verfestigte Meinung, eine vorläufige Überzeugung, ein nur relativ gültiges Wissen oder ähnliches. Doxa/Dogmatik wird deshalb in anderen Zusammenhängen, ob im alltäglichen Sprachgebrauch oder in der Moralphilosophie, durchaus negativ konnotiert, also eher mit einem Vorwurf verknüpft: Man argumentiere dogmatisch oder habe dogmatische Standpunkte. Die juristische Bedeutung der Dogmatik besteht zuallererst darin, einen anerkannten und gleichzeitig fluiden Wissensbestand zu garantieren und eine verlässliche Rechtsanwendung zu ermöglichen.[8]

6 Statt vieler Geoffroy de Lagasnerie, *Verurteilen. Der strafende Staat und die Soziologie*, Berlin: Suhrkamp 2017.

7 Zur Bedeutung dessen Tobias Singelnstein/Karl-Ludwig Kunz, *Kriminologie*, 8. Aufl., Bern: Haupt 2021, S. 300ff.

8 Thomas Fischer, »Strafrechtswissenschaft und strafrechtliche Rechtsprechung – Fremde seltsame Welten«, in: Regina Michalke (Hg.), *Festschrift*

Das Besondere der juristischen Dogmatik besteht darin, dass sie Wissen in erster Linie als Problemlösungswissen generiert, mit dem Gesetz abgleicht und es dadurch zu einem funktionalen Wissen macht, mit dem sexualisierte Gewalt und Hasskriminalität ebenso bestraft werden können wie das *Containern* oder die Blockade von Straßen durch die *Letzte Generation.*[9] Die Dogmatik spielt im Recht und im Strafrecht zumal damit eine höchst ambivalente Rolle. Sie aktualisiert ein liberales Freiheits- oder, juristisch gesprochen, ein Rechtsgüterschutzniveau und verbindet ersteres mit einem Hegemonie- und Herrschaftsanspruch. Dass diese Liaison nicht auf eine prästabilierte Harmonie hinauslaufen muss, manifestiert sich in Gestalt dessen, was wir *Dogmatik-Industrie* nennen können. Eine Industrie strafrechtlicher Dogmatik führt uns vor Augen, wie eine Wissensproduktion im Sinne eines Hegemonie- und Herrschaftsanspruchs fetischisiert und selbstreferentiell werden kann. Dogmatik steht dann zumindest auch für eine wuchernde, sich kaum noch über den eigenen Tellerrand bewegende Kommentarliteratur, für kriminologisch uninformierte Lernbücher und schematisierte Lernkulturen, die zwar die strafrechtliche Rechtsanwendung stabilisieren – im Gegenzug jedoch die empirische Wirklichkeit der daraus folgenden Praxis wie auch die gesellschafts- und kriminalpolitische Relevanz denkbarer Alternativen konsequent ausblenden. Dogmatik befördert so vor allem ein *fehlendes Sensorium für das Mögliche im Wirklichen.*

Die Gesellschaftssubjekte – und nicht selten die Jurist:innen selbst – bekommen auf diese Weise eine verzerrte Vorstellung ihres sozialen und ökonomischen Zusammenlebens oder juristischer Autorität und universalisierter Herrschaft vermittelt. »Die Universalisierung des eigenen, als exemplarisch anerkannten Lebensstils«, so spitzt es Pierre Bourdieu zu, »stellt eine der Wirkungen des Ethnozentrismus der Herrschenden dar und begründet den Glauben an die Universalität des Rechts. Diese Universalisierungstendenz steht auch im Zentrum der Ideologie, der zufolge das Recht ein Werkzeug zur Veränderung der sozialen Verhältnisse ist.« Und weiter heißt es:

für Rainer Hamm zum 65. Geburtstag am 24. Februar 2008, Berlin (u.a.): Walter de Gruyter 2008, S. 63; ders., »Noch einmal: Dogmatik und Praxis des Strafrechts. Zu Schünemanns Widerlegung einer Polemik über die Fremdheit zweier Welten«, in: Roland Hefendehl (u.a). (Hg.), *Festschrift für Bernd Schünemann zum 70. Geburtstag am 1. November 2014*, Berlin (u.a.): Walter de Gruyter 2014, S. 41.

9 Allgemein zur Dogmatik Winfried Hassemer, »Das Proprium der Strafrechtswissenschaft«, in: Wolfgang Engel (u.a.) (Hg.), *Das Proprium der Rechtswissenschaft*, Tübingen: Mohr Siebeck 2007, S. 185; Benno Zabel, »Philosophie der Rechtswissenschaft«, in: Thomas Reydon (u.a.) (Hg.), *Grundriss der Wissenschaftsphilosophie*, Hamburg: Felix Meiner 2017, S. 179.

»Das juristische Angebot, das heißt die relativ autonome ›Rechtsschöpfung‹, die durch die Existenz eines spezialisierten Produktionsfeldes ermöglicht wird, hat also eine spezifische Wirkung. Diese besteht darin, die Anstrengungen der herrschenden oder auf dem Vormarsch befindlichen Gruppen zu stärken, und insbesondere im Kontext kritischer oder revolutionärer Umstände eine offizielle Repräsentation der sozialen Welt durchzusetzen, die mit der Weltsicht dieser Gruppen übereinstimmt und deren Interessen befördert.« [10]

Mit dieser Tendenz verselbständigt sich die Dogmatik des Rechts von den Gesellschafts-, aber auch von den Rechtssubjekten. Wissen, Theorien und Praktiken sind dann nicht nur funktional, sondern sie werden *instrumentell*. Der sich daraus ergebende Effekt ist offensichtlich: Dogmatik versteift sich auf das Traditionelle, das Gegebene, auf eine *Hat-sich-doch-bewährt-Rhetorik*, sie immunisiert die Ordnung des Rechts und macht die Kraftfelder unsichtbar, die der Kriminalpolitik, Rechtsschöpfung und Rechtsanwendung immer schon eingeschrieben sind.[11] In diesem Sinne droht aus der Alternativlosigkeit des Strafrechts eine totale Institution zu entstehen, die als eine unüberschreitbare Gewohnheit inszeniert wird.

Diese eben skizzierte Dynamik sei anhand des *ultima-ratio*-Grundsatzes veranschaulicht. Der Grundsatz besagt, dass das Strafrecht nicht zuletzt aus Gründen der Verhältnismäßigkeit nur als letztes Mittel des Rechtsstaates zum Einsatz kommen soll.[12] Der Grundsatz formuliert damit, jedenfalls prima facie, den Willen zur Entschärfung des Strafmonopols zugunsten anderer Formen der Konfliktbearbeitung. Doch ist der Grundsatz keinesfalls alternativlos (wie Langer in diesem Band rechtsvergleichend dokumentiert). Hinzu kommt, dass der *ultima-ratio*-Grundsatz von der grundsätzlichen, wenn auch subsidiären Zulässigkeit strafrechtlicher Sozialkontrolle befeuert ist. Und zu allem Überfluss wird er im Spiel der staatlichen Kräfte vom Bundesverfassungsgericht so gedeutet, dass der demokratische Gesetzgeber weitreichende Einschätzungsprärogativen genießt, ob Alternativen tatsächlich in Betracht kommen und in welcher Form sie zu berücksichtigen sind.[13] Bei kritischer

10 Pierre Bourdieu, »Die Kraft des Rechts«, in: Andrea Kretschmann (Hg.), *Pierre Bourdieus Rechtsdenken*, Weilerswist: Velbrück 2019, S. 69f.

11 Zum Vorstehenden, teilweise verbatim, Gösta Gantner, *Möglichkeit. Über einen Grundbegriff der praktischen Philosophie und kritischen Gesellschaftstheorie*, Bielefeld: transcript Verlag 2021.

12 Zur Debatte um den *ultima-ratio*-Grundsatz etwa Matthias Jahn/Dominik Brodowski, »Krise und Neuaufbau eines strafverfassungsrechtlichen Ultima Ratio-Prinzips«, *Juristenzeitung* (2016/20), S. 969, dort auch mit weiteren Nachweisen zum Diskussionsstand.

13 Jüngst etwa BVerfG, Beschluss der 2. Kammer des Zweiten Senats vom 19. Juli 2017 – 2 BvL 4/17.

Betrachtung verknappt der *ultima-ratio*-Grundsatz damit den Alternativen-Diskurs. In der Sache affirmiert er das, was er vermeintlich begrenzen will.

III. Kontingenzen, Genealogien und Kritik

Beim Strafrecht haben wir es mit einer für leidenssensible Gesellschaften irritierenden reproduktiven Kraft der Schmerzzufügung zu tun. Friedrich Nietzsche hat darin bekanntermaßen eine nur mühsam sublimierte Lust an der Grausamkeit gesehen.[14] Dies dürfte zumindest unterschwellig das notorisch schlechte Gewissen (Gustav Radbruch) und damit das Entschärfungsbedürfnis von Kriminalpolitik und Jurist:innen triggern. Doch bleibt dieser Rationalitätsanspruch an die Herrschaft des Gesetzes und an die heterogenen Interessen demokratischer Strafgesetzgebung gebunden und kann deshalb auch immer wieder von dieser Seite kompromittiert, das heißt, bewusst unterlaufen werden. Kritische Jurist:innen können davon ein Lied singen. Klar ist allerdings auch, dass mit solchen Selbstverstärkungseffekten von demokratischer Kriminalpolitik und Strafrecht der Status quo zuallererst zementiert, das heißt fortwährend reproduziert und erweitert wird.[15] Die Hypertrophie oder Expansion des Strafrechts[16] scheint seinem säkularisierten Heilsversprechen als effizientes Steuerungsinstrument ebenso geschuldet wie dem Umstand, dass es aus sich heraus keine Grenzen entwickelt.[17]

Gleichzeitig erwächst das Strafrecht – ebenso wie politische Ordnung und das geltende Recht insgesamt – aus einer *temporalen und sozialen Kontingenz*. Dies meint nicht, dass das Strafrecht mit seinen Wissensressourcen, seinen Theorien und Praktiken, auf willkürliches Handeln und willkürliches Urteilen ausgerichtet wäre, ganz im Gegenteil. Kontingenz meint, dass soziale Ordnungen und ihre normativen Infrastrukturen, zu denen selbstverständlich auch das Strafrecht gehört, eine machtvolle, aber letztlich nur zeitbedingte Wirklichkeit demonstrieren

14 Friedrich Nietzsche, *Genealogie der Moral. Kritische Studienausgabe*, Bd. 5, Berlin (u.a.): Walter de Gruyter, 1999, S. 299f.

15 Ähnlich Jesús-Maria Silva Sánchez, *Die Expansion des Strafrechts*, Frankfurt am Main: Klostermann 2003, wenn er schreibt: »[...] das Strafrecht [scheint], samt Kriminalpolitik, eine widerständige Reproduktionsmacht zu besitzen [...], die in interventionistischen Expansions- und Reformprozessen wirksam wird.«

16 Auf Tendenzen und reale Auswirkungen dieser Hypertrophie kommen wir zurück.

17 Wolfgang Naucke, »Negatives Strafrecht«, in: ders, *Negatives Strafrecht. 4 Ansätze*, Münster: LIT Verlag 2015, S. 32.

– was zugegebenermaßen nicht wenig ist –, aber eben eine Wirklichkeit des Rechts, *die auch anders aussehen und anders gestaltet werden könnte*. In diesem Sinne fordert jede Reflexion auf die Kontingenz des Strafrechts und der Bestrafungspraktiken, bei aller Notwendigkeit des Konfliktverarbeitens und Entscheiden-Müssens, zu gewisser Demut und Selbstbescheidung in eigener Sache auf, denn alles Urteilen, so schreibt Franziska Dübgen, müsse die eigene Kontingenz beachten, d.h. beachten, dass es die Komplexität der Welt und des Lebens nie vollständig einholen wird und dass in der Endgültigkeit des Entscheidens immer eine Vorläufigkeit liegt.[18]

Nun ist das Infragestellen des Strafens und damit die Kritik daran alles andere als neu. Und es verbindet seit jeher zwei für die Alternativen-Debatte wesentliche Fragestellungen, nämlich die Frage nach den tieferen Ursachen der sozialen und strafrechtlichen Pathologien mit der Frage: Wie weiter? Dass diese Fragen häufig getrennt voneinander betrachtet werden, liegt auch daran, dass mit Kritik grundsätzlich eine negative und antagonistische Haltung identifiziert wird.[19] Die in der Alternativen-Debatte eher gewöhnungsbedürftige Perspektive auf das Gewordensein kann in Gestalt einer, nennen wir sie Herkunfts- und Ursprungsanalytik, helfen, den Fokus der Selbstaufklärung des Strafrechts zu erweitern: Kritik und Alternativen-Denken sensibilisieren in dieser Lesart für die unbeachteten Untergründe liberaler Freiheitsorganisation. Insofern sensibilisieren sie erstens dafür, dass die Werte, also die Rechtsgüter, die Strafsubjekte, ja die gesamte Strafkultur nicht naturwüchsig entstanden, sondern soziale Konstruktionen sind, dass sie alle eine Geschichte haben, die wir rekonstruieren müssen, wenn wir die Verstrickungen verstehen möchten; dass diese Geschichte als Strafrechtsgeschichte von der Durchsetzung hegemonialer Interessen erzählt, durch die individuelle Rechte und Pflichten sanktioniert, Leidensregime etabliert wurden usw. Und zweitens sensibilisieren sie dafür, dass das Strafrecht – noch als Teil einer demokratisch verfassten Gewaltengliederung, Art. 20 Abs. 2 GG – ein Resultat komplexer Macht- und Herrschaftsverhältnisse ist, dass diese Macht- und Herrschaftsverhältnisse dynamisch sind und nicht verschwinden, dass sie vielmehr zum integralen Bestandteil der Rechts- und Strafkultur gehören. Gerade das wird aber durch einen omnipräsenten Freiheitspathos liberaler Gesellschaftsmodelle eher verdeckt als offengelegt. Es erscheint deshalb sinnvoll, von einer *genealogischen Kritik*

18 Franziska Dübgen, *Transformative Strafrechtskritik*, Tübingen: Mohr Siebeck 2022, S. 62f.

19 Karl Marx bezeichnet eine solche Kritik – entgegen der eigentlichen »wahren« – bekanntermaßen als »vulgäre« Kritik, als »dogmatischen Irrtum«, ders., »Kritik des Hegelschen Staatsrechts«, in: *Marx-Engels-Werke (MEW)*, Bd. 1, Berlin: Dietz Verlag 1977, S. 296.

zu sprechen. Denn nur die genealogische Kritik, so formuliert es Michel Foucault, insistiert auf die Herkunft des Wissens, der Praktiken und der normativen Ordnungen als Ganzes. Sie markiert die ideologischen Ablagerungen in den verwendeten Methoden, Begriffen und Kategorien und macht so auf die sichtbaren und unsichtbaren Machtkonstellationen aufmerksam.[20] Damit wird die Reflexions- und Freiheitsgeschichte des bestehenden Wissens, der Praktiken u.a.m. keineswegs bestritten, das wäre angesichts der vielfältigen individuellen und sozialen Freiheitsgewinne widersinnig, nur werden auch die Schattenseiten beleuchtet und so die Geschichte des Strafrechts selbst als Problem genommen.

IV. Jenseits der Gleichheit: Zwischen neoliberaler Regierung und Rassifizierung

Vom Strafrecht und seinen Herrschafts- und Bestrafungsritualen zu sprechen, bedeutet deshalb notwendig von Strafsubjekten, von Strafgesellschaften, von Strafgesetzen und Strafpolitiken zu sprechen, die Signaturen von Freiheiten sind oder sein sollen. Genaugenommen geht es aber um ein prekäres Zusammenspiel von Moralunternehmer:innen, von sozialen, rechtspolitischen Ideologieagenturen, die Antagonismen und hierarchisierte oder hegemonial gewordene Interessen in sich aufgenommen und gleichzeitig Unfreiheiten, flagrante Ungleichheiten oder verschleierte Diskriminierungen erzeugt haben. Das ist mit Blick auf die Geschlechterverhältnisse und die Diskriminierungen der Frauen ohne weiteres einsichtig;[21] gleiches gilt hinsichtlich der Armuts- oder Rauschmitteldevianz.[22] Und die Verschränkung von Rassifizierung und Kriminalisierung verbindet eine Herrschafts- mit einer Exklusionsstrategie (Othering), die

20 Michel Foucault, »Zur Genealogie der Ethik«, in: *Schriften in vier Bänden*, Bd. IV, Frankfurt am Main: Suhrkamp 2005, S. 474f.

21 Carol Pateman, *The Sexual Contract*, Stanford (Kalifornien): Stanford University Press 1988. Erinnert sei auch daran, dass die Vergewaltigung *in der Ehe* erst seit 1997 als Verbrechen gilt. In § 177 StGB wurde dafür u.a. das gesetzliche Merkmal *außerehelich* gestrichen (33. Strafrechtsänderungsgesetz (StrÄG) vom 4. Juli 1997). Aufgrund des Tatbestandsmerkmals *außerehelich* war Vergewaltigung in der Ehe vor der Reform nur als Nötigung gem. § 240 StGB und ggf. als Körperverletzung gem. § 223 ff. StGB strafbar, was einen wesentlich geringeren Strafrahmen zur Folge hatte, der wiederum nicht dem Unrecht des Verletzungsverhaltens entsprach.

22 Vgl. nur Loïc Wacquant, *Bestrafen der Armen. Zur neoliberalen Regierung der sozialen Unsicherheit*, 2. Aufl., Opladen: Barbara Budrich 2013; Alice Goffman, *On the Run. Die Kriminalisierung der Armen in Amerika*, München: Antje Kunstmann 2015.

nicht allein von Recht oder Staat ausgeht, sondern ein Produkt des Zusammenwirkens von Recht, Staat und gesellschaftlichen Akteur:innen ist.[23] Strafgesetze, so lässt sich zuspitzen, machen gleich und sind doch die Ursache für Ungleichheiten.

Vor diesem Hintergrund wird klar, wie der anhaltende Diskurs um das Abschaffen des Strafens oder der Strafrechtsinstitution überhaupt mit dem wesentlich umfassenderen Kontext des Abolitionismus als *anti-slavery-movement* verknüpft ist. Während es in den *anti-slavery-movements*, wie etwa Saidiya Hartmann in *Scenes of Subjections* gezeigt hat,[24] vornehmlich darum ging, durch subversive Widerständigkeiten oder Massenwiderstände den Entmenschlichungs- und Gewaltverhältnissen des Plantagenkapitalismus zu entkommen und an das Freiheitsversprechen der Unabhängigkeitserklärung zu erinnern, ging und geht es im Strafrechtsabolitionismus vor allem um die materiellen Garantien subjektiver Rechte und die realen Schutzbedürfnisse rassifizierter Menschen vor hoheitlicher und insbesondere polizeilicher Gewalt. Gesetze und Verfassungen sollen nicht nur formal für alle gelten, sie sollen auch in der Lebenswirklichkeit alle gleichermaßen und als Freie adressieren. Dass diesen emanzipatorischen Forderungen nur mit den viel breiter aufgestellten Bürgerrechtsbewegungen Nachdruck verliehen werden konnte, ist schon frühzeitig hervorgehoben worden.[25]

V. Was tun? Das Versprechen der abolition democracy

Vor allem W.E.B. du Bois und später Angela Davis haben die Verbindungen zwischen diesen beiden Entwicklungslinien sichtbar gemacht und in dem Konzept der *abolition democracy* radikale Konsequenzen gezogen, ein Konzept, das noch in den heutigen Debatten und Auseinandersetzungen zentrale Bedeutung besitzt. Danach sind verfassungsrechtlich geframte Staatsgewalten gerade kein Ausdruck von Demokratie, sondern stellen eine Gefahr für diese dar. Das heißt, staatliche Institutionen, wie Polizei und Strafrecht, operieren an der Grenze von Recht und Nicht-Recht, sie fungieren – nicht nur, aber auch – als Exklusionsregime. Sie tendieren dazu, sich zu verselbständigen und ihren verfassungsrechtlich begrenzten Status strategisch zu unterlaufen. Institutionen der

23 Kristina Lepold/Marina Martinez Mateo (Hg.), *Critical philosophy of race. Ein Reader*, Berlin: Suhrkamp 2021.

24 Saidiya Hartmann in: *Scenes of Subjections. Terror, Slavery, and Self-Making in Nineteenth-Century America*, New York (u.a.): Oxford University Press 1997.

25 Mit der jüngeren abolitionistischen Entwicklung in den USA beschäftigt sich der Beitrag von Eric von Dömming in diesem Band.

Staatsgewalt forcieren demnach fortlaufend Muster rassistischer Subjektivierung, die das Standing einiger Menschen als gleiche Rechts- und Gesellschaftssubjekte untergraben.

Im Gegensatz dazu strebt abolitionistische Demokratie nach universeller Teilhabe, nach einem Leben in und gestaltet durch Institutionen, das frei von Ausbeutung, Herrschaft und Gewalt ist. Abolitionistische Demokratie kämpft gegen den (rassistischen) Staat.[26] Was als radikale und teilweise pauschale Ablehnung rechtsstaatlicher Institutionen zunächst irritiert und zu leichthändiger Kritik verleitet, wird besser verständlich, wenn die Gewalt-, Demütigungs- und Diskriminierungserfahrungen Schwarzer bzw. nicht-weißer Menschen ernstgenommen werden, die jene mit hoheitlicher Gewalt erlebt haben und erleben. Verfassung, Strafrecht und sonstige staatliche Institutionen werden hier eher als undemokratische Agenturen wahrgenommen, die die *Vulnerabilität* Einzelner oder einer gesamten Bevölkerungsgruppe noch intensivieren, statt sie nachhaltig einzuhegen.[27] Es ist dieser Erfahrungs- und Erwartungshorizont, der den aktivistischen Charakter des transatlantischen Abolitionismus motiviert und der zugleich eine Antwort auf die für die Alternativen-Debatte wichtige Frage nach dem Wie weiter? bereithält.

Im US-amerikanischen Strafrechtsabolitionismus werden diese Konzepte in vielfältiger Weise rezipiert und wirksam. Prominent ist die Gefängniskritik an der *racial-* bzw. *mass incarceration* geworden, während in jüngster Zeit die alternativen Praktiken der sogenannten *Community Accountability* und der *Transformative Justice* größere auch wissenschaftliche Aufmerksamkeit erfahren haben, wie Franziska Dübgen in ihrem Beitrag nachzeichnet.[28] Transformation, so können wir beobachten, wird im Kontext der Alternativen-Debatte ein geradezu programmatischer Topos oder, mit Reinhart Koselleck gesprochen, ein Bewegungsbegriff.[29] In Bewegung gebracht werden sollen aber nicht nur bestehende punitive Vorstellungen, Theorien und Strafpraktiken, sondern auch die

26 W.E.B. du Bois, *Black Reconstruction in America 1860–1880*, New York (u.a.): The Free Press 1935; Angela Y. Davis, *Abolition Democracy. Beyond Empire, Prisons and Torture*, New York (u.a.): Seven Stories Press 2005.

27 Zu dieser Debatte Daniel Loick/Vanessa E. Thompson, *Abolitionismus*, Berlin: Suhrkamp 2022, Einleitung.

28 Vgl. auch die Rekonstruktion und Kritik dieser Entwicklung bei Klaus Günther, »Die Schuld der Anderen. Kollektive Verantwortungsübernahme als Alternative zum Strafrecht?«, in: Beatrice Brunhöber (u.a.) (Hg.), *Strafrecht als Risiko, Festschrift für Cornelius Prittwitz zum 70. Geburtstag*, Baden-Baden: Nomos 2023, S. 111.

29 Reinhart Koselleck, *Vergangene Zukunft. Zur Semantik geschichtlicher Zeiten*, Frankfurt am Main: Suhrkamp 1979, S. 328, 339ff.; ders., *Begriffsgeschichten*, Frankfurt am Main: Suhrkamp 2006, S. 82.

Institutionen und Konfliktfelder liberaler und repressiv gestimmter Gesellschaften. Strafrechtsabolition, so Ruth Wilson Gilmore, ist daher nicht etwas, was in der Zukunft stattfinde, sondern eine Praxis, die bereits in der bestehenden Gesellschaft zur Realität unzähliger rebellischer Communities gehöre· Und in *Was tun?* heißt es ergänzend:

> »Wenn wir uns die Tatsache zu Herzen nehmen, dass wir Orte, Dinge und Subjekte selbst schaffen, wenn auch nicht unter selbstgewählten Bedingungen, dann ist es einfacher, das Risiko einzugehen, Veränderung als etwas zu begreifen, das gleichzeitig weniger ist und länger dauert als ein einziges dramatisches Ereignis. In der Tat zeigen all die Chroniken der Revolutionen, wie hartnäckige kleine Veränderungen und ganz unerwartete Konsolidierungen sich über Zeit und Raum zu genügend Gewicht summierten, um einen Bruch mit der alten Ordnung herbeizuführen [...].«

Damit aber, so Gilmores Schlussfolgerung, könnte auch die Fixierung auf eine Staats- und Machteroberung aufgegeben werden. Denn:

> »Macht ist kein Ding, sondern eine Fähigkeit, die sich aus aktiven und sich verändernden Beziehungen zusammensetzt [...]. Wenn die Fähigkeiten, die aus zielgerichtetem Handeln resultieren, zu Zwecken zusammengefasst werden, die größer sind als irgendwelche Grundsatzerklärungen oder andere vorläufige Beschränkungen, beginnen mächtige Verbindungen, den Boden zu erschüttern. Mit anderen Worten, es bewegt sich etwas.«[30]

VI. Die vielen Gesichter des Strafrechtsabolitonismus

Der US-amerikanische Strafrechtsabolitionismus stellt indes nur einen Teil der Alternativen-Debatte dar, neben dem ein europäischer Diskussionsstrang bestand und besteht. Welche Dynamik es zwischen diesen Strömungen gibt, zeigt sich schon an der langjährigen wechselseitigen Rezeption und, in jüngster Zeit, an dem Rückimport der US-amerikanischen *critical race-theory*, *critical whiteness-* oder *black-studies* in den europäischen Diskussionskontext. Doch bleiben zugleich auch große Unterschiede zwischen den USA und Europa, die es zu beachten gilt, sollen nicht die speziellen lebensweltlichen Voraussetzungen und die Eigenheiten der Wissensreproduktion überspielt werden. Das gilt vor allem für die gesellschaftsbedingt sehr unterschiedlich gelagerten Straf- und Diskriminierungsphänomene sowie deren theoretische Bearbeitung. Entscheidender Taktgeber für die europäische Debatte war die *Kritische*

30 Ruth Wilson Gilmore, »Was tun?«, in: Daniel Loick/Vanessa E. Thompson (Hg.), *Abolitionismus*, Berlin: Suhrkamp 2022, S. 515, 521.

Kriminologie, die sich in den 1970er und 1980er Jahren innerhalb und außerhalb der Universitäten etablieren konnte und für die Kriminolog:innen wie Heinz Steinert und Fritz Sack, Thomas Mathiesen und Louk Hulsmann, Nils Christie und Sebastian Scheerer, aber auch Helga Crema-Schäfer und Gerlinda Smaus stehen.[31]

Die daraus entstandenen Debatten aktualisierten und erweiterten vor allem die kriminologische Perspektive, machten jedoch kaum Eindruck auf die Strafrechtswissenschaft. Zwar waren auch dort Reformschübe zu beobachten. Erwähnenswert sind vor allem die sogenannten *Alternativentwürfe* zum Strafrecht, denen es um Modernisierung des Normhaushalts und um ein neues Verhältnis des strafenden Staates zu den Bestraften ging, was durch veränderte Perspektiven auf die Resozialisierung, auf die Straffälligen- oder Bewährungshilfe usw. ermöglicht werden sollte. Einige dieser Vorhaben wurden verwirklicht, einige immer wieder aufgeschoben, andere zugunsten neuer auch punitiver Konzepte der Verbrechenskontrolle kassiert oder einfach vergessen. Darüber hinaus und ins Prinzipielle gehende alternative Theorieentwürfe blieben, jedenfalls in Deutschland, aber die Ausnahme. Dazu gehören Erörterungen zur Notwendigkeit einer negativen Kriminalpolitik bereits bei Gustav Radbruch,[32] zum Abschaffen des Strafens bei Klaus Lüderssen,[33] die Verteidigung einer negativen Jurisprudenz bei Jochen Bung[34] oder sogar eines negativen Strafrechts bei Wolfgang Naucke[35] sowie das Einstehen für

31 Helga Cremer-Schäfer/Heinz Steinert, *Straflust und Repression. Zur Kritik der populistischen Kriminologie,* Münster: Westfälisches Dampfboot 2021; Klaus Lüderssen/Fritz Sack, *Seminar: Abweichendes Verhalten*, Bde. I–IV, Frankfurt am Main: Suhrkamp 1975-1980; Thomas Mathiesen, *Überwindet die Mauern! Die skandinavische Gefangenenbewegung als Modell politischer Randgruppenarbeit*, Neuwied: Luchterhand 1979; Nils Christie, *Grenzen des Leids*, Bielefeld: AJZ Verlag 1995; Sebastian Scheerer, »Die abolitionistische Perspektive«, *Kriminologisches Journal* (1984/2), S. 90; Helga Cremer-Schäfer, »Über Verbrechen & Strafe und Verdinglichung & Wissenschaft. Argumente für die Partizipation von reflexiver Kritik und Abolitionismus in Theorie-Diskussionen«, *Kriminologisches Journal* (2015/3), S. 209; Gerlinda Smaus, »Das Geschlecht des Strafrechts«, in: Ursula Rust (Hg.), *Juristinnen an den Hochschulen. Frauenrecht in Lehre und Forschung*, Baden-Baden: Nomos 1997, S. 182.

32 Gustav Radbruch, »Der Erziehungsgedanke im Strafwesen«, *Zeitschrift für Strafvollzug und Straffälligenhilfe* (1952), S. 154.

33 Klaus Lüderssen, *Abschaffen des Strafens?*, Frankfurt am Main: Suhrkamp 1995.

34 Jochen Bung, *Wissen und Wollen im Strafrecht*, Frankfurt am Main: Vittorio Klostermann 2009, S. 25.

35 Wolfgang Naucke, *Über die Zerbrechlichkeit des rechtsstaatlichen Strafrechts*, Baden-Baden: Nomos 2000; ders., »Negatives Strafrecht«, in: ders. (Hg.), *Negatives Strafrecht. 4 Ansätze*, Münster: LIT Verlag 2015.

eine grundlegende Liberalisierung bei Peter-Alexis Albrecht.[36] Schließlich wurde von Cornelius Prittwitz ein Strafrecht als fragmentarische und subsidiäre ultima ratio vorgestellt[37] und mit alternativen Sanktionierungsregimen, wie namentlich Winfried Hassemers Interventionsrecht, kombiniert.[38]

Die kritische Strafrechtswissenschaft zeigte sich in diesen Debatten damit eher vorsichtig und tentativ. Die Negativität, die als Merkmal des Alternativen-Denkens immer wieder im Spiel ist, zeigt den eigentlichen Impuls: Alternativen sind, von Lüderssens Aufgabenverlagerung ins Zivil- bzw. Sozialrecht abgesehen, in erster Linie Strafrechtsbegrenzungsalternativen, die Option: Rückführung der Hypertrophie auf ein Kernstrafrecht. Doch selbst diese Forderung des *Frankfurter Instituts für Kriminalwissenschaften und Rechtsphilosophie* blieb innerhalb der gesamten Strafrechtswissenschaft hoch umstritten. Wohin mit dem Rest des Strafrechts und der Strafgesetze? Verschleiert das Interventionsrecht Hassemers nur, dass andere Sanktionen an anderer Stelle installiert und nicht weniger eingriffsintensiv sind? Die Einwände sind Legion.

Der abolitionistische Diskurs der *Kritischen Kriminologie* hat sich von solchen disziplinären Beschränkungen nicht beeindrucken lassen, auch wenn er die entsprechenden Entwicklungen selbstverständig zur Kenntnis nahm und kritisch, manchmal kämpferisch begleitete. Der soziologische, ethnologische, zuweilen politische und kulturkritische Fokus ermöglichte es der Kriminologie, den Blick von Gesetz und Dogmatik auf die Herrschaftsinteressen des strafenden Staates und nicht zuletzt auf die gesellschaftlichen Zusammenhänge, die sozialen Pathologien, die Ökonomien der Regierung (Michel Foucault) zu lenken, die in der Strafpraxis ihren Ausdruck finden. Aufgenommen wurden damit die Impulse der Ideologie- und Herrschaftskritik, der Kritik wohlfahrtsstaatlicher Sozialkontrolle und Strafpolitik, um sie im Kontext neuer rechtlicher Rahmenbedingungen zu reaktualisieren, wie Helga Cremer-Schäfer in ihrem Beitrag zur *abolitionistischen Denktradition* verdeutlicht.

Dieser europäische Diskurs war – nicht anders als die US-amerikanischen Debatten – jedenfalls in den 1970er und 1980er Jahren stark von der zentralen Frage »Reform oder Revolution« geprägt. Es gab eine kompromisslosere Version des Abolitionismus, die mit Thomas Mathiesen einen Fürsprecher hatte und für die Abschaffung des Strafsystems

36 Peter-Alexis Albrecht, *Die vergessene Freiheit*, Berlin: Berliner Wissenschafts-Verlag 2010.

37 Cornelius Prittwitz, »Subsidiär, fragmentarisch, ultima ratio? – Gedanken zu Grund und Grenzen von Strafbeschränkungspostulaten«, in: Institut für Kriminalwissenschaften (Hg.), *Vom unmöglichen Zustand des Strafrechts*, Frankfurt am Main: Peter Lang 1995, S. 387.

38 Winfried Hassemer, »Kennzeichen und Krisen des modernen Strafrechts«, *Zeitschrift für Rechtspolitik* (1992/10), S. 378.

als solchem votierte, ohne es durch ein anderes – ebenfalls freiheitseinschränkendes – Regime zu ersetzen. Daneben war auch hier bereits die Perspektive der Strafrechtsminimalisten sichtbar, die – mit Nils Christie als prominentem Vertreter – für eine Abschaffung des Gefängnisses *und* eine Minimierung des Schmerzes votierten, der niemals Antwort auf Straftaten sein könne. Christies Argumentation war dabei stark davon geprägt, dass die Behandlungsmaßnahmen von Tätern entgegen anderer Behauptungen nicht nützlich oder zielführend seien.[39] Seine Vision war die Versöhnung des Täters mit der Gemeinschaft und die Ersetzung des Begriffs der Kriminalität durch den des Konfliktes.

VII. Das Ringen der Kritischen Kriminologie

Diese Verknüpfung von Gefängniskritik und Kritik der Strafschmerzideologie in der *Kritischen Kriminologie* wird gerade auch in der praktischen Arbeit – etwa der Bewährungs- und Straffälligenhilfe – immer wieder aufgegriffen, weil hier die Widersprüche zwischen dem *Rechtsstaatspathos des Strafens* und den lebensweltlichen Verwerfungen, der Not der Betroffenen wie jener der Institutionen, mit Händen zu greifen sind. Dies verlangt nach einer Suche nach Wegen aus dieser Einschließungs- und Verwahrungskrise, worauf etwa die Beiträge von Christine Graebsch und Thomas Galli in diesem Band insistieren, wenn sie darauf aufmerksam machen, dass Maßnahmen zur Eindämmung des Strafens und der Freiheitsstrafe im Besonderen, ein primäres Ziel abolitionistischer Bestrebungen sein müssten. Gleichzeitig zeigen sie, dass gerade solche Maßnahmen der Leidverhinderung und Resozialisierung mit den Imaginationen punitiver Affekte und Ressentiments der Strafgesellschaft konfligieren. An dieser Stelle scheint in der Alternativen-Debatte damit die alte, aber ebenso aktuelle abolitionistische Frage nach dem *Wie der Transformation* auf: Welche Veränderungen sind in einem vorgegebenen System überhaupt möglich, wie können Strafrecht und Gesellschaft gemeinsam verändert werden?

Die europäischen Gesellschaften, und nicht zuletzt die deutsche, sind, bei allen Differenzen, liberale Wohlstandsgesellschaften, die als weiße Mehrheitsgesellschaften Ungleichheiten über ein System engmaschiger staatlicher Intervention moderieren. Neben die klassische Strafe sind angesichts dessen seit den 70er und 80er Jahren des letzten Jahrhunderts und ihren miteinander verwobenen Angst-, Sicherheits- und Normalisierungsdiskursen längst vielfältige andere Formen sozialer Kontrolle getreten, wie u.a. David Garland in seinen Publikationen frühzeitig gezeigt

39 Nils Christie, »Die versteckte Botschaft des Neo-Klassizismus«, *Kriminologisches Journal* (1983/1), S. 14.

hat.[40] Soziale Kontrolle tritt nicht nur als autoritatives Überwachungs- und Steuerungsregime in Erscheinung, sondern versucht sich in weniger sichtbaren, subtileren Formen der Verhaltenslenkung, die einerseits als manipulative Zurichtung kritisiert werden, andererseits aber auch Potential für niedrigschwellige, weniger stigmatisierende und eingriffsintensive Formen des Umgangs mit abweichendem Verhalten bieten. Insofern lag und liegt es für die Alternativendiskussion nahe, sich auch mit nicht-strafrechtlichen Angeboten zu befassen, insbesondere mit der *Restorative Justive*-Bewegung. Diesen Gedanken nehmen Ralf Kölbel und Clara Herz in ihrem Beitrag ebenso wieder auf wie Andrea Păroşanu und Ineke Pruin in ihrem Beitrag.

Dies zeigt zugleich: Die Kritische Kriminologie ist selbst in einer ambivalenten Lage. Sie wendet sich zwar gegen den Mainstream, reproduziert aber dadurch bis zu einem gewissen Grade auch das hegemoniale Deutungsschema des Strafens als sozial anerkanntes Steuerungsmedium mit. Helga Cremer-Schäfer fasst die Entwicklung durch eine hilfreiche Unterscheidung zwischen institutionalisierten und abolitionistischen Alternativen zusammen und pointiert damit zugleich die höchst zwiespältige, ja vielleicht sogar schizophrene Konstellation:

> »Institutionalisierten Alternativen (wie Soziale Arbeit), die sich auf soziale Kontrolle von Normabweichung verpflichten lassen, üben sich seit dem Übergang zum neoliberalen, ›aktivierenden‹ Sozialstaat verstärkt in der Praxis von ›Grenzen ziehen‹. Sie konstituieren ihr Objekt wie gehabt über die Klassifikation: (re)formierbar – nicht (re)formierbar. Das Aussortieren von nicht (Re)Formierbaren erfolgt inzwischen nach der schnellen Logik von ›three strikes and you are out‹: stärker als in der Phase des wohlfahrtstaatlich regulierten Fordismus werden Ausschluss-Etiketten formuliert: ›Mehrfach- und Intensivtäter:innen‹, ›besonders auffällige Straftäter:innen unter 21‹ auf Seiten der Polizei, ›Systemsprenger:innen‹ und ›Risikogruppen‹ auf Seiten Sozialer Arbeit. […]. Soziale Arbeit, die als soziale Kontrolle von Delinquenz und Kriminalität verstanden wird, beteiligt sich aktiv an der Entwicklung von Etiketten, die Personen und Kollektive als ›mindere Menschen‹ bestimmen. Eine ›strukturelle Stigmatisierung‹ der traditionellen ›öffentlichen und privaten Fürsorge‹, die sich *wegen* der Reformen von Strafrecht im 20. Jahrhundert erhalten hat und im Kontext neoliberaler Sozialstaatlichkeit stärker in den Vordergrund tritt.«[41]

40 David Garland, *Punishment and Modern Society. A Study in Social Theory*, Chicago: The University of Chicago Press 1990; ders., *The Culture of Control: Crime and Social Order in Contemporary Society*, Chicago: The University of Chicago Press 2001.

41 Helga Cremer-Schäfer, »Alternativen von Strafrecht und Polizei: Eine ernüchternde Geschichte«, *cilip.de* 12.04.2021, https://www.cilip.de/2021/04/12/

Deshalb, so Cremer-Schäfer, sei es notwendig, wieder stärker auf den Kern des abolitionistischen Anliegens zu setzen, nur so könnten soziale Konflikte verstanden und nicht-stigmatisierend bearbeitet werden. Denn:

> »Das aus abolitionistischer Perspektive entwickelte Modell von Konfliktregulierung unterscheidet sich vom im Strafrecht institutionalisierten ›Täter-Opfer-Ausgleich‹ dadurch, dass die Gefahr bisheriger ›Alternativen‹, doch wieder in die Logik sozialer Kontrolle zu passen, reflektiert wird. [...]. Anders als die uns bekannten Reformen, die nur Bestrafung durch eine andere Reaktion auf Kriminalität ersetzen wollen, beginnt hier Konfliktregulierung damit, die Kategorisierung von Schädigungen, Gewalttätigkeiten oder Konflikten als ›Kriminalität‹ abzuschaffen. Eine Praxis, die vor allem Institutionen von Grund auf lernen müssen. Aufgabe der Wissenschaft wäre dagegen, Grundlagen für ein ›Denken in Konflikten‹ zu legen, Alternativen beim Umgang mit schwierigen Situationen sozialer Ausschließung zu entwickeln, die Perspektiven der verschiedenen Beteiligten an einem Konflikt zu ihrem Recht kommen zu lassen, um keine neuen Etikettierungen entstehen zu lassen.«[42]

Nun ist auch der Vorschlag eines Denkens in Konflikten so neu nicht, vor allem agonistische bzw. agonale Gesellschaftstheorien haben dieser Vorstellung in jüngster Zeit schärfere Konturen verliehen, denken wir nur an James Tully, Bonnie Honig und andere.[43] Aber vielleicht ist der Hinweis auf ein Denken in Konflikten gleichwohl geeignet, auch im abolitionistischen Kritik- und Alternativen-Diskurs die Spur stärkerer soziologischer, ethnologischer und ethischer *Kontextualisierung* weiterzuverfolgen, wie sie von Didier Fassin, Geoffroy de Lagasnerie oder auch Loïc Wacquant gelegt wurde.[44] Eine solche Kontextualisierung kann womöglich helfen, die Tiefendimensionen verwendeter Konzepte und Begriffe auszuleuchten, sei es bei der ubiquitären Rede über Straf- und Rachebedürfnisse, beim Umgang mit Verantwortlichkeit (Lagasnerie) oder bei der Frage, was wir überhaupt unter liberalen, aber gleichzeitig konflikthaften Gesellschaften und dem hobbesianisch anmutenden *penal state* (Wacquant) zu verstehen haben.

alternativen-von-strafrecht-und-polizei-eine-ernuechternde-geschichte (Zugriff: 07.05.2025).

42 Ebd.

43 James Tully, *Strange Multiplicity. Constitutionalism in an Age of Diversity*, Cambridge: Cambridge University Press 1995; Bonnie Honig, *Emergency Politics: Paradox, Law, Democracy*, Princeton: Princeton University Press 2009; Chantal Mouffe, *Agonistics: Thinking the World Politically*, London (u.a.): Verso 2013.

44 Didier Fassin, *Der Wille zum Strafen*, Berlin: Suhrkamp 2018; Geoffroy de Lagasnerie, *Verurteilen: Die Soziologie und der strafende Staat*, Berlin: Suhrkamp 2017; Loïc Wacquant, *Deadly Symbiosis: Race and the Rise of Neoliberal Penality*, Cambridge: Polity 2009.

VIII. Kritik der Responsibilisierung

Lenken wir den Blick zurück auf die Kriminalitätskonstruktionen in der Rechtsstaatsmoderne und auf die Dogmatik und Epistemologie des Strafrechts, wie sie eingangs dieser Bestandaufnahme schon einmal Thema waren. Konflikte haben eine Vorgeschichte und unterstehen einem (juristischen) Deutungsmonopol. Das heißt: Mit der Selbstverständlichkeit, mit der auf das Konzept staatlichen Strafens und des Strafschmerzes zurückgegriffen wird,[45] geht eine Normalität des *Individualisierens* von Verantwortung einher. Dabei werden höchst selektiv bestimmte Personen und Verhaltensweisen herausgegriffen und markiert – während umgekehrt die nicht erfassten Sachverhalte gleichsam als Nichtkriminalität gekennzeichnet.[46] Die schwierigen Fragen, was die Bestrafung mit dem Strafenden, was Kriminalitätsentstehung mit der Gesellschaft zu tun hat, werden dabei ausgeblendet. Ein belastbares Angebot an Alternativen bedarf indes einer durchgreifenden Kritik dieser Kriminalitätskonstruktionen, die die bisherigen Alternativen-Diskurse jeweils auf ihre Weise vorgenommen haben.[47]

Eine zeitgemäße Kritik der Kriminalitätskonstruktionen muss berücksichtigen, dass wir es heute mit einer sehr viel weitgehenderen *Responsibilisierung* zu tun haben als in früheren Zeiten, das heißt mit einer umfassenden Adressierung von Schuld, Verantwortlichkeit, von Gefährlichkeiten und Risiken an das Individuum (und durchaus auch an Kollektive). Für das Strafrecht ist dies schon früh unter dem Titel des Risikostrafrechts thematisiert worden,[48] das seinerseits Krisenpotential,

45 Zur Kritik der Strafschmerzideologie vgl. auch den Beitrag von Markus Abraham in diesem Band.

46 Tobias Singelnstein/Karl-Ludwig Kunz, *Kriminologie*, 8. Aufl., Bern: Haupt 2021, S. 300ff.

47 Geht man von der Ubiquität krimineller Phänomene aus, ist die gesellschaftliche und juristische Härte noch begründungsbedürftiger. Für Durkheim war das Vorhandensein von Kriminalität sogar ein Zeichen einer gesunden und funktionierenden Gesellschaft. Gleichwohl ging auch er von einer Stabilisierungswirkung aus. Merton wiederum versuchte, die Entstehung von Kriminalität anhand sozialstruktureller Phänomene zu erklären. Becker vertrat in seinem *labeling approach* wiederum, dass ein Mensch dann deviant wird, wenn er als solcher bezeichnet (»gelabelt«) wird.

48 Vgl. hierzu Cornelius Prittwitz, »Risikogesellschaft und Strafrecht«, in: Ulfried Neumann/Cornelius Prittwitz (Hg.), *Kritik und Rechtfertigung des Strafrechts*, Frankfurt am Main: Frankfurter kriminalwissenschaftliche Studien 2005, S. 131; Felix Herzog, »Risikogesellschaft, Risikostrafrecht, Risikoregulierung. Über das Strafrecht hinausweisende Perspektiven«, in: Ulfried Neumann/Cornelius Prittwitz (Hg.), *Kritik und Rechtfertigung des Strafrechts*, Frankfurt am Main: Frankfurter kriminalwissenschaftliche Studien

Erwartungen und Widersprüche hervorbringt, mit denen das Strafrecht selbst zu kämpfen hat. Responsibilisierung arbeitet dabei mit einer Doppelstrategie: Kommuniziert wird eine Zuständigkeit für die eigene Lebenssituation und das daraus resultierende Verhalten und die Konflikte (blame responsibility), und kommuniziert wird eine zukunftsgerichtete Zuweisung von Aufgaben und Verhaltensanforderungen (task responsibility). Mit der dadurch initiierten Individualisierung von Zuständigkeiten wird zweierlei erreicht: Zum einen werden individuelle Biographien, ökonomische Kontexte und soziale Pathologien weitgehend ausgeblendet oder nur ausschnitthaft/funktional zu den Interessen des Strafkomplexes zur Kenntnis genommen, zum anderen und im Gegenzug wird eine gesellschaftliche, rechtliche und staatliche *Entlastung* für die Taten und Konflikte ermöglicht.[49]

Diese Programmatik der Unsicherheitsbeherrschung hat vor allem ein Ziel und das besteht darin, die *Denormalisierungsängste* (Ulrich Bröckling)[50] der verunsicherten Gesellschaft einzuhegen, Ängste, die mit einzelnen Individuen, mit Kollektiven, mit gesellschaftlichen oder wirtschaftlichen Akteuren in Verbindung gebracht und die an das Strafrecht adressiert werden. Gleichzeitig ist das Potential dieser Krisenanalytik bis heute nicht ausgeschöpft worden, ganz im Gegenteil. Vor allem, und das führt zum Verhältnis von Kriminalitätskonstruktion und Alternativen zurück, ist es wenigstens in der Strafrechtswissenschaft und Dogmatik weitgehend ausgeblieben, die Verunsicherungen, die Ängste, die Verletzlichkeiten und Freiheitserwartungen der Gesellschaftssubjekte, die in den Konflikten und Taten zum Ausdruck kommen, in ein kontextangemessenes, d.h. *multifaktorielles* Verantwortungskonzept zu überführen. Für ein politisches und rechtsstaatliches Gemeinwesen, das auf Anerkennung der Gesellschaftssubjekte zählt, erscheint es allerdings zwingend notwendig, die Annahme autonomer, insofern souveräner und resilienter Subjekte nicht gegen die Erfahrungen prekärer Selbstwirksamkeit und ihre Verletzlichkeit auszuspielen. Der Weg, auf eine weit ausgreifende Responsibilisierung zu setzen, markiert daher eher eine Flucht aus der wissenschaftlichen und rechtspolitischen

2005, S. 117; Alessandro Baratta, »Jenseits der Strafe. Rechtsgüterschutz in der Risikogesellschaft. Zur Neubewertung der Funktionen des Strafrechts«, in: Fritjof Haft (Hg.), *Strafgerechtigkeit: Festschrift für Arthur Kaufmann zum 70. Geburtstag*, Heidelberg: C.F. Müller 1993, S. 393.

49 Ludger Heidbrink, *Nichtverantwortlichkeit: Zur Deresponsibilisierung der Gesellschaft*, Weilerswist: Velbrück Wissenschaft 2024; ders., *Kritik der Verantwortung. Zu den Grenzen verantwortlichen Handelns in komplexen Kontexten*, Weilerswist: Velbrück Wissenschaft 2022.

50 Ulrich Bröckling, »Prävention: Die Macht der Vorbeugung«, in: ders. (Hg.), *Gute Hirten führen sanft. Über Menschenregierungskünste*, Berlin: Suhrkamp 2017, S. 73.

Verantwortung.[51] Denn noch im Rahmen eines einfachen Ladendiebstahls mit geringfügigem Wert oder dem Fahren ohne Fahrschein ließe sich die Frage nach dem Kontext oder eben einer multifaktoriellen Verantwortung mit großer Berechtigung stellen. Dort, und nicht nur dort, bleibt aber – in den Worten von Heinz Müller-Dietz – die Tat als »Momentaufnahme aus dem Leben des Täters« im Fokus, »der Film als Ganzes bleibt unterbelichtet«.[52]

IX. Alternativen denken

Alternativen-Angebote verfahren tentativ, aber auch provokativ; sie argumentieren aus ihren jeweiligen gesellschaftlichen Zusammenhängen heraus und nehmen konkrete Entwicklungen der zeitbedingten Rechtsregime auf;[53] diese Rahmung bestimmt auch den emanzipatorischen, aber nie selbstverständlichen Charakter der konkreten alternativen Angebote. Damit schließt sich der Kreis zur eingangs erwähnten Kontroverse um die Entkriminalisierung des Schwangerschaftsabbruchs. Denn gerade an dieser Kontroverse und dem Ringen um alternative Lösungen zeigt sich einmal mehr, dass Alternativen-Angebote nicht nur eine Antwort auf den Umgang mit Konflikten suchen, sondern auch darauf, wie wir zukünftig in einer von gegensätzlichen Interessen geprägten Rechtsgesellschaft miteinander leben wollen.

Um der Ausdifferenzierung des Alternativen-Diskurses besser gerecht zu werden und um die Potentiale besser einordnen zu können, bietet es sich an, nach verschiedenen Interessen und Programmatiken zu differenzieren. Im vorliegenden Band machen wir den Vorschlag zwischen Alternativen *zum* Strafrecht (1), Alternativen *im* Strafrecht (2) und Alternativen *durch* Strafrecht (2) zu unterscheiden. Auf diese Weise entsteht eine Topographie des Alternativen-Diskurses, die aber nicht nur die Unterschiede hervorhebt, sondern die den Alternativen-Diskurs auch als ein dynamisches Netzwerk rekonstruiert.

(1) Im Rahmen der *Alternativen zum Strafrecht* werden Spielarten des Abolitionismus thematisiert, die alternative Formen der Konfliktbearbeitung/

51 Benno Zabel, *Kritik der strafenden Vernunft. Studien zu Recht, Verletzlichkeit und Schmerz*, Tübingen: Mohr Siebeck 2025.

52 Heinz Müller-Dietz, »Der Wahrheitsbegriff im Strafverfahren«, *Zeitschrift für Evangelische Ethik* (1971/1), S. 270.

53 Jochen Bung erkennt in seinem Beitrag in dieser Abhängigkeit der Alternativen von den zeitbedingten Rechtsregimen aber auch deren grundsätzliche Ambivalenz. Denn alle Alternativen-Konzepte müssten das Strafrechts immer noch im Denk- und Handlungshorizont behalten und würden auf diese Weise immer in der Gefahr stehen, es zu reproduzieren.

der Sozialkontrolle an die Stelle des Strafrechts stellen möchten. Man denke etwa an *impossibility structures*[54] oder *predictive policing*[55] im Vorfeld devianter Verhaltensweisen. Weitergehend sind *Transformative Justice*-Ansätze oder Modelle der *Restorative Justice*.[56] Diese Ansätze bieten alternative, nicht selten radikale Gesellschaftsvisionen. Hier etwa die computational angetriebene Prädiktions- als Compliance-Gesellschaft, die der Freiheit zum Rechtsbruch keinen Wert beimisst;[57] dort das Bestreben, die tieferen sozialen, ökonomischen und politischen Strukturen anzugehen, die soziale Ungleichheit und damit verbundenes deviantes Verhalten fördern. Davon unterschieden sind wiederum Ansätze, die sich auf das Feld alternativer ethischer Praktiken begeben, man denke an solche des *Vergebens* und *Verzeihens*, und damit, etwa in Anknüpfung an Vladimir Jankélévitch, Paul Ricoeur oder Jacques Derrida und Bernard Williams, das immer noch dominante Denken in den Kategorien von Schuld und Verantwortung hinter sich lassen wollen.

(2) Im Rahmen der *Alternativen im Strafrecht* lassen sich *Alternativen zur Strafe*,[58] *Alternativen zu bestimmten Bestrafungsinstitutionen* (prision abolition,[59] Abschaffung der Ersatzfreiheitsstrafe[60]) und *Alternativen zur bestehenden Strafverfolgungsorganisation* (defund the police[61]) ebenso diskutieren wie – mal mehr, mal weniger kleinteilige – rechtsdogmatische bzw. rechtpolitische Reformvorschläge. Hier geht es also nicht um eine Überwindung des Strafrechts, sondern um eine Minimierung oder

54 Bijan Fateh-Moghadam, »Innovationsverantwortung im Strafrecht. Zwischen strict liability, Fahrlässigkeit und erlaubtem Risiko – Zugleich ein Beitrag zur Digitalisierung des Strafrechts«, *Zeitschrift für die gesamte Strafrechtswissenschaft* (2020/4), S. 863.

55 Tobias Singelnstein, »Predictive Policing. Algorithmenbasierte Straftatprognosen zur vorausschauenden Kriminalintervention«, *Neue Zeitschrift für Strafrecht* (2018/1), S. 1.

56 Ruth Morris, *Stories of Transformative Justice*, Toronto: Canadian Scholars' Press 2000.

57 Christoph Burchard, »(Was bleibt vom) Strafrecht in der Big Data-Überwachungsgesellschaft?«, *Zeitschrift für die gesamte Strafrechtswissenschaft* (2023/4), S. 793.

58 Klaus Günther, »Kritik der Strafe I«, *Neue Zeitschrift für Sozialforschung* (2004/1), S. 117; ders., »Kritik der Strafe II«, *Neue Zeitschrift für Sozialforschung* (2005/1), S. 131.

59 Ruth Wilson Gilmore, *Golden Gulag. Prisons, Surplus, Crisis and Opposition in Globalizing California*, Berkeley: University of California Press 2007.

60 Nicole Bögelein, »Kaum mehr als ein Schritt in die richtige Richtung. Kritische Anmerkung zur Reform der Ersatzfreiheitsstrafe«, *Kriminalpolitische Zeitschrift* (2024/1), S. 1–4.

61 Daniel Loick, *Kritik der Polizei*, Frankfurt am Main: Campus Verlag 2018.

Reform, um die dunklen Seiten des Strafrechts[62] bzw. das Strafrecht als solches auf einen Kern zu reduzieren. Gerade hier, aber auch in der ersten Gruppe liegt es nahe, je eigene Alternativ-Konzepte für verschiedene Bereiche und Funktionen strafrechtlicher Sozialkontrolle zu denken.

(3) Eine deutlich andere Perspektive nehmen die Ansätze unter der Überschrift *Alternativen durch Strafrecht* ein. Sie gehen zwar ebenfalls von einer Funktionalität strafrechtlicher Sozialkontrolle aus, gehen jedoch der Frage nach, inwiefern diese zu gesellschaftlicher Veränderung beitragen kann. Strafrecht – das mitunter wie selbstverständlich als Gegenspieler gesellschaftlicher Transformation gedeutet wird – wird als Steuerungsmedium bzw. *Transformationsverstärker* in Ansatz gebracht. Es dient auf diese Weise dazu, eine alternative Gesellschaft zu entwerfen, zu legitimieren oder voranzubringen, wie Völkerstrafrecht, Sexualstrafrecht oder der Entwurf eines Klimastrafrechts[63] exemplarisch zeigen; auch das von Wolfgang Naucke[64] geforderte markt-, nicht aber zwingend kapitalismuskritische Wirtschaftsstrafrecht ließe sich in diese Kategorie zählen. Strafrecht wird hier nicht mehr als Teil des Problems gesehen, sondern zum Teil der Lösung erklärt. Insofern illustrieren die Kontroversen rund um den *Carceral feminism* – also Interventionen für den intensiveren Einsatz des Strafrechts bei geschlechtsspezifischer Gewalt – eine nicht nur dort zu findende Ambivalenz, wie die Beiträge von Leonie Steinl/Boris Burghardt und Johanna Nickels herausarbeiten: Taugt das Strafrecht als Realisation bestehender Machtstrukturen zu deren Überwindung oder festigt ein als Transformations-, als Machtüberwindungsinstrument gelesenes Strafrecht die Grundlagen dieser Machtstrukturen?[65]

X. Herausforderungen für den Alternativen-Diskurs

Alternativen zu initiieren hat individuelle und soziale, rechtliche und vielleicht auch politische Konsequenzen, die bedacht sein wollen: Über

62 Ralf Kölbel, »Die dunkle Seite des Strafrechts. Eine kriminologische Erwiderung auf die Pönalisierungsbereitschaft in der strafrechtswissenschaftlichen Kriminalpolitik«, *Neue Kriminalpolitik* (2019/3), S. 249.

63 Helmut Satzger/Nicolai von Maltitz (Hg.), *Klimastrafrecht*, Baden-Baden: Nomos 2024.

64 Wolfgang Naucke, *Der Begriff der politischen Wirtschaftsstraftat*, Berlin (u.a.): LIT Verlag 2012.

65 Zum Begriff des Transformationsstrafrechts Christoph Burchard, »Strafrecht in der Diagnosegesellschaft. Zum Politischen eines durch Gesellschafts- und Zeitdiagnosen orientierten Strafrechts«, in: Beatrice Brunhöber (u.a.) (Hg.), *Strafrecht als Risiko, Festschrift für Cornelius Prittwitz zum 70. Geburtstag*, Baden-Baden: Nomos 2023, S. 77.

konkrete Alternativen innerhalb des bestehenden Systems nachzudenken erscheint bestenfalls ablenkend und schlimmstenfalls kontraproduktiv gegenüber der radikal abolitionistischen Idee. Umgekehrt scheinen die zum Teil sehr kontrovers geführten Diskussionen um eine ersatzlose Abschaffung des Strafens eine derart tiefgreifende gesellschaftliche Transformation vorauszusetzen oder anzuzielen, dass die Anknüpfungen an die bestehenden Strafgesellschaften verloren zu gehen drohen.

Alternativen-Diskurse und -Angebote können in eine Alternativen-*Romantik* kippen, die dabei nicht mit utopischen Anleihen zu verwechseln ist.[66] Obwohl das Denken in und mit Alternativen gerade auch darauf abzielt, ungerechtfertigte Macht- und Herrschaftsstrukturen, eingefahrene Ideologeme, Ungleichheiten, Diskriminierungen usw. zu überwinden, kann es – unbeabsichtigt oder nicht – bestehende Ungleichheitsverhältnisse verfestigen und verstärken, indem es Optionen bevorzugt, die für bestimmte soziale Gruppen zugänglicher sind. Das kann zu einer elitären oder ausschließenden Praxis führen, wo nur diejenigen, die über die notwendigen Wissensressourcen oder Fähigkeiten verfügen, Alternativen denken und umsetzen können. Das Streben nach innovativen und kreativen Alternativen kann zudem dazu beitragen, dass pragmatische Lösungen für dringende Probleme vernachlässigt werden. Ebenso kann der Fokus auf Neues und Andersartiges die Bedeutung tradierter Wissenskulturen und rechtlicher *Imaginaries* unterschätzen, die wiederum der praktischen Umsetzbarkeit anvisierter Alternativen im Wege stehen, diese blockieren. Das wird gerade im Strafrecht/innerhalb der Strafrechtswissenschaft als besonders problematisch angesehen, dessen/deren historische Kontinuität eine wichtige Rolle spielen soll und dem eine besondere verfassungspolitische Identität attestiert wird, was freilich seinerseits kritisch zu befragen wäre.

Kritisch zu hinterfragen ist im Lichte dessen auch, ob die reklamierte *Veränderungsmacht*, Alternativen reflektieren und ins Werk setzen zu können, nicht ihrerseits im Wissenshorizont der euro- und anthropozentrischen Moderne festhängt.[67] Die Möglichkeit des Alternativen-Diskurses erscheint dann als elitäres, westlich-liberales oder einfach nur ignorantes Unterfangen, wenn sie sich über die faktischen Grenzen solcher Diskurse und Praktiken vor allem in Regionen des globalen Südens erhebt. Welchen Erkenntnisgewinn daher eine Perspektivenverschiebung bewirken kann, zeigt Melina Kalfelis in ihrem Beitrag zu vigilanten

66 Gegen eine solche Denunziation des Utopischen in der abolitionistischen Debatte etwa Ruth Wilson Gilmore, »Was tun?«, in: Daniel Loick/Vanessa E. Thompson (Hg.), *Abolitionismus*, Berlin: Suhrkamp 2022, S. 515.

67 Bezeichnend Gösta Gantner, *Möglichkeit. Über einen Grundbegriff der praktischen Philosophie und kritischen Gesellschaftstheorie*, Bielefeld: transcript Verlag 2021, S. 7: »Modernes Möglichkeitsdenken«.

Praktiken in Burkina Faso neben und im Schatten prekärer staatlicher Hierarchien. Andererseits mag die Fokussierung von Alternativen zum/im/durch Strafrecht zugleich auch Ausdruck davon sein, dass sich tradierte Gewissheiten in Gesellschaften des globalen Nordens verflüssigen.

XI. Was will der Band leisten?

Wir versuchen in diesem Band, sowohl der strafrechtsminimalistischen als auch der strafrechtsabolitionistischen Perspektive Raum zu geben. Genealogische und prospektive Perspektiven scheinen im Hinblick auf mögliche Alternativen zum Strafrecht ebenso unverzichtbar wie eine interdisziplinäre, hier verstanden als die kritische Befragung des Strafrechts anhand von nachbarwissenschaftlichen Semantiken und Epistemologien. Dabei will der Band die diversen Perspektiven und Standpunkte aufeinander beziehen. Präsentiert wird ein interdisziplinäres Gespräch über Alternativen, bei dem aktuelle Positionen ebenso zur Sprache kommen, wie klassische Stimmen der Strafrechtskritik- und des Alternativen-Diskurses.

Welchen Faden und welche Geschichten, welche Hermeneutiken und Entwürfe auch aufgenommen werden, sie müssen aus unserer Sicht immer wieder zu einer Analyse und Kritik aller verbleibenden oder neu etablierten Unterwerfungsszenarien führen, die sich sowohl in minimierten strafrechtlichen als auch in anderen, neuen Praktiken und Institutionen verbergen können. Damit behalten wir die *violence politique obscure* im Blick und lassen uns von einer *foucaultschen Perspektive* inspirieren, die Macht nicht nur in der administrative Seite des strafenden Staates, sondern entsprechende Asymmetrien ebenso in anderen – davon unabhängig erscheinenden – Institutionen und Beziehungen verortet, die in gleicher Weise der »Ökonomie der Macht« folgen.[68]

Als ein Band, der von Strafrechtswissenschaftler:innen initiiert und herausgegeben wird, geht es aber auch darum, die Strafrechtswissenschaft

68 »Was Richter durchsetzen, wenn sie ›therapeutische‹ Urteile fällen und ›Resozialisierungsstrafen‹ verhängen, ist die Ökonomie der Macht und nicht die ihrer Skrupel oder ihres Humanismus ... Wir leben in der Gesellschaft des Richter-Professors, des Richter-Arztes, des Richter-Pädagogen, des Richter-Sozialarbeiters; sie alle arbeiten für das Reich des Normativen (...)«, Michel Foucault, *Überwachen und Strafen. Die Geburt des Gefängnisses*, Berlin: Suhrkamp 1977, zitiert nach dem Klappentext, nicht gendergerechte Sprache im Original. Der von Karl Schumann/Heinz Steinert/Michael Voss herausgegebene Band *Vom Ende des Strafvollzugs. Ein Leitfaden für Abolitionisten*, Bielefeld: AJZ 1988 dokumentiert die Kritik aus abolitionistischer Perspektive. Der von Siegfried Müller/Hans Otto, *Damit Erziehung nicht*

als Kritische Wissenschaft neu zu positionieren. Als solche geht es nicht nur darum, sich dem Alternativen-Diskurs in größerem Umfang zu öffnen als bisher, sondern es gilt, einen produktiven Dialog in Gang zu bringen, um auszuloten, was Wandel, Reform und Transformation in der Gegenwart und in einem sich als liberal und demokratisch verstehenden Gemeinwesen bedeuten können. Damit wird zum einen der politische Kern dieses Rechts samt der strafenden Gesellschaft wie auch das Politische der anvisierten Alternativen markiert. Zum anderen wird auf diesem Weg ganz bewusst der Anschluss an die Kritische Theorie gesucht; einer Theorie, der es immer darauf ankam, das *Leiden beredt zu machen* (Theodor W. Adorno), um dadurch das Falsche der Lebens- und Herrschaftsverhältnisse namhaft zu machen. Eine Kritische Strafrechtswissenschaft muss sich daher mit dem real existierenden Strafrecht einer strafenden Gesellschaft auseinandersetzen, ja es aus den Angeln heben wollen und nach den bisher nicht gesehenen und verstellten, verschleierten oder blockierten Möglichkeiten eines anderen Rechts fragen. Das Strafrecht wird so aber zum Medium der Selbstreflexion, mehr noch, es wird an seine Grenzen, womöglich auch über diese hinausgetrieben. In diesem Sinne hoffen wir, dass dieser Band erst ein Anfang ist.

zur Strafe wird. Sozialarbeit als Konfliktschlichtung, Leipzig: Linden Verlag 1986 aus einer kritischen, konfliktorientierten Perspektive.

II. Wo wir herkommen: Historische Perspektiven

Helga Cremer-Schäfer

Alternativen zum Strafrecht – zur Aktualität der abolitionistischen Denktradition

Im Vergleich zu der verbreiteten Ruhe, auf die sich die Institution *Verbrechen & Strafe* trotz sichtbarer »sozialer Selektivität« von Überwachen und Strafen lange Zeit verlassen konnte, erleben wir seit einigen Jahren eine Phase von Strafrechtskritik, die strukturelle Probleme staatlicher Bestrafung thematisiert. Die nach der »Flüchtlingskrise« im Jahr 2015 zunehmende Verwobenheit von Migrationsrecht, Asylrecht, Aufenthaltsrecht und Strafrecht, hat das strukturelle Moment der Überrepräsentation von »Nichtdeutschen« in dem Kontroll- und Kriminalisierungsprodukt auf den Ebenen der Polizei und der Einsperrung in totale Institutionen unübersehbar gemacht. Das Problem der Ersatz-Freiheitsstrafe bestätigt, dass Strafrecht die Armen, die Fremden und die Bevölkerung des Paria-Sektors »privilegiert«. Nicht zuletzt die Black Lives Matter Bewegung wirkte als Anstoß, über die Möglichkeit einer »transformative justice« nachzudenken und (wieder) nach gesellschaftlichen Alternativen zur strafrechtlichen Bearbeitung von gesellschaftlichen Konflikten zu suchen. Trotz, aber vielleicht auch wegen der herrschenden »Kultur von Punitivität« entstehen durch Strafrechtskritik Verbindungen zwischen inneren »Gegen-Institutionen« von Recht, kritischer Wissenschaftlichkeit, widerständigen sozialen Professionellen und »vielen kleinen/Leuten/an vielen/kleinen Orten«,[1] die in antirassistischen und in antiautoritären Bewegungen arbeiten und denken. Ein seltener Fall der Transversalität von Interessen an Herrschaftskontrolle. Eine wesentliche Voraussetzung dafür, die »abolitionistischen Zwillinge: Wiedervergesellschaftung von Konflikten und Abschaffung der Gefängnisse«[2] in Erinnerung zu bringen. Ich nehme die aktuelle Strafrechtskritik zum Anlass, um an die ernüchternde Geschichte bisher institutionalisierter Alternativen zu erinnern und über die Bedingungen der Möglichkeit für abolitionistische Alternativen zu denken.

1 Im Aphorismus von amnesty international folgen die Zeilen: »die viele kleine/Schritte tun/können/das Gesicht der Welt verändern.« Ich beziehe mich auch auf die Bewegungen, die der Idee von »restorative justice« und »transformative justice« folgen.

2 Christa Pelikan/Arno Pilgram, »Die Wiedervergesellschaftung von Konflikten. Zur Gegenwart einer Utopie«, in: Oliver Brüchert/Christine Resch (Hg.), *Zwischen Herrschaft und Befreiung. Politische, kulturelle und wissenschaftliche Strategien*, Münster: Westfälisches Dampfboot 2002, S. 195–208 (195).

I. Kritikmodelle und Alternativen zum Strafrecht

Der fast 40 Jahre alte Eintrag »Alternativen zum Strafrecht« im »Kleinen Kriminologischen Wörterbuch« bietet eine Reflexionsfolie, Kritikmodelle zu differenzieren. Heinz Steinert als Autor unterscheidet zwei Formen von Strafrechtskritik:[3] Ein Kritik-Modell zielt auf Verbesserungen von existierendem Strafrecht. Dazu gehört die Herstellung von mehr Rechtssicherheit, mehr Gleichbehandlung vor dem Gesetz (gerade in einer Gesellschaft, für die Ungleichheitsproduktion und soziale Ausschließung durch kapitalistische Ökonomie und Wohlfahrtsstaat konstitutiv sind). Hinzu kommt die Erwartung, dass das Herrschaftsversprechen der instrumentellen »Wirksamkeit« von staatlichem Strafen (bestimmt als General- und Spezialprävention) eingelöst werden kann. Zur »Wirksamkeit« für die Ordnung wären auch Entkriminalisierung oder Diversion zu rechnen, insofern sie als Entlastung der Strafjustiz

3 Heinz Steinert, »Alternativen zum Strafrecht«, in: Günther Kaiser/Hans-Jürgen Kerner/Fritz Sack/Hartmut Schellhoss (Hg.), *Kleines Kriminologisches Wörterbuch*, Heidelberg: C.F. Müller 1985, S. 9–14 (9f.); mit Heinz Steinert wurde ein Autor gefragt, der in dieser Phase in Österreich an dem Modellprojekt Konfliktregulierung, dessen wissenschaftlicher Begleitung und der Institutionalisierung des »Außergerichtlichen Tatausausgleichs« beteiligt war: vgl. Heinz Steinert, »Gesellschaftliche Voraussetzungen für die Realisierbarkeit kriminalpolitischer Utopien«, in: Heinrich Keller/Herbert Leirer/Michael Neider/Heinz Steinert (Hg.), *Sozialarbeit und Soziale Demokratie, Festschrift für Elisabeth Schilder*, Wien: Jugend und Volk 1979, S.181–198; vgl. zum Modell der Konfliktregulierung besonders Anni Haidar/Herbert Leirer/Christa Pelikan/Arno Pilgram (Hg.), »Konflikte regeln statt strafen! Über einen Modellversuch in der österreichischen Jugendgerichtsbarkeit«, *Kriminalsoziologische Bibliografie* 58/1988; den alltäglichen Umgang mit Kriminalität haben empirisch untersucht: Gerhard Hanak/Johannes Stehr/Heinz Steinert, *Ärgernisse und Lebenskatastrophen. Über den alltäglichen Umgang mit Kriminalität*, Bielefeld: AJZ-Verlag 1989; und er hat begonnen über »Abolitionismus als intellektuelle Praxis« zu schreiben: Heinz Steinert, »›Sicherlich ist Zweifel am Sinn von Freiheitsstrafe erlaubt‹. Über Abolitionismus als intellektuelle Praxis«, in: Karl F. Schumann/Heinz Steinert/Michael Voß (Hg.), *Vom Ende des Strafvollzugs. Ein Leitfaden für Abolitionisten*, Bielefeld: AJZ 1988, S. 1–15; Heinz Steinert, »Kriminalität als Konflikt«, *Kriminalsoziologische Bibliografie* 58/1988, S. 11–20; Heinz Steinert, »›Is there justice? — No — just us!‹ ›justice‹ as an attempt to control domination and the Problem of state-organized pain infliction«, *Israel Law Review* 1991, S. 710–728; alle drei Schriften sind gemeinsam mit weiteren abolitionistischen Schriften in dem Band: Veronika Reidinger/Jonathan Kufner-Eger/Arno Pilgram/Helga Cremer-Schäfer (Hg.), »*Is there justice? No – just us! Heinz Steinerts realistischer Sinn für Utopie*«, Wien: Löcker 2024 wieder veröffentlicht.

konzipiert werden, um Bestrafung auf die »wirklichen« Verbrechen und Kriminellen zu konzentrieren. In diesem, durchaus auch auf Herrschaftskontrolle zielenden Kritik-Modell, bleibt die Annahme bestehen, dass es, um in gesellschaftliche Konflikte zu intervenieren, eine strafgesetzliche Reaktion und Kriminalitätsdefinition braucht; und es gehört die Annahme dazu, dass die strafrechtliche Intervention der gesellschaftlichen überlegen ist – sonst würde ja nicht das »Dunkelfeld« beklagt: die viele Kriminalität, die an der strafrechtlichen Lösung vorbeigeht und daher ungelöst erscheint.

Die »radikalere Kritik« an staatlich organisierter Bestrafung erfordert in Bezug auf diese Selbstverständlichkeit einen »Paradigmenwechsel«. Nicht das existierende Strafrecht ist Ausgangspunkt für das Nachdenken über Alternativen. Es interessiert vielmehr die Art und Weise, wie gesellschaftliche Konflikte (und andere schwierige Situationen) entstehen; in welcher Art und Weise Konflikte und schwierige Situationen von den Leuten im Alltag bearbeitet werden; schließlich wäre der Frage nachzugehen, wieviel an zusätzlichem Leiden produziert wird, weil gesellschaftlich keine soziale Infrastruktur von allgemein zugänglichen Ressourcen vorgehalten wird, um Konflikte bzw. schwierige Situationen sozialer Ausschließung ohne die Instanzen von Strafrecht, dafür aber gemäß der Pragmatik des Alltags zu regulieren. Ohne eine solche Infrastruktur wird die Möglichkeit verbaut, staatlicherseits oder expertokratisch »enteignete Konflikte« wieder zu vergesellschaften.[4]

Was wir als Geschichte der Strafrechtsreformen kennen, lässt sich nie ganz eindimensional »verbessernder Kritik« oder »radikaler Kritik« zuordnen; gleichwohl lassen sich Tendenzen feststellen. Die wenigen Vorgänge von Entkriminalisierung im Sexual- und Moralstrafrecht, im Drogenstrafrecht waren selten mit Praktiken gesellschaftlicher Selbstregulation verbunden, vielmehr traten andere, meist weniger bevormundende Institutionen und Gegen-Expertinnen auf. Die Kritik des politischen Strafrechts durch Gegen-Bewegungen oder interne Gegen-Institutionen (RAV, CILIP, Grundrechte-Komitee) konzentrierte sich (aus guten Gründen) auf »implizite Kritik«, zentral Fragen von Rechtsstaatlichkeit.

Die Strafrechtsreformen der 1960er und 1970er Jahre sind relativ eindeutig zuzuordnen: »Helfen/Resozialisieren/Erziehen/Therapie statt Strafen« folgte dem Strafrecht verbessernden Kritikmodell. Die Reihe der Alternativen, die »statt Strafe« auf der personalen Ebene erfolgen sollen, beruht auf einer »Allianz« der Institutionen *Verbrechen & Strafe* und *Schwäche & Fürsorge*. Beide Institutionen agieren in einem »gegensätzlichen Zusammenspiel« (Aaron Cicourel), d.h. nicht ohne Widersprüche.

4 Zur Enteignung und Vergesellschaftung von Konflikten vgl. Nils Christie, *Grenzen des Leids*, Bielefeld: AJZ 1986.

Ein Teil der Protestbewegung der 1960er und 1970er Jahre richtete sich gegen die geschlossene Anstalt und die von ihren »Disziplinen« (wie Psychiatrie, Kriminologie, Fürsorgewissenschaft) verwendeten sozial degradierenden bis dehumanisierenden Etiketten. Eine zentrale Rolle bei der Delegitimierung und Schließung von Anstalten übernahmen wissenschaftliche Studien, die den Alltag in »totalen Institutionen«, die die Folgen der Ausschließung durch Einschließung für Insassen öffentlich gemacht haben. Dazu kam die reflexive Kritik der in den geschlossenen Anstalten arbeitenden »Gegen-Expert:innen«, von denen sich ein Teil mit »Insassen« zu selbstorganisierten Alternativen verbündete. Ich interpretiere das als Hinweis auf die zentrale Bedeutung von kritischer Wissenschaftlichkeit als eine »abolitionistische Praxis«.

Rückblickend kann man wahrlich nicht von »Abschaffung« des Gefängnisses und anderen totalen Institutionen sprechen. Wir hatten es mit einem phasenweisen Zurückdrängen zu tun. Die international auftretende Gefangenenbewegung der 1970er und das Interesse kritischer Wissenschaftler:innen, sich herrschaftlich nicht vereinnahmen zu lassen, wurden zum Anlass, in Bezug auf »Alternativen« eine abolitionistische Perspektive zu entwickeln. Es konnte sich (am Rand von auch kritischer Kriminologie) der Konflikt um die geschlossene Anstalt und um Alternativen erhalten; getragen wird er von Netzwerken und Zusammenschlüssen von Professionellen und Wissenschaftler:innen. Diese mit der »radikaleren Kritik« von Strafrecht verbundenen Diskussionen und Ideen stehen allen als eine Art »Flaschenpost« zur Verfügung: Zum einen um die ernüchternde Geschichte der institutionalisierten »Alternativen« und ihrer Widersprüche aufzuarbeiten; zweitens um empirisch in Erfahrung zu bringen, worin im Alltag das »pragmatische« Bearbeiten von Konflikten und schwierigen Situationen (einschließlich solchen der Ausschließung und Stigmatisierung) besteht. Drittens können sich Ideen entwickeln, welche Ressourcen bzw. welche soziale Infrastruktur die Leute brauchten, um eine pragmatische Bearbeitung von schwierigen Situationen zu ermöglichen – damit eine Wiedervergesellschaftung von Konflikten vorankommen kann.

II. Erfahrungen mit der Alternative »Helfen/Erziehen/Resozialisieren statt Strafen«. Ein Fortschritt zurück zu anderen Herrschaftstechniken

Die Geschichte der Strafrechtsreformen kann man als Geschichte einer Allianz der Institutionen *Verbrechen & Strafe* und *Schwäche & Fürsorge* lesen.[5] Die »Doppelnamen«, die Heinz Steinert und ich vor gut 30 Jahren für

5 Im Kontext der Umorientierung der Soziologie sozialer Kontrolle auf Analysen gesellschaftlicher Vorgänge sozialer Ausschließung haben wir Ende der

analytische Zwecke gewählt haben, setzen sich zusammen aus den Kategorisierungen, die Institutionen verwalten, und aus dem Interventionstypus, den sie aufgrund der Etikettierung praktizieren können. Staatlich organisierter Bestrafung liegt die Logik einer unmittelbaren »Lösung« von Konflikten und gesellschaftlich zu bearbeitenden Problemen durch Einschüchterung, Strafdrohung und Ausschließung zugrunde. Die Kategorisierungen »Verbrechen« und »Kriminalität« teilen die Merkmale von Ausschluss-Tickets: Sie reduzieren Personen auf ein Merkmal und formieren so eine Person als Objekt legitimierter, staatlich organisierter Ausschließung. Ordnung instrumentell durch *soziale* Kontrolle, d.h. durch Anwendung sozialer Technologien auf individuelle und kollektive Norm-Abweichungen herzustellen, neigt mehr zu einer zeitlich, materiell und an Konformitätsbereitschaft gebundenen Unterstützung durch Ressourcen, die für die Reproduktion in einer herrschenden Arbeits- und Lebensweise notwendig sind. Materielle Ressourcen, Erziehung, Qualifizierungen, Bildung sollen es Personen und Kollektiven ermöglichen, sich in eine Herrschafts- und Klassen-Ordnung zu integrieren, mit Disziplinar-Zwängen, Diskriminierungs- und Ausschlusssituationen zurecht zu kommen und so die Objektivität Gesellschaft weniger zu gefährden. Den Etiketten »Verbrechen« und »Kriminalität« fügten Institutionen sozialer Kontrolle »Delinquenz«, »Erziehungs- und Hilfebedürftigkeit« des heteronomen Delinquenten hinzu. In individuellen Fällen sozial erzeugter »Schwäche« soll staatliche Bestrafung durch Erziehen/Hilfe/Resozialisierung ersetzt werden.

Bei der seit den 1960ern institutionalisierten Allianz der Institutionen handelt es sich um eine Allianz von »dialektischen Einrichtungen«.[6] Institutionalisierte, an die Rechtsform gebundene Herrschaft ermöglicht Kontrolle von Herrschaftsausübung durch interne »Gegen-Institutionen« und die Bildung von »Gegen-Wissen« zu Ausschluss- und Kontroll-Wissen(schaften). Gegen-Institutionen, Gegen-Expertinnen und Gegen-Wissen können entscheidende Ressourcen werden, soziale Kämpfe (die kollektive Abwehr von Ausschließung und anderen Formen von realer und symbolischer Verdinglichung) *konflikthaft* und mit einer Tendenz zu mehr gesellschaftlicher Solidarisierung und Befreiungen auszutragen. Das modernisierte Strafrecht und die Alternative »helfen/erziehen/

1990er Jahre ausführlich über Funktionen der Institutionen *Verbrechen & Strafe* und *Schwäche & Fürsorge* geschrieben, vgl. Helga Cremer-Schäfer/Heinz Steinert, *Straflust und Repression. Zur Kritik der populistischen Kriminologie*, Münster: Westfälisches Dampfboot 2021; als Kurzfassung vgl. Helga Cremer-Schäfer/Heinz Steinert, »Die Institution ›Verbrechen & Strafe‹. Über die sozialstrukturellen Bedingungen von sozialer Kontrolle und sozialer Ausschließung«, *Kriminologisches Journal* 1997, S. 243–255.

6 Vgl. Heinz Steinert, »Gegen-Institutionen und Gegen-Wissen im Strafrecht: am Beispiel des Instituts für Rechts- und Kriminalsoziologie«, *Bewegungen im Recht – 20 Jahre Juridikum* 2010, S. 37–45.

resozialisieren statt Strafen« ist ein Beispiel dafür, dass wir die Hoffnung, Dialektik würde sich »automatisch« produktiv, in die Richtung von mehr Befreiung und Solidarität auflösen, nicht übertreiben können. Die Geschichte der Allianz von *Verbrechen & Strafe* mit *Schwäche & Fürsorge* war sicher auf der Ebene der Personen ein qualitativer Unterschied zum repressiven Strafrecht. Auf der gesellschaftlichen Ebene war die Allianz jedoch kein Weg, Abolitionismus den Boden zu bereiten.[7]

Das »Steckenbleiben« in nicht-radikalen Reformen hat und hatte auch damit zu tun, dass Reformpolitik von Bewegungen getragen wurde, die in den Apparaten der Institutionen arbeiteten und sich als »Advokaten« von Nicht-Organisierten zu rechts- und kriminalpolitischen Bewegungen zusammenschlossen. Zu den Eigenheiten der »sozialadvokatorischen« Reformstrategie gehörte, dass sie an den Kategorisierungen »Verbrechen« und »Kriminalität« als Indikatoren für die ungelöste »soziale Frage« festhielten. Staatlich organisierte Bestrafung als Reaktion auf den »heteronomen Delinquenten« sollte entsprechend der Antwort auf die »Soziale Frage« ausfallen: sozialpolitisch und erzieherisch. Die nicht-radikale Strategie ermöglichte es in politischen Auseinandersetzungen des 20. Jahrhunderts, moralische Empörung über ungerechte, repressive gesellschaftliche Zustände zu artikulieren und als Lösung eine bessere »sozialtechnokratische Herrschaft« anzubieten. Reformen bewegten sich im Rahmen »instrumenteller Vernunft«. Soziale Technologien waren auf der politischen Ebene nicht zuletzt deshalb politikfähig, weil sie eng mit dem (nicht nur in der BRD) paternalistisch organisierten Sozialstaat verwandt sind, der sozialpolitisch für Investitionen in die disziplinierte Arbeitskraft sorgen sollte.[8] Dass »Gerechtigkeit« bzw. »gerechte Herrschaft« auch heißen kann, dass jeder und jede bekommt, was sie entsprechend ihrer »Schuld« verdienen, wird bis heute nicht thematisiert, weder sozial- noch kriminalpolitisch.[9]

7 Vgl. Helga Cremer-Schäfer, »Die Allianz von Verbrechen & Strafe und Schwäche & Fürsorge zwischen sozialer Kontrolle und sozialer Ausschließung oder: weshalb soziale Kontrolle doch untauglich wurde, Ausschließung zu kontrollieren«, *Kriminologisches Journal* 2019, S. 52–74.

8 Vgl. zur Rolle von Sozialpolitik in den verschiedenen Phasen der Kapitalistischen Produktionsweise: Christine Resch/Heinz Steinert, *Kapitalismus: Portrait Produktionsweise*, Münster: Westfälisches Dampfboot 2009, Christine Resch/Heinz Steinert, »Der Fortschritt der Kritischen Theorie«, *Österreichische Zeitschrift für Geschichtswissenschaften* 20/2009, S. 66–93; zu »Investitionen in die Arbeitskraft« als Ermöglichung der Reformen von Strafrecht das Kapitel »Herrschaftsverhältnisse, Politik mit der Moral und moralisch legitimierter Ausschluss: Strafe als Darstellung von Arbeitsmoral« (in: Cremer-Schäfer/Steinert, *Straflust und Repression. Zur Kritik der populistischen Kriminologie*, S. 81–100).

9 Zu Gerechtigkeit als kaltes Ideal und zu Forderungen von »weniger Ungerechtigkeit« durch Protestbewegungen »from below« vgl. Steinert, »›Is there

Als Ergebnis der Modernisierungsreformen kann man festhalten, dass *Verbrechen & Strafe* uns nicht nur als ein Ausschlussapparat gegenübertritt, Kriminalnormen nicht nur auf ökonomische und politische Interessen bezogen sind und Strafrechtsanwendung nicht nur auf den Paria-Sektor oder »gefährliche Klassen« gerichtet blieb. Die Gefangenenpopulation spiegelt allerdings nach wie vor die »soziale Selektivität« von Strafrecht (genauer: institutionalisierte Armen- bzw. Fremdenfeindlichkeit und institutionalisierter Rassismus). Die Präsentation eines weiter »verbesserten«, weil sicherheits-, schutz- und opferorientierten Strafrechts ist nützlich, patriarchalisch mit Forderungen nach Schutz von Unterlegenen in privaten Herrschaftsverhältnissen (Geschlechterverhältnis, Generationenverhältnis) umzugehen. Forderungen nach mehr Strafrecht durch die »Bevölkerung« und Forderungen nach härterer Bestrafung von Tätern durch Opfer (in der Position der Nebenkläger:innen) gelten als nicht kritisierbar, weil sie verallgemeinerbare Interessen (Schutz und Normklärung) einklagen. Eine politische Strategie, die nicht mehr ganz so folgenlos bleibt, wie dies von symbolic politics angenommen wird.

III. Kritik von Alternativen: Anpassung an die »Ökonomie der Macht«

Analysen der Praxis von »helfen/heilen/erziehen statt bestrafen« Ende der 1970er Jahre betonten, dass Alternativen Bestrafen durch Disziplinieren ersetzen. In der Begrifflichkeit von Foucault hieß das, Alternativen passen sich der »Ökonomie der Macht« an.[10] Dem (in Grenzen)

justice? — No — just us!‹ ›justice‹ as an attempt to control domination and the Problem of state-organized pain infliction«; er übersetzt die heute vielzitierte Inschrift »Is there Justice? No — just us!« als Aufforderung, dass wir uns im Kampf um weniger Ungerechtigkeit nur auf uns selbst verlassen können, nicht auf den Staat; daher muss es sozialwissenschaftlich darum gehen, die alltägliche Bearbeitung von Konflikten in Erfahrung zu bringen.

10 »Was Richter durchsetzen, wenn sie ›therapeutische‹ Urteile fällen und ›Resozialisierungsstrafen‹ verhängen, ist die Ökonomie der Macht und nicht die ihrer Skrupel oder ihres Humanismus ... Wir leben in der Gesellschaft des Richter-Professors, des Richter-Arztes, des Richter-Pädagogen, des Richter-Sozialarbeiters; sie alle arbeiten für das Reich des Normativen (...)«, Michel Foucault, *Überwachen und Strafen. Die Geburt des Gefängnisses*, Frankfurt: Suhrkamp 1977, zitiert nach dem Klappentext, nicht gendergerechte Sprache im Original. Der von Schuhmann/Steinert/Voß (1988) herausgegebene Band »Vom Ende des Strafvollzugs« dokumentiert die Kritik aus abolitionistischer Perspektive; der von Müller/Otto herausgegebene Band »Damit Erziehung nicht zur Strafe wird« aus der Perspektive einer kritischen, konfliktorientierten Perspektive: Michael Voß, »Diversion: Eine neue Form

realisierten Projekt, Jugendgefängnisse als Behandlungsvollzug in Wohngruppen zu organisieren, konnte empirisch entgegengehalten werden, dass Pädagogisierung von Gefängnisstrafen alle Zwangselemente (auch die Zwangsidentität) beibehält, Gefängnisaufenthalte verlängert, willkürliche Entscheidungen über das »Ende von Strafvollzug« impliziert, keine Beschädigungen von Personen verhindert, vielmehr zu »Entwicklungsschäden« und zu kumulativer Stigmatisierung führt. Deutlich reduziert wurde der »Gefängnisbelag« nicht, die Sozialstruktur der Gefangenen veränderte sich entsprechend der sozialen Kategorien, die als »nützliche Feinde« bestimmt wurden.

Die von der Polizei bereits Mitte der 1970er Jahre als Präventionsinstrument ins Spiel gebrachte »Jugendpolizei« haben anti-autoritäre Jugendarbeiter:innen als übergriffig beurteilt.[11] Ihre Kritik betonte die repressiven, Selbstorganisation von Arbeiterjugendlichen verhindernden Aspekte. Kritische Kriminologie erweiterte diese Folge auf alle jungen Leute. Jugendpolizei-Modelle konkretisierten die autoritäre Idee einer »gesellschaftssanitären Polizei« (von BKA-Präsident Horst Herold). Die Stilisierung der Polizei als leitende Problem-Entdeckungs- und Kriminalitätspräventions-Behörde beschneidet »ein weiteres Mal die Möglichkeit, Gesellschaft von unten her zu verändern«.[12] Die Debatte um »Diversion« und »net-widening« der 1980er Jahre kann man als Indikator interpretieren, dass Kriminalisierungspolitik und »Problemlösungen« durch Sozialarbeit sich in der Art eines »Kartells« zusammengeschlossen haben. Verlängernde »Umleitungen« des Wegs in den Vollzug von Strafen ermöglichten Strafrecht einerseits bei unangetastetem bzw. inflationiertem Kriminalrecht eine Kontrolle des Gefängnisbelags vorzuweisen.[13] Als Folge wurden gesellschaftlich zu bearbeitende Probleme (wie Drogenkonsum) als »Kriminalitätsproblem« institutionalisiert.

Eine wohlfahrtsstaatlich reformierte Strafjustiz, die ihre Kontrollfunktionen erziehenden und helfenden Institutionen überträgt, konnte ihre soziale Selektivität und Mitarbeit an der Reproduktion des Paria-Sektors besser unsichtbar machen als die Polizei; einfach durch den Hinweis, dass Verurteilungen sich selbstverständlich an Verfahrensvorgaben

der sozialen Kontrolle«, in: Siegfried Müller/Hans-Uwe Otto (Hg.), *Damit Erziehung nicht zur Strafe wird. Sozialarbeit als Konfliktschlichtung*, Bielefeld: Böllert 1986, S. 79–93.

11 Vgl. den Rückblick von Manfred Kappeller, »Klassifikation ›Verwahrlosung‹. Zur Aktualität der radikalen Kritik von Deklassierung durch Jugendhilfe im Kontext von Protestbewegung und Heimkampagnen vor 50 Jahren«, *Widersprüche* 153/2019, S. 77–91.

12 Torsten Schwinghammer, »Die Jugendpolizei in der BRD — ein weiterer Schritt zur ›gesellschaftssanitären Polizei‹«, *Kriminologisches Journal* 1980, S. 98–107 (98).

13 Vgl. Michael Voß, »Diversion: Eine neue Form der sozialen Kontrolle«.

orientieren. Zu den wichtigsten bürokratischen Anwendungsregeln in einem Strafprozess zählen Vorstrafen und Rückfall. Die Orientierung an Vorstrafen und Rückfall bzw. einer »Jugendhilfekarriere« als Indikator für »schädliche Neigungen« impliziert, das Moment Bestrafen und Einsperren hinauszuschieben. So banal es ist, wirkt dieser »second code« unter seltenen Umständen wie eine institutionalisierte Selbstkontrolle der Justiz, Inhaftierungen in einer bestimmten Größenordnung zu halten. Dafür bedurfte es einer funktionierenden Allianz mit »sozialen Diensten«, die sich verpflichten lassen, »Kriminalität« ernst zu nehmen.

IV. Alternativen als »Fortschritt zurück«

Das strukturelle Problem von Sozialer Arbeit liegt darin, dass sie als institutionalisierte Praxis auf Konflikte lediglich mit einer anderen Herrschaftstechnik reagiert. Die Kontroverse um Diversion der 1980er Jahre ließ die Einsicht wachsen, dass Reformen, die von einzelnen repressiven Herrschaftstechniken befreien, sehr schnell von »moderneren« Formen der Disziplinierung und instrumenteller Kontrolle absorbiert werden. Kritische Theorie analysierte solche Fortschritte zurück als »Dialektik der Aufklärung«.[14] Alternativen, die dem heteronomen, jungen Delinquenten helfen, ihn erziehen oder resozialisieren statt bestrafen, schieben zwar Bestrafung (zeitlich) hinaus, beteiligen sich aber doch daran, Strafrecht »das Objekt zu präparieren«.[15] Die für Institutionen sozialer Kontrolle charakteristische Klassifikation von Personen als nicht (re-) formierbar/erziehbar/resozialisierbar ermöglicht es, Klassifizierte in eigene geschlossene Anstaltsprogramme zu schicken. Die »Zuschreibungsverweigerungsstrategie« der »sanften Kontrolleure«[16] gilt nur zeitlich begrenzt und ist vor allem sozial selektiv. Als Zugabe von Kooperation stellt Soziale Arbeit der Strafjustiz »bürokratisierte« Entscheidungskriterien zur Verfügung (Vorstrafen? Rückfall trotz Bewährungshilfe? Schädliche Neigungen? Jugendhilfekarriere?). Praktischerweise verdecken diese den

14 Max Horkheimer/Theodor W. Adorno, »Dialektik der Aufklärung. Philosophische Fragmente«, in: Gunzelin Schmid-Noerr (Hg.), *Gesammelte Schriften Band 5*, Frankfurt a.M.: Fischer 2014, S. 13–290.

15 Ich übernehme diese wenig zitierte Kennzeichnung von Alternativen zu Strafrecht von Aaron V. Cicourel, *The Social Organization of Juvenile Justice*, New York: Wiley 1968, S. 46, der als »Klassiker« kritischer Kriminologie gilt. Möglicherweise werden »Klassikern« keine Aktualität zugeschrieben. Im Fall von Cicourel verhindert dies Erkenntnisse über nicht-radikale »Alternativen«.

16 Helge Peters/Helga Cremer-Schäfer, *Die sanften Kontrolleure. Wie Sozialarbeiter mit Devianten umgehen*, Stuttgart: Enke Verlag 1975.

Klassenbias (bzw. den strukturellen Rassismus) strafrechtlicher Entscheidungsinstanzen. Üble Nachreden wie »Armut als Ursache für Kriminalität« oder die »underclass debate« werden gesellschaftlich gebraucht, um zu legitimieren, dass armen Leuten nur eine minimale Sicherung zugebilligt wird, die sie genau »am Rand« von Gesellschaft festhält. Bei Fremden und Armen wird mangelnde »Gemeinschaftsfähigkeit« (wenn nicht »Gefährlichkeit«) als neu/alte »Anwendungsregel« genutzt.

Als Strukturanalogie der Institutionen sind daher nicht nur die geschlossenen Anstalten und die sozialdegradierenden Etiketten zu werten. Praktiken von erziehen, helfen, resozialisieren implizieren die Möglichkeit, staatlich organisierte Ausschließung ohne Moralisierungsaufwand, rationalisiert, »kalt« und nach dem *TINA*-Prinzip durchzuführen: Nach mehreren Versuchen, so die Definition, gibt es keine Alternative zu Bestrafung und Ausschließung. Der Vorstellung, Strafrechtspolitik könnte durch Sozialpolitik und eine Politik hilfreicher sozialer Kontrolle von »Kriminalität« ersetzt werden, ist daher mit einem realistischen Pessimismus entgegenzutreten. Es ist nicht zufällig, dass sich in den 1980er Jahren in öffentlichen Diskursen über Strafrecht und Gefängnisse verstärkt abolitionistische Denkmodelle einschalten. Das abolitionistische Denkmodell positioniert sich grundsätzlich gegen eine Legitimierbarkeit staatlich organisierter Bestrafung.

V. Ordnung schaffen, Integrieren, Disziplinieren und Ausschließen

Gegen ein naives Verständnis, das Vergesellschaftung als ausschlussfrei denkt, spricht die Erfahrung, dass jede »positiv« auf »Integration« und »Einbeziehung« gerichtete Vergesellschaftung Normen impliziert, an denen Handlungsweisen, Personen und Kollektive gemessen werden, nach denen sie kategorisiert und in eine klassifizierende Hierarchie gebracht werden. »Positive« Kategorisierungen (nützlich, intelligent, diszipliniert, gemeinschaftsfähig, entwicklungsfähiges Humankapital) konstituieren stets einen Grad der Abweichung von Norm & Normalität. Schon »Defizite« oder »Mängel« von Personen oder Kollektiven, eine (Normalitäts-) Norm einzuhalten, definieren die Person und das Kollektiv als ein Objekt von Kontroll-Maßnahmen.

Optimistische Sozialtechnologien legen als Kriterium für Ausschließung nicht Verantwortlichkeit und Schuld zugrunde, auch nicht »Nützlichkeit« oder »Brauchbarkeit« wie der Markt, sondern Kriterien von »Eignung« einer Person oder eines Kollektivs für eine durchgesetzte (Herrschafts-)Ordnung und Lebensweise. Wobei »Eignung« als Merkmal von Personen verstanden wird, das gesellschaftlich erzeugt und gepflegt wird.[17] Dass wir es bei sozialen Technologien nie eindimensional mit »Integration« in eine Herrschaftsordnung zu tun haben, sondern mit Vorgängen sozialer Ausschließung, hat nicht nur »Dialektik von Aufklärung« deutlich gemacht. In Analogie dazu spricht Zygmunt Bauman von »Dialektik der Ordnung«[18]. Für Analysen der Vorgänge, die den für eine durchgesetzte Herrschaftsordnung »geeigneten Menschen« fabrizieren, hat er uns die Metapher vom »gesellschaftlichen Gartenbau mit dem Staat als Gärtner« zur Verfügung gestellt.[19] Als »Ordnungsprojekte« des Gartenbaus fasst Bauman gesellschaftlich und staatlich organisierte Praktiken, Wissensbereiche und Diskurse, die Natur und soziale Welt nach Vorschriften der Vernunft, der Zivilisiertheit und nach vorgegebenen Gesetzen *zweckgerichtet* einrichten und aufrechterhalten. Dazu gehören »Ordnungsutopien der philosophischen Vernunft« und das »kulturalistische Gesellschaftsbild« der Intellektuellen, in dem die Anderen der Ordnung formbar, doch stets kulturell verformt wahrgenommen werden.[20] Zu den Ordnungsprojekten zählen »integrierende« Sozialtechnologien (von Disziplinierung, Erziehung, Qualifizierung, Sozialhygiene, Normierung), die jene Eignungen und Voraussetzungen für Zugehörigkeit herstellen. Den Staat sieht Bauman in der Rolle des Gewaltmonopolisten und kontrollierenden Organisators der rational geplanten Ordnung. Institutionen erhalten die Befugnis, im »gärtnerischen Modus« darüber zu entscheiden, ob Personen und Kollektive Voraussetzungen von Zugehörigkeit erfüllen. Zum »gärtnerischen« Modus von *Ordnung schaffen* gehören damit zwei soziale Technologien: solche, die »Eignung« (Nützlichkeit, Diszipliniertheit, Funktionalität, »Gemeinschaftsfähigkeit«)[21] der Mitglieder pflegen, und solche sozialen Technologien, die Personen und Kollektive als »uneindeutige«, »unpassende«, »fremde«, die Ordnung »störende« Misfits aussortieren. Entsprechend

17 Exemplarisch dafür steht der Pädagogische Topos der Zuständigkeit des Erziehers für die »Menschwerdung des Menschen«.

18 Zygmunt Bauman, *Dialektik der Ordnung: Die Moderne und der Holocaust*, Hamburg: Europäische Verlagsanstalt 1992.

19 Zygmunt Bauman, *Dialektik der Ordnung*, S. 41.

20 Vgl. Zygmunt Bauman, »Gesetzgeber und Interpreten: Kultur als Ideologie von Intellektuellen«, in: Hans Haferkamp (Hg.), *Sozialstruktur und Kultur*, Frankfurt: Suhrkamp 1990, S. 452–481.

21 »Gemeinschaftsfähigkeit« ist eine institutionalisierte »Eignung«. Die allgemeinste institutionalisierte Kategorisierung für gesellschaftlich erzeugte, daher »soziale Schwäche« der Person findet sich, positiv gewendet, in der Präambel des Kinder- und Jugendhilfegesetzes (1992): »Jeder junge Mensch hat ein Recht auf Förderung seiner Entwicklung und auf Erziehung zu einer selbstbestimmten, eigenverantwortlichen und *gemeinschaftsfähigen Persönlichkeit.*« (Hervorhebung HCS) Das Kriterium »Fähigkeit« impliziert stets, dass eine Noch-nicht-Fähigkeit diagnostiziert werden kann.

der Unterscheidung von Nutzpflanzen und Unkraut spaltet der »gärtnerische« Modus der Herstellung von Ordnung

> »die menschliche Welt in eine Gruppe, für die eine ideale Ordnung errichtet werden soll, und in eine, die in dem Bild und der Strategie nur als ein zu überwindender Widerstand vorkommt — als das Unpassende, das Unkontrollierbare, das Widersinnige und das Ambivalente«[22].

Ich beziehe mich auf Bauman, weil mit seinem Bild vom gesellschaftlichen Gartenbau deutlich wird, dass die Alternativen Helfen-Erziehen-Sorgen-Resozialisieren eigene Ausschließungsprozesse und Formen entwickeln und letztlich Bestrafung legitimieren. Auf der Ebene der Person legitimiert die Zuschreibung »ungeeignet« (weil nicht erziehbar, nicht resozialisierbar, pädagogisch nicht erreichbar) soziale Ausschließung von und durch eine »integrierende« soziale Technologie. Wer wiederholt seine »nicht herstellbare Gemeinschaftsfähigkeit« bewiesen hat, darf Gegenstand rationalisierter Ausschließung werden. Bauman macht deutlich, dass es sich bei Ausschließung durch »integrierende« soziale Technologien nicht um einen »Fehler« bzw. eine verbesserungswürdige Praxis von Alternativen handelt. Das Grundmuster der Aufspaltung in »Wir und Sie« ist konstitutiv für jede Institution und soziale Technologie, deren gesellschaftliche Funktion darin besteht, Ordnung herzustellen. In der aktuellen Diskussion um »Alternativen« ist es daher wichtig, die strukturell in *Verbrechen & Strafe* und *Schwäche & Fürsorge* implizierte Dialektik als »Fortschritt zurück« sichtbar zu machen. Dazu braucht es in der Sozialwissenschaft den angesprochenen »Paradigmenwechsel« – die abolitionistische Perspektive auf Alternativen zum Strafrecht.

> »Abolitionismus — das heißt heute einfach, die Merkwürdigkeit, Absurdität und Gefährlichkeit dieses staatlichen Arrangements im Blick zu behalten. Und diese Einsicht so ernst zu nehmen, dass man sich eine Gesellschaft ohne Gefängnisse zumindest vorzustellen versucht.«[23]

VI. Abolitionismus: Gegen-Denken und Sichtbarmachung von pragmatischen Formen der Konfliktbearbeitung im Alltag

Zu den seltenen historischen Bedingungen, Ausschließungsvorgänge zu begrenzen, gehörten heute zurückgedrängte, doch nicht ganz verschwundene professionelle, disziplinäre und wissenschaftliche

22 Zygmunt Bauman, *Moderne und Ambivalenz. Das Ende der Eindeutigkeit*, Hamburg: Hamburger Edition 1992, S. 69.

23 Heinz Steinert, »Abolitionismus: Die harte Wirklichkeit und der Möglichkeitssinn«, S. 2.

Gegen-Bewegungen, die gegenüber staatlich organisierter Bestrafung und dem zugehörigen Ausschlusswissen (wie die traditionellen Anwendungswissenschaften Kriminologie, Psychiatrie, repressive Fürsorgewissenschaft) eine abolitionistische Perspektive eingenommen haben. Die Lehre für eine aktuelle Suche nach Alternativen heißt ausnahmsweise »mehr desselben« an Kritik:

- Institutionell verwaltete Etiketten (Kriminalität, Delinquenz, Defizite an Gemeinschaftsfähigkeit) als Abstraktionen zu einem bestimmten Zweck (der Bestrafung, Ausschließung, Stigmatisierung) zu analysieren,
- geschlossene Anstalten/Gefängnisse als organisierte Ausschließung durch Einschließung zu kritisieren,
- Verdinglichungen durch alternative Herrschaftstechniken zum Objekt von Kritik machen.

Kritik kann im Negativen eine mögliche andere Zukunft aufscheinen lassen: *ohne* Ausschließungsregime, *ohne* Ausschließung durch Einschließung in all ihren Formen, *ohne* speziell die Institution *Verbrechen & Strafe*, *ohne* eliminatorische und technische Problemlösungsfantasien, *ohne* institutionelle Stigmatisierung durch Kontroll-Institutionen. Ein langer Weg, der politisch schrittweise und kompromisshaft begangen werden könnte und daher besondere Aufmerksamkeit erfordert, wie »Fortschritten zurück« dauerhaft durch wissenschaftliche und institutionelle Praxis der Reflexion entgegengearbeitet werden kann. Andauernde Konflikte um staatliche Strafgewalt und institutionalisierte Alternativen sind eine Voraussetzung, Abolitionismus als eine Gegen-Bewegung und Gegen-Wissen zu institutionalisierter Herrschaft konfliktfähig zu halten. Den von Heinz Steinert angesprochene Perspektivenwechsel zu »Konfliktbearbeitung im Alltag« zu vollziehen,[24] bedeutet für Sozialwissenschaften, sich nicht für (bessere) Kriminalitätsbekämpfung zuständig zu erklären, sondern »Kriminalität« als Konflikt verstehbar zu machen. Das ermöglicht, anders als im Format der »Dunkelfeldstudie«, ein Wissen darüber in Erfahrung zu bringen,

- wodurch Leute im Alltag in schwierige Situationen gebracht werden; durch die disziplinierte Lebensweise? Von gesellschaftlichen Basisinstitutionen wie Arbeitsmarkt, wohlfahrtsstaatliche Einrichtungen, nationale Grenzziehung, Verweigerungen eines offiziellen Status, Bestrafung, Stigmatisierung, Gettoisierung, Verweisen in den Paria-Sektor einer Gesellschaft?
- wie Leute im Alltag Konflikte und andere schwierige Situationen sozialer Ausschließung bearbeiten;

24 Heinz Steinert, »Alternativen zum Strafrecht«, in: Günther Kaiser/Hans-Jürgen Kerner/Fritz Sack/Hartmut Schellhoss (Hg.), *Kleines Kriminologisches Wörterbuch*, Heidelberg: Müller 1985, S. 9–14.

- welche Ressourcen für Konfliktbearbeitung sie mobilisieren können;
- schließlich braucht es ein Wissen darüber, wie eine subordinierte Position im patriarchalen Herrschaftsverhältnis (in der Regel die von Frauen, Kindern und jungen Männern) mit »schwierigen Situationen« zusammenhängt.

Einmischen in gesellschaftliche Konflikte und gesellschaftlich zu bearbeitende Probleme können sich Sozialwissenschaften durch theoretische Analysen und empirische Studien, die das von Nils Christie formulierte Prinzip der Wiederaneignung/Wiedervergesellschaftung von »enteigneten Konflikten« ermöglichen. Das erfordert

- Abolitionismus als eine intellektuelle Praxis auszuarbeiten,
- »Kriminalität« (wieder) als Konflikt verstehbar zu machen, Alternativen zum Strafrecht an der Logik alltäglicher Bearbeitung von »Ärgernissen und Lebenskatastrophen« zu orientieren.
- eine empirische Sozialforschung, die nicht-institutionelle Praktiken von Alltagshandeln sichtbar macht.

VII. Konfliktorientierung und Alltagsperspektive

Die Mitte der 1980er durchgeführte Studie »Ärgernisse und Lebenskatastrophen. Über den alltäglichen Umgang mit Kriminalität« von Gerhard Hanak, Johannes Stehr und Heinz Steinert repräsentiert den von Heinz Steinert angesprochenen sozialwissenschaftlichen »›Paradigmenwechsel‹ [...] in dem Sinn,[25] dass nicht das existierende Strafrecht den Ausgangspunkt der Überlegungen bildet, sondern die Art, wie gesellschaftliche Probleme und Konflikte entstehen und bearbeitet werden.«[26] Die Studie interessierte sich für die eigenständige »Logik« alltäglicher Konfliktbearbeitung. Schwierige Situationen und Konflikte (zwischen »Ärgernissen und Lebenskatastrophen«) werden im Alltag nicht als zu sanktionierender bzw. zu bestrafender Normbruch eines Beteiligten definiert, sondern als »Störungen von Alltagsroutinen« behandelt. Den erzählten Geschichten über »Konflikte und ihre Bearbeitung« bzw. der »Abhilfe in Schwierigkeiten« bzw. »Wiederherstellung der Routinen des (disziplinierten) Alltags« ließ sich entnehmen, dass Konfliktbearbeitung

25 Zur Aktualität der Studie vgl. Johannes Stehr, »Alltagsperspektive und Konfliktorientierung als Kritik. Zur Aktualität der Studie Ärgernisse und Lebenskatastrophen«, in: Andreas Kranebitter/Monika Mokre/Arno Pilgram/Veronika Reidinger/Christoph Reinprecht/Karl Reitter (Hg.), *Befreiungswissen als Forschungsprogramm. Denken mit Heinz Steinert*, Münster: Verlag Westfälisches Dampfboot 2022, S. 106–120.

26 Heinz Steinert, »Alternativen zum Strafrecht«, S. 9.

eine eigenständige, »nicht-institutionelle« Praxis ist, die »pragmatischen Strategien« folgt: Es sind Deeskalation von Konflikten, Bemühungen um Kompensation und Wiedergutmachung, Aushandeln von Beziehungen, Meidung von Situationen, die Mobilisierung von Dritten, schließlich das Aus-schlechten-Erfahrungen-Lernen, mit denen die Wiederherstellung von Routinen des (disziplinierten) Alltags bewerkstelligt werden können. Die »selbsttätige« Art und Weise der Konfliktbearbeitung ist nicht unabhängig von Ressourcen, über die eine Person verfügt oder die ihr über Dritte bzw. eine Infrastruktur von Ressourcen zur Verfügung stehen. Die Studie zeigte, dass im Alltag, soweit auf »eigene« Bearbeitungsstrategien und Ressourcen zurückgegriffen werden konnte, Angebote des Strafrechts (Anzeige, Verurteilung, Bestrafung, Sanktionen) als Ressourcen für pragmatische Konfliktbearbeitung als wenig geeignet beurteilt und daher gar nicht bis selten mobilisiert werden.

Man muss Alltag nicht verklären, um in den pragmatischen Strategien Verallgemeinerbares für Alternativen zur »Bestrafung von Schuldigen« zu finden. In einer Verdichtung der Forschungsergebnisse der »Ärgernisse und Lebenskatastrophen« hieß es bereits:

> »Es wird dauernd in analogen Problemen, die nicht angezeigt werden, jedenfalls etwas anderes praktiziert, dessen Ergebnisse eigentlich gar nicht schlechter sein können als die bekannt kümmerlichen, die der staatliche Eingriff produziert.«[27]

Mit einer »kleinen« Replikationsstudie der »Ärgernisse und Lebenskatastrophen« konnte Johannes Stehr in Erfahrung bringen,[28] dass das zunehmend »punitive Klima« am alltäglichen Umgang mit Konflikten und anderen schwierigen Situationen nichts geändert hat. Die Weiterarbeit von Johannes Stehr im Rahmen von Konfliktorientierung und Alltagsperspektive als Kritik fokussiert besonders die Art und Weise wie eine kritische und nicht-verdinglichende Forschung beschaffen sein muss, um alltägliche Bearbeitungsstrategien als eine »nicht-institutionelle« Alternative zu Strafrecht und Technologien sozialer Kontrolle zu verstehen.[29] Qualitative Forschungsmethoden allein genügen nicht. Eine nicht verdinglichende Alltagsforschung erfordert eine Aufforderung, Geschichten über Konflikte und schwierige soziale Situationen zu erzählen; eine Fokussierung des gesellschaftlichen Kontexts einer Situation und eine

27 Hanak/Stehr/Steinert, *Ärgernisse und Lebenskatastrophen*. S. 31.

28 Johannes Stehr, »Die nicht-institutionelle Logik und das kritische Potential der Alltagsperspektive«, *Kriminologisches Journal* 2024, S. 92–111.

29 Vgl. Johannes Stehr zu »Kriminalität als Konflikt. Ein Notat«, *Kriminologisches Journal* 2018, S. 247–256; zu Konfliktorientierung in Sozialer Arbeit: Johannes Stehr, »Konfliktorientierung in der Forschung zur Sozialen Ausschließung«, in: Roland Anhorn/Johannes Stehr (Hg.), *Handbuch Soziale Ausschließung und Soziale Arbeit*, Wiesbaden: Springer VS 2021, S. 191–214.

Orientierung an »situierten« Handlungsstrategien (Handeln wird nicht personalisiert und als Ausdruck von Eigenschaften einer Person interpretiert); erforderlich ist, Handlungsstrategien in Beziehung zu situativen Ressourcen zu setzen, die die Wiederherstellung von Alltagsroutinen ermöglichen oder verhindern. Herrschaftsverhältnisse, Machtasymmetrie und andere Ungleichheiten bleiben auf diese Weise als Kontext alltäglicher Arbeit an Konflikten sichtbar; ebenso die im Alltagshandeln der Leute implizierte Kritik des institutionellen Umgangs mit »Ärgernissen und Lebenskatastrophen«.

Nils Christie fragte, wie eine Situation beschaffen sein müsste, um gesellschaftlich ein »niedrigeres Niveau von Schmerzzufügung« zu erreichen. Er nannte Wissen um die *vielfältigen* Bedeutungen der Handlungsweisen anderer; ein *geringes Machtgefälle* zwischen Entscheidern und Leuten, über die entschieden wird, Möglichkeiten, Kontroll-Experten *»von unten« zu kontrollieren*; eine *Lebensweise, die auf gegenseitiger Abhängigkeit* beruht und in der das Individuum als *unverzichtbar* behandelt wird; eine *Kultur, in der Schmerzzufügung keinen legitimen Platz hat.* Konfliktorientierung und Alltagsforschung als Kritik geben sich diese Bedingungen wenigstens als Beurteilungskriterien für die Forschungs- und Interpretationssituationen vor.

VIII. Zur (Un-)Möglichkeit, Alternativen zu institutionalisieren

Die Idee von »abolitionistischen Zwillingen: Wiedervergesellschaftung von Konflikten und Abschaffung der Gefängnisse« wurde ab 1984 mit dem österreichischen »Modellversuch Konfliktregulierung in Jugendstrafsachen« außerinstitutionell erprobt und mit dem »Außergerichtlichen Tatausgleich« (ATA) im allgemeinen Strafrecht 1999 institutionalisiert.[30] Christa Pelikan und Arno Pilgram hielten fest: »seither zieht sich so etwas wie eine abolitionistische Spur durch die österreichische Kriminalpolitik.« Und sie fragten, »Ist sie heute noch genauso gut lesbar wie zu Beginn oder verliert sie sich bereits?«. Um der Frage nach (nicht ganz) verlorenen Spuren eines »vergleichsweise radikalen strafrechtskritischen Ansatz« nachzugehen sowie die

> »relativ justizferne, ›außerinstitutionelle‹, formlose, experimentelle und nichtsdestoweniger eindrucksvoll erfolgreiche Realisierung von

30 Vgl. Christa Pelikan/Arno Pilgram, »Die Wiedervergesellschaftung von Konflikten. Zur Gegenwart einer Utopie«, in: Oliver Brüchert/Christine Resch (Hg.), *Zwischen Herrschaft und Befreiung. Politische, kulturelle und wissenschaftliche Strategien*, Münster: Westfälisches Dampfboot 2022, S. 195–208.

›Konfliktregelung nach Strafanzeigen‹ bzw. den Einfluss Kritischer Kriminologie auf Terminologie, Konzepte und Strategien der Praxis«[31]

in den gesellschaftlichen Kontext einzuordnen, thematisieren die Autor:innen die Erfahrungen mit Grenzen für »radikale Reformen«, die sich durch Institutionalisierung bzw. die Möglichkeit ergeben, via »staatlicher Macht über Geld und Recht wirksam in ›abhängige Autonomie‹« von hybriden Organisationen einzugreifen.[32] Von Spuren, die trotz Institutionalisierung bleiben, möchte ich besonders hervorheben

- das Verständnis von »Kriminalität als Konflikt« kann nicht mehr abgeschafft werden, weder in wissenschaftlicher noch in der institutionellen Praxis von sozialer Arbeit;
- dass sich eine konfliktorientierte Professionalität im Bereich Sozialer Arbeit entwickelt hat;
- dass am Paradigmenwechsel, den »radikalere Reformen« brauchen, wissenschaftlich weitergearbeitet wurde.

Der »Modellversuch Konfliktregulierung« und »Außergerichtlicher Tatausgleich« blieb trotz verlorener Spuren als gesellschaftliches Dokument für die Möglichkeit erhalten, dass Ereignisse zwar als »Kriminalität« bezeichnet werden können, es uns aber nicht dazu zwingt, es zu tun. Das personalisierende (und moralisierende) Vokabular von »Täter-Opfer-Ausgleich« *nicht* zu benutzen, vielmehr gerade in der Institution *Schwäche & Fürsorge* von schwierigen Situationen, von Konflikten, von ärgerlichen Störungen der Alltagsroutinen, von Schadensereignissen, von Zwangs- und Notsituationen oder einer Lebenskatstrophe auszugehen, führt zu Möglichkeiten (und Kompetenzen) von Sozialer Arbeit, sich konfliktorientiert Situationen zuzuwenden und Ressourcen zu mobilisieren, die notwendig sind, um die alltägliche Arbeit an »Ärgernissen und Lebenskatastrophen zu ermöglichen, mindestens sie weniger leidvoll machen«.[33]

31 Pelikan/Pilgram, »Die Wiedervergesellschaftung von Konflikten. Zur Gegenwart einer Utopie«, S. 197.

32 Arno Pilgram, »Hybride Organisationsformen der Straffälligenhilfe bewahren. Ermutigung und Kritik in der Sozialen Arbeit behaupten«, in: Ellen Bareis/Christian Kolbe/Marion Ott/Kerstin Rathgeb/Christian Schütte-Bäumner (Hg.), *Episoden sozialer Ausschließung. Definitionskämpfe und widerständige Praktiken*, Münster: Westfälisches Dampfboot 2013, S. 193–208, analysiert die österreichische Bewährungshilfe als hybride Organisation, eine Voraussetzung für »relative Unabhängigkeit« von Einrichtungen in dialektischen Institutionen und eine Möglichkeit für Professionelle, sich gegen instrumentelle Logiken (wie »Risikoorientierung«) von sozialen Technologien zur Wehr zu setzen.

33 Zu Konfliktorientierung in der Sozialen Arbeit vgl. Stehr, »Konfliktorientierung in der Forschung zur Sozialen Ausschließung«; zu Nutzung sozialer

Mit der Institutionalisierung von »Konfliktregulierung« konnte sich (nicht nur in Österreich) ergänzend zur »Hilfe-Profession« eine konfliktorientierte, bedürfnis- und ressourcenorientierte Praxis Sozialer Arbeit entwickeln, die die Vorgaben und Grenzen der Institution Verbrechen & Strafe, »Kriminalität« und »Normabweichung«, überschreitet. Den Arbeiten von Jonathan Kufner kann man entnehmen, dass diese »abolitionistische Spur« den seit den 1990er Jahren zu beobachtenden, schrittweisen Umbau der Österreichischen Bewährungshilfe zu einer risikoorientierten, einer »direktiven, steuernden, hochgradig standardisierten und tendenziell defekt- und defizitorientierten Expertokratie«[34] mit einem »Unterleben des Personals« soweit möglich widersteht. Der Konflikt um die »abolitionistischen Zwillinge: Wiedervergesellschaftung von Konflikten und Abschaffung des Gefängnis« wird von einer internen Gegen-Institution auf dem Hintergrund von verfügbarem Gegen-Wissen über praktizierbare Alternativen im Alltag weiterführt.[35]

IX. Akademischer Abolitionismus/ theoretischer Abolitionismus

Als Ressource für den andauernden Konflikt um Alternativen wird die Denkweise »theoretischer Abolitionismus« wichtiger. Nach langjähriger Zusammenarbeit mit Heinz Steinert verstehe ich theoretischen Abolitionismus als einen Spezialfall von Befreiungsdenken.[36] Heinz Steinerts

Arbeit als Ressource für »Reproduktionsarbeit« und zur Bearbeitung sozialer Ausschließung vgl. Ellen Bareis/Helga Cremer-Schäfer, »Bearbeitung von Situationen sozialer Ausschließung – Praktiken des Alltags«, in: Roland Anhorn/Johannes Stehr (Hg.), *Handbuch Soziale Ausschließung und Soziale Arbeit*, Wiesbaden: Springer VS 2021, S. 701–737; Helga Cremer-Schäfer, »Alltägliche Arbeit an Situationen sozialer Ausschließung als Konflikt um institutionalisierte Wohlfahrt verstehbar machen«, *Kriminologisches Journal* 2024, S. 112–130.

34 Vgl. Jonathan Kufner-Eger, »Verdinglichung von Alltag in der Bewährungshilfe und Eigensinn gegenüber risikoorientierter Rationalisierung Sozialer Arbeit«, *Kriminologisches Journal* 2024, S. 131–148 (134). Und ausführlich seine Studie *Risikoorientierte Rationalisierung Sozialer Arbeit. Verwerfungen der Berufsidentität in der Bewährungshilfe. Eine soziologische Studie*, Wiesbaden: Springer VS 2020.

35 Kufner-Eger, »Verdinglichung von Alltag in der Bewährungshilfe und Eigensinn gegenüber risikoorientierter Rationalisierung Sozialer Arbeit«, S. 142.

36 Ich beziehe mich auf die Arbeit von Heinz Steinert an und seine Weiterarbeit mit älterer Kritischer Theorie: Heinz Steinert, *Adorno in Wien. Über die (Un-)Möglichkeit von Kunst, Kultur und Befreiung*, Wien: Verlag für Gesellschaftskritik 1989 und: Heinz Steinert, *Das Verhängnis der Gesellschaft*

gesellschaftstheoretisches Denken ist für die Diskussion von Alternativen wichtig, weil er vorgeschlagen hat, Abolitionismus auf Fragen von verdinglichender Vergesellschaftung auszuweiten; nicht nur Vorgänge sozialer Ausschließung und sozialer Kontrolle werden zum Gegenstand, auch die herrschende Politikform, die Produktionsweise, Wissensformen, wissenschaftliche Theorien und Begriffe.[37] Ein nur kollektiv zu bewältigendes Programm von Gesellschaftstheorie und Herrschaftskritik. Zentral ist die Überlegung, wie man als Wissenschaftlerin und Wissenschaftler ohne die Ausschlusskategorie »Kriminalität«, ohne die Herrschaftstechnik der staatlichen Strafe *und* ohne alternative, verdingliche Herrschaftstechniken und Kategorisierungen auskommen kann. Kritik und Abschaffung des Etiketts »Kriminalität« werden nicht ausreichen, wären aber ein zentraler Einstieg, die Etikettierungsperspektive auf alle verdinglichende Kategorisierungen auszuweiten.

Die gerade durch Wissenschaft dauerhaft unverstehbar gemachte alltägliche Gegenwehr gegen soziale Ausschließung brauchte dringend einen wissenschaftlichen Paradigmenwechsel. Ohne Kritik und Abschaffung der institutionell verwalteten Etiketten von Normabweichung (zwischen »Verbrechen«, »Asozialität«, »Verwahrlosung«, »sozialen Schwächen« und Defiziten an »Gemeinschaftsfähigkeit«), werden Alternativen zu Strafrecht immer wieder in anderen Herrschaftstechniken enden und einen »nicht-prozessierbaren Rest« als Objekt für Bestrafung präparieren. Wie »Fortschritte zurück« durch Sozialwissenschaften vermieden werden können, gehört eigentlich zu »altem« Wissen. Situationen von Stigmatisierung, Situationen der Armut, Leben am »Rand«, im Ghetto, in der und nach der Entlassung aus der totalen Institution implizieren »Normenfallen«. Leben in Situationen oder Orten sozialer Ausschließung ist auf »Schattenökonomie« angewiesen. Illegale Arbeiten und Dienste, die die legitime Bevölkerung durchaus nachfragt, werden entweder überhaupt nur im Paria-Sektor zur Verfügung gehalten oder sie müssen billiger angeboten werden als in der »offiziellen« Ökonomie (Drogen, Prostitution, Pornographie, Schmuggel, Hausarbeit, Bau- und Reparaturarbeiten, amtlich gerne »Schwarzarbeit« genannt). Zur Schattenökonomie gehört die »findige Arbeit an der Selektivität des Wohlfahrtsstaats«. Die Kategorisierungen von Verwaltungen dafür heißen in der Regel »Sozialstaatsmissbrauch« oder »Asylbetrug« oder, im Fall der Widerständigkeit

und das Glück der Erkenntnis: Dialektik der Aufklärung als Forschungsprogramm, Münster: Westfälisches Dampfboot 2007; zur Diskussion um Kritische Kriminologie vgl. Helga Cremer-Schäfer, »Über Verbrechen & Strafe und Verdinglichung & Wissenschaft. Argumente für die Partizipation von reflexiver Kritik und Abolitionismus in Theorie-Diskussionen«, *Kriminologisches Journal* 2015, S. 209–225.

37 Vgl. Heinz Steinert, »Alternativen zum Strafrecht«.

gegen Zwangsidentitäten der Arbeits- und Lebensweise, »Apathie« oder »Selbstausschließung«.

Aus strafrechtskritischer und abolitionistischer Perspektive stehen uns Alternativen zu Ausschluss-Etiketten zur Verfügung. Eine Alternative liegt darin, Begriffe zu finden, die Handeln als Interaktion, als situiert und als abhängig vom gesellschaftlichen Kontext interpretieren.[38] Wissenschaftliche Begriffe können danach beurteilt werden, ob sie die Vielfältigkeit, die Ambivalenz und Widersprüchlichkeit von Alltagshandeln sichtbar machen. Für die Sicherheitsberichterstattung hat z.B. Arno Pilgram vorgeschlagen,[39] Arbeit in der Schattenökonomie als »strafrechtlich verbotene Existenzsicherung« verstehbar zu machen und »als ein paradoxer Integrationsversuch ansonsten perspektivloser Akteure« zu deuten. Er fragt:

> »Und wäre die Überschreitung der Grenze zwischen ›legaler‹ und ›illegaler‹ Ökonomie, zwischen äußerster Prekarität und Entscheidung für Kriminalität auch als ein Akt der — wenngleich riskanten und oft misslingenden — ›Selbstermächtigung‹, existenzieller Problemlösung und ›Selbstintegration‹ interpretierbar«

Anders als das Vokabular von Kriminalität und Illegalität repräsentieren solche Begriffe sowohl die Ambiguität alltäglicher Arbeit an Ausschließung wie die Einsicht, dass soziales Handeln als Inter-Aktion und Alltagshandeln als ein »situiertes Handeln« verstehbar wird. In einer interaktionistischen Perspektive sind individuelle und kollektive Strategien von Widerständigkeit als Konflikt um die herrschende Lebensweise zu fassen. Auch stigmatisierende Zuschreibungen, wie jene, Fremde würden an einer »ganz anderen« Herkunfts-Kultur festhalten, lassen sich angemessener als eine kollektive Stigmaabwehr und Widerständigkeit gegen Assimilationsforderungen interpretieren – so der Vorschlag von Johannes Stehr am Beispiel von Sinti und Roma, Konfliktorientierung in der Forschung zu konkretisieren. Forschungen zu alltäglicher Bearbeitung von Ausschließung kommt ein kritisches Potential zu, weil das alltägliche Zurechtkommen und Widerständigkeiten nicht als »Reaktion« abgewertet, sondern als eigensinnige Arbeit an Partizipation verstehbar gemacht wird, die zudem die »stumme Kritik« der Verhältnisse und »moralische Empörung« im Alltag mitteilt.

Aus der Reihe der Subkulturstudien will ich exemplarisch Alice Goffmans Erzählung »On the Run« herausgreifen.[40] Ihre Ethnographie (und

38 Das entspricht dem Handlungsmodell des Interaktionismus. Nicht dem »normativen Handlungsmodell« von Institutionen und dem ordnungstheoretischen Denken von Sozialwissenschaft.

39 In Arno Pilgram/Walter Fuchs, *Vorarbeiten für eine fortlaufende Beobachtung der Delinquenz ausländischer Staatsangehöriger in Wien und Pilotbeobachtung für das Jahr 2015*, Wien: IRKS 2016.

40 Alice Goffman, *On the Run. Die Kriminalisierung der Armen in Amerika*, München: Antje Kunstmann Verlag 2015.

komplexe Erzählung) zeigt, dass die Amalgamierung von Armutsproduktion, Rassismus und einer Politik der totalen strafrechtlichen Kontrolle Schwarze junge Männer auf Formen der Abwehr von Ausschließung verweist, die sie trotz vieler »communitygestützten« Bearbeitungsweisen auf der Flucht vor der Illegalität halten, aus der sie ausbrechen wollen. Für Schwarze junge Männer werden, wie in der totalen Institution, im Ghetto durch Strafjustiz und Polizei »Normenfallen« organisiert. Die Normkonformität, die Kriminalisierung und Inhaftierungen beenden würden, kann im Armen-Ghetto nicht eingehalten werden. Wie Mütter, baby-moms, Freunde, Großmütter, Nachbarn die Widerständigkeit interpretieren, lässt sich nicht eindeutig fassen. Gemessen an der arbeitsintensiven Unterstützung, die junge Schwarzen Männer durch Mütter, Partnerinnen, Freunde, Nachbarn und andere freundliche Leute trotz allem Misstrauen, gegenseitiger Isolation, traumatischer Ereignisse, Verrat, beiderseitiger Enttäuschungen, moralischer Dilemmata erfahren, kann es nicht »Kriminalität und Gewalt« sein. Was lässt trotz eines zerstörten sozialen Lebens alltägliche, »außer-institutionelle« Unterstützung dann doch immer wieder entstehen? Nur die Liebe der Frauen genügte nicht. Nach Alice Goffmans Beobachtungen ist Unterstützungsarbeit auch eine Form von Protest gegen die Politik des »Tough-on-Crime«. Jedes sozial kompetente Subjekt könne erkennen, dass diese Politik zu unverhältnismäßigen Verhaftungen, zu Bestrafung und Inhaftierung nur der jungen Schwarzen Männer des Ghettos führt.

> »Ich denke die Frauen hatten begriffen, dass diese Haftbefehle nicht nur bei schweren Verbrechen verhängt wurden, sondern auch wegen lächerlicher Verstöße gegen Bewährungsauflagen, weil man die gepfefferten Gerichtskosten nicht bezahlt hatte oder zu einem der vielen Gerichtstermine nicht erschienen war, zu denen ein Mann in einem einzigen Monat verdonnert werden konnte.«[41]

Die Polizei erregt den »Zorn« der Frauen, weil sie sich im ganzen Viertel wie eine »Besatzungsmacht« verhält: Sie suchen nur junge Männer, verhören, verprügeln sie und nehmen sie fest. Die Arbeit, die Unterstützer und Unterstützerinnen für die jungen Schwarzen Männer des Ghettos leisten, lässt sich weder als nur »individuelle« Strategie noch als eine »unpolitische« Praxis des Alltags kategorisieren. Das kollektive Moment dieser uns »individuell« erscheinenden Unterstützungs-Praktiken und die politische Implikation des Zorns der Frauen (und der Alltagspraktiken der Unterstützer:innen) wird sichtbar, wenn Begriffe verwendet werden, die wir typischerweise nur auf soziale Bewegungen anwenden: Protest gegen Vertragsverletzungen von Herrschaft, Empörung über Ungerechtigkeiten der Verteilung gesellschaftlich produzierten Reichtums, Sicherheitsproduktion *from below* nach dem Genossenschaftsprinzip.

41 Goffman, *On the Run*, S. 90.

X. Schlusssatz

Zweifel am Sinn von Strafe und praktizierten Alternativen bleiben geboten. Alternativen erfordern eine Wissenschaft, die nach dem Modell der Hausarbeit vorgeht: Täglich steht immer wieder von Neuem an, Scherben aufzukehren – von wem auch immer verschuldet. Als Denkmodell für diese Arbeit greife ich gerne auf Günther Anders und seine Alternative zur »Sinnfrage« zurück. Sein Vorschlag für eine Antwort lautete »antizipierende Fragen« nach der »Bewandtnis« von Produkten, von Wissen zu stellen, auch nach der »Bewandtnis« von Reformen. Als Alternative schlägt Anders vor zu überlegen: »Was ist der Effekt des Effekts des Effekts der Verwendung des Produktteils, den ich mit herstelle [...]?«[42] Das weit Entfernte zu antizipieren, ist kein schlechter Weg, politisch einen realistischen Pessimismus und wissenschaftlich einen realistischen Sinn für Utopie beizubehalten.

42 Günther Anders, »Die Antquiertheit des ›Sinnes‹«, in: Günther Anders (Hg.), *Die Antiquiertheit des Menschen Bd. 2: Über die Zerstörung des Lebens im Zeitalter der dritten industriellen Revolution*, München: C.H. Beck 1992, S. 362–390 (388).

Trutz von Trotha

»Limits to Pain«

Diskussionsbeitrag zu einer Abhandlung Nils Christie*

Vergleicht man die aufregenden und aufgeregten kriminologischen und kriminalpolitischen Debatten der 60iger und der ersten Hälfte der 70iger Jahre mit der gegenwärtigen Situation, so ist zu konstatieren, dass das Heute durch Zurückhaltung, Skepsis, Ernüchterung und, wie mir scheint, durch die Tatsache gekennzeichnet ist, dass keiner weiß, »wie's lang gehen soll«. Man kann es auch weniger akademisch ausdrücken: Langeweile ist – zumindest in meinen Augen – ein hervorstehendes Merkmal der augenblicklichen kriminologischen und kriminalpolitischen Diskussion. Umso dankbarer, wie ich gestehen darf, bin ich über die Arbeit von Nils Christie.[1] Sie ist alles andere denn langweilig und wird hoffentlich das leisten, was sie leisten kann: der kriminalpolitischen Debatte jene Lebendigkeit zu geben, die sie dringend benötigt. Aber indem ich dies sage, gerate ich in die Lage, mich selbst kritisieren zu müssen, denn, wie der nachfolgende Diskussionsbeitrag deutlich machen wird, muss ich gerade dort Skepsis und Nüchternheit anmelden, wo im Besonderen die Lebendigkeit der Argumentation von Christie zum Tragen kommt: im Nachdenken über Alternativen zur gegenwärtigen strafrechtlichen Konfliktlösung. Da ich jedoch so viel Vertrauen in die Vitalität und Kraft der Überlegungen von Christie habe, hoffe ich, dass der folgende Diskussionsbeitrag so verstanden wird, wie sich die Diskussionsrunde der Tagung in Gelnhausen verstand, für die dieser Beitrag gedacht war:[2] anhand der Arbeit von Christie den erneuten Anfang zu einer hoffentlich spannenden kriminalpolitischen Debatte zu wagen.

Der nachfolgende Diskussionsbeitrag gliedert sich entsprechend der Abhandlung von Christie in zwei Teile: Zum Ersten möchte ich zwei Bemerkungen zu Christies Bestandsaufnahme der kriminalpolitischen

* Der Text wurde zuerst abgedruckt in: *Kriminologisches Journal* (1983/1), S. 34–53.

1 Nils Christie, *Limits to Pain*, Oslos-Bergen-Tromso: Universitets forlaget 1981.

2 Die nachfolgenden Überlegungen sind eine leicht überarbeitete Fassung eines Beitrages zu einer Diskussionsrunde zum Thema »Theorie der Kriminalpolitik« auf dem AJK-Symposion über »Kriminalpolitik durch Kriminologen«, das vom 23.–25. April 1982 in Gelnhausen stattgefunden hat.

Diskussion machen, denen, zweitens, einige Anmerkungen zu den von ihm entwickelten kriminalpolitischen Zukunftsperspektiven folgen werden.

I.

So beeindruckt ich insgesamt von der Klarheit bin, mit der Christie die wesentlichen Argumente der gegenwärtigen kriminalpolitischen Diskussion darstellt und kritisiert, so sinnvoll erscheint es mir nichtsdestotrotz, an zwei Punkten eine etwas andere Akzentuierung vorzunehmen. Sie betrifft Christies These vom »Ende der ›Behandlungsideologie‹« und seine Erörterung der gegenwärtig sich in die Diskussion bringenden neoklassischen Theorie.

1. Das *Ende der »Behandlungsideologie«* scheint für Christie gleichsam eine Selbstverständlichkeit zu sein. Verantwortlich für dieses Ende sind in seinen Augen vor allem das Offenbarwerden der mit der Behandlungsidee einhergehenden Heuchelei und die mangelnde Wirksamkeit der bisherigen Behandlungsmaßnahmen.[3] Ich halte es nun, erstens, für nicht zutreffend, das Ende der »Behandlungsideologie« als gegeben vorauszusetzen, insbesondere wenn man die deutschen Verhältnisse im Auge behält. Zweitens ist die Frage der Wirksamkeit von Behandlungsmaßnahmen nicht endgültig ausdiskutiert und negativ entschieden. Und, drittens, ist es unter dem Gesichtspunkt einer soziologischen Betrachtung zukünftiger Entwicklungen sinnvoll, sich weiterhin mit den Bedingungen und Möglichkeiten der Behandlungsideologie auseinanderzusetzen.

a. Mit der Verkündung vom Ende der »Behandlungsideologie« ist sicherlich die bundesrepublikanische »Mainstream«-Strafvollzugsforschung nicht richtig beschrieben. Und wenn man auf die nordamerikanische Debatte blickt, wird mit dieser Annahme unterschlagen, dass dort die Kontroverse durchaus anhält. Für letzteres verweise ich auf die Darstellungen von Sechrest/White/Brown, Gendreau/Ross oder Palmer.[4] In Deutschland wiederum sind die strafrechtspolitischen Orientierungen der »Mainstream« Strafvollzugsforschung immer noch und zum Teil in ausdrücklicher Abgrenzung von der nordamerikanischen Diskussion um

3 Christie nennt noch drei weitere Gründe, die ich hier aber nicht berücksichtigen will.

4 Lee Sechrest/Susan O. White/Elizabeth D. Brown, *The Rehabilitation of Criminal Offenders: Problems and Prospects*, Washington D.C.: National Academy of Sciences 1979; Paul Gendreau/Bob Ross, »Effective Correctional Treatment: Bibliotherapy for Cynics«, *Crime & Delinquency* (1979/4), S. 463–489; Ted Palmer, »Martinson Revisited«, in: Robert Martinson/Ted Palmer/Stuart Adams (Hg.), *Rehabilitation, Recidivism, and Research*, Hackensack: National Council On Crime And Delinquency 1976, S. 41–62.

den Gedanken der Behandlung zentriert. Stellvertretend seien hier die strafrechtspolitischen Positionen von G. Kaiser oder des ehemaligen niedersächsischen Justizministers H.-D. Schwind genannt. Auf dieser Ebene, die politisch über nicht unbeträchtlichen Einfluss und über ebenso nicht unbeträchtliche finanzielle Mittel verfügt, kann keineswegs von einem »Ende der ›Behandlungsideologie‹« gesprochen werden.[5]

b. Obwohl ich selbst unter dem Eindruck insbesondere der Arbeit von Lipton/Martinson/Wilks[6] die mangelnde Wirksamkeit der Behandlungsmaßnahmen hervorgehoben habe,[7] ist das Bild keineswegs eindeutig, das in der sich an diese Arbeit anschließenden Debatte entstanden ist.[8] Insbesondere ist bemerkenswert, dass gerade die deutschen Arbeiten z.B. von Rehn[9], Luzius[10] oder Dünkel[11] von zumindest begrenzten Erfolgen

5 Günther Kaiser, *Kriminologie: ein Lehrbuch*, Heidelberg: C. F. Müller 1980, bes. S. 328ff.; Hans-Dieter Schwind/Günter Blau, *Strafvollzug in der Praxis. Eine Einführung in die Probleme und Realitäten des Strafvollzugs* und *der Entlassenenhilfe*, Berlin/New York: de Gruyter 1976; vgl. u. a. auch Jürgen Baumann, »Die Sozialtherapie hat sich bewährt! Ein Beitrag für das Inkrafttreten der Maßregel«, *Monatsschrift für Kriminologie und Strafrechtsreform* (1979/6), S. 317–321.

6 Douglas Lipton/Robert Martinson/Judith Wilks, *The Effectiveness of Correctional Treatment. A Survey of Treatment Evaluation Studies*, New York/Washington/London: Praeger 1975.

7 Trutz von Trotha, »Perspektiven der Strafvollzugsreform: Oder ein kritischer Bericht über die Errungenschaften des Landes Balnibarbi«, *Kritische Justiz* (1979/2), S. 117–136.

8 Vgl. Sechrest/White/Brown, *The Rehabilitation*; Paul Gendreau/Bob Ross, »Effective Correctional Treatment«; David Greenberg, »The Correctional Effects of Corrections: A Survey of Evaluation Studies«, in: David Greenberg (Hg.), *Corrections and Punishment,* Beverly Hills/London: Sage Publications 1977, S. 111–148; Palmer, »Martinson Revisited«; s. auch Fußnote 5.

9 Gerhard Rehn, »Empirische Belege zur aktuellen Diskussion über Sozialtherapie: Auswahl, Indikatoren des § 65 StGB sowie Alter und Effizienz«, in: *Sozialtherapie als kriminalpolitische Aufgabe*, Bonn: Bundeszusammenschluss für Straffälligenhilfe 1981, S. 111–119; Gerhard Rehn, »Behandlung im Strafvollzug: ein Irrweg? Anmerkungen zum Beitrag von M. Voß«, *Kriminologisches Journal* (1980/3), S. 219–223; Gerhard Rehn, *Behandlung im Strafvollzug. Ergebnisse einer vergleichenden Untersuchung der Rückfallquote bei entlassenen Strafgefangenen*, Weinheim/Basel: Beltz 1979; Gerhard Rehn, »Rückfall nach Sozialtherapie. Vergleichende Untersuchung aus drei Hamburger Justizvollzugsanstalten«, *Monatsschrift für Kriminologie und Strafrechtsreform* (1979/6), S. 357–365.

10 Franz J. Luzius, *Möglichkeiten der Resozialisierung durch Ausbildung im Jugendstrafvollzug*, Heidelberg/Karlsruhe: C. F. Müller 1979.

11 Frieder Dünkel, »Evaluation sozialtherapeutischer Maßnahmen unter besonderer Berücksichtigung von Rückfalltätern und den Tätergruppen des

sozialtherapeutischer Vollzugsmaßnahmen (im weitesten Sinne) zu berichten wissen.[12] Bemerkenswert ist dies im Lichte einer These, die ich jüngst vorgetragen habe[13] und die, angewendet auf die hier interessierende Frage nach der Wirksamkeit von Behandlung, mir zu beinhalten scheint, dass (a) die Wirksamkeit von Behandlungsmaßnahmen abhängig ist vom Grad der »Kooperationsorientierung« bzw. den Resozialisierungsansprüchen« oder, einfach ausgedrückt, der »Konventionalität« der Täter, wobei (b) diese »Kooperationsorientierung« eine Funktion der Integration oder »Konventionalisierung« der Gesellschaft durch Recht ist. Sehr verkürzt heißt das: Je höher die Durchsetzungsmacht von Recht ist, je stärker die dem Recht Unterworfenen sich an den Instanzen und Mitgliedern des Rechts orientieren, Ansprüche stellen und »Hilfe« erwarten, desto größer wird die Chance, dass Behandlungsmaßnahmen greifen. Wenn wir weiter annehmen, dass der Grad der »Konventionalisierung durch Recht« in der Bundesrepublik im Vergleich zu den Vereinigten Staaten höher ist, dann müssten wir unterschiedliche Ergebnisse zum Behandlungserfolg in den beiden Ländern in der angegebenen Richtung erwarten. Das gilt vor allem für solche Maßnahmen, die den Grad der Ausgliederung des Gefangenen aus der Gesellschaft verringern und vielfältige Hilfen praktischer Art bei der Wiedereingliederung anbieten.[14] Kurz: Selbst wenn man aus rechts- und gesellschaftspolitischen Überlegungen ebenso wie aufgrund der stark begrenzten Reichweite der Wirksamkeit von Behandlungsmaßnahmen glaubt, die Behandlungsidee nicht mehr aufrechterhalten

§ 65 StGB«, in: *Sozialtherapie als kriminalpolitische Aufgabe*, Bonn: Bundeszusammenschluss für Straffälligenhilfe 1981, S. 81–93; Frieder Dünkel, *Legalbewährung nach sozialtherapeutischer Behandlung. Eine empirische vergleichende Untersuchung*, Berlin: Duncker Humblot 1980; ders., »Sozialtherapeutische Behandlung und Rückfälligkeit in Berlin-Tegel«, *Monatsschrift für Kriminologie und Strafrechtsreform* (1979/6), S. 322–337.

12 Ich bin allerdings der Meinung, dass die optimistischen Erfolgsmeldungen gerade der ausgezeichneten Arbeiten von Dünkel und Rehn nicht in Übereinstimmung mit ihrer tatsächlichen Datenlage sind: vgl. Trutz von Trotha, *Strafvollzug und Rückfälligkeit. Eine Studie zur soziologischen Theorie und Empirie des Rückfalls von Strafgefangenen*, Heidelberg: C. F. Müller 1983; s. auch Michael Voss, »Fallgruben und Stolpersteine bei der Erfolgsmessung im Strafvollzug«, *Kriminologisches Journal* (1980/3), S. 210–218.

13 Trutz von Trotha, *Recht und Kriminalität. Auf der der Suche nach Bausteinen für eine rechtssoziologische Theorie des abweichenden Verhaltens und der sozialen Kontrolle*, Tübingen: Mohr Siebeck 1982, S. 107ff.

14 Das Problem bei der Diskussion um die Übertragung nordamerikanischer Ergebnisse der Behandlungsforschung auf europäische und deutsche Verhältnisse im Besonderen ist, dass sowohl die europäischen und deutschen Kritiker wie Befürworter des Behandlungsvollzugs keine Theorie besitzen, die möglichen interkulturellen Unterschieden Rechnung trägt.

zu können, muss man sich vergegenwärtigen, dass die Frage der Wirksamkeit nicht zu den Akten gelegt werden kann, sondern dass sie immer wieder gestellt werden wird und wahrscheinlich nicht selten mit guten Gründen und Belegen verteidigt werden kann.

c. Besonders problematisch wird die These vom Ende der »Behandlungsideologie«, wenn man sie in der Frage nach dem Standort der »Behandlungsideologie« in der Entwicklung des staatlichen Strafens soziologisch wendet. Und das gilt vor allen Dingen, wenn man das Ende einer »Behandlungsideologie« in jener Form vor Augen hat, in der nicht mehr der individuelle Täter im Mittelpunkt steht, sondern in der die »Behandlungsideologie« jene Form gewinnt, die ich die »soziologisch-sozialpsychologische Pathologisierung« des Täters nenne und in der die »Resozialisierung« des Täters zum gesellschaftlichen Reformprogramm wird. Beispiele hierfür sind Behandlungsstrategien wie Familien- oder Gruppentherapie, Stadtteilarbeit, großangelegte »milieutherapeutische« Programme, Entlassenenhilfe, Arbeitsbeschaffungsprogramme, Streetwork, um nur einige wenige zu nennen.[15] Entgegen manch anders lautenden Annahmen gehe ich nämlich davon aus, dass die Behandlungsidee in der Form der soziologischsozialpsychologischen Pathologisierung eine ungeheure Stabilität der staatlichen Ordnung zur Voraussetzung hat. Indem in dieser Form der Pathologisierung auf die Probleme der eigenen sozialen Ordnung hingewiesen wird, muss die politische Ordnung unterstellen, dass sie es sich leisten kann, auf die Probleme ihrer eigenen Ordnung zu verweisen, ohne eine Gefährdung eben dieser Ordnung einzuhandeln. Unter den Voraussetzungen dieser These wird sowohl einsichtig, warum die Verwirklichung der Behandlungsidee in dieser Form ein relativ spätes Produkt staatlichen Rechts ist, das auf die Phasen des voll verantwortlich Machens und der »individualpsychologischen Pathologisierung« folgt,[16] als auch dass bis heute das Behandlungskonzept nur eine Minderheit der dem Strafvollzug ausgesetzten Täter trifft.[17] Die Gefahr,

15 Trotha, *Recht und Kriminalität*, S. 79ff.

16 Ebd., S. 75ff.

17 An dieser Stelle ist eine Bemerkung an die Kritiker der »Behandlungsideologie«, zu denen ich mich selbst rechnen würde, angebracht. Mit Recht verweisen z.B. die deutschen Vertreter der Behandlungsidee wieder und wieder darauf hin, in welch großem Ausmaß die Behandlungsidee an einem Vollzugsdefizit leidet. Auf der Grundlage des jüngst erschienenen Berichts von Frieder Dünkel/Anton Rosner, *Die Entwicklung des Strafvollzugs in der Bundesrepublik Deutschland seit 1970: Materialien und Analysen*, Freiburg: Max-Planck-Institut für ausländisches und internationales Strafrecht 1981 sind z.B. nur folgende Daten zu vergegenwärtigen; 1970 waren im Jahresdurchschnitt 46.670 Personen inhaftiert, im Jahre 1980 waren es hingegen schon 57.974. Im Jahre 1980 waren im geschlossenen Vollzug im Durchschnitt fast 33 % der Inhaftierten in Gemeinschaftszellen untergebracht, im

die in der Problematisierung der eigenen sozialen Ordnung liegt, wird andererseits jedoch durch zwei Bedingungen in Grenzen gehalten: Zum einen, wie gerade die Kritiker der »Behandlungsideologie« wieder und wieder betonen, errichtet die soziologisch-sozialpsychologische Pathologisierung ein neuartiges Sicherungssystem der Konfliktbewältigung, dessen Möglichkeiten weit über das hinausgehen, was eine individual psychologische Pathologisierung erlaubt: die Totalisierung des Zugriffs des Rechts durch die Einbeziehung des »sozialen Umfelds« in den Prozess der Sanktionierung. Die sozialwissenschaftliche Pathologisierung treibt die Durchsetzung von zentraler Herrschaft mit den Mitteln des Rechts weiter voran, indem im Ablauf der Sanktionierung über den Täter hinaus in das soziale Beziehungsgefüge des Normbrechers eingegriffen wird. Mit anderen Worten: Die Totalität des Zugriffs der Zentralmacht in der Phase des repressiven Rechts durch die unbarmherzige Vernichtung des Normbrechers[18] reproduziert sich in der Phase der fest etablierten Zentralmacht durch die Totalität des soziologisch-sozialpsychologisch pathologisierenden Zugriffs auf den Täter und sein soziales Beziehungsnetz. Die Notwendigkeit hoch stabiler Ordnung wird durch eine weiter ausgreifende soziale Kontrolle zu stabilisieren gesucht. Zum anderen

offenen Vollzug waren es 77 %. Am 30.06.1980 waren lediglich 15,9 % der Gefangenen im offenen Vollzug untergebracht. 1979 hatten die bedingten Entlassungen nur einen Anteil von 30 %, allerdings lagen sie im Jugendstrafvollzug bei 57,8 %, im Erwachsenenvollzug hingegen bei 26,7 %. Obwohl die Vollzugslockerungen sich erheblich ausgeweitet haben, ist festzuhalten, dass seit 1977 anscheinend vor allem dieselben Gefangenen wiederholt von Vollzugslockerungen profitiert haben. Darüber hinaus besteht ein beachtliches Ländergefälle. So wurden in NRW 1979 38,6 % der Gefangenen als Freigänger entlassen, wohingegen es in Hessen 3,6 %, in Hamburg 2,9 %, in Bremen gar nur 1,4 % gewesen sind. Insgesamt wurden im gesamten Bundesgebiet nur 14,5 % der Gefangenen als Freigänger entlassen. Mit anderen Worten: Wenn man das Ende der »Behandlungsideologie« propagiert, ist vor Augen zu halten, dass die Verwirklichung dieser »Ideologie« noch eigentlich gar nicht über bescheidene Anfänge hinausgekommen ist. Unter diesem Gesichtspunkt ist die Gefahr nicht von der Hand zu weisen, dass man in der Kritik an der »Behandlungsideologie« sehr leicht in den weiten und damit in gewisser Hinsicht auch unverbindlichen Himmel der Ideen gerät, ohne die realen Bedingungen der Verwirklichung dieser Ideen zu beachten. Anders ausgedrückt: Trotz aller berechtigten Polemik gegen die »Behandlungsideologie« nimmt diese Polemik ihren kritisierten Gegenstand oft ungerechtfertigterweise zu sehr für die bare Münze der Wirklichkeit und vergisst darüber, die tatsächlichen Bedingungen und Entwicklungen des Strafvollzugs zu analysieren und zu erklären. Es scheint so etwas wie eine Komplementarität von Mythologisierung und Entmythologisierung der Idee der »Humanisierung des Strafvollzugs« zu geben.

18 ... sofern der Zentralherr nicht »Gnade vor Recht« ergehen lässt ...

– und das scheint mir nicht weniger bedeutsam zu sein – werden mit der sozialwissenschaftlichen Pathologisierung die »traditionellen« Formen des Umgangs mit dem Rechtsbrecher (Verantwortlichmachen, individualpsychologische Pathologisierung) nicht gegenstandslos, sondern sie werden lediglich durch ein zusätzliches Instrumentarium erweitert. Das heißt: Mit den drei Formen der Durchsetzung von Recht im Sinne des Umgangs mit dem Rechtsbrecher besitzt das entwickelte Herrschafts- und Rechtssystem ein situationsangepasstes, differenziertes Reaktionspotential, das erlaubt, je nach den Stabilitätsbedingungen der politischen Ordnung die verschiedenen Formen des Umgangs mit dem Rechtsbrecher alternativ anzuwenden. Zum Beispiel wird im Falle von Abweichungen, die die politische Ordnung bedrohen und in denen die Herrschaftsfrage aufgeworfen wird, den Tätern entweder mit individualpsychologischer Pathologisierung begegnet oder die Täter werden unter Zuschreibung voller Verantwortlichkeit zu Gegnern erklärt. So werden politische Attentäter mit konstanter Regelmäßigkeit zu »Wahnsinnigen« oder »gestörten« Personen gemacht, während zum Beispiel Mitglieder von Untergrund- oder »Terror«-Bewegungen als voll verantwortliche Täter behandelt werden, um sie mit der ganzen Härte gesetzlicher Macht zu treffen.

Während nun die Kritik an der »Behandlungsideologie« in erster Linie die Totalisierung der sozialen Kontrolle im Auge hat, ist es – will man zukünftige Entwicklungslinien diskutieren – nicht nur wichtig, ihren Zusammenhang mit den Stabilitätsbedingungen der politischen und rechtlichen Ordnung zu sehen, sondern gleichermaßen sich zu vergegenwärtigen, dass diese Totalisierung als Element eines situational angepassten, dreifach bestimmten Sanktionsinstrumentariums organisiert ist. Unter diesen Gesichtspunkten wird es dann sinnvoll, darüber nachzudenken, (a) ob die vermeintliche oder tatsächliche Krise der Behandlungsidee nicht vielmehr auf Veränderungen in den Stabilitätsbedingungen der politischen und rechtlichen Ordnungen verweist, und wir (b) es in Wirklichkeit gar nicht mit einem »Ende der ›Behandlungsideologie‹« zu tun haben, sondern mit einer Verlagerung der Gewichte innerhalb der modernen Alternativen der staatlichen Sanktionspolitik. Das heißt auch: Mit der Veränderung der Stabilitätsbedingungen der rechtlichen und politischen Ordnung kann es jederzeit wieder zu einer Auferstehung der »Behandlungsideologie« kommen.

2. Christies Analyse und niederschmetternde *Kritik der neoklassischen Theorie* ist brillant! Aber sie überzeugt mich nur zum Teil. Das heißt: Obwohl ich Christies Zurückweisung der neoklassischen Theorie insgesamt teile,[19] so notwendig erscheint es mir umgekehrt, bestimmte Meriten der neoklassischen Theorie festzuhalten und als Ausgangspunkte zukünftiger kriminalpolitischer Perspektiven zu benutzen.

19 Vgl. Trotha, *Strafvollzug und Rückfälligkeit.*

Das erste, mich überzeugende Prinzip der neoklassischen Theorie ist, dass sie die Gegebenheit grundlegender Bedingungen der modernen sozialen und staatlichen Ordnung voraussetzt,[20] ohne alternative Sanktionsformen bzw. Konfliktregelungsmechanismen auf der Grundlage sich wandelnder sozialer Bedingungen *a priori* auszuschließen. Zweitens ist die neoklassische Theorie ein Angriff gegen jene Totalisierung der sozialen Kontrolle, die in der Behandlungsidee enthalten ist. Drittens bringt sie Eindeutigkeit und Begrenzung in die Beziehungen zwischen Normbrecher und staatlichem Sanktionsapparat.[21] Viertens: Die neoklassische Theorie setzt im Prinzip der Kontrolle des Verfahrens der Schmerzzufügung dem Ziel des Behandlungsvollzugs, den Straftäter zu kontrollieren, das Ziel entgegen, die Strafenden zu kontrollieren.[22] Obwohl Christie kritisiert,

20 Was ich damit meine, wird noch im Einzelnen bei der Erörterung der Christie'schen Alternativen zur gegenwärtigen strafrechtlichen Sozialkontrolle näher erläutert werden. Das gilt auch für die nachfolgenden Punkte, die ich zu den Meriten der neoklassischen Theorie rechne.

21 Die neoklassische Theorie tut dies u. a. dadurch, dass sie die Gegebenheit von Schmerzzufügung anerkennt bzw., wie Christie meint, »legitimiert«. Diese Tatsache ist, wie mir scheint, für Christie das wichtigste Argument gegen die neoklassische Theorie, und ich muss sagen, dass es mich auf den ersten Blick sehr überzeugt und betroffen gemacht hat. Nach der Lektüre der Christie'schen Alternativen leuchtet mir dieses Argument allerdings nicht mehr so ein. Dies u.a. deshalb, weil die Anerkenntnis von Schmerzzufügung, erstens, eine Bedingung für die Eingrenzung des Verhältnisses von staatlicher und rechtlicher Macht gegenüber dem Normbrecher ist und, zweitens, die Anerkenntnis der Schmerzzufügung nicht nur nicht die Reduktion der Schmerzzufügung ausschließt, sondern sie im Gegenteil erst zur Diskussion stellt und damit für moralisch-ethische Positionen der Schmerzreduktion im Sinne von Christie öffnet.

22 In diesem Zusammenhang ist die Aufwertung der Juristen in der neoklassischen Theorie zu sehen. So bemerkt Christie süffisant und richtig, dass nach langen Jahren der Kritik die Soziologen sich mit der neoklassischen Theorie wieder in die Arme der Juristen begeben. In der Tat ist dies eine merkwürdige rückwärtsgewandte Wendung, denn die Entwicklung des Behandlungsvollzugs bzw. der Prozess der Ausweitung der Bereiche präventiver und aktiver sozialer Kontrolle hat sich doch gerade mit oder selbst in vielen Fällen gegen eine juristische Profession durchgesetzt, auf die nun eben jene klassische Theorie ihre großen Hoffnungen setzt. Und genau an dieser Stellt zeigt sich, dass die neoklassische Theorie jenseits der Entwicklungsgeschichte und der Gegebenheiten institutioneller Strukturen argumentiert. Dennoch scheint mir unter dem Gesichtspunkt dessen, was eine zukünftige Kriminalpolitik in Rechnung zu stellen hat, diese Wendung nicht ohne Vorteil zu sein und zwar aus folgendem Grund: Sie beinhaltet eine notwendige und wichtige Korrektur der jüngeren soziologischen Zugangsweisen zum Recht. Denn obwohl die vielfältigen rechtssoziologischen Studien den letzten zwanzig Jahre viele

dass die neoklassische Theorie nicht die Frage der Schmerzzufügung in den Mittelpunkt stellt, liegt meines Erachtens gerade im Prinzip der Kontrolle des Verfahrens der Schmerzzufügung die Stärke der neoklassischen Theorie.[23] Sie öffnet damit einen Weg, an die klassischen Straftheorien der Aufklärung anzuknüpfen und mit ihnen die Frage der Kontrolle politischer Macht in den Mittelpunkt der Diskussion um die strafrechtliche Sozialkontrolle zu stellen.[24] Fünftens: Die neoklassische Theorie ist nur in einem bestimmten Sinne »simplistisch«, wie Christie kritisierend bemerkt. Sie ist »simplistisch«, indem sie sich auf die Wiederbelebung einiger zentraler Werte wie »Gerechtigkeit«, »Gleichheit«, »Rechtssicherheit«, »Voraussehbarkeit« und »due process« konzentriert. In diesen Werten geht es jedoch nicht um beliebige Prinzipien, sondern um Prinzipien, die unmittelbar mit den Fragen der politischen Verfassung verknüpft sind. Darüber hinaus ist die »Simplistik« der neoklassischen Theorie die Folge ihres eminent politischen Bezugsrahmens, der allerdings die Gegebenheit moderner staatlicher Macht voraussetzt. Und diese Prämisse ist ja wohl in der Tat nur »realistisch« zu nennen.

Diese Ausgangspunkte der neoklassischen Theorie scheinen mir wesentliche Teile der unverzichtbaren Markierungen zu sein, von denen ein Nachdenken über Alternativen zur gegenwärtigen strafrechtlichen Sozialkontrolle ausgehen muss. Diese Ausgangspunkte wieder abgegrenzt zu haben, ist das Verdienst der neoklassischen Theorie und sie zeigen ihre Bedeutung unter anderem gerade dann, wenn wir uns den Christie'schen Alternativvorschlägen zuwenden.

der Alltagsmythen der juristischen Profession berechtigterweise zerstört haben, zeichnen sie sich zugleich durch eine nicht gerade überzeugende Würdigung zentraler Grundmerkmale moderner rechtsstaatlicher Ordnungen und ihrer Probleme aus, derer sich vor allem die Rechtstheorie und die juristische Dogmatik angenommen haben. Die Rückwendung der neoklassischen Theorie zur juristischen Profession ist nicht nur eine Anerkennung der historischen Leistungen der Juristen, sondern im Besonderen eine Unterstreichung der Bedeutung, die dem modernen Recht und den Juristen bei der Behandlung der Fragen nach der Einschränkung politischer und staatlicher Macht zukommt.

23 S. Fußnote 21. In der Betonung der Kontrolle des Verfahrens kommen natürlich sowohl die angelsächsische Betonung von Fragen des »due process« ins Spiel als auch zentrale Grundperspektiven der nordamerikanischen Verfassung. Im Zusammenhang des deutschen Rechts ist damit auch eine Kritik an der Vernachlässigung verfahrensrechtlicher zugunsten materiell-rechtlicher Fragen verbunden.

24 Die neoklassische Theorie, wie Christie im Konzept des dieser Theorie zugrundeliegenden »starken Staates« deutlich macht, geht gerade diesen Weg nicht konsequent. In diesem Sinne ist das Adjektiv »klassisch« insofern etwas missverständlich, als es höchstens auf spätaufklärerische Theoriebezüge verweist.

II.

Gemäß der spannenden Entschiedenheit, mit der Christie seine kriminalpolitischen Perspektiven entwickelt, kann es in den folgenden Überlegungen nicht mehr allein um etwas andersartige Akzentuierungen gehen, sondern es geht um mehr: um einerseits, wie hoffentlich deutlich werden wird, vorbehaltlose Zustimmung und andererseits sehr grundsätzliche Kritik. Und beides lässt sich auch in zwei Sätzen zusammenbringen und zusammenfassen: Vorbehaltlos möchte ich jener Position zustimmen, die Christie zur Grundlage seiner Überlegungen macht und die er in leicht ironischer Weise »moralischen Rigorismus« nennt. Grundsätzliche Kritik sehe ich hingegen an der Umsetzung dieser Position in alternative Perspektiven zur gegenwärtigen Form der Strafverfolgung für angebracht.

1. Die *Formulierung einer entschieden moralisch-ethischen Position* ist von vordringlicher Bedeutung, weil auf ihrer Grundlage mit dem Schluss gemacht werden kann, was ich den »Wertbalnibarbiismus« der Strafvollzugsreformdiskussion genannt habe.[25] Das heißt: Christies »moralischer Rigorismus« im Prinzip der Schmerzreduktion beseitigt die Zweigleisigkeit des »humanitär emanzipatorischen« und des »positivistischen« Arguments der Strafvollzugsreformdiskussion, in dem einerseits die Humanisierung des Strafvollzugs an den Nachweis der Effizienz gebunden wird und damit die »technokratische Falle« für Humanisierungsforderungen gestellt ist und andererseits das »humanitär-emanzipatorische« Argument zum Vehikel für die Durchsetzung berufsständischer Interessen wird.[26]

2. Die grundsätzliche Kritik, die ich an der Umsetzung der Position des »moralischen Rigorismus« in Form der Christie'schen Perspektiven

25 Trotha, »Perspektiven der Strafvollzugsreform«, S. 130ff.

26 Ich halte es allerdings für unnötig, dass Christie diesen moralischen Rigorismus mit einer sehr allgemeinen und unspezifischen These von der kulturellen und historischen Relativität von Schmerz verbindet: (a) In Reaktion auf den vor allem juristischen Mythos von dem sich ständig humanisierenden Strafrecht und Strafvollzug ist es inzwischen Mode geworden, sich vor der Frage des Schmerzes zu drücken und stattdessen den Formenwandel sozialer Kontrolle herauszuarbeiten. Aber ich glaube, dass es an diesem Punkt sehr wichtig ist, die Kirche im Dorf zu lassen, und zwar in dem Sinne, dass man die Bestrafungsformen, die in der mittelalterlichen Fehde, den Hexenverfolgungen oder im Strafrecht des Mittelalters und besonders der frühen Neuzeit bis in das letzte Jahrhundert hinein gegeben gewesen sind, auch »barbarisch« nennt, wo sie grausam und brutal gewesen sind. Die »Rache des Königs«, selbst wenn sie vielleicht nur selten eintrat und dann mehr tatsächliche Schwäche denn »unumschränkte Macht« widerspiegelt, war für den, den sie traf, fürchterlich. Um das zu wissen, braucht

über Alternativen zu den gegebenen strafrechtlichen Konfliktlösungsmechanismen habe, lässt sich in vier Entgegnungen zusammenfassen. Erstens: Von den fünf wesentlichen Bedingungen, die Christie zu Voraussetzungen für eine Einschränkung des Maßes an Schmerzzufügung bei der Reaktion auf Normbrüche erklärt, sind mindestens vier Bedingungen mit den grundlegenden Gegebenheiten moderner sozialer und politischer Ordnung nicht vereinbar. Zweitens: Das Konzept der »Konfliktpartizipation« in der Christie'schen Form setzt ein Konzept von »Gemeinschaft« im Tönnies'schen Sinne voraus, das nicht nur historisch fragwürdig ist, sondern bei Christie bedenkliche totalitäre Züge gewinnt. Drittens: Die alternativen Perspektiven von Christie beruhen auf einer unüberlegten Übertragung von Konfliktregelungsmechanismen in segmentären Gesellschaften. Viertens: Die absolute Theorie der Strafe beinhaltet unter der Voraussetzung der Forderung nach Schmerzreduktion

man nicht zur Physiologie Zuflucht nehmen, sondern es genügt, sich die Schmerzensschreie und die Ohnmacht der Gemarterten vor Augen und Ohren zu halten. Gerade eine Position des moralischen Rigorismus setzt voraus, sich nicht auf unverbindliche Thesen der kulturellen Relativität von Schmerz einzulassen, weil mit einer solchen These der moralische Rigorismus selbst in die Gefahr der Unverbindlichkeit gerät und die Welt der Erfahrung zugunsten eines abstrakten moralischen Rigorismus unterbewertet wird. (b) Darüber hinaus deckt die These der kulturellen Relativität von Schmerz in der Form, in der sie Christie vorträgt, die eminent wichtige soziologische Frage zu, ob es eine historische Entwicklung zu größerer Schmerzsensibilität gibt, die der Entwicklung moderner staatlicher Gesellschaften komplementär ist. Eine solche Fragestellung verweist z.B. einerseits auf die theoretischen Entwürfe von Norbert Elias, *Über den Prozeß der Zivilisation. Soziogenetische und pschogenetische Untersuchungen*, Bern/München: Francke 1936/1969 und andererseits auf die Problemstellung, die jüngst Heinrich Popitz »Zum Verständnis von Autorität«, in: Joachim Matthes (Hg.), *Lebenswelt und soziale Probleme. Verhandlungen des 20. Deutschen Soziologentages zu Bremen*, Frankfurt am Main/New York: Campus 1980, S. 78–87 formuliert hat. Das heißt: Es stellt sich das Problem, ob es einen Zusammenhang zwischen innerstaatlicher Befriedung, Agressionszurücknahme, Ausbreitung des Machtverdachts auf alle Lebensbereiche, Entwicklung einer sozialen Subjektivität vom Eigenwert der Individualität und der Zunahme von Schmerzsensibilität gibt. Im Rahmen einer solchen Problemstellung kann man sich nicht damit begnügen, gegen eine euphemistische Sprache bei der Zufügung von Schmerz zu polemisieren, wie es Christie in seiner Kritik der »Behandlungsideologie« unternimmt, sondern die von Christie festgehaltene Parallelität der Einschränkung von Schmerzen bei der Bestrafung und eines Widerstandes, Sorgen, Kummer, Leiden, Trauer und Schmerzen auszudrücken, wird zu einer theoretischen und empirischen Fragestellung, die sozialgeschichtlich und soziologisch beantwortbar ist.

eine zweifelhafte akademische Reflexionsgläubigkeit. Ich will die Punkte im Einzelnen kurz erläutern.

a.

aa. Als Voraussetzungen für die Einschränkung des Maßes an Schmerzzufügung nennt Christie: ein großes Wissen der Gesellschaftsmitglieder voneinander, der Entzug der Macht, gegenseitige Abhängigkeit, Glaubenssysteme, die Schmerzzufügung zurückweisen, und die Verletzlichkeit der Inhaber von Machtpositionen. Erstens: Dass die erste Bedingung, ein großes Maß an Wissen voneinander, in modernen Gesellschaften nicht gegeben ist, darauf weist Christie selbst hin, wenn er sich mit jener Bedingung auseinandersetzt, die er als Wissenssperre qualifiziert und nennt. Diese Wissenssperre ist die Folge, dass die Gemeinsamkeit in Biographie und Geschichte zwischen einzelnen Menschen und sozialen Gruppen abhandengekommen ist und soziale Segmentierung besteht. Das heißt: in dem, was Christie mit dem Konzept der Wissenssperre beschreibt, findet sich genau ein Teil jener Strukturformen, die fundamental für moderne soziale Ordnung sind. Die Herstellung eines solchen Wissens auf der Ebene der einzelnen Gesellschaftsmitglieder oder kleinerer sozialer Einheiten ist mit den grundlegenden Organisationsprinzipien moderner Gesellschaften[27] schlicht und einfach nicht zu vereinbaren. Bemerkenswert ist im Gegenteil, dass dieses Wissen sich seit der Errichtung staatlicher Ordnung auf der Ebene von Verwaltungen mit zunehmender Geschwindigkeit und Organisationsfähigkeit zu akkumulieren und zu konzentrieren begonnen hat.[28] Das gesellschaftspolitische Problem im Allgemeinen und das kriminalpolitische im Besonderen ist nicht, gemeinsames Wissen auf der Ebene der einzelnen Gesellschaftsmitglieder oder kleinerer sozialer Einheiten wiederherzustellen, sondern sich gegen die Wissenskonzentration und -monopolisierung in staatlichen, öffentlichen und privatwirtschaftlichen Verwaltungen und professionellen Organisationen zu sichern und diese, wo immer es sinnvoll und möglich ist, abzubauen.

bb. Zur Frage des Entzuges von Macht ist es Christie, der reichlich »simplistisch« seine Argumente vorträgt. Sie gehen nicht über einige Alltagsweisheiten zu den Gefahren von Macht hinaus. Ergänzend begnügt er sich mit einem vagen Hinweis auf die Bedeutung, die einem unabhängigen Dritten bei der Konfliktregelung zukommt, der sich im Sinne eines »go-between«, wie wir ihn z. B. bei den Ifugao kennen, interpretieren lässt. Völlig außerhalb seiner Betrachtung stehen erstens, die Tatsache, dass jede Alternative zu den gegebenen Formen staatlicher

27 Ich denke hierbei u.a. an soziale Differenzierung, Arbeitsteilung, Mobilität, Privatheit, Individualismus.

28 Gerd Spittler, »Abstraktes Wissen als Herrschaftsbasis. Zur Entstehungsgeschichte bürokratischer Herrschaft im Bauernstaat Preußen«, *Kölner Zeitschrift für Soziologie und Sozialpsychologie* (1980/3), S. 574–604.

Strafverfolgung mit der unabweisbaren Gegebenheit extrem unterschiedlicher Machtchancen fertig werden muss, dass, zweitens, im Sinne der neoklassischen Theorie die Kontrolle von Macht das zentrale Problem moderner staatlicher Herrschaft ist und, drittens, in eben der »unabhängigen dritten Gewalt«, der Justiz, und in Gestalt rechtsstaatlicher Regelungen der Versuch unternommen ist, Kontrolle unter den Bedingungen hoher Machtkonzentration auszuüben. Wenn man den relativ machtlosen Dritten[29] ins Feld führt, dann muss man dazusagen, unter welchen Formen sozialer Ordnung wir einen solchen unabhängigen und machtlosen Dritten vorfinden und in welchem Zusammenhang die Entstehung eines machtvollen Dritten zu sehen ist. Diese Fragen auszublenden, heißt, vor den Kernfragen der Verfassungsgeschichte und der Geschichte der politischen Theorie die Augen zu verschließen.

cc. Für das Merkmal der gegenseitigen Abhängigkeit als Voraussetzung für Schmerzreduktion gilt dasselbe, was ich unter aa angeführt habe. Und es gilt umso mehr, wenn man dabei wie Christie eine Zuspitzung der Voraussetzung wechselseitiger Abhängigkeit im Auge hat, in der die Austauschbarkeit einzelner Menschen innerhalb einer sozialen Einheit aufgehoben ist, in der die Individuen innerhalb ihrer sozialen Gruppierung nicht ersetzt werden können. Es ist doch gerade jene Austauschbarkeit von Individuen, die eine der Grundbausteine der modernen Formen positionaler sozialer Differenzierung und Arbeitsteilung ist.

dd. Gleiches trifft auch in der Frage des Glaubenssystems zu. Nicht nur sind moderne soziale Ordnungen durch eine Pluralität von Glaubenssystemen gekennzeichnet, in denen Schmerz bejahende oder zumindest Schmerz hervorrufende Glaubenssysteme und Schmerz begrenzende Glaubenssysteme gleichermaßen zu finden sind. Und es ist der Schutz der Pluralität von Glaubenssystemen, der einer der wesentlichen Kontrollmechanismen ist, um die Gefahr der Monopolisierung und mit ihr des Sieges eines Glaubenssystems so weit wie möglich zu bannen, das nicht nur nicht die Redaktion von Schmerzzufügung, sondern im Gegenteil die Zunahme des Grades der Schmerzzufügung vertritt oder in Kauf nimmt.

ee. Meine ungeteilte Zustimmung findet hingegen wieder Christies Argument, die Verletzlichkeit der Inhaber von Machtpositionen zu erhöhen. Zum einen spricht er auf diese Weise genau jenes zentrale Mittel der Kontrolle von Macht an, das er in seiner Diskussion des Entzuges

29 Auch der monkalun der Ifugao setzt sich mit seinem Kriegsdolch vor einen Beschuldigten, der nicht vernünftig ist, und zwingt ihn, zuzuhören. Dazu bemerkt Edward A. Hoebel, *Das Recht der Naturvölker. Eine vergleichende Untersuchung rechtlicher Abläufe*, Olten/Freiburg: Walter 1954/1968, S. 145 trocken: »In den Händen eines wohlhabenden und einflussreichen Mannes, der sich als Kopfjäger einen Namen gemacht hat und der im Interesse der Allgemeinheit tätig wird, ist der Kriegsdolch ein machtvolles Instrument.«

von Macht unverständlicherweise unterschlägt. Zweitens erweitert er mit diesem Gedanken die Grundüberlegung der neoklassischen Theorie, die jedoch in ihrer legalistischen Verengung der Problemstellung und gar nicht »klassischen« Ambivalenz gegenüber der Kontrolle staatlicher Macht nicht justizförmige Formen der Machtkontrolle weitgehend ausblendet.[30] Drittens findet in diesem Argument die Verknüpfung einer der Kernfragen der klassischen modernen politischen Theorie mit Beobachtungen aus den Theorien des gegenwärtigen, sozialen Wandels in modernen Industriegesellschaften statt, der in Gestalt von Prozessen der Regionalisierung, Föderalisierung und zunehmender Autonomieansprüche als eine Gegenbewegung zu den fortschreitenden Zentralisierungsvorgängen verstanden werden kann.[31]

b. Fast am Ende seiner Ausführungen bezieht Christie sein Konzept der »Konfliktpartizipation« auf das Tönnies'sche Konzept von »Gemeinschaft«. Nach den jahrzehntelangen Diskussionen über die Frage, ob mit diesem Konzept historische wie moderne Gesellschaften beschreibbar sind, scheint es mir müßig, sich wieder auf eine Diskussion einzulassen, die mehr durch ihre kulturkritischen Töne denn durch die analytische Prägnanz der Argumente besticht. Einen Vorbehalt möchte ich jedoch zum Ausdruck bringen, weil er mir am Herzen liegt: Ich hege ein tiefes Misstrauen gegenüber dem Konzept von »Gemeinschaft« unter den Bedingungen moderner, sozialer und politischer Ordnung. Und dieses Misstrauen wird auch und gerade durch einzelne Ausführungen von Christie genährt, deren totalitäre Implikationen er offensichtlich nicht zu erkennen vermag. In einer Verknüpfung seiner Überlegungen zur Kompensation, Konfliktpartizipation und zum Konzept der »Gemeinschaft« schreibt er z.B. (S. 97):

> » ... (Bei der Austragung ihres Konflikts -TT) werden Täter und Opfer nicht allein gelassen. Ihre Diskussion muss öffentlich sein. Es würde eine Diskussion sein, in der die Situation des Opfers genau durchleuchtet würde, in der jeder Umstand, der für das Geschehen wichtig ist – ob rechtlich relevant oder nicht – dem Gericht zur Kenntnis gebracht würde... Die Lage des Täters müsste in derselben Weise einer genauen

30 Hierbei ist die von Christie geforderte Dezentralisierung der Polizei sicherlich ein wichtiges Mittel. Allerdings ist anhand der Erfahrungen in Nordamerika auch zu berücksichtigen, inwieweit über Dezentralisierung und Formen der Bürgerkontrolle nicht zugleich wieder das Problem der Korruption virulent wird. Man muss sich ja vor Augen halten, dass Zentralisierung und Professionalisierung der Polizei u.a. als ein Mittel gegen Korruption gedacht war und in der Tat auch im Sinne dieser Zielsetzung Wirkungen zeigte (vgl. Trotha, *Recht und Kriminalität,* S. 56f.).

31 In weniger positiver Wendung wird diese Gegenbewegung gegen die Zentralisierungsvorgänge moderner Gesellschaften als »Unregierbarkeit« thematisiert.

Betrachtung unterzogen werden. Auf diese Weise könnten Bedürfnisse nach sozialen, erzieherischen, medizinischen oder religiösen Maßnahmen ans Licht gebracht werden.«

Um ein Wort von Christie aufzunehmen, das er sehr berechtigt im Zusammenhang seiner Kritik an einer bestimmten Variante der neoklassischen Theorie gebraucht: Eine moderne Gesellschaft, die ein solches Gerichtsverfahren, wie es Christie hier vorstellt, einrichtet, wäre nicht meine Gesellschaft. In ihr würde auf »gemeinschaftliche« Weise das zum Tragen kommen, was einzelne professionelle Behandlungsideologen jetzt noch in einer stillen Stunde als Machtphantasien hegen mögen.

c. Zur Zeit ist es wieder üblich, beim Nachdenken über Alternativen zu unserem System der Strafverfolgung sich auf die Konfliktregelungsmechanismen von Stammesgesellschaften verschiedenen Typs zu beziehen, wobei im Besonderen auf die Kompensation und den »zivilrechtlichen« Charakter des Verfahrens aufmerksam gemacht wird. Umso vordringlicher ist es, sich sehr genau über die unterschiedlichen Voraussetzungen und Zielsetzungen dieser Verfahren Klarheit zu verschaffen.[32] Ich will das sehr knapp an drei Punkten erläutern.

aa. »Dispute institutions« sind durch folgende Merkmale charakterisiert:[33]

Die Streitregelungsinstitutionen besitzen keine Zwangsgewalt und müssen sich daher der Zustimmung der Parteien zum Ergebnis versichern. Die Streitregelungsinstitutionen sind relativ unspezialisiert, undifferenziert und unbürokratisch. Die Parteien sind aktive Teilnehmer im Verfahren. Der Zugang zu den Institutionen der Streitregelung ist leicht. Die Normen sind partikularistisch, flexibel, vage, inkonsistent, allgemein bekannt und durch weitgehenden Konsens gestützt. Das Urteil zielt darauf ab, die Beziehung zwischen den Parteien auch in Zukunft aufrechtzuerhalten.

Selbst wenn wir davon ausgehen dürfen, dass einige Merkmale durchaus unter den Bedingungen unserer Gesellschaften verwirklichbar sind, scheinen mir einige Merkmale in sehr grundsätzlicher Weise von unseren Lebensbedingungen abzuweichen. Das gilt vor allem, erstens, für das Ziel des Verfahrens, nämlich die Beziehung der Konfliktparteien auch für die Zukunft aufrechtzuerhalten. Für dieses Ziel gibt es in unseren Gesellschaften keine vergleichbaren strukturellen Bedingungen und Notwendigkeiten. Für alle Delikte, die sich außerhalb des familiären Raumes ereignen, bestehen entweder zwischen Täter und Opfer keinerlei soziale Beziehungen oder es gibt für sie keine Notwendigkeit, die bestehenden

32 Das ist auch deshalb nötig, weil Christie es bei sehr allgemeinen Verweisen belässt.

33 Vgl. Gerd Spittler, »Streitregelung im Schatten des Leviathan: Eine Darstellung und Kritik rechtsethnologischer Untersuchungen«, *Zeitschrift für Rechtssoziologie* (1980/1), S. 4–32 (6).

Beziehungen aufrechtzuerhalten.[34] Zweitens: Selbst wenn wir unterstellen, dass wir im Bereich der schweren Gewalt- und Diebstahlskriminalität einen relativ weitreichenden Normkonsens voraussetzen dürfen wird mit zunehmender Entfernung von diesem Kernbereich dieser Konsens mehr als fragwürdig. Darauf hinzuweisen, ist die Diskussion um Subkultur und normative Pluralität nicht müde geworden. Und nicht zuletzt, drittens, fehlt unter den Bedingungen stark geschichteter und durch große Machtdifferenzen ausgezeichneter Gesellschaften eine zentrale Bedingung, die für die Versicherung der Zustimmung der Parteien zum Verhandlungsergebnis notwendig ist: die relativ geringen Machtunterschiede zwischen den Konfliktparteien in segmentären Gesellschaften.

bb. In gleicher Weise mag skeptisch stimmen, wenn man sich die Bedingungen vor Augen hält, die für eine erfolgreiche und verbreitete Durchsetzung von »dispute institutions« notwendig sind. Hierzu hat jüngst Spittler die interessante These aufgestellt,[35] dass der Erfolg und die Verbreitung von »dispute institutions« von einem spezifischen Verhältnis zwischen der Durchsetzung staatlicher Herrschaft und der Unkalkulierbarkeit ihrer Entscheidungen und die der staatlichen Gerichte im Besonderen abhängt. Im Einzelnen lautet seine These: Das Verbot der gewaltsamen Selbsthilfe macht andere Formen der Streitregelung notwendig. Die Übernahme der »schmutzigen« Streitfälle durch die staatlichen Gerichte erleichtert die Arbeit für die anderen Streitregelungsinstitutionen. Die geringe Kapazität der Gerichte und ihre Ablehnung durch die Bevölkerung begünstigen die einfache Streitregelung. Durch die Drohung, einen Fall vor das ungeliebte und unsichere staatliche Gericht zu bringen, entsteht ein Einigungsdruck auf die Konfliktparteien. Darauf gründet sich häufig der erfolgreiche Abschluss des Streitfalles im Rahmen von Streitregelungsinstitutionen der Verhandlung.

cc. Unter Berücksichtigung, dass Mediation und im Besonderen ihr Erfolg von bestimmten Zwängen und Notwendigkeiten abhängig ist, wird

34 In diesem Zusammenhang ist es interessant, zu erwähnen, dass z.B. auch bei den Barotse, auf die sich Christie ausdrücklich bezieht, unter analogen Bedingungen tendenziell Muster der Konfliktregelung bestehen, die den unseren nahekommen. Wenn es z.B. um Verträge zwischen Fremden oder um den Angriff eines Mannes auf einen Fremden geht, schränkt der Barotse-Gerichtshof den Bereich der als wesentlich erachteten Tatsachen stark ein und behandelt den Fall nach vergleichsweise abstrakterer Normorientierung als in den üblichen Verfahren um Konflikte zwischen Mitgliedern der Gesellschaft, Max Gluckmann, »The Judicial Process among the Barotse of Northern Rhodesia«, in: Vilhelm Aubert (Hg.), *Sociology and Law. Selected Readings*, Harmondsworth: Penguin 1969, S. 161–170 (166f.).

35 Spittler, »Streitregelung«, S. 4–32 (28f.) formuliert seine These nicht im Gegensatz zu den bisherigen Annahmen z.B. der Kultur- oder Sozialstrukturthesen, sondern versteht sie als notwendige Ergänzung.

auch Christies leicht emphatische Darstellung des Konzepts der Konfliktpartizipation fragwürdig. Christie formuliert den originellen und auf Anhieb ansprechenden Gedanken, dass unter den Bedingungen moderner Strafverfahren das Opfer um seine Chance und seinen Anspruch auf Konfliktaustragung gebracht wird. Die Frage ist nur, ob aufgrund der schon mehrfach erwähnten sozialstrukturellen Bedingungen eine solche Konfliktaustragungsbereitschaft überhaupt als gegeben vorausgesetzt werden kann – ganz abgesehen von der Frage, wie wünschbar eine solche Bereitschaft und Involvierung vonseiten des Opfers sein würde. Umgekehrt ausgedrückt: Eine der wesentlichen Errungenschaften des modernen rechtlichen Konfliktregelungsmechanismus ist, dass das Opfer von den Notwendigkeiten der Konfliktregelung entlastet ist.[36]

d. In seiner Theorie der absoluten Bestrafung postuliert Christie, dass Schmerzzufügung (für ihn) dann tragbar(er) ist, wenn sie in Analogie zur Trauer persönlich, emotional und zweckfrei ist.[37] Der entscheidende Grundgedanke dieser Theorie ist, dass die Bestrafung durch ihre eigene Dynamik den Wütenden zum Einhalten und zum Nachdenken veranlasst. Christie schreibt (S. 100of.):

> »Wenn die Schmerzzufügung zweckfrei wäre, wäre sie eher eine eindeutige moralische Angelegenheit. Die Beteiligten müssten wieder und wieder überlegen, ob die Zufügung von Schmerz richtig war... Die Chancen hierbei sind groß, dass je mehr sie nachdenken würden, desto eher sie erkennen würden, dass es nicht recht war. Das Nachdenken würde die Wut verbannen und verdrängen.... Das Verfahren der Bestrafung würde sich in einen Dialog verwandeln.«

36 Trotha, *Recht und Kriminalität*, S. 24ff.
Ergänzend ist noch eine Bemerkung zur Kompensation anzufügen. Es wird – so auch bei Christie – häufig unterstellt, dass das moderne Streitregelungsverfahren über das Strafrecht die Kompensation nicht kennt. Das ist nur bedingt richtig. Kompensation ist in Form von Schadensregulierung – und in sehr vermittelter Weise in der Geldstrafe – ein fester Bestandteil unseres Konfliktregelungsverfahrens. Und beim Stichwort »Schadensregulierung« wird, ohne dass ich auf diese Diskussion hier im Einzelnen eingehen muss, sichtbar, wie problematisch unter modernen Bedingungen die Frage der »Kompensation« ist. Nicht nur, dass die Schadensregulierung eine der oft kaum überwindbaren und den Rechtsbrecher manchmal jahrelang belastenden Hindernisse ist, um ein normales und konventionelles Leben wieder aufzunehmen, sie kann gleichermaßen zu einer Waffe werden, um die Artikulation von Konflikten zu unterdrücken, deren friedliche Austragung Christie sich so angelegen sein lässt. Das zeigen jüngst die Versuche in der Bundesrepublik, das Demonstrationsrecht über Schadensersatzansprüche einzuengen und zu untergraben.

37 Die »absolute Bestrafung« sollte auf keinen Fall mit der Institution der Selbsthilfe in einen Topf geworfen werden.

Um es etwas bösartig zu formulieren: Diese Formulierungen von Christies Hoffnungen zum Verlauf der absoluten Bestrafung lesen sich wie ein mahnendes kirchliches Traktat zur Kindererziehung. Anders ausgedrückt: Die Theorie der absoluten Bestrafung in der Form, wie sie Christie vorträgt, verabsolutiert mittelständisch-akademische Konfliktregelungsstrategien. Sie baut auf das »reinigende« Gespräch, das Nachdenken, auf »Selbstreflexion« oder, wie man altmodischer sagt, auf »Gewissensbisse«. Sowohl in ihrer subkulturellen Begrenztheit ebenso wie als Hoffnung muss sich deshalb Christies Theorie der absoluten Bestrafung zwei Fragen gefallen lassen. Erstens: Welchen Stellenwert hat die Theorie der absoluten Bestrafung überhaupt, wenn einerseits diejenigen an denen Christie seine Hoffnungen auf die Theorie der absoluten Bestrafung offensichtlich entwickelt hat, gar keinen Zugang zu »absoluter Bestrafung« haben, weil sie reflexive Konfliktregelungsmechanismen praktizieren, andererseits uns Christie keinerlei konkrete Anhaltspunkte gibt, dass diejenigen, die sich zu »absoluter Bestrafung« – so muss man wohl sagen –, »hinreißen« lassen, den Weg zum Einhalten und zu reflexivem Konfliktverhalten finden werden? Zweitens: Ist die Theorie der absoluten Bestrafung nicht wiederum »simplistisch«? So klammert Christie alle Probleme »dialogischer« Konfliktregelung aus, die zum Beispiel in den manipulativen Möglichkeiten aufseiten derer liegen, die besser oder geschickter nachdenken und argumentieren, oder die mit den bestimmten Formen der Konformität verbunden sind, die auf der Grundlage reflexiver Konfliktregelungsweisen entstehen. Und nicht zuletzt gibt Christie keinerlei Hinweise, wie eine Form der Schmerzzufügung im Sinne der Theorie der absoluten Bestrafung als institutionelle Struktur Gestalt gewinnen kann. Und ich muss gestehen, dass ich mir diesbezüglich nichts Konkretes vorstellen kann – es sei denn in der Weise, die das genaue Gegenteil von dem zur Folge hat, was Christie verficht: in Form der gesteigerten Zufügung von Schmerz.

III.

Fassen wir zusammen und zwar in der Art einer sehr vorläufigen und unvollständigen »shopping list« einfacher theoretischer und politisch-ethischer Perspektiven, auf die die vorangegangenen Erörterungen aufmerksam zu machen suchten und die mir für die weitere kriminalpolitische Diskussion der Veränderungen unseres Systems der strafrechtlichen Sozialkontrolle nicht unwichtig zu sein scheinen.

(1) Die Diskussion über Alternativen zur strafrechtlichen Sozialkontrolle muss auf die *Probleme der politischen* und damit rechtlichen *Verfassung der gesamten sozialen Ordnung* hin formuliert werden. Darin

eingeschlossen ist, dass die Diskussion nicht ausschließlich vom Gesichtspunkt des sanktionierten oder von Sanktionen bedrohten Abweichlers von Rechtsnormen geführt wird (s. aber Punkt 3).[38]

(2) Als Problem der politischen Ordnung muss in Anknüpfung an die Kernfragen der Verfassungsgeschichte und der Geschichte der politischen Theorie die *Kontrolle des Verfahrens* der Konfliktregelung durch Recht den leitenden Problemrahmen vorgeben. Diese Kontrollproblematik muss in erster Linie als ein verfahrensrechtliches und vor allem als ein institutionelles Problem definiert werden. In diesem Zusammenhang ist zum Beispiel Christies Prinzip zu unterstreichen, die Inhaber von Machtpositionen verletzbar zu machen. Das kann durch eine Dezentralisierung von Polizei und Wissen, durch die Stärkung des Laienelements im Sanktionsverfahren[39] ebenso wie durch die Öffentlichkeit und besonders durch »Klienten« organisierte Kontrolle von Sanktionsinstanzen und »Helfer«-Professionen erfolgen.

(3) Es ist festzuhalten am *Prinzip des »moralischen Rigorismus«* in dem Sinne, dass die Aufgabe der Schmerzreduktion und der Humanität unabhängig von den Fragen general- und spezialpräventiver Effektivität ihre eigene Würde besitzt und einen eigenen kriminalpolitischen Lösungsauftrag beinhaltet.[40]

(4) Es ist festzuhalten an der *Kritik der »Behandlungsideologie«*. In diesem Festhalten darf jedoch zweierlei nicht außer Acht gelassen werden. Erstens: Es muss sehr genau zwischen einem tatsächlichen und einem lediglich gewünschten und proklamierten Ende der »Behandlungsideologie« unterschieden werden – andernfalls verkennt man nicht nur die Aufgabe, die sich mit dem Aufbau angemessener Sicherungsmechanismen stellt, sondern man wird leicht sich bösen Überraschungen gegenübersehen. Zweitens: Die Kritik der »Behandlungsideologie« darf nicht mit der Kritik der Wirklichkeit der Behandlungsidee verwechselt werden. Andernfalls gerät man nicht nur soziologisch auf Abwege, sondern läuft Gefahr, einer Verletzung jener Gebote der Humanität und der Schmerzreduktion schuldig zu werden, die Christie zur Grundlage seiner Kritik und seiner Alternativen macht.

38 In der kriminalpolitischen Diskussion finden sich sehr ironische Umkehrungen der kriminalsoziologischen-kriminologischen Diskussion. Was den einen in der kriminalsoziologischen Diskussion die »täterorientierte« Perspektive ist, ist sie den anderen in der kriminalpolitischen Diskussion und vice versa.

39 Vor allem ist hier zu denken an eine Form des Laienelements, das auf konkrete soziale Beziehungen der Täter und Opfer ausgerichtet ist.

40 Es gibt selbstverständlich auch sehr grundlegende ethisch-moralische Fragen im Zusammenhang general- und spezialpräventiver Effektivität, die in der Kategorie des »Opfers« einerseits und in der in Punkt 1 angesprochenen Problematik zum Ausdruck gebracht werden.

(5) Es gilt, die *Auseinandersetzung mit der neoklassischen Theorie* dort zu führen, wo sie sinnvoll und am Platze ist, nämlich in ihrer legalistischen Verengung und ihrer nur scheinbaren Aufnahme aufklärerischer Grundpositionen, die sich in Verkehrung der historisch-politischen Frontstellung der Aufklärung als Ambivalenz gegenüber der Kontrolle staatlicher Institutionen und Verfahren der rechtlichen Konfliktregelung ausdrückt.

(6) Es gilt, sich *einer »simplistischen« Übertragung von Konfliktregelungsmechanismen in segmentären Gesellschaften* auf unsere Gesellschaften zu verweigern. Das heißt: Es führt kein Weg an den Grundstrukturen unserer Gesellschaften vorbei. Ein verblasener Rousseauismus wird im Debakel enden. Dasselbe gilt analog für Christies Theorie der absoluten Bestrafung, weil sie das Grundproblem bei der Entwicklung von Alternativen zur strafrechtlichen Sozialkontrolle nicht zu lösen vermag: dass es darum geht, *innerhalb* der *Grund*strukturen unserer Gesellschaften neue institutionelle Formen der Konfliktregelung zu entwickeln. Formen und Wege zu solchen *institutionellen* Strukturen finden sich in Christies Prinzip, Inhaber von Machtpositionen verletzbar zu machen (s. Punkt 3), ebenso wie im Modell der differentiellen Entformalisierung der Strafverfolgung[41], das Manfred Brusten in einem Diskussionsbeitrag auf der Tagung in Gelnhausen angesprochen hat.

Wie nun das ganze konkrete »shopping« auf der Grundlage dieser und anderer Listen auszusehen hat, das weiß, glaube ich, im Augenblick niemand. Und in dieser Hinsicht bin ich auch durch die Lektüre der spannenden Abhandlung von Christie nicht schlauer geworden.

41 Manfred Brusten umriss den für mich überzeugenden Gedanken, dass das Nebeneinander der Verfahren der Strafverfolgung durch eine Hierarchie der differentiellen Entformalisierung der Konfliktregelung abgelöst werden muss. Das heißt: Nichtwahrnehmung von Konflikten durch die Institutionen der strafrechtlichen Sozialkontrolle, informelle Regelungen (wie z.B. durch Polizei und Staatsanwaltschaft), schiedsrichterliche Lösungen und strafrechtliche Verfolgung dürfen nicht mehr für ein und dieselbe Art von Konflikt nebeneinander bestehen, sondern müssen als eine Stufenfolge organisiert werden, die sowohl auf die Art des Konflikts wie auf den Gang der Konfliktregelung bezogen ist.

Sebastian Scheerer

Die abolitionistische Perspektive*

Es wird vorgeschlagen, den Abolitionismus nicht (nur) als kriminalpolitische Richtung oder soziale Bewegung, sondern (auch) als sensitivierende Theorie zu verstehen. Aufgabe der abolitionistischen Perspektive wäre es dann, eine stets verneinende (mephistophelische) Kritik am Status quo der Strafrechtspflege zu üben, ohne in den Fehler praktisch-politischer Umsetzungsangebote zu verfallen. Das Prinzip der negativen Kritik, die methodischen Implikationen und das Menschenbild des abolitionistischen Ansatzes sowie die Frage nach seiner Vereinbarkeit mit den Grundprinzipien moderner politischer und sozialer Ordnung stehen im Vordergrund des Beitrags.[1]

Die vergangenen Jahre und Jahrzehnte haben nicht nur die Kriminologie aus ihrer dienenden Funktion gegenüber dem Strafrecht befreit, indem z. B. Strafrechtsnormen und die Instanzen sozialer Kontrolle zum Gegenstand kritischer Analysen gemacht wurden, sie haben auch tiefgreifende Veränderungen in der Einschätzung des Strafrechts und seiner Brauchbarkeit als eines Mittels sozialer Kontrolle mit sich gebracht.[2] In jüngster Zeit mehren sich nun die Anzeichen, dass die vorherrschende Strömung in der Kriminalpolitik, als welche man das Behandlungsideal (oder die Behandlungsideologie) im internationalen Rahmen wohl bezeichnen kann, an Stärke verliert. In Skandinavien und in den USA, den ehemaligen Hochburgen des Behandlungsgedankens, ist man auf die Verknüpfung von strafjustizieller Reaktion und irgendwie gearteter »Therapie« nicht mehr gut zu sprechen. »Neo-Klassiker« fordern die Rückkehr zur rein repressiven Reaktion, die sich auf die Tat und nicht auf den Täter hin auszurichten und deshalb auch in aller Bestimmtheit im Strafgesetzbuch ablesbar zu sein habe, während eine eher antietatistische Strömung von »Abolitionisten« aus den unguten Erfahrungen mit dem Verknüpfungsversuch von Therapie und Strafe grundsätzlich andere Konsequenzen ziehen will. Ideengeschichtlich lässt sich also sowohl das gegenwärtige Vordringen der sogenannten

* Abgedruckt wurde der Text zuerst in: *Kriminologisches Journal* (1984/2) S. 90–111.

1 Der Text geht zurück auf mein Referat »Towards Abolitionism« (IX. Intern. Kongr. F. Kriminologie, Wien, 25.–30.9.1983), dessen ursprüngliche Fassung mit nur geringfügigen Veränderungen in der pene (in den jeweiligen Sprachen, jeweils Heft 1/1984) abgedruckt wurde. Für Anregungen danke ich Beate Kohl, Stephan Quensel, Johannes Stehr, Heinz Steinert und der Redaktion des Kriminologischen Journals.

2 Vgl. Wolfgang Naucke, *Tendenzen in der Strafrechtsentwicklung*, Karlsruhe: C.F. Müller 1975, S. 20ff.

Neoklassik[3] wie auch ihrer Rivalin, der abolitionistischen Perspektive[4], als Reaktion auf enttäuschte Hoffnungen und strategische Fehler der jüngeren Strafrechts- und Strafvollzugsgeschichte interpretieren. Anstatt die repressiven Strukturen des Verwahrvollzugs von innen her aufzubrechen, hat der Einzug der Humanwissenschaften in den Strafvollzug der staatlichen Gewalt ungeahnte Dimensionen der Verhaltens- und Einstellungsmanipulation eröffnet, angesichts derer die traditionellen Abwehrrechte des Individuums gegen staatliche Eingriffe nicht einmal mehr auf theoretischer Ebene zu greifen vermochten. Es wäre unfair gegenüber dem neoklassischen Ansatz, wollte man leugnen, dass er seine Stärke auch dem Aspekt der Wiederherstellung individueller Abwehrrechte verdankte und in manchen seiner Ausprägungen, vor allem in Skandinavien, den verlorengegangenen Schutzaspekt des Strafrechts durch die Rückverlagerung der Aufmerksamkeit vom Täter zur Tat wiederzugewinnen versuchte: dem entsprach, dass man sich gegen die unbestimmte Freiheitsstrafe wandte, den Resozialisierungsgedanken vernachlässigte und verstärkt auf generalpräventive Legitimationen zurückgriff. Das abolitionistische Denken hingegen geht noch einen Schritt weiter: Es bejaht zwar den Skeptizismus der Neoklassiker gegenüber aufgeherrschten Programmen der Erforschung und Veränderung der Persönlichkeit, sieht sich aber nicht in der Lage, nur wegen des Wegfalls spezialpräventiver Rechtfertigungen auf die (in Wirklichkeit keineswegs unproblematischeren) generalpräventiven zurückzugreifen. Wenn man metaphysische Straftheorien im Zeichen rationalen Denkens grundsätzlich verwirft, ohne eine hinreichend fundierte Bestätigung spezial- oder generalpräventiver Wirkungen staatlichen Strafens vorweisen zu können, muss man sich ehrlicherweise mit der Frage auseinandersetzen, ob es nicht auch ohne das Strafrecht ginge und ob es nicht sogar besser gehen könnte. »Muss man das Strafgesetzbuch verbrennen?«, fragte auch im Anschluss an die abolitionistischen Debatten auf dem vergangenen Internationalen Kongress für Kriminologie die angesehene französische Zeitung »Le Monde« in ihrer Ausgabe vom 4. Oktober 1984, auch wenn sie ihren Beitrag mit der skeptischen Gegenfrage nach den konkreten Alternativen schloss, welche die Abolitionisten denn anzubieten hätten: »Das Strafrecht abschaffen, schön und gut, aber womit kann man es in den Situationen ersetzen, in denen Arbeitslosigkeit und soziale Desintegration die Kriminalitätsziffern in die Höhe treiben?«

Bevor wir uns dieser immer wiederkehrenden Besorgnis zuwenden, bedarf es einer etwas ausführlicheren Darstellung des abolitionistischen

3 Vgl. Thomas Weigend, »Neoklassizismus« – ein transatlantisches Mißverständnis«, *Zeitschrift für die gesamte Strafrechtswissenschaft* (1982/3), S. 801–814.

4 Vgl. Council of Europe, *Report on Decriminalisation*, Straßburg 1980; Nils Christie, *Limits to Pain*, Oslo/London: Universitetsforlaget 1981; Heinz Steinert, »Das Ende der Rechtschaffenheit. Eine kriminalpolitische Utopie«, *Kriminalsoziologische Bibliographie* (1982/36,37), S. 243–286.

Denkens selbst, seiner Geschichte und Aktualität (I), seiner Einordnung in theoretische und methodische Zusammenhänge (II), der Begründung einer rein negativen Kriminalpolitik (III) und der Kontroverse um das ihm zugrundeliegende Menschenbild (IV). Abschließend ist dann zu untersuchen, ob die neuen Denker sich nicht vielleicht doch, wie von Trutz von Trotha (1983), vermutet an einer obsoleten Form menschlicher Gemeinschaft orientieren, die mit den gegenwärtigen Bedingungen sozialer und ökonomischer Ordnung inkompatibel ist (V).

I. Erinnerung an den Sieg des Abolitionismus

Fast ist sie heute vergessen, die größte und erfolgreichste Abolitionsbewegung aller Zeiten, die auch in Deutschland die öffentliche Meinung zu mobilisieren wusste, obwohl es den Gegenstand ihrer Bemühung hier gar nicht gab: die Sklaverei. Vielleicht war dies aber auch gerade ihr Vorteil, denn da die Abolitionsbewegung (ca. 1780–1890) sich vornehmlich gegen die Sünden der Briten in ihren west indischen Besitzungen (Sklaverei abgeschafft 1838) und dem Philanthropismus sich hingeben, ohne allzu viel Einbußen befürchten zu müssen. Jedenfalls war der abolitionistische Roman »Onkel Toms Hütte« kaum in den USA erschienen (1852), als er auch schon in deutscher Übersetzung vorlag (ebenfalls 1852) und als früher Bestseller die Gemüter des hiesigen Bürgertums erhitzte. Die moralische Indignation, die in der heroischen Epoche des transzendentalen Idealismus und seiner Vorstellung vom Individuum als dem Subjekt der Geschichte allein von der Idee ausging, dass Menschen andere Menschen wie Tiere hielten, hatte schon früh in Westeuropa zu der Forderung geführt, die Sklaverei ersatzlos auslaufen zu lassen; doch nicht jeder, der sich gegen die Sklaverei aussprach, war auch Abolitionist. Insbesondere in der Anfangszeit der Bewegung überwogen wohl die Anhänger langsamer, durch Überzeugungsarbeit gegenüber den Sklavenhaltern zu bewirkender Veränderung. Solche Gradualisten waren es, die etwa zum Freikauf von Sklaven aufriefen, die Freilassungen erbaten und die Rückwanderung solcherart befreiter Sklaven nach Afrika (Liberia, seit 1817) in die Wege leiteten. Die Gradualisten konnten jedoch nicht verhindern, dass sich die Zahl der Sklaven immer schneller erhöhte, der transatlantische Menschenhandel (der bis zum Jahr 1900, als auch die letzte geheime Sklaverei in der westlichen Hemisphäre verschwand, rund 15 Millionen Afrikaner erfasst haben sollte) immer stärker anschwoll. Dramatische Ereignisse, wie die grausame Unterdrückung des von Nat Turner geleiteten Aufstands (1831), die nach dem Erlass des Fugitive Slave Act (1850) einsetzende Welle blutiger Sklavenjagden in den Südstaaten der USA und ähnliche Beschleunigungsfaktoren für soziale Bewegungen überzeugten immer mehr Gradualisten von der Notwendigkeit einer schnellen, umfassenden und konsequenten Abschaffung dieser Institution. Zwar hatte man den Abolitionisten schon früh den Vorwurf gemacht, sie beraubten sich ihrer eigenen Wirkungsmöglichkeiten, wenn sie immer nur herumnörgelten, anstatt praktikable Vorschläge für die Zeit nach der Sklaverei vorzulegen.[5] Als soziale Bewegung lag ihre Aufgabe jedoch nicht in der bürokratischen Konstruktion, sondern in der Weckung einer politisch wirksamen Bereitschaft, den Status quo zu überwinden. Die Stärke und der Erfolg der Abolitionsbewegung sind denn auch darin zu sehen, dass ohne sie der »Kompromiss von 1850«, der zwischen dem »freien Norden« und dem »sklavenhaltenden Süden« ausgehandelt worden war, um die Union zu retten und dem Süden die Sklaverei zu belassen, womöglich gehalten hätte, dass ohne sie schließlich Abraham Lincoln kaum auf die Idee gekommen wäre, die Forderung nach der Abschaffung der Sklaverei zum erfolgversprechenden und mobilisierenden Kriegsziel der Union zu machen.

Einen genuin abolitionistischen Sieg gab es im Übrigen auch in Deutschland, und zwar im Jahre 1927, zu feiern, wo in diesem Jahr die Abolitionisten in ihrem Kampf gegen die Kasernierung der Prostituierten nach harten Gefechten mit ihren Widersachern, den Reglementaristen, zum Erfolg gelangten. Während die Reglementaristen die Position vertreten hatten, man müsse die Ausübung der Prostitution mittels polizeilicher Anordnung auf bestimmte Bordelle oder Kasernen beschränken, um die Ausbreitung der »Gewerbsunzucht« und der Geschlechtskrankheiten unter Kontrolle zu bekommen, waren die Abolitionisten, darunter die Kaiserin Auguste Viktoria persönlich, für die Befreiung der Prostituierten von möglichst allen Vorschriften, Registrierungen und Verfolgungen polizeilich-strafjustizieller Art. Nicht nur, so ihre Argumentation, dass die Erfahrung lehrte, dass mittels Kasernierung doch nur höchstens 10 % der Prostituierten zu erfassen, die genannten sozialen Probleme auf diese Art also keineswegs befriedigend zu lösen wären, dass es darüber hinaus ungerecht wäre, die Dirnen schikanösen Vorschriften zu unterwerfen, während man die sogenannten Freier unbehelligt ließ, und dass jeder Reglementierungsversuch immer auch Anreiz für die Bildung krimineller Subkulturen sei – vor allem war wohl das Argument durchschlagend, dass man nicht einerseits die Zuhälterei mit dem Strafgesetz verfolgen, andererseits durch staatliche Zuweisung von Bordellen eine occasio proxima zur Ausübung der Unzucht gewähren könne, ohne sich in Widersprüche zu verwickeln. Die Abolitionisten waren deshalb dafür, Dirnen dieselben Freiheiten (z. B. die Gewerbefreiheit) einzuräumen, die andere Bürger auch besaßen, ihnen

5 Die Encyclopaedia Britannica trägt noch heute der abolitionistischen Bewegung ihr angebliches Versagen von der (von wem eigentlich gestellten?) Aufgabe nach, »practical plans for restructuring a whole society« (sic!) vorzulegen. Vgl. Ausgabe von 1979, Bd. I, S. 29.

andererseits alle möglichen Angebote für Hilfe in gesundheitlicher und beruflicher Hinsicht zu machen, um ihnen das Unglück zu ersparen, gegen ihren Willen dauerhaft dieser Tätigkeit nachgehen zu müssen. Zumindest, so die Abolitionisten, sollten derlei Entstigmatisierungsmaßnahmen dazu geeignet sein, den unter oft erbärmlichen Bedingungen lebenden Dirnen den Aufstieg zum höheren Hetärentum zu ermöglichen. In einem faktisch wohl nur eingeschränkten, mit dem Status quo ante verglichen jedoch schon beachtlichen Sinne, gelangte diese Abolitionsbewegung nach Aussage eines Chronisten in Deutschland 1927 »zum Erfolg, wo es seither keine polizeiliche Reglementierung der Prostitution, sondern nur noch eine Registrierung beim Gesundheitsamt und eine medizinische Überwachung aller Personen mit ›häufig wechselndem Geschlechtsverkehr‹ gibt.«[6]

Wenn nun auch seit einigen Jahren erneut eine Abolitionsbewegung in Deutschland existiert, in der es ebenfalls um marginalisierte Gruppen, subalterne Schichten, um die restlose Abschaffung repressiver Gesetze und Institutionen wie z. B. das Jugendgefängnis, das Betäubungsmittelgesetz, Gefängnisse insgesamt oder das Strafrecht schlechthin geht,[7] so ist doch der Traditionsfaden allem Anschein nach gerissen. Jedenfalls gehört der Ausdruck »Abolitionismus« offenbar ebenso wenig wie das Adjektiv »abolitionistisch« zur Umgangssprache der Deutschen oder zur akzeptierten Fachsprache der Kriminologie.

Vergeblich ist die Suche nach dem Stichwort in den Nachschlagewerken, vergeblich auch im aktuellen (1984) Kleinen Kriminologischen Wörterbuch, wo nicht der Abolitionismus, sondern (wie ätiologisch!) das Abweichende Verhalten und der Alkoholismus den Anfang machen. Erläutert wird die Begrifflichkeit in der Übersetzung von Thomas Mathiesens Überlegungen zur Strategie der Randgruppenarbeit, wo die Begriffe

6 Vgl. im einzelnen Reinhard Redhardt, »Prostitution«, in: *Handwörterbuch der Kriminologie*, Bd. 2, Berlin/New York: de Gruyter 1977, S. 341.

7 Für viele: Karl F. Schumann, »Politische Randgruppenarbeit nach Mathiesen und Foucault – eine Einführung«, in: Thomas Mathiesen (Hg.), *Überwindet die Mauern! Die skandinavische Gefangenenbewegung als Modell politischer Randgruppenarbeit*, Neuwied/Darmstadt: Luchterhand 1979, S. 1–23; Knut Papendorf, »Die abolistische Praxis – Ausgangspunkt und Perspektiven«, in: *Überwindet die Mauern!*, S. 195–202; Knut Papendorf, »Erfahrungswissenschaftliche Gründe, Jugendliche nicht mehr einzusperren. Zur Rationalität der AJK-Forderungen«, *Kriminologisches Journal* (1982/2) S. 137–158; Karl F. Schumann/Michael Voss/Knut Papendorf, »Über die Entbehrlichkeit des Jugendstrafvollzugs«, in: Helmut Ortner (Hg.), *Freiheit statt Strafe*, Frankfurt: Fischer 1981, S. 33–67; Arno Pilgram/Heinz Steinert, »Plädoyer für bessere Gründe für die Abschaffung der Gefängnisse und für Besseres als die Abschaffung der Gefängnisse«, in: Helmut Ortner (Hg.), *Freiheit statt Strafe*, Frankfurt: Fischer 1981, S. 133–154; Heinz Steinert, »Das Ende der Rechtschaffenheit«; Stephan Quensel, *Drogenelend*, Frankfurt: Campus-Verlag 1982.

Abschaffung, Aufhebung und Beseitigung für »abolition« stehen und wo die Eigenschaftswörter abschaffend und aufhebend als gleichbedeutend mit dem (dort praktisch gekürzten) Adjektiv »abolistisch« benutzt werden.[8] Umso erstaunlicher, wie schnell der abolitionistische Diskurs ausgerechnet in einer Zeit an Intensität gewonnen hat,[9] in der zumindest die rechtspolitische Gesamtwetterlage eher auf eine autoritäretatistische Wende hindeutet. David F. Greenbergs Vermutung, dass die Fixierung der abolitionistischen Strategie auf die Abschaffung der Institutionen des Strafrechts eine Art regressiver Wunschvorstellung einiger durch Behördenakte allzu sehr frustrierter Kriminalsoziologen darstelle[10] bezieht hieraus wohl ihren Anschein von Plausibilität.

Zwar gibt es eine Seitenlinie des abolitionistischen Diskurses, die zwischen Wunschdenken und Wissenschaft angesiedelt ist und die von Swifts »Gulliver«[11] bis zu Skinners »Futurum Zwei«[12] reicht. Von der krimino-

8 Mathiesen, *Überwindet die Mauern!*

9 Vgl. u. a. Council of Europe, *Report on Decriminalisation*; Christie, *Limits to Pain*; Nils Christie, »Die versteckte Botschaft des Neo-Klassizismus«, *Kriminologisches Journal* (1983/15), S. 14–33; Louk Hulsman, »Zu Tendenzen der holländischen Strafrechtsreform«, in: *Kriminalsoziologische Bibliographie* (1982/35), S. 57–82; Louk Hulsman/Jacqueline B. de Celis, *Peines Perdues. Le système penal es question*, Paris: Le Centurion 1982; Emilio Garcia Mendez, »Dei Problemi Sociali e della Decriminalizzazione«, *Dei delitti e delle pene*, (1983/1), S. 211–219; Pio Marconi, »La Strategia Abolizionista di Louk Hulsman«, *Dei delitti e delle pene*, (1983/1), S. 221–238; David F. Greenberg, »Reflections on the Justice Model Debate«, *Contemporary Crises* (1983/7), S. 313–327.

10 Ebd., S. 325.

11 Lemuel Gulliver begegnet – in dem 1726 erschienen Buch über seine Reisen – bei den Liliputanern einem Sanktionssystem, das seine regulative Kraft mehr aus Belohnungen, denn aus Strafen bezog: »Jeder, der den Nachweis erbringt, dass er die Landesgesetze dreiundsiebzig Monate lang streng befolgt hat, kann auf bestimmte, seinem Stande und seinen Lebensverhältnissen entsprechende Vorrechte und auf eine Geldprämie Anspruch erheben, die einem hierfür bestimmten Fonds entnommen wird. Ferner erhält er den Titel Snilpall oder der Gesetzestreue, den er mit seinem Namen führen, aber nicht auf seine Nachkommen vererben kann. Diese Leute (d. h. die Liliputaner, d. Verf.) hielten es für einen besonderen Mangel unserer Gesetzgebung, dass sie, wie ich ihnen erzählte, nur auf Bestrafung und nicht auf Belohnung aufgebaut ist. Aus diesem Grund hat die Statue der Gerechtigkeit in ihren Gerichtsgebäuden sechs Augen, vorn und hinten je zwei und eins an jeder Seite, um damit die Umsicht zu versinnbildlichen. In der rechten Hand hält sie einen Beutel voll Gold und in der linken ein Schwert, um anzudeuten, dass sie mehr zu lohnen als zu strafen geneigt ist« (Jonathan Swift, *Gullivers Reisen*, Stuttgart: Thienemann 1979 (engl. Orig. 1726, dt. Übers. n. d. 5. Ausg. v. 1747), S. 25).

12 Überall dort, wo die Idee der perfekten Gesellschaft gepflegt wird, scheidet das Strafrecht aus dem Gedankengebäude aus: so in Burrhus F. Skinners

logischen Hauptströmung desselben ist sie aber doch zu unterscheiden. Denn weder huldigt sie dem mechanistischen Menschen und Gesellschaftsbild, das Swift mit Vorgängern (wie Hobbes) und Nachfolgern (wie manchen Innenpolitikern) verbindet, noch geht es ihr um die Abschaffung des Strafrechts nach dem geglückten Aufbau einer »aggressionsfreien Gesellschaft« (wie Skinner), zu einem Zeitpunkt also, wenn es wirklich keine Kunst mehr ist.

Woher dann aber die Insistenz, mit der seit kurzem die abolitionistische Perspektive diskutiert wird, woher die Vielzahl der (scheinbar) »moralischen Appelle«, als welche die abolitionistischen Ideen weithin (miss-)verstanden werden? Meines Erachtens ist es den Versuch wert, die Resonanz abolitionistischer Perspektiven nicht idealistisch, sondern materialistisch, d. h. aus den gesellschaftlichen Entwicklungen heraus zu erklären. Hierbei böten sich dann zwei konkurrierende Hypothesen an: eine, die mehr Betonung auf die sozialstrukturellen Variablen legt (und z. B. die Entstehung und Popularität abolitionistischer Strömungen in Skandinavien mit der sozialstrukturell bedingten geringen Frequenz, Schwere oder Intensität der Delikte etwa im Vergleich zu den USA in Verbindung bringt) und eine andere, die mehr Betonung auf die jüngste Entwicklung des gesamtgesellschaftlichen (Re-)Produktionszusammenhangs, auf die »Spaltung der Gesellschaft«, die Entstehung einer »Alternativbewegung« usw. legt und den Abolitionismus als eine durch die gegenwärtige Legitimations- und Steuerungskrise verschärfte Entrechtlichungstendenz zu beschreiben hätte, die sich aus den Widerstandspotentialen des »Sicherheitsstaates« rekrutiert oder sie reflektiert.

Die folgenden Ausführungen dienen einer Substantiierung der letztgenannten These. Zunächst ist es allerdings erforderlich, sich des Begriffs des Abolitionismus noch etwas besser zu vergewissern, so dass

»Futurum Zwei«, der, wie es im Untertitel heißt, »Vision einer aggressionsfreien Gesellschaft«, die vor kurzem erst ein neues Vorwort des Autors erhielt, in dem dieser rundheraus fragt, »ob eine auf strafrechtliche Sanktionen gegründete Regierung noch zu vertreten ist, wenn wir Probleme auch ohne Bestrafungen zu lösen wissen« (Burrhus F. Skinner, *Futurum Zwei. Die Vision einer aggressionsfreien Gesellschaft*, Reinbek: Rowohlt 1976, S. 15). Je optimistischer man eine Zukunftsvision anlegt, desto leichter wird man ein Abolitionist in diesem Sinne: wo keine Verbrechen, da keine Strafen. Doch nicht um diese Art der Utopie geht es den Abolitionisten, sondern um eine Art einseitiger Abrüstung: schon diesseits der Grenze zur »aggressionsfreien Gesellschaft«, in einer Gesellschaft wie der unseren also, wollen sie mit dem Abbau des Strafrechtssystems beginnen und damit zumindest einen der großen kriminogenen Faktoren aus dem Systemzusammenhang entfernen. Ob und wie dies ohne grundsätzliche Veränderungen der Gesamtstruktur möglich sei – darüber gehen die Ansichten unter den Abolitionisten, wie wir sehen werden, sehr weit auseinander.

zumindest eine heuristische Vorstellung von ihm möglich wird. Bisher haben wir ihn ja primär als eine soziale Bewegung oder als kriminalpolitische »Schule« verstanden. Die Frage, die nicht zuletzt durch den gelegentlichen Gebrauch des Ausdrucks »abolition theory«[13] aufgeworfen wird, ist aber, ob der Abolitionismus (wenn man überhaupt von einem nach Dogma klingenden -ismus sprechen sollte) als soziale Bewegung richtig und hinreichend beschrieben ist.

II. Bewegung, Theorie, Methode

An der Existenz einer kleinen, aber feinen Abolitionsbewegung mit Hauptquartier in Skandinavien, die sich am vernehmlichsten in der radikalen Gefängniskritik äußert, ohne hierauf beschränkt zu bleiben, gibt es keinen Zweifel: Zumindest die norwegische KROM, die jüngere der skandinavischen Schwestern KRUM (Schweden) und KRIM (Dänemark, Finnland) – KROM wurde im Mai 1968 gegründet – wurde weltweit bekannt. KROM wird die Abschaffung des Zwangsarbeitshauses (1970), die Verhinderung eigenständiger Jugendarrestanstalten (1971) und die »Demaskierung« der Behandlungsideologie und die Thematisierung des gesamten Disziplinierungszusammenhangs zugerechnet.[14] Nach der vieldiskutierten Abschaffung der Jugendgefängnisse im US-Staat Massachusetts scheint gerade die autoritäre Wende in der nordamerikanischer Kriminalpolitik auch Gegenkräfte auf den Plan gerufen zu haben, die – wie etwa die Quäker – in der Abschaffung der Gefängnisse so etwas wie eine neue historische Perspektive sehen. In der Bundesrepublik existieren von KRIM inspirierte Initiativen für eine bessere Kriminalpolitik, von abolitionistischem Geist getragene Vorschläge für die Reform der Drogenpolitik und des Jugendstrafvollzugs sowie eine parlamentarisch vertretene Partei, die derartigen Gedanken anscheinend recht aufgeschlossen gegenübersteht.[15]

Die Literatur, die in diesem Zusammenhang entstanden ist, beschäftigt sich in erster Linie mit den Strategien radikaler, nicht-inkrementalistischer

13 Marconi, »La Strategia Abolizionista di Louk Hulsman«, S. 221–238.

14 Vgl. Papendorf, »Die abolistische Praxis – Ausgangspunkt und Perspektiven«, S. 195–202.

15 Vgl. hierzu Thomas Mathiesen, »On saying ›NO‹ to the Prison system«, *Kriminologisches Journal* (1981/4), S. 278–283, die Dokumentation der unterschiedlichen Initiativen in *Kriminologisches Journal* (1981/4), S. 284–301, die AJK-Resolution zur Drogengesetzgebung in *Kriminologisches Journal* (1980/1), S. 72–74, zur Reform des Jugendstrafvollzugs in *Kriminologisches Journal* (1982/2), S. 92f. sowie die vielfältigen Verlautbarungen der GRÜNEN bzw. der Alternativen Listen.

Reformpolitik, wobei die Bandbreite von der systematisierten Schilderung einzelner Reforminitiativen über verallgemeinernde Schlussfolgerungen bis hin zu strafrechtstheoretischen Abhandlungen bzw. kriminalpolitischen Empfehlungen reicht. Das macht den Abolitionismus noch nicht zur Theorie im strengen Wortsinn, geschweige denn zu einem neuen Paradigma. Eher lässt sich wohl von einer spezifischen Position in Bezug auf Angelegenheiten der sozialen Kontrolle sprechen, einer Position, die herausfordernde Grundsatzfragen und die Bemühung um innovative Strategien einschließt, also als rechtstheoretischer Diskurs ebenso sich äußern kann wie als kriminalpolitische Aktivität.

Im Einzelnen gibt es unter den Autoren natürlich z. T. recht wenig Übereinstimmung: Während der eine glaubt, dass das System der Strafrechtspflege sich gegenwärtig als objektiv völlig überflüssiges Relikt darstellt, das ohne weiteres weggedacht werden könnte, ohne dass die Verminderung der Leidenszufügung irgendwelche Systemkrisen auslösen müsste,[16] sehen andere im Strafrecht gerade nicht den a-funktionalen Wurmfortsatz einer längst obsoleten historischen Epoche, sondern eine wichtige Säule staatlicher Repression und gesellschaftlicher Ausbeutungsverhältnisse.[17] Der eine kämpft deshalb, vereinfacht gesagt, für die Abschaffung des Strafrechtssystems hier und jetzt, der andere für eine Form veränderter Gesamtgesellschaft, in der Strafrecht und staatliche Übelszufügung »aufgehoben« werden.

Andererseits dürfte nichts dagegen sprechen, den Abolitionismus mit einem Terminus von Thomas Scheff (den dieser auf den Labeling Ansatz anwandte) als »sensitivierende Theorie« zu bezeichnen, als eine »Theorie« also, der es noch nicht um die exakte Überprüfung bestimmter Zusammenhänge mittels eindeutiger deskriptiver Kategorien und logischer Ableitungen geht, sondern erst einmal darum, das Denken in traditionellen Schienen zu relativieren, neue Denkanstöße zu vermitteln und eine zur Bürokratie erstarrte scientific community zu dynamisieren.

16 So wohl am deutlichsten Hulsman, vgl. Sebastian Scheerer, »Warum sollte das Strafrecht Funktionen haben? Gespräch mit Louk Hulsman«, *Kriminologisches Journal* (1983/15), S. 61–74.

17 So wohl in der Tendenz Christie, der deshalb zu dem Schluß gelangt, dass »the major tasks ahead of us are not a discussion of crime control. Nor are they a discussion of theories of treatment, deterrence, or types of punishment. The major task will instead be one of discussion on how to establish a social system that provides the utmost possibilities for exposure and discussion of the total set of values in society. How can we create systems that ensure that all important values, and al important parties, are included in the considerations? How can we arrange it so that the conflict-setting mechanisms themselves, through their organization, reflect the type of society we should like to see reflected and help this type of society come into being?« (Christie, *Limits to Pain*, S. 112f.).

Sensitivierende Theorien erheben (noch) keinen Wahrheitsanspruch und eignen sich nicht für rigorose Falsifikationsversuche, wohl aber zur Skizzierung neuer Probleme und Bezugsrahmen. Es handelt sich dabei, wohlgemerkt, nicht um ein konstantes Charakteristikum speziell der hier dargestellten Perspektive, wohl aber um eine frühe Entwicklungsstufe, die jede neue »Theorie« einmal durchgemacht hat. Auf der »sensitivierenden Stufe« verhält es sich mit einer neuen Theorie wie mit dem Ei und dem Küken: auch wenn die Flügel schon im Hühnerei genetisch angelegt sind, so sollte, wer an der weiteren Entwicklung interessiert ist, nicht schon Flugversuche mit dem Ei unternehmen. Als »sensitivierende Theorie« fordert die abolitionistische Perspektive mithin ähnlich wie früher die Labeling Perspektive – Kredit für ihren gedanklichen Kern, »der langfristig seine forschungspraktischen Versprechungen einlösen muss, der aber zunächst einmal als Potential für neue Fragestellungen akzeptiert werden sollte«.[18] Sinnlos wäre es auch, im Abolitionismus wieder einmal ein neues Paradigma entdecken zu wollen: Weder ist darin der geforderte »revolutionäre Sprung« in der wissenschaftlichen Entwicklung zu entdecken noch der Vorbote des Niedergangs einer akzeptierten und ausgereiften Tradition »normaler Wissenschaft« und das Anzeichen einer neu sich herausbildenden, mit der alten unvereinbaren Tradition. Wenn das Kuhn'sche Paradigmakonzept[19] ein Konstrukt war, das für die Auseinandersetzung mit der Geschichte der exakten Wissenschaften gleichsam maßgeschneidert war, dann erscheint dessen Verwendung in Wissenschaften wie Kriminologie und Soziologie höchstens in dem Sinne angemessen, als man all das, was auf diesen Gebieten so passiert, als Bewegungen auf insgesamt vorparadigmatischem Niveau bezeichnen müsste. Aber es gibt auch prä-paradigmatische Krisen und Veränderungen der akkumuliertem Wissen zugrundeliegenden Weltanschauungen durch die Infragestellung quasi-axiomatischer, oft naiv bzw. unbewusst vorausgesetzter Überzeugungen. Unter den Abolitionisten selbst besitzt die Frage nach dem (vor-) paradigmatischen und/oder theoretischen Status ihres eigenen Denkens einen geringen Stellenwert: vielleicht weil sie an solchen Einordnungen nichts finden, was der Sache nützen könnte, oder weil sie darin gar eine neue scholastische Falle wittern. Einmal definiert, ist der irritierende Gegner auch schon halb neutralisiert, scheinen die zu denken, die in unbequemer Widerspenstigkeit einen produktiven Faktor wissenschaftlichen Lebens und im katalogisierenden Denken rechtswissenschaftlicher Dogmatik alles andere als eine unschuldige Pflichtübung harmloser Bürokraten sehen: »wer definiert, der kennt das Leben nicht«

18 Heinrich Keupp, *Abweichung und Alltagsroutine. Die Labeling-Perspektive in Theorie und Praxis*, Hamburg: Hoffmann & Campe 1976, S. 69.

19 Thomas S. Kuhn, *Die Struktur wissenschaftlicher Revolutionen*, Frankfurt: Suhrkamp 1967.

(Spengler). Abgesehen von der Abneigung gegen definitorische Eingrenzungen gehört zu den allgemeinen Merkmalen des abolitionistischen Diskurses – wie auch anderer sensitivierender Theorien – die Vorliebe für Analogien und Metaphern, historische und ethnologische Beispiele, Gedankenexperimente. Dies gilt auch für die Reflexion über das eigene Tun: man sieht sich nicht, ordnungswütig wie christliche Sekten oder die berühmten K-Gruppen der siebziger Jahre, als Mitglied dieser und jener ganz bestimmten Glaubensrichtung, sondern mehr als Kritiker vom Falschen, ohne das Richtige positiv zu benennen; denn wenn auch der Versuch einer Bestimmung dessen, was eine künftige, freie Gesellschaft tun oder lassen wird, ein Widerspruch in sich wäre, so wäre deshalb doch nicht unmöglich – sondern es wäre gerade die eng begrenzte Aufgabe wissenschaftlicher Tätigkeit –, repressive Elemente des aktuellen sozialen Systems aufzuspüren, die durch die gesellschaftliche Entwicklung überflüssig gewordenen abzuschaffen und auf die weiter repressionsmindernde Transformation des Systems hinzuarbeiten. Dass eine solcherart »negative Kriminalpolitik« (Radbruch), wie sie am nachdrücklichsten von Thomas Mathiesen gefordert und praktiziert wird, angesichts der starken Kräfte, die auf positive Alternativen drängen, nicht leicht durchzuhalten ist, versteht sich angesichts der Verlockung der Abstraktion, die im realistisch-praktikablen Gewand daherkommt, und des tragischen »Konstruktivismus« eines Franz von Liszt wie eines Gustav Radbruch wohl von selbst. Ähnlich wie die Humanisten sich im Namen der Entfaltung des bürgerlichen Individuums gegen das Korsett der Scholastik und des Mönchtums wandten, wie sie auf konkrete Alternativvorschläge zugunsten scheinbar utopischer geistiger Spiele verzichteten,[20] so predigen Abolitionisten heute Skepsis gegenüber den verkrusteten Formen konventionellen Rechtszwangs im Namen – wieder scheinbar utopischer – autonomer Regulation.[21]

Die in diesem Sinne »antischolastische« Tendenz abolitionistischen Denkens, wie sie vor allem bei Hulsman offenbar wird, hat ebenso wie

20 Vgl. Thomas Morus, *Utopia*, 1516.

21 »Man kann nicht bestimmen, was eine freie Gesellschaft tun oder lassen wird« – so wie nach Horkheimer die Freiheit nicht Gegenstand Kritischer Theorie sein kann, so kann auch die abolitionistische Kritik keinen *blueprint* für das aushändigen, was jenseits der Negation von Repression und Strafrechtszwang kommt. Möglich sind bestenfalls Listen von Bedingungen für niedrigeres Niveau der Schmerzzufügung im Sinne Christies. Dass diese Verweigerung viele Praktiker furios macht, kann nur in der Kommunikation mit diesen, nicht aber durch die Kapitulation vor angeblichen Sachzwängen gelöst werden. Denn diese Sachzwänge (= Funktionsimperative des ökonomischen und bürokratischen Systems) besitzen selbst eine paradoxe, auf die Kolonialisierung (=Verrechtlichung) gerade solcher Lebensbereiche abzielende Struktur, deren Belassung im nicht-kolonialisierten, diskursiven

der gegenwärtige Status des Abolitionismus als sensitivierende Theorie einige methodische Implikationen, die hier nicht unerwähnt bleiben sollen, zumal sie weitgehend mit den Charakteristika des interpretativen bzw. reflexiven Paradigmas zu erfassen sind. Während die meisten Theorien bzw. Schulen in der Kriminologie eine aus dem struktur-funktionalistischen Fundus der Sozialwissenschaften oder aus dem normativen Wesen der Rechtswissenschaften herübergeretteten affirmativen Bias besitzen, der sich u. a. darin ausdrückt, dass Struktur- und Ordnungselemente des sozialen Systems als gegeben vorausgesetzt oder festgeschrieben werden, zeigt der Abolitionismus eine deutliche Tendenz zur Vivisektion sozialer Vorgänge. Insofern ähnelt er dem De-Konstruktivismus der reflexiven Soziologie, wie er von Falk und Steinert[22] beschrieben wurde und der u. a. gekennzeichnet ist durch die Weigerung, die Analyse der interaktiven Herstellung sozialer Ordnung (vorzeitig) zugunsten nomologischer Konstrukte aus reifizierten Bausteinen zu verlassen, durch die Suche nach den Bedingungen für die Konstruktion sozialer Ordnung (statt primär für deren Störung), durch die Konzentration auf die (Theorie der) Situation (statt auf die Entwicklungsgesetze) sowie durch die Konzentration auf die Alltagstheorien der sozialen Akteure. Erklärungsbedürftig ist demnach auch für Abolitionisten in erster Linie Stabilität (nicht Veränderung), Ordnung und vorgefundene Bedeutung (nicht Unordnung und Unverständlichkeit), schließlich Einheitlichkeit (nicht Verschiedenheit) und erst Selbstverständliches, dann Überraschendes.

III. Kriminalpolitik als Kritik: das mephistophelische Prinzip

Der Gedanke, dass Kriminalpolitik unter den Bedingungen einer aggressionserfüllten, unaufgeklärten und repressiven Gesellschaft in erster Linie nicht auf die Konstruktion scheinhaft konkreter Luftschlösser, sondern auf die Abschaffung der überflüssigen Härten gerichtet, wesentlich also »negative Kriminalpolitik« sein solle, ist von Thomas Mathiesen erneut vorgetragen, mit den Erfahrungen der norwegischen Reformpolitik

Vergesellschaftungsmodus für das Gesamtsystem schon vielfach als »funktional notwendig« (Jürgen Habermas, *Theorie des kommunikativen Handelns*, Bd. 2: *Zur Kritik der funktionalistischen Vernunft*, Frankfurt: Suhrkamp 1981, S. 547) nachgewiesen wurde (entspr. Ulrich K. Preuß, »Die Aufrüstung der Normalität«, *Kursbuch* (1979/56) S. 15–37).

22 Gunter Falk/Heinz Steinert, »Über den Soziologen als Konstrukteur von Wirklichkeit, das Wesen der sozialen Realität, die Definition sozialer Situationen und die Strategien ihrer Bewältigung«, in: Heinz Steinert (Hg.), *Symbolische Interaktion*, Stuttgart: Ernst Klett Verlag 1973, S. 20f.

und ihrer Vereinnahmung durch die Funktionsimperative der bestehenden Ordnung begründet und in einem interessanten Modell der »fremden und angedeuteten Botschaft« expliziert worden.[23] Jede ausgeformte Alternative zu einem bestehenden Stück Repression hätte sich, so Mathiesen, entweder den bestehenden Funktionen zu unterwerfen (und wäre dann kein konkurrierender Widerspruch zum System mehr) oder aber von ganz anderen Parametern auszugehen (und wäre dann aufgrund seines anderen Bezugsrahmens um seine politische Brisanz gebracht). Wer positive Alternativen konstruiert, vergisst nur allzu leicht, dass er die Bedingungen der Implementation kaum beeinflussen und schon gar nicht beherrschen kann. Die Erfahrungen, die die optimistischen Reformer z. B. des AJK oder seiner englischen oder amerikanischen Entsprechungen mit der Transformation etwa ihrer Behandlungsforderungen in der Praxis haben machen müssen, sind eine späte und leidvolle Bestätigung von Mathiesens (natürlich ungehörten) Warnungen. Ähnliche Prozesse haben in Skandinavien zur Abkehr vor der Behandlungsideologie und zum Erfolg des Neoklassizismus beigetragen.[24]

Ist also der Abolitionist der Geist, der stets verneint und gleichsam mephistophelisch, also ohne es durch positive Benennung den Gefahren der Verdinglichung, der Transformation und Beherrschung auszusetzen, das Gute schafft? Zumindest am Resultat der steten Verneinung werden häufig Zweifel angemeldet, denn die »Kräfte, die vom Unfertigen wegziehen« so Mathiesen,[25] »sind zahlreich und stark«. Letzteres vor allem deshalb, weil die Forderung nach »konkreten Alternativen« nicht nur ihres konservierenden Effekts wegen von den Repräsentanten der bestehenden Ordnung erhoben wird,[26] sondern, weil sich auch die linken Kritiker des Abolitionismus von konkreten Alternativen eine mobilisierende Wirkung auf die Massen versprechen, die der ewig nörgelnden Kritik der »negativen Reform« versagt bleiben müsste. Das Volk, so z. B. Greenberg,[27] will durch eine »zwingende Vision« zur Veränderung der bestehenden Ordnung motiviert werden und es will angesichts so manch einer historischen Erfahrung mit schönen Versprechungen und tristen nachrevolutionären Zuständen möglichst genau wissen, was es erwartet – und diesmal möglichst schon vorher. Angesichts der Imponderabilien gesellschaftlicher Entwicklungen ist dieser Ruf nach dem konkreten Propheten allerdings mehr als fragwürdig, haben sich doch die detailfreudigen Konstrukteure schöner neuer Welten der Zukunft – vom Doktor Guillotin bis zu Franz

23 Vgl. Mathiesen, *Überwindet die Mauern!*, S. 172.
24 Vgl. Christie, *Limits to Pain*, S. 13ff.; Weigend, »»Neoklassizismus« – ein transatlantisches Mißverständnis«, S. 801–814.
25 Mathiesen, *Überwindet die Mauern!*, S. 172.
26 Ebd., S. 70.
27 Greenberg, »Reflections on the Justice Model Debate«, S. 325.

von Liszt – bislang noch jedes Mal von der wirklichen Entwicklung eines Besseren belehren lassen müssen. Auch leidet die Plausibilität des Greenberg'schen Einwands darunter, dass die beharrlich negative Kritik – siehe die eingangs erwähnten Abolitionsbewegungen – durchaus schon ihre Mobilisierungsfähigkeit unter Beweis gestellt hat.

IV. Menschenbild und Naturzustand

Bestand der erste Haupteinwand gegen die abolitionistische Perspektive in der Behauptung eines Mangels an »zwingender Vision«, so könnte man den zweiten – der ironischerweise von demselben Autor kommt – als Behauptung eines »Visionsüberschusses« in Gestalt eines von den Tatsachen nicht gedeckten Vertrauens in die menschliche Natur bezeichnen. »Das Positive«, eben noch als dringend erforderliches Mobilisierungsmittel herbeigesehnt, erscheint nun plötzlich als unerbetenes Wunschdenken. Nannte Greenberg den Visionsverzicht im ersten Fall einen »katastrophalen Irrtum«, so sieht er die Abolitionisten durch ihr Vertrauen auf die prinzipielle Selbstbestimmungs- und Selbstorganisationsfähigkeit der Menschen nunmehr als »irregeleitet« (mis-guided) an. Wer immer nur auf die Abschattung des Zwangs fixiert sei, ohne der Zukunft schon jetzt durch Planung die Zügel anzulegen, der zeigt nach Greenbergs Ansicht ein ungerechtfertigtes Vertrauen, dass sich das Volk, wenn die repressiven Einschränkungen erst einmal abgeschafft seien, schon von selbst repressionsfrei organisieren werde. Diese »Vision« – so Greenberg ausdrücklich (!) – habe zwar eine starke Anziehungskraft und besitze zudem eine lange Tradition in der »anarchistischen und kapitalistischen« Philosophie, beruhe aber auf einem durch nichts bewiesenen Vertrauen in die menschliche Natur. Nach Greenbergs Ansicht macht es die – auch für die Zukunft – unausweichliche Notwendigkeit bürokratischer Institutionen in technisch komplexen Großgesellschaften erforderlich, sich nicht nur gegen Institutionen zu stellen, sondern verstärkt »über die Möglichkeiten der Umwandlung von Institutionen in Richtung auf eine größere Bedürfnisgerechtigkeit« nachzudenken.[28] Die Vorstellung von der Natur des Menschen und die von der Notwendigkeit einer chaosverhindernden Institution hängt nicht nur bei Greenberg eng zusammen. Der Übersichtlichkeit halber wollen wir jedoch beide Aspekte analytisch trennen und uns zunächst der Frage nach dem Menschenbild zuwenden.

Würde sich in einem Zustand ohne Zentralmacht und Strafrecht nicht sofort eine Situation des Krieges aller gegen alle ergeben, indem sich der Stärkere des Schwächeren mit allen Mitteln zu bemächtigen, ihn auszubeuten, zu versklaven und sonst wie zu instrumentalisieren suchte?

28 Vgl. ebd., S. 325.

Würde nicht Rücksichtslosigkeit belohnt und Toleranz bestraft werden? Offenbar steht hinter dieser Befürchtung das Hobbes'sche Problem, sein »Dilemma der Marktmoral«,[29] das er durch die Institutionalisierung einer »Macht, die sie alle einschüchtert«, einer »Power to over awe them all« lösen möchte.[30] Weil die Individuen, so bekanntlich die Hobbes'sche Argumentation, in ihrem je individuellen Streben nach Selbsterhaltung und Lustgewinn sich notwendig einander in die Quere kommen würden, wäre eine lebenswerte soziale Ordnung ohne eine regulierende, mit dem Gewaltmonopol ausgestattete Instanz, den Staat, gar nicht erst herzustellen. Im so verstandenen Naturzustand, also einer Gesellschaft ohne politische Gewalt, gäbe es nach Hobbes »keinen Ackerbau, keine Seefahrt noch den Genuss von Waren aus Übersee, keinen Wohnkomfort, keine Mittel zum Transport von Dingen, die viel Kraft erfordern, keine Kenntnis der Erdoberfläche, keine Zeitrechnung, keine Künste, keine Wissenschaften, keine Gesellschaft, und was das Allerschlimmste ist, ständige Furcht und Gefahr eines gewaltsamen Todes.« Das Leben wäre, mit einem berühmten Wort, »einsam, armselig, scheußlich, tierisch und kurz (solitary, poore, nasty, brutish, and short)«.[31]

Nils Christies Menschenbild hingegen wird von seinem Kritiker Andrew von Hirsch geradezu als das glatte Gegenteil des Hobbes'schen Gemäldes beschrieben. »Er (d. h. N. Chr., d. Verf.) hat ein optimistisches Bild der menschlichen Natur, welches ihn dazu führt, die Notwendigkeit staatlicher Gewalt infrage zu stellen und auf informelle Streitregelungsmechanismen zu vertrauen; seine Einwände gegen die Strafe folgen aus diesen Überzeugungen«.[32]

Was es mit der menschlichen Natur in Wahrheit auf sich hat, wird weder an dieser Stelle noch weiter unten definitiv beantwortet werden. Die Plausibilität der Hobbes'schen Hypothese lässt sich jedoch durch eine Reihe von Erklärungen und Befunden soweit relativieren, dass sie am Ende in Beweisnot geraten dürfte. Anzufangen wäre sogar bei Thomas Hobbes selbst, der mit seinem Ausführungen bekanntlich nicht etwa eine empirisch zu testende Behauptung, sondern lediglich eine theoretische Konstruktion,[33] genauer wohl eine analytische Kategorie[34] entwerfen

29 Ulrich Steinvorth, *Stationen der politischen Theorie*, Stuttgart: Reclam 1981, S. 26.

30 Thomas Hobbes, *Leviathan, or The Matter, Forme, and Power of a Common-Wealth Ecclesiasticall and Civill*, Crawford B. Macpherson (Hg.), Harmondsworth: Penguin Books 1968, S. 185.

31 Hobbes, *Leviathan*, S. 186.

32 Vgl. Andrew von Hirsch, »›Limits to Pain‹. Eine (ziemlich) neoklassische Perspektive«, *Kriminologisches Journal* (1983/1), S. 60.

33 Vgl. Steinvorth, *Stationen der politischen Theorie*, S. 29.

34 Vgl. Henner Hess, »Probleme der sozialen Kontrolle«, in: Hans-Jürgen Kerner (Hg.), *Festschrift für Heinz Leferenz*, Heidelberg: C. F. Müller 1983, S. 3.

wollte, die »erkennen lassen sollte, ... worin oder wofür sie (die Menschen, d. Verf.) den Staat nötig haben«.[35] Dennoch hätte es Hobbes vielleicht verwundert zu hören, dass die von ihm der Zentralinstanz zugerechneten Integrationsleistungen während der menschheitsgeschichtlich längsten Zeit über nichtstaatliche und nichtrechtliche Ordnungselemente (wie Verwandtschaft, Äquivalententausch usw.) gewährleistet wurden, dass schließlich »die Menschen – evolutionär gesehen – viel länger als in staatlichen Gemeinschaften in der »regulierten Anarchie« (Weber) der Stammesgesellschaften gelebt haben, die friedlicher und geordneter waren als konträre) anarchistische politische Theorie kein utopisches Ideengebäude sein muss«.[36]

Hobbes' Annahmen über die menschliche Natur sind eine präzise Beschreibung, aber unzulässige Verallgemeinerung (wenn man sie denn als deskriptive Kategorien fassen wollte, wie es die epigonalen Hobbesianer in ihrer Argumentation wohl tun) der eines Staates in der Tat objektiv bedürftigen, sich entwickelnden kapitalistischen Marktgesellschaft. Während Hobbes sich von deren Entfaltung unter den Fittichen eines (damals noch sehr unausgebildeten und deshalb zu stärkenden) Staates nur Gutes erhoffen konnte, befinden wir uns gegenwärtig bekanntlich an einem Punkt der Entwicklung, der durch die Organisierung des Kapitalismus, eine bis zur Gefährdung der materiellen Grundlagen der (Re-)Produktion vorangetriebene Entwicklung der Naturbeherrschung und die Funktionsüberlastung eines nach innen wie außen unermesslich gewachsenen Staatsapparats gekennzeichnet ist. Angesichts der vom Staat forcierten Möglichkeit, im Interesse der »Sicherheit« das menschliche Leben überhaupt auszulöschen, gewinnt der von Hobbes zur Staatsrechtfertigung beschworene Krieg jedes Individuums gegen jedes andere geradezu sympathisch-ritterromantische Züge. Die Frage nach einer weniger gefährlichen Sicherheitsgarantie als ausgerechnet derjenigen durch den Gewalt-Staat liegt heute umso näher, als sich – ebenfalls in der Zeit nach Hobbes – gezeigt hat, dass Güterknappheit keineswegs automatisch zu einer im Krieg aller gegen alle endenden Konkurrenz führen muss, sondern (wie die Arbeiterbewegung zeigt) auch solidarische Anstrengungen im Zeichen kollektiver Vernunft hervorbringen kann. Wenn das Dilemma der Marktmoral eine historisch junge, inzwischen im Ansatz schon wieder transzendierte Erscheinung war, warum sollte sich das Verhalten der Menschen in der »post-industriellen« Gesellschaft nicht eher dem von Christie antizipierten annähern und warum sollte nicht John Locke recht behalten, der – bei mancherlei Übereinstimmung mit Hobbes – als Naturzustand der vernunftbegabten Wesen nicht etwa den Krieg omnium

35 Steinvorth, *Stationen der politischen Theorie*, S. 29.
36 Hess, »Probleme der sozialen Kontrolle«, S. 3f.

contra omnes, sondern einen »Zustand von Frieden, gutem Willen, gegenseitigem Schutz und Hilfe« ansah.[37]

Schließlich sind auch die psychoanalytischen Überlegungen zum Aggressionsproblem und Strafbedürfnis in der Gesellschaft, die in verschiedenen Variationen davon ausgehen, dass die gesellschaftliche Ordnung »immer wieder der kollektiven Beschwörung und rituellen Sündenaustreibung« bedürfe,[38] dass deshalb das Strafrecht eine gesellschaftliche Quasi-Konstante darstellen müsse, nur scheinbar zur Stützung der Hobbes'schen These geeignet, kommt es doch zu den über Strafrituale kanalisierten Aggressionsüberschüssen möglicherweise gerade deshalb, weil die gegenwärtige historische Organisationsform der Gesellschaft – einschließlich des Strafrechtspflegesystems – überflüssig viele Verzichtleistungen, Verdrängungen, Aggressionen und Strafbedürfnisse produziert.[39] Der Streit um das Menschenbild ist damit nicht entschieden, aber der Versuch einiger Hobbesianer (speziell unter den Neoklassikern), eine analytische Denkfigur nachträglich zum ontologischen Dogma zu verklären, dürfte nach allem auf schwachen Füßen stehen.

V. Der Abolitionismus und die sogenannte moderne soziale Ordnung

Wie aber steht es mit der These, die wesentlichen Bedingungen oder Voraussetzungen, auf die abolitionistische Forderungen gegründet werden, seien »mit den grundlegenden Gegebenheiten moderner sozialer und politischer Ordnungen nicht vereinbar«.[40] Um diesen Punkt einer Überprüfung zugänglich zu machen, sollte man sich vergegenwärtigen, welche fünf Bedingungen Christie in seinem Buch »Limits to Pain« als Voraussetzung für eine Einschränkung des Maßes an Schmerzzufügung bei der Reaktion auf Normbrüche genannt und was v. Trotha darauf erwidert hatte: Gesellschaftsmitglieder sollen möglichst viel voneinander wissen,[41] Konfliktregelung soll nicht durch die »Power to over-awe them all« sondern gerade durch machtlose Dritte erfolgen,[42] das Personal der Kontrolleinrichtungen von der Polizei über die Sachverständigen

37 Zit. n. Steinvorth, *Stationen der politischen Theorie*, S. 35.

38 Lorenz Böllinger, »›Limits to Pain‹. Eine psychosoziale Perspektive«, *Kriminologisches Journal* (1983/1), S. 55.

39 Vgl. Hess, »Probleme der sozialen Kontrolle«, S. 21.

40 Trutz von Trotha, *Strafvollzug und Rückfälligkeit. Eine Studie zur soziologischen Theorie und Empirie des Rückfalls von Strafgefangenen*, Heidelberg: C. F. Müller 1983, S. 40.

41 Christie, *Limits to Pain*, S. 81ff.

42 Ebd., S. 83ff.

im Jugendgerichtsverfahren bis hin zu den Richtern sollte verletzbar sein im Sinne einer spürbaren Verantwortung gegenüber der Gemeinde, der sie dienen,[43] alle Beteiligten sollen – wie in der kleinen Eskimo-Gemeinschaft, wo eine ausschließende Reaktion immer auch die Gefährdung der Gesamtheit bedeutet – möglichst voneinander abhängig sein,[44] gemeinsame ethische Überzeugungen, nach denen die Schmerzzufügung unmoralisch ist, sollen dort, wo Machtungleichgewichte bestehen bleiben, deren Aktualisierung vorbeugen.[45] Hiergegen wurde als Einwendung geltend gemacht, dass – von der offenbar für möglich und wünschbar gehaltenen Erhöhung der Verletzbarkeit der Inhaber von Machtpositionen abgesehen[46] – keine dieser Bedingungen das berücksichtigt, was man unter Hinweis auf Phänomene der sozialen Differenzierung, der Arbeitsteilung, Mobilität, Privatheit und des Individualismus gemeinhin als grundlegende Organisationsprinzipien moderner Gesellschaften bezeichnet. Zumindest vier der fünf von Christie genannten Bedingungen seien, so v. Trotha,[47] mit diesen Organisationsprinzipien »schlicht und einfach nicht zu vereinbaren.« Kurzum: es gibt keinen (vernünftigen, wünschbaren) Weg zurück hinter die erreichte Entwicklungsstufe der modernen Gesellschaft, und auch die Zukunft wird und soll an diesen Grundelementen nichts ändern, weshalb das abolitionistische Denken in die Reihe voluntaristischer, d. h. hübscher, aber von realen Möglichkeiten abgekoppelter Utopien gehört. Ähnliche Gegenargumente, die, von unterschiedlichen theoretischen Ansätzen kommend, zur gleichen Schlussfolgerung gelangen, sind jüngst auch vor Emilio Garcia Mendez gegenüber Hulsmans Entkriminalisierungsstrategie vorgebracht und um interessante Vorschläge ergänzt worden.[48]

v. Trotha schließt die *Wünschbarkeit* einer Christie'schen Zukunftsgesellschaft ohne Strafrecht (für sich) aus, weil er einen neuen Totalitarismus und den Verlust der Privatheit fürchtet, ihre Möglichkeit, weil er die Moderne in ihren gegenwärtigen Strukturmerkmalen und Organisationsprinzipien für unhintergehbar und unüberwindbar hält. Er trifft sich in dieser Kritik, was ihr noch mehr Gewicht verleiht, mit einer ganzen Reihe weiterer Autoren.[49] Man kann also durchaus feststellen, dass Christie allgemein der Vorwurf der Realitätsblindheit gemacht, seine

43 Ebd., S. 85ff.
44 Ebd., S. 88f.
45 Ebd., S. 90f.
46 Vgl. Trotha, *Strafvollzug und Rückfälligkeit*, S. 42f.
47 Ebd., S. 41.
48 Mendez, »Dei Problemi Sociali e della Decriminalizzazione«, S. 211–219.
49 Vgl. Böllinger, »›Limits to Pain‹. Eine psychosoziale Perspektive«, S. 54–56; Hirsch, »Limits to Pain«, S. 57–60; Marconi, »La Strategia Abolizionista di Louk Hulsman«, S. 221–238; Greenberg, »Reflections on the Justice Model Debate«, S. 313–327.

Ideen nicht als Analyse, sondern als moralischer Appell ohne materielle Basis angesehen werden. Interessanterweise gehen aber auch alle Kritiker über die zahlreichen Beispiele und Hinweise hinweg, die Christie in seinem Werk »Limits to Pain« auf tatsächlich existierende Phänomene bezieht und die man als Subsysteme oder Gegensysteme ohne strafrechtliche Sozialkontrolle bezeichnen kann.[50] Schließlich korrespondiert mit dem »Utopievorwurf« bei den Kritikern selbst eine erstaunliche Verabsolutierung der (angeblich) grundlegenden Organisationsprinzipien der modernen Gesellschaft: Die in höchstem Maße krisen- und veränderungsanfällige soziale Ordnung der Industriegesellschaft im organisierten Kapitalismus wird in ihren Augen zu einem eigenständigen, dem Menschen und seiner Gestaltungskraft fremd und unveränderlich (»verdinglicht«) gegenübertretenden Wesen, sie wird ontologisiert. Da Christies Skizze, scheinbar naiv und simplistisch,[51] in dieser Beziehung anscheinend allzu voraussetzungsvoll argumentierte, um nachhaltigen Eindruck zu machen, sei die schon früher in die Diskussion geworfene These, dass es sich bei den »Limits to Pain« nicht um moralische Appelle, sondern vielmehr um eine auf politisch-ökonomische Tendenzen verweisende strategische Analyse handelt, hier weiter ausgeführt.

Beginnen könnte man mit der These, dass Christie mutatis mutandis als Beccaria der Alternativkultur anzusehen ist. Dies implizierte, dass die gegenwärtig sich abzeichnenden qualitativen Veränderungen im gesamtgesellschaftlichen Reproduktionszusammenhang (Stichwort: Spaltung der Gesellschaft, Alternativkultur) sich nicht als ephemere Phänomene, sondern als ebenso oder vergleichbar geschichtsmächtig erweisen, wie es die zur Hegemonie gelangten Triebe der sich zu Beccarias Zeiten abzeichnenden bürgerlichen Gesellschaft nach seiner Zeit taten. Ob man nun eine solche epochale Qualität der gegenwärtigen Verwerfungen für ausmachbar hält oder nicht, hängt vom Analyserahmen und von der genauen Beobachtung ab. Zu beidem werden wir uns an dieser Stelle mit skizzenhaften Darstellungen begnügen müssen.

Im Wesentlichen unstreitig ist wohl die Beobachtung, dass sich in Mitteleuropa gegenwärtig unter dem Druck des internationalen Wettbewerbs eine dauernde ökonomische Strukturveränderung vollzieht, die keinen gesellschaftlichen Bereich unberührt lässt. Im Bereich der Produktion bedeutet die fortlaufende technische Revolutionierung (Mechanisierung, Automation, Mikroelektronik, Robotereinsatz) einen im Vergleich zur Phase extensiven Wirtschaftswachstums verringerten Arbeitskräftebedarf bei gleichzeitiger »Durchkapitalisierung«[52] des

50 V. a. Tvind, Christiania, Vidar.

51 Vgl. Trotha, *Strafvollzug und Rückfälligkeit*, S. 41.

52 Joachim Hirsch, *Der Sicherheitsstaat*, Frankfurt: Europäische Verlagsanstalt 1980.

groß- und kleingewerblichen, handwerklichen und häuslichen Produktionsbereichs. Wie schon in den ersten Industrialisierungsschüben geraten hierdurch traditionelle Sozialbeziehungen nicht-warenförmiger Art in Auflösung und führen zur Fortschreibung des Atomisierungsprozesses sozialer Zusammenhänge. Gleichzeitig gefährdet die zum Extrem geführte Ausbeutung der sozialen und natürlichen Ressourcen die gesellschaftlichen und natürlichen Grundlagen des Wirtschaftssystems selbst. Um der Unterminierung der sozialen Ordnung entgegenzuwirken, sieht sich der Staat genötigt, in immer stärkerem Maße in immer mehr gesellschaftlichen Bereichen helfend, korrigierend, stützend und kontrollierend zu intervenieren. Die in der gesellschaftswissenschaftlichen Diskussion weithin akzeptierte These von der Zunahme des staatlichen Interventionshandelns erhält ihre Pointe in der Erkenntnis, dass von staatsadministrativen Eingriffen in kommunikativ strukturierte Lebenswelten erhebliche Irritationen (Sekundärprobleme) ausgehen, die jeweils nur noch durch Intensivierung und Verfeinerung staatlicher Überwachungsmaßnahmen aufgefangen werden können. Am Ende dieses »Durchstaatlichungsprozesses«[53] steht der Staat als materieller und ideologischer Garant der Arbeitskraftreproduktion da – und angesichts der wachsenden Problemlast, der Staatsfinanzkrise und des stetigen Anwachsens der gegenüber dem produktiven Zentrum marginalisierten, aus dem Arbeitsprozess ausgeschiedenen oder nie hineingelassenen Peripherie ist er systematisch überfordert. Im sogenannten produktiven Zentrum der »gespaltenen Gesellschaft« stellen sich die Steuerungs- und Legitimierungsprobleme anders dar als auf der Seite der Marginalisierten: Während die (noch) einen Arbeitsplatz Besitzenden durch die Furcht um dessen Erhaltung diszipliniert werden können und einer neue Züge annehmenden Arbeitsmoral unterworfen werden, tummeln sich an der zur Mehrheit heranwachsenden Peripherie höchst heterogene, von den Zwängen der Produktionsethik befreite Gruppen, deren »Sozialcharakter« bzw. »Wertorientierung« auf ganz anderen sozialisatorischen und situativen Bedingungen beruht und z.B. verringerte Konsumansprüche, höhere Bewertung der sogenannten »post-materiellen Werte« und insgesamt mehr Autonomie und weniger Hierarchie verlangt. Der vielbeschworene Doppelcharakter der Kontrollpolitik im organisierten Kapitalismus – die Intensivierung der »weichen« Kontrollen bei gleichzeitigem Ausbau der »manifest repressiven« – wird durch die unterschiedlichen Anforderungen an staatliche Kontrollleistungen erklärbar: die »weichen«, integrativen Kontrollen für diejenigen, die zum produktiven Zentrum gehören (sollen), die »harten«, ausschließenden, für den wachsenden Rest. Angesichts von dessen quantitativer Zunahme und Heterogenität sind allerdings auch hier die politischen Kosten einer nur

53 Ebd.

repressiven Kontrolle zu hoch und können nur durch den Ausbau von Prävention und Überwachung in Grenzen gehalten werden. Angesichts der zunehmenden Störanfälligkeit hoch komplexer Systeme (und angesichts der zunehmenden Steuerungsprobleme durch staatliche Institutionen) verlagert sich die Kontrollpolitik von der Reaktion auf einzelne kriminelle Handlungen auf die Prävention kriminogener Situationen.[54] Das aus Resten präkapitalistischer Lebens- und Produktionsformen zusammengesetzte Potential, aus dem sich die Reproduktion der Arbeitskraft bislang noch speisen konnte, wird also zerstört, an seine Stelle tritt der «sicherheits-staatliche« Versuch administrativer Herstellung von Normalität – im Sinne reibungsloser Kapitalverwertung und Systemintegration. Abweichung, bislang nur gesellschaftlicher Störfaktor, bekommt in der durchstaatlichten Gesellschaft gleichsam durch den veränderten Kontext auch einen politischen Beigeschmack: der präventiven Verbrechensbekämpfung ist der Bürger vornehmlich ein potentieller Abweichler, das Subjekt primär Objekt, die Kriminalität immer auch schon Subversion.[55] Lässt sich der Versuch des Staates, die Bürger und ihre sozialen Beziehungen ohne allzu große Rücksicht auf altliberale Eingriffsschranken gleichsam zum Objekt einer inneren Kolonisation zu machen, einerseits ohne großen Aufwand aus systemischen Erfordernissen erklären, so zeigt sich andererseits doch auch ein in vielerlei sozialen Bewegungen sichtbares Potential gesellschaftlicher Widerständigkeit, das sich den qualitativ veränderten Bedrohungen des Lebenszusammenhangs entgegenstellt. Schon seit den sechziger Jahren werden die vom System angebotenen Kompensationsleistungen für die Zerstörung authentischer Entfaltungsmöglichkeiten – vor allem der Konsum – nicht mehr fraglos akzeptiert, treten kommunitäre Formen der Vergesellschaftung an die Stelle atomistischer Einordnung in die gesellschaftliche, warenförmige Gesellschaft. Die hier entstehende Lebensweise wird zumindest von den in ihr Engagierten als weniger »totalitär« empfunden, als die »Normalität« des präventionistisch ausgeforschten Lebens in der verwalteten Welt. Sie ist auch nicht nur eine vorübergehende Randerscheinung, denn mit fortschreitender Spaltung der Gesellschaft und schmelzendem produktiven Kern werden die von Christie angesprochenen Vergemeinschaftungsformen, die auf der »informellen Ökonomie« beruhen, samt den antiinstitutionellen und antirechtlichen Verkehrs- und Konfliktregelungsformen eher noch an Bedeutung gewinnen. Man müsste die Augen vor der wirklichen Wirklichkeit schon fest verschlossen halten, wollte man ignorieren, dass (a) schon immer der weitaus größte Teil

54 Vgl. Eckart Riehle, »Sicherheit im Vorfeld des Rechts«, *Kriminologisches Journal* (1982/3), S. 167–176 mwN.

55 Vgl. Wolf-Dieter Narr, *Wir Bürger als Sicherheitsrisiko*, Reinbek: Rowohlt 1977; Riehle, »Sicherheit im Vorfeld des Rechts«, S. 167–176.

gesellschaftlicher Konflikte ohne Beanspruchung des Strafrechts gelöst wurde, (b) die gegenwärtige Ablösung des Staates von der sozialen Basis bei gleichzeitiger Ausdehnung seiner den Bürger unmittelbar belästigenden Interventionsversuche ihn für eine wachsende Alternativkultur zum konkretisierbaren Gegner im Sinne einer Dichotomie von Staat und Gesellschaft macht, (c) sich nicht zuletzt wegen der zunehmenden Unbeliebtheit der Staatsidee andere Formen des sozialen Umgangs statt des verrechtlichten, einschließlich einer »alternativen Moral« mit konfliktsoziologisch günstigeren Elementen (z. B. enge soziale Beziehung, Verletzbarkeit, Vertrauen, Versöhnungsbereitschaft, Sanktionsverzicht, Restitution usw.) entwickeln. Ohne die Wünschbarkeit des Lebens in einer zur Hegemonie gelangten Alternativkultur objektivieren zu wollen, lässt sich doch nicht leugnen, dass sie offenbar aufgrund ihrer mehr unterstützenden als kontrollierenden sozialen Ordnungsleistungen für viele Menschen eine erhebliche Attraktivität besitzt. Eine weitergehende Analyse der Alternativkultur würde zu zeigen haben, dass die vielfach absolut gesetzte Unterscheidung »die moderne Gesellschaft« mit den Eigenschaften der Mobilität, Anonymität, Verrechtlichung usw., »da Stammesgesellschaft« mit den Eigenschaften nicht über die Warenform vermittelter Beziehungen, Immobilität usw. in den Widersprüchen des »fordistischen Vergesellschaftungsmodus«[56] und seiner Gegenbewegungen an Triftigkeit verloren hat, dass die Alternativkultur Eigenschaften der »modernen Gesellschaft« (wie Mobilität) mit solchen der »segmentären« (wie z. B. nicht-anonymisierte Verkehrs- und Konfliktregelungsformen) durchaus miteinander zu vereinbaren weiß.

Es scheint mithin so, als berge die Aporie der Moderne im abgespaltenen Teil der Gesellschaft nicht nur für die abolitionistische Perspektive eine mögliche Zukunft.

56 Hirsch, »Limits to Pain«.

III. Suchbewegungen

Ralf Kölbel und Clara Herz

Reaktive Einstellung und Restorative Justice: Ein Arbeitsauftrag bei der Suche nach dem Anfang vom Ende des Strafrechts

I. Einführung

Die Zweifel an der Legitimierbarkeit strafimmanenter Gewalt werden so laut wie lange nicht artikuliert.[1] Sie kommen am stärksten in jenen Teilen der westlichen Welt zu Gehör, in denen sich diese Gewalt in besonders sichtbarer Weise mit der Reproduktion gesellschaftlicher Ungleichheit verzahnt.[2] Das Nachdenken über »Alternativen zu Strafe und/oder Strafrecht« gewinnt damit an Fahrt – auch wenn es noch längst keine tonangebende Bedeutung erlangt, weder im gesellschaftlichen Diskurs noch in der fachlichen Debatte.[3] Ein wesentlicher Grund hierfür dürfte

1 Vgl. etwa die zusammenführende Analyse dieser Literatur bei Benno Zabel, »Legitime Gewalt? Anmerkungen zur aktuellen Strafrechtskritik«, *Philosophische Rundschau* (2023/4), S. 423–456.

2 Gemeint sind die Stimmen, die in den USA zu einem Rück- oder grundlegenden Umbau des Strafrechts drängen (vgl. dazu die Übersicht bei Tatjana Hörnle, »Trends in angloamerikanischen Debatten zu Straftheorien«, *Goltdammer's Archiv für Strafrecht* (2023/1), S. 10ff.).

3 Die straftheoretische Debatte betreibt von vornherein nur die Suche nach straflegitimierenden Modellen und nicht die nach den Alternativen. Befasst man sich aus kriminologischer Außenwarte mit diesem hoch elaborierten Diskurs, fällt allerdings dessen erstaunliche Fokussierung auf ein künstliches (nicht-existentes) Strafrecht auf, also die weitgehende Außerachtlassung der Strafrechtsrealität (Didier Fassin, *Der Wille zum Strafen*, Berlin: Suhrkamp 2017, S. 99ff.; Ralf Kölbel, »Die dunkle Seite des Strafrechts«, *Neue Kriminalpolitik* (2019/3), S. 256ff.; Alice Ristroph, »Criminal Theory and Critical Theory: Husak in the Age of Abolition«, *Law and Philosophy* (2022/2-3), S. 269ff.). Doch selbst mit Blick auf dieses idealisierte Strafrecht scheint Einigkeit darin zu bestehen, dass keine Einigkeit herrscht – dass also keines der zahlreichen straflegitimatorischen Modelle einen größeren Kreis als die jeweilige Anhängerschaft überzeugt. Es mangelt auch nicht an Arbeiten, die ein breites Spektrum an Konzepten prüfen und gegen alle Varianten jeweils spezifische Einwände erheben (vgl. etwa David Boonin, *The Problem of Punishment*, Cambridge u.a.: Cambridge University Press 2008, S. 37ff.). Allerdings werde durch solche Befunde, so der Mainstream-Diskurs, keineswegs aufgezeigt, »that punishment cannot be justified; at best, they may

darin liegen, dass es mit der Strafrechtskritik kaum getan sein kann. Es reicht auch nicht, die zivilisatorische Vorzugswürdigkeit der Strafrechtsalternativen zu unterstellen (»to replace one faith with another«[4]). Vielmehr gilt es, »die Gelingensvoraussetzungen einer solchen Transformation zu benennen«[5] und deren Realisierbarkeit zu plausibilisieren. Dabei handelt es sich um eine Herkulesaufgabe, weil das Strafrecht das Denken und die Praktiken in der gesamten Gesellschaft als unhinterfragte Selbstverständlichkeit durchzieht.[6] Diese Schwierigkeit erklärt auch, warum der vorliegende Beitrag nur eine einzige der vielen Machbarkeitsfragen zu thematisieren versucht – aber immerhin eine, die zu den prioritären Bedingungen zählt: Was wird mit den reaktiven Einstellungen in einer Gesellschaft, die mit deutlich weniger oder ganz ohne Strafübel auskommen soll?

Als reaktive Einstellung werden in der Straftheorie jene aversiven Emotionen, Strafbedürfnisse und -erwartungen bezeichnet, die ein Schädigungsereignis nicht allein bei den Betroffenen, sondern auch bei Unbeteiligten gegenüber dem Schädigungsurheber weckt. Diese Drittpersonen zeigten letztlich dieselbe empört-expressive Regung (»indignation« bzw. »disapproval«), mit der das Opfer reagiert (»resentment«), weil sie dessen verletzte Integritäts- und Achtungsansprüche teilten und deren deliktische Missachtung mitempfänden.[7] Bei ihnen bestünde daher der gleiche Drang, den Urheber einen Nachteil erleiden zu sehen – und dies allein als Antwort auf das Geschehen und ganz ohne weitergehenden Zweck. Diese reaktive Einstellung wird dabei von straftheoretischer Seite häufig als eine Intuition aufgefasst, die spontan aus dem ereigniserzeugten Gefühl hervorgehe und von nachträglichen rationalisierenden Überlegungen zu unterscheiden sei.[8] Für die Frage nach

demonstrate that the practice is not justified by accounts currently on offer« (Zachary Hoskins, »Punishment«, *Analysis* (2017/3), S. 624; für eine der Ausnahmen, die einen anderen Schluss ziehen, siehe aber Markus Abraham, *Sanktion, Norm, Vertrauen: Zur Bedeutung des Strafschmerzes in der Gegenwart*, Berlin: Duncker & Humblot 2018, S. 247ff., 262ff.).

4 Ristroph, »Criminal Theory «, S. 280.

5 Zabel, »Legitime Gewalt?«, S. 453; hierzu vgl. auch Valerij Zisman, »The Missing Alternative Objection to Criminal Law Abolitionism«, *Diametros* (2024), S. 10–23.

6 Dies gilt zumal der Strafrechtsmechanismus de facto weit über das Strafrecht im technischen Sinne hinausreicht und auch in der Übelszufügung durch prozessuale, administrative oder zivilrechtliche Reaktionen wirksam wird (Ristroph, »Criminal Theory«, S. 279f.; Fassin, *Der Wille zum Strafen*, S. 45ff.).

7 Grundlegend Peter Strawson, *Freedom and Resentment and Other Essays*, London: Methuen 1974.

8 So etwa Paul Robinson, *Intuitions of Justice and the Utility of Desert*, New York: Oxford University Press 2013, S. 5ff. unter Verweis auf das

den Strafrechtsalternativen ist dies von erheblichem Gewicht. Denn zu den »features of criminal justice that would be difficult or impossible to replicate if the criminal law as we know it were abolished or radically transformed«, wird ganz wesentlich auch die Entsprechung von Strafe und reaktiver Einstellung gezählt.[9]

II. Reaktive Einstellungen als Legitimationstopos in der Straftheorie

Demgemäß verkörpert die reaktive Einstellung in nicht wenigen Konzepten, mit denen man das Erlaubt- und/oder Geboten-Sein der Strafinstitution zu begründen versucht, zumindest implizit ein Konstruktionselement. Vielfach ist das von dem Bemühen begleitet, die reaktive Einstellung vom Racheimpuls abzugrenzen und/oder als verständlich bzw. individual-/sozialpsychologisch funktional auszuweisen.[10] Im Einzelnen unterscheiden sich die Argumentationslinien allerdings stark.

Die Gruppe der sog. Vergeltungstheorien ist in der Regel darum bemüht, die Straflegitimation nicht-konsequentialistisch (also ohne Bezug auf Realwirkungen der Strafe) aus anderen Prinzipien und Vernunftgründen (Fairnessgedanke, bürgerliche Freiheit, personale Autonomie, Achtungsansprüche und Subjektstatus des Menschen usw.) herzuleiten.

Dual-Process-Modell von *Kahneman*; eingehend zu diesem Konzept retributiver Intuitionen Jan Christoph Bublitz, »Die Genealogie der Vergeltung, oder warum retributiven Überzeugungen nicht zu trauen ist«, in: ders./Jochen Bung/Anette Grünewald u.a. (Hg.), *Recht – Philosophie – Literatur. Festschrift für Reinhard Merkel*, Berlin: Duncker & Humblot 2020, S. 465ff.; vgl. aber auch Reinhard Merkel, »Rache – Vergeltung – Strafe«, in: ders. (Hg.), *Philosophische Sphären des Rechts*, Paderborn: Brill mentis 2023, S. 148, der hier von »moral emotions« mit einer kognitiven und einer evaluativen Dimension ausgeht.

9 Douglas Husak, »The Price of Criminal Law Skepticism: Ten Functions of the Criminal Law«, *New Criminal Law Review* (2020/1), S. 29, 51ff.

10 Vgl. dafür stellvertretend Michael Moore, *Placing Blame. A Theory of Criminal Law*, New York: Oxford University Press 1997, S. 141ff.; Stephen Darwall, »Justice and Retaliation«, *Philosophical Papers* (2010/3), S. 315–341; Florian Zimmermann, *Verdienst und Vergeltung*, Tübingen: Mohr Siebeck 2012, S. 69ff., 126ff.; Ken Levy, »Why Retributivism Needs Consequentialism: The Rightful Place of Revenge in the Criminal Justice System«, *Rutgers Law Review* (2014/3), S. 655f., 668f.; Christopher Berk, »Must Penal Law Be Insulated from Public Influence?«, *Law and Philosophy* (2020/1), S. 81ff.; Matthew Altman, *A Theory of Legal Punishment*, London/New York: Routledge 2021, S. 75ff.; Maria-Sibylla Lotter, *Schuld und Respekt*, Frankfurt am Main: Suhrkamp 2024, S. 77ff.

Von einigen Spielarten (insbesondere in der angelsächsischen Literatur) wird stattdessen aber auch der Bezug zur reaktiven Einstellung hergestellt.[11] So begründet nach *Altman* »the feeling of resentment (...) a reason for the state to punish the offender even in the absence of beneficial consequences. The state has an obligation to be responsive to its citizens' grievances, provided that they are found to be justified by means of an impartial criminal justice system, which focuses on the cognitive content behind the resentment. Our reactive attitude is sufficient to justify retribution, and retribution is sufficient to justify legal punishment."[12] Für *Moore* ist die Vergeltungsstrafe legitim, weil sie den allgemeinen Vergeltungsansprüchen entspreche, die aus den moralischen Empörungsgefühlen der Menschen hervorgingen und daher prima facie als richtig gälten.[13] Und für *Nichols* ergibt sich dies wiederum daraus, dass sie sich mit der reaktiven Einstellung decke, in der sich das im Menschen tief verankerte Vergeltungsprinzip ausdrücke, das in seiner emotionalen Verwurzelung auch ohne weitere Rechtfertigung und unabhängig von seiner arationalen kulturellen Herausbildung gültig sei.[14]

Bisweilen werden auch konsequentialistisch strukturierte Retributionstheorien vertreten, die nicht auf die moralphilosophisch bestimmte Gerechtigkeit einer verdienten und proportional vergeltenden Strafe abstellen, sondern das Strafübel allein dadurch rechtfertigen, dass seine Anwendung den real existierenden Gerechtigkeitsvorstellungen entspricht (»empirical desert«). Soweit die vergeltende Sanktion im Wesentlichen den reaktiven Einstellungen folgt, führe dies zur Beruhigung der gesellschaftlichen Empörungsgefühle, wirke also stabilisierend und lasse

11 Daneben finden sich im Übrigen auch retributive Ansätze, die in der reaktiven Einstellung zwar nicht die Rechtfertigung der verdienten Strafe, aber den Maßstab für Art und Grad der verdienten Übelszufügung sehen (Matt Matravers, »Proportionality Theory and Popular Opinion«, in: Jesper Ryberg/Julian Roberts (Hg.), *Popular Punishment*, New York: Oxford University Press 2014, S. 43; Leora Dahan Katz, »Response Retributivism: Defending the Duty to Punish«, *Law and Philosophy* (2021/6), S. 591ff.).

12 Matthew Altman, *A Theory of Legal Punishment*, London/New York: Routledge 2021, S. 82.

13 Den moralischen Wert des Empörungsgefühls begründet *Moore* mit dem Argument, dass er selbst bei einer Unrechtstat den Impuls empfände, Strafe zu verdienen, so dass diese Regung bei der Tat eines Dritten nicht anders zu bewerten sei (Moore, *Placing Blame*, S. 109, 145ff.); zu der Argumentation näher Valerij Zisman, *Criminal Law Without Punishment*, Berlin/Boston: De Gruyter 2023, S. 47; für eine verwandte Erwägung vgl. Christopher Bennett, *The Apology Ritual: A Philosophical Theory of Punishment*, Cambridge: Cambridge University Press 2008, S. 36).

14 Shaun Nichols, *Bound: Essays on Free Will and Responsibility*, Oxford: Oxford University Press 2015, S. 126, 134f.

sowohl die Rechtsbefolgungsbereitschaft als auch das Einverständnis der Bürger mit ihrer Rechtsordnung steigen.[15]

Dieses Konzept weist fließende Übergänge zu Ansätzen auf, die der Strafe eine kommunikative Wirkung gegenüber der Allgemeinheit zuschreiben und sich davon verhaltensbezogene Präventionseffekte versprechen (was in Deutschland unter dem Oberbegriff der positiven Generalprävention erörtert wird). Nach einer der am weitesten verbreiteten Varianten lasse die Sanktion die Norm sichtbar werden. Sie stärke die Annahme der Bürger, dass die fragliche Verhaltenserwartung trotz der erlebten Erwartungsenttäuschung weiterhin richtig, legitim und verbindlich ist, so dass man auch künftig auf sie bauen und sein Verhalten hieran ausrichten kann.[16] Außerdem stelle die Strafe die reaktiven Einstellungen der Gesellschaft zufrieden und kanalisiere die taterzeugte Unruhe in einer kontrollierten, formalisierten Deliktsreaktion (was Selbstjustiz und andere selbsttätige Reaktionsformen ausschließe).[17] Damit Normstabilisierung, Vertrauensstärkung und Befriedigungseffekte eintreten können, müsse die Strafe indes ein »generalpräventives Minimum« aufweisen,

15 So mit Unterschieden in den Einzelheiten etwa Robinson, *Intuitions*, S. 152ff., 176ff.; Levy, »Why Retributivism«, S. 629–684; Tobias Andrissek, *Vergeltung als Strafzweck*, Tübingen: Mohr Siebeck 2017, S. 4ff., 81ff.; Tonio Walter, »Grundlagen einer empirisch begründeten Vergeltungstheorie«, in: Johannes Kaspar/Tonio Walter (Hg.), *Strafen »im Namen des Volkes«?*, Baden-Baden: Nomos 2019, S. 52ff.; Matthias Müller, *Vergeltungsstrafe und Gerechtigkeitsforschung*, Tübingen: Mohr Siebeck 2019, S. 152ff.

16 Vgl. etwa Michael Baurmann, »Vorüberlegungen zu einer empirischen Theorie der positiven Generalprävention«, *Goltdammer's Archiv für Strafrecht* (1994/8), S. 368–384; Jens Christian Müller-Tuckfeld, *Integrationsprävention: Studien zu einer Theorie der gesellschaftlichen Funktion des Strafrechts*, Frankfurt am Main: Peter Lang 1998, S. 341; zusammenfassend Franz Streng, *Strafrechtliche Sanktionen*, Stuttgart: Kohlhammer 2012, Rn. 24 m.w.N.; ähnlich aus der US-Literatur mit Abweichungen in den Details Bill Wringe, *An Expressive Theory of Punishment*, London: Palgrave Macmillan 2016, S. 24, 85ff.; Vincent Chiao, *Criminal Law in the Age of the Administrative State*, New York: Oxford University Press 2019, S. 36ff.; Katrina Sifferd, »How is Criminal Punishment Forward-Looking?«, *The Monist* (2021/4), S. 547ff.; für psychoanalytische Spielarten vgl. etwa Bernhard Haffke, *Tiefenpsychologie und Generalprävention. Eine strafrechtstheoretische Untersuchung*, Aarau/Frankfurt am Main: Sauerländer 1976, S. 162ff.; Elio Morselli, »Vergeltung – eine tiefenpsychologische Kategorie der Strafe?«, *Archiv für Rechts- und Sozialphilosophie* (2001/2), S. 239ff.

17 Vgl. Streng, *Strafrechtliche Sanktionen*, Rn. 27; Johannes Kaspar, »Verfassungsrechtliche Aspekte einer empirisch fundierten Theorie der Generalprävention«, in: Johannes Kaspar/Tonio Walter (Hg.), *Strafen »im Namen des Volkes«?*, Baden-Baden: Nomos 2019, S. 69ff., 73ff.

bei dem es in Ob und Maß den kollektiven Reaktionsvorstellungen nahekommt.[18]

Eine Gruppe von Ansätzen, die sich stattdessen auf opferbezogene kommunikative Strafleistungen stützt, schreibt wiederum der tatbetroffenen Person ein Interesse an staatlichen Klarstellungen zu (Wiederherstellung der Orientierungsgewissheit und des Sicherheitsgefühls, Anerkennung des Unrechtserleidens, Solidarisierung usw.).[19] Allerdings werde dies nicht schon durch die strafrechtliche Ereigniseinordnung erfüllt. Ohne eine hinzukommende, ausreichende Übelszufügung stelle der Strafspruch für das Opfer vielmehr eine Ereignisverharmlosung dar.[20] Die Legitimität des Strafübels liege demgemäß darin, der deklarierten Unrechtsfeststellung materiell glaubhaftes Gewicht zu verleihen.[21] Dass das Opfer das Strafurteil nur bei einer hinzukommenden Leidenserzeugung als Missbilligung interpretiere (und alles andere nicht als »valide Form« des öffentlichen Tadels ansehe),[22] beruhe auf der Ubiquität der reaktiven Einstellung, die eine Nachteilszufügung beim Täter verlangt.[23]

18 Zu dieser Konsequenz Michael Pawlik, *Person, Subjekt, Bürger*, Berlin: Duncker & Humblot 2004, S. 41 sowie (mit dem Zitat) Johannes Kaspar, *Verhältnismäßigkeit und Grundrechtsschutz im Präventionsstrafrecht*, Baden-Baden: Nomos 2014, S. 660.

19 Vgl. statt vieler Wilfried Holz, *Justizgewähranspruch des Verbrechensopfers*, Berlin: Duncker & Humblot 2007, S. 125ff.; international etwa David Hershenov, »Restitution and Revenge«, *The Journal of Philosophy* (1999/2), S. 79–94.

20 So etwa Thomas Weigend, »›Die Strafe für das Opfer‹? – Zur Renaissance des Genugtuungsgedankens im Straf- und Strafverfahrensrecht«, *Rechtswissenschaft* (2010/1), S. 52f.

21 Joel Feinberg, »The Expressive Function of Punishment«, *The Monist* (1965/3), S. 402: »conventional symbol of public reprobation«; in diesem Sinne bspw. schon John Kleinig, »Punishment and Moral Seriousness«, *Israel Law Review* (1991/3-4), S. 416ff.; siehe ferner Tatjana Hörnle, »Die Rolle des Opfers in der Straftheorie und im materiellen Strafrecht«, *Juristenzeitung* (2006/19), S. 956; dies., »The Role of Victims' Rights in Punishment Theory«, in: Antje du Bois-Pedain/Anthony Bottoms (Hg.), *Penal Censure*, New York: Hart Publishing 2019, S. 216ff.; Roman Hamel, *Strafen als Sprechakt. Die Bedeutung der Strafe für das Opfer*, Berlin: Duncker & Humblot 2009, S. 158ff., 164f.

22 Weigend, »Renaissance«, S. 41; Zimmermann, *Verdienst*, S. 125 und Merkel, *Rache*, S. 171ff. sprechen hier demgemäß auch nicht von einem Klarstellungs- oder Solidarisierungs-, sondern einem »Vergeltungsinteresse des Opfers«.

23 Hamel, *Strafen*, S. 160f., 164; vgl. auch Hörnle, »Victims' Rights«, S. 215. Reaktive Einstellungen kommen im Übrigen selbst in Ansätzen zum Tragen, die auf die strafgetragene Kommunikation gegenüber dem Täter abstellen. So ziele die Ablehnung der Tat, mit der die (Staats-)Gemeinschaft

III. Zu Persistenz und Transformierbarkeit der reaktiven Einstellung

1. Strafbedürfnisse als Existenzsicherung des Strafrechts?

Die Vielfalt, mit der konzeptionell an die reaktive Einstellung angeknüpft wird, ist aufschlussreich, zeigt sich darin doch das dem Strafbedürfnis beigemessene Gewicht. Bemerkenswert ist auch die damit verbundene Tendenz, das Vergeltungsbedürfnis als Wesensmerkmal des Menschen und »anthropologische Konstante« zu deklarieren,[24] was häufig unter Heranziehung evolutionspsychologischer Thesen erfolgt: Vergeltendes Verhalten habe in archaischen Gemeinwesen, ohne entsprechend intendiert gewesen zu sein, als eine sanktionsförmige Devianzreaktion kooperationsfördernd gewirkt und die überlebenswichtige Gruppenkohärenz sichergestellt.[25] Die reaktive Einstellung, die gleichsam als »Auslöser« dieser für das Kollektiv erfolgreichen Ereignisantwort fungierte, habe sich als »rückwärtsgerichtete« Vergeltungsregung daher evolutionär durchgesetzt und in der biologischen Ausstattung des

im Strafurteil reagiert, nach Anthony Duff darauf ab, dass sich der Täter mit der Missbilligung auseinandersetzt und seine Handlung bedauert. Das Strafübel soll dies wahrscheinlicher machen, indem es die Aufmerksamkeit des Täters für den Tadel sicherstellt, diesen unterstreicht und den fallkonkreten Grad der Missbilligung verdeutlicht (Anthony Duff, *Trials and Punishments*, Cambridge: Cambridge University Press 1986, S. 235ff.; ders., *Punishment, Communication, and Community*, New York: Oxford University Press 2001, S. 132). Das Erleiden des Strafübels stelle ferner eine Bußleistung dar, in der sich die Ernsthaftigkeit der täterseitigen Entschuldigung dokumentiere (ders., *Trials*, S. 54ff.). Es muss aber auch deshalb eine gewisse Schwere aufweisen, weil sich die Gesellschaft sonst nicht darauf einließe, Frieden mit dem Täter zu schließen (ders., *Punishments*, S. 95, 106ff., 119ff., 140f.). Kritisch gegenüber derartigen Annahmen: Lode Walgrave, *Restorative Justice, Self-interest and Responsible Citizenship*, Cullompton/Portland: Willian Publishing 2008, S. 50ff.

24 Vgl. statt vieler ähnlicher Positionierungen etwa Morselli, »Vergeltung«, S. 223; Kaspar, *Verhältnismäßigkeit*, S. 659; Merkel, *Rache*, S. 157.

25 Dazu »klassisch« John Leslie Mackie, »Morality and the Retributive Emotions«, *Criminal Justice Ethics* (1982/1), S. 8f.; dem im Wesentlichen folgend etwa Robinson, *Intuitions*, S. 35ff.; ähnlich Nichols, *Bound*, S. 128ff.; für ein alternatives evolutionstheoretisches Erklärungsmodell vgl. Isaac Wiegman, »Payback without bookkeeping: The origins of revenge and retaliation«, *Philosophical Psychology* (2019/7), S. 1101ff., 1109ff.; näher zum Umgang mit reaktiven Einstellungen in der früheren Menschheitsgeschichte: Thomas Kazen/Rikard Roitto, *Revenge, Compensation, and Forgiveness in the Ancient World*, Tübingen: Mohr Siebeck 2024, S. 115ff.

Menschen als eine »innere« Grundlage für das »zukunftsgerichtete« (konformitäts- bzw. kooperationssichernde) Devianz-Reaktionsmuster schließlich fest etabliert. Beide Annahmen – die Universalität und evolutionspsychologische Herausbildung der reaktiven Einstellung – werden auch in den empirischen Wissenschaftsfächern (unter Hinweis auf sozialpsychologische Experimente, kulturübergreifende anthropologische und ethologische Beobachtungen sowie neurobiologische Messungen) unterstützt.[26]

Dennoch blieben die Versuche, die Legitimität der Strafe auf die reaktive Einstellung zu gründen, in der straftheoretischen Debatte stets kontrovers.[27] Gegen die nicht-konsequentialistischen Ansätze wird beispielsweise eingewandt, dass eine retributive Indienstnahme der reaktiven Einstellung unstimmig sei, weil für deren evolutionäre Herausbildung ja gerade deren verhaltenssteuernder Effekt und nicht die Spezifik der rückwärtsschauenden Vergeltung maßgeblich gewesen sein soll.[28] Ohnehin spricht vieles dafür, dass die kollektive psychische Realität eher durch eine sehr heterogene Stärke der reaktiven Einstellung (d.h. mit den Fallumständen und der personalen Beschaffenheit variierende) sowie zeitlich instabile Haltungen geprägt wird, die sich zudem auch mit nicht-retributiven strafgerichteten Erwartungen mischen[29] – was in den

26 Umfassend und m.w.N. etwa von psychologischer bzw. kriminologischer Seite Michael E. McCullough/Robert Kurzban/Benjamin Tabak, »Cognitive Systems for Revenge and Forgiveness«, *Behavioral and Brain Sciences* (2013/1), S. 1–15; Jan-Willem van Prooijen, *The Moral Punishment Instinct*, New York: Oxford University Press 2018, S. 90ff., 104ff.; Evelyn Svingen, *Evolutionary Criminology and Cooperation*, London: Palgrave MacMillan, S. 35ff., 49ff., 109ff.; vgl. ergänzend die Zusammenstellung von Befunden bei Andrissek, *Vergeltung*, S. 15ff., 25ff.; Lucas Cerny, *Eine kurze Geschichte der Strafe*, Tübingen: Mohr Siebeck 2024, S. 19ff.

27 Dazu bereits Fn. 3.

28 Besonders deutlich Isaac Wiegman, »The Evolution of Retribution: Intuitions Undermined«, *Pacific Philosophical Quarterly* (2017/2), S. 205ff.; vgl. auch ders., »Doubts about Retribution: Is Punishment Non-Instrumentally Good or Right?«, in: Matthew Altman (Hg.), *The Palgrave Handbook on the Philosophy of Punishment*, London: Palgrave Macmillan, S. 137f.: »Even if there were a correlation between our retributive impulses and the intrinsic value of punishment, the influence of evolution breaks the dependency relation between the two because it selected these impulses for their instrumental value.« Für eine andere Version solcher Debunking-Argumente vgl. Bublitz, *Genealogie*, S. 479ff.: Retributive Emotionen seien unzuverlässig, da sie aus verkürzten Informationen erwachsen und schwer korrigierbar sind. Sie böten daher keine tragfähige Basis für die Überzeugung, die Vergeltungsstrafe sei gerecht.

29 Zu einer solchen empirischen Perspektive vgl. Ralf Kölbel/Tobias Singelnstein, »Strafrechtliche Sanktion und gesellschaftliche Erwartung – zu den

Generalisierungen der straftheoretischen Debatte, die die reaktive Einstellung als ebenso fundamentale wie monolithische Größe begreift, keine Berücksichtigung findet. Doch gleichwohl sind menschliche Strafbedürfnisse ein Teil der existierenden psychosozialen »Welt«. Und fraglos geht mit ihnen de facto – ganz unabhängig von der Fragilität einer auf sie gestützten theoretischen Straflegitimation – eine hohe gesellschaftspolitische (Akzeptanz-)Barriere für den Übergang von Strafrecht zu Strafrechtsalternativen einher.[30] Der abolitionistische Diskurs ist deshalb gehalten, reaktive Einstellungen nicht zu negieren.[31] Vielmehr zählt es zu seinen Basisaufträgen, einen konstruktiven, nicht-punitiven Umgang mit ihnen zu finden.

2. *Ausweg in Sicht?*

Eine Grundlage für den notwendigen Paradigmenwechsel bietet ein Menschenbild, das sich gegen die Vorstellung invariabler kollektiver Konstanten wehrt. Der Behauptung, Vergeltungs- und Strafbedürfnisse seien »im Wesen« des Menschen »genetisch eingebrannt«, wird dabei die Annahme entgegengesetzt, dass auch fundamentale und (scheinbar) universelle Haltungen ihre (vermeintliche) Normalität durch eine fortwährende kulturelle Reproduktion (und individuelle Übernahme) erlangen.[32] Die reaktive Einstellung ist hiernach also nicht von »anthropologischer Schicksalshaftigkeit«, sondern erweist sich (gestützt durch

Problemen und Gefahren eines publikumsorientierten Strafrechts«, *Neue Zeitschrift für Strafrecht* (2020/6), S. 333–339 m.w.N.

30 Gestützt wird dies durch Beobachtungen, wonach Justizversagen bei deliktischen interpersonalen Konflikten zu Selbstjustiz und verschiedenen Formen von Vigilantismus führen kann (vgl. das Material bei Paul Robinson/Sarah Robinson, *Shadow Vigilantes: How Distrust in the Justice System Breeds a New Kind of Lawlessness*, Amherst: Prometheus Books 2018) und Deliktsbereiche, in denen (etwa infolge von Machtstrukturen) systematisch Impunity herrscht, von weiten Teilen der Gesellschaft als Ungerechtigkeit erlebt werden (Dominik Hofmann, *Impunität. Zur Frage, was es bedeutet, wenn nicht gestraft wird*, Weilerswist: Velbrück 2022, S. 21ff., 68ff., 367ff.).

31 Dazu etwa auch Zabel, »Legitime Gewalt?«, S. 453.

32 »Aus der genannten Warte erscheint auch ein ›Vergeltungsbedürfnis‹, als Form eines gefühlten Handlungswunsches, notwendig als ein Ergebnis der sozialen Formung. Sein Inhalt und Ausmaß werden dabei in jedem gesellschaftlichen Kontext radikal kultiviert« (Luka Breneselović, »Die neue ›empirisch-soziologische‹ Vergeltungslehre in Deutschland«, *Zeitschrift für die gesamte Strafrechtswissenschaft* (2023/1), S. 109; dies für möglich, aber weniger wahrscheinlich haltend Robinson, *Intuitions*, S. 56ff.).

Beobachtungen zu Gesellschaften, die auf das Strafinstitut weitgehend verzichten[33]) als prinzipiell änderbar.[34] Namentlich in der Restorative-Justice-Forschung zeichnet sich insoweit auch eine realistische Wegführung ab. Denn Menschen sind, wie sich bereits an ihrer Offenheit gegenüber tatausgleichenden, nicht-punitiven Reaktionsformen zeigt,[35] in ihren deliktsbezogenen Perspektiven keineswegs exklusiv auf die reaktive Leiderzeugung fixiert. In dem Maße, in dem sie nicht-punitive Optionen erfahren, wird auch eine noch weitergehende Transformation ihrer Reaktionsbedürfnisse denkbar, so dass ein »Weglernen« individueller Vergeltungsimpulse perspektivisch möglich erscheint.[36]

Aus Sicht der Restorative Justice wird mit »Transformation« indes ganz allgemein eine positive, zukunftsorientierte Veränderung gegenüber dem status quo annonciert.[37] Dies betrifft die angestrebte Auflösung des mit der Straftat verbundenen sozialen Konflikts (»transformation of conflict«),[38] die Wiederherstellung der tatbedingt gestörten

33 So liegen sozial-anthropologische Studien zu Volksgemeinschaften vor, bei denen sich die Konfliktregulierung auch nach schweren Normverletzungen (bis hin zur Tötung) im Vertrauen auf die langfristige göttliche Gerechtigkeitsherstellung auf geringfügige, symbolische Ausgleichszahlungen beschränkt und vergeltende Praktiken – trotz entsprechender Emotionen – ganz bewusst vermieden werden (vgl. dazu etwa die Studie von Albert Drent, »Forum Shopping as Retaliation in Disguise«, in: Bertram Turner/Günther Schlee (Hg.), *On Retaliation*, New York/Oxford: Berghahn 2017, S. 185–207).

34 Skeptisch aber Robinson, *Intuitions*, S. 70ff.

35 Dazu etwa Klaus Sessar, *Wiedergutmachen oder Strafen?*, Pfaffenweiler: Centaurus Verlag 1992, S. 82ff., 107ff., 168ff.; Hsiao-Fen Huang/Valerie Braithwaite/Hiroshi Tsutomi/Yoko Hosoi/John Braithwaite, »Social Capital, Rehabilitation, Tradition: Support for Restorative Justice in Japan and Australia«, *Asian Journal of Criminology* (2012/4), S. 295–308; vgl. auch die Forschungsübersichten bei Julian Roberts/Loretta Stalans, »Restorative Sentencing: Exploring the Views of the Public«, *Social Justice Research* (2004/3), S, 319ff.; Janne van Doorn/Lieve Brouwers, »Third-Party Responses to Injustice: A Review on The Preference for Compensation«, *Crime Psychology Review* (2017/1), S. 61ff.

36 Allgemein dazu etwa Zisman, *Criminal Law*, S. 204ff.; speziell für die Tatopfer Elena Maculan/Alicia Gil Gil, »The Rationale and Purposes of Criminal Law and Punishment in Transitional Contexts«, *Oxford Journal of Legal Studies* (2020/1), S. 142ff., 156; nach Lotter (*Schuld*, S. 59ff., 96f.) ist dieses Weglernen bei stattfindendem Ausgleich gar nicht vonnöten, weil Vergeltung nur auftrete, um eine ausbleibende Entschuldigung und Wiedergutmachung zu ersetzen oder anzustoßen.

37 Vgl. Howard Zehr, *Changing Lenses*, Harrisonburg/Kitchener: Herald Press 1990/2015, S. 192.

38 Siehe etwa David Moore, »Pride, Shame and Empathy Among Peers: Community Conferencing as Transformative Justice in Education«, in: Phillip

zwischenmenschlichen Beziehungen (»transformation of relationships«)[39] sowie die Veränderung der deliktsbegünstigenden soziokulturellen Bedingungen (»social transformation«).[40] Die Umformung der aus dem Delikt erwachsenen negativen Gefühle (Angst, Scham, Hilflosigkeit, aber auch Wut und Verärgerung) steht allerdings besonders im Fokus,[41] geht es der Restorative Justice doch (anders als der Criminal Justice) nicht nur um Straftaten, sondern dezidiert auch um die Empfindungen und Bedürfnisse der Beteiligten.[42] Gerade das moderierte persönliche Aufeinandertreffen (»Restorative Encounter«) wird dabei als Mechanismus begriffen, »by which the negative emotions associated

Slee/Ken Rigby (Hg.), *Children's Peer Relations*, Florence: Routledge 1998, S. 254–271 (258); John McDonald/David Moore, »Community Conferencing as a Special Case of Conflict Transformation«, in: Heather Strang/John Braithwaite (Hg.), *Restorative Justice and Civil Society*, Cambridge: Cambridge University Press 2001, S. 130ff.; Howard Zehr, »The Intersection of Restorative Justice with Trauma Healing, Conflict Transformation and Peacebuilding«, *Journal for Peace and Justice Studies* (2009/1–2), S. 23ff. Zur Deutung der Straftat als Konflikt auf der Basis einer relationalen Verbrechenstheorie siehe Philipp-Alexander Hirsch, »Eine relationale Theorie vom Verbrechen«, *Goltdammer's Archiv für Strafrecht* (2023/10), S. 544ff.

39 Vgl. etwa McDonald/Moore, »Conferencing«, S. 139; Jennifer Llewellyn, »Transforming Restorative Justice«, *The International Journal of Restorative Justice* (2021/3), S. 380ff.

40 Daran ist vor allem die häufig als »Transformative Justice« bezeichnete Strömung interessiert. Näher M. Kay Harris, »Transformative Justice: The Transformation of Restorative Justice«, in: Dennis Sullivan/Larry Tifft (Hg.), *Handbook of Restorative Justice*, London/New York: Routledge, S. 555ff.; Gaby Temme, »Transformative Justice«, *TOA Magazin* (2017/2), S. 25ff.; Llewellyn, »Transforming«, S. 376ff.; Loretta Capeheart/Dragan Milovanovic, *Social Justice*, New Brunswick: Rutgers University Press 2020, S. 87ff. Eine gewisse konzeptionelle Verbindung ergibt sich insoweit auch zu einer Strömung in der Strafrechtskritik, die eine »grundlegende Transformation von Gesellschaft und das sie stabilisierende Recht« fordert (Franziska Dübgen, *Transformative Strafrechtskritik*, Tübingen: Mohr Siebeck 2022, S. 7).

41 Vgl. Suzanne Retzinger/Thomas Scheff, »Strategy for Community Conferences: Emotions and Social Bonds«, in: Burt Galaway/Joe Hudson (Hg.), *Restorative Justice: International Pespectives*, Monsey/Cullompton: Criminal Justice Press 1996, S. 315ff.; David Moore, »Illegal Action – Official Reaction: Affect Theory, Criminology, and the Criminal Justice System«, in: Donald Nathanson (Hg.), *Knowing Feeling*, New York: Norton 1996, S. 374; McDonald/Moore, »Conferencing«, S. 132, 135, 138; Walgrave, *Restorative Justice*, S. 57; Meredith Rossner, *Just Emotions: Rituals of Restorative Justice*, Oxford: Oxford University Press 2013, S. 15ff.

42 Grundlegend Zehr, *Changing Lenses*, S. 181ff.; vgl. auch Van Prooijen, *Instinct*, S. 240f.

with conflict can be transformed into the positive emotions associated with cooperation«[43].

Die Umwandlung reaktiver Einstellungen (und damit einhergehender negativer Emotionen) bildet folglich ein Kernversprechen der Restorative Justice – wobei dieses primär auf die verfahrensbeteiligten Personen bezogen ist. Neuere Ansätze, die auf die gemeinschaftsbildende Funktion der Restorative Justice verweisen und den Begriff der »Community« dabei in einem weiten Sinne verstehen,[44] weisen indes darauf hin, dass die Restorative Justice womöglich auch mit einer größeren Reichweite zur Transformation reaktiver gesellschaftlicher Einstellungen beitragen kann. Genau darin läge ein ganz besonderes strafrechtsverdrängendes Potenzial, dessen Tragfähigkeit zu prüfen sich lohnt.

IV. Transformation reaktiver Einstellungen in der Restorative Justice

1. Systematisierung der Stakeholder

Es liegt nahe, dass die konkreten transformativen Prozesse mit der Art variieren, in der eine Person oder Personengruppe in das jeweilige restaurative

43 McDonald/Moore, »Conferencing«, S. 139; ähnlich auch Moore, »Pride«, S. 257. Zur transformativen Wirkung des »restorative justice ritual« vgl. Lindsey Pointer, *The Restorative Justice Ritual*, London/New York: Routledge 2021, S. 53ff.

44 Näher dazu Gordon Bazemore/Mara Schiff, *Juvenile Justice Reform and Restorative Justice*, Cullompton/Portland: Willian Publishing 2005, S. 271ff.; Elizabeth Beck, »Transforming Communities: Restorative Justice as a Community Building Strategy«, *Journal of Community Practice* (2012/4), S. 380ff.; Adam Crawford/Todd Clear, »Community Justice: Transforming Communities Through Restorative Justice?«, in: Gordon Bazemore/Mara Schiff (Hg.), *Restorative Community Justice*, London/New York: Routledge 2016, S. 127ff.; ferner zur Bedeutung der »Community« im Bereich der Restorative Justice: Paul McCold, »What Is The Role of Community in Restorative Justice Theory And Practice?«, in: Howard Zehr/Barb Toews (Hg.), *Critical Issues in Restorative Justice*, Monsey/Cullompton: Criminal Justice Press 2004, S. 155ff.; Fernanda Rosenblatt, *The Role of Community in Restorative Justice*, London/New York: Routledge 2015, S. 41ff.; instruktiv hierzu auch die kritischen Erwägungen bei George Pavlich, »Promised Communities and Unrestored Justice«, in: Ivo Aertsen/Brunilda Pali (Hg.), *Critical Restorative Justice*, Oxford/Portland: Hart Publishing 2017, S. 297ff.; ferner siehe auch Gerhard Hanak, »Die Community als Simulation und Realität«, in: Thomas Trenczek/Hartmut Pfeiffer (Hg.), *Kommunale Kriminalprävention*, Bonn: Forum-Verlag Godesberg 1996, S. 54ff.

Verfahren involviert ist. Dabei sind, angelehnt an das in der Konfliktanalyse gebräuchliche »Stakeholder-Mapping«, folgende Beteiligungsformen zu unterscheiden: Aufgrund ihrer unmittelbaren Beteiligung an dem Deliktsereignis werden Täter und Opfer als Stakeholder erster Ordnung bezeichnet und daher typischerweise stets in die jeweilige Prozedur integriert. Zu den Stakeholdern zweiter Ordnung (oft auch: »community of care«[45]) zählen hingegen Familienangehörige, Freunde und andere enge Bezugspersonen von Täter und Opfer, bei denen vielfach eine mittelbare Deliktsbetroffenheit besteht (etwa in emotionaler oder finanzieller Hinsicht).[46] Sie wirken insbesondere bei Conferencing- und Circle-Modellen an dem Restorative Encounter mit.[47] Die Gruppe der Stakeholder dritter Ordnung umfasst schließlich Nachbarn oder auch andere Personen aus dem entfernteren Täter- und Opferumfeld, die am Deliktsereignis interessiert sind, weshalb ihnen nach dem Inklusivitäts-Prinzip[48] – und je nach Verfahrensausgestaltung – die Teilnahme ebenfalls ermöglicht wird.[49]

45 Gabrielle Maxwell/Allison Morris/Hennessey Hayes, »Conferencing and Restorative Justice«, in: Dennis Sullivan/Larry Tifft (Hg.), *Handbook of Restorative Justice*, London/New York: Routledge 2006, S. 92; Won Kyung Chang, »When My Community Met the Other: Competing Concepts of ›Community‹ in Restorative Justice«, *Canadian Journal of Law and Society* (2017/3), S. 373 m.w.N.; vgl. auch Otmar Hagemann, »Gemeinschaftskonferenzen und andere Restorative Conferencing-Verfahren«, in: Nadine Ochmann/Henning Schmidt-Semisch/Gaby Temme (Hg.), *Healthy Justice*, Wiesbaden: Springer 2016, S. 233f., 239f.: »Lebensweltakteure«.

46 Vgl. Susan Miller, *After the Crime: The Power of Restorative Justice Dialogues between Victims and Violent Offenders*, New York: New York University Press 2011, S. 169, 192 (»ripple effects«); Joanna Shapland/Gwen Robinson/Angela Sorsby, *Restorative Justice in Practice*, London/New York: Routledge 2011, S. 120; Pete Wallis, *Understanding Restorative Justice*, Bristol: Policy Press 2014, S. 142.

47 Vgl. Rosenblatt, *Community*, S. 128; Crawford/Clear, »Community Justice«, S. 131f.

48 Hierzu näher Daniel van Ness/Karen H. Strong, *Restoring Justice*, London/New York: Routledge 2022, S. 51ff.

49 Vgl. Mara Schiff, »Models, Challenges, and the Promise of Restorative Conferencing Strategies«, in: Andrew von Hirsch/Julian Roberts/Anthony E. Bottoms/Kent Roach/Mara Schiff (Hg.), *Restorative Justice and Criminal Justice*, Oxford: Hart Publishing 2003, S. 320, 322; Aida Hass-Wisecup/Caryn Saxon, *Restorative Justice: Integrating Theory, Research, and Practice*, Durham: Carolina Academic Press 2018, S. 154; zu verschiedenen, mit der Einbeziehung der weiteren Community verbundenen praktischen Problemstellungen siehe Ross London, *Crime, Punishment, and Restorative Justice: From the Margins to the Mainstream*, London: FirstForum Press Boulder 2011, S. 216ff.; Meredith Rossner/Jasmine Bruce, »Community Participation in Restorative

Nicht um Stakeholder im engeren Sinne handelt es sich demgegenüber bei den verfahrensleitenden Mediatoren[50] und anderen Personen, die in professioneller Eigenschaft (also beispielsweise in anwaltlicher oder sozialarbeiterischer Funktion oder wegen ihrer Ermittlungstätigkeit) einbezogen sind.[51] In einigen Formaten ergeben sich allerdings Überschneidungen zwischen diesen »Experten« mit den Stakeholdern zweiter[52] oder dritter Ordnung.[53] Ohnehin unterscheiden sich die sehr differenziert ausgestalteten Verfahren gerade in den Beteiligungsfragen (zumal darüber, wer tatsächlich an einem Restorative Encounter teilnehmen kann, stets einzelfallabhängig entschieden wird). Tendenziell ist der Stakeholder-Kreis bei der Restorative Justice aber weiter als bei der Criminal Justice – ohne etwas daran zu ändern, dass die mit Abstand größte Gruppe durch die nichtteilnehmende Öffentlichkeit und Bevölkerung gebildet wird.

2. *Beobachtungen zu Transformationswirkungen bei den Teilnehmenden*

a) Opfer als Stakeholder erster Ordnung

Für das deliktsbetroffene Opfer birgt die Teilnahme an einem Restorative Encounter prinzipiell die größten Chancen, vorhandene Wut- und

Justice: Rituals, Reintegration, and Quasi-Professionalization«, *Victims & Offenders* (2016/1), S. 110f.

50 Diese Gruppe wird im Restorative Conferencing typischerweise auch als »Facilitator« und in den Restorative Circles als »Keeper« bezeichnet.

51 Gabrielle Maxwell/Allison Morris/Hennessey Hayes, »Conferencing«, S. 93; vgl. für die sog. Gemeinschaftskonferenzen: Sophia Bergemann, *Gemeinschaftskonferenzen – ein strafrechtliches Mediationsverfahren orientiert an der ›Restorative Justice‹-Philosophie. Eine empirische Studie zum Elmshorner Pilotprojekt*, Diplomarbeit, Kiel 2011, S. 30ff.

52 Etwa dort, wo Personen aus dem Bereich der Sozialen Arbeit (anstelle der persönlichen »community of care«) als Unterstützungspersonen in dem Restorative Encounter fungieren (vgl. Estelle Zinsstag, »Conferencing: A Developing Practice of Restorative Justice«, in: dies./Inge Vanfraechem (Hg.), *Conferencing and Restorative Justice: International Practices and Perspectives*, Oxford: Oxford University Press 2012, S. 24f.).

53 Das betrifft die Restorative Boards oder auch die Youth Offender Panels, in die interessierte, aber entsprechend geschulte Laien als »Quasi-Professionelle« mit besonderen Aufgaben und Funktionen einbezogen werden. Dazu etwa Beck, »Transforming Communities«, S. 384ff.; siehe auch Adam Crawford/Tim Newburn, »Recent Developments in Restorative Justice for Young People in England and Wales: Community Participation and Representation«, *The British Journal of Criminology* (2002/3), S. 491.

Rachegefühle oder auch andere negative Emotionen abzubauen. Es erhält beispielsweise die Möglichkeit, die Tat und deren Hintergründe zu verstehen sowie Antworten auf quälende Fragen (etwa: »Why me?«) zu finden. Gerade die Thematisierung und Anerkennung der belastenden opferseitigen Empfindungen trägt maßgeblich dazu bei, dass diese schließlich aufgelöst werden können.[54] Dass so auch eine Transformation reaktiver Einstellungen zu gelingen vermag, wird durch eine Reihe von Studien belegt.[55] Ein Beispiel hierfür bieten die australischen »Reintegrative Shaming Experiments«. Hier empfanden nur 29% der Opfer nach der Teilnahme an einem Restorative Encounter noch Wutgefühle, während dies anfänglich noch bei 63% der Fall war.[56] Ferner lag der Anteil der Opfer, die nach der Bearbeitung ihres Falles noch ein Bedürfnis nach Rache und Selbstjustiz verspürten, im Falle des Conferencing deutlich niedriger als bei den Opfern, deren Fall in einem (straf-)gerichtlichen Verfahren bearbeitet worden war (7% ./. 20%), wobei dieser Unterschied nach einer Gewaltviktimisierung besonders deutlich ausfiel (9% ./. 45%).[57]

b) Stakeholder zweiter und dritter Ordnung

Mittelbar betroffene Personen werden vielfach einbezogen, damit sie dem Täter die Missbilligung seines Verhaltens vor Augen führen[58] und hierbei

54 Vgl. Retzinger/Scheff, »Strategy for Community Conferences«, S. 322; Moore, »Illegal Action«, S. 374.

55 Vgl. etwa Tim Roberts, *Evaluation of the Victim Offender Mediation Project*, Langley, B.C. – Final Report, 1995, https://www.publicsafety.gc.ca/lbrr/archives/hv%209509.b7%20r6%201995-eng.pdf (Zugriff: 02.07.2025), S. 101, 104; Heather Strang et al., »Victim Evaluations of Face-to-Face Restorative Justice Conferences: A Quasi-Experimental Analysis«, *Journal of Social Sciences* (2006/2), S. 295f. sowie der eingehende Review von Ana Nascimento u.a., »The Psychological Impact of Restorative Justice Practices on Victims of Crimes – a Systematic Review«, *Trauma, Violence & Abuse* (2023/3), S. 1940.

56 Gleichzeitig nahmen empathische Gefühlsregungen bei ihnen deutlich zu (von 19% auf 48%); Heather Strang, *Repair or Revenge: Victims and Restorative Justice*, New York: Oxford University Press 2002, S. 102f.

57 Ebd., S. 138. Für einen ähnlichen Vergleichsbefund siehe auch Jaimie Beven u.a., »Restoration or Renovation? Evaluating Restorative Justice Outcomes«, *Psychiatry, Psychology and Law* (2005/1), S. 202: »significantly more positive feelings towards the offender when they had undergone the Community Group Conference ... than when they had undergone the court process«.

58 Vgl. Wallis, *Understanding*, S. 143: »[they] ensure that there is adequate disapproval«.

zugleich eine Gelegenheit erhalten, ihre Gefühle unmittelbar ausdrücken zu können.[59] Diese – im Rahmen der moderierten Gespräche – »gesteuerte« Adressierung vorhandener Wut verspricht eine Reduktion der Negativemotion,[60] so dass sich die reaktive Einstellung im Verlauf der Begegnung möglicherweise sogar verliert.[61] Solche Transformationen wurden allerdings bislang kaum empirisch untersucht.[62] In einer ungarischen Studie zu Peacemaking Circles (PMC) berichteten indes die Angehörigen der Täter und Opfer, dass sie zunächst mit eher gemischten Gefühlen (Anspannung, Sorge, aber auch Neugier) zu den Treffen gekommen waren, während sie im Anschluss daran Zufriedenheit, Hoffnung und Erleichterung empfanden.[63] Auch ergaben sich bei einem deutschen Pilotprojekt keine Anhaltspunkte dafür, dass die Mitwirkenden an Gemeinschaftskonferenzen danach noch ein Bedürfnis nach Rache verspürten.[64] Eine zuverlässige Einschätzung der Transformationswirkungen erlaubt dieser Forschungsstand aber kaum.

c) In professioneller Eigenschaft teilnehmende Personen

Ebenso vorläufig ist der Erkenntnisstand zur Gruppe der in professioneller Eigenschaft teilnehmenden Personen. Für (geschulte) Freiwillige, die in Vertretung der weiteren »Community« an Restorative Boards mitwirken,[65]

59 Vgl. Moore, »Illegal Action«, S. 367; McCold, »Role of Community«, S. 168.

60 Wird den vorhandenen Wutgefühlen freier Lauf gelassen (»venting«), scheint das ihrem Abbau dagegen nicht förderlich zu sein, dazu meta-analytisch Sophie Kjærvik/Brad Bushman, »A Meta-Analytic Review of Anger Management Activities That Increase or Decrease Arousal: What Fuels or Douses Rage?«, *Clinical Psychology Review* (2024), 102414.

61 Denkbar ist auch, dass die gemeinsame, deliberative Entscheidungsfindung über die Wiedergutmachungsleistung des Täters etwaige reaktive Einstellungen der Teilnehmenden aufgreift und so zu deren Transformation beiträgt.

62 Befunde, die lediglich auf eine hohe Zufriedenheit hinweisen (vgl. etwa Gabrielle Maxwell u.a., *Achieving Effective Outcomes in Youth Justice – Final report*, 2004, https://www.msd.govt.nz/documents/about-msd-and-our-work/publications-resources/research/youth-justice/achieving-effective-outcomes-youth-justice-full-report.pdf (Zugriff: 02.07.2025), zu Familienmitgliedern, die in das Family Group Conferencing einbezogen waren), sind insofern zu unspezifisch.

63 Dóra Szegö, »Circle Follow-Up Evaluation – Findings from Hungary«, in: Elmar Weitekamp (Hg.), *Developing Peacemaking Circles in a European Context – Main Report*, TüKrim 2015, https://publikationen.uni-tuebingen.de/xmlui/handle/10900/68716 (Zugriff: 02.07.2025), S. 318.

64 Bergemann, *Gemeinschaftskonferenzen*, S. 79f.

65 Dazu Fn. 53.

konnte jedoch beobachtet werden, dass deren Mitglieder nicht nur häufig ein tiefes Bedürfnis verspüren, wesentliche Gemeinschaftswerte zu verteidigen,[66] sondern vielfach auch nach einer Entschuldigung des Täters und nach Sanktionen verlangen.[67] Tendenziell anders stellt sich dies hingegen bei den Youth Offending Panels dar. Hier geht es vielen Community-Repräsentanten vor allem um Fürsorge und Unterstützung für den jugendlichen Täter, was sich im Verfahrensverlauf oft sogar noch verstärkt. Tatevozierte Ärgeremotionen fallen bei ihnen eher gering aus und nehmen während der Prozeduren zudem noch weiter ab.[68] Inwieweit die sich hierin immerhin andeutende Transformation reaktiver Einstellungen für (quasi-)professionell involvierte Personen generalisierbar ist, bedarf freilich der weiteren Klärung.

3. *Beobachtungen zu Transformationswirkungen bei den Nichtteilnehmenden*

a) Strukturelle Grenzen

Für die Realisierbarkeit von Strafrechtsalternativen spielt auch der Umgang mit öffentlichen Strafbedürfnissen, d.h. die reaktive Einstellung unbeteiligter Dritter, eine maßgebliche Rolle. Inwiefern die Restorative Justice allerdings in dieser Hinsicht – also über den Kreis der in das Restorative Encounter involvierten Personen hinaus – ein transformatives Potential zu entfalten vermag, wird empirisch kaum analysiert. Das kann nicht verwundern, weil die fraglichen Emotionsverschiebungen und Haltungsänderungen ganz wesentlich auf die unmittelbare Teilhabe an jenen spezifischen Interaktionsdynamiken des Restorative Encounters zurückgeführt werden,[69] von denen die Nichtteilnehmenden gerade

66 David Karp, »The Offender/Community Encounter: Stakeholder Involvement in the Vermont Reparative Boards«, in: ders./Todd Clear (Hg.), *What is Community Justice?*, London: Sage Publications 2002, S. 72.

67 Tanya Moss, »Restorative Justice and the Impact of Community Engagement«, nsuworks.nova.edu 2021, https://nsuworks.nova.edu/cgi/viewcontent.cgi?article=1193&context=shss_dcar_etd (Zugriff: 02.07.2025), S. 104ff., 112ff.; zur Gefahr der »vigilante justice« bei Restorative Boards: Beck, »Transforming Communities«, S. 388.

68 Tim Newburn u.a., *The Introduction of Referral Orders into the Youth Justice System, Final report*, Home Office Research Study 242, 2002, https://kar.kent.ac.uk/308/1/Uglow_Introduction_of_referral_2002.pdf (Zugriff: 02.07.2025), S. 27.

69 Näher zu den verschiedenen diskutierten Wirkungsmechanismen: Moore, »Illegal Action«, S. 369ff.; Nathan Harris/Lode Walgrave/John Braithwaite,

ausgeschlossen sind. Diese Einschränkung ist durch eine Einbeziehung weiterer Dritter, durch die sich der von den unmittelbaren transformativen Wirkungen profitierende Personenkreis erweitern würde, natürlich nur in engen Grenzen aufhebbar: »there has to be a limit to the number of people invited. [...] Whichever model is chosen, the practitioner must be confident that adding more people won't be a negative influence on proceedings, and they will spend time meeting everyone in advance, assessing their motives, ensuring that their contribution will be helpful [...].«[70] Für die Transformation reaktiver Einstellungen in der Bevölkerung müssen deshalb andere Wirkungsmechanismen in Betracht gezogen werden.

b) »Spillover-Effekt«?

Denkbar wäre insofern, dass teilnehmende Personen ihre Transformationserfahrung aus dem Restorative Encounter an Dritte »übertragen«, indem sie ihnen von der erfolgten Deliktsbearbeitung[71] und der Veränderung ihrer subjektiven Haltungen berichten.[72] Ferner kann sich die positiv veränderte Gefühlslage der Teilnehmenden prinzipiell auch in sonstigen späteren Interaktionen mit Dritten niederschlagen und dort (nicht-punitive) Wirkungen entfalten.[73] Empirisch untersucht und belegt hat man solche Spillover-Effekte bislang aber kaum.[74] Doch immerhin

»Emotional Dynamics in Restorative Conferences«, *Theoretical Criminology* (2004/2), S. 191–210; Meredith Rossner, »Restorative Justice in the Twenty-First Century: Making Emotions Mainstream«, in: Alison Liebling/Shadd Maruna/Lesley McAra (Hg.), *The Oxford Handbook of Criminology*, 7. Aufl., Oxford: Oxford University Press 2023, S. 733ff.

70 Wallis, *Understanding*, S. 144.

71 Das kann allein in den Grenzen der den übrigen Teilnehmenden gegenüber zugesicherten Vertraulichkeit geschehen. Näher zu diesem Prinzip etwa European Forum for Restorative Justice (EFRJ), *Manual on Restorative Justice Values and Standards for Practice*, 2021, https://www.euforumrj.org/sites/default/files/2021-11/EFRJ_Manual_on_Restorative_Justice_Values_and_Standards_for_Practice.pdf (Zugriff: 02.07.2025), S. 38ff.

72 Zu diesem Gedanken vgl. Dóra Szegö, »Circle Follow-Up«, S. 335.

73 Vgl. Rossner, *Just Emotions*, S. 102; ähnlich auch Barry Stuart/Kay Pranis, »Peacemaking Circles«, in: Dennis Sullivan/Larry Tifft (Hg.), *Handbook of Restorative Justice*, London/New York: Routledge 2006, S. 131: »How participants carry their experiences in circles into their homes, workplace, and community is the most important outcome of circles.«

74 Nur einen indirekten Aufschluss gibt eine Studie zu sog. Study Circles, in denen Bürger gemeinsam Lösungen für gesellschaftliche Fragestellungen erarbeiten. Hier wurde gezeigt, dass nicht involvierte Dritte nach persönlichen

wurde für das in den USA durchgeführte »Victims' Voices Heard«-Programm dokumentiert, dass »[p]eople who hear [… the victim …] speak about the program often find their previous ambivalence or even punitiveness toward offenders challenged.«[75] Auf die Bedeutung von Erzählungen gerade der Opfer weist zudem eine Studie hin, der zufolge dessen positive Erfahrung mit der Restorative Justice kommunikativ zu einer Verringerung des Sanktionsbedürfnisses bei nichtbeteiligten Dritten beitragen kann.[76]

Nicht ausgeschlossen ist zudem, dass eine adäquate mediale Darstellung über erfolgreich durchgeführte Wiedergutmachungsformate für eine Transformation öffentlicher reaktiver Einstellungen sorgt. Unabhängig von der Frage, ob die bloße Medienrezeption tatsächlich auch eine nachhaltige Emotionsverschiebung auslösen kann, setzt dies jedoch eine Berichterstattungsqualität voraus, die realiter nur schwer zu gewährleisten ist. Illustriert wird dies durch einen kanadischen Fall, der in den Jahren 2014 und 2015 breite Aufmerksamkeit erhielt.[77] Der Abschlussbericht, dem zufolge die Reaktion der Öffentlichkeit von Fehlvorstellungen über Restorative Justice geprägt gewesen und hierin durch die mediale Begleitung nochmals verstärkt worden sei,[78] wird durch eine punktuelle Berichterstattungsanalyse gestützt. Diese gelangt zu dem Ergebnis, dass sich die in den ausgewählten Medienberichten durchweg verzerrte Darstellung der Restorative Justice in den (ebenfalls ausgewerteten)

Gesprächen mit Teilnehmenden ebenfalls begannen, sich in den Study Circles zu engagieren (Tera McIntosh, *Show and Tell: Using Restorative Practices and Asset Based Community Development to Address Issues of Safety and Violence*, 2012, https://etd.ohiolink.edu/acprod/odb_etd/ws/send_file/send?accession=antioch1355253798&disposition=inline (Zugriff: 02.07.2025), S. 60, 134ff.). Ein ähnlicher motivationsbezogener »Spillover-Effekt« wurde im Bereich des Youth Conferencing beobachtet (vgl. Bazemore/Schiff, *Juvenile Justice*, S. 292).

75 Miller, *After the Crime*, S. 200.

76 Dena Gromet u.a., »A Victim-Centered Approach to Justice? Victim Satisfaction Effects on Third-Party Punishments«, *Law and Human Behaviour* (2012/5), S. 375–389.

77 Das Verfahren an der Faculty of Dentistry der Dalhousie University betraf sexistische und frauenfeindliche Postings einiger männlicher Studierender in einer als »Gentlemen's Club« bezeichneten privaten Facebook-Gruppe. Einzelne Beiträge richteten sich dabei gezielt gegen bestimmte Kommilitoninnen, auf deren Beschwerde hin ein restauratives Verfahren initiiert wurde.

78 Jennifer Llewelyn/Jacob MacIsaac/Melissa MacKay, *Report from the Restorative Justice Process at the Dalhousie University, Faculty of Dentistry*, 2015, https://restorativelab.ca/wp-content/uploads/2021/05/RJ2015-Report-dentistry.pdf (Zugriff: 02.07.2025), S. 4f.

weitgehend kritischen Online-Kommentaren unmittelbar niederschlug.[79] Medial getragene, erfolgreiche Übertragungsprozesse sind also ausgesprochen voraussetzungsreich.

V. Fazit

Die Suche nach alternativen nicht-punitiven Umgangsweisen mit deliktswertigem Verhalten führt auch in den Bereich der Restorative Justice. Gegen deren perspektivischen Ausbau wird allerdings nicht selten die Persistenz personaler Vergeltungsbedürfnisse angeführt, die sodann als unabänderliche Konstante begriffen werden, aus der sich die Berechtigung, Notwendigkeit und/oder Unaufhebbarkeit des Strafrechts ergeben soll. Bei genauerem Hinsehen zeichnet sich die Restorative Justice aber gerade durch konstruktive Antworten auf solche reaktive Einstellungen aus: Denn sie begreift diese als transformierbar und scheint zu einer entsprechenden Veränderung in der Tat auch in der Lage zu sein. Namentlich für die viktimisierten Personen bieten die verschiedenen gesprächsbasierten Formate der Restorative Justice die Chance für den Abbau von deliktsbedingten Negativemotionen. Das transformative Potenzial bei anderen Personen (insbesondere bei unbeteiligten Dritten) ist jedoch noch nicht hinreichend belegt. Für die wissenschaftliche Strafrechtskritik folgt daraus ein nicht genug zu betonender Forschungsauftrag, da genauer gezeigt werden muss, unter welchen Bedingungen ein nicht-punitives Auffangen der reaktiven Einstellungen zu gelingen vermag und eine restaurative Strafrechtsalternative daher mit gesellschaftlicher Akzeptanz rechnen kann. Die bislang vorliegenden Beobachtungen reichen dafür nicht aus, doch lassen sie (auch wenn für die Erfolgsaussichten strafrechtsersetzender Strategien nachgelegt werden muss) den Forschungsaufwand als vielversprechend erscheinen.

Bei einer breiteren empirischen Basis würde durch die Restorative Justice – zusammen mit anderen Formen der Verfahrenslenkung, zivilrechtlichen Konfliktregelungsmechanismen und einem vermutlich unverzichtbaren Rest an Sicherungsinstrumenten – eine Perspektive für einen zukünftigen strafrechtsalternativen Umgang mit interessen- und normverletzenden Verhaltensweisen aufgezeigt. Die heutige Prominenz gesellschaftlicher Strafbedürfnisse stünde dem dann nur scheinbar im Wege. Denn zum einen löste die Ausbreitung der Restorative Justice deren weitere, sich selbst verstärkende Dissemination aus (»The most important

79 Dorothy Vaandering/Kristin Reimer, »Listening Deeply to Public Perceptions of Restorative Justice: What Can Researchers and Practitioners Learn?«, *The International Journal of Restorative Justice* (2019/2), S. 195ff., 202.

outcome of a circle is more circles.«[80]), so dass sich auch der Abbau reaktiver Einstellungen ausweiten und in die Gesellschaft hineindiffundieren könnte. Zum anderen ginge mit dem Zurückdrängen des Strafrechts auch ein Rückbau strafrechtserzeugter kriminogener Bedingungen einher, was immer weniger Anlässe für Vergeltungsbedürfnisse erwarten ließe.

80 Stuart/Pranis, »Peacemaking Circles«, S. 130.

Christine Graebsch

»A Better Place«: Experimente für eine bessere Welt ohne Gefängnis und Strafe?

Sechs Wanderungen auf dem abolitionistischen Grat

In der ARD-Mediathek ist seit dem 22.01.2025 die Kurzserie »A Better Place« zu sehen.[1] In ihr wird das Gefängnis einer Stadt geschlossen, die Entlassenen erhalten Unterstützung bei der Wiedereingliederung in die Gesellschaft. Das von einer Wissenschaftlerin zusammen mit dem Bürgermeister konzipierte Experiment ist auf Rheinstadt begrenzt, in der Umgebung läuft alles weiter wie bisher, auch im angrenzenden Bochum.

Ausgehend von dem fiktiven Szenario des Filmprojekts »A Better Place« soll die Leserin sich gedanklich vom Schreibtisch weg, mitten in das politische Geschehen der Gegenwart begeben. Der Film verspricht eine Alternative (zum Gefängnis), einen besseren Ort. Anhand dieser Filmidee werden im Folgenden einige Dilemmata abolitionistischer Strategie aufgeworfen, die sich beim Nachdenken über Alternativen zum Gefängnis, Strafrecht und Kriminalitätskonzept stellen, und Auswege diskutiert.

Auch wenn es zugegebenermaßen unwahrscheinlich ist, dass sich im richtigen Leben ein Bürgermeister bereitfände, ein solches Programm zu realisieren, umso mehr dass er dafür entsprechende gesellschaftliche Mehrheiten gewinnen könnte, und dies auch nur wollte: Angenommen, Sie würden als Wissenschaftlerin gefragt, ein solches Experiment zu verantworten, was wäre Ihre Antwort? Dem Stand der Forschung über die Wirkung von Einsperrung in Gefängnissen entspräche es allemal, (mindestens) *ein* solches zu schließen.[2] Aber was ist von der Idee zu halten,

1 https://www.daserste.de/unterhaltung/film/filme-im-ersten/sendung/a-better-place-folge-1-100.html; »Drehstart der achtteiligen ARD-Serie ›A Better Place‹ (AT)«, *WDR* 28.07.2023 https://presse.wdr.de/plounge/wdr/programm/2023/07/20230728_a_better_place.html (Zugriff: 30.04.2025) Regie: Anne Zohra Berrached; Writer/Showrunner: Alexander Lindh.

2 Zum früheren Stand der Forschung Christine Graebsch/Sven-U. Burkhardt, *Vergleichsweise menschlich? Ambulante Sanktionen als Alternative zur Freiheitsentziehung aus europäischer Perspektive*, Wiesbaden: VS Springer 2015, S. 35–60. An der Austauschbarkeit der Sanktionen, d.h. daran dass sich nicht freiheitsentziehende Sanktionen regelmäßig als keineswegs weniger kriminalpräventiv wirksam erweisen, hat sich aber seither nichts geändert. Es zeigen sich im Vergleich sogar eher kontraproduktive Effekte freiheitsentziehender Maßnahmen, vgl. etwa Dannon M. Petrich/Travis C. Pratt/

dies nur an einem einzigen Ort zu erproben, wobei an allen anderen Orten Strafen und Gefängnisse wie ehedem fortbestehen? Sollte man an der Implementation eines solchen Experiments als einer aufgrund ihrer Begrenztheit vorhersehbar suboptimalen Alternative mitwirken, oder sich lieber fernhalten, weil ohnehin zu erwarten wäre, dass es scheiterte, da sich das bestehende Strafrechtssystem in der einen oder anderen Weise den Platz zurückerobern würde? Wenn ein solches Experiment im realen Leben überhaupt in Erwägung gezogen würde, dürfte eine höchst kontroverse Diskussion über die zu implementierenden Alternativen bevorstehen. Sollte man sich an einer solchen beteiligen oder lieber nicht?

I. Gratwanderung 1: Die Debatte über Alternativen ist für den Abolitionismus ebenso notwendig wie ablenkend und kontraproduktiv

»*You never change things by fighting existing reality. To change something build a new model that makes the existing model obsolete.*«[3] Dieses Richard Buckminster Fuller zugeschriebene Zitat ist mit Blick auf die Architektur des karzeralen Staates allerdings besonders schwierig umsetzbar, weil von außerhalb des Systems kommende Alternativen nur eher kleine Hütten sein können. Denn es ist genau nur dieser Staat selbst, der die mächtigen Bauten der Gerichtsbarkeit und des Gefängnisses in deren Angesicht für obsolet erklären könnte.[4]

Paradoxerweise wird die Forderung, Alternativen zu benennen, in diesem Bereich dennoch sogar besonders vehement erhoben. So gelingt es der Kritikerin von Gefängnis, Strafrecht und/oder Kriminalitätskonzept in politischen Debatten, in der Lehre und im Alltag oftmals nicht einmal auszureden, bevor ihr die Frage nach »Alternativen« entgegengeschleudert wird. Kritik am Status quo soll sich dadurch legitimieren, dass ein stabiles Alternativvorgehen beschrieben wird, wobei wie selbstverständlich an funktionale Äquivalente gedacht wird. Es kommt erschwerend

Cheryl Lero Jonsen/Francis T. Cullen, »Custodial Sanctions and Reoffending: A Meta-Analytic Review«, *Crime and Justice* 2021, S. 353–424.

3 Richard Buckminster Fuller, »Sprüche, Zitate und Weisheiten«, *Goldseiten.de* https://www.goldseiten.de/zitate/de/6:Sonstiges/ (Zugriff: 30.04.2025).

4 Während vorliegend »kleine Hütten« im übertragenen Sinne gemeint sind, existiert die sog. Rescaled-Bewegung (https://www.rescaled.org), die auf sehr kleine Hafthäuser setzt. Dass man trefflich darüber streiten kann, ob es sich hier um eine Alternative zum bestehenden Gefängnissystem handeln würde, oder um dessen nur leicht veränderte Fortsetzung oder gar eine Absicherung seiner Existenz, zeigt die Probleme, die bereits bei der Definition des Begriffs »Alternativen« bestehen.

hinzu, dass ins Spiel gebrachte alternative Ansätze nicht am Status quo selbst, sondern an dessen unerfüllten Versprechungen gemessen werden. Mit Blick auf das Gefängnis wird also eine Alternative gefordert, die die expressive Funktion einer Freiheitsstrafe ebenso erfüllt wie präventive Zwecke im Sinne von Sicherheit durch Einsperrung als gefährlich klassifizierter Individuen, Resozialisierung, Abschreckung usw. Dass sich diese Zwecke bereits im Ansatz derart widersprechen, dass sie zur Legitimation des Strafrechts nur wechselweise oder im Sinne einer diffusen »Vereinigungslehre« herangezogen werden,[5] trübt die an Alternativen gestellten Anforderungen, diesen Zielen sämtlich zu entsprechen, ebenso wenig wie wissenschaftliche Erkenntnisse, die zeigen, dass diese vom gegenwärtigen System ebenfalls nicht erreicht werden.[6] Es wird ein Panacea ersehnt, das komplexe gesellschaftliche Probleme auf einfache, schnelle, kostengünstige Weise zu lösen in der Lage wäre – dabei selbstverständlich aber auch humaner erscheinen soll als das bisherige Vorgehen. Die Enttäuschung über einen diesbezüglichen Hoffnungsträger führt nicht dazu, die Suche nach einem Panacea aufzugeben, sondern zur Suche nach dem nächsten.[7]

Als internationales Sinnbild für die Art der herbeigesehnten Alternative steht die norwegische Insel Bastøy: idyllisch und human, aber strafrechtlich funktional. Der Film »Where to Invade Next« von Michael Moore zeigt die weit über die Fachwelt hinausgehende Idealisierung des »Nordic Execptionalism«.[8] Auch von Deutschland aus wird

5 Zsf. Henning Radtke, »vor § 38«, in: Volker Erb/Jürgen Schäfer (Hg.), *Münchener Kommentar zum Strafgesetzbuch: StGB*, München: C.H. Beck 2020, Rn. 51.

6 Grundlegend bereits Thomas Mathiesen, *Gefängnislogik. Über alte und neue Rechtfertigungsversuche*, Bielefeld: AJZ-Verlag 1989; exemplarisch zur Generalprävention: Karl F. Schumann, *Jugendkriminalität und die Grenzen der Generalprävention*, München: Luchterhand 1987; zur Positiven Generalprävention: Karl F. Schumann, *Positive Generalprävention: Ergebnisse und Chancen der Forschung*, Heidelberg: C.F. Müller 1989; zur Resozialisierung: Rüdiger Ortmann, *Sozialtherapie im Strafvollzug: Eine experimentelle Längsschnittstudie zu den Wirkungen von Strafvollzugsmaßnahmen auf Legal- und Sozialbewährung*, Freiburg i. Br.: Ed. Iuscrim 2002; zu selective incapacitation: Michael Alex, *Nachträgliche Sicherungsverwahrung – ein rechtsstaatliches und kriminalpolitisches Debakel*, Holzkirchen/Obb.: Felix-Verlag 2013 sowie dazu, dass es auf diese offiziellen Funktionen nicht wirklich ankommt, Sebastian Scheerer, »Kritik der strafenden Vernunft«, *Ethik und Sozialwissenschaften* 2001, S. 69–83.

7 Zum Panacea-Effekt in der Kriminalpolitik James O. Finckenauer/Patricia W. Gavin, *Scared straight: The panacea phenomenon revisited*, Prospect Heights: Waveland Press 1999.

8 In der Wissenschaft von John Pratt, »Scandinavian Exceptionalism in an Era of Penal Excess. Part I: The Nature and Roots of Scandinavian Exceptionalism«, *The British Journal of Criminology* 2008, S. 119–137 und John

sehnsuchtsvoll auf die norwegische Insel geschaut, wenngleich selbstverständlich ist, dass eine der wenigen deutschen Inseln für diesen Zweck zum Einsatz kommen zu lassen (»ich denke, wir nehmen Sylt?«), nicht in Betracht kommt. Dass man es also leider hier nicht zu realisieren vermag, dürfte die Attraktivität des Modells eher noch erhöhen. Gleiches gilt für die Tatsache, dass es sich bei Bastøy streng genommen überhaupt nicht um eine Alternative zu einem Gefängnis, sondern um eine andere Art von Gefängnis handelt. Dass dort die »pains of freedom« an die Stelle der »pains of imprisonment« treten,[9] ändert an der romantischen Verklärung der ruralen (Zwangs-)Gemeinschaft nichts. Gemeinsamkeiten mit dem Bild einer vor Alpenpanorama allein auf einer Wiese grasenden Kuh, das die Verpackung von Milchprodukten ziert, die aus industrieller Massentierhaltung stammen, und der Verbraucherin ein von dieser Realität unabhängiges, gutes Konsumgefühl vermitteln, mögen nicht ganz fern liegen.

In solch einer diskursiven Landschaft liegt es nahe, die Frage nach Alternativen abzuwehren und stattdessen auf einer eingehenden kritischen Analyse der real existierenden Praxen zu bestehen, aus der sich eine alternative Vision dann ex negativo von allein erhellen soll. Dies kann zu der Haltung führen, sich überhaupt nicht mit Reformbemühungen aufzuhalten und stattdessen lediglich eine Abschaffung des karzeralen Systems als Ziel zu verfolgen. Der norwegische Abolitionist Thomas Mathiesen nennt die letztere Position den »Krisenmaximierungsstandpunkt«.[10] Danach muss es doch rational erscheinen, auf eine so weitgehende Verschlechterung des Systems zu hoffen, dass der Bedarf, es zu überwinden, entsprechend anstiege. Es dürfte allerdings kein Zufall sein, dass Mathiesen, der nicht nur als Soziologieprofessor tätig, sondern auch sehr aktiv in der Gefangenenarbeit war, diesen Standpunkt für nicht durchzuhalten erklärte. Dafür war er zu nah an dem Leid der Gefangenen und wusste, dass für diese auch aus abolitionistischer Sicht kritikwürdige Systemverbesserungen eine große Erleichterung darstellen

Pratt, »Scandinavian Exceptionalism in an Era of Penal Excess: Part II: Does Scandinavian Exceptionalism Have a Future?«, *The British Journal of Criminology* 2008, S. 275–292. Für eine kritische Auseinandersetzung mit einer unreflektierten Idealisierung Ben Crewe/Alice Ievins/Simon Larmour/Julie Laursen/Kristian Mjåland/Anna K. Schliehe, »Nordic Penal Exceptionalism: A Comparative, Empirical Analysis«, *The British Journal of Criminology* 2023, S. 424–443.

9 Victor Lund Shammas, »The pains of freedom: Assessing the ambiguity of Scandinavian penal exceptionalism on Norway's Prison Island«, *Punishment & Society* 2014, S. 104–123.

10 Thomas Mathiesen, *Überwindet die Mauern! Die skandinavische Gefangenenbewegung als Modell politischer Randgruppenarbeit mit einer Einführung von Karl. F. Schumann*, Bielefeld: AJZ 1979.

können. Entsprechenden Ansatzpunkten für kurzfristige Verbesserung die Unterstützung zu versagen, um langfristige Ziele zu erreichen, hieße plakativ gesprochen ja auch, die heutigen Gefangenen zukünftigen zu opfern und dem Leid der heutigen tatenlos zuzusehen. Während sich eine rein theoretisch-abstrakte abolitionistische Haltung mit Diskursanalyse und grundlegender Kritik richtig positioniert sehen mag, dürfte eine solche Herangehensweise denjenigen versagt bleiben, die sich im Austausch mit real Betroffenen des Strafrechtssystems, z.B. Gefangenen, befinden. Im Ergebnis kann sich also nur ein abolitionistischer Purismus der – gleichwohl höchst problematischen – Debatte über Alternativen zum strafrechtlichen Status quo entziehen, wohingegen sich eine den Betroffenen der strafrechtlichen Eingriffe nahe Herangehensweise dieser Thematik nicht verschließen kann.[11] Auf der anderen Seite verbietet es aber auch gerade das Leid der Betroffenen, eine in sich selbst als der Menschenwürde widersprechende Institution nicht schlicht abschaffen, sondern nur humanisieren zu wollen, was wir auch bei der Todesstrafe, bei Körperstrafen, Folter oder der Sklaverei für inakzeptabel hielten.[12] Vor diesem Hintergrund stellt der vorliegende Band schon als solcher aus abolitionistischer Sicht eine Gratwanderung dar.

II. Gratwanderung 2: Real praktizierte Alternativen können dem abolitionistischen Ziel schaden, gerade wenn sie ihm auch dienen

Mathiesen empfiehlt »das Unfertige« als Alternative und damit gerade nicht die Entwicklung eines umfassenden Gegenmodells, wie in dem Buckminster Fuller-Zitat. Das Unfertige baut nicht auf den Prämissen des alten Systems auf, sondern auf eigenen, die teilweise im Widerspruch zum alten System stehen. Der Widerspruch zu diesem darf aber nicht zu groß sein, weil die Alternative andernfalls nicht als Konkurrenz zum bisherigen System wahrgenommen würde, mithin unbeachtet bliebe. Wird die Konkurrenz aber zur Übereinstimmung, so geht dadurch der Widerspruch zum Bestehenden verloren. Es muss also ein konkurrierender Widerspruch erhalten bleiben, wobei das Unfertige lediglich Wege zum Neuen andeutet, sie aber nicht vollendet, weil dies eine Rückwendung zu

11 Vgl. für eine entsprechende Debatte über die konstruktive Auseinandersetzung mit den Erkenntnissen der Desistance-Forschung als Alternative zur Risikoorientierung der Straffälligenhilfe das Themenheft des Kriminologischen Journals: »Desistance-Forschung, Kritische Kriminologie und die Praxis der Straffälligenhilfe«, *Kriminologisches Journal* 3/2022.

12 Eingehend dazu Sebastian Scheerer, »Abschaffung der Gefängnisse«, *Kriminologisches Journal* 2018, S. 167–177.

den alten Prämissen darstellen würde.[13] Die Umsetzung dieser Perspektive in kriminalpolitisches Handeln ist jedoch alles andere als einfach zu bewerkstelligen. Vielleicht auch, weil sie mit einer latenten Überschätzung dessen einhergeht, wie sich eigene Forderungen auf das System auswirken.[14]

Als eine negative Reform im Sinne Mathiesens, die einen Teil des bestehenden Systems ersatzlos abschafft, könnte die jüngst beschlossene Halbierung der als Ersatzfreiheitsstrafe zu verbüßenden Tagessätze betrachtet werden.[15] Sie halbiert die Kosten für den Staat, aber auch den Eingriff für die Betroffenen. Allerdings ändert eine solche im wahrsten Sinn des Wortes halbherzige Reform nichts an der zugrundeliegenden systematischen Bestrafung von Armut.[16] Sie könnte sogar im Ergebnis dem Systemerhalt dienen, wenn mit ihr der jüngst lauter gewordene Protest dagegen abgemildert wird und so weitere Reformen verhindert werden, insbesondere eine vollständige Abschaffung der Ersatzfreiheitsstrafe.[17] Empirisch zu überprüfen wäre, ob Gerichte nach der Halbierung zur Verhängung höherer Tagessatzzahlen bei Geldstrafen tendieren.

Radikalere Alternativen, etwa Restorative-Justice-Praxen indigener Bevölkerung oder afrikanischer Ubuntu sehen sich mit der Befürchtung mangelnder Übertragbarkeit in die hiesige industrialisierte Zivilisation konfrontiert sowie Problemen der Übertragbarkeit in das

13 Mathiesen, *Überwindet die Mauern!*, S. 168ff.

14 Dazu am Beispiel von Gefangenenarbeit in Abschiebungshaft Christine Graebsch, »Abschiebungshaft – Abolitionistische Perspektiven und Realitäten«, *Kriminologisches Journal* 2008, S. 32–41.

15 § 43 StGB in der Fassung des Gesetzes zur Überarbeitung des Sanktionenrechts - Ersatzfreiheitsstrafe, Strafzumessung, Auflagen und Weisungen sowie Unterbringung in einer Entziehungsanstalt vom 26.07.2023 (BGBl. I Nr. 203), in Kraft getreten am 01.02.2024.

16 Vgl. zur Kritik der Ersatzfreiheitsstrafe vielfältige Publikationen von Nicole Bögelein, etwa »Ersetzt Freiheit Geld? Ein empirischer Blick auf die Ersatzfreiheitsstrafe«, in: Bernd-Dieter Meier/Katharina Leimbach (Hg.), *Gefängnisse im Blickpunkt der Kriminologie*, Wiesbaden: Springer 2020, S. 127–139; grdl. Frank Wilde, *Armut und Strafe. Zur strafschärfenden Wirkung von Armut im deutschen Strafrecht*, Wiesbaden: Springer VS 2016.

17 Die stärkere Rezeption des Themas ist insbesondere verknüpft mit dem Buch von Ronen Steinke, *Vor dem Gesetz sind nicht alle gleich. Die neue Klassenjustiz*, Berlin: Berlin Verlag 2022. Obwohl die Ersatzfreiheitsstrafe in Anlehnung an das schwedische Modell voraussichtlich auch ohne funktionales Äquivalent für die Erfüllung der offiziellen Strafzwecke unschädlich sein dürfte, dazu Nicole Bögelein/Frank Wilde/Axel Holmgren, »Geldstrafe und Ersatzfreiheitsstrafe in Schweden – Ein Vergleich mit dem deutschen System«, *MSchrKrim* 2022, S. 1–11, hält sich in Politik und Justiz die Überzeugung, sie sei das unverzichtbare »Rückgrat der Geldstrafe«.

Strafverfahren.[18] Sie kommen daher aktuell lieber zusätzlich zum Strafvollzug als anstelle strafrechtlicher Reaktion zum Zug.[19]

Die Einführung humanerer Strafen geschieht oft in der Hoffnung, diese mögen dann an die Stelle des Gefängnisses treten, weshalb ambulante Sanktionen auch als »alternative Sanktionen« bezeichnet werden. Bereits der letztgenannte Begriff könnte jedoch die kontraproduktive Vorstellung fördern, unumstößlicher Standard sei der Freiheitsentzug, zu dem man nun partiell Alternativen im Sinne funktionaler Äquivalente zu finden hätte.[20] In der Anwendungspraxis nicht-freiheitsentziehender Sanktionen kann die Etablierung solcher Alternativen statt der Reduktion des Freiheitsentzugs mit kontraproduktiven Net-Widening-Effekten einhergehen. Dann kommen die als Alternative zum Gefängnis gedachten Sanktionen vor allem bei Personen zum Einsatz, die auch vor deren Existenz überhaupt nicht inhaftiert worden wären, so dass sich das Netz der Kontrolle sogar noch ausweitet.[21]

Als Alternative zum Freiheitsentzug äußerst beliebt und erfolgreich[22] ist die Strafaussetzung zur Bewährung[23] oder die Bewährungsaufsicht (probation), wobei sich letztere im nationalen Recht als Unterstellung unter die Bewährungshilfe findet.[24] Sie ist deutlich weniger eingriffsintensiv als das Gefängnis,[25] erhält sich aber dessen Drohpotential im

18 Z.B. Mechthild Nage, *Ludic Ubuntu Ethics. Decolonizing Justice*, New York: Routledge 2023; Sarah Mikva Pfander, »Evaluating New Zealand's restorative promise: the impact of legislative design on the practice of restorative justice«, *Kotuitui: New Zealand Journal of Social Sciences Online* 2020, S. 170–185.

19 Exemplarisch zur Kritik des Täter-Opfer-Ausgleichs im Strafvollzug Christine Graebsch, »Restorative Justice im Strafvollzug?«, *TOA-Magazin* 02/2023, S. 30–33.

20 Zum Ganzen bereits Graebsch/ Burkhardt, *Vergleichsweise menschlich?*, S. 1–22.

21 Grundlegend Stanley Cohen, *Visions of Social Control*, Cambridge: Polity Press 1985, S. 41–42.

22 Jörg-Martin Jehle/Hans-Jörg Albrecht/Sabine Hohmann-Fricke/Carina Tetal, *Legalbewährung nach strafrechtlichen Sanktionen. Eine bundesweite Rückfalluntersuchung 2013 bis 2016 und 2004 bis 2016*, Mönchengladbach: Forum Verlag Godesberg 2020, S. 64ff. Allerdings lässt sich von einer besseren Legalbewährung der unter Bewährung stehenden Personen im Vergleich zu Haftverbüßenden nicht direkt darauf schließen, dass ambulante Sanktionen erfolgreicher seien, weil die Gruppen aufgrund der richterlichen Selektion auf Grundlage einer Prognose nicht vergleichbar sind.

23 Unmittelbar (§§ 56 ff. StGB) oder im Sinne einer Reststrafenaussetzung (§§ 57, 57a StGB).

24 § 56d StGB.

25 Vgl. jedoch zu den *pains of probation* Ioan Durnescu, »Pains of Probation: Effective Practice and Human Rights«, *International Journal of Offender*

Hintergrund mit der Möglichkeit des Widerrufs.[26] Internationale Forschung hat allerdings ergeben, dass der enorme Ausbau ambulanter Sanktionen in den letzten Jahrzehnten keineswegs zwingend mit einem Rückbau von Freiheitsentziehung einherging. Vielmehr stieg deren Einsatz überwiegend zeitgleich an,[27] so dass durchaus von einem Net-Widening-Effekt gesprochen werden kann.[28] Bezogen auf Deutschland ist die Lage mangels bundesweiter Statistiken unübersichtlich.[29] Es kann demnach nicht leichtfertig unterstellt werden, der Einsatz ambulanter Sanktionen führe zu einem Rückgang der Gefangenenpopulation. Allerdings wäre auch der umgekehrte Schluss verfrüht, dies sei generell ausgeschlossen, da sich hinter einem europäischen Durchschnittswert auch Länder befinden könnten, in denen dies doch der Fall ist.[30] Überhaupt weiß man

Therapy and Comparative Criminology 2011, S. 530–545; Wendy Fitzgibbon/Christine Graebsch/Fergus McNeill, »Alldurchdringendes Strafkontinuum: Die Erfahrung ambulanter Sanktionen«, *Kriminologisches Journal* 2022, S. 199–218; Christine Graebsch/Martin von Borstel/Sven Burkhardt, »Annex II: Experiencing Supervision. Country Report Germany«, in: *Ambulant Sanctions as an Alternative to Imprisonment in the European Union*, Sofia: Centre for the Study of Democracy 2014, S. 95–120; David C. May/Peter B. Wood, *Ranking Correctional Punishments. View from Offenders, Practitioners and the Public*, Durham/North Carolina: Carolina Academic Press 2010.

26 § 56f StGB.

27 Für die USA Michelle Phelps, »The Paradox of Probation: Community Supervision in the Age of Mass Incarceration«, *Law & Policy* 2013, S. 51–80; für Europa: Marcelo F. Aebi/Natalia Delgrande/Yann Marguet, »Have community sanctions and measures widened the net of the European criminal justice systems?«, *Punishment & Society* 2015, S. 575–597; Fergus McNeill, »Community Sanctions and European Penology«, in: Tom Daems/Sonja Snacken/Dirk Van Zyl Smit, *European penology*, Oxford: Hart Publishing 2013 , S. 171–192.

28 Graebsch/Burkhardt, *Vergleichsweise menschlich?*, S. 61–67 mit Beispielen gemeinnütziger Arbeit aus den Niederlanden sowie *electronic monitoring* in Deutschland.

29 Daher finden sich auch entsprechende Lücken in Space II des Europarats, Marcelo F. Aebi/Lorena Molnar/Edoardo Cocco, *Probation and Prisons in Europe, 2023: Key findings of the SPACE reports*, Strasbourg/Lausanne: Council of Europe 2024, https://wp.unil.ch/space/files/2024/06/Key-Findings_Prisoners-and-Probationers-SPACE_240625.pdf (Zugriff: 02.07.2025). Vgl. für eine Auseinandersetzung mit vorhandenem Datenmaterial Wolfgang Heinz, »Bewährungshilfe im Spiegel der Statistik – 1963–2021 Stand: Berichtsjahr 2021; Version: 1/2023«, *Konstanzer Inventar Sanktionsforschung* 2023, https://www.jura.uni-konstanz.de/ki/sanktionsforschung-kis/ (Zugriff: 02.07.2025).

30 Aebi/Delgrande/Marguet, »Have community sanctions and measures widened the net of the European criminal justice systems?«, *Punishment & Society* 2015, S. 575–597 (590).

über die Gründe für sinkende Gefangenenzahlen, die sich mittlerweile auch in den USA beobachten lassen, vergleichsweise wenig und nur,[31] dass ein schlichter Zusammenhang mit den Kriminalitätsraten nicht besteht.[32] Es bedarf also weiterer Forschung, nicht nur retrospektiv zu der Frage, ob ein Net-Widening stattgefunden hat, sondern auch dazu, wie ein solcher Effekt vermieden werden kann – und als Grundlage dafür auch praktischer Erprobung ambulanter Sanktionen.

In »A Better Place« sollen die Entlassenen Zugang zu Wohnraum, Arbeit und sozialarbeiterischer Unterstützung für je individuelle Bedürfnisse, Therapieangebote und Restorative Justice-Verfahren erhalten. Es handelt sich dabei tatsächlich um eine insofern unfertige Alternative, als im Einzelfall auf Bedürfnisse reagiert wird, und dies mit Angeboten, nicht mit Eingriffen.

Eine punitive Komponente im Sinne intentionaler Übelszufügung ist der ursprünglichen Konzeption dieses Experiments nach nicht enthalten, es findet sogar ein Ausgleich für das durch vorherigen Strafvollzug zugefügte Leid und dessen exkludierende Folgen statt. Es sind keine punitiven Ersatzsanktionen wie Geldstrafen oder Zwangsarbeit vorgesehen, auch keine schuldverdeutlichenden öffentlichen Beschämungen oder sonstige expressiven Veranstaltungen. Auch werden keine eingriffsintensiven präventiven Alternativen ergriffen, keine elektronische Aufenthaltsüberwachung, keine polizeilichen Rückfallpräventionsprogramme, nicht einmal der Verbleib einer Minderheit als besonders gefährlich eingestufter Gefangener in einer Haftanstalt. Manch eine:r wird einwenden, daher könne es auch nicht erfolgreich sein, nicht auf nachhaltige Akzeptanz in der Bevölkerung stoßen.

Wenn aber die Hauptfunktion des Strafrechts die Individualisierung sozialer Probleme ist,[33] dann sind auch Alternativen, die am Individuum ansetzen, etwa mittels Sozialer Arbeit, insofern funktionale Äquivalente. Allerdings sind alternative staatliche Interventionen in ihrer Zwecksetzung auch nicht eindeutig, sie können durchaus mehreren Zielen gleichzeitig dienen oder diesen zu dienen vorgeben, wie aus der strafrechtswissenschaftlichen Debatte zum Status quo sattsam bekannt ist. Wiedereingliederungsbemühungen wie in der Serie können da in Bezug

31 Auch mit Bezug auf Deutschland näher Frieder Dünkel, »European penology: The rise and fall of prison population rates in Europe in times of migrant crises and terrorism«, *European Journal of Criminology* 2017, S. 629–653.

32 Marc Mauer/Nazgol Ghandnossh, *Fewer Prisoners, Less Crime: A Tale of Three States*, Washington: The Sentencing Project 2014; Miranda Boone/Francis Pakes/Sigrid van Wingerden, »Explaining the collapse of the prison population in the Netherlands: Testing the theories«, *European Journal of Criminology* 2022, S. 488–505.

33 Grdl. dazu Geoffroy de Lagasnerie, *Verurteilen. Der strafende Staat und die Soziologie*, Frankfurt am Main: Suhrkamp 2017.

auf die Haftentlassenen einen Beitrag leisten, schädlichen Folgen der vorherigen Inhaftierung entgegenzuwirken. Aber auch im besten Fall des Einsatzes nicht-sanktionierender, wohlfahrtsstaatlicher Ansätze für die Haftentlassenen wären diese auf die (entlassenen) Individuen gerichtet, wobei kaum unterbleiben könnte, diese Individuen weiterhin zu fokussieren und auf potentielle Rückfälligkeit hin zu beobachten – und sei es nur in dem besten Interesse zu zeigen, dass der neue Ansatz Straftaten effektiver verhindere als die Einsperrung, um mit diesem Argument eine Ausweitung des Experiments zu erreichen.

Die Alternative in »A Better Place« dürfte insofern eine unfertige sein, als sie nicht mehr auf Einsperrung und Prävention durch andere eingriffsintensive Maßnahmen sowie Schuldausgleich setzt, sondern auf soziale Unterstützung, therapeutische Angebote und die Möglichkeit von Restorative Justice im Einzelfall. Indem dieser alternative Umgang mit den Entlassenen weiterhin am Individuum ansetzt, kann er mit der Einsperrung konkurrieren, was bei ausschließlich allgemein angelegten wohlfahrtsstaatlichen Alternativen nicht der Fall sein dürfte. Im Verlauf der Serie erobert sich dann allerdings gewissermaßen das Strafrechtssystem den vom Unfertigen gelassenen Raum eben doch zurück.

III. Gratwanderung 3: Den Schuldausgleichsgedanken abzuschaffen, steht im Zentrum des Strafabolitionismus, zugleich könnte er die überbordende Prävention eindämmen

Schon um eine Antwort auf die Frage geben zu können, ob eine Alternative einen nennenswerten Teil des Gesamtsystems abzuschaffen in der Lage wäre, bedarf es einer Selbstvergewisserung in der abolitionistischen Bewegung, was eigentlich genau der Abschaffung bedürfen soll – und was nicht, immerhin im Sinne einer groben Linie. Andernfalls nämlich kann eine abolitionistische Strategie in Bezug auf einen Teil des Systems dazu führen, dass im Ergebnis ein anderer Teil des Systems gestärkt wird. Zwar lässt sich dergleichen natürlich nicht generell verhindern, zumindest aber sollte eine Sensibilität dafür vorhanden sein, an der es derzeit jedenfalls im bundesrepublikanischen Diskurs noch öfter fehlt.

Beispielsweise bestehen derzeit Initiativen, den Maßregelvollzug in der forensischen Psychiatrie abzuschaffen.[34] Dies ist aus abolitionistischer Sicht elementar, zumal diese Form der Einsperrung einen stets

34 Heinz Kammeier, »›Die Vorschläge der Deutschen Gesellschaft für Soziale Psychiatrie zur Abschaffung des psychiatrischen Maßregelvollzugs‹ – ... mit meinen persönlichen Ergänzungen zur Notwendigkeit der Überarbeitung

zunehmenden Anteil der strafrechtlich veranlassten Einsperrung ausmacht,[35] die zeitlich unbefristet, mithin besonders leidvoll ist, und die de facto oftmals länger andauert, als es bei Verhängung einer Freiheitsstrafe der Fall gewesen wäre. Allerdings wird dieses Ziel über die Forderung, § 20 StGB und damit das Konzept der Schuld(un)-fähigkeit abzuschaffen, verfolgt. Dies erscheint vor dem Hintergrund von Art. 14 Abs. 1b) UN-BRK als berechtigte Forderung, würde jedoch dazu führen, dass die Zielgruppe fortan eine Freiheitsstrafe erhalten könnte, was den schuldausgleichenden Aspekt des Strafrechtssystems stärken und den Betroffenen ebenfalls erhebliches Leid zufügen würde.

Wahrscheinlich häufiger noch lässt sich die umgekehrte politische Strategie beobachten. Danach wird das abzuschaffende bestehende System als ein auf dem vergeltenden Strafgedanken aufbauendes in den abolitionistischen Blick genommen. Die Abschaffung dieses expressiven Aspekts von Strafen wird angestrebt, was sich auch auf außerstrafrechtliche Bereiche erstrecken kann, wie etwa den der Erziehung von Kindern. So grundlegend richtig dieser Ansatz ist, so sehr liegt es in ihm jedoch nahe, Prävention als Alternative zu betrachten. Gerade wenn damit Erfolg in breiteren Bevölkerungsteilen zu haben angestrebt wird, tritt dieser Begriff nicht selten ohne eine Konkretisierung in den Raum (»bevor das Kind in den Brunnen gefallen ist«).

In der nordeuropäischen abolitionistischen Debatte öfter angesprochen wird schon die Frage, ob sich das Abschaffungsinteresse auf Gefängnisse und/oder das Strafrecht und/oder das Kriminalitätskonzept bezieht. Die Frage, ob es noch präventiv veranlasste Einsperrung oder andere eingriffsintensive Maßnahmen gegen Individuen geben können soll, ist damit jedoch in keiner Hinsicht beantwortet, da eine solche – auch mit anderer Bezeichnung – jenseits von Gefängnissen, formellem Strafrecht und Kriminalitätskonzept nicht nur existieren kann, sondern dies auch real der Fall ist.

Es hat sich im nordeuropäischen (Gefängnis-)Abolitionismus ein weitgehender Konsens dahingehend herausgebildet, dass ihr Abolitionismus in Wahrheit ein strenger Minimalismus sei, bei dem auf die präventiv veranlasste Einsperrung einer Minderheit zumindest zunächst nicht verzichtet werden könne.[36] Es ist auch richtig, die Diskussion nicht auf eine sehr kleine Minderheit der »dangerous few« fokussieren zu lassen, wenn

des Sanktionenrechts«, *Forensische Psychiatrie Psychologie Kriminologie* 2024, S. 4–15.

35 Deutscher Bundestag 19. Wahlperiode, »Auslastung der Kliniken beim Maßregelvollzug«, in: *Antwort der Bundesregierung Drucksache 19/25692*, Köln: Bundesanzeiger 2021 https://dserver.bundestag.de/btd/19/256/1925692.pdf (Zugriff: 28.04.2025).

36 Johannes Feest/Bettina Paul, »Abolitionismus: einige Antworten auf oft gestellte Fragen«, *Kriminologisches Journal* 2008, S. 6–21.

dabei aus dem Blick gerät, dass es für die ganz große Mehrheit der Gefangenen die Freiheitsentziehung nicht braucht. Allerdings ist die Beschränkung auf »wenige Gefährliche« der real existierenden Sicherungsverwahrung sehr ähnlich. Diese wirft jedoch das grundlegende Problem auf, dass diese Gefährlichkeit im Vorhinein prognostiziert werden muss, wofür es bis heute keine zuverlässigen Methoden gibt, weshalb Studien zu dem Ergebnis kommen, dass wenigstens 80–85% der dort Eingesperrten dies zu Unrecht sind.[37] Auch wenn an eine vollkommen andere Form der Einschließung gedacht ist, die dem Leben außerhalb sehr viel mehr ähnelt als die heutige Sicherungsverwahrung, ändert dies an deren strukturellem Grundproblem nichts. Dieses findet sich auch in der Geschichte ›Minority Report‹, wo ebenfalls das rückwärtsgewandte Strafen zugunsten einer Pre-Crime-Einsperrung abgeschafft worden war.[38] Dieses Grundproblem präventiv veranlasster Einsperrung besteht zunächst in der bereits erwähnten Prognoseproblematik mit Blick auf die Frage, wer als gefährlich gelten soll. Es ist mit einer abolitionistischen Ethik nicht vereinbar, den Betroffenen ein ›Sonderopfer‹ aufzuerlegen, das in der ganz überwiegenden Mehrheit der Einzelfälle keine Legitimation hat – auch wenn man nicht genau weiß, in welchen (vielen) Fällen dem so ist.

Nebenbei bemerkt ruht auch die gefährlichkeitsbezogene Einsperrung in der strafrechtlichen Logik, indem der Prognostik ja lediglich solche Personen unterzogen werden, die zuvor strafrechtlich mit bestimmten Taten in Erscheinung getreten sind. Damit wird schlicht gesetzt, dass die Wiederholung einer entsprechenden Tat wahrscheinlicher sei als die erstmalige Begehung einer Tat. Es erscheint wie eine Strafe, dass man aufgrund bestimmter abgeurteilter Taten das Recht einbüßt, nicht als gefährlich prognostiziert zu werden. Demgegenüber wäre es unter dem Gesichtspunkt der – ohnehin in sich unbegrenzten Prävention – rationaler, die gesamte Bevölkerung einem Gefährlichkeits-Screening zu unterziehen, wie es auch in Minority Report der Fall ist. Minority Report zeigt die Problematik einer solchen – jedoch bei vollständiger Abschaffung des rückwärtsgewandten Strafens durchaus negativen – Reform im Sinne Mathiesens. Und möglicherweise ist eine solche gemessen an den insgesamt recht geringen Chancen des Abolitionismus auf politische Realisierung nicht einmal so unwahrscheinlich. Denn schließlich wird insgesamt ein Wandel zu Pre-Crime und Sicherheitsgesellschaft diagnostiziert,[39] wobei nicht nur der Anteil präventiv begründeter Einsperrung

37 Vgl. etwa Alex, »Nachträgliche Sicherungsverwahrung – ein rechtsstaatliches und kriminalpolitisches Debakel«.

38 Philip K. Dick, »The Minority Report«, in: *Minority Report. The Collected Short Stories of Philip K. Dick*, London: Citadel Pr. 1987, S. 71ff.

39 Tobias Singelnstein/Peer Stolle, *Die Sicherheitsgesellschaft: Soziale Kontrolle im 21. Jahrhundert*, Wiesbaden: Springer VS 2012.

beständig ansteigt, sondern eben auch die schuldbasierte Einsperrung in absoluten Zahlen immerhin gleichzeitig ein wenig im Abnehmen begriffen ist,[40] in Bezug auf die Anordnung von Jugendstrafe und die Gefangenenrate im Jugendstrafvollzug sogar sehr deutlich.[41]

Höchst problematisch ist die präventiv begründete Einsperrung im Übrigen auch deswegen, weil sich die Prognosefrage nicht lediglich mit Blick auf die Frage stellt, wer eingesperrt werden soll, sondern noch einmal mit Blick auf die Frage, wer wieder entlassen werden soll. Wie auch immer freundlich und zugewandt das Setting ausgestaltet sein mag, die eingesperrten Individuen dürften weiterhin versuchen, diesem wieder zu entkommen. Überhaupt keine Entlassungsmöglichkeit vorzusehen, wäre bereits in der nicht-abolitionistischen Gegenwartsgesellschaft grund- und menschenrechtswidrig. Es dürfte also kein Weg daran vorbeiführen, das Ende der Einsperrung von einer wie auch immer feststellbaren erfolgreichen Gefährlichkeitsreduktion im Einzelfall abhängig zu machen, also weiterhin von einer Reformation des Individuums. Dieses Szenario ist kaum anders vorstellbar, als dass – wie bei der heutigen Sicherungsverwahrung und sei es in deutlich abgeschwächter Form – der Alltag davon geprägt sein wird, eine solche erfolgte Änderung unter Beweis zu stellen. Dann aber dürfte gleichzeitig die Skepsis der Einsperrenden fortbestehen, dass hier nur ein Penal Avatar präsentiert werde, den auszubilden für die Eingesperrten jedoch weiterhin ebenfalls naheliegen dürfte – auch wenn er dann vielleicht Inclusion Avatar hieße.[42]

An der dargestellten Problematik kann sich voraussichtlich nichts ändern, solange die gesellschaftliche Wahrnehmung (Zuschreibung) von Gefährlichkeit an das Individuum anknüpft statt an Situationen, in die Individuen geraten können, und an soziale sowie ökonomische Rahmenbedingungen.

Im gegenwärtigen System ist es aber noch am ehesten der Schuldausgleichsgedanke, der die Verfolgung der präventiven Zwecke zumindest

40 Statistisches Bundesamt, »Anzahl der Strafgefangenen in den Justizvollzugsanstalten in Deutschland von 2014 bis 2024«, *statista.com* 11.12.2024, https://de.statista.com/statistik/daten/studie/225/umfrage/gefangene-und-verwahrte-seit-dem-jahr-2000/ (Zugriff: 28.04.2025).

41 Statistisches Bundesamt, »Anzahl der Strafgefangenen in den Justizvollzugsanstalten in Deutschland von 2014 bis 2024«, *statista.com* 11.12.2024, https://de.statista.com/statistik/daten/studie/1243631/umfrage/gefangene-und-verwahrte-im-jugendstrafvollzug/ (Zugriff: 28.04.2025).

42 Näher dazu Christine Graebsch, »Behandlung von Gefangenen im Strafvollzug«, in: Arbeitskreises HochschullehrerInnen Kriminologie/Straffälligenhilfe in der Sozialen Arbeit (Hg.), *Kriminologie und Soziale Arbeit*, Weinheim: Beltz Juventa 2022, S. 227–238 auf Grundlage von Ben Crewe, »Depth, weight, tightness: Revisiting the pains of imprisonment«, *Punishment & Society* 2011, S. 509–529.

rudimentär eingrenzt. Dies zeigt ein vergleichender Blick auf das Migrationsrecht, in dem Gefahrenabwehr ohne limitierendes Schuldprinzip verfolgt wird und dem es insbesondere in verfahrensrechtlicher Hinsicht weitgehend an rechtsstaatlichen Eingrenzungen der Pre-Crime-Logik fehlt.[43]

IV. Gratwanderung 4: Die Realisierung von Abolitionismus erfordert einen ganzheitlichen Ansatz, der zugleich die Realisierung in weitere Ferne rückt

Vor diesem Hintergrund dürfte es allzu naiv sein anzunehmen, dass die Schließung eines einzelnen Gefängnisses – wie in »A Better Place« – aus abolitionistischer Perspektive einen Schritt in die richtige Richtung darstellen könnte. Unter ansonsten gleichbleibenden Bedingungen könnte dies nichts weiter als einen Beweis dafür produzieren, dass Gefängnisse eben doch gebraucht werden. Unter ansonsten gleichbleibenden Bedingungen wird die Bevölkerung der Stadt auf Dauer wahrscheinlich nicht auf die symbolisch-kommunikative Funktion des Gefängnisses verzichten wollen, schon gar nicht ohne funktionale Äquivalente. Dies bezieht sich mindestens ebenso wie auf die expressiv-strafende Komponente auch auf die gegenwärtig so dominante der selective incapacitation. Die Existenz des Gefängnisses kommuniziert individuelle Verantwortlichkeit für Leid und Elend in der Welt, aber auch, dass auf als gefährlich identifizierbare Individuen mit dem Ziel der Verhaltensmodifikation eingewirkt werden kann und diese auch erreichbar ist, sofern diese Individuen es nur wollen.[44]

43 Näher dazu Christine Graebsch, »Crimmigration and pre-crime in German law. Connecting the international debate to the German national (legal) context«, *Kriminologisches Journal* 2022, S. 16–35; Christine Graebsch, »Krimmigration in der Verflechtung von Polizei- und Migrationsrecht. Pre-crime, ban-opticon und Präventivgewahrsam«, *Kriminologisches Journal* 2020, S. 176–187; Christine Graebsch, »Krimmigration: Die Verwobenheit strafrechtlicher mit migrationsrechtlicher Kontrolle unter besonderer Berücksichtigung des Pre-Crime-Rechts für ›Gefährder‹«, *Kriminologie – Das Online-Journal* 2019, S. 75–102.

44 Näher dazu Christine Graebsch »Responsibilisierung und ›Behandlungsavatare‹ in der Sicherungsverwahrung. Zur gerichtlichen Überprüfung des adäquaten Betreuungsangebots der Anstalt«, *Kriminologisches Journal* 2024, S. 305–324; Christine Graebsch, »Strafvollzug und Sicherungsverwahrung. Von der Individualisierung zur Resozialisierung – und wieder zurück«, *INDES. Zeitschrift für Politik und Gesellschaft* 4/2023, S. 7–16, https://www.vandenhoeck-ruprecht-verlage.com/media/pdf/2a/ce/db/9783647800400_sample.pdf (Zugriff: 02.07.2025).

Entfällt diese das Gewissen entlastende Funktion des Gefängnisses ohne gleichzeitige Veränderung der es erfordernden gesellschaftlichen und wirtschaftlichen Verhältnisse, insbesondere von ungleichen Zugängen und Ressourcenverteilungen, so könnte dies für das Ziel der Abschaffung von Gefängnissen auch dann kontraproduktiv sein, wenn sich das Experiment mit Blick auf die expliziten Zwecke der Freiheitsstrafe, insbesondere die Vermeidung von (registrierten) Rückfällen, (empirisch) als verzichtbar erwiese.

Deshalb kann man mit Ruth Wilson Gilmoore zu dem Ergebnis kommen: »Abolition requires that we change one thing: everything«.[45] Davon, dass sich mit dem fiktiven Experiment »A Better Place« alles ändern würde, ist dieses denkbar weit entfernt, denn jenseits eines alternativen Umgangs mit den Entlassenen änderte sich in der entsprechenden Stadt nur wenig, es gab keine strukturellen Umwälzungen und in der Umgebung der Stadt änderte sich überhaupt nichts.

Dort wie in der realen Kriminalpolitik lässt sich befürchten, dass in einer solchen Situation reale Alternativen Platz greifen, die keineswegs unbedingt dem abolitionistischen Ideal folgen. Solchen Problemen lässt sich konzeptionell aus abolitionistischer Perspektive begegnen, indem man die Abschaffung auch der zugrundeliegenden strafrechtlichen Logik fordert sowie des Kriminalitätskonzepts.[46] Weil es jedoch auch in anderen Rechtsgebieten Alternativen zur Strafe geben kann, die aus abolitionistischer Sicht untragbar sind – man denke nur an das Migrations-, das Polizei- oder das Kinder- und Jugendhilferecht sowie an Sanktionen im Sozialrecht –, weil es auch jenseits des Kriminalitätskonzepts Mechanismen der Individualisierung sozialer Probleme und Responsibilisierung gibt, muss sich die Abschaffungsperspektive auch darauf beziehen. Mit Selbstverständlichkeit kommt man im Weiteren dann zu dem Ergebnis, dass sich die gesellschaftlichen und ökonomischen Verhältnisse ändern müssen, die einen solchen Individualisierungsmechanismus überhaupt notwendig machen.

Die Argumentation folgt hier einer Art Zentrifugalkraft: Bei jeder vorgeschlagenen Alternative zu einem Teil des Systems wird deutlich, wie sich das System den in ihm freigewordenen Platz wiederum durch eine systemstabilisierende Alternative zurückerobern könnte. Dies mündet in sich stetig ausweitende Veränderungsforderungen, bis man eben bei »allem« als deren Gegenstand landet. Das offensichtliche Problem dieser zentrifugalen Logik besteht darin, dass die Veränderung von »allem«

45 Entsprechend der Titel ihres Buchs Ruth Wilson Gilmore, »Change Everything. Racial Capitalism and the Case for Abolition«, Chicago: Haymarket Books 2024; dieser Perspektive folgen auch etwa die Beiträge in Daniel Loick/Vanessa Thompson (Hg.), *Abolitionismus. Ein Reader*, Berlin: Suhrkamp 2022.

46 Grundlegend Louk H.C. Hulsman, »Critical Criminology and the Concept of Crime«, *Contemporary Crises* 1986, S. 63–80.

irgendwo ihren Anfang nehmen muss. Wenn aber kein Ansatzpunkt, keine Alternative, radikal genug ist und also wegen des Risikos abgelehnt werden muss, sie werde letztlich dem System zu seinem womöglich noch stabileren Erhalt verhelfen, führt dies zu einer Lähmung des kritischen Potentials. Denn ein Ansatzpunkt für Veränderung lässt sich so kaum finden, eher muss man auf ein umwälzendes Großereignis warten.

Dieses Problem wird auch in der ganzheitlich-abolitionistischen Bewegung gesehen. Für Lösungsansätze besteht weitgehend Einigkeit darüber, dass nicht auf den Staat gewartet werden sollte, von dem ohnehin nur reformistische Veränderungen zu erwarten sind. Vielmehr liegt die Hoffnung auf Veränderung von unten. Allerdings verspricht auch dieser Ansatz eine langwierige Wartezeit. Denn, um es vielleicht etwas zugespitzt auszudrücken, ein vereinzeltes Transformative Justice Projekt in Neukölln vermag vielleicht im Einzelfall die Inanspruchnahme des Strafrechts und der Polizei zu ersetzen, wobei aber Ärgernisse und Lebenskatastrophen bekanntlich ohnehin nur selektiv als Kriminalität gerahmt und unter Hinzuziehung des Strafverfolgungsapparats verarbeitet werden,[47] so dass nicht einmal sicher ist, ob hier viel wegfällt. Die Polizei mit ihrer gesammelten Definitionsmacht und die Strafgewalt des Staates inklusive Einkerkerung werden sich davon nicht beeindrucken lassen.

Solche alternativen Praxen können bestenfalls vereinzelt das bestehende System ein wenig irritieren und/oder partiell gesellschaftliche Aufmerksamkeit verschieben, indem sie es gewissermaßen alt aussehen lassen. Es besteht die Hoffnung, dass sich dies durch eine Vielzahl, sei es auch jeweils kleiner, weltweiter Aktivitäten ändert. Offen bleibt aber die Frage, wie sich eine flächendeckende Veränderung von »allem« mit einer Mehrheit im Sinne parlamentarischer Demokratie durchsetzen lassen soll oder, da letztere jedenfalls in vielerlei Hinsicht auch vom Veränderungswillen umfasst sein dürfte, wie ein Umschlagen in ein (neuerliches) Unterdrückungssystem verhindert werden kann.

Jedenfalls aber können sich Strafrechtskritiker:innen, die in irgendeiner Weise innerhalb des Systems tätig sind, nicht auf eine Position zurückziehen, die letztlich darauf hinausliefe, Veränderungen (nur) von außen zu erwarten. Auch Wissenschaftler:innen stehen im Übrigen insofern nicht außerhalb des Systems, sondern sind durch Lehre und Forschung Teil desselben. Es ist nicht möglich, vom universitären Schreibtisch aus, das Strafrecht von außen zu betrachten, ohne sich an seiner Existenz und seiner Weiterentwicklung zu beteiligen. Das gilt nicht nur für die Strafrechtswissenschaft, sondern auch beispielsweise für die soziologische Analyse von Gefängnis, Strafrecht und Kriminalitätskonzept,

47 Gerhard Hanak/Johannes Stehr/Heinz Steinert, *Ärgernisse und Lebenskatastrophen. Über den alltäglichen Umgang mit ›Kriminalität‹*. Bielefeld: AJZ-Verlag.

die ebenfalls zu Erkenntnissen über dieses und damit zu seinem Fortbestand auf die eine oder andere Weise beitragen, auch wenn keine konstruktiven Verbesserungsvorschläge gemacht werden, sondern nur Kritik geübt und der Diskurs analysiert wird.

Die Frage, welche Strategien und Alternativen auch innerhalb des Systems zu einer Verbesserung der Situation von Gefangenen und anderen Betroffenen führen können, auszusparen, während man (nur) für weitreichendere gesellschaftliche Veränderungen eintritt, hieße, diese Betroffenen auf absehbare Zeit ihrem Schicksal zu überlassen. Diese Problematik wurde von Mathiesen bereits erkannt.

Jenseits der Frage, welche Alternativen/Reformen dabei akzeptabel erscheinen, bedarf es jedoch auch einer Auseinandersetzung mit der Frage, welche Ansätze für einen systematischen Weg in Richtung abolitionistischer Ziele es geben kann.

V. Gratwanderung 5: Der wissenschaftliche Vergleich von Alternativen systematisiert die Alternativensuche, verfestigt aber die herrschenden Grundannahmen

Geht man davon aus, dass Gefängnisse hauptsächlich kommunikative Funktionen bedienen, so wäre es naheliegend, im Falle eines Experiments wie in »A Better Place« überhaupt nicht die Öffentlichkeit zu suchen, sondern das Gefängnis möglichst geräuschlos zu schließen oder eher sukzessive und damit weniger bemerkbar, von diversen Möglichkeiten Gebrauch zu machen, Gefangene zu entlassen, Strafen zu reduzieren, den Strafantritt zu vermeiden und dann wissenschaftlich zu untersuchen, wie sich dies auswirkt, um anschließend eine Ausweitung anhand der gewonnenen Erkenntnisse zu fordern. Ein heimliches Vorgehen kann in einer demokratischen Gesellschaft nicht angestrebt werden. Auf die Idee kann man aber deswegen kommen, weil die Notwendigkeit von Gefängnissen stets damit begründet wird, dass im Falle ihrer Nichtexistenz noch weitaus mehr Straftaten zu erwarten wären, als sie etwa nach Entlassungen im Sinne registrierter Rückfälligkeit heute zu beobachten seien, wohingegen aus wissenschaftlicher Sicht allenfalls geringfügige Unterschiede zu erwarten sind, die womöglich gar nicht bemerkt würden.

Denn seit langem ist die Austauschbarkeit von Sanktionen als Ergebnis kriminologischer Studien bekannt, in denen es ausnahmsweise gelang, beispielsweise von Gefängnis zugunsten ambulanter Alternativen abzusehen. Vergleicht man die Effektivität kriminalpräventiver Sanktionen miteinander, so zeigt sich mit Regelmäßigkeit, dass die Ergebnisse unabhängig von der Art der gewählten Sanktionen sind. Auch ambulante Sanktionen führen keineswegs zu schlechteren Ergebnissen, was einen Rückfall betrifft, als stationäre Sanktionen. Das gilt sogar gerade dann in besonderem Maße, wenn Evaluationen mit Methoden durchgeführt werden, die in der (quantitativen) empirischen Sozialforschung als besonders zuverlässig gelten, also insbesondere experimentelle Kontrollgruppenstudien.[48]

Allerdings sind gerade solche Vergleiche extrem schwierig durchzuführen, die im realen Leben angelegt werden, d.h. als Feldexperimente. Es gibt dafür aus methodologischer Sicht vor allem zwei Herangehensweisen. Man kann beispielsweise gezielt Personen auf Experimentalgruppen einerseits und Kontrollgruppen andererseits verteilen. Geschieht dies intendiert nach dem Zufallsprinzip (Randomisierung), so ergibt sich aus statistischer Sicht eine Vergleichbarkeit der Gruppen, wenn diese nur hinreichend groß sind, in denen annähernd alle Eigenschaften der Versuchspersonen gleichverteilt sind. Gerade diese in der quantitativen Methodologie empirischer Sozialforschung als ›Goldstandard‹ gepriesene Herangehensweise ist aber aus rechtlicher und ethischer Sicht bedenklich, weil sie dem Gleichheitsgrundsatz diametral zuwiderläuft, indem gezielt möglichst gleichartige Fälle auf möglichst unterschiedliche Rechtfolgen verteilt werden.[49] Diese Probleme ließen sich durch quasi-experimentelle Forschungsdesigns, eventuell noch die subsidiäre Anwendung von randomisierten, lösen. Bei allen Nachteilen und offenen Fragen, die eine experimentelle Forschungsstrategie mit sich bringt, und die hier nicht weiter vertieft werden können, handelt es sich immerhin um einen Ansatz, wie der mit den expliziten Zwecken des Strafrechts und Gefängnisses gesetzte Anspruch ernst genommen und einer Überprüfung unterzogen werden kann, vor allem indem vergleichend untersucht wird, ob Alternativen zum Gefängnis das Ziel der Rückfallvermeidung zumindest gleich effektiv erreichen können, so dass dann zukünftig die weniger eingriffsintensive aber wenigstens gleich wirksame Intervention zum Einsatz kommen müsste.[50]

48 Zsf. etwa Graebsch/Burkhardt, *Vergleichsweise menschlich?*, S. 35–60; Carina Tetal, »Die Wirkung strafrechtlicher Sanktionen auf die Legalbewährung«, in: Maria Walsh/Benjamin Pniewski/Marcus Kober/Andreas Armborst (Hg.), *Evidenzorientierte Kriminalprävention in Deutschland. Ein Leitfaden für Politik und Praxis*, Wiesbaden: Springer VS 2018, S. 533–556; Dannon M. Petrich/Travis C. Pratt/Cheryl Lero Jonsen/Francis T. Cullen, »Custodial Sanctions and Reoffending: A Meta-Analytic Review«, *Crime and Justice* 2021, S. 353–424.

49 Näher Christine Graebsch, »Kompatibilitätsprobleme zwischen experimenteller Erkenntnisgewinnung und rechtlichem Entscheidungsprogramm«, in: Friedrich Lösel/Doris Bender/Jörg-Martin Jehle (Hg.), *Kriminologie und wissensbasierte Kriminalpolitik: Entwicklungs- und Evaluationsforschung*, Mönchengladbach: Forum Verlag Godesberg 2007, S. 193–204.

50 Näher Christine Graebsch, »Evidenzorientierung strafrechtlicher Sanktionen – Chancen, Risiken und Nebenwirkungen«, in: Maria Walsh/Benjamin

Solche Forderungen wurden in der deutschen Strafrechtswissenschaft unter dem Gesichtspunkt rationaler Kriminalpolitik im Sinne eines »Experimentierens nach unten« schon lange erhoben.[51] Sie lassen sich mit Konzeptionen von experimenteller Politik und evidence-based crime prevention zu einer die Eingriffsintensität von Sanktionen systematisch reduzierenden Strategie der Implementation von Alternativen verbinden, die dann auch durch qualitative Forschung zu begleiten wäre.

Es zeigt sich allerdings, dass auch dort, wo solche experimentelle Forschung in größerem Umfang realisierbar ist als in Deutschland, letztlich eine entsprechende politische Umsetzung nicht erfolgt. Dafür lassen sich eine Vielzahl an Gründen benennen, die vom Panacea-Phänomen[52] über den Woozle-Effekt[53] bis hin zu der Tatsache reichen, dass es keine gesetzlichen Vorgaben gibt, die eine Umsetzung der Erkenntnisse geböten, und insgesamt Strafgesetzgebung und auch Strafrechtswissenschaft nicht auf empirischer Erkenntnis gründen. Zudem setzen solche Experimente regelmäßig an den expliziten Zwecken des Strafrechts an und nicht an seinen kommunikativ-symbolischen. Es geht in solchen Kontrollgruppenstudien sogar ganz ausdrücklich um funktionale Äquivalente. Selbst wo diese dann später realisiert würden, müsste aber gewährleistet sein, dass sie tatsächlich nur als Ersatz für eingriffsintensivere Maßnahmen zum Einsatz kämen. Dies kann versucht werden rechtlich zu steuern, wobei sich aber punitive Beharrungskräfte dennoch Ventile zu verschaffen wüssten.

Das System kann allenfalls einen kleinen Anstoß aus solchen experimentellen Studien erhalten, die dann bewirkten Veränderungen müssen jedoch keineswegs in Übereinstimmung mit der empirisch gewonnenen Erkenntnis stehen. Zudem bietet sich aus Sicht der meisten empirisch Forschenden eher an, bei Nachweis fehlender Wirksamkeit zu erforschen, wie sich eine Maßnahme verändern lässt, als zu empfehlen, auf ihren Einsatz zu verzichten. Nicht zuletzt erweist sich die Umsetzung experimentell gewonnener Erkenntnis nicht nur als politisch schwer durchsetzbar, sondern auch als im Fall des Gelingens höchst problematisch, wenn eben nicht lediglich ein (aber eben unrealistisches) Absenken des Eingriffsniveaus darauf gestützt wird.

Pniewski/Marcus Kober/Andreas Armborst (Hg.), *Evidenzorientierte Kriminalprävention in Deutschland. Ein Leitfaden für Politik und Praxis*, Wiesbaden: Springer VS 2018, S. 205–235.

51 Z.B. Winfried Hassemer, *Einführung in die Grundlagen des Strafrechts*, München: C.H. Beck 1990, S. 294.

52 Finckenauer/Gavin, *Scared straight: The panacea phenomenon revisited.*

53 Patrick R. Gartin, *The individual effects of arrest in domestic violence cases. A reanalysis of the Minneapolis Domestic Violence Experiment*, College Park: University of Maryland 1992; zsf. Graebsch »Evidenzorientierung strafrechtlicher Sanktionen – Chancen, Risiken und Nebenwirkungen«, S. 220.

Wahrscheinlich sind die in einem Kontrollgruppen-Experiment miteinander verglichenen Alternativen ohnehin zu »fertig« im Sinne Mathiesens, obwohl in Anlehnung an die Placebo-Forschung, die in der Sanktionsforschung nicht möglich ist, auch Vergleiche mit Non-Intervention sinnvoll sind. Allerdings ist diese Non-Intervention bei gleichzeitig bestehenden anderen Experimentalgruppen nur so punktuell, dass kaum ein Möglichkeitsraum für ein echt alternatives Szenario entstehen können dürfte.

Man mag daher eher auf regionale und temporäre Modellversuche setzen, die schlicht zeigen, dass es auch anders geht, ohne dass damit eine systematische Strategie der Veränderung verfolgt würde. Dann aber wären wir wieder bei einem Szenario wie in »A Better Place«, bei dem jedoch im Umfeld alles bleibt, wie es ist. Auch wenn die Möglichkeiten für Experimente mit Alternativen in der politischen Realität noch deutlich eingeschränkter sind als in dem Film, führt trotz aller vorhersehbaren Risiken, Nebenwirkungen und Unüberwindlichkeiten kein Weg daran vorbei, auch aus abolitionistischer Sicht alternative Ansätze zu erproben, obwohl sie nur partiell alternativ sind, und die Folgen zu erforschen. Es mag naiv sein, auf diesem Weg substantielle Veränderungen herbeiführen zu wollen, doch ist es dies nicht weniger, auf die Veränderung der Gesellschaft insgesamt zu warten, und birgt dies nicht gerade für die Wissenschaft eine vermeintliche Rechtfertigung, erst einmal nichts verändern zu können – und müssen?

VI. Gratwanderung 6: Die ersatzlose Abschaffung des Strafrechts ist zugleich erstrebenswert und problematisch mit Blick auf entstehende außerstrafrechtliche Alternativen

Beim Nachdenken über partielle Alternativen stellt sich dann neben der Frage nach möglichen nicht intendierten systemstabilisierenden Wirkungen mit Dringlichkeit auch die danach, ob wirklich jede Abschaffung eines Teils des Systems aus abolitionistischer Sicht zu begrüßen ist. Vielleicht gibt es ja doch auch Aspekte des bestehenden Strafrechtssystems, die es – und sei es in modifizierter Form – zu erhalten lohnt. Wie bereits erwähnt, folgt das Nachdenken über Alternativen und Veränderungsnotwendigkeiten in abolitionistischen Diskursen einer Art Fliehkraft. Jedenfalls im nordeuropäischen Diskurs fokussierte man sich lange auf die Kritik am strafenden Staat und an der Einsperrung. Es ging darum, die Logik des Strafens im Sinne des Vergeltungs-/Schuldausgleichsgedankens zu überwinden, Einsperrung jedenfalls zu minimalisieren und der Enteignung von Konflikten entgegenzutreten. Hier besteht weithin Übereinstimmung mit einer – jedoch keineswegs zwingend abolitionistisch angelegten – breiten Restorative Justice Bewegung. Diese arbeitet – in Deutschland in besonderer Weise mit dem Täter-Opfer-Ausgleich, der die Fortsetzung der binären Individualisierungslogik bereits im Namen trägt – oftmals als Teil des Strafrechtssystems, als deren Ergänzung oder sehr eingeschränkt einmal einzelfallbezogene Alternative. Symptomatisch ist hier der zunehmende Einsatz des Täter-Opfer-Ausgleichs im Strafvollzug, also in zusätzlicher Weise am bitteren Ende der Strafvollstreckung anstelle eines Ersatzes strafrechtlicher Elemente.

Denkt man hingegen Restorative Justice Verfahren als Alternative zum Strafprozess, so stellen sich Fragen danach, wie eine Teilnahme daran erreicht werden kann, ob es dafür weiterhin den Schatten des Strafrechts als Druckmittel braucht. Was soll geschehen, wenn Personen eine Beteiligung an solchen Verfahren ablehnen, was, wenn sie zwar teilnehmen, aber inhaltlich nicht mitwirken? Der Frage, ob es dann nicht doch den Schatten des Strafrechts oder einer sonstigen Drohkulisse braucht, sollte nicht ausgewichen werden.

Weiterhin muss bei der Diskussion von Restorative Justice als Alternative eine Auseinandersetzung mit der Frage stattfinden, wie verfahrensrechtliche Garantien insbesondere für die ehemals »Täter« genannte Person gewährleistet werden können, weil nicht auszuschließen ist, dass dieser Person sonst Verfahren und Konsequenzen auferlegt werden, die denen des Strafrechts an Eingriffsintensität nicht nachstehen. Anzunehmen, dass dies schon nicht geschehen wird, wäre realitätsfern. In der Bevölkerung, erst recht im politisch-medialen Diskurs, sind punitive Einstellungen eher noch stärker verbreitet als unter Richter:innen.[54]

Schaut man sich auch nur die bisher minimale Transformative Justice Praxis an, wie sie etwa von – strafrechtskritischen – Gruppen in der Bundesrepublik durchgeführt wird,[55] so gibt bereits die Bezeichnung der Person, die im Strafrecht als beschuldigte adressiert würde, als – von Beginn an – »gewaltausübende Person« zu denken. Die Rechtfertigung dürfte dabei darin liegen, dass es sich eben nicht um Strafe, sondern um ein präventiv auf zukünftige Tatvermeidung und Verantwortungsübernahme und Erzeugen von Einsicht gerichtetes Vorgehen handele. Dies allerdings liegt wesentlich näher bei der aktuellen Praxis strafrechtlicher Intervention, als in der TJ-Bewegung vermutlich angenommen wird. So ist beispielsweise das Rechtsinstitut der Sicherungsverwahrung mittlerweile als

54 Kirstin Drenkhahn et al., »Zum Stand der Punitivitätsforschung in Deutschland und darüber hinaus«, *Kriminalpolitische Online-Zeitschrift* 2020, S. 104–107 (106 f.).

55 Zur kritischen Betrachtung Marie-Theres Piening/Jenny Künkel, »Community Accountability: Feministisch-antirassistische Alternative zum Strafenden Staat?«, *Cilip* 123/2020 https://www.cilip.de/2020/12/03/community-accountability-feministisch-antirassistische-alternative-zum-strafenden-staat/ (Zugriff: 28.04.2025).

von Strafe mit Abstand verschieden konzipiert. Das Ziel ist therapeutisch ausgerichtet und die vollzugliche sowie gerichtliche Praxis fokussiert ihr Wirken auf eine Verantwortungsübernahme als Grundvoraussetzung für eine (vielleicht) irgendwann in Betracht kommende Entlassung.[56] Nichts wäre hier wichtiger als ein wirksamer Rechtsschutzmechanismus für die Untergebrachten als Gegengewicht zu Individualisierung, Psychologisierung und Responsibilisierung. Kann etwas anderes gelten, wenn ähnliche Ziele außerhalb eines rechtlich formalisierten Settings zu erreichen gesucht werden sollen?

Schaut man sich etwa die Führungsaufsicht als real existierende Alternative zur Sicherungsverwahrung – gewissermaßen ihre ambulante kleine Schwester – an, so lassen sich dort recht niedrige verfahrensrechtliche Standards ausmachen. Diese sind noch einmal deutlich niedriger bei der aufenthaltsrechtlichen Ausweisung und/oder Abschiebung, die ebenfalls eine Alternative zum Strafrecht darstellen, auch wenn sie nicht so recht in ein abolitionistisches Konzept passen. Gleichwohl handelt es sich etwa bei der Abschiebung aus der Haft nach § 456a StPO durchaus um eine Alternative zur weiteren Vollstreckung einer Freiheitsstrafe, wobei die abgeschobene Person dann im Herkunftsland tatsächlich frei ist. Allerdings gibt es hier fast gar keine Verfahrensgarantien, so kann die betroffene Person in keiner Richtung tatsächlichen Einfluss darauf nehmen, ob sie abgeschoben wird oder die Strafe weiter verbüßen muss oder darf. Wo die aufenthaltsrechtliche Alternative ins Spiel kommt, gelten allgemein die strafrechtlichen Garantien nicht mehr.

Nun mag man einwenden, dass aus abolitionistischer Sicht eine solche Art von Alternativen gewiss nicht angestrebt würde. Allerdings bedeutet dies nun keineswegs, dass dergleichen nicht dennoch eintreten würde. Zwar werden die allermeisten Konflikte ohnehin bereits ohne Inanspruchnahme des Strafrechts bewältigt.[57] Die (implizite) Annahme, bei Wegfall eines Teils des kritisierten Systems werde ein Freiraum für wenig formalisierte Konfliktbearbeitung entstehen, der dann im besten Sinne von den Beteiligten genutzt werde,[58] um möglichst gleichberechtigt Lösungen auszuhandeln, erscheint aus heutiger Sicht nicht selbstverständlich erwartbar. Dies ergibt sich nicht nur aus den faktischen Schwierigkeiten eines linken und gendersensiblen Transformative Justice Vorhabens, wie es in Bezug auf das Festival ›Monas Rache‹ erprobt

56 Christine Graebsch, »Sicherungsverwahrung, narrative Identität und diskursive Disziplinierung unter besonderer Berücksichtigung kognitiv-behavioraler Behandlungsprogramme im Vollzug. Editorial zum Themenheft«, in: *Kriminologisches Journal* (2024/4), S. 273–275.

57 Gerhard Hanak/Johannes Stehr/Heinz Steinert, *Ärgernisse und Lebenskatastrophen. Über den alltäglichen Umgang mit Kriminalität*, Bielefeld: AJZ-Verlag 1989.

58 Nils Christie, *Grenzen des Leids*, Bielefeld: AJZ-Verlag 1986.

wurde.[59] Es kann vielmehr auch nicht davon ausgegangen werden, dass in Freiräumen des Strafrechts entstehende Alternativprojekte auch nur durchgängig den Versuch unternehmen würden, möglichst herrschaftsfrei zu agieren. Schließlich bestehen auch andere unabhängig vom Staat organisierte gerichtsähnliche Settings, wie etwa religiöse Friedensgerichte. Die (implizite) Annahme, solche Kollektive würden sich sämtlich friedlich und ohne jegliche Auswüchse in Richtung Repression entwickeln,[60] ist interessanterweise komplementär zu der im Allgemeinen für den Erhalt des Strafrechts vorgebrachten, wonach es bei dessen Wegfall Privatjustiz und Blutrache zu im Vergleich zum Strafrecht weit überschießenden Reaktionen käme.

Es erscheint demnach sinnvoll, sich die Frage vorzulegen, ob abolitionistische Alternativen zum Strafrecht wie Transformative Justice vielleicht doch ein staatliches Verfahrensrecht benötigen, das sich in wesentlichen Teilen an Grundprinzipien des Strafverfahrens anlehnen könnte. Allerdings müsste es gleichwohl vollkommen anders ausgestaltet sein, wenn die Dichotomie zwischen Täter und Opfer durchbrochen werden soll. Denn schließlich ist das heutige Strafrecht im Ansatz auf die beschuldigte Person fokussiert, der entsprechend Verfahrensgarantien zur Seite stehen müssen. In Restorative oder Transformative Justice Verfahren hingegen müssten Rechte auch der anderen Beteiligten gewahrt werden. Dabei wäre zu überlegen, wie es gelingen könnte, dass nicht – wie es im deutschen Strafrecht anhand der Opferschutzgesetzgebung deutlich wurde – ein Nullsummenspiel entsteht, bei dem die Stärkung von Rechtspositionen der einen zur Schwächung der verfahrensrechtlichen Position von anderen führt.[61] Es stellt sich die Frage, ob und ggf. in welcher Weise dafür das Recht als staatliches Steuerungsinstrument in Kauf genommen werden sollte. Dabei ist auch die Frage zu betrachten, inwieweit Steuerung hier überhaupt möglich ist oder Verfahrensgarantien in der Praxis umgangen werden und würden sowie welche Alternativen es dafür dann geben kann.

59 TJ Practitioners, »Transformation – auch für uns«, *transformativejustice.eu* 07.01.2020, www.transformativejustice.eu/de/transformation-auch-fur-uns/ (Zugriff: 28.04.2025).

60 Wobei islamische Friedensgerichte durchaus problematisiert werden, vgl. etwa Joachim Wagner, *Richter ohne Gesetz: Islamische Paralleljustiz gefährdet unseren Rechtsstaat – Wie Imame in Deutschland die Scharia anwenden*, Berlin: Ullstein Verlag 2012.

61 Näher Stephan Barton, *Strafrechtspflege und Kriminalpolitik in der viktimären Gesellschaft*, Bielefeld: Universität Bielefeld 2016, https://www.uni-bielefeld.de/fakultaeten/rechtswissenschaft/ls/barton/publikationen/Strafrechtspflege-und-Kriminalpolitik-in-der-viktimaren-Gesellschaft-2012-111-137.pdf (Zugriff: 28.04.2025).

VII. Resümee

Es ist sinnvoll, Abolitionismus vor allem als eine Haltung zu verstehen, mit der beständig und alltäglich der Blick darauf gerichtet wird, wo Eingriffe verzichtbar sind. Wo einem Alternativen begegnen, sei es in der Gesetzgebung, Praxis oder politischen Debatten, sollten diese daraufhin analysiert werden, ob sie tatsächlich (voraussichtlich) geeignet sind, einen Teil des strafenden und kriminalisierenden Systems abzuschaffen. Dabei ist ein besonders kritischer Fokus auf staatliche Maßnahmen zu richten, die mit einem Präventionsziel antreten. Abolitionist:innen werden dabei stets weitergehende Abschaffungen und Veränderungen anstreben, die über das Gefängnis- und Rechtssystem hinausgehen und sich auf die gesellschaftlichen und wirtschaftlichen Verhältnisse, insbesondere auf sozialen Ausschluss und Ungleichheit richten.

Insoweit mag sich in der abolitionistischen Bewegung außerhalb und innerhalb des Systems weitreichende Einigkeit über deren Ziele erkennen lassen. Gerade für abolitionistische Kritik aus dem Systeminneren einschließlich der Wissenschaft jedoch sollte es damit nicht sein Bewenden haben. Dafür gibt es zu konkretes Leid etwa der direkt betroffenen Gefangenen, Untergebrachten und Bestraften und auch zu konkreten korrespondierenden Reformbedarf im Straf-, Maßregel- und dem jeweiligen Vollzugsrecht. Die Befürchtung, dem System durch Unterstützung solcher Reformen zur Verbesserung zu verhelfen, ist allerdings höchst berechtigt. Deshalb müssen Reformen genau daraufhin betrachtet werden, ob sie tatsächlich einen nennenswerten Teil des kritisierten Systems abschaffen. Gleichzeitig sind allerdings solche Vorhersagen überhaupt nicht in zuverlässiger Weise möglich. Denn ein klares Ergebnis lässt sich diesbezüglich nur mit Blick auf die konzeptionelle Seite einer Reform gewinnen. Welche Ausweichstrategien die Praxis in der alltäglichen Rechtsanwendung wählt, falls die Reform dort auf Widerstand stößt, ist nicht prognostizierbar, das würde die Steuerungswirkung des Rechts überschätzen.

Eine immense Überschätzung der Steuerungswirkung empirischer Erkenntnis auf das Recht liegt in der Konzeption einer systematisch an wissenschaftlicher Forschung und einem empirisch informierten Verhältnismäßigkeitsprinzip orientierten Gesetzgebung, von der weiteren Umsetzung in Rechtsprechung und Verwaltung ganz zu schweigen. Dennoch kann versucht werden, mit einzelnen Modellversuchen und (experimenteller) Forschung das System immerhin zu irritieren und Veränderungen herbeizuführen. Auch wenn es dabei um funktionale Äquivalente geht, ist dies auch aus abolitionistischer Sicht sinnvoll, da das System mit seinen eigenen Wirkungsversprechen konfrontiert wird. Wichtig ist es dabei, auch weiterreichende Alternativen in einen empirischen Vergleich einzubeziehen, die negative Reformen sind, bestenfalls eine

Kontrollsituation mit Non-Intervention. Immerhin liegt in einer solchen Herangehensweise eine Auseinandersetzung mit der Frage, wie systematisch das Eingriffsniveau gesenkt und dem abolitionistischen Ziel nähergekommen werden kann.

Solche strategischen Überlegungen werden ansonsten eher selten angestellt, weshalb Abolitionismus dann in einer Haltung und einer utopischen Vision verharrt. Muss Letztere sich keinem Realitätstest unterziehen, so kann sie sich mit stets weitergehenden Forderungen der Frage entziehen, welche Elemente des gegenwärtigen Systems doch der Erhaltung wert sind bzw. in welcher veränderten Form. Wenn stattdessen schlicht davon ausgegangen wird, dass in dem angestrebten Idealzustand keinerlei Zwangsmaßnahmen erforderlich wären, so kann davon ausgegangen werden, dass ein solcher Zustand eben nicht erreicht werden kann. Erfahrungen mit real existierenden Alternativen zu Gefängnis und Strafverfahren sprechen eine andere Sprache, und zwar auch dann, wenn sie nicht staatlich implementiert sind. Die Auseinandersetzung mit den in diesem Beitrag aufgeworfenen Fragen darf daher nicht umgangen werden. Wahrscheinlich können diese Fragen zudem am sinnvollsten in einem Austausch zwischen Abolitionist:innen und Strafrechtskritiker:innen von innerhalb und außerhalb des Systems miteinander angegangen werden.

Jemals eine Entsprechung zum Ausgangsszenario von »A Better Place« in der realen Welt implementieren zu können, ist zugegebenermaßen unwahrscheinlich. Denn sie würde nicht nur den Bürgermeister erfordern, der dazu bereit wäre, sondern auch eine Mehrheitsentscheidung, die es ihm ermöglichte, das Experiment zu realisieren. An der kooperierenden Wissenschaftlerin sollte es hingegen nicht fehlen. Denn wenngleich die Realisierung einer solchen Alternative mit dem Risiko des Scheiterns behaftet wäre, bestünde ein Vorteil darin, die resultierenden Folgen und Probleme wissenschaftlich auswerten und für die Zukunft daraus lernen zu können. Da dies jedoch wiederum diverse ethische Probleme aufwirft, die zunächst der Diskussion bedürften, bietet die Alternative eines filmischen Experiments gewisse Vorteile. Es bleibt zu hoffen, dass auch mit ihr eine gesellschaftliche Debatte begonnen werden kann, in der – neben der zu erwartenden Abwehr – auch eine konstruktive Auseinandersetzung stattfinden wird.

Eric von Dömming

Herrschaftskritik und »Community«

Abolitionistische Alternativen zu Strafe und Polizei in den USA der Gegenwart

Der Begriff des Abolitionismus lässt sich mit Aufhebung oder Abschaffung übersetzen.[1] In den USA ist er mit der historischen Gegnerschaft zum Sklavenhandel seit dem 17. Jahrhundert verknüpft. Diese Bewegung hat zwei Seiten: Im Fokus steht häufig die Ablehnung der Sklaverei als ein vorrangig *weißes*, liberales und nicht zuletzt christlich geprägtes Projekt, dessen Protagonist:innen von beiden Seiten des Atlantiks stammen. In den Hintergrund tritt dabei, dass die Versklavten selbst um ihre eigene Befreiung gekämpft haben, häufig in der Form von Revolten und Streiks, insbesondere in den Amerikas.[2]

In seiner heutigen Verwendung meint der Begriff jedoch regelmäßig mehr: die Vorstellung einer Überwindung zumindest der Gefängnisstrafe, in aller Regel jedoch darüber hinaus auch weiterer Praktiken der gewaltsamen Durchsetzung (staatlicher) Normen. Theorie und Praxis gehen hierbei Hand in Hand. Die Beschäftigung mit abolitionistischen Ansätzen hat sich in den vergangenen Jahren nicht nur theoretisch als ausgesprochen produktiv erwiesen.[3] Spätestens seit der Black-Lives-Matter-Bewegung wird die abolitionistische Bewegung auch außerhalb aktivistischer Kreise wahrgenommen. Doch auch davor haben praktisch arbeitende

1 Zur Begriffsherkunft vgl. auch Sebastian Scheerer, »Abolitionismus«, in: Rudolf Sieverts/Hans Joachim Schneider (Hg.), *Handwörterbuch der Kriminologie* Bd. 5, Berlin/New York: Walter de Gruyter 1998, S. 288–292.

2 Daniel Loick/Vanessa Eileen Thompson, »Was ist Abolitionismus?«, in: dies. (Hg.), *Abolitionismus: ein Reader*, Berlin: Suhrkamp 2022, S. 8–10. Dort auch mit Hinweisen auf die konkreten Beispiele für widerständige Schwarze Praktiken bei Cyril Lionel Robert James, *Die schwarzen Jakobiner. Toussaint Louverture und die Haitianische Revolution*, Berlin: b_books 2021; William Edward Burghardt Du Bois, *Black Reconstruction. An Essay toward a History of the Part which Black Folk Played in the Attempt to Reconstruct Democracy in America, 1860-1880*, New York: Harcourt, Brace and Company 1935.

3 Angesichts dessen ist der folgende Überblick über den gegenwärtigen, abolitionistischen Diskurs in den USA notwendig selektiv. Vgl. ebenfalls mit dem Schwerpunkt auf neueren US-amerikanischen Abolitionismen die Einführung von Daniel Loick/Vanessa Eileen Thompson, »Was ist Abolitionismus?«, in: dies. (Hg.), *Abolitionismus: ein Reader*, Berlin: Suhrkamp 2022, S. 7–56.

Gruppen – in den USA insbesondere Schwarze Frauen – abolitionistische Praxen entwickelt und erprobt.[4]

Im US-amerikanischen Diskurs[5] geht die Kritik an staatlichem Gewalthandeln in der Regel mit einer grundsätzlichen Herrschaftskritik einher, die verschiedene Modi der Herrschaft und ihre Verflechtung mit Strafpraktiken in den Blick nimmt. Die dabei besonders hervorgehobenen Aspekte von Herrschaft sind bedingt durch die politischen und gesellschaftlichen Verhältnisse der USA. Stärker als im europäischen Diskurs rückt hierbei der Rassismus US-amerikanischer Strafpraktiken in den Mittelpunkt. Verstärkt werden zudem andere Formen staatlichen Gewalthandelns thematisiert, wie das Handeln der Polizei oder Praktiken im Rahmen von Grenzregimen.[6]

Das bedeutet nicht, dass die Geschichte des Abolitionismus in den USA dabei aus dem Blick gerät. Dass sich Herrschaft in Strafe und anderem staatlichen Gewalthandeln ausdrückt, verweist schließlich immer auch auf die Geschichte der unterschiedlichen Herrschaftsweisen, in den USA also auch zentral auf den Nexus von Rassismus und Kapitalismus. Dieser zeigt sich besonders deutlich in der Geschichte des Sklavenhandels, aber auch in den auf ihn folgenden Ausdrucksformen des Rassismus, wie den Jim-Crow-Gesetzen, der Segregation oder einem farbenblinden (»color-blind«) Rassismus.

I. Wegmarken abolitionistischer Praxis in den USA

In den USA hatte sich eine gefängnisabolitionistische Praxis bereits in den 1970er-Jahren entwickelt. Sie war eingebettet in diverse Gefängnisstreiks

4 Für eine exemplarische Liste unterschiedlicher Projekte vgl. Ana Clarissa Rojas Durazo/Alisa Bierria/Mimi Kim, »Community Accountability: Emerging Movements to Transform Violence«, *Social Justice* (2011-12/4), S. 8.

5 Beim Abolitionismus handelt es sich nicht um eine einheitliche Bewegung. Er umfasst unterschiedliche Diskurse aus unterschiedlichen Kontexten, mit unterschiedlichen Geschichten. Angela Davis schreibt deshalb, es gebe »multiple histories of prison abolition« (Angela Y. Davis/Dylan Rodriguez, »The Challenge of Prison Abolition: A Conversation«, *Social Justice* (2000/3), S. 215). Der (neuere) US-amerikanische Diskurs, auf den ich mich im Folgenden konzentrieren werde, unterscheidet sich dabei in vielfacher Hinsicht von seinem europäischen Pendant (vgl. zu diesem Helga Cremer-Schäfer, in diesem Band, S. 37–58).

6 Bspw. zur Polizei Bronwyn Dobchuk-Land/Kevin Walby, »Police Abolition as Community Struggle against State Violence«, *Social Justice* (2021/1), S. 1–30. Für einen Vergleich beider Strömungen vgl. auch Máximo Langer, »Penal Abolitionism and Criminal Law Minimalism: Here and There, Now and Then«, *Harvard Law Review Forum* (2020/10), S. 42–77.

und andere widerständige Praxen rund um Gefängnisse und wurde insbesondere auch von Schwarzen Frauen und Frauen of Color getragen.[7] Schon 1972 hatte sich beispielsweise in Kalifornien das Santa Cruz Women's Prison Project (SCWPP) gegründet und veranstaltete Konferenzen mit inhaftierten Frauen. Über sich selbst schrieb das Projekt:

> »We are all, insiders and outsiders, in support of creative, life-affirming alternatives to prisons; we support the abolition of, rather than the reform of, prisons. [...] We view prisons within the context of an over-all critique of capitalism, and we relate our prison work to universal liberation struggles on every level on which they are engaged.«[8]

Bereits 1976 hatten zudem Fay Honey Knopp et al. das an Aktivist:innen gerichtete Buch »Instead of Prison. A Handbook for Prison Abolitionists« veröffentlicht,[9] das Angela Davis als »[o]ne of the most interesting texts, from the point of view of U.S. activist history«[10] beschrieben hat. Das Handbuch positionierte sich nicht nur für eine Abschaffung des Strafens, sondern enthält bereits unterschiedliche Motive, die für die weitere Entwicklung des Abolitionismus wichtig werden sollten.

Das im Handbuch vertretene »attrition model« (dt. Abreibung oder Zermürbung) entspricht der Idee von »non-reformist reforms«, die im gegenwärtigen Diskurs über Strategien des Abolitionismus eine zentrale Rolle spielen. Die Autor:innen verstehen darunter solche, »that do not add improvement to or legitimize the prevailing system«, oder die Teile des bestehenden Strafsystems abschaffen, ohne sie durch andere Strafmechanismen zu ersetzen.[11] Anstelle von Strafe solle »reconciliation«, also

7 Für eine historische Dokumentation vgl. Angela Y. Davis et al., *Abolition. Feminism. Now.*, London: Hamish Hamilton 2022, S. 29–38. Dass solche Bewegungen leicht übersehen werden, liegt freilich nicht fern. Davis weist auf die Schwierigkeiten bei der Dokumentation der Tätigkeiten insbesondere kleinerer Initiativen hin: ebd., S. 48f.

8 Santa Cruz Women's Prison Project, »Santa Cruz Women's Prison Project«, *Crime and Social Justice* (1974/2), S. 56. Vgl. hierzu auch Angela Y. Davis et al., *Abolition. Feminism. Now.*, London: Hamish Hamilton 2022, S. 36.

9 Fay Honey Knopp et al., *Instead of Prisons: A Handbook for Abolitionists*, Syracuse (NY): Prison Research Education Action Project 1976.

10 Angela Y. Davis/Dylan Rodriguez, »The Challenge of Prison Abolition: A Conversation«, *Social Justice* (2000/3), S. 215.

11 Fay Honey Knopp et al., *Instead of Prisons: A Handbook for Abolitionists*, Syracuse (NY): Prison Research Education Action Project 1976, S. 62f. (Zitat S. 62). Die Idee der »non-reformist reforms« zeigt gut die Verbindungslinien zwischen der europäischen und US-amerikanischen Tradition des Abolitionismus. Parallel zu dieser Idee findet sich bei Mathiesen (Thomas Mathiesen, *The Politics of Abolition Revisited*, Abingdon: Routledge 2015) etwa der Begriff des »Unfertigen«, der dazu dienen soll, eine reformistische Vereinnahmung des Begriffs der Abolition zu verhindern, indem er

Aussöhnung und Ausgleich zwischen Opfer und Täter treten.[12] Zudem spielt schon hier der Begriff der »Community« eine zentrale Rolle. Das Handbuch setzt dem Gefängnis als Alternative eine »caring community« entgegen, die auf der einen Seite Gefangenen und Straftätern helfen soll, etwa durch verschiedene Unterstützungsangebote, z.B. in den Bereichen Bildung, mentaler und physischer Gesundheit, Rechtshilfe oder Wohnraum. Auf der anderen Seite geht es den Autor:innen auch darum, Opfer von Straftaten zu unterstützen sowie Ausgleichs- und Entschädigungsprogramme zu entwickeln.[13]

Mit den 1990er-Jahren setzt in den USA erneut eine verstärkte Rezeption abolitionistischer Überlegungen ein. Ein entscheidender Punkt ist hierbei die 1998 an der UC Berkeley mit rund 3500 Teilnehmer:innen durchgeführte Critical-Resistance-Tagung mit dem Titel »Beyond the Prison Industrial Complex«, die nicht nur Abolitionismus insgesamt, sondern auch den Begriff des »Prison Industrial Complex« stärker im Diskurs verankern sollte.[14] Hierunter verstehen Davis et al. »the overlapping interests of government and industry that use surveillance, policing, and imprisonment as solutions to economic, social and political problems.«[15] Strafe sei nicht lediglich eine Antwort auf Verbrechen; ihr Zweck bestehe nicht ausschließlich in den tradierten Strafzwecken, sondern ihre Funktion sei nur vor dem Hintergrund ökonomischer und politischer Bedingungen zu verstehen. Wirtschaftsunternehmen sind in vielfältiger Weise in den Betrieb von Gefängnissen integriert, sei es weil Gefangene für sie produzieren, weil sie Haftanstalten als Kund:innen ihrer Produkte haben oder weil sie, wie in den USA nicht unüblich, selbst Gefängnisse betreiben.[16] In den USA hat diese Kritik aufgrund der hohen Inhaftierungsraten und den damit verbundenen Auswirkungen auf die Gesellschaft insgesamt (insbesondere

ihn als unabgeschlossenes Konzept behandelt, dessen Anspruch nie abgegolten ist. Mathiesen bezieht sich dabei explizit auf André Gorz' Konzept von nichtreformistischen Reformen (André Gorz, *Zur Strategie der Arbeiterbewegung im Neokapitalismus*, Frankfurt am Main: Europäische Verlagsanstalt 1967).

12 Fay Honey Knopp et al., *Instead of Prisons: A Handbook for Abolitionists*, Syracuse (NY): Prison Research Education Action Project 1976, S. 22f.

13 Ebd., S. 63.

14 Angela Y. Davis et al., *Abolition. Feminism. Now.*, London: Hamish Hamilton 2022, S. 36–44. Einen guten Überblick zum Begriff des prison industrial complex gibt Angela Y. Davis, *Are Prisons Obsolete?*, New York: Seven Stories Press 2003, S. 84–104. Seinen Ursprung hat der Begriff bei Mike Davis, »Hell Factories In the Field«, *The Nation*, 1995, S. 229–234.

15 *Critical Resistance*, zit. nach Angela Y. Davis et al., *Abolition. Feminism. Now.*, London: Hamish Hamilton 2022, S. 43.

16 Im Detail Angela Y. Davis, *Are Prisons Obsolete?*, New York: Seven Stories Press 2003, S. 84–104.

jedoch auf communities of color), aber auch aufgrund der stärkeren Ökonomisierung des Strafvollzugs eine besondere Relevanz.

II. Abolitionismus als Rassismus- und Kapitalismuskritik

Deutlicher als der europäische hebt der US-amerikanische Diskurs die Verbindung von karzeralen Praktiken und staatlichem Gewalthandeln mit spezifischen Herrschaftsweisen hervor: Vor allem feministische und antirassistische Überlegungen stehen dabei im Fokus.

Das liegt auch an der historischen Verbindungslinie zur Plantagensklaverei in den Amerikas. Abolitionistische Theoretiker:innen von heute sind sich der rassistischen Kontinuitäten bewusst. Eine wichtige Rolle spielt dabei W.E.B. Du Bois' Text »Black Reconstruction in America«. Du Bois stellt hierin nicht nur den maßgeblichen Beitrag Schwarzer Menschen im Kampf gegen die Sklaverei heraus, der regelmäßig zugunsten *weißer* Abolitionist:innen vernachlässigt wird. Du Bois' historische Aufarbeitung der Zeit nach dem US-amerikanischen Bürgerkrieg zeigt auch die Amalgamierung von Rassismus mit Kapitalinteressen. Diese zeigt sich in den Bemühungen der *weißen*, besitzenden Klasse der ehemaligen Plantagenbesitzenden, die Schwarzen Emanzipationsbemühungen zu sabotieren.[17]

Zwar verbietet der nach dem Amerikanischen Bürgerkrieg eingeführte 13. Zusatzartikel zur US-Verfassung jede Form von Zwangsarbeit (und damit die Sklaverei), sieht jedoch eine Ausnahme für verurteilte Straftäter:innen vor. In den Südstaaten führte das schnell zur Einführung der »black codes«, also Strafbestimmungen ähnlich der europäischen »vagrancy laws«, die auf die Kriminalisierung mittelloser ehemaliger Sklav:innen abzielten. Hinzu kam ein »convict lease system«, mittels dessen Häftlinge als Arbeitskräfte an die Privatwirtschaft vermietet werden konnten.[18] Die Arbeitsbedingungen knüpften nahtlos an

17 Angela Y. Davis et al., *Abolition. Feminism. Now.*, London: Hamish Hamilton 2022, S. 54f.; William Edward Burghardt Du Bois, *Black Reconstruction. An Essay toward a History of the Part which Black Folk Played in the Attempt to Reconstruct Democracy in America, 1860–1880*, New York: Harcourt, Brace and Company 1935. Aufgegriffen wird diese Traditionslinie insbesondere bei Cedric J. Robinson, *Black Marxism. The Making of the Black Radical Tradition*, Chapel Hill: University of North Carolina Press 2020.

18 Angela Y. Davis, *Are Prisons Obsolete?*, New York: Seven Stories Press 2003, S. 28–37; Douglas A. Blackmon, *Slavery by Another Name. The Re-Enslavement of Black Americans from the Civil War to World War II*, New York u.a.: Doubleday 2008; Alex Lichtenstein, *Twice the Work of Free Labor. The Political Economy of Convict Labor in the New South*, London/

die Zeit der Sklaverei an: »To be sure, convict labor in the South was steeped in brutality, the rawhide whip, iron shackle, sweat box, convict cage, and bloodhound were its most potent instruments for eighty years.«[19]

Auch an der heutigen Gefängnisarbeit zeigen sich die Verbindungen von Rassismus und ökonomischer Ausbeutung besonders prononciert. Auch heute wird die Arbeit im Gefängnis wesentlich für private Unternehmen außerhalb des Gefängnisses selbst geleistet und die Arbeitskraft der Gefängnispopulation zu besonders günstigen Preisen zu Verfügung gestellt. Auch die Gefängnisse selbst sind in den USA zum Teil private Unternehmen mit Gewinnerzielungsabsicht. Abolitionist:innen betonen die Kontinuitäten und Gemeinsamkeiten dieses »Prison Industrial Complex« und des »Convict Lease Systems« nach dem Ende des Bürgerkriegs.[20] Angela Davis et al. beschreiben folgerichtig »incarceration as on a continuum with racial slavery«[21].

Auch Michelle Alexander verdeutlicht diesen Punkt in »The New Jim Crow«. Alexander beschreibt, wie sich die Strafjustiz nach der Sklaverei als eines der wichtigsten Mittel rassistischer Herrschaft erwiesen hat. Die Kriminalisierung junger Schwarzer Männer und Männer of Color führe zur Herausbildung einer ihrer Bürger:innenrechte weitgehend beraubten Kaste. Das Gefängnissystem lasse sich deshalb als ein Nachfolger der Jim-Crow-Gesetze zur Zeit der Segregation beschreiben.[22] Nach deren Wegfall, so beschreibt es Ruth Wilson Gilmore, habe der Rückgriff auf Kriminalisierung als Instrument der Kontrolle gegen Personen of Color es ermöglicht, Herrschaft über diese auszuüben, ohne dies mit offenem Rassismus begründen zu müssen:

> »During this time, we saw the conversation around race change from ›they're just not smart enough‹ to ›they're not honest enough.‹ ›Crime‹ became the all-purpose explanation for the struggles and disorder that

New York: Verso 1996; Michele Goodwin, »The Thirteenth Amendment: Modern Slavery, Capitalism, and Mass Incarceration«, *Cornell Law Review* (2019/4), S. 899–990.

19 Alex Lichtenstein, *Twice the Work of Free Labor. The Political Economy of Convict Labor in the New South*, London/New York: Verso 1996, S. xvii.

20 Angela Y. Davis, *Are Prisons Obsolete?*, New York: Seven Stories Press 2003, S. 94–100. Für eine genauere Darstellung der ökonomischen Verflechtungen von Rassismus, Armut und wie beide in Verbindung zum Prison Industrial Complex stehen vgl. Ruth Wilson Gilmore, *Golden Gulag*, Berkeley u.a.: University of California Press 2007.

21 Angela Y. Davis et al., *Abolition. Feminism. Now.*, London: Hamish Hamilton 2022, S. 58.

22 Michelle Alexander, *The New Jim Crow. Mass Incarceration in the Age of Colorblindness*, New York/London: The New Press 2020.

> were going on. […] By the late 1970s, the idea that poor people, brown people, and activist people were ›criminals‹ had pretty much solidified.«[23]

Strafe diene als eine »stopgap ›solution‹«[24] für die Krisen und sozialen Verwerfungen, die Kapitalismus, Patriarchat und Rassismus produzieren. Die Zunahme solcher Problemlagen beantworte der US-amerikanische Staat mit zunehmenden Inhaftierungsraten und indem er Polizei und Strafe als scheinbares Heilmittel präsentiere.[25]

Gefängnisse in ihrer gegenwärtigen Form lassen sich demnach nicht verstehen, ohne auch die dahinterliegenden, miteinander verwobenen Herrschaftsmodi von Rassismus und ökonomischer Ausbeutung zu thematisieren. Dass beide immer schon aufeinander bezogen waren, hat Cedric Robinson mit dem Begriff des Racial Capitalism herausgearbeitet. Der Kapitalismus habe schon zu Beginn seiner historischen Entwicklung maßgeblich auch auf rassistische Differenzierungen zurückgegriffen und diese seien für sein Fortbestehen unverzichtbar.[26]

Aus abolitionistischer Perspektive sind deshalb die strukturellen Bedingungen zu kritisieren, die diese Verhältnisse ermöglichen, wie Angela Davis hervorhebt:

> »Just as Du Bois challenged the notion that slavery could be expunged as a discrete institution, leaving intact existing political and economic frameworks, abolitionists today call into question the prevailing assumption that mass incarceration can be effectively addressed without analyzing the root causes of injustice and the impact of other systems of oppression, including, in the first place, global capitalism.«[27]

Du Bois hatte bei seiner Analyse der Zeit unmittelbar nach dem Bürgerkrieg unter dem Stichwort »abolition democracy« darauf hingewiesen, dass es nicht genüge, lediglich die Sklaverei zu verbieten. Bleiben die

23 Ruth Wilson Gilmore/Trevor Paglen, »From Military Industrial Complex to Prison Industrial Complex. Dr. Ruth Wilson Gilmore in conversation with Trevor Paglen«, *Points for Ponder* 24.10.2012, https://pointsforponder.wordpress.com/wp-content/uploads/2012/10/gilmore-nd2.pdf (Zugriff: 07.07.2025), S. 5.

24 Angela Y. Davis et al., *Abolition. Feminism. Now.*, London: Hamish Hamilton 2022, S. 41.

25 Ruth Wilson Gilmore/Trevor Paglen, »From Military Industrial Complex to Prison Industrial Complex. Dr. Ruth Wilson Gilmore in conversation with Trevor Paglen«, *Points for Ponder* 24.10.2012, https://pointsforponder.wordpress.com/wp-content/uploads/2012/10/gilmore-nd2.pdf (Zugriff: 07.07.2025), S. 5–7.

26 Cedric J. Robinson, *Black Marxism. The Making of the Black Radical Tradition*, Chapel Hill: University of North Carolina Press 2020.

27 Angela Y. Davis et al., *Abolition. Feminism. Now.*, London: Hamish Hamilton 2022, S. 58.

ehemaligen Sklav:innen mittellos und ohne die gleichen Rechte, begründe man damit lediglich neue Abhängigkeiten.[28]

III. Die feministische Dimension

Abolitionismus lässt sich im US-amerikanischen Kontext nicht losgelöst von einer Kritik von Rassismus und Kapitalismus verstehen. Doch ebenso wenig lassen sich seine Motive ohne eine Berücksichtigung feministischer Kritik verstehen, mit deren Entwicklung der neuere Abolitionismus eng verknüpft ist. Sowohl Strafe als auch Polizeihandeln sind in vielfältiger Weise daran beteiligt, patriarchale Herrschaft aufrechtzuerhalten und sie mit anderen Herrschaftsstrukturen zu verbinden. Im Blick auf staatliches Gewalthandeln zeigen sich besonders prägnant die Überschneidungen unterschiedlicher Modi von Herrschaft und Unterdrückung.[29]

Anknüpfen können abolitionistische Theorien dabei an die feministische Staatskritik, welche die Verwobenheit von Staat und Patriarchat kritisiert. Den Staat für Schutz und Sicherheit vor patriarchaler Gewalt anzurufen, bedeutet aus dieser Perspektive eine selbst patriarchale Institution zu mobilisieren – was jedoch keinen Ausweg aus patriarchalen Verhältnissen verspricht, sondern diese fortschreibt.[30] Statt mehr Sicherheit für Personen zu schaffen, die von patriarchaler Gewalt betroffen

28 Angela Y. Davis, *Abolition Democracy. Beyond Empire, Prisons, and Torture*, New York: Seven Stories Press 2005, S. 91f.; William Edward Burghardt Du Bois, *Black Reconstruction. An Essay toward a History of the Part which Black Folk Played in the Attempt to Reconstruct Democracy in America, 1860-1880*, New York: Harcourt, Brace and Company 1935.

29 Vgl. grundlegend zu sich überschneidenden und ineinandergreifenden Systemen der Unterdrückung Combahee River Collective, »The Combahee River Collective Statement«, in: Keeanga-Yamahtta Taylor (Hg.), *How We Get Free: Black Feminism and the Combahee River Collective*, Chicago: Haymarket Books 2017, S. 15–27.

30 Vgl. exemplarisch Wendy Brown, *States of Injury. Power and Freedom in Late Modernity*, Princeton (NJ): Princeton University Press 1995, S. 166–196. Zum patriarchalen Charakter des neuzeitlichen Staates vgl. zum Überblick auch Birgit Sauer, »Gewalt, Staat und Geschlecht«, *Transit – Europäische Revue* (2002/23), S. 73–86. Dass die Logik des Schutzes selbst patriarchale Elemente enthält, zeigt Daniel Loick, »Nicht dermaßen beschützt zu werden. Kommentar zu Rafael Behr«, *Freie Assoziation* (2022/1), S. 58 unter Bezugnahme auf Iris Marion Young, »The Logic of Masculinist Protection: Reflections on the Current Security State«, in: Marilyn Friedman (Hg.), *Women and Citizenship*, Oxford u.a.: Oxford University Press 2005, S. 15–34.

sind, schafft es für sie neue Bedrohungen: staatliche Gewaltakteure, deren Handeln ebenfalls im Kontext patriarchaler Strukturen stattfindet. Über »karzerale«, auf die Mittel des Strafjustizsystems setzende Feminismen schreiben Davis et al. deshalb auch: »If state violence and gender violence are inseparable, the corresponding explosion of carceral ›solutions‹ augmented harm and created more dangerous circumstances for survivors of violence.«[31]

Konkrete abolitionistische Interventionen betreffen unterschiedlichste patriarchale Logiken in Polizei und Strafjustiz. Das Themenspektrum reicht dabei von Problemen von Frauen in Haft und der Frage, wie mit ihnen umgegangen wird,[32] über spezifisch auf Frauen abzielende Mechanismen der Kriminalisierung[33] bis zur staatlichen Regulierung von Schwangerschaft und Mutterschaft[34]. Eine Rolle spielen auch Formen geschlechtsspezifischer Gewalt gegen Frauen im Kontext polizeilichen Handelns.[35] Besonders drastisch wirken sich solche staatlich-patriarchalen Logiken auf Personen aus, die zusätzlich marginalisiert sind, weil sie z.B. Schwarz, arm, homosexuell, trans oder queer sind.[36]

An Strafpraktiken zeigt sich besonders deutlich, dass sich die patriarchale Logik des Staates mit rassistischen und ökonomischen

31 Angela Y. Davis et al., *Abolition. Feminism. Now.*, London: Hamish Hamilton 2022, S. 107.

32 Vgl. exemplarisch Angela Y. Davis, *Are Prisons Obsolete?*, New York: Seven Stories Press 2003, S. 60–83; Karlene Faith, *Unruly Women. The Politics of Confinement & Resistance*, New York: Seven Stories Press 2011, S. 121–254. Speziell bzgl. queeren, trans & gendernonkonformen Personen im Gefängnis s. zum Beispiel Sarah Lamble, »Transforming Carceral Logics: 10 Reasons to Dismantle the Prison Industrial Complex Through Queer/Trans Analysis and Action«, in: Eric A. Stanley/Nat Smith (Hg.), *Captive Genders. Trans Embodiment and the Prison Industrial Complex*, Edinburgh u.a.: AK Press 2011, S. 235–265.

33 Z.B. Karlene Faith, *Unruly Women. The Politics of Confinement & Resistance*, New York: Seven Stories Press 2011, S. 11–119.

34 Z.B. Dorothy E. Roberts, *Killing the Black Body. Race, Reproduction and the Meaning of Liberty*, New York: Pantheon 1997; Andrea J. Ritchie, *Invisible No More. Police Violence Against Black Women and Women of Color*, Boston: Beacon Press 2017, Kap. 8; Maya Schenwar/Victoria Law, *Prison by Any Other Name. The Harmful Consequences of Popular Reforms*, New York/London: The New Press 2020, Kap. 4.

35 Z.B. Andrea J. Ritchie, *Invisible No More. Police Violence Against Black Women and Women of Color*, Boston: Beacon Press 2017.

36 Vgl. zu dieser Verschränkung exemplarisch Beth E. Richie, *Arrested Justice. Black Women, Violence and America's Prison Nation*, New York/London: New York University Press 2012; Andrea J. Ritchie, *Invisible No More. Police Violence Against Black Women and Women of Color*, Boston: Beacon Press 2017.

Herrschaftsmechanismen überschneidet. Die Rechtssoziologin Dorothy Roberts hat anlässlich der Dobbs-Entscheidung[37] darauf hingewiesen, dass eine Kritik der Aufhebung von Roe v. Wade allein zu kurz greife. Blickt man nur auf die Frage der Straffreiheit von Abtreibungen, drohten andere Einschränkungen reproduktiver Freiheiten aus dem Blick zu geraten. Bei diesen weniger prominent thematisierten Eingriffen handelt es sich zu einem großen Teil um solche, die exklusiv oder weit überwiegend Schwarze oder arme Frauen betreffen.[38]

Damit wird der Blick für historische Kontinuitäten bei der Kontrolle der reproduktiven Rechte Schwarzer Frauen frei, die von der Zeit der Sklaverei bis heute reichen. Vom Verkauf der Kinder versklavter Frauen über Zwangssterilisationen zu rassistischen Auswirkungen von Leihmutterschaften oder In-Vitro-Fertilisation: An allen diesen Diskursen zeigt sich nicht nur, dass Rassismus und Patriarchat als Herrschaftsweisen zusammenwirken, sondern dass sie durch Praktiken der Strafe, (Bevölkerungs-)Kontrolle und der Überwachung gestützt werden.[39]

IV. Abolitionistische Alternativen

Wenn jedoch staatliche Gewalt in Form von Polizeihandeln oder Strafe verworfen wird, weil sie Gewalt nicht effektiv verhindert und Herrschaft mit all ihren destruktiven Effekten perpetuiert und vertieft – welche Alternativen bleiben dann aus Sicht der US-amerikanischen Abolitionist:innen? Handelt es sich bei den reproduzierten Herrschaftsdynamiken nicht um unerwünschte Nebeneffekte, sondern um Strukturmomente der bestehenden Gesellschaftsordnung, dann genügt es nicht, lediglich vereinzelte Verbesserungen vorzunehmen. Die abolitionistische Perspektive betont die Unreformierbarkeit von Institutionen wie Polizei und Gefängnis.[40] Sie zielt deshalb auf eine grundlegende Umgestaltung gesellschaftlicher Verhältnisse ab, wobei ein viel

37 Dobbs v. Jackson Women's Health Organization 597 U.S. 215 (2022).

38 Dorothy E. Roberts, »The Intersecting Politics of Abortion, Pregnancy, and Family Policing«, *Harvard Law School* 2024, Vortrag v. 30.10.2024, https://www.youtube.com/watch?v=K7qnh3vhCJM (Zugriff: 07.07.2025).

39 Dorothy E. Roberts, *Killing the Black Body. Race, Reproduction and the Meaning of Liberty*, New York: Pantheon 1997.

40 Exemplarisch Alex S. Vitale, *The End of Policing*, London/New York: Verso 2018; Mariame Kaba/Andrea J. Ritchie, *No More Police. A Call for Abolition*, New York/London: The New Press 2022; Maya Schenwar/Victoria Law, *Prison by Any Other Name. The Harmful Consequences of Popular Reforms*, New York/London: The New Press 2020.

gebrauchtes Stichwort »nichtreformistische Reformen« ist – also solche Reformen, die unmittelbare, partikulare Verbesserungen bringen, aber zugleich auch einer grundlegenden Transformation der Verhältnisse den Boden bereiten.[41]

Hinsichtlich der Polizei ist eine solche radikale Position in den letzten Jahren unter dem Stichwort eines »Defunding« diskutiert worden. Im öffentlichen Diskurs wurde die Forderung oft auf eine bloße Streichung der Mittel für die Polizei reduziert; verständlich ist sie jedoch nur im Kontext der Forderung nach weitergehenden gesellschaftlichen Umstrukturierungen, die wirksam die Faktoren adressieren, die zu Gewalt führen.[42] Dabei geht es auch nicht um das Ersetzen klassischer Polizeiintervention durch sogenanntes »soft policing«, also durch Alternativen, die zwar auf der Oberfläche weniger gewaltsam wirken, aber dennoch auf der Ausübung von Zwang beruhen.[43]

Neben einem Defunding der Polizei werden die Konzepte der restaurativen und der transformativen Gerechtigkeit diskutiert, letztere zumeist in Verbindung mit der Idee einer »Community Accountability«. Restaurative Gerechtigkeit folgt dem Grundgedanken, einen Ausgleich zur begangenen Tat zu schaffen. Dies geschieht nicht durch retributive Mittel, sondern in der Regel durch unterschiedliche Mediationsverfahren. Dadurch soll es zu einer Heilung der durch die Gewalt beschädigten Beziehungen zwischen der gewaltausübenden und der betroffenen Person sowie deren Community kommen und der verursachte Schaden ausgeglichen werden.[44] Allerdings wird aus abolitionistischer Perspektive häufig kritisiert, dass die restaurative Gerechtigkeit nicht zwin-

41 Mariame Kaba/Andrea J. Ritchie, *No More Police. A Call for Abolition*, New York/London: The New Press 2022, Kap. 3, Abschn. 8 (»Making Transformative Demands: An Evaluative Framework«); Ruth Wilson Gilmore, *Golden Gulag*, Berkeley u.a.: University of California Press 2007, S. 242. Vgl. zum Ursprung des Begriffs André Gorz, *Zur Strategie der Arbeiterbewegung im Neokapitalismus*, Frankfurt am Main: Europäische Verlagsanstalt 1967, S. 9–13.

42 Angela Y. Davis et al., *Abolition. Feminism. Now.*, London: Hamish Hamilton 2022, S. 51f.; Mariame Kaba, »Yes, We Mean Literally Abolish the Police«, *New York Times* 14.06.2020 https://www.nytimes.com/2020/06/12/opinion/sunday/floyd-abolish-defund-police.html (Zugriff 16.09.2025).

43 Mariame Kaba/Andrea J. Ritchie, *No More Police. A Call for Abolition*, New York/London: The New Press 2022, Kap. 4.

44 Mimi Kim, »From carceral feminism to transformative justice: Women-of-color feminism and alternatives to incarceration«, *Journal of Ethnic and Cultural Diversity in Social Work* (2018/3), S. 225f.; Mariame Kaba, »Moving Past Punishment. Interview by Ayana Young«, in: dies., *We Do This 'Til We Free Us. Abolitionist Organizing and Transforming Justice*, Chicago: Haymarket Books 2021, S. 148–156.

gend im Gegensatz zur herkömmlichen Strafpraxis steht und deshalb mittlerweile zu einer Praxis geworden ist, die teils parallel zum staatlichen Strafanspruch existiert und diesen nicht infrage stellt.[45]

Dagegen verfolgt die transformative Gerechtigkeit nicht nur das Ziel, eine Wiederherstellung (Restauration) des vor der Tat bestehenden Zustands zu erreichen. Vielmehr geht es ihr – neben dem Fokus auf die Bedürfnisse der von der Gewalt betroffenen Person – um eine Reflexion auf die strukturellen und konkreten Bedingungen von Gewaltvorfällen. Ziel ist ein Aufarbeitungsprozess, der nicht zum defizienten Status-Quo-Ante zurückkehrt, unter dem die Tat überhaupt erst entstehen konnte. Vielmehr sollen die Umstände transformiert werden, die für sie ursächlich waren. Zum einen bedeutet das, sich auf einer politischen Ebene dafür einzusetzen, gewalt- und herrschaftsförmige Strukturen wie zum Beispiel Rassismus, Sexismus, Armut oder Homophobie zu überwinden. Daneben steht – insofern ähnlich zur restaurativen Gerechtigkeit – die Arbeit mit der betroffenen Person, der gewaltausübenden Person und deren Community/Communities[46]; ein Prozess der gemeinhin als »Community Accountability« (kollektive Verantwortungsübernahme) bezeichnet wird.

V. Probleme der Community Accountability

Einen zentralen Faktor stellt für die transformative Gerechtigkeit die »Community«[47] dar, innerhalb derer transformative Gerechtigkeit organisiert werden soll. Dabei wird der Begriff der Community nicht immer

45 Mimi E. Kim, »Transformative justice and restorative justice: Gender-based violence and alternative visions of justice in the United States«, *International Review of Victimology* (2021/2), S. 169f.; Maya Schenwar/Victoria Law, *Prison by Any Other Name. The Harmful Consequences of Popular Reforms*, New York/London: The New Press 2020, Kap. 6.

46 Ana Clarissa Rojas Durazo/Alisa Bierria/Mimi Kim, »Community Accountability: Emerging Movements to Transform Violence«, *Social Justice* (2011-12/4), S. 1–11; Mimi Kim, »From carceral feminism to transformative justice: Women-of-color feminism and alternatives to incarceration«, *Journal of Ethnic and Cultural Diversity in Social Work* (2018/3), S. 226–228; Mariame Kaba, *We Do This 'Til We Free Us. Abolitionist Organizing and Transforming Justice*, Chicago: Haymarket Books 2021; Allegra M. McLeod, »Abolitionistische Demokratien entwerfen«, in: Daniel Loick/Vanessa Eileen Thompson (Hg.), *Abolitionismus. Ein Reader*, Berlin: Suhrkamp 2022, S. 556–608.

47 Der Begriff der Community lässt sich nicht adäquat ins Deutsche übertragen. Die Übersetzung mit »Gemeinschaft« weckt Assoziationen, die dem englischen Begriff so nicht inhärent sind. Der Begriff wird deshalb hier im englischen Original verwendet.

einheitlich verwendet, bzw. bewusst offengehalten. So wird sie anlässlich einer Sonderausgabe der *Social Justice* als »fluid, flexible concept, with porous and multiplicitous forms«[48] sowie als »conceptual and material space«[49] bezeichnet. Abolitionistische Ansätze begreifen die Community nicht als eine rein geographische Kategorie. Wichtiger sind Nähe, geteilte Identität, situative Faktoren oder Freundschaften – zentral ist mithin ein Gefühl der Verbundenheit und Zugehörigkeit.[50]

Die Community ist dabei ambivalent: Auf der einen Seite ist sie Ausgangspunkt der Gewalt, auf der anderen Seite bietet sie Ressourcen zur Überwindung und Aufarbeitung von Gewalt. Abolitionistischen Konzeptionen von Community geht es nicht um die Idealisierung und Bewahrung von bestehenden Gemeinschaften, sondern um ihre Veränderung.[51] Bereits im »Handbook for Abolitionists« heißt es: »The caring communities have yet to be built.«[52] Communities begreift man auch dort nicht als bereits vorhanden, sondern als einen Zielpunkt abolitionistischer Politik, also als Praxis. Dazu wird versucht, die Beziehungen innerhalb der Community zu stärken, Strukturen gegenseitiger Hilfe aufzubauen und durch gemeinsam organisierten Widerstand bessere Bedingungen für ein gewaltfreies Zusammenleben zu schaffen.[53]

Die relative Offenheit des Begriffs der Community beinhaltet jedoch auch das Risiko, ihn in regressiver oder affirmativer Weise auszudeuten. Ein zentrales Bedenken besteht darin, dass sich bei Aufarbeitungsprozessen im Rahmen transformativer Gerechtigkeit und Community Accountability neue Machtdynamiken und Abhängigkeiten herausbilden können. Beispielsweise stellt sich die Frage nach der Transparenz des Prozesses: Auf der einen Seite steht das Bedürfnis der Beteiligten nach Vertraulichkeit und Privatheit, auf der anderen Seite ist eine *kollektive* Verantwortungsübernahme nur mit einem gewissen Grad an Öffentlichkeit zu erreichen. Diese kann als Bloßstellung empfunden werden, Scham

48 Ana Clarissa Rojas Durazo/Alisa Bierria/Mimi Kim, »Community Accountability: Emerging Movements to Transform Violence«, *Social Justice* (2011/4), Fn. 7.

49 Ebd., S. 5.

50 Kelly Hayes/Mariame Kaba, *Let This Radicalize You*, Chicago: Haymarket Books 2023, Kap. 1–3; Critical Resistance, *The CR Abolition Organizing Toolkit*, Oakland 2004, https://criticalresistance.org/resources/the-abolitionist-toolkit/ (Zugriff: 05.07.2025), S. 68.

51 Ana Clarissa Rojas Durazo/Alisa Bierria/Mimi Kim, »Community Accountability: Emerging Movements to Transform Violence«, *Social Justice* (2011-12/4), S. 4–6.

52 Fay Honey Knopp et al., *Instead of Prisons: A Handbook for Abolitionists*, Syracuse (NY): Prison Research Education Action Project 1976, S. 11.

53 Kelly Hayes/Mariame Kaba, *Let This Radicalize You*, Chicago: Haymarket Books 2023, Kap. 1–3.

erzeugen und dadurch punitive Züge annehmen, was das Ziel der Gewaltfreiheit unterlaufen würde. Auch an anderen Punkten birgt die Community Accountability Risiken, etwa beim Rückgriff auf etablierte Autoritäten innerhalb der Community oder der Versuchung, eine Teilnahme am Prozess zu erzwingen.[54]

Hingewiesen wird zudem auf die Gefahr, dass das Konzept der Community Accountability sowie Organisationen, die mit ihm arbeiten, für staatliche und neoliberale Zwecke eingespannt werden könnten. Solche Projekte erfüllen Aufgaben, die im Rahmen eines neoliberalen Staatsumbaus zunehmend aus der staatlichen Verantwortung ausgelagert und privatisiert werden.[55] Marie-Theres Piening und Jenny Künkel schreiben in diesem Sinne, das Konzept sei ohne weitere normative Bestimmungen »passfähig mit neoliberalen Ideen«[56]. Mimi Kim hat zudem darauf aufmerksam gemacht, dass sich auch Organisationen im Bereich abolitionistischer Anti-Gewaltarbeit der Notwendigkeit ausgesetzt sehen, sich an staatliche Förderlogiken anzupassen.[57]

Ein weiterer Problemkomplex besteht in der Frage der Verallgemeinerbarkeit der Community Accountability. So werfen Piening und Künkel die Frage auf, ob das Konzept über einen überschaubaren und sehr spezifischen sozialen Kontext hinaus erweitert werden kann. Weil es auf marginalisierte Communities zugeschnitten ist, sei insbesondere unklar, ob und wie es sich auf die dominante Mehrheitsgesellschaft erweitern lässt.[58]

54 Mimi E. Kim, »Moving Beyond Critique: Creative Interventions and Reconstructions of Community Accountability«, *Social Justice* (2011-12/4), S. 29–31; Marie-Theres Piening/Jenny Künkel, »Community Accountability: Feministisch-antirassistische Alternative zum strafenden Staat?«, *Bürgerrechte & Polizei/CILIP* 03.12.2020, https://www.cilip.de/2020/12/03/community-accountability-feministisch-antirassistische-alternative-zum-strafenden-staat/ (Zugriff: 15.09.2025).

55 Randolph R. Myers/Tim Goddard, »Pyrrhic Victory? Social Justice Organizations as Service Providers in Neoliberal Times«, *Social Justice* (2014/4), S. 62–80; Ana Clarissa Rojas Durazo/Alisa Bierria/Mimi Kim, »Community Accountability: Emerging Movements to Transform Violence«, *Social Justice. A Journal of Crime, Conflict & World Order* (2011-12/4), S. 9.

56 Marie-Theres Piening/Jenny Künkel, »Community Accountability: Feministisch-antirassistische Alternative zum strafenden Staat?«, *Bürgerrechte & Polizei/CILIP* 03.12.2020, https://www.cilip.de/2020/12/03/community-accountability-feministisch-antirassistische-alternative-zum-strafenden-staat/ (Zugriff: 15.09.2025).

57 Mimi E. Kim, »Moving Beyond Critique: Creative Interventions and Reconstructions of Community Accountability«, *Social Justice* (2011-12/4), S. 32.

58 Marie-Theres Piening/Jenny Künkel, »Community Accountability: Feministisch-antirassistische Alternative zum strafenden Staat?«, *Bürgerrechte & Polizei/CILIP* 03.12.2020, https://www.cilip.de/2020/12/03/

Zum Beispiel Mariame Kaba weist allerdings darauf hin, dass ohnehin die Notwendigkeit bestehe, den konkreten Prozess der Community Accountability an die individuellen Bedürfnisse und Möglichkeiten der jeweiligen Communities anzupassen.[59] Zudem lässt sich das Modell auch aus abolitionistischer Perspektive nicht auf alle Fälle anwenden, zum Beispiel wenn zu große Machtasymmetrien zwischen den Beteiligten bestehen.[60]

Dass die konkrete Ausgestaltung von Community Accountability von den Bedingungen des Einzelfalls abhängt, steht im Einklang mit der Vorstellung von Community Accountability als einem praktischen Prozess, in dessen Verlauf das Ziel einer »caring community«[61] erst hergestellt wird. Abolitionistische Praxis setzt nicht auf einen am Reißbrett entworfenen und abgeschlossenen Plan, sondern versteht sich selbst als experimentierende Suche nach Alternativen zu Strafe, Polizei und anderem staatlichen Gewalthandeln.[62] So verstanden ist ihre Kritik und die Prüfung ihrer Fallstricke und Risiken ein integraler und unverzichtbarer Bestandteil ihrer selbst.

community-accountability-feministisch-antirassistische-alternative-zum-strafenden-staat/ (Zugriff: 15.09.2025).

59 Mariame Kaba, »Community Matters. Collectivity Matters. Interview by Damon Williams and Daniel Kisslinger«, in: dies., *We Do This 'Til We Free Us. Abolitionist Organizing and Transforming Justice*, Chicago: Haymarket Books 2021. Vgl. hierzu konkret auch den Praxisleitfaden *Creative Interventions Toolkit* und das dort vorgeschlagene Verfahren, Creative Interventions, *Creative Interventions Toolkit. A Practical Guide to Stop Interpersonal Violence*, 2018, https://www.creative-interventions.org/wp-content/uploads/2020/10/CI-Toolkit-Final-ENTIRE-Aug-2020-new-cover.pdf (Zugriff: 06.07.2025), Kap. 4A-4H.
Zur Notwendigkeit kontextsensibler und flexibler Vorgehensweisen bei verletzendem Handeln im digitalen Raum vgl. Amy A. Hasinoff/Nathan Schneider, »From Scalability to Subsidiarity in Addressing Online Harm«, *Social Media + Society* (2022/3), S. 4 m.w.N.

60 Leah Lakshmi Piepzna-Samarasinha/Shira Hassan, »Every Mistake I've Ever Made. An Interview With Shira Hassan«, in: Ejeris Dixon/Leah Lakshmi Piepzna-Samarasinha (Hg.), *Beyond Survival: Strategies and Stories from the Transformative Justice Movement*, Chico/Edinburgh: AK Press 2020.

61 Fay Honey Knopp et al., *Instead of Prisons: A Handbook for Abolitionists*, Syracuse (NY): Prison Research Education Action Project 1976, S. 11, 20, 63.

62 Mariame Kaba/Damon Williams/Daniel Kisslinger, »Community Matters. Collectivity Matters. Interview by Damon Williams and Daniel Kisslinger«, in: Mariame Kaba, *We Do This 'Til We Free Us: Abolitionist Organizing and Transforming Justice*, Chicago: Haymarket Books 2021.

JOCHEN BUNG

Produktive Unrechtsverarbeitung

Vergeben, Vergelten, Vergessen

Die Frage nach Alternativen zum Strafrecht führt in ein Untersuchungsfeld von nicht mehr zu beherrschender Unübersichtlichkeit. Sie führt in ein Labyrinth, in dem man immer wieder an derselben Stelle vorbeikommt, aber nicht herauskommt. Wenn wir aus dem Strafrecht herauskommen wollen, bleiben wir gerade über den Begriff der Alternativen zum Strafrecht am Strafrecht kleben. Wer nach Alternativen zum Strafrecht fragt, glaubt insgeheim an das Strafrecht. Wer so fragt, rechnet schon mit der Resignation, die Alternativlosigkeit des Strafrechts zugeben zu müssen. Die Frage nach Alternativen zum Strafrecht verbleibt in der Klaustrophobie des Strafrechts.

Wir müssen aufhören, nach Alternativen zu fragen. Anhaltspunkte in der herkömmlichen Diskussion gibt es kaum. Sie führen in die Klaustrophobie zurück. Nehmen wir zum Beispiel das Konzept Strafe ohne Strafschmerz.[1] Es klingt gut, ist aber kaum überzeugend einlösbar, denn die Entkoppelung von Verurteilung und Übelszufügung lässt den Schmerz ins Urteil einwandern, die »*Schande*, verurteilt zu werden«[2], und macht es zur eigentlichen schmerzhaften Strafe. Das verselbständigte Strafzeichen als solches, befreit vom Unintelligiblen der reaktiven Empfindung und deswegen als besonders reine Form der Vernunft gefeiert, wird zum dauerhaften Mal, zum Stigma. Es fällt nicht schwer, sich vorzustellen, dass eine sich auf den Akt öffentlicher Verurteilung und Schuldigsprechung verlegende Gesellschaft eine schroffe Gesellschaft wäre, unnachsichtig, vorhaltend vorwurfsvoll und nachhaltig nachtragend.

Wenn wir aus der Klaustrophobie des Strafrechts herauskommen wollen, müssen wir auch aufhören von Sanktionen zu reden, denn der Begriff der Sanktionen wird gerne als Alternative gewählt, wenn es darum geht, über Alternativen zum Strafen zu sprechen. Es geht dann um alternative Sanktionen und damit mehr oder weniger um dasselbe. Deswegen will ich über soziale Praktiken sprechen, die von vornherein nicht das Merkmal aufweisen, dass sie eine Einbuße bewirken, etwas oder jemanden beschränken oder einschränken, im materiellen oder immateriellen

1 Umfassend Markus Abraham, *Sanktion, Norm, Vertrauen. Zur Bedeutung des Strafschmerzes in der Gegenwart*, Berlin: Duncker & Humblot 2018.

2 Vgl. G.W.F. Hegel, *Grundlinien der Philosophie des Rechts*, Frankfurt am Main: Suhrkamp 2015, S. 189 (Anm. zu § 99).

Wert mindern, sondern vielmehr den sozialen oder zwischenmenschlichen Konflikt zum Anlass nehmen, Möglichkeiten zu eröffnen, etwas Neues hervorzubringen, etwas Produktives zu bewirken.

Wenn mich jemand verletzt oder so tief enttäuscht hat, dass ich das Bedürfnis verspüre, die Verletzung oder Enttäuschung heimzuzahlen, kann ich auf vielerlei Weise damit umgehen, um dieses Bedürfnis in etwas Positives zu verwandeln, und zwar unmittelbar als Vollzug eines ermöglichenden Moments, als Beitrag zu einer produktiven sozialen Praxis, die keine staatliche Aufsicht benötigt und bei mir selber anfängt, meiner Bereitschaft und Fähigkeit, mein Vergeltungsbedürfnis zu verwandeln.

Drei Verwandlungsformen will ich betrachten und unter den Begriffen des Vergebens, des Vergeltens und des Vergessens diskutieren. Den Begriff des *Vergebens* will ich zur Vermeidung der Gefahr einer Übertheoretisierung aus natürlichen Sprachverwendungszusammenhängen entwickeln. Im Kern betrifft er die Befreiung zur Wiederherstellung der Selbstbestimmung nach belastenden Erfahrungen ebenso wie das Freigeben der für diese Erfahrung verantwortlichen oder verantwortlich gemachten Person aus dieser Verstrickung, häufig, um einen Neuanfang möglich zu machen. Das Vergeben will ich als erste Form einer produktiven Unrechtsverarbeitung erörtern (I). Den Begriff des *Vergeltens* verwende ich in einem die Sprachgewohnheiten der herkömmlichen Strafzweckdiskussion bewusst durchkreuzenden Sinn. Ich möchte einen Bedeutungsstrang aufgreifen, der meistens verdeckt bleibt. Der Begriff wird reduziert auf negative Vergeltung (Bestrafung), dabei gerät die positive Vergeltung (Belohnung) aus dem Blick. Mir kommt es vor allem auf eine bestimmte, *paradoxe* Form der Vergeltung an, wie sie unter anderem in der christlichen Verhaltensethik gelehrt wird, der Vergeltung von Bösem mit Gutem, die auf den ersten Blick als Gabe eines Unverdienten, als eine irritierende Gratifikation erscheint. Diesen, wenn man so will, selbstaufhebenden Begriff von Vergeltung, wie er etwa in der Bergpredigt oder der Feldrede von Jesus als Reaktion auf erlittenes Unrecht empfohlen wird, will ich als zweite Form einer produktiven Konfliktverarbeitung erörtern (II). Als dritte und letzte Form wende ich mich dem Begriff des *Vergessens* zu (III). Hier kann ich an Überlegungen zur Produktivität der Vergesslichkeit anknüpfen, die Nietzsche in der Zweiten Abhandlung zur Genealogie der Moral angestellt hat. Um den produktiven und positiven Sinn des Vergessens herauszuarbeiten, ist vor allem wichtig, es von einem anderen Mechanismus abzugrenzen, nämlich dem des Verdrängens.

Zentral ist bei allen drei Formen, dass sie wirklich als produktive, »progressive« Möglichkeiten des Umgangs mit Unrecht (jenseits des Strafrechts oder alternativer Sanktionen) begriffen und weder als Machttechniken der Überheblichkeit noch als Überlebenstechniken der Machtlosigkeit missverstanden werden.

I. Vergeben

Vergeben meint in seiner ursprünglichen Bedeutung, dass etwas fortgegeben, hingegeben, weggegeben oder aufgegeben wird.[3] Schon früh entwickeln sich übertragene Bedeutungen. Es lassen sich sogar Verwendungsweisen identifizieren, die das Vergeben in eine semantische Nähe zum Vergelten bringen.[4] Wirklich bedeutsam ist jedoch bis heute die übertragene Bedeutung im Sinne von Verzeihen oder Erlassen, und zwar in enger Verbindung mit dem Bedeutungskreis, der durch Begriffe wie Schuld, Strafe oder Sünde gezogen ist.[5] Wie die wörtliche Nähe des Vergebens zu den Formen »vergebens« oder »vergeblich« zeigt (und insofern die ursprüngliche Bedeutung des Auf- oder Fortgebens weiterführend), ist das Vergeben eine Handlung, die nicht um einer Gegenleistung willen erfolgt. Es würde dem ursprünglichen Wortsinn und dem natürlichen Begriff des Vergebens widersprechen, wenn die vergebende Person nur unter bestimmten Voraussetzungen vergibt, nur unter der Bedingung, dass diejenige, der vergeben wird, bestimmte Auflagen erfüllt. Selbstverständlich ist es möglich, einen Vergebungsvertrag in diesem Sinne zu schließen, aber der Vergebungsvertrag trifft das Wesentliche des Vergebens nicht.

Damit meine ich nicht, dass Reue und Vergebung nicht zusammengehen können, das tun sie sogar häufig, nur würde eine Aufforderung der Art »Entschuldige dich für dein Verhalten, dann vergebe ich dir« den eigentlichen Sinn des Vergebens unterlaufen. Anders freilich, wenn wir auf ein aufrichtiges Bedauern, ein glaubwürdiges Bereuen oder eine unzweideutige Entschuldigung hin, anderen vergeben. Dabei ist wichtig und gehört wesentlich zum Vergeben, dass es nicht notwendigerweise entschuldigt. Vergeben kann die Annahme der Bitte um Vergebung sein, sie kann auch die Annahme einer Entschuldigung sein und damit selbst entschuldigen. Aber die Vergebung ist, wie gesagt, kein Vergebungsvertrag. Ich kann vergeben, ohne zu entschuldigen. Das Wesentliche der Vergebung ist, dass die vergebende Person darauf verzichtet, den Schuldvorwurf zu erneuern. Auf den Schuldvorwurf verzichten, ist nicht Entschuldigen.

Im Deutschen sagt man »vergeben und vergessen« – damit wird eine Beziehung zum Vergessen sichtbar gemacht, die noch erörtert werden soll. Der Vorwurf wird aufgegeben, lassen wir es gut sein, vergessen wir, was war. So weit muss Vergebung nicht gehen, aber es ist eine wesentliche Möglichkeit, dass man das Vergangene ruhen lässt, um – nicht notwendigerweise gemeinsam, aber häufig eben auch gemeinsam – weiterzukommen, um neue Dinge und Aufgaben angehen zu können oder alte

3 Jacob Grimm/Wilhelm Grimm, *Deutsches Wörterbuch von Jacob und Wilhelm Grimm*, München: dtv 1999, S. 381.

4 Ebd., S. 382.

5 Ebd., S. 383ff.

wiederaufzugreifen, die durch den Konflikt abgebrochen oder unterbrochen worden waren.

Im Grimm'schen Wörterbuch findet sich folgende interessante Beobachtung: »in den zusammenstellungen von vergeben mit vergessen und verzeihen ist heute vergeben wol der kräftigste ausdruck, indem es mehr ein erlassen aus innern moralischen gründen anzeigt, verzeihen und besonders vergessen aber nur ein absehen von verdienter strafe ist«[6]. Das Vergeben ist natürlich eine zwischenmenschliche Handlungsform und setzt Reziprozität voraus, aber es ist wesentlich eine innere moralische Form. Dies lässt sich mit Kants Begriff einer kategorischen Handlungsnorm interpretieren, die nicht (primär) durch die Überlegung motiviert ist, welchen Nutzen die Handlung bewirken mag und in der sich, wie typischerweise bei unbedingten Handlungsnormen, eine Anerkennung ausdrückt, im Falle des Vergebens eine Anerkennung trotz des Fehlverhaltens, trotz der Verletzung. Du hast mir zwar wehgetan, aber ich behandle Dich trotzdem mit Respekt.

Eine solche Anerkennung geht nicht auf Knopfdruck. Natürlich sind auch spontane unmittelbare Gesten der Vergebung denkbar. »Schwamm drüber« steht beispielsweise im Deutschen als lakonische Formel zur Verfügung. Aber vermutlich würde man in einem solchen Fall gar nicht vom Vergeben sprechen, sondern eher davon, dass man verzeiht oder Nachsicht übt. Dem normalen Sprachgebrauch zufolge ist Verzeihen schwächer, bezieht sich in der Regel auf weniger gravierende Enttäuschungen. Hingegen bezieht sich das Vergeben auf tiefgreifendere und nicht so leicht wegzuschiebende Erfahrungen von Unrecht.

Deswegen geht auch meistens ein längerer Prozess voraus, ein Prozess, in dem das Vergeben, nach einem Abklingen der unmittelbaren Wut und Trauer, dem Zurücktreten des Rachebedürfnisses, des Heimzahlenwollens, als Möglichkeit ins Bewusstsein tritt, in dem sich das Vergebenwollen aber häufig noch nicht zum wirklichen Vergeben durchringen kann, weil die Wunden noch zu offen sind. Es handelt sich hier um ein inneres Ringen, das andere nicht steuern, sondern allenfalls beeinflussen können. Es ist ein wesentlich innerer Prozess, auch wenn er in der Regel nicht in Einsamkeit abläuft, sondern von Einflüssen und Anregungen von außen begleitet wird. Eher kontraproduktiv ist aber ein sozialer Druck zu vergeben, zumal wenn er von Personen kommt, die sich mit der verletzten Person nicht solidarisch gezeigt haben. Hingegen sind solidarische Personen »berechtigt«, die Vergebung anzuregen, nur sollte dabei kein unnötiger Druck aufgebaut werden.

Der Prozess kann einige Zeit kosten, aber ein bestimmter Zeitraum oder ein »richtiger« Zeitpunkt lässt sich nicht bestimmen. Inwieweit es für das Vergeben wichtig ist, dass man eine Sicherheit für die Zukunft

6 Ebd., S. 384 (Kursivierungen i. Orig. weggelassen).

hat (»to pardon […] upon security of the Future time«[7]), ist unklar. Die Zukunft ist immer unsicher und wer vergibt, handelt auf eigene Verantwortung, das macht ihre Größe aus. Sicher kann man sich nie sein. Es ist möglich, dass der Prozess eine lange Zeit, womöglich Jahre oder gar Jahrzehnte, in Anspruch nimmt, das hängt von der Schwere der Verletzung und der Vulnerabilität der Betroffenen ab. Besser ist es natürlich, wenn es nicht zu lange dauert, weil das Vergeben wirklich neue Möglichkeiten freisetzen und erhebliches Potential für die Gestaltung der Zukunft enthalten kann. Wenn diejenigen, denen man vergibt, gar nicht mehr erreichbar sind, geht das produktive Moment der Vergebung nicht vollständig verloren, aber es verbleibt gewissermaßen bei einer Art von (später) Selbstbefreiung.

Vergeben ist kaum als Ausdruck von Machtlosigkeit denkbar. Die Entscheidung zu vergeben ist wesentlich ein Ausdruck von Selbstbestimmung. Dass sie faktisch erzwungen werden kann, ändert nichts an ihrem Begriff. In der Vergebung beweist die vergebende Person Handlungsmacht, sie nimmt das Geschehen in die Hand, sie gestaltet es, nimmt entscheidend Einfluss auf die zwischenmenschlichen Beziehungen. Deswegen ist es auch wichtig, dass durch das Vergeben keine Überlegenheit oder Überheblichkeit kommuniziert wird. Das ist die eigentliche Größe des Vergebens, dass sie keinen Statusgewinn erheischt, sondern Anerkennung ausdrückt. Überhebliches Vergeben lässt sich dadurch vermeiden, dass man zu verstehen gibt, »dass einem das auch hätte passieren können«, aber natürlich ist das in einigen Fällen nicht möglich. Es ist auch nicht unbedingt erforderlich, denn Vergeben ist, wie gesagt, nicht notwendigerweise Entschuldigen. Das selbstermächtigende Moment gehört allerdings wesentlich dazu. Wichtig ist nur, dass es nicht in einer Weise kommuniziert wird, die das Gegenüber erniedrigt. Wie das zu bewerkstelligen ist, hängt aber von der jeweiligen Situation, dem unmittelbaren Moment, den jeweiligen Umständen ab, so dass es hier kein Rezept, kein Kommunikationsprogramm gibt. Wenn das vergangene Geschehen eine Geschichte gegenseitiger Verletzungen ist, ist Vergebung ohnehin der falsche Begriff, dann geht es nicht um Vergebung, sondern um Versöhnung, die man nur gemeinsam anstreben kann.

Das Vergeben ist eine machtvolle Geste, was macht sie mit demjenigen, dem vergeben wird? Wenn durch das Vergeben keine Überlegenheit kommuniziert wird, sollte sie (wie für den Vergebenden) wirklich befreiend sein, als Möglichkeit eines Neuanfangs – eines eigenen oder gemeinsamen Neubeginns – begriffen und als diese Möglichkeit angenommen werden.

Unter dem Gesichtspunkt ausgleichender Gerechtigkeit ist das Vergeben widersinnig oder gar paradox. Ich tue jemandem etwas Gutes, der

7 Thomas Hobbes, *Leviathan*, Stuttgart: Reclam 2013, S. 312, 314.

mir etwas Böses getan hat. Ich erleichtere jemanden, der mich beschwert hat. Aber gerade als paradoxe, erwartungsdurchkreuzende Form ist das Vergeben produktiv. Es regt zum Neuanfang an, gerade wenn es nicht erwartet wird. Sie bringt mich weiter, dich oder uns beide zusammen. Unangekündigtes, unvorbereitetes, »grundloses« Vergeben oder Verzeihen ist das stärkste, weil es am meisten überrascht. Und dies vielleicht am meisten dann, wenn es in einer Form erfolgt, in der es zu einer Zuspitzung der beschriebenen Paradoxie kommt. Ich meine die Form: Ich vergebe dir nicht nur, ich gebe dir auch noch etwas dazu. Damit sind wir bei der zweiten Form produktiver Unrechtsverarbeitung angelangt, der *Vergeltung von Bösem mit Gutem.*

II. Vergelten

Dafür müssen wir uns zunächst einmal daran erinnern, dass Vergeltung als strafendes Prinzip den Begriff allemal nicht ausschöpft und auch nicht seine primäre oder ursprüngliche Bedeutung darstellt. Vergelten kann so gut Belohnen wie Bestrafen meinen, Vergüten oder Rächen, »die construction ist eine doppelte«, heißt es im Grimm'schen Wörterbuch.[8] Was dem Begriff zugrunde liegt, ist in beiden Fällen eine Vorstellung von Äquivalenz, einer Wertgleichheit, was sich unmittelbar in dem in ihm enthaltenen Wort »Geld« ausdrückt, das als generalisierter Wertträger auf der Abstraktion des Tauschvorgangs beruht. Deswegen überrascht es nicht, dass eine der ursprünglichsten Bedeutungen das Zurückzahlen von empfangenem Geld ist.[9]

Das Vergelten spielt sich allerdings nicht nur in der profanen ökonomischen Sphäre als materieller Tauschvorgang ab, sondern ist bereits in den Ursprüngen des Wortgebrauchs mit transzendentem Bezug ausgestattet, was man an der im süddeutschen Sprachraum bekannten Dankesformel »Vergelt's Gott« erkennen kann.[10] Diese Formel durchbricht die Äquivalenzökonomie der Vergeltung, hebt sie über sich hinaus, der Dank kann materiell die empfangene Leistung nicht aufwiegen, deswegen wird sie symbolisch in eine transzendente Sphäre gehoben, in der die angerufene Gewogenheit Gottes den Wohltätigen zugute kommen möge und als immaterielle Gratifikation für das Empfangene in Aussicht gestellt wird.

Der Gedanke, dass nur eine transzendente Macht überhaupt vergelten darf, findet sich auch im Bereich der rächenden oder strafenden Vergeltung. »Sprich nicht/Jch wil böses vergelten/Harre des HERRN/der wird

8 Grimm/Grimm, *Deutsches Wörterbuch von Jacob und Wilhelm Grimm*, S. 409.
9 Ebd., S. 408, s. auch S. 411.
10 Vgl. ebd., S. 410.

dir helffen« heißt es in Spr 20, 22 (Buch der Sprichwörter oder Sprüche Salomos)[11] und in Röm 12, 17–19 (Römerbrief) heißt es »Vergeltet niemals böses mit bösem. [...] Denn es stehet geschrieben/DIE RACHE IST MEIN/JCH WIL VERGELTEN/SPRICHT DER HERR.« Dass man hier auf Erden Böses mit Bösem vergilt, ist eine menschliche Anmaßung und eine Verletzung des Friedensgebots. Vergeltung üben darf nur Gott, wenn er es will und entscheidet, den Menschen steht das Vergeltungsrecht nicht zu.

Interessanterweise wird in der christlichen Verhaltensethik gleichwohl eine ganz merkwürdige Form der Vergeltung empfohlen, nämlich eine *paradoxe* Form, bei der Böses nicht mit Bösem, sondern Böses mit Gutem vergolten wird. Die paradoxe Form ist, allgemein ausgedrückt, dass ich jemandem, der mir etwas genommen hat, noch etwas dazugebe. »[W]er dir den Mantel nimpt/dem were nicht auch den Rock«, heißt es in der sog. Feldrede oder Feldpredigt im Evangelium nach Lukas.[12] Die Verwandtschaft mit dem »Vergelt's Gott« besteht darin, dass auch hier die Äquivalenzökonomie der Vergeltung, das Zurückzahlen, aufgehoben wird. Paradoxe Vergeltung ist *selbstaufhebende Vergeltung*. Deren Logik kann nicht durch eine Gegenleistung, sondern nur transzendent begründet werden, nämlich so, dass diejenigen, die ihr Handeln am Gebot der Feindesliebe ausrichten – »Liebet ewre Feinde. Segenet die euch fluchen. Thut wol denen die euch hassen. Bittet fur die/so euch beleidigen und verfolgen«[13] – sich würdig erweisen, Kinder Gottes zu sein, wie es in der Bergpredigt im Evangelium nach Matthäus heißt.[14] Wobei es eine zweite, weniger bescheidene Begründung für die vergeltungsaufhebende Vergeltung gibt, nämlich die, vollkommen zu werden, so wie Gott vollkommen ist, mit anderen Worten, so zu werden wie Gott.[15] In dieser Begründung wird die Problematik deutlich, die in der Handlungsform paradoxer Vergeltung liegt: Sie könnte als anmaßend, als eine Form der Überheblichkeit betrachtet werden, als Ausdruck einer selbstherrlichen Selbstinszenierung, als eines gottgleichen »Übermenschen«, der sich über die anderen erhebt, deren rechnerische und verrechnende Kleinmütigkeit er hinter sich gelassen hat.

Wir müssen, wie eingangs betont, im Blick behalten, dass die hier betrachteten Formen der Unrechtsverarbeitung nur dann ihre produktive oder progressive Kraft entfalten können, wenn sie das Gegenüber weder entwerten noch sich selbst entwerten, wenn sie weder Ausdruck von Überheblichkeit noch von Unterwerfung sind, weder Macht noch

11 Ich zitiere nach dem Text der Lutherbibel, D. Martin Luther, *Die gantze Heilige Schrifft Deudsch*, München: Rogner & Bernhard 1972.

12 Lk 6, 29.

13 Mat 5, 44.

14 Mat 5, 45.

15 Mat 5, 48.

Ohnmacht kommunizieren, sondern Gleichheit. Die wohl bekannteste Veranschaulichung paradoxer Vergeltung, der berühmte Backenstreich – jemand schlägt dir auf die Backe und du hältst die andere hin – ist vielleicht am ehesten dazu angetan, auf eine dieser beiden Weisen interpretiert zu werden.[16] Vor allem dann, wenn man das Beispiel wörtlich nimmt. Andererseits vermittelt das Beispiel des Backenstreichs auch etwas von der befriedenden Kraft spontaner Selbstentwaffnung. Durch die Unmittelbarkeit und Spontanität der Geste, durch den Überraschungseffekt, den sie bewirkt, hat sie das Potential, die destruktive Dynamik des Verletzungsgeschehens zu unterbrechen, das Gegenüber innehalten zu lassen, womöglich sogar dazu zu bringen, sich zu vergegenwärtigen und zu überdenken, was es da eigentlich tut. Natürlich ist die Einladung, noch einmal zuzuschlagen, nicht so gemeint, das weiß es auch, es wird etwas anderes kommuniziert, die Verletzung soll vergegenwärtigt, die Anmaßung und Beleidigung, die in ihr liegt, reflektiert werden. Das Hinhalten der Wange lässt sich in jedem Fall als Irritation zur Unterbrechung der Eskalation destruktiver gewaltförmiger Dynamiken auffassen und damit – auch unabhängig von möglichen moralischen Motivationen – als Ausdruck strategischer Verhaltensintelligenz.

Die anderen beiden Veranschaulichungen sind geeignet, das Verständnis der Idee einer produktiven Unrechtsverarbeitung durch paradoxale Vergeltung zu vertiefen. Das Mantel-Rock-Beispiel[17] vermittelt den formalen Grundgedanken: Wenn Dir jemand etwas nimmt oder nehmen will, dann lass es ihm bzw. gib es weg und gib noch etwas dazu. Interessant ist, dass die Version dieses Beispiels in Lk 6, 29 den unmittelbaren Angriff auf das Eigentum betrifft, während die Version in der Bergpredigt den Fall betrifft,[18] dass jemand in einem Rechtsstreit mir das Meinige zu nehmen versucht. Die Botschaft ist aber in beiden Fällen dieselbe. Der Angriff auf mich kann außerhalb oder innerhalb des Rechts stattfinden. Das macht für meine Handlungsregel – »Gib es nicht nur auf, sondern noch etwas dazu« – keinen grundsätzlichen Unterschied. Die Version in der Bergpredigt ist insofern vielleicht stärker oder aussagekräftiger, als sie die zusätzliche Botschaft enthält, mit dem eigenen Handeln die *Rechtsform selbst* in Verlegenheit zu setzen. Die Vergeltungsform ist die ursprüngliche Rechtsform,[19] durch paradoxes Vergelten wird nicht nur die Vergeltungsform, sondern die Rechtsform insgesamt unterlaufen.

16 Mat 5, 39; Lk 6, 29.
17 Mt 5, 40; Lk 6, 29.
18 Mt 5, 40.
19 Eugen Paschukanis, *Allgemeine Rechtslehre und Marxismus. Versuch einer Kritik der juristischen Grundbegriffe*, Frankfurt am Main: Verlag Neue Kritik 1969, S. 149ff.

Von Interesse ist auch das dritte Beispiel, wonach wir jemanden, der uns nötigt, eine Meile mit sich zu gehen, zwei Meilen begleiten sollen: »Vnd so dich jemand nötiget eine Meile/so gehe mit jm zwo«.[20] Diese Veranschaulichung macht deutlich, dass paradoxes Vergelten nicht nur als formales Prinzip oder als situative Strategie aufzufassen ist, sondern materiell – in bestimmten Fällen jedenfalls – bedeuten kann, dass ich mich für die Person, die meine Interessen verletzt hat, interessiere, dass ich mir für sie Zeit nehme, dass ich bereit bin, Zeit für sie aufzubringen. Wenn ich sie ein längeres Stück ihres Wegs begleite, lerne ich sie besser kennen, kann verstehen, was sie umtreibt, vielleicht auch besser verstehen, was sie bewogen hat, mich zu beeinträchtigen, meine Interessen zu verletzen, mich zu »nötigen«. Insofern kann diese Form des paradoxen Vergeltens auch die Voraussetzung dafür sein, dass ich vergebe – dass ich vergebe, weil ich (besser) verstehe.

Feindesliebe ist nicht unbedingt wörtlich zu nehmen, der Begriff ist eine paradoxe Zuspitzung des Gedankens der Nächstenliebe. Er soll irritieren und zum Nachdenken anregen, so wie die entgegenbringenden und entgegenkommenden Gesten der paradoxen Vergeltung irritieren und zum Überdenken der eigenen Handlungen anregen sollen. Das tun wir so, dass wir diejenigen, die uns geschädigt haben, nicht unsererseits schädigen, sondern gut behandeln. Nicht »wie du mir, so ich dir«, sondern »ich nicht zu dir, wie du zu mir«. Das kommt unerwartet, damit wird nicht gerechnet. Deswegen kann diese Form allerdings auch nicht zum Verhaltens-Dauerprogramm werden, es würde dann das notwendige Überraschungsmoment verlorengehen. Ich gebe dir hier und jetzt ein Beispiel, ich zeige dir, wie ich denke, dass wir miteinander umgehen sollten. Ich gebe dir ein Beispiel, über das du nachdenken und von dem du lernen kannst.

Es geht hierbei wesentlich um die Durchkreuzung von Erwartungen. Dass der Mechanismus negativ aufeinander bezogener Erwartungen, der Automatismus des Zurückschlagens durchbrochen wird. Diese Durchbrechung oder Durchkreuzung ist in sich produktiv. Jemand hat mich verletzt und ich schlage nicht zurück, im Gegenteil, ich lade meinen Schädiger ein, ich schenke ihm etwas, tue ihm etwas Gutes. Vielleicht schenke ich einfach Aufmerksamkeit, schenke meine Zeit, wie im Beispiel der längeren Wegstrecke, die ich mit jemandem gehe, der mich zum Mitgehen genötigt hat. Die Erwartungsdurchkreuzung ist das produktive Moment, schafft Raum für Neues, entweder zwischen uns beiden, also für uns beide, eine neue Form des Miteinanders, auch eines Neuanfangs, wie häufig beim Vergeben, aber auch jeweils für uns selbst. Und zwar entweder

20 Mt 5, 41; historisch hat das Beispiel vermutlich seinen Ursprung im gewaltfreien Widerstand gegen die römische Besatzungsmacht, diesen Hinweis verdanke ich Jakob Henschen.

spontan und situativ oder situationsunabhängig und längerfristig. Wir müssen uns dafür nicht unbedingt näher kennen oder zuvor miteinander zu tun gehabt haben. Die bisher betrachteten Formen einer produktiven Unrechtsverarbeitung sind prinzipiell auch in anonymen Verhältnissen denkbar, sie setzen nur ein unmittelbares Gegenüber voraus, mit dem ich durch eine der beschriebenen Formen interagiere.

Deswegen ist eine dritte Form des produktiven Umgangs mit Unrechtserfahrungen von Bedeutung, die nicht unmittelbar interaktiv ist und die ich im Grunde ganz mit mir alleine ausmachen kann, nämlich das *Vergessen*.

III. Vergessen

Das Vergessen ist nicht in sich produktiv, es ist – im Gegensatz zu den zuvor betrachteten zwei Formen produktiver Unrechtsverarbeitung, jedenfalls grundsätzlich – nicht interaktiv, aber auch nicht intra-aktiv, es bringt nichts zwischen uns ein und auch nichts aus sich selbst in mir selbst hervor. Es ist aber indirekt produktiv als Verwischen und Verschwimmenlassen von Spuren des Vergangenen, bereits in ursprünglichster nachweisbarer Wortbedeutung »ein absichtsloses verlieren aus dem sinne«[21]. Dieses Verlieren jedoch ist ein passives Ermöglichen neuer Orientierungen, neue Wege können beschritten oder überhaupt erst einmal gebahnt werden, die nicht (mehr) durch die alten vorgezeichnet sind.

Das ist typischerweise ein längerer Prozess, »böses soll man bald vergessen, doch vergist sichs schwerlich bald«, zitiert das Grimm'sche Wörterbuch eine Zeile von Friedrich von Logau.[22] Es ist ein Prozess, der nicht gesteuert werden kann, ein absichtsloser Vorgang eben, allerdings wiederum auch nicht einer, der gleichsam über uns kommt, sondern für den wir mehr oder weniger offen sein können, vielleicht als eine Bereitschaft, die negativ beschrieben werden kann durch die Freiheit, nicht vom Mechanismus der Erinnerung, diesem wiederkehrenden Zwang, beherrscht zu sein, so dass sich in dieser Freiheit die Möglichkeit ergibt, sich neuen Dingen zuzuwenden. Es geht gerade nicht um ein Abschließen mit der Vergangenheit, das wäre ein absichtlicher Akt, den wir – vor allem – mit dem Vergeben in Verbindung bringen könnten. Es ist wirklich prozesshaft, Vergessen funktioniert nicht auf Knopfdruck und in der Regel – zumal im Falle von einschneidenden Unrechtserfahrungen – auch nicht in überschaubaren Zeiträumen, sondern es gibt einen längeren Übergang, in dem die mit diesen Erfahrungen verbundenen Bilder allmählich

21 Grimm/Grimm, *Deutsches Wörterbuch von Jacob und Wilhelm Grimm*, S. 415.
22 Ebd., S. 419.

verblassen und durch den Verlust der Gegenwärtigkeit des Eindrucks für uns auch an Bedeutung verlieren.

Auch schnelleres Vergessen ist denkbar, allerdings müssen wir in diesen Fällen mit der Möglichkeit rechnen, dass es sich hierbei nicht um Vergessen, sondern eher um ein *Verdrängen* handelt. Damit soll nicht suggeriert sein, es handele sich um eine trennscharf zu treffende Unterscheidung[23] – im Gegenteil, der Begriff des Verdrängens ist unklar und umstritten. Sigmund Freud, der den Terminus maßgeblich geprägt hat, beschreibt, wie er ihn aufgreift, um den zuvor von ihm verwendeten Begriff der *Abwehr* zu ersetzen, wie er aber dann doch zu diesem Begriff zurückkehrt: »Ich ersetzte ihn [den Begriff des Abwehrvorgangs; J.B.] durch den der Verdrängung, das Verhältnis zwischen den beiden blieb aber unbestimmt. Ich meine nun, es bringt einen sicheren Vorteil, auf den Begriff der Abwehr zurückzugreifen«[24]. Der Begriff der Abwehr sei, so Freud, besser geeignet, um sich allgemein auf verschiedene psychische Konfliktverarbeitungsmechanismen zu beziehen, während der Begriff der Verdrängung spezieller sei und sich auf einen bestimmten solchen Mechanismus beziehe.[25] Anna Freuds Studie über die Abwehrmechanismen setzt systematisch genau an dieser Entprivilegierung des Verdrängungs- und der Wiedereinsetzung des Abwehrkonzepts an.[26]

Mir geht es hier nicht um eine Rekonstruktion der psychoanalytischen Terminologie, aber wir können dem Gedanken, dass Verdrängung eine Abwehrtechnik des Ichs ist, für unsere Zwecke einen wichtigen Hinweis entnehmen, der uns dabei hilft, das Verdrängen vom Vergessen abzugrenzen. Denn gegen die Passivität des Vergessens stellt sich das Verdrängen als eine Form der Aktivität dar, als Technik des Ichs, sicherlich nicht auf dieselbe Weise intentional wie andere psychische oder physische Techniken, aber eben doch als Vorgang, den man nicht einfach nur geschehen lässt, sondern unter psychischem Energieeinsatz betreibt: Abwehr kostet Energie. Was weiter kennzeichnend ist für die spezifische Aktivität der verdrängenden Abwehr, ist ihr unproduktiver Charakter. Verdrängen ist unproduktive Aktivität, weil die Vorkehrungen, die getroffen werden müssen, damit das Verdrängte nicht hervorkommt, wesentlich ein Unterdrücken sind. Das Verdrängte muss unterdrückt, muss in Schach gehalten werden, was Kräfte bindet, die dann für andere, produktivere, also fortentwickelnde und weiterentwickelnde Aktivität fehlt.

23 Zum Verhältnis von Vergessen und Verdrängen am Beispiel des Umgangs mit der NS-Vergangenheit s. Martin Asholt, *Verjährung im Strafrecht*, Tübingen: Mohr Siebeck 2016, S. 148ff.

24 Sigmund Freud, *Hemmung, Symptom und Angst*, Frankfurt am Main: Fischer-Taschenbuch-Verlag 2005, S. 105.

25 Ebd.

26 Anna Freud, *Das Ich und die Abwehrmechanismen*, Frankfurt am Main: Fischer-Taschenbuch-Verlag 2019, S. 49.

Vergessen ist keine Alternative zum Strafen, sondern die Strafe ist – nach Nietzsches Analyse – die groß angelegte und tiefgreifende Vorkehrung gegen das Vergessen, die Strafe greift das Vergessen an, sie dient dazu, dem Menschen »ein Gedächtnis zu machen«, vermittelt über die »Mnemotechnik« der Schmerzzufügung, damit er nie vergisst, was er getan hat.[27] Um die Folgen des Experiments, »[e]in Thier heranzuzüchten, das versprechen darf, zu verdeutlichen (denn die Strafe wird über die Frustration des sozialen Vertrauens begründet), muss man sich die »Kraft [...] der Vergesslichkeit« vergegenwärtigen, die Nietzsche auch als »positives Hemmungsvermögen« beschreibt, »[d]ie Thüren und Fenster des Bewusstseins ein wenig schließen; [...] ein wenig Stille, ein wenig tabula rasa des Bewusstseins, damit wieder Platz wird für Neues, vor Allem für die vornehmeren Funktionen und Funktionäre, für Regieren, Voraussehn und Vorausbestimmen«[28].

Insofern das Vergessen die »Oligarchie«[29] der »vornehmeren Funktionen« begünstigt oder ermöglicht, steht es freilich im Verdacht, womöglich nur eine Macht- oder Herrschaftstechnik zu sein. Regieren ist mit Gewalt verbunden und Gewalt regiert leichter, wenn sie um die Folgen nicht bekümmert ist. Es ist eine bekannte politische Machttechnik, dass man sich nicht mehr erinnern kann. Nietzsches Strafkritik ist gewiss nicht frei von der Konnotation, dass es sich bei ihr eher um ein aristokratisches als demokratisches Projekt handelt. Allerdings könnte es gut sein, dass Nietzsche am Beginn der zweiten Abhandlung zur Genealogie mit Ironie ins Thema führt, denn oligarchische Regierung ist eine dubiose Herrschaftsform. Was man vor allem nicht übersehen darf, ist, dass Nietzsches Machtbegriff ein Konzept von Befreiung zugrunde liegt, das nicht mit Unterdrückung verbunden ist, so wie seine Botschaft vom Übermenschen gerade keine Herablassung bedeutet, kein egozentrisches und destruktives Konzept, sondern eine neue Ethik des inneren Überfließens, des Schenkens und Gebens, die alles Ressentiment und alle Rachsucht überwunden hat und eine repressions- und herrschaftsfreie Lebensform imaginiert.[30]

Was das Vergessen als produktive Form der Unrechtsverarbeitung von den zuvor untersuchten Formen des Vergebens oder des – positiven oder paradoxen – Vergeltens unterscheidet, ist, dass es nicht nur als Form der Verarbeitung von Unrecht in der Person der Verletzten denkbar ist, sondern auch als Form der Verarbeitung in der Person derer, die

27 Friedrich Nietzsche, *Zur Genealogie der Moral. Eine Streitschrift*, Stuttgart: Reclam 2009, S. 50 (II, 3).

28 Ebd., S. 46 (II, 1), (Herv. i. Orig. weggelassen).

29 Vgl. ebd.

30 Franziska Dübgen, *Transformative Strafrechtskritik. Überlegungen im Anschluss an Nietzsches Vision einer neuen Gerechtigkeit,* Tübingen: Mohr Siebeck 2022, S. 64ff.

für das Unrecht verantwortlich sind oder verantwortlich gemacht werden. Gerade Nietzsche hat mit der Figur des »bleichen Verbrechers« im *Zarathustra* ein zeitloses Bild dafür geprägt, wie sehr die unausgesetzte Erinnerung seiner Tat den Verbrecher zerstört, weil er das Bild der Tat nicht erträgt, dem Bild überhaupt nicht gewachsen ist und daher auch sich selbst nicht mehr gewachsen ist. Auch ihm muss man wünschen, dass das Bild verblasst, dass irgendwann eine Loslösung geschieht von der unerträglichen Last der Erinnerung.

Das Vergessen in dem hier erörterten Sinn einer *indirekt* produktiven Verarbeitung von Unrecht schafft »Platz für Neues« (Nietzsche) im Verhältnis von Personen, die über angetanes und erlebtes Unrecht miteinander häufig auf eine Weise verstrickt sind, die keine Entwicklung erkennen lässt, sondern sich unheilvoll im Kreis dreht. Man könnte einmal versuchen – komplementär zum Begriff des gemeinsamen versöhnenden Erinnerns – auch den eines gemeinsamen befriedenden Vergessens zu entwickeln. Zwar ist das Vergessen nicht in der Weise eine interaktive Form wie das Vergeben oder das Vergelten, aber es verschließt sich auch nicht einer intersubjektiven Interpretation und sollte auch in diesem Licht betrachtet werden.

Vielleicht sollte ich in diesem Zusammenhang auch noch hervorheben, dass alle hier diskutierten Formen produktiver Unrechtsverarbeitung sowohl als individuelle wie auch kollektive Praktiken denkbar sind. Interaktionen zwischen Individuen sind anschaulicher und intuitiver zu erfassen, deswegen habe ich mich hier auch darauf beschränkt. Eine Übertragung der Praktiken des Vergebens, Vergeltens und Vergessens auf Kollektive, vor allem auf ganze Gesellschaften, ist sicher nicht möglich, ohne begriffliche Anpassungen und Differenzierungen vorzunehmen,[31] das will ich hier aber nicht mehr zum Gegenstand machen, es wäre die Aufgabe einer eigenen Untersuchung.

IV. Schlussbetrachtung

Erfahrungen von Unrecht sind fast immer Erfahrungen von Macht und Ohnmacht. Wenn wir wirklich aus dieser Verstrickung, diesem Bann herauswollen, ist es nicht hilfreich, wenn wir das Heil in der Strafe suchen, weil dies den fatalen Mechanismus der Gewaltspirale (der mythischen

31 Dafür ist der Begriff des kollektiven Gedächtnisses, in Abgrenzung zum individuellen und zum historischen Gedächtnis, sicherlich ein wesentlicher Anknüpfungspunkt, dazu grundlegend Maurice Halbwachs, *Das kollektive Gedächtnis*, Frankfurt am Main: Fischer-Taschenbuch-Verlag 1985; zu verschiedenen Erscheinungsformen des Vergessens Aleida Assmann, *Formen des Vergessens*, Göttingen: Wallstein Verlag 2016.

Gewalt im Sinne von Walter Benjamin)[32] perpetuiert, auch wenn sie im Namen der Gerechtigkeit und des Ausgleichs auftritt.[33] Vielleicht wollen Opfer von Straftaten genau das, die Täter ausgeliefert und ohnmächtig sehen, vielleicht ist gerade darin die Befriedigung zu finden, das könnte die nicht nachlassende Popularität und die beständige Wiederkehr vergeltenden Denkens erklären – nicht im hier entwickelten Sinne positiver, sondern im herkömmlichen Sinne negativer Vergeltung, wonach erlittene Einbußen dadurch ausgeglichen werden müssen, dass die Verantwortlichen ihrerseits eine Einbuße erleiden. Wenn diese Einstellung aber eine soziale Tatsache und keine Naturtatsache ist, kann sie verändert und geändert werden. Nicht von heute auf morgen, aber in langsamen Schritten, als mühevoller, aber lohnender Lernprozess. Es gibt gute Gründe für die Annahme, dass das soziale Leben umso besser wird, je weniger gestraft wird. Es liegt eine Entwicklungsnotwendigkeit darin, dass heute in der modernen Erziehung immer weniger auf Strafe und Disziplinierung gesetzt wird, so dass wesentlich repressive Erziehungsstile oder -praktiken ganz überwiegend negativ bewertet werden. Dass eine Gesellschaft nicht einfach ein Erziehungsprojekt ist, ist klar, aber vieles spricht dafür, dass man Gesellschaften über den Gesichtspunkt eines kollektiven sozialen Lernprozesses begreifen kann, eines Lernprozesses, der nicht von oben gesteuert wird, sondern der unmittelbar bei uns selbst anfängt, bei unserer Bereitschaft und Fähigkeit, Strafbedürfnisse und Vergeltungswünsche zu überwinden oder – wie ich es hier ausgedrückt habe – zu *verwandeln*.

Um eine konkretere Vorstellung davon zu bekommen, was das heißen kann, habe ich dafür argumentiert, aus dem Denkschema »Alternativen zum Strafen« auszusteigen, und drei Verwandlungsformen diskutiert, die zeigen, wie man mit erfahrenem Unrecht produktiv umgehen kann, ohne die Person, die einem das Unrecht hat wiederfahren lassen oder die man dafür verantwortlich macht, zu erniedrigen, zu beschränken oder einzuschränken oder in ihrem Wert zu mindern. Dafür ist ein Punkt zentral, den ich bereits berührt habe und den ich abschließend noch einmal aufgreifen möchte. Die drei betrachteten Formen können nur versöhnen, befrieden und erneuern, wenn sie nicht als Ausdruck von Macht oder Ohnmacht, weder als Ausdruck von Anmaßung noch von Unterwerfung wahrgenommen werden. Wenn ich »von oben herab« vergebe oder durch mein Vergessen zum Ausdruck bringe, dass ich dich marginalisiere oder ignoriere oder durch »paradoxes« Vergelten meine

32 Walter Benjamin, *Gesammelte Schriften II. 1*, Frankfurt am Main: Suhrkamp 1991, S. 179–204.

33 Zur Geschichte des Verhältnisses von Gerechtigkeit und Gewalt in der Entwicklung des modernen Strafrechts umfassend Benno Zabel, *Die Ordnung des Strafrechts*, Tübingen: Mohr Siebeck 2017, S. 160ff.

Überlegenheit inszeniere, werde ich dich nicht erreichen oder gar gegen mich aufbringen. Wenn ich vergebe oder vergesse, weil mir nichts anderes übrig bleibt oder wenn ich dir nach deinem Angriff auf mich auch noch die andere Wange hinhalte, um dich zu besänftigen oder gnädig zu stimmen, werden dich diese Gesten der Ohnmacht oder Selbsterniedrigung vermutlich ebenfalls nicht dazu bringen, dein Verhalten und deine Einstellung zu mir grundlegend zu überdenken. Produktive Unrechtsverarbeitung muss (auch wenn sie wesentlich asymmetrisch ist) auf gleicher Augenhöhe geschehen. Das ist alles leichter gesagt als getan, denn in Wahrheit verhalten sich die Dinge anders als in der Theorie und ist die soziale Wirklichkeit erheblich durch strukturelle Ungleichheiten geprägt, die sich in unser individuelles Handeln hinein verlängern, unsere Selbstverständnisse und unsere Interpretationen des Handelns anderer bestimmen.

Wenn im Vergeben, Vergelten oder Vergessen eine Überheblichkeit zum Ausdruck kommt, kommt darin übrigens auch das Strafschema zum Vorschein. Ich kann dich, wie man sagt, mit Verachtung strafen. Ich kann dich auch mit Nichtbeachtung strafen oder die Nichtbeachtung kann eine Form der Verachtung sein. Ich vergesse dich oder was du getan hast, weil du zu unwichtig bist, weil ich Wichtigeres zu tun habe, als mich mit dir zu beschäftigen. Das Vergessen kann eine eigene Strafform sein (damnatio memoriae).[34] Ich kann, indem ich meinem Schädiger etwas dazugebe, meine ökonomische Macht demonstrieren und ich kann dies darüber hinaus auch noch, wie Nietzsche gezeigt hat, auf eine die Verachtung ganz besonders zum Ausdruck bringende Weise tun, in dem ich meinen Schädiger als einen Schädling betrachte, als parasitäre Existenz, die mich nicht weiter kümmert und die ich mir leisten kann.[35] Zu all den oben entwickelten und erörterten Formen produktiver Unrechtsverarbeitung sind »verkehrte« Formen denkbar, die die Unrechtserfahrung gerade nicht so kommunizieren, dass daraus etwas Neues und Positives entstehen kann, etwas, dass mich oder dich oder uns beide zusammen weiterbringt, sondern die die Negativität vertiefen und die Aussichten auf einen Neuanfang und auf konstruktive Entwicklung verschlechtern.

Es gibt kein Patentrezept dafür, wie man die Formen produktiver Unrechtsverarbeitung praktiziert, ohne dass sie Überheblichkeit, Erniedrigung oder Selbsterniedrigung zum Ausdruck bringen oder zumindest Gefahr laufen, so wahrgenommen zu werden. Es hängt viel zu sehr von den beteiligten Personen, ihrem Verhältnis zueinander, der Vorgeschichte und schließlich natürlich vor allem auch vom Kontext ab, in dem Vergebung, (positive oder paradoxe) Vergeltung und Vergessen kommuniziert werden. Es geht jedenfalls nicht um Leistung und Gegenleistung, nicht

34 Zum strafenden Vergessen Assmann, *Formen des Vergessens*, S. 49ff.
35 Nietzsche, *Zur Genealogie der Moral. Eine Streitschrift*, S. 63 (II, 10).

um einen Täter-Opfer-Ausgleich, weder um Restorative Justice noch um Transitional Justice, es geht in einem entscheidenden Sinne überhaupt nicht um Gerechtigkeit. Es geht um die Überwindung des Fetischs der Gerechtigkeit, des Gerechtigkeitszwangs, es geht um einen emanzipatorischen Akt, einen befreienden Vorgang, um eine selbst übernommene Wiedergewinnung von Selbstbestimmung durch progressive Neutralisierung der Fremdbestimmung, die in jeder Unrechtserfahrung liegt, nicht in erster Linie als Übung zur Selbstoptimierung, sondern als wesentliches Element einer sozialen Praxis, die sich vom Strafzwang befreit. So können wir gemeinsam lernen, dass wir in einer Welt leben, in der Unrecht notwendigerweise geschieht und dass wir uns deswegen, wo es möglich ist und so weit es geht, von dem Vorwurf, für das Unrecht verantwortlich zu sein, entlasten sollten.

Liza Mattutat

Science-Fiction, spekulativer Feminismus und strafkritische Fabulation

Strafabolitionismus mit Ursula K. Le Guins *The Dispossessed*

I. Einleitung

»Man kennt alle Nachteile des Gefängnisses: daß es gefährlich ist, daß es vielleicht sogar nutzlos ist. Und dennoch ›sieht‹ man nicht, wodurch es ersetzt werden könnte«[1], schrieb Michel Foucault 1976 in *Überwachen und Strafen*. In seinem gefängniskritischen Klassiker untersuchte Foucault die Bedingungen der Akzeptanz des modernen Strafsystems.[2] Er kam zu dem Schluss, dass »dem Gefängnis eine Funktion zu[fällt], die weit eher symbolisch-exemplarischen als ökonomischen, strafenden oder bessernden Charakter«[3] hat. Das Gefängnis hat sich, laut Foucault, nicht etwa deshalb zur Strafform moderner Gesellschaften schlechthin entwickelt, weil es besonders human ist. Es verdankt seine Verbreitung stattdessen dem Umstand, dass es der Struktur moderner Herrschaft entspricht und zugleich der deutlichste Ausdruck deren Funktionsweise ist: Sie ist »normend, normierend und normalisierend.«[4] Da das Gefängnis anderen Institutionen der Gesellschaft wie Schule, Kaserne, Psychiatrie oder Krankenhaus homolog ist, erscheint es uns als selbstverständlich. Deshalb »sehen« wir nicht, wodurch es ersetzt werden könnte. In Anschluss an den britischen Schriftsteller und Kulturwissenschaftler Mark Fisher[5] beschreibt Oly Durose diese scheinbar unhintergehbare

1 Michel Foucault, *Überwachen und Strafen. Die Geburt des Gefängnisses*, Frankfurt am Main: Suhrkamp 1995, S. 296.

2 Vgl. Michel Foucault, *Was ist Kritik?*, Berlin: Merve 1992, S. 26ff.

3 Michel Foucault, *Die Wahrheit und die juristischen Formen*, Frankfurt am Main: Suhrkamp 2003, S. 121.

4 Foucault, *Überwachen und Strafen*, S. 236.

5 In seinem Buch *Kapitalistischer Realismus ohne Alternative?* geht Mark Fisher der Frage nach, warum es »fast unmöglich geworden ist, sich eine kohärente Alternative [zum Kapitalismus] überhaupt vorzustellen« (Mark Fisher, *Kapitalistischer Realismus ohne Alternative?*, Hamburg: VSA 2013, S. 8, Hervorhebungen im Original). Fischer greift Jacques Lacans Unterscheidung zwischen der Realität und dem Realen auf: Die Realität ist laut Lacan durch eine symbolische und imaginäre Ordnung bestimmt, das Reale

Selbstverständlichkeit des Gefängnisses als *carceral realism*: »Carceral realism is more than just advocacy for prisons. It embodies a deep-seated dependency on carceral regimes for making sense of our existence.«[6]

Foucaults Gesellschaftsdiagnose ist zwar ohne Frage veraltet,[7] dennoch lässt sich ihr ein Problem entnehmen, vor dem das Nachdenken über Alternativen zum Strafrecht grundsätzlich steht: Wenn unsere Vorstellungskraft nicht unabhängig von den gesellschaftlichen Verhältnissen ist, in denen sie sich bildet, sondern im Gegenteil durch diese geformt ist, lassen sich dann überhaupt echte Alternativen zum Strafrecht entwerfen? In *Archeaologies of the Future* führt der US-Amerikanische Literaturtheoretiker Fredric Jameson dieses Problem auf den empiristischen Grundsatz »Nichts ist im Geist, was nicht vorher in den Sinnen war« zurück und fasst es in seiner allgemeinsten Form:

> »If true, this principle spells the end […] of Utopia as a form […], affirming as it does that even our wildest imaginings are all collages of experience […]. On the social level, this means that our imaginations are hostages to our own mode of production.«[8]

besteht hingegen in einem unsymbolisierbaren Rest oder Überschuss, der nicht in diese Ordnung integriert werden kann. Entsprechend begreift Fisher den Kapitalismus als ideologische, symbolische Ordnung, die das ihr Andere – z.B. die systematische Zerstörung der Umwelt durch die kapitalistische Wachstumslogik – nicht integrieren, jedoch auch nicht völlig verdrängen kann (vgl. ebd., S. 26).

6 Oly Durose, »Carceral Realism: Is There No Alternative?«, *Red Pepper* 28.05.2022 https://www.redpepper.org.uk/carceral-realism-is-there-no-alternative/ (Zugriff: 12.12.2023).

7 Die Disziplinargesellschaften hatten zu Beginn des 20. Jahrhunderts ihren Höhepunkt und sind seither längst durch fluidere Konstellationen der Macht ersetzt worden, für deren Analyse verschiedene neue Begriffe diskutiert werden: Kontrollgesellschaft (Gilles Deleuze, »Postskriptum über die Kontrollgesellschaften«, in: *Unterhandlungen 1972–1990*, Frankfurt a. M.: Suhrkamp 1993, S. 254–262) oder Sicherheitsgesellschaft (Tobias Singelnstein/Peer Stolle, *Die Sicherheitsgesellschaft: soziale Kontrolle im 21. Jahrhundert*, Wiesbaden: VS 2008), algorithmische Gouvernementalität (Antoinette Rouvroy/Thomas Berns/Elizabeth Libbrecht, »Algorithmic governmentality and prospects of emancipation«, *Réseaux* (2013/1), S. 163–196) oder Environmentalität (Erich Hörl/James Burton (Hg.), *General Ecology: The New Ecological Paradigm*, London/Oxford/New York/New Delhi Sydney: Bloomsbury 2017), Digitaler Kapitalismus (Philipp Staab, *Digitaler Kapitalismus: Markt und Herrschaft in der Ökonomie der Unknappheit*, Frankfurt am Main: Suhrkamp 2019) oder Plattformkapitalismus (Nick Srnicek, *Platform Capitalism*, Cambridge, UK/Malden, MA: Polity 2016).

8 Fredric Jameson, *Archaeologies of the Future. The Desire Called Utopia and Other Science Fiction*, London/New York: Verso 2007, S. xiii.

Wer sich Alternativen zum Strafrecht ausdenken will, steht so immer in der Gefahr, es mit all seinen Ungerechtigkeiten in bloß anderer Gestalt zu wiederholen.

Auf den folgenden Seiten möchte ich diskutieren, ob und wie Science-Fiction diesem Problem etwas entgegensetzen kann. Dazu möchte ich zunächst darstellen, in welcher Weise Vertreter:innen des spekulativen Feminismus in den vergangenen Jahren von Science-Fiction Gebrauch gemacht haben (II). Spekulativer Feminismus steht auf dem theoretischen Fundament des Neuen Materialismus und zielt auf eine Befreiung der Einbildungskraft durch alternative Erzählungen im Medium der Science-Fiction. Im nächsten Schritt möchte ich diesen spekulativen Ansatz problematisieren und ihm mit Fredric Jameson eine analytische Perspektive auf Science-Fiction zur Seite stellen (III). Science-Fiction figuriert dann nicht als unbegrenzter Möglichkeitsraum für spekulative Entwürfe, sondern als Gegenstand materialistischer Literaturanalysen. Science-Fiction wird entsprechend als ein »realistisches Genre«[9] verstanden, das uns ein besseres Verständnis unserer Gegenwart erlaubt, indem sie uns diese verfremdet vor Augen stellt. In den letzten beiden Abschnitten werde ich anhand einer Interpretation von Ursula K. Le Guins Meisterwerk der feministischen Science-Fiction *The Dispossessed: An Ambigious Utopia* (2017) einige Aspekte zeitgenössischer alternativer Praktiken der Gerechtigkeit diskutieren.[10] Dazu werde ich zunächst die implizite Rechtstheorie des Romans rekonstruieren (IV.) und anschließend auf Praxen der Community Accountability beziehen (V.).

II. Science-Fiction und Strafrecht: Feministisches Spekulieren im Dienste des Abolitionismus?

Science-Fiction und Recht sind in vielfältiger Weise miteinander verwoben. Manche Berührungspunkte sind unterhaltsam, aber wenig überraschend: So stand das Recht etwa im Mittelpunkt einer Reihe von

9 Ursula K. Le Guin, »Die Tragetaschentheorie der Fiktion«, in: Marie-Luise Angerer/Noam Gramlich (Hg.), *Feministisches Spekulieren. Genealogien, Narrationen, Zeitlichkeiten*, Berlin: Kulturverlag Kadmos 2020, S. 39; vgl. auch Kim Stanley Robinson, »Imagining the End of Capitalism with Kim Stanley Robinson«, *Jacobin* 10.12.2020 https://jacobin.com/2020/10/kim-stanley-robinson-ministry-future-science-fiction (Zugriff: 12.12.2023).

10 Erste Überlegungen zu dieser Frage entstanden im Austausch mit Daria Bayer und Marcus Döller während der Vorbereitung einer szenischen Lesung utopischer Texte im Rahmenprogramm der Tagung »Utopie einer neuen normativen Ordnung. Alternativen im Recht/Alternativen zum Recht« (09.–11.03.2023, Warburg-Haus, Hamburg) des Jungen Forums Rechtsphilosophie.

Science-Fiction Erzählungen[11] oder SciFi-Romanen wurden als Diskussionsmaterial für die juristische Ausbildung empfohlen.[12] Überraschender als diese äußerlichen Bezugnahmen sind Argumente für strukturelle Ähnlichkeiten und Wirkzusammenhänge von Science-Fiction und Recht, wie sie im Bereich *Law and Literature* diskutiert werden: So zeigt etwa Mitchell Travis, dass das Recht selbst wie Science-Fiction operiert, wenn es Technologien reguliert, die es noch gar nicht gibt. Was das konkret bedeutet, führt Travis am Beispiel der Regulation menschlich-tierischer Mischembryonen durch den Human Fertilisation and Embryology Act von 1990 im Vereinigten Königreich vor. »Human-animal hybridity remained Science-Fiction until the HFE Act 1990, which prohibited the creation of admixed embryos. Through its description of these entities«, argumentiert Travis, »the law made a space for them to become real«.[13]

Umgekehrt wird Science-Fiction zur juristischen Hilfswissenschaft, argumentiert Jorge L. Contreras, wenn ihre Bildwelten in Diskussionen um neue rechtliche Herausforderungen, die nicht durch persönliche Erfahrung zugänglich sind, zum Medium der Auseinandersetzung der juristischen Community werden. »Science-Fiction offers the ultimate legal hypothetical«.[14]

Gehen dann gar fiktive Regelungen der Science-Fiction in die Gesetzgebung ein, wird Science-Fiction selbst zu Recht. Dies war z.B. in der Entschließung *Zivilrechtliche Regelungen im Bereich Robotik* vom 16. Februar 2017 des EU-Parlaments der Fall, in der Isaac Asimovs

11 Um nur ein paar Beispiele zu geben: Im Staffelfinale der Apple TV+-Serie *Extrapolations* (2023) wird das Verhältnis der Silicon Valley-Industrie und der Klimakatastrophe im Rahmen eines Gerichtsverfahrens gegen den Tech-Billionär Nick Bilton verhandelt. Die Anklage lautet auf Ökozid. In der TV-Serie *Century City* (CBS, 2004–2005) bearbeitet eine Anwaltskanzlei in der nahen Zukunft Fälle, die sich erst aus neuen technologischen und biomedizinischen Innovationen ergeben könnten. In der Folge *White Bear* (Channel 4, 2013) der Serie *Black Mirror* wird der Strafvollzug zum Spektakel öffentlicher Unterhaltung umgestaltet, bei der verurteilte Menschen in bizarren Szenarien von Horden zahlender Gäste verfolgt werden, die das Geschehen mit ihren Handys dokumentieren.

12 Vgl. Martin Rath, »Science-Fiction & Strafrecht: Zukunft des Verbrechens«, *Legal Tribune Online* 07.12.2014 https://www.lto.de/recht/feuilleton/f/strafrecht-zukunft-science-fiction-schuldig-in-16-faellen-arno-behrend/ (Zugriff: 12.12.2023).

13 Mitchell Travis, »Making Space: Law and Science Fiction«, *Law and Literature* (2011), S. 246.

14 Jorge Contreras, »Science Fiction and the Law: A New Wigmorian Bibliography«, *Utah Law Faculty Scholarship* 08.2020 https://dc.law.utah.edu/scholarship/226 (Zugriff: 12.12.2023), S. 7.

Robotergesetze als taugliche Grundlage für KI-Sicherheit befunden wurden.[15]

Nimmt man diese drei Aspekte zusammen, ergibt sich für das Verhältnis von Science-Fiction und Recht: Science-Fiction entsteht aus einer rechtlich verfassten Gesellschaft und wird von ihr bestimmt, gestaltet diese aber auch ihrerseits um.

Solche Wechselverhältnisse von *matter* (Materialität) and *meaning* (Diskurs), hier konkret von Recht und Science-Fiction, nennt der Neue Materialismus in der Spielart Karen Barads *entanglement*. Der Prozess der wechselseitigen Bestimmung wird als *intra-action* oder *intra-activity* von Diskurs und Materie verhandelt.

> »[O]n an agential realist account, both materiality and discursive practices are rethought in terms of intra-activity«.[16] »[M]atter does not refer to a fixed substance; rather, *matter is substance in its intra-active becoming — not a thing, but a doing, a congealing of agency. Matter is a stabilizing and destabilizing process of iterative intra-activity*«.[17]

Dieser Annahme entsprechend kann, wer sich gesellschaftliche Veränderungen wünscht, gleichermaßen an *matter* oder an *meaning* ansetzen, da beide miteinander verwoben sind. Es erscheint möglich, in die unter anderem durch Recht gestaltete Wirklichkeit unserer Gesellschaft (*matter*) zu intervenieren, indem neue und andere Erzählungen von dieser (*meaning*) entwickelt werden. Deshalb sind alternative Formen des Storytellings für spekulative Feminist:innen in der Tradition Karen Barads und Donna Haraways zentral. »Es ist von Gewicht, welche Geschichten, Geschichten erzählen, welche Konzepte, Konzepte denken«[18], schreibt letztere in *Unruhig bleiben. Die Verwandtschaft der Arten im Chthuluzän*. Laut

15 Isaac Asimov beschrieb die Robotergesetze erstmals in der Kurzgeschichte *Runaround* im Jahr 1942. Die Gesetze lauten: 1) Ein Roboter darf kein menschliches Wesen verletzen oder durch Untätigkeit gestatten, dass einem menschlichen Wesen Schaden zugefügt wird. 2) Ein Roboter muss den ihm von einem Menschen gegebenen Befehlen gehorchen – es sei denn, ein solcher Befehl würde mit Regel 1 kollidieren. 3) Ein Roboter muss seine Existenz beschützen, solange dieser Schutz nicht mit Regel 1 oder 2 kollidiert (vgl. Isaac Asimov, »Runaround«, *Astounding* (1942), S. 100). Später ergänzte Asimov das nullte Gesetz, das das Wohl der Menschheit über das eines einzelnen Menschen stellt: Ein Roboter darf die Menschheit nicht verletzen oder durch Passivität zulassen, dass die Menschheit zu Schaden kommt (vgl. Issac Asimov, *Der Aufbruch zu den Sternen: Roman*, München: Heyne 2005).

16 Karen Barad, »Posthumanist Performativity: Toward an Understanding of How Matter Comes to Matter«, *Signs: Journal of Women in Culture and Society* (2003), S. 820.

17 Ebd., S. 822 (Hervorhebung im Original).

18 Donna Haraway, *Unruhig bleiben: Die Verwandtschaft der Arten im Chthuluzän*, Frankfurt/New York: Campus 2018, S. 139.

Haraway brauchen wir neue Erzählungen, um alternative Weisen des Zusammenlebens zu entwickeln, die das anthropozentrische Weltbild hinter sich lassen und komplexere Natur-Kultur-Verhältnisse lebbar machen. Besonderes Potenzial bei der Entwicklung dieser alternativen Erzählungen spricht Haraway der Science-Fiction zu, weshalb sie ihren eigenen philosophischen Ansatz auch als »SF« bezeichnet. »SF: Science-Fiction, spekulative Fabulation, Spiele mit Fadenfiguren (string figures), spekulativer Feminismus, science fact (wissenschaftliche Fakten), so far (bis jetzt)«.[19] In ihren Büchern zieht Haraway utopische und dystopische Weltentwürfe von Autor:innen wie Ursula K. Le Guin, Marge Piercy oder Octavia Butler heran, um dem Motiv des unendlichen Wachstums, auf dem der extraktivistische Kapitalismus unserer Zeit basiert, lebbarere Naturverhältnisse entgegenzusetzen.

Dieser Ansatz wurde in den vergangenen Jahren in Deutschland und weltweit interdisziplinär aufgegriffen und methodisch weiterentwickelt.[20] In deren[21] Einleitungsessay zum gemeinsam mit Marie-Luise Angerer herausgegebenen Sammelband *Feministisches Spekulieren. Genealogien, Narrationen, Zeitlichkeiten* fasst Medienwissenschaftler:in Noam Gramlich es als »eine der Grundprämissen des feministischen Spekulierens [, dass] ein unreines – also weder ein spiegelndes noch ein von oben darauf blickendes – Verhältnis zur ›Welt‹ oder zur ›Geschichte‹«[22] eingenommen wird. Feministisches Spekulieren ist eine situierte Praxis, die »der konstitutiven Rolle der eingebetteten Beobachterin/Teilhabenden, ihrer Perspektive und der reichen Agentialität und Multisubjektivität des Kontexts«[23] Rechnung trägt. Science-Fiction eignet sich laut Julia Grillmayr in besonderer Weise als Medium dieser Praxis, weil sie Raum

19 Ebd., S. 11.

20 Vgl. Marie-Luise Angerer/Noam Gramlich (Hg.), *Feministisches Spekulieren. Genealogien, Narrationen, Zeitlichkeiten*, Berlin: Kulturverlag Kadmos 2020; Hannah Wallenfels, »Spekulativer Feminismus. Mit Science-Fiction das Patriarchat wegdenken«, *Deutschlandfunk Kultur* 17.11.2022 https://www.deutschlandfunkkultur.de/spekulativer-feminismus-science-fiction-patriarchat-100.html (Zugriff: 12.12.2023); Julia Grillmayr, »Wilde Spekulationen. Feministisch-ökologische Wissenschaftskritik und spekulative Fiktion«, in: Marie-Luise Angerer/Noam Gramlich (Hg.), *Feministisches Spekulieren. Genealogien, Narrationen, Zeitlichkeiten*, Berlin: Kulturverlag Kadmos 2020, S. 149–161.

21 Dey/deren/denen sind die nicht-binären Pronomen, die Noam Gramlich nutzt.

22 Noam Gramlich, »Feministisches Spekulieren. Einigen Pfaden folgen«, in: Marie-Luise Angerer/Noam Gramlich (Hg.), *Feministisches Spekulieren. Genealogien, Narrationen, Zeitlichkeiten*, Berlin: Kulturverlag Kadmos 2020, S. 18.

23 Ebd., S. 16.

für Geschichten bietet, »die Alternativen zu einem apokalyptisch-lähmenden Narrativ einerseits und einem futuristisch-eskapistischen Narrativ andererseits aufzeigen«[24]. Innerhalb dieses spekulativen Raums ließen sich dann »Vorschläge[…], wie Gesellschaft ganz anders funktionieren könnte«,[25] entwickeln, die als politische Wegweiser eingesetzt werden können. Denn was angemessene politische Reaktionen auf die Klimakatastrophe oder rassistische und patriarchale Strukturen verhindert, sind aus Sicht des spekulativen Feminismus weniger fehlende technologische Fähigkeiten oder ungleich verteilte Ressourcen »als ein Mangel an kollektiver Vorstellungskraft.«[26]

Dem Vorgehen des spekulativen Feminismus folgend, könnten Science-Fiction Romane Inspirationsquellen für die Frage nach Alternativen zum strafrechtlichen Umgang mit verletzendem Verhalten sein. Diese Romane wären entsprechend auf Rechtsutopien zu befragen, die Gesellschaften jenseits von Strafe imaginieren.[27] Gesucht wäre dabei nicht ein utopisches Masternarrativ, das alle Probleme des Strafrechts auf einmal beseitigte, sondern eine Vielfalt von Geschichten, die bestehende Narrative aufknüpfen, weiterweben und so ein komplexeres Verständnis von verletzendem Verhalten möglich machen.[28]

24 Julia Grillmayr, »Wilde Spekulationen. Feministisch-ökologische Wissenschaftskritik und spekulative Fiktion«, S. 152.

25 Wallenfels, »Spekulativer Feminismus. Mit Science-Fiction das Patriarchat wegdenken«.

26 Ebd.

27 Z.B. Ursula K. Le Guin, *Freie Geister: Roman*, Frankfurt am Main: Fischer Tor 2017; Octavia E. Butler, *Parable of the Sower*, New York: Grand Central Publishing 2000; Marge Piercy, *Woman on the Edge of Time*, New York: Fawcett 1985. In seinem Beitrag zum Workshop »Alternativen zum, im und durch Strafrecht« (12.–13.10.2023, Goethe-Universität Frankfurt am Main) hat Kilian Wegner utopische Romane von Thomas Morus *Utopia* (1516) bis zu Aldous Huxley *Eiland* (eng. 1962, dt. 1973) einer solchen Befragung unterzogen. Er kam zu dem ernüchternden Schluss, dass die Romane wenig originelle Vorschläge zum Umgang mit verletzendem Verhalten bereithalten. »Wenn nicht schon die Befriedigung aller materiellen Bedürfnisse Kriminalität im utopischen Gesellschaftsentwurf ohnehin ausmerzt […], werden verbliebene Kriminelle sowohl in Utopien wie in Dystopien zumeist entweder verbannt, ausgesondert oder kurzerhand biochemisch bzw. therapeutisch ›geheilt‹« (Kilian Wegner, *(Kein?) Strafrecht in der Utopie*, Unveröffentlichtes Manuskript, 2023).

28 Eine solche Lesart finden sich in Ansätzen bei Ksenia Firsova, »Science Fiction as an Abolitionist Tool«, *LARB Pub Lab* 3/2020 https://larbpublab.org/2025/05/20/science-fiction-as-an-abolitionist-tool/ (Zugriff: 11.07.2025); Oly Durose, »Carceral Realism: Is There No Alternative?«.

III. L'art pour l'art? Ein dialektischer Einwand gegen den spekulativen Feminismus

Ich habe große Sympathien für situierte Wissenspraxen und für komplexe Gerechtigkeitsbegriffe. Dennoch denke ich, dass die horizontale Ontologie des spekulativen Feminismus – in der sich Materie und Diskurs (oder *matter* und *meaning* oder Recht und Literatur) wechselseitig bestimmen sollen, ohne dass einer der Pole überhand gewinnt – mit einem Paradox einhergeht: Je freier unsere Vorstellungskraft von den gesellschaftlichen Bedingungen sein soll, desto weniger kann sie in diese intervenieren. Frederic Jameson zollt für die Formulierung dieses Paradoxes Herbert Marcuse Anerkennung:

> »Marcuse argues that it is the very separation of art and culture from the social – a separation that inaugurates culture as a realm in its own right and defines it as such – which is the source of art's incorrigible ambiguity. For that very distance of culture from its social context which allows it to function as a critique and indictment of the latter also dooms its interventions to ineffectuality and relegates art and culture to a frivolous, trivialized space in which such intersections are neutralized in advance.«[29]

Konzipiert man Science-Fiction als Raum unbegrenzter Vorstellungskraft, mit dessen Hilfe wir das Strafrecht und »das Patriarchat wegdenken«[30] können, gibt man zugleich die Möglichkeit preis, dass sie überhaupt eine Wirkung auf die beiden Herrschaftsverhältnisse haben kann. Es ist deshalb vielversprechender, Science-Fiction mit Frederic Jameson – im Geiste des alten Materialismus, statt des neuen – als Ausdruck gesellschaftlicher Verhältnisse zu verstehen. Science-Fiction ist dann zwar kein freier Raum für spekulative Entwürfe, wohl aber ein Artikulationsraum für gesellschaftliche Kräfteverhältnisse. Die Konstellationen dieser Kräfteverhältnisse lässt sich dann durch eine Interpretation der Narrative und Motive der SciFi-Romane analysieren.

Science-Fiction handelt diesem Literaturverständnis zufolge weder von der vorhersagbaren Zukunft noch von möglichen Zukünften.[31] Laut Jameson hat Science-Fiction »not at all [the] capacity to keep the future

29 Jameson, *Archaeologies of the Future. The Desire Called Utopia and Other Science Fiction*, S. xv.

30 So lautet ein Teil des unglücklich gewählten Titels eines Interviews des Deutschlandfunks mit Hannah Wallenfels. Der Titel wurde wahrscheinlich von der Redaktion bestimmt (vgl. Wallenfels, »Spekulativer Feminismus. Mit Science-Fiction das Patriarchat wegdenken«).

31 Vgl. Ursula K. Le Guin »Vorbemerkung«, in: dies.: *Die Linke Hand der Dunkelheit*, München: Heyne 2014; Jameson, *Archaeologies of the Future. The Desire Called Utopia and Other Science Fiction*, S. 288.

alive, even in imagination.«[32] Und auch für Le Guin ist klar: »Science-Fiction erzählt nichts über die Zukunft.«[33] Science-Fiction ist, wie die Autorin nicht müde wird zu betonen, ein »realistisches Genre«, »ein seltsamer Realismus [zwar], aber wir leben [ja auch] in einer seltsamen Realität.«[34]

Dieses seltsame realistische Genre mobilisiert eigentümliche Zeitstrukturen, die kritische Wirkung entfalten können: Indem Science-Fiction ihre Handlung in der Zukunft ansiedelt, kann sie unsere Gegenwart als abgeschlossene Vergangenheit darstellen. Dieser literarische Kunstgriff zeichnet laut Jameson Science-Fiction als Genre aus und macht sie zugleich besonders interessant für materialistische Analysen. Denn, so argumentiert Jameson, wir können unsere Gegenwart nicht direkt wahrnehmen. Weil wir in ihre Komplexitäten eingelassen leben, ist die Gegenwart für uns nicht totalisierbar. Sie ist daher auch nicht als Objekt vorstellbar.[35] Wollen wir die Gegenwart zum Gegenstand unserer Analyse und Kritik machen, müssen wir deshalb immer indirekte Wege wählen. »Elaborate strategies of indirection are therefore necessary if we are somehow to break through our monadic insulation and to ›experience‹, for some first and real time, this ›present‹.«[36] Die *futur antérieur*-Struktur der Science-Fiction zählt zu diesen elaborierten, indirekten Strategien: Indem sie die Gegenwart als abgeschlossene Vergangenheit erzählt, macht Science-Fiction diese als Objekt unserer Analyse zugänglich.[37]

Diesem quasi-methodischen Hinweis stellt Jameson einen zweiten zur Seite: Er schlägt vor, utopische Erzählungen darauf zu befragen, wie das Negative – alles Ungerechte, Unglückliche und Unlustbringende, das die Utopie naturgemäß überwinden möchte – in ihnen verdrängt oder unterdrückt wird.

> »The repression of the negative, the place of that repression, will then allow us to formulate the essential contradiction of such texts, which we have expressed in a more abstract fashion above, as the dialectical reversal of intent, the inversion of representation, the ›ruse of history‹ whereby the effort to imagine utopia ends up betraying the impossibility of doing so.«[38]

32 Jameson, *Archaeologies of the Future. The Desire Called Utopia and Other Science Fiction*, S. 288.
33 Le Guin, »Vorbemerkung«.
34 Ursula K. Le Guin, »Die Tragetaschentheorie der Fiktion«.
35 Vgl. Jameson, *Archaeologies of the Future. The Desire Called Utopia and Other Science Fiction*, S. 288.
36 Ebd., S. 287.
37 Vgl. ebd., S. 288.
38 Ebd., S. 290.

Jameson geht davon aus, dass es unmöglich ist, die Utopie zu denken bzw. zu repräsentieren. Und zwar nicht wegen einer irgendwie politischen oder psychologischen Beschränkung unserer Einbildungskraft, sondern aus einem strukturellen Grund: Die vollendete Utopie wäre keine mehr. »[A]n ›achieved‹ Utopia – a full representation – is a contradiction in terms.«[39] Denn als volle Repräsentation erlaubte eine solche Utopie keine Veränderung, keine historische Entwicklung, kein Leben mehr – sie schlägt um in eine Dystopie totalitärer Herrschaft. Für Jameson sind deshalb diejenigen Utopien am interessantesten, deren Scheitern wir am besten nachvollziehen können.[40]

Was können wir, diesem Fingerzeigen Jamesons folgend, nun aus Science-Fiction, verstanden als »method for apprehending the present as history«[41], für die Diskussion um Alternativen zum Strafrecht lernen? Was gibt sie uns zu sehen? Eine Darstellung und Interpretation der Rechtstheorie in Ursula K. Le Guins Roman *The Dispossessed: An Ambigious Utopia* (1974) soll im Folgenden Aufschluss darüber geben.

IV. Ursula K. Le Guins Rechtstheorie in *The Dispossessed. An Ambigious Utopia*

Ursula K. Le Guins Roman *The Dispossessed* spielt auf den Schwesterplaneten Urras und Anarres. Anarres wurde nach einem gescheiterten Revolutionsversuch auf Urras von anarchistischen Revolutionär:innen besiedelt. Zur Zeit der Romanhandlung, die etwa 150 Jahre nach diesen Ereignissen einsetzt, hat sich Urras zu einer hochtechnisierten Welt mit einer Reihe verschiedener autoritärer Systeme entwickelt (Kapitalismus, Sozialismus, Militärdiktatur). Auf Anarres hat sich hingegen ein syndikalistischer Anarchismus herausgebildet, der seine Reichtümer nach dem kommunistischen Prinzip »Jeder nach seinen Fähigkeiten, jedem nach seinen Bedürfnissen!«[42] erwirtschaftet und verteilt.

Die Romanhandlung folgt dem Protagonisten Shevek, einem hochtalentierten, anarresischen Physiker, der an der Entwicklung einer allgemeinen Temporaltheorie arbeitet. Seine Arbeit wird auf Anarres als zu experimentell und seine Denkweise als gefahrbringend individualistisch eingeschätzt. Diese mangelnde Wertschätzung veranlasst Shevek dazu, mit Wissenschaftler:innen von Urras Kontakt aufzunehmen. Shevek begibt sich auf die Reise nach Urras, um in Zusammenarbeit mit den

39 Ebd., S. 294.
40 Vgl. ebd., S. xiii.
41 Ebd., S. 288.
42 Karl Marx, »Kritik des Gothaer Programms«, in: *Marx-Engels-Werke (MEW)* 19, Berlin: Dietz 1973, S. 21.

dortigen Physiker:innen seine Theorie zu vollenden. Dadurch kommt er in Konflikt mit den urrasischen Sitten und Gesetzen, aber auch mit den anarchistischen Gepflogenheiten seines Heimatplaneten.

Diese Umgangsformen basieren auf den Schriften der Gründerin von Anarres Odo, welche sie während einer neunjährigen Festungshaft verfasste. Die anarresische Gemeinschaft strebt danach, das in diesen Schriften enthaltene »odonische Ideal« zu verwirklichen. Dieses sieht ein »wahre[s] Wechselverhältnis zwischen der Gesellschaft und dem Individuum«[43] vor, welches völlig ohne staatliche Strukturen, ohne Rechte und ohne Gesetze, ohne Polizei und ohne Strafe auskommen soll. Um dies zu verwirklichen, soll jedes Mitglied der odonischen Gemeinschaft eine »zellulare Funktion« erfüllen:

> »so lautete der analogische Begriff für die Individualität des Einzelnen, die Arbeit, zu der er am besten befähigt ist und die daher das Beste ist, was er zu seiner Gesellschaft beitragen kann. Eine gesunde Gesellschaft würde ihm erlauben, diese optionale Funktion frei auszuüben, und ihr Anpassungsvermögen wie ihre Stärke aus der Koordination aller derartigen Funktionen gewinnen.«[44]

Dieses organische Gemeinschaftsideal geht mit spezifischen Begriffen von Recht und Unrecht sowie mit spezifischen Praktiken im Umgang mit verletzendem Verhalten einher, die ich zunächst näher bestimmen möchte.

1. *Der anarresische Begriff von Recht*

Anstelle von Gesetzen wird soziales Verhalten in der anarresischen Gemeinschaft durch Konventionen reguliert, die – dem Ideal nach – Ausfluss einer gemeinschaftlichen, gelebten Praxis sein sollen. Ein Gespräch zwischen Shevek und dessen Jugendfreund Tirin gibt darüber Aufschluss:

> »›Wenn wir besser sind als alle anderen menschlichen Gesellschaften‹, sagte Tirin, ›dann sollten wir ihnen helfen. Aber das ist uns verboten.‹ ›Verboten? Unorganisches Wort. Wer verbietet es? Du bist dabei, die integrative Funktion zu externalisieren.‹ Shevek beugte sich vor und fuhr eindringlich fort. ›Ordnung und Verordnung sind zweierlei‹.«[45]

Die psychologische Terminologie (»integrative Funktion«, »externalisieren«) bekräftigt die organische Vorstellung von Gemeinschaft und macht zugleich deutlich, dass es sich bei der anarresischen Gemeinschaft um

43 Le Guin, *Freie Geister: Roman*, S. 366.
44 Ebd.
45 Ebd., S. 54.

eine »Gleichheit ohne Rechte«[46] handelt, in der soziale Regulierung nicht, nicht einmal funktional vom Lebensvollzug getrennt werden soll. Die soziale Ordnung soll sich aus dem Gemeinschaftsleben selbst ergeben, sie darf diesem nicht – als abstrakte Verordnung – in Form politischer und rechtlicher Institutionen gegenübergestellt werden. Darin enthalten ist ein Begriff von konkreter Freiheit, wie ihn G.W.F. Hegel von seinen Jugendschriften zu Religion und Liebe bis zu seinem Spätwerk *Grundlinien einer Philosophie des Rechts* verfolgt hat: Freiheit als Bei-sich-sein-im-Anderen. Wenn man jemanden liebt, argumentiert Hegel, erlebt man die Beschränkungen, die der andere einem auferlegt, nicht als heteronomen Zwang, sondern als durch den Anderen vermittelte Selbstbeschränkung.

> »Diese Freiheit haben wir aber schon in der Form der Empfindung, z. B. in der Freundschaft und Liebe. Hier ist man nicht einseitig in sich, sondern man beschränkt sich gern in Beziehung auf ein Anderes, weiß sich aber in dieser Beschränkung als sich selbst.«[47]

Ebenso stellt sich die anarresische Gesellschaft die Selbstverpflichtung ihrer Mitglieder vor und setzt damit die Liebe aller für alle als ihre Basis voraus. Entsprechend argumentiert Shevek im oben bereits zitierten Gespräch weiter: Es ist »unsere gemeinsame Natur, Odonier und füreinander verantwortlich zu sein. Und diese Verantwortung ist unsere Freiheit. Sich ihr zu entziehen hieße, unsere Freiheit zu verlieren.«[48] Anschließend fragt er seinen Freund: »Würdest du wirklich in einer Gesellschaft leben wollen, in der du keine Verantwortung und keine Freiheit, keinen freien Willen, sondern nur die falsche Option, den Gesetzen zu gehorchen oder dagegen zu verstoßen und dafür bestraft zu werden? Würdest du wirklich in einem Gefängnis leben wollen?«[49]

2. *Der anarresische Begriff von Unrecht*

Da es auf Anarres keine Gesetze gibt, die gebrochen werden könnten, gibt es auch keinen Begriff von Verbrechen. Als Unrecht erfahren die Anarres:innen Verstöße gegen die Konventionen ihrer Gemeinschaft, besonderes Gewicht kommt dabei Handlungen zu, die gegen das Wohl der Gemeinschaft verstoßen. Dies zeigt sich etwa an einer Szene, in der Shevek mit einigen anderen ein Initiativsyndikat gründet und vorschlägt,

46 Christoph Menke, *Kritik der Rechte*, Berlin: Suhrkamp 2015, S. 338.
47 Georg Wilhelm Friedrich Hegel, *Grundlinien der Philosophie des Rechts oder Naturrecht und Staatswissenschaft im Grundrisse. Mit Hegels eigenhändigen Notizen und den mündlichen Zusätzen*, Frankfurt am Main: Suhrkamp 1970, S. 54 (Zusatz zu §7).
48 Le Guin, *Freie Geister: Roman*, S. 54.
49 Ebd.

nach Urras zu reisen und bei seiner Rückkehr auch urrasischen Menschen die Einreise zu gestatten, sofern diese bereit sind, nach dem odonischen Ideal zu leben. In einer hitzigen Diskussion im Rahmen einer Ratssitzung wirft Sheveks biologische Mutter Rulag den Initiativsyndikatler:innen vor: »Ihr seid tatsächlich die Ersten von uns, die so handeln, wie archistische Kritiker es immer für Menschen vorhergesagt haben, die in einer Gesellschaft ohne Gesetze leben: mit absoluter Verantwortungslosigkeit gegenüber dem gesellschaftlichen Wohl.«[50] Andere Figuren drohen den Abtrünnigen damit, ihnen die Rückkehr zu verweigern oder ihnen nach der Ankunft Gewalt anzutun.[51] Die besondere Verwerflichkeit von Verhalten, das als gemeinschaftsschädlich angesehen wird, rührt daher, dass die Integrität der Gemeinschaft die Grundlage aller weiteren Konventionen ist. Da sie nicht als positives Recht gefasst oder anders institutionell verankert sind, hängt ihre Geltung von ihrer Wirklichkeit in der Gemeinschaft selbst ab.

Obwohl auf Anarres also »weder Gesetze noch Beschränkungen, Nachteile, Strafen oder andere Sanktionen«[52] existieren, mangelt es nicht an sozialer Kontrolle. Dies wird im Roman unter anderem deutlich, als Sheveks Partnerin Takver sozial geschnitten wird, weil sie dessen Pläne unterstützt, Urras zu besuchen. Nachdem sie von einer Nachbarin als Verräterin beschimpft wurde, sagt Takver zu ihrem Freund Bedap: »Ich bin ein Feigling, Dap. Ich mag keine Gewalt. Ich mag nicht mal Ablehnung!« Worauf dieser antwortet: »Natürlich nicht. Die einzige Sicherheit, die wir haben, ist die Akzeptanz unserer Mitmenschen. Archisten können Gesetze brechen und darauf hoffen, ungestraft davon zu kommen, aber Gepflogenheiten kann man nicht ›brechen‹; sie bilden den Rahmen für das Zusammenleben mit anderen.«[53] Soziale Kontrolle wird auf Anarres unmittelbar durch die Mitglieder der Gemeinschaft ausgeübt, man kann sich ihr daher noch weniger entziehen als der mittelbaren Strafe des Gesetzes.

3. *Der anarresische Umgang mit verletzendem Verhalten*

Da die politische Ökonomie von Anarres die volle Entfaltung der Fähigkeiten der Einzelnen zu ihrer Grundlage macht und die Erfüllung aller Bedürfnisse zu ihrem Ziel erklärt, kommt verletzendes Verhalten auf Anarres nur selten vor.[54] Da es kein Privateigentum gibt, sind Eigentumsdelikte ohnehin ausgeschlossen. Andere Delikte sind rar, da die

50 Ebd., S. 389.
51 Vgl. ebd., S. 392.
52 Ebd., S. 271.
53 Ebd., S. 398.
54 Vgl. ebd., S. 271.

Bedürfnisse der Bewohner:innen Anarres gedeckt sind, sodass sie deren Befriedigung nicht erzwingen müssen. Ausführlich diskutiert der Roman dies für sexuelle Gewalt, die es laut Erzählstimme auf Anarres kaum mehr gibt, weil in der vom Gedanken freier Liebe getragenen odonischen Gemeinschaft eine »vollständige Bedarfsdeckung von Pubertät an die Norm war und die einzige Beschränkung für sexuelle Betätigung in einem milden Druck der Zurückgezogenheit bestand.«[55] Dennoch ist den Anarres:innen verletzendes Verhalten nicht völlig fremd. Als eine Hungersnot die Bewohner:innen des Planeten existenziell bedroht, kommt es etwa zu Überfällen auf Versorgungszüge.[56] In solchen Fällen sieht die anarresische Gemeinschaft drei verschiedene Reaktionsweisen vor: persönliche Rache, sozialer Druck und Therapie. Strafe in Form von Haft oder Geldbußen gibt es hingegen nicht.

Im Gegenteil, Gefängnisabolitionismus ist eines der zentralen Themen des Romans. Gründerin Odo, die ihre Werke nicht zufällig während einer neunjährigen Gefangenschaft schrieb, hat Anarres als postkazerale Gesellschaft angelegt, in der selbst der Gedanke an Gefängnisse fremd ist. Wie fremd, wird in einer Szene besonders deutlich, in der eine Gruppe von Schüler:innen im Geschichtsunterricht erstmals von Gefängnissen erfährt.[57] Der Lehrer beschreibt Gefängnisse dabei »mit dem Widerwillen eines anständigen Erwachsenen, der sich gezwungen sieht, Kindern etwas Obszönes zu erklären.«[58] Er erzählt ihnen,

> »ein Gefängnis sei ein Bau, in den ein Staat Menschen steckte, die gegen seine Gesetze verstießen. Aber warum verließen sie den Bau nicht einfach wieder? Das sei nicht möglich, die Tür sei verriegelt. Verriegelt? Wie die Türen eines fahrenden Laster […]. Aber was *machten* sie, wenn sie

55 Ebd., S. 271f.

56 Vgl. ebd., S. 341. Da es sich bei Verbrechen per definitionem um rechtswidrige Taten handelt, setzt der Begriff des Verbrechens die Existenz von Gesetzen voraus. Der Begriff müsste auf Anarres also eigentlich seinen Sinn verlieren. In einer Szene, in der mehrere Figuren die Überfälle auf Versorgungszüge diskutieren, verwenden sie dennoch den Ausdruck »Verbrechen«: »›Ich frage mich, was ich tun würde, wenn mein Zug je überfallen würde.‹ ›Das ist nie passiert?‹ ›Nein. Ich habe ja keine Lebensmittel an Bord. […] Aber wenn ich einen Versorgungszug fahren müsste und man würde meinen Zug anhalten? Was würde ich tun? Durchfahren und die Lebensmittel dahin bringen, wo sie hinsollen? Aber verflucht, kann man Kinder und alte Männer überfahren? Was sie tun ist ein *Verbrechen*, aber kann man sie dafür umbringen?‹« (ebd., Hervorhebung LM). Da es auf Anarres keine Gesetze gibt, ist diese Begriffsverwendung entweder eine Widersprüchlichkeit in der Rechtstheorie des Romans oder aber die Figuren verwenden den Begriff anachronistisch.

57 Vgl. ebd., S. 42–9.

58 Ebd., S. 43.

die ganze Zeit in einem Zimmer saßen? Nichts. […] Manchmal wurden die Gefangenen zur Arbeit verurteilt. Verurteilt. Nun, das heißt, dass ein Richter, ein Mensch, der gesetzlich dazu befugt war, ihnen körperliche Arbeit verordnete. Verordnete? Und wenn sie die Arbeit nicht wollten? Nun dann wurden sie gezwungen […]. ›Warum verhinderten die anderen es nicht?‹«[59]

Die Kinder reagieren mit einer Mischung aus Abscheu und Faszination auf diese Perversität der Geschichte. In einem grausamen Reenactment bauen sie ein »Gefängnis« in Form einer Kammer im Boden, die sie abschließen und bewachen. Darin halten sie einen ihrer Mitschüler, der sich freiwillig gemeldet hat, fest. Sie erleben die Verlockungen der Macht und die Schmerzen des Unterworfenwerdens am eigenen Leib. Anschließend sind sie entsetzt und beschämt von dieser Erfahrung und erwähnen die Ereignisse nie wieder.[60]

Rache scheint auf Anarres hingegen keine solche Scham auszulösen. In Fällen von Vergewaltigung wird »die Vergeltung häufig von den Nachbarn des Vergewaltigers übernommen, wenn er sich nicht sofort in die sanfteren Hände des Therapiezentrums«[61] begibt. Auf Anarres wird also nach wie vor Gewalt eingesetzt, jedoch niemals als »organisierte Leidzufügung«[62] des Strafrechts, sondern nur als Ausdruck »spontaner, persönlicher Wut.«[63] Die Gewalt wird also, entsprechend Walter Benjamins kluger Bemerkung in *Zur Kritik der Gewalt*, nicht als Mittel zu einem strafenden oder bessernden Zweck eingesetzt, sondern als Manifestation eines Gefühls, das aus der Verletzung eines Mitmenschen erwächst. Der »Zorn [gehört] zu den sichtbarsten Ausbrüchen von Gewalt, die sich nicht als Mittel auf einen vorgesetzten Zweck bezieht. Sie ist nicht Mittel, sondern Manifestation.«[64]

Die Behandlung im Therapiezentrum verfolgt hingegen durchaus einen bessernden Zweck. Bei dem Zentrum handelt es sich offiziell nicht um eine Zwangsinstitution, sondern um »ein Refugium«[65], das »Mörder und chronische Drückeberger« freiwillig aufsuchen, um »nicht unter Druck [zu] stehen und vor Vergeltung sicher«[66] zu sein. Diese Darstellung

59 Ebd., S. 43, Hervorhebung im Original.
60 Vgl. ebd., S. 49.
61 Ebd., S. 271f.
62 Rehzi Malzahn, »Das Problem der Strafe«, *an.schläge* VI/2018 https://www.anschlaege.at/feminismus/2018/09/das-problem-der-strafe/ (Zugriff: 12.12.2023).
63 Le Guin, *Freie Geister: Roman*, S. 43.
64 Walter Benjamin, »Zur Kritik der Gewalt«, in: Rolf Tiedmann/Hermann Schweppenhäuser (Hg.), *Gesammelte Schriften* II. 1, Frankfurt am Main: Suhrkamp 1999, S. 196.
65 Le Guin, *Freie Geister: Roman*, S. 190.
66 Ebd., S. 90.

wird im Verlauf der Romanhandlung jedoch zunehmend in Zweifel gezogen. Die Leser:innen erfahren vom Schicksal Tirins, der ein Theaterstück schrieb, das »anti-odonisch wirken«[67] könnte. Nach der Uraufführung kommt es zu einem Eklat. Tirin muss öffentliche Maßregelungen im Stile sowjetischer »Kritik und Selbstkritik« über sich ergehen lassen und wird fortan nur noch für körperliche Arbeiten eingeteilt, die ihm zuwider sind. Unter dem sozialen Druck zerbrechend, beantragt Tirin schließlich den Aufenthalt in einem Therapiezentrum auf der Insel Segvina. Diese Erfahrung verwandelt Shevek, der das Therapiezentrum lange Zeit verteidigt,[68] schließlich in einen Kritiker der odonischen Gemeinschaft. In einer Diskussion mit seiner Partnerin Takver sieht er den Versuch der Anarres:innen, ohne Gesetze und Strafe zu leben, als gescheitert an, und verdeutlicht dies an Tirins Geschichte.

> »[Tirin] ist ein Verbrecher. Wir haben Verbrechen geschaffen, genau wie die Propertarier. Erst verdrängen wir einen Menschen aus unserem Akzeptanzbereich, und dann verurteilen wir ihn deswegen. Wir haben Gesetze geschaffen, Gesetze des konventionellen Verhaltens. Wir haben uns mit Mauern umstellt und können sie nicht sehen, weil sie Teil unseres Denkens sind. Tir hat das nicht gemacht. [...] Er war ein freier Mensch, und wir anderen, seine Brüder, haben ihn zur Strafe in den Wahnsinn getrieben.«[69]

Nach dieser Einsicht beschließt Shevek, in die Opposition zu gehen. Er gründet das bereits erwähnte Initiativsyndikat, ein Drucksyndikat, das alle verbotenen und verfälschten Schriften – darunter Tirins Theaterstück – publiziert, und setzt sich für eine Öffnung der odonischen Gesellschaft ein.

V. *The Dispossessed* als Kommentar zur strafabolitionistischen Bewegung

Le Guins Roman ist häufig als postkarzerale Utopie diskutiert worden, die der strafabolitionistischen Bewegung[70] als Inspirationsquelle dienen kann.[71] Dafür eignet sich der Roman auch ausgezeichnet. Denn, wie

67 Ebd., S. 89.
68 Vgl. ebd., S. 190.
69 Ebd., S. 363.
70 Eine Sammlung zentraler Texte insbesondere aus der US-amerikanischen abolitionistischen Bewegung findet sich bei Daniel Loick/Vanessa E. Thompson (Hg.), *Abolitionismus: Ein Reader*, Berlin: Suhrkamp 2022.
71 Z.B. Ksenia Firsova, »Science Fiction as an Abolitionist Tool«; Ruari-Santiago Mcbride, »A Future without Prisons: Science Fiction, Anarchism and the Abolition of Prisons in the North of Ireland«, *Irish Journal of Anthropology* (2018), S. 102–115.

ich zu zeigen versucht habe, enthält er alternative Konzepte von Recht und Unrecht sowie Hinweise auf alternative Praktiken der Gerechtigkeit. Wegen der Überlegungen, die ich oben mit Frederic Jameson angestellt habe, halte ich dennoch Lesarten für interessanter, die den Roman nicht als Anleitung für die Zukunft, sondern als Kommentar zur Gegenwart interpretieren. Jamesons Fingerzeigen folgend lässt sich fragen: Welche Aspekte unserer Gegenwart werden uns in *The Dispossessed* als Vergangenheit zugänglich gemacht? Und wo macht sich das Negative innerhalb der utopischen Fiktion neuerlich geltend?

Der Roman führt uns die Praktiken des Strafvollzugs als abgeschlossene Vergangenheit vor Augen. Die oben dargestellte Szene, in der die anarresischen Schüler:innen mit Ekel, Abscheu und Unverständnis reagieren, als sie erfahren, dass Menschen einander einst gegenseitig eingesperrt haben, lässt das Gefängnis auch uns Leser:innen fremd erscheinen. Wie die Kinder fragen wir uns: »Warum verhinderten die anderen es nicht?«[72] Am Ende teilen wir ihre Scham darüber, ein Gefängnis gebaut zu haben bzw. uns – sei es nur durch zu wenig Widerspruch – an seiner Existenz mitschuldig gemacht zu haben. Der Blick aus der Zukunft auf unsere Gegenwart als Vergangenheit ermöglicht es, eine Distanz zu der produzierten Selbstverständlichkeit des Gefängnisses zu gewinnen, die Foucault in *Überwachen und Strafen* so brillant analysierte.

Doch nicht nur Haftstrafen, über deren Ablehnung bzw. radikale Verringerung in der strafabolitionistischen Bewegung Einigkeit herrscht, lassen sich durch die verandernde Perspektive des Romans einer kritischen Befragung unterziehen. Er lässt auch die Ambivalenzen von gemeinschaftsbasierten Umgangsweisen mit verletzendem Handeln schärfer vor Augen treten, die in den vergangenen Jahren so viel Aufmerksamkeit erfahren haben.

In welcher Weise Zwang in der odonischen Gemeinschaft eine Rolle spielt, wird an der Geschichte von Sheveks Jugendfreund Tirin besonders deutlich, der ein kritisches Theaterstück schrieb und daraufhin durch sozialen Druck, Ausgrenzung und ein de facto Arbeitsverbot dazu getrieben wurde, sich in ein Therapiezentrum zu begeben. Tirins Schicksal zeigt, in welchem Ausmaß die odonische Gemeinschaft Homogenität erfordert. Jedes abweichende, kritische oder oppositionelle Denken und Handeln erscheint ihr unmittelbar als Bedrohung ihrer normativen Ordnung, die es unschädlich zu machen gilt. Zu Recht, denn schließlich basieren die odonischen Begriffe von Recht und Unrecht auf einer freiwilligen wechselseitigen Selbstverpflichtung aller Anarres:innen, die ich oben mit Hegels Begriff der Liebe fassbar zu machen versucht habe. Diese soziale Kontrolle ergibt sich also aus der Unmittelbarkeit oder Unvermitteltheit der anarresischen Konventionen. Da sie keine andere Realität als ihren gelebten

72 Le Guin, *Freie Geister: Roman*, S. 43.

Vollzug haben, sind sie schneller als gesetzlich verfasste Normen in Gefahr, ihre Geltung einzubüßen. Deshalb wird auf Anarres mitunter alles abweichende Verhalten für therapiewürdig befunden. Dies gibt uns einige Fallstricke von Ansätzen der Community Accountability (CA) zu sehen, die in den vergangenen Jahren auch in Deutschland als abolitionistische Alternative zur Mobilisierung staatlicher Strukturen populärer geworden sind.[73]

Der Begriff »Community Accountability« (CA) wurde im Jahr 2000 durch das Kollektiv INCITE! eingeführt, das ihn auf seiner Gründungskonferenz verwendete.[74] Seither hat der Begriff weite Verbreitung gefunden. Insbesondere in den USA haben sich viele CA-Kollektive gegründet, doch auch in Deutschland kommt das Konzept immer mehr zur Anwendung. Die kollaborative Organisation *Creative Interventions*, die mit dem *Creative Interventions Toolkit* eines der zentralen Arbeitsmittel der Bewegung entwickelte, definiert »Community Accountability« folgendermaßen:

> »A process in which a community such as family, friends, neighbors, co-workers or community members work together to transform situations of harm. This can also describe a process in which the community recognizes that they are impacted by violence even if it is primarily between individuals, that they may have participated in allowing the violence to happen or even causing the violence, and are responsible for resolving the violence.«[75]

Wie die verwandten Konzepte Restorative Justice (RJ) und Transformative Justice (TJ)[76] versteht Community Accountability »Verbrechen

73 Für eine Diskussion des Verantwortungsbegriffes siehe Klaus Günther, »Die Schuld der Anderen. Kollektive Verantwortungsübernahme als Alternative zum Strafrecht?«, in: Beatrice Brunhöber/Christoph Burchard/Klaus Günther/Matthias Jahn/Michael Jasch/Jesús-María Silva Sánchez/Tobias Singelnstein (Hg.), *Strafrecht als Risiko: Festschrift für Cornelius Prittwitz zum 70. Geburtstag*, Baden-Baden: Nomos 2023, S. 111–130.

74 Vgl. INCITE!, »About«, *Incite-National.org* 30.07.2018 https://incite-national.org/history/ (Zugriff: 12.12.2023).

75 Creative Interventions, *Creative Interventions Toolkit. A Practical Guide to Stop Interpersonal Violence*, US: AK Press 2012, https://www.creative-interventions.org/wp-content/uploads/2020/10/CI-Toolkit-Final-ENTIRE-Aug-2020-new-cover.pdf (Zugriff: 12.12.2023), S. 458.

76 Trotz vieler Gemeinsamkeiten handelt es sich bei Restorative Justice und Transformative Justice um unterschiedliche Alternativen zum retributiven Gerechtigkeitsverständnis des Strafsystems. Sie sind in unterschiedlichen Kontexten entstanden und verfolgen auch nicht dieselben Zielsetzungen. Restorative Justice entstand aus »einem Konglomerat aus antikolonialen Befreiungskämpfen, der Suche nach gesellschaftlichen Alternativen, sozialen Bewegungen, kritischer Theoriebildung und dem, was als die ›Krise der Strafjustiz‹ bezeichnet wird« (Rehzi Malzahn, *Restorative Justice. Eine radikale Vision*, Stuttgart: Schmetterling-Verlag 2022, S. 15). Transformative Justice wurde

nicht als Verletzung eines abstrakten Rechts, sondern als Konflikt zwischen den Betroffenen«[77] und fragt nach Formen der Konfliktlösung, die nicht nach der Logik vergeltender Gerechtigkeit verfahren. Der Grundgedanke besteht dabei darin, Gemeinschaften aufzubauen, deren Mitglieder – seien es Freund:innen, Familienmitglieder, Kolleg:innen oder Nachbar:innen – sich im Falle von verletzendem Verhalten aufeinander verlassen können: Sie greifen ein, übernehmen Verantwortung, ermöglichen die Heilung von Verletzungen und setzen gemeinsam alles daran, Missbrauch und Gewalt in der Gemeinschaft zu überwinden. Statt sich auf externe, punitive Autoritäten zu stützen, arbeiten die Mitglieder der Gemeinschaft Konflikte gemeinsam auf und zielen dabei darauf, die gesellschaftlichen Machtverhältnisse anzugehen, die letztlich die Ursachen des verletzenden Verhaltens sind.

»Gemeinschaft« wird dabei in der Regel als Gruppierung von Menschen verstanden, die auf geteilter Erfahrung basiert. Diese Erfahrung kann sich laut *Creative Interventions* aus einer gemeinsamen (geographischen) Herkunft, aus geteilter Identität oder aus gemeinsamen Interessen und Werten speisen.[78] Während es in den US-amerikanischen Kontexten

hingegen von *communities of colour* in den USA erdacht, die von Polizei und Justiz oft mehr Gewalt als Hilfe zu erwarten haben und ihre Konfliktlösung daher selbst organisieren mussten (vgl. Melanie Brazzell/Lisa Monz, »Kein einfacher Weg: von Restorative zu Transformative Justice im Umgang mit sexualisierter Gewalt und Beziehungsgewalt«, in: Rehzi Malzahn (Hg.), *Strafe und Gefängnis. Theorie, Kritik, Alternativen. Eine Einführung*, Stuttgart: Schmetterling-Verlag 2019, S. 224; vgl. Rehzi Malzahn, »Restorative Justice – eine andere Unrechtsbewältigung ist möglich«, in: Rehzi Malzahn (Hg.), *Strafe und Gefängnis. Theorie, Kritik, Alternativen. Eine Einführung*, Stuttgart: Schmetterling 2019, S. 194.) Weitere Unterschiede ergeben sich daraus, dass sich Restorative Justice als Mediation, Transformative Justice hingegen als Intervention versteht. Die Vermittler:innen eines restaurativen Prozesses nehmen eine neutrale Position ein und wollen Betroffenen zunächst einen Raum anbieten, in dem sie auf Augenhöhe miteinander sprechen können. Dies wird von Vertreter:innen der Transformative Justice als unzureichend kritisiert, da bestimmte Dynamiken gewaltvoller Beziehungen unterbrochen werden und nicht bloß moderiert werden sollen (vgl. Brazzell/Monz, »Kein einfacher Weg: von Restorative zu Transformative Justice im Umgang mit sexualisierter Gewalt und Beziehungsgewalt«, S. 234). Vertreter:innen von Restorative Justice kritisieren an Verfahren der transformativen Gerechtigkeit hingegen, dass diese gewaltsames Handeln überpolitisieren und dadurch eine Verständigung der Betroffenen erschweren (vgl. Malzahn, *Restorative Justice*, S. 90f.).

77 Franziska Dübgen, *Theorien der Strafe zur Einführung*, Hamburg: Junius 2016, S. 178.

78 Vgl. Creative Interventions, *Creative Interventions Toolkit. A Practical Guide to Stop Interpersonal Violence*, S. 458.

häufig zentraler Gegenstand von Community Accountability-Prozessen ist, Gemeinschaften zu bilden (*community building*), werden in den deutschen Adaptionen des Konzepts häufig bestehende Gemeinschaften vorausgesetzt.

Welche Schwierigkeiten dieses Ansatzes können wir nun mit Le Guins Roman in den Blick nehmen? Ich denke, es sind (mindestens) drei: 1) die Definition von Recht und Unrecht ist von den Werten der Gemeinschaft abhängig, 2) es besteht die Gefahr einer Ausweitung sozialer Kontrolle, 3) an die Stelle staatlicher punitiver Maßnahmen können nicht weniger punitive Reaktionen der Gemeinschaft treten.

In vielen Fällen verletzenden Verhaltens ist es für die Anarres:innen, wie für uns, eindeutig, wann eine Grenze überschritten ist, weil die Konventionen und Werte hinreichend klar sind. Was aber, wenn der Vorfall nicht so eindeutig ist? In strafabolitionistischen Kreisen wurde in diesen Fällen lange mit dem Konzept der Definitionsmacht gearbeitet, das den Betroffenen verletzenden Verhaltens, insbesondere von sexueller Gewalt, die Kompetenz überträgt, den Vorfall zu bestimmen und in manchen Auslegungen auch über die Konsequenzen für die Täter:innen zu entscheiden (Sanktionsmacht). Ein zentraler Streitpunkt in den Diskussionen um das Konzept lag darin, ob die Definition von Vergewaltigung je individuell von den Betroffenen festgelegt werden sollte oder ob doch überindividuelle Definitionen notwendig sind – und woher man solche nehmen soll, wenn Staat und Justiz nicht als Quelle in Frage kommen. Nach Jahren heftiger Diskussionen und Spaltungsstreits um diese und weitere Fragen scheint das Konzept in den letzten Jahren jedoch an Bedeutung zu verlieren. In einem Interview mit der Gruppe e*vibes berichtet Aktivist:in Josh: »Mittlerweile gibt es junge Feminist:innen, die nichts mehr mit dem Begriff anfangen können. Die Diskussion darum ist älter als deren feministischer Aktivismus. Die Gruppen fordern eher ein, sich damit zu beschäftigen, wie eine auf Unterstützung und Verhaltensänderung ausgerichtete Praxis aussehen könnte.«[79] Community Accountability kommt diesem Bedürfnis nach, da es nicht die Definition der Tat in den Mittelpunkt rückt, sondern die praktische Bearbeitung des Konflikts. Dem kollektiven Grundgedanken entsprechend, kann jedes Mitglied einer Gemeinschaft einen Prozess von Community Accountability initiieren.[80] Dadurch liegt nicht mehr so viel Gewicht auf den Einzelwahrnehmungen und der Fokus wird weg von der Tat und hin zur

79 e*vibes, »Definitionsmacht – interessiert das eigentlich noch irgendwen?«, *e*vibes – Für eine emanzipatorische Praxis* 03.04.2020 https://evibes.org/2020/04/03/definitionsmacht-interessiert-das-eigentlich-noch-irgendwen/ (Zugriff: 12.12.2023).

80 Vgl. Creative Interventions, *Creative Interventions Toolkit. A Practical Guide to Stop Interpersonal Violence*, S. 130.

Erfahrung und Bearbeitung des Konflikts innerhalb der Gemeinschaft gelegt. Das Problem der Tatdefinition wird so allerdings nur vom Individuum auf die Gruppe verschoben. Marie-Theres Piening und Jenny Künkel sehen darin eine doppelte Begrenzung der Reichweite von Community Accountability. Erstens bleibt die Geltung des Konzepts auf die Grenzen der Gemeinschaft beschränkt, was die Gefahr einer ›local trap‹ mit sich bringt: Phänomene, die sich zwar lokal manifestieren, aber gesamtgesellschaftlich produziert sind, lassen sich auf der lokalen Ebene höchstens oberflächlich bearbeiten. Zweitens sind die Tat-Definitionen an die Werte und Konventionen der Gemeinschaft gebunden und man mag »sich kaum ausmalen, wie es ausginge, würden die Rechtsformulierung und Durchsetzung [sic] z. B. in die Hände sächsischer lokaler Communities gelegt.«[81]

Eine weitere Schwierigkeit tritt an der Ausgrenzungserfahrung der Romanfigur Takver zutage: Wegen ihrer Unterstützung der als gemeinschaftsschädlich angesehenen Pläne ihres Partners Shevek wird sie von ihren Nachbar:innen gemieden. Da es keine formalen Verfahren gibt, die über Schuld und Unschuld entscheiden oder angeben, wann die Schuld verbüßt ist, droht den Anarres:innen zumindest potenziell ein sozialer Tod. Denn »Gepflogenheiten kann man nicht ›brechen‹; sie bilden den Rahmen für das Zusammenleben mit anderen.«[82] Die Entformalisierung der Prozesse von Community Accountability hat zum Vorteil, dass der Individualisierung von Verantwortung in Fällen verletzenden Verhaltens entgegengearbeitet werden kann; sie hat aber auch zur Gefahr, die Einzelnen noch stärker zu binden und zu kontrollieren, da sie sich schwerer distanzieren oder entziehen können.

Der Verzicht auf staatliche Strukturen geht schließlich auch nicht automatisch mit einer Verringerung von Straflust und punitivem Verhalten einher. Die soziale Ächtung, die die Figur Tirin erfährt, mündet in seiner de facto Verbannung aus der Gemeinschaft: Über Jahre fristet er sein Dasein in einem Therapiezentrum. Jameson zufolge ist es kein Zufall, dass diese Sanktion eine räumliche Form annimmt. Schon in Thomas Morus' Roman *Utopia* aus dem Jahr 1516 (der gemeinhin als erste Utopie angeführt wird, obwohl Christine de Pizans *Le Livre de la Cité des Dames* bereits 1405 erschien) hing die Bildung der utopischen Gemeinschaft von einer räumlichen Umgrenzung, nämlich eines Grabens um die Insel, ab.[83]

81 Jenny Künkel/Marie-Theres Piening, »Community Accountability: Feministisch-antirassistische Alternative zum strafenden Staat?«, *Cilip Bürgerrechte & Polizei* (123/2020) https://www.cilip.de/2020/12/03/community-accountability-feministisch-antirassistische-alternative-zum-strafenden-staat/ (Zugriff: 12.12.2023).

82 Le Guin, *Freie Geister: Roman*, S. 398.

83 Auch Kilian Wegner stieß auf seinem Streifzug durch die utopische Literatur (s. Fn. 27) in vielen Romanen auf solche räumlichen Abgrenzungen utopischer Gemeinschaften und auf Praktiken der Verbannung.

In ähnlicher Weise ist das Therapiezentrum in Le Guins Roman als eine Praxis räumlicher Trennung zu deuten, die für die Bildung eines »›pure‹ and positive utopian space«[84] erforderlich ist. Denn die geschwisterliche Eintracht der wechselseitigen Verpflichtung der Anarres:innen erfordert den Ausschluss aller, die diese stören.[85] Praxen alternativer Gerechtigkeit stehen auch stets in der Gefahr, Ausschlüsse zu produzieren, um die Integrität der Gemeinschaft zu erhalten. Erfahrbar wird dies an den zahlreichen Fällen innerhalb strafabolitionistischer Kreise, in denen Täter:innen und manchmal auch mit diesen assoziierte Personen wie Freund:innen oder Partner:innen dauerhaft aus sozialen Kontexten ausgeschlossen wurden. Zuletzt wurde dies am Kölner Outing-Fall[86] kontrovers diskutiert. Dass sich Straflust auch in linken Kreisen wiederfindet, lässt sich an den Reaktionen auf die Vorfälle während des Festivals Monis Rache 2016 und 2018 erkennen, bei denen ein Mann Kameras auf Toiletten installierte und die Aufnahmen als Pornographie ins Internet stellte. Die potenziell Betroffenen forderten in lokalen und digitalen Gruppen zwar vornehmlich ein Verfahren transformativer Gerechtigkeit, psycho-soziale Unterstützung und mehr präventive Arbeit bei zukünftigen Festivals, vereinzelt wurde jedoch auch zum Outing des Täters mit Namen und Foto, zur Gewalt gegen den Täter oder gar gegen die

84 Jameson, *Archaeologies of the Future. The Desire Called Utopia and Other Science Fiction*, S. 291.

85 Zu den Dynamiken von Identitätsbildung und Ausgrenzung ist unter dem Stichwort *Othering* viel diskutiert worden. Othering liegt vor, wenn sich eine Gruppe oder eine Person von einer anderen Gruppe abgrenzt, indem sie diese als andersartig und fremd beschreibt. Dies geschieht in der Regel innerhalb eines Machtgefälles, das die als anders Beschriebenen abwertet und diskriminiert. Für einen Überblick über die Begriffsgeschichte siehe Andre Gingrich, »Othering«, in: Fernand Kreff/Eva-Maria Knoll/Andre Gingrich (Hg.), *Lexikon der Globalisierung*, Bielefeld: transcript 2014, S. 323–324.

86 Im Juli 2022 outete die bundesweite Interventionistische Linke (IL) ein ehemaliges Mitglied der Kölner IL-Ortsgruppe als Täter sexualisierter Gewalt. Ihm wurde vorgeworfen, heimlich gemachte Nacktbilder einer Frau in einer misogynen Chatgruppe geteilt zu haben. Später brachten mehrere Recherchegruppen Zweifel an diesen Vorwürfen auf. Seither wird Outing als Umgang mit sexualisierter Gewalt innerhalb der linken Szene kontrovers diskutiert. Neutrale Darstellungen zu diesem Fall gibt es nicht und kann es wohl auch kaum geben. Einen Einstieg in die Debatte ermöglichen die Statements der IL (»Statement der IL zum Outing eines ehemaligen Genossen«, *outing-koeln.org* 08.2023 https://outing-koeln.org/ (Zugriff: 11.06.2025)) sowie eine Seite mit Gegendarstellungen (»Informationen über das falsche Outing der IL«, *wordpress.com* 11.07.2022 https://gegendarstellungouting.wordpress.com/ (Zugriff: 11.06.2025)).

in die Kritik geratene Transformative-Justice-Gruppe aufgerufen.[87] Dies »macht deutlich, dass ein Ansatz, der Entscheidungen über Täter:innen der Community überlässt, nicht nur an überschaubare (Werte-)Gemeinschaften gebunden ist, sondern auch in Selbstjustiz umschlagen kann.«[88] Durch diskursbestimmende Gruppen, wie RESPONS oder das Transformative Justice Kollektiv Berlin, wird physische Gewalt zwar ausdrücklich abgelehnt,[89] dennoch werden »sanftere« punitive Maßnahmen wie z.B. die Veröffentlichung der Taten, sozialer Druck und Ausschluss befürwortet. Diese Maßnahmen sollen allerdings »nicht als Strafe oder Sanktion, sondern als Schutzmaßnahme und als politische Strategie«[90] verstanden werden.

VI. Fazit

Welchen Beitrag kann Science-Fiction nun zur abolitionistischen Bewegung leisten? Wird unsere Vorstellungskraft – wie Foucault meint – von den gesellschaftlichen Verhältnissen in Geiselhaft gehalten, oder kann sie uns – wie der spekulative Feminismus behauptet – neue Wege zu einer gerechteren Gesellschaft aufzeigen? Wenn wir Foucault folgen, können wir uns keine Alternativen zum Strafrecht vorstellen, weil unsere Einbildungskraft im Bann der Machtverhältnisse steht. Folgen wir hingegen den spekulativen Feminist:innen, so bietet Science-Fiction einen Raum für spekulative Entwürfe. Doch je freier dieser von gesellschaftlichen Machtverhältnissen konzipiert wird – so habe ich oben im Anschluss an Herbert Marcuse argumentiert –, desto machtloser sind die dort entwickelten Ideen. Mit Fredric Jameson habe ich deshalb versucht, eine dritte Position jenseits dieser Alternative von Fatalismus und Optimismus zu gewinnen. Foucaults Fatalismus und der Optimismus des spekulativen Feminismus stehen sich zwar formal gegenüber, laufen aber beide auf eine politische Wirkungslosigkeit kultureller Produkte hinaus – die entweder als bloße Verdoppelung der Gesellschaft erscheinen oder in keinerlei Beziehung zu ihr stehen. Mit Jameson hingegen lassen sich die Erzählungen und Bildwelten der Science-Fiction als Material für die Reflexion unserer Gegenwart begreifen. Sie sind Ausdruck der Macht- und Herrschaftsverhältnisse, in denen wir leben, eignen sich *aber gerade*

87 Vgl. Jenny Künkel/Marie-Theres Piening, »Community Accountability: Feministisch-antirassistische Alternative zum strafenden Staat?«.

88 Ebd.

89 Vgl. RESPONS, *Was tun bei sexualisierter Gewalt? Handbuch für die Transformative Arbeit mit gewaltausübenden Personen*, Münster: Unrast 2021, S. 111.

90 Ebd., S. 110.

deshalb zu deren Selbstbefragung. Die eigentümliche Zeitstruktur der Science-Fiction-Erzählungen, ihre Futur-Antérieur-Struktur, führt uns unsere Gegenwart als Vergangenheit vor Augen und macht sie so als Gegenstand von Analyse und Kritik zugänglich.

Durch eine Lesart von Ursula K. Le Guins Roman *The Dispossessed* habe ich skizziert, was das für die strafabolitionistische Bewegung heißen könnte. Der Roman enthält Fragmente einer utopischen Rechtstheorie, deren Begriffe von Recht und Unrecht sowie alternative Umgangsweisen mit verletzendem Verhalten ich rekonstruiert habe. Recht sind auf Anarres die Gepflogenheiten, die sich aus der gelebten wechselseitigen Verantwortung seiner Bewohner:innen ergeben. Unrecht ist, was gegen diese Gepflogenheiten verstößt, wobei Verstöße besonders schwer wiegen, die die Grundlage der Konventionen selbst, nämlich die Eintracht der anarresischen Gemeinschaft, gefährden. Solche Verstöße ahnden die Anarres:innen nicht mit Haft- oder Geldstrafen, sondern mit spontaner persönlicher Rache, sozialem Druck und Ausschluss aus der Gemeinschaft.

Ich habe vorgeschlagen, diese Erzählungen als Reflexionsmedium für gemeinschaftsbasierte Praxen der Gerechtigkeit wie Community Accountability zu nutzen. Die Denkanstöße, die durch diese Lesart entstanden sind, sind zugegeben keineswegs neu: Dass Praxen der Gerechtigkeit, die jenseits staatlicher Strukturen ansetzen, von den Werten der Gemeinschaft abhängen, wird unter Praktiker:innen von Restorative Justice, Transformative Justice und Community Accountability seit jeher diskutiert.[91] Darauf, dass Alternativen zum Strafrecht zu einer Ausweitung sozialer Kontrolle führen können, weisen Kriminolog:innen schon lange hin.[92] Und auch die Frage, ob ein Ausschluss aus sozialen Kontexten wirklich weniger strafend wirkt als strafrechtliche Maßnahmen, ist strafabolitionistischen Kreisen keineswegs fremd.[93] Bringt eine Lektüre von Le Guins Roman so keine brandneuen Perspektiven mit sich, kann sie doch kaleidoskopisch wirken. Die Erzählung führt uns verschiedene Fallstricke gemeinschaftsbasierter Praktiken der Gerechtigkeit vor Augen und macht ihre Zusammenhänge sichtbar, indem sie diese in ein Narrativ einbettet. Le Guins Roman eignet sich deshalb als Material für eine solidarische Kritik solcher Praktiken.[94] Er fordert uns auf, die

91 Z.B. Kathleen Daly, »The Limits of Restorative Justice«, in: Dennis Sullivan/Larry Tifft (Hg.), *Handbook of Restorative Justice. A Global Perspective*, Oxon: Routledge 2006, S. 134–145.

92 Z.B. Marcelo F. Aebi/Natalia Delgrande/Yann Marguet, »Have Community Sanctions and Measures Widened the Net of the European Criminal Justice Systems?«, *Punishment & Society* (2015), S. 575–597.

93 Malzahn, *Restorative Justice*.

94 Mark Tunick kommt ebenfalls zu der Einschätzung, dass die Spannung von anarchistischer Gesetzlosigkeit und Gemeinschaft das zentrale Motiv des

Dynamiken von Gemeinschaftsbildung, sozialer Kontrolle und punitivem Verhalten auch und gerade in alternativen Praxen der Gerechtigkeit immer wieder zu reflektieren.

Buches darstellt: »I take *The Dispossessed*, though subtitled ›An Ambiguous Utopia‹, as an unambiguous treatment of the tensions between one anarchist ideal, of freedom without law and authority, and another ideal central to some anarchists, such as Kropotkin, of community« (Mark Tunick, »The Need for Walls: Privacy, Community, and Freedom in The Dispossessed«, in: Peter Stillman/Laurence Davis (Hg.), *The New Utopian Politics of Ursula K. Le Guin's The Dispossessed*, Oxford: Lexington Books 2005, S. 130).

IV. Alternativen zum Strafrecht

Klaus Günther

Was bleibt von der Verantwortung jenseits der Strafe übrig?*

Wenn von Alternativen zum Strafen oder gar zum Kriminalrecht insgesamt die Rede ist, dann konzentrieren sich die Argumente zumeist auf eine Kritik der Strafe, also der bewussten und gewollten Zufügung eines Übels – deutlicher ausgedrückt: von Strafschmerz – gegenüber einer Person, die durch eine staatliche Institution als Inhaber eines öffentlichen Strafanspruchs zu einer rechtmäßigen Freiheits- oder Geldstrafe verurteilt worden ist. Im Folgenden gehe ich nicht auf die umfangreiche Kritik der Strafe und der Praxis des Strafens ein, sondern setze zumindest hypothetisch voraus, dass darauf verzichtet werden kann oder dass alternative Reaktionen möglich sind, die nicht auf das Moment des Strafschmerzes angewiesen sind.[1]

Bei der Diskussion über die Abschaffung des Strafens und über mögliche Alternativen bleibt dann zumindest die eine Frage offen, ob und gegebenenfalls in welcher Weise die möglichen Alternativen mit oder ohne eine der zentralen notwendigen Bedingungen eines rechtsstaatlichen Strafens auskommen können: Dass die betroffene Person, der Angeklagte in der Hauptverhandlung eines Strafprozesses, tatsächlich für schuldig befunden wurde, wozu u.a. auch gehört, dass sie im strafrechtlichen

* Bei dem vorliegenden Text handelt es sich um eine eingehend umgearbeitete und fortgeschriebene Version des zweiten Teils meines Aufsatzes: »Die Schuld der Anderen. Kollektive Verantwortungsübernahme als Alternative zum Strafrecht?«, in: Beatrice Brunhöber/Christoph Burchard/Klaus Günther/Matthias Jahn/Michael Jasch/Jesús-Maria Silva Sánchez/Tobias Singelnstein (Hg.), *Strafrecht als Risiko – Festschrift für Cornelius Prittwitz zum 70. Geburtstag*, Baden-Baden: Nomos 2023, S. 111–130.

1 S. dazu – inzwischen schon fast klassisch geworden – Ralf Kölbl, »Die dunkle Seite des Strafrechts.
Eine kriminologische Erwiderung auf die Pönalisierungsbereitschaft in der strafrechtswissenschaftlichen Kriminalpolitik«, *Neue Kriminalpolitik* 2019, S. 249–268; Benno Zabel, *Kritik der strafenden Vernunft*, Tübingen: Mohr Siebeck 2025; Franziska Dübgen, *Theorien der Strafe*, Hamburg: Junius Verlag 2016, S. 109ff. u. 165ff. Dazu habe ich selbst auch beigetragen u.a. mit: Klaus Günther, »Kritik der Strafe I«, *WestEnd* 2004, S. 117–131; »Kritik der Strafe II«, *WestEnd* 2005, S. 131–141. S. dazu auch, mit weiterführenden Argumenten vor allem zu möglichen Alternativen: Markus Abraham, in diesem Band, u. ders., *Sanktion, Norm, Vertrauen. Zur Bedeutung des Strafschmerzes in der Gegenwart*, Berlin: Duncker & Humblot 2018.

Sinne für das Unrecht ihres Tuns *verantwortlich gemacht* werden darf, und zwar mit der im Urteil rechtlich begründeten Feststellung, dass sie dafür *verantwortlich* (»schuldig«) *ist* (vgl. § 260 Abs. 4 S. 1 StPO).[2] Der Grundsatz, dass keine Strafe ohne die Schuld des Verurteilten verhängt werden dürfe, besitzt Verfassungsrang.[3] Die Schuld ist eine notwendige, allerdings noch keine hinreichende Bedingung für die Strafe.

Denkt man sich nun die Strafe hypothetisch hinweg, was würde dann aus der Schuld?[4] Verlöre die Zurechnung eines Tuns oder Unterlassens, das Rechtsgüter, subjektive Rechte oder rechtlich geschützte Interessen verletzt, zur Verantwortung einer Person, die mit dem Schuldspruch, d.h. einem deklaratorischen Sprechakt (im Strafjustizsystem mit statusändernder Wirkung), öffentlich gemacht wird, dann ihren Sinn? Diese Frage wird kaum gestellt, weil die Schuld nach wie vor im Schatten der Strafe steht. Am deutlichsten dort, wo sie entweder gänzlich aus ihrer Funktion für die Strafe und deren Zwecke gedeutet wird, z.B. als »Derivat der Generalprävention«[5], oder nur dazu dient, die mit dem Strafen verfolgten präventiven Zwecke durch Prinzipien wie Schuldangemessenheit, Tatproportionalität und Verhältnismäßigkeit zu disziplinieren – »Das Schuldprinzip als Eingriffsbegrenzung«.[6] Das Strafen determiniert so Funktion und Bedeutung des Schuldbegriffs, es besteht ein scheinbar eherner Konnex zwischen Schuld und Strafe.

Bricht man diesen Konnex mit der Forderung nach Alternativen zum Strafen auf, liegen zwei gegensätzliche Konsequenzen nahe. Entweder würde mit der Strafe auch die Schuld der Kritik verfallen, weshalb sie ebenfalls verschwinden sollte – oder die Schuld träte aus dem Schatten der Strafe heraus und gewönne eine eingeständige Bedeutung, die sich unabhängig von einer Funktionalität für das Strafen begründen ließe. Wer die erste Konsequenz zieht, hält die Schuld und überhaupt die Institution Verantwortung selbst für einen »Machtfaktor«, für »eine

2 S. dazu Stefanie Schork, *Ausgesprochen schuldig. Dogmatische und metadogmatische Untersuchungen zum Schuldspruch*, Frankfurt am Main: Peter Lang 2005.

3 Exemplarisch: BVerfGE 20, 323 (331); 45, 187 (259f.).

4 Wenn hier und im Folgenden von »Schuld« die Rede ist, geht es nicht um die damit oftmals assoziierten metaphysischen (Willensfreiheit) oder theologischen (vor allem dem Christentum entstammenden) Assoziationen. Zu deren Kritik s. Tatjana Hörnle, *Kriminalstrafe ohne Schuldvorwurf*, Baden-Baden: Nomos 2013.

5 Exemplarisch: Günther Jakobs, *Schuld und Prävention*, Tübingen: Mohr Siebeck 1976, S. 31; Günther Jakobs, *Das Schuldprinzip*, Opladen: Westdeutscher Verlag 1993, S. 24.

6 Exemplarisch: Claus Roxin/Louis Greco, *Strafrecht Allgemeiner Teil Bd. 1: Grundlagen. Der Aufbau der Verbrechenslehre*, München: C.H. Beck 2020, S. 156.

narrative Konstruktion der Wirklichkeit«, mit der ein Staat und die von ihm geschützten privilegierten Mitglieder der Gesellschaft Macht über die Unterlegenen ausüben, indem sie mit dem Strafverfahren das Unrecht auf den Einzelnen und sein Verhalten individualisieren, also sozial dekontextualisieren, »enttotalisieren, biographisieren und endogenisieren«, so dass die ungerechten Verhältnisse, auf denen das Machtverhältnis beruht, nicht zur Sprache kommen.[7] Freilich individualisiert zumindest ein aufgeklärtes Strafrecht nicht bedingungs- und besinnungslos, sondern enthält vielfältige Möglichkeiten, die unrechts- oder schuldmindernde Wirkung externer und interner Umstände des verletzenden Verhaltens bei der Responsibilisierung sowie bei der Strafzumessung mit zu berücksichtigen. Doch die Schuld wird den Schatten der Strafe nicht los, die implizite Funktion der Schuld feststellenden oder verneinenden Strafverfahrens bestehe gerade darin, »die Logik der strafrechtlichen Sanktion performativ zu rechtfertigen und die Vergeltungsimpulse zu schärfen«[8]. Die Logik der Strafe nistet in der Institution der Verantwortung selbst, bis sie mit der manifesten Bestrafung und deren Rechtfertigung aus ihr herausschlüpft.

Wer dagegen die zweite Konsequenz zieht, verteidigt die Legitimität der Schuld gegen ihre illegitime Usurpation durch die Strafe. Dazu muss die bisher verborgene oder verdunkelte spezifische Bedeutung der individualisierenden Zuschreibung von Verantwortung für eine Gesellschaft freigelegt werden, deren Mitglieder sich auf das Projekt eingelassen haben, ihr Zusammenleben durch normative Ordnungen wie das Recht zu regeln, und in der Normverletzungen vorkommen. Ihre Bedeutung steht auf eigenen Füßen, unabhängig davon, wie die Gesellschaft auf das zur individuellen Verantwortung zugerechnete normwidrige Verhalten reagiert, sei es mit Strafe oder Alternativen, vor allem, wenn es sich um verletzendes Verhalten Einzelner gegenüber Anderen handelt, namentlich von Personen, die Gewalt gegen andere ausüben. Responsibilisierung wäre dann zwar auch ein Machtfaktor, könnte aber auch machtkritisch verwendet werden – und zwar deshalb, weil sie eine notwendige Bedingung für die kommunikative Integration der Gesellschaft ist.

In der bisherigen Diskussion über Alternativen zum Strafen und zum Strafrecht lassen sich beide Konsequenzen finden, nicht selten aber bleibt das Verhältnis zur Institution der Verantwortung auch uneindeutig. In jüngerer Zeit haben sich unter dem Eindruck zunehmender rassistischer Polizeigewalt und der notorisch selektiven Strafverfolgung vor allem in den USA abolitionistische Bewegungen wieder zu Gehör gebracht, die

7 Benno Zabel mit Bezug auf Geoffroy de Lagasnerie, »Legitime Gewalt. Anmerkungen zur aktuellen Strafkritik?«, *Philosophische Rundschau* 2023, S. 446; Benno Zabel, *Kritik der strafenden Vernunft*, S. 240f.

8 Zabel, *Kritik der strafenden Vernunft*, S. 248.

aus der »karzeralen Logik« des strafenden Staates auszubrechen versuchen.[9] Als Alternative will ein Teil dieser Bewegungen einen gemeinschaftlichen Sinn wiederbeleben, mit dem auf verletzendes Verhalten, namentlich auf Gewalt unter Personen, reagiert werden sollte – statt mit jenen kritikwürdigen individualisierenden und isolierenden Responsibilsierungsweisen. Dies soll im Wege »kollektiver Verantwortungsübernahme (Community Accountability)«[10] geschehen, vor allem in Fällen von Gewaltkriminalität. Die Zuständigkeit soll vom staatlichen Kriminaljustizsystem wieder zurückverlagert werden in die Zivilgesellschaft, vor allem in die vielfältigen lokalen Gemeinschaften, in denen eine Gewalttat stattgefunden hat. Ihnen geht es nicht mehr nur darum, die Institutionen des strafenden Staates angesichts ihrer evidenten Defizite am Maßstab ihrer eigenen rechtsstaatlichen Grundlagen zu kritisieren, um sie zugunsten von mehr Gleichheit und Rechtssicherheit für Beschuldigte und Verletzte zu verbessern. Die Erfahrung mit dieser Art von Kritik und anschließenden institutionellen Reformen hat sie gelehrt, dass die Zustände sich kaum verbessern, oftmals sogar sich im Wege unintendierter Nebeneffekte noch verschlechtern oder gar die staatliche Strafgewalt erweitern und optimieren. Die Kritik der Defizite geht daher mit einer Reformismuskritik zusammen und motiviert die Suche nach Alternativen wie der kollektiven Verantwortungsübernahme, die sich von der karzeralen Logik befreien.[11]

Im Folgenden kann es nicht darum gehen, die vielen naheliegenden Fragen und Einwände gegen eine solche Alternative zum Strafrecht eingehender zu diskutieren.[12] Besonders nahe liegt der Einwand, dass zur karzeralen Logik rechtsstaatlichen Strafens vor allem auch die freiheitsverbürgenden Rechte und freiheitssichernden Verfahren des Kriminaljustizsystems mit rechtlich bestimmten und begrenzten Befugnisnormen für die Strafverfolgungsorgane gehören, die mit einer sich durch ad hoc versammelnde Beteiligte selbst regulierenden kollektiven Verantwortungsübernahme auf dem Spiel stünden. Freilich ist auch nicht zu bezweifeln,

9 Daniel Loick/Vanessa Thompson (Hg.), *Abolitionismus: ein Reader*, Berlin: Suhrkamp 2022.

10 Daniel Loick/Vanessa Thompson, »Was ist Abolitionismus?«, in: Daniel Loick/Vanessa Thompson (Hg.), *Abolitionismus – Ein Reader*, Berlin: Suhrkamp 2022, S. 7–56 (47ff.); Mimi E. Kim, »Über Kritik hinausgehen. Kreative Interventionen und Rekonstruktionen kollektiver Verantwortungsübernahme«, in: Daniel Loick/Vanessa Thompson (Hg.), *Abolitionismus – Ein Reader*, Berlin: Suhrkamp 2022, S. 522–555.

11 Allegra M. McLeod, »Abolitionistische Demokratien entwerfen«, in: Daniel Loick/Vanessa Thompson (Hg.), *Abolitionismus – Ein Reader*, Berlin: Suhrkamp 2022, S. 556–608 (592).

12 S. zu den Antinomien transformativer Gerechtigkeit den Beitrag von Dübgen, in diesem Band, Kapitel 10, S. 242ff.

dass jene Rechte, Verfahrens- und Befugnisnormen »meist in idealisierten Begriffen« vorgetragen werden, »die in krassem Widerspruch zur Wirklichkeit von Rechtsprozessen stehen«[13]. Dagegen soll es hier nur um die Frage gehen, in welchem Verhältnis die kollektive, zivilgesellschaftliche Verantwortungsübernahme zur individuellen Verantwortung der gewaltausübenden Person gegenüber dem Verletzten und der Gesellschaft steht. Zugespitzt formuliert: Spielt die Schuld auch bei der kollektiven Verantwortungsübernahme noch eine Rolle – und gegebenenfalls welche?

I. Kollektive Verantwortungsübernahme – welches Kollektiv?

Die Rede von kollektiver Verantwortungsübernahme (community accountability) vermeidet die abstrakte Redeweise von der Verantwortung der Gesellschaft (society) mit einem politischen Zentrum und seinen Staatsgewalten sowie einer funktionalen Differenzierung in spezialisierte Teilsysteme. Politische Veränderungen sollen nicht von oben durch eine zentralisierte Gesetzgebung mit abstrakten und generellen Normen, sondern durch lokale soziale Bewegungen und plurale Gemeinschaften von unten initiiert und realisiert werden. Letztlich wird damit die Aufhebung der Unterscheidung von Staat und bürgerlicher Gesellschaft angestrebt: »Eine neue Art von Staat – ein antistaatlicher Staat – wird auf den Fundamenten des Gefängnisses aufgebaut.«[14]

Gleichwohl lässt sich damit nicht die Frage umgehen, wer in welchen Verfahren festlegt, was als kriminelles Unrecht gilt oder, zurückhaltender formuliert, welche Verhaltensweisen nicht allgemein akzeptiert und, wenn sie dennoch praktiziert werden, zurückgewiesen, verworfen oder im Wege kollektiver Verantwortungsübernahme gemeinsam kritisch thematisiert werden sollen. Zumindest in einem demokratischen Rechtsstaat ist die Gesellschaft insofern mitverantwortlich für das, was in diesem Sinne allgemein als Unrecht gilt, als sie im Wege der Kriminalgesetzgebung ein bestimmtes Verhalten als solches definiert, sowie dessen Verwerflichkeit und Strafbarkeit kommuniziert und Geltung setzt. Sie ist dabei auf öffentlich vertretbare Gründe angewiesen, deren Überzeugungskraft dadurch bestimmt ist, dass sie sich in einem inklusiven politischen Prozess gegen Kritik bewährt haben oder unter ihrem Eindruck revidiert worden sind. In sozialer Hinsicht treten die Staatsbürger:innen dabei als Personen auf, die der durch Verfassungsnormen ermächtigten,

13 McLeod, »Abolitionistische Demokratien entwerfen«, S. 561.

14 Ruth Gilmore, »Was tun?«, in: Daniel Loick/Vanessa Thompson (Hg.), *Abolitionismus: ein Reader*, Berlin: Suhrkamp 2022, S. 515–521 (518).

strafgesetzgebenden Autorität unterworfen sind und deswegen die Norm befolgen sollen, und als Mitgesetzgeber, die sich am demokratischen Gesetzgebungsprozess mit gleichen politischen Rechten beteiligen können. Je inklusiver und offener dieser Prozess nicht nur normativ, sondern vor allem auch faktisch ist, desto größer ist die Verantwortung der Gesellschaft qua Mitgesetzgebung ihrer Mitglieder für das Ergebnis. Auch die Interessen der potentiellen Opfer finden sich in den auf dem Wege autonomer Selbstgesetzgebung rechtlich geschützten allgemeinen Interessen wieder; das individuelle Opfer ist im konkreten Fall nicht nur in seinen privaten Interessen verletzt, sondern diese sind zugleich öffentliche Interessen, auch wenn diese Gleichung nie ganz aufgeht und ein durch das Recht untilgbarer Rest an Partikularität der Verletzungserfahrung auf Seiten des Opfers übrigbleibt.

Freilich handelt es sich auch dabei um eine idealisierende Beschreibung, die in einem mehr oder weniger großen Kontrast zur politischen Wirklichkeit steht. Hier wird jener Prozess vor allem von den gesellschaftlichen Kämpfen zwischen Moralunternehmern um die Mobilisierung von Öffentlichkeiten und Institutionen politischer Gesetzgebung bestimmt. Dabei geht es ihnen vor allem um die Aneignung und Besetzung des leeren Signifikanten der Strafe mit ihren jeweiligen Bedeutungen, vor allem der expressiv-symbolischen Bedeutung, die mit der Kriminalisierung eines Verhaltens einhergeht. Folgt man den Traditionen gesellschaftlicher Konflikttheorien, so sind solche Kämpfe nicht nur ubiquitär, sondern auch immer auf die zumindest zeitweise Verfügungsmacht über Zwangsmittel und deren Rechtfertigung gerichtet.[15] Dies gilt für Strafrecht und Strafe wegen ihrer im Vergleich zu anderen Normen besonders eindrücklichen öffentlichen Symbolkraft in besonderem Maße. Die Zähmung dieses Kampfes durch die Formen und Verfahren des demokratischen Rechtsstaates ist nur begrenzt in der Lage, sie in einen Prozess zu transformieren, in dem es um die kritische Überprüfung öffentlich vertretbarer Gründe geht. Je weniger dies gelingt, je weiter sich eine demokratische Kriminalgesetzgebung von diesem Ideal entfernt, desto mehr verliert es an Legitimität. Es verwandelt sich zunehmend in ein Präventions-Strafrecht, das die Interessen derjenigen schützt, die sich im Kampf um die gesellschaftliche Symbol-Macht durchsetzen konnten.

Kollektive Verantwortungsübernahme scheint dagegen eine bessere Alternative zu sein, weil damit der Prozess der Klärung, Revision, Verdeutlichung und Bekräftigung von Normen aus den distanzierten und entfremdeten Institutionen in die pluralen zivilgesellschaftlichen Interaktionen und Kommunikationen verlagert wird. Dies freilich nicht abstrakt, losgelöst von den konkreten Konflikten, sondern als integraler Bestandteil der Konfliktbewältigung selbst. Nils Christie hatte bereits

15 Ralf Dahrendorf, *Gesellschaft und Freiheit*, München: Piper 1963, S. 110.

beklagt, dass die von einer karzeralen Logik und den Kämpfen zwischen Moralunternehmern dominierten Prozesse (straf-)rechtlicher Normierung und justizförmiger Anwendung einen »Verlust an Gelegenheiten zur Klärung von Normen« zur Folge haben und damit zugleich »ein Verlust der Gelegenheit zur dauernden Erörterung dessen, was das Recht eines Landes ist«[16]. Auf diese Weise könnte die von Durkheim so charakterisierte eherne Logik der mechanischen Solidarität einer Gesellschaft, die durch Konflikte nicht geklärt, sondern immer wieder nur theatralisch durch ein Strafritual bekräftigt und reproduziert wird, durchbrochen werden.

Freilich bedarf es dabei schon aus Gründen der Unparteilichkeit und der Gleichheit als Minimalbedingungen der Gerechtigkeit einer den lokalen Konflikthorizont überschreitenden Generalisierung und Abstraktion der wechselseitigen Verhaltenserwartungen. Bei der kollektiven Verantwortungsübernahme soll es denn auch darum gehen, »an höhere Werte zu appellieren oder das Eigeninteresse mit dem Gemeinwohl in Einklang zu bringen«.[17] Normative Begründungs- und Anwendungsdiskurse lassen sich dann jedoch nicht vollständig so miteinander verschmelzen, dass die Frage nach der Verantwortung für die Verletzung eines Interesses mit der Frage nach dessen Verallgemeinerungsfähigkeit zusammenfällt. Auch wenn die gemeinschaftliche, kommunikative Klärung von Normen erst im Wege der kollektiven Verantwortungsübernahme *nach* und in Auseinandersetzung mit einer Verletzung stattfindet, dürften die Beteiligten ihre bereits *vor* der Verletzung gehegten und durch die Verletzung enttäuschten impliziten normativen Erwartungen dabei zur Geltung bringen. Ohne eine normative Sprache, mit der sie sich überhaupt auf eine Verletzung als solche beziehen können, fehlt es den Betroffenen an der Möglichkeit, ihre individuelle Verletzungserfahrung sowohl gegenüber sich selbst als auch gegenüber anderen als ein Unrecht verständlich zu machen und zu kommunizieren – die gemeinschaftliche Bildung einer solchen Sprache zu verhindern, wäre nach Miranda Fricker eine hermeneutische Ungerechtigkeit, die eine Variante der epistemischen Ungerechtigkeit ist.[18] Daher lässt sich zwar der Bedeutungsgehalt

16 Nils Christie, *Grenzen des Leids*, Bielefeld: AJZ 1986, S. 135.

17 Kim, »Über Kritik hinausgehen. Kreative Interventionen und Rekonstruktionen kollektiver Verantwortungsübernahme«, S. 551.

18 Miranda Fricker, *Epistemische Ungerechtigkeit*, München: C.H. Beck 2023, S. 201ff., am Beispiel der mühsamen und gegen große Widerstände durchgesetzten Kennzeichnung bestimmter Verhaltensweisen von Männern gegenüber Frauen als »sexuelle Belästigung«. Ein anderes Beispiel: Erst als Rapahel Lemkin den Begriff des Genozids und Hersch Lauterpacht den Begriff des Verbrechens gegen die Menschlichkeit geprägt hatten, standen hermeneutische Ressourcen für die normative Beurteilung schwerster Regierungsverbrechen bereit, die vorher als bestenfalls beklagenswerte, aber

geteilter normativer Erwartungen in Auseinandersetzung mit einer konkreten Verletzung innerhalb und durch die Gemeinschaft klären, aber deren Mitglieder können sich an einem solchen Klärungsprozess überhaupt nur beteiligen, wenn sie bereits über normative Überzeugungen verfügen, mit deren Artikulation sie in den Klärungsprozess eintreten können.

Werden diese jeweils subjektiv für richtig gehaltenen Normen explizit als Werte und Gemeinwohlforderungen gegenüber den Anderen zur Geltung gebracht und insbesondere gegenüber demjenigen, der diese Norm durch sein Verhalten verletzt hat, müssen sie so begründet werden, dass sie von allen Beteiligten individuell und selbstbestimmt akzeptiert werden können. Nur dann ließe sich, namentlich gegenüber der verletzenden Person, auch rechtfertigen, dass und vor allem warum die Gemeinschaft an der Norm trotz ihrer Verletzung festhalten und sie nicht zugunsten der von der verletzenden Person für richtig gehaltenen Norm preisgeben will. Umgekehrt müssten aber auch diejenigen Personen, die eine Verletzung ihrer Erwartungen und Interessen geltend machen, bereit sein, sich auf eine kritische Auseinandersetzung darüber einzulassen, ob die subjektiv für richtig gehaltenen Normen sich sowohl gegenüber der Verletzenden Person als auch allen anderen Mitgliedern der Gemeinschaft so rechtfertigen lassen, dass sie von allen akzeptiert werden können. Kollektive Verantwortungsübernahme müsste sich dann also nicht nur auf die individuelle Verletzung und die unmittelbar davon betroffenen Personen beziehen, sondern auch auf die für alle Beteiligten und die Gemeinschaft insgesamt generalisierbaren Normen. Ohne diese Voraussetzung könnte das Konfliktgeschehen nicht als eine Verletzung identifiziert und thematisiert, die Bedeutungsinterpretationen der dabei verwendeten Normen weder artikuliert noch geklärt, sowie die allgemeinen Anerkennungswürdigkeit dieser in Bezug genommenen Normen nicht gerechtfertigt werden. Erst dann ließe sich auch gemeinschaftlich entscheiden, welche Einstellung die Beteiligten zu dem Konflikt einnehmen und wie sie letztlich auf die Verletzung reagieren sollten.

Kollektive Verantwortungsübernahme unterscheidet sich von den Prozeduren legislativer Setzung genereller und abstrakter Normen sowie ihrer justizförmigen Anwendung auf den Einzelfall auch dadurch, dass sie primär durch und innerhalb derjenigen lokalen Gemeinschaften (*communities*) praktiziert werden soll, die von einem Verletzungsgeschehen betroffen sind. Adressat ist also nicht die Gesellschaft, sondern es sind die vielen verschiedenen lokalen Gemeinschaften, aus denen sie besteht. Auf den ersten Blick mag die Wahrscheinlichkeit größer sein, dass die Klärung von Normen in Auseinandersetzung mit einer konkreten Verletzung gelingt, wenn es sich dabei um die impliziten Regeln derjenigen

unvermeidliche und daher tragische Nebenfolgen von Kriegen marginalisiert wurden.

gemeinschaftlichen Praktiken und Gewohnheiten handelt, die sich unter Bedingungen räumlicher Nähe innerhalb nachbarschaftlicher Beziehungen ausbilden.

Abolitionistische Positionen kommen damit den Einsichten des Rechtspluralismus nahe, der schon aus der Beobachterperspektive bestreitet, dass die von einem zentralen staatlichen Gesetzgeber für alle Bewohner des Staatsgebietes einheitlich und allgemeinverbindlich gesetzten Normen von ihren Adressaten auch tatsächlich befolgt würden. Vielmehr würden sie sich in ihren alltäglichen Interaktionen und Konflikten primär an den jeweiligen lokalen Praktiken orientieren und die entsprechenden Normen aus Gewohnheit befolgen.[19] Theorien des Rechtszentralismus würden daher die wirklichen, d.h., faktisch geltenden und anerkannten normativen Ordnungen in einer Gesellschaft in einer irreführenden Weise beschreiben, sie seien, in der zugespitzten Formulierung von Griffith, »a myth, an ideal, a claim, an illusion«.[20]

Noch einen Schritt weiter gehen solche rechtspluralistischen Positionen, die diesen Zustand auch für wünschenswert und gegenüber einem Rechtszentralismus für vorzugswürdig halten, u.a. deshalb, weil auf diese Weise die spontanen Ordnungsbildungen der unmittelbar Beteiligten normative Kraft gewinnen würden, was dem demokratischen Ideal viel eher entspräche.[21] Freilich beschwört das die Frage herauf, wie ohne Rückgriff auf zentralisierte und rechtlich verfasste Institutionen Konflikte bewältigt werden können, die innerhalb einer Gemeinschaft zwischen Angehörigen stattfinden, die sich, wie in modernen pluralistischen Gesellschaften üblich, gleichzeitig an mehrere verschiedene Gemeinschaften gebunden haben und deren jeweilige Werte und normativen Überzeugungen teilen oder die sich mit deren kollektivem ethischen Selbstverständnis identifizieren und entsprechende Loyalitäten praktizieren. Dies gilt erst recht für Konflikte zwischen verschiedenen Gemeinschaften mit unterschiedlichen oder gar konträren normativen Selbstverständnissen, vor allem im Verhältnis zu solchen, in denen Einstellungen

19 So exemplarisch und (mit Verspätung) breit rezipiert: Eugen Ehrlich, *Grundlegung der Soziologie des Rechts*, Berlin: Duncker & Humblot 1913.

20 John Griffiths, »What is Legal Pluralism?«, *Journal of Legal Pluralism* 1986, S. 1–55. Zur Entstehung und Entwicklung des Rechtspluralismus sowie zur aktuellen Debatte s. Ralf Seinecke, *Das Recht des Rechtspluralismus*, Tübingen: Mohr Siebeck 2015.

21 S. z.B. Paul Schiff Berman, *Global Legal Pluralism*, Cambridge (UK): Cambridge University Press 2012; zur Kritik s. Klaus Günther, »Normativer Rechtspluralismus – Eine Kritik«, in: Thorsten Moos/Magnus Schlette/Hans Diefenbacher (Hg.), *Das Recht im Blick der Anderen – zu Ehren von Eberhard Schmidt-Aßmann*, Tübingen: Mohr Siebeck 2016, S. 43–62; Turkuler Isiksel, »Global legal pluralism as fact and norm«, *Global Constitutionalism* 2013, S. 160–195.

vorherrschen und prämiert werden, die zu rassifizierten Diskriminierungen führen oder dazu, dass Menschen wegen ihrer sexuellen Orientierung oder Klassenzugehörigkeit benachteiligt werden.[22] Wie David Garland gezeigt hat, resultiert die nach wie vor hohe Zustimmung zur Todesstrafe in den USA vor allem aus ihrer Verankerung in den sich demokratisch selbst bestimmenden local communities, die ihre Autonomie gegen das politische Machtzentrum und die darin vermeintlich vorherrschende, die Praxis der Todesstrafe immer wieder behindernde und verzögernde juristische Expertokratie behaupten.[23]

Schließlich ist der Perspektivenwechsel von der Gesellschaft zur Gemeinschaft[24] mit einigen, auch historischen, Ambivalenzen konnotiert, die klärungsbedürftig erscheinen. Dies nicht nur, aber auch wegen der zwiespältigen Tradition, die Ferdinand Tönnies mit der begriffspolitischen Oppositionsbildung von »Gemeinschaft und Gesellschaft« im Jahre 1887 in seiner gleichnamigen Studie begründet hat und deren Abgründe vor allem aus der deutschen Geschichte nur allzu bekannt sind.[25] Sie fußt freilich auf dem aus nationalistisch-ideologischen Motiven im 19. Jahrhundert konstruierten Gegensatz zwischen einem vermeintlich individualistischen, zivilisatorischen römischen Recht und einem gemeinschaftsorientierten, ethisch-sozialen germanischen Genossenschaftsrecht. Zwar merken Loick und Thompson knapp an, dass der Begriff der Gemeinschaft »im Deutschen einen beklemmenden konformistischen Unterton erhalten kann«, weshalb sie den englischen Ausdruck »community« bevorzugen würden, in dem diese Konnotation »nicht unbedingt vorhanden« sei.[26] Freilich ist es weniger der Konformismus, den es auch in staatlich organisierten individualistischen Gesellschaften gibt, als vielmehr das anti-moderne, anti-individualistische und kulturkritische Narrativ, das sich aus der begriffspolitischen Oppositionsbildung speist.

Zwar spielte dieses Narrativ in Nordamerika historisch keine Rolle, doch bleibt auch dort der Begriff der »community« nicht weniger ambivalent. Seine Genealogie reicht bis zu den freien protestantischen, calvinistisch geprägten Religionsgemeinschaften zurück, in denen sich die Flucht vor Repression in ihren europäischen Heimatländern mit einem siedlerkolonalistischen Projekt autonomer Gemeinschaftsbildung

22 S. dazu Günther, »Normativer Rechtspluralismus – Eine Kritik«.

23 David Garland, *Peculiar Institution: America's Death Penalty in an Age of Abolition*, Cambridge (Mass.): Belknap Press 2012.

24 Loick/Thompson, »Was ist Abolitionismus?«, S. 53.

25 Ferdinand Tönnies, *Gemeinschaft und Gesellschaft: Abhandlung des Communismus und des Socialismus als empirischer Kulturformen*, Leipzig: Fues's Verlag 1887. Zu kritischer Rezeption dieses und anderer soziologischer Gemeinschaftsmodelle s. Theresa Clasen, *Radikale Demokratie und Gemeinschaft*, Frankfurt am Main/New York: Campus 2019.

26 Loick/Thompson, »Was ist Abolitionismus?«, S. 55.

verband. Folgt man den Untersuchungen von Ernst Troeltsch, hatte für sie der »Gemeindegedanke« eine »zentrale Bedeutung«, und zwar als »Aufgabe der Herstellung einer heiligen Gemeinde, einer Gott im geistlichen und weltlichen Handeln verherrlichenden Christokratie«.[27] Charakteristisch dafür sei die gleichzeitige »Richtung auf aktive Gemeinschaftsgestaltung und auf persönliche Leistung«, die »überall zu organisierter und aggressiver Gemeindebildung, zu einer planmäßigen Bearbeitung des gesamten Gesellschaftslebens, zu einem ›christlichen Sozialismus‹ führt«.[28] Deutlich wird dies nicht zuletzt auch an dem Engagement der Quäker, nach dem Ende des »heiligen Experiments« eines Quäkerstaates und dem folgenden politischen Bedeutungsverlust, für die Beendigung der Sklaverei und, noch später, für Gefängnisreformen. Eine der einflussreichen Protagonistinnen der abolitionistischen Transformative-Justice-Bewegung, Ruth Morris, war ein prominentes Mitglied der Gemeinschaft der Quäker (»Gesellschaft der Freunde«).[29] Auch für diese Gruppe ist nach Troeltsch die »Idee der reinen und heiligen, auf ernster Bekehrung beruhenden und staatsfreien Freiwilligkeitsgemeinde«[30] maßgeblich. Sie wird noch dadurch verstärkt, dass eine existentielle Erfahrung, d.h., eine die eigene Identität grundlegend transformierende »Wiedergeburt«, Voraussetzung für die Aufnahme in die »Gesellschaft der Freunde« als »Kinder des Lichts« ist.

Daher dürfte auch diese Tradition, wenn auch mehr oder weniger säkularisiert, den Erfahrungsraum bilden, in dem die konstitutive wechselseitige Abhängigkeit von kollektiver Verantwortungsübernahme und einer durch ein gemeinsames, jeweils individuell habitualisiertes und ständig zu aktivierenden Ethos bestimmten Gemeinschaft sichtbar wird.[31] Im Konfliktfall wird dieses Abhängigkeitsverhältnis dann konkret in der gemeinsamen transformativen Arbeit wirksam, in der sich

27 Ernst Troeltsch, *Die Soziallehren der christlichen Kirchen und Gruppen*, Darmstadt: WBG 2016, S. 625.

28 Ebd., S. 642.

29 Ruth Morris, *Stories of Transformative Justice*, Toronto: Canadian Scholars Press 2000; Ruth Morris, Christian Faith in Action, Burlington/Ontario: Welch Publishing Company 1989. Zu den Ursachen und Motiven der Anti-Sklaverei-Bewegung s. u.a. Troeltsch, *Die Soziallehren der christlichen Kirchen und Gruppen*, S. 915. Zur Geschichte der Gefängnisreform-Initiativen dieser und anderer Gemeinschaften s. Sabine Freitag, *Kriminologie der Zivilgesellschaft*, München: Oldenbourg Wissenschaftsverlag 2014.

30 Troeltsch, *Die Soziallehren der christlichen Kirchen und Gruppen*, S. 912.

31 S. zum inneren Zusammenhang zwischen Religion und Demokratie bereits Alexis de Tocqueville, *Über die Demokratie in Amerika*, die Kapitel »Über die Religion als politische Einrichtung betrachtet; wie sie zur Erhaltung des demokratischen Staatswesens in den Vereinigten Staaten beiträgt« und »Mittelbarer Einfluss der Glaubenshaltungen auf die politische Gesellschaft

zugleich die Gemeinschaft reflexiv über die Klärung ihrer Normen ihrer selbst vergewissert und erneuert sowie dem Mitglied, das diese Normen verletzt hat, dabei hilft, sich in diesem Klärungsprozess zu verändern und das Ethos wieder anzueignen – ein Selbstklärungs- und Erneuerungsprozess, an dem nicht zuletzt auch das verletzte Mitglied selbst aktiv teilhat.

Damit lässt sich nun eine zentrale Voraussetzung kollektiver Verantwortungsübernahme genauer bestimmen: Wenn diese in lokalen Gemeinschaften praktiziert werden soll, weil sie durch die Eigenschaften nachbarschaftlicher Beziehungen und räumlicher Nähe unter ihren Angehörigen gekennzeichnet sind, so dass Konflikte unter den Angehörigen unmittelbar als ein Prozess der Klärung über die gemeinsam geteilten Normen ausgetragen werden können, dann müssen sich die Beteiligten dabei jeweils auf das kollektive Ethos und die Sittlichkeit oder auf gemeinsam geteilte religiöse Glaubensgrundsätze beziehen, die in einer gemeinsamen Lebenswelt und Lebensform praktisch kultiviert werden. Diese werden nur wenig explizit und kritisch thematisiert, sondern überwiegend im alltäglichen Handeln als zweite Natur habitualisiert – als, wie Tocqueville es eingängig formulierte, »Gewohnheiten des Herzens« und »des Geistes«.[32] Der normative Klärungsprozess im Konfliktfall dient dann vor allem der gemeinschaftlichen interpretierenden Selbstvergewisserung der kollektiv identitätsstiftenden Normen. Das setzt wiederum eine ähnliche Lebensweise voraus, eine relative Homogenität der Interessen und Überzeugungen, so dass es während des normativen Klärungsprozesses jeder Beteiligten auf dieser Grundlage leichter fällt, einen Perspektivenwechsel zu vollziehen, sich also in die Position der anderen hineinzuversetzen.

Auch vor diesem Hintergrund stellt sich noch einmal die Frage, ob nicht das jeweilige Ethos einer Gemeinschaft zugunsten gemeinschaftstranszendenter Geltung beanspruchender Normen überstiegen werden muss, wenn es um Konflikte geht, an denen Personen beteiligt sind, die der betroffenen Gemeinschaft selbst nicht oder gleichzeitig einer Vielzahl von Gemeinschaften mit diversen Ethiken angehören, sowie um

in den Vereinigten Staaten«; Alexis de Tocqueville, *Über die Demokratie in Amerika – Erster Teil von 1835*, Zürich: Manesse 1987, S. 432ff. u. 438ff.

32 Tocqueville, *Über die Demokratie in Amerika – Erster Teil von 1835*, S. 432. Dieser Topos wurde wieder aufgenommen von der kommunitaristischen Kritik an den Individualisierungsprozessen der kapitalistischen Moderne, die mit einem schleichenden Zerfall vor allem religiöser Gemeinschaften einhergingen, z.B. explizit durch Robert N. Bellah/Richard Madsen/William M. Sullivan/Ann Swidler/Steven M. Tipton, *Habits of the Heart*, Berkeley: University of California Press 1985, sowie, nun auch unter Rückgriff auf Tönnies Oppositionsbegriffe Gemeinschaft und Gesellschaft, bei Robert Putnam, *Bowling Alone: The Collapse and Revival of American Community*, New York: Simon & Schuster 2000.

Konflikte zwischen verschiedenen Gemeinschaften mit möglicherweise konträren Ethiken. Daher dürfte ein Perspektivenwechsel in Fällen des Konflikts zwischen Gemeinschaften ohne Rekurs auf eine unter ihnen teilbare normative Grundlage noch schwerer zu vollziehen sein.[33]

Wenn lokale Gemeinschaften anders als eine funktional differenzierte Gesellschaft durch integrierende Sittlichkeiten und ein kollektives Ethos gekennzeichnet sind, hat dies schließlich auch Folgen für die Normbefolgungsmotive und die kollektive Reaktion auf verletzendes Verhalten einschließlich der angestrebten Transformation. Nach Hegel reproduzieren sich die Institutionen der Sittlichkeit vor allem im »Zutrauen« ihrer Mitglieder und ihrer »Rechtschaffenheit«.[34] Rechtschaffene Handlungen verdienen Lob, unerlaubte Abweichungen dagegen Kritik, Tadel, Zurückweisung, Beschämung. In dem Maße wie das Recht, wenn nicht durch Sittlichkeit substituiert, so doch zumindest von dieser funktionalisiert würde, wandelte sich die Herrschaft des Rechts in eine Herrschaft der Tugend, also durch die Initiierung und Ermöglichung von Haltungen und Charakterbildung, eine intensivierte Subjektivierung.[35] Dazu bedürfte es einer öffentlichen Pädagogik, mit der die Mitglieder der Gemeinschaft in das gemeinsame Ethos sozialisiert werden. Dabei geht es

33 Dies gilt auch und noch viel mehr für den Fall der Sezession von Mitgliedern aus ihrer Gemeinschaft, mit der sie ihr bisheriges Ethos in Frage stellen und die von den verbleibenden Mitgliedern als destruktiv und abweichend kritisiert wird. Der Kinofilm *Die Aussprache* von Sarah Polley (1922) nach dem gleichnamigen Roman vom Miriam Towes führt dies am Beispiel von Frauen einer von Männern dominierten religiösen Gemeinschaft vor Augen, die (in Analogie zu Albert Hirschmanns berühmter Trias der Verhaltensalternativen in einer Organisation, exit, voice or loyalty) darüber beraten, ob sie die Gemeinschaft gemeinsam verlassen oder sich, wie in der Vergangenheit, den Forderungen der Männer unterwerfen und die Vergewaltigungen schweigend erdulden oder Widerstand mit der Bereitschaft zur Gewalt leisten sollen. Die Herausforderung für ihre Identität, mit der sie im Fall der Sezession konfrontiert sein werden, formuliert eine der Frauen in aller Klarheit: »Wenn wir uns befreit haben, werden wir uns fragen müssen, wer wir sind.«

34 Georg W. F. Hegel, *Grundlinien der Philosophie des Rechts*, Frankfurt/Main: Suhrkamp Verlag 1982, S. 295, 298ff.

35 S. dazu am Beispiel Chinas: Liang Zhiping, *Rechtsherrschaft und Tugendherrschaft. Beobachtungen zur chinesischen Rechtsmodernisierung*, Frankfurt/New York: Campus 2024. Aufschlussreich die Ähnlichkeit mit der antiken griechischen Rechtskonzeption, s. Christoph Menke, *Kritik der Rechte*, Berlin: Suhrkamp 2015, S. 66–69. In analoger Weise verfahren die protestantischen religiösen Gemeinschaften, so Troeltsch, *Die Soziallehren der christlichen Kirchen und Gruppen*, S. 624: Die interne Kommunikation über die internalisierten Glaubensinhalte der Gemeinschaft »[e]rhöht die Konzentration auf das eigene Selbst, die methodische Selbstbeurteilung und die straffe Spannung auf das Ziel der möglichsten Vollkommenheit.«

vor allem um die Subjektivierung jedes Einzelnen zu einer Person, die sich in ihrem Verhalten vorrangig am Wohl der Gemeinschaft orientiert. Christoph Menke hat dies am Beispiel des antiken athenischen Rechts im Unterschied zum modernen Recht hervorgehoben: »Die griechische Rechtskonzeption ist paidäisch [...] Das Recht ist eine Instanz der sittlichen Erziehung«.[36] (Rechts-)Normen ermöglichen dann die Internalisierung und intensivierte Subjektivierung des kollektiven Ethos, die sich in einer ethischen Lebensführung, der Sorge um sich selbst verschränkt mit der Sorge um die Gemeinschaft, manifestiert.[37] Das erfordert eine moralische Einstellung zur Befolgung der Normen, die Unterscheidung zwischen Legalität und Moralität bei den Normbefolgungsmotiven würde zumindest relativiert. Dagegen freilich lässt Hölderlin in seinem am Ende des 18. Jahrhunderts erschienenen Roman »Hyperion« nach dem Ende des gescheiterten, von einer überschwänglich idealisierten Antike beflügelten griechischen Befreiungskampfes die Figur des Alabanda sagen: »der weiß nicht, was er sündigt, der den Staat zur Sittenschule machen will«[38]. Zu fragen ist, ob dieser Einwand seine Berechtigung verliert, wenn Gemeinschaften an die Stelle des Staates treten.

II. Wieviel individuelle Verantwortung steckt in der kollektiven Verantwortungsübernahme?

1. Im Hinblick auf den Täter, der neutral als »gewaltausübende Person« bezeichnet wird,[39] bedeutet kollektive Verantwortungsübernahme nicht, ihn unbehelligt zu lassen und von jeder individuellen Verantwortung

36 Christoph Menke, *Kritik der Rechte*, S. 69.

37 Vgl. dazu die kritischen Bemerkungen Michel Foucaults über Alternativen zur Gefängnisstrafe (allerdings bezogen auf Arbeitsmaßnahmen außerhalb des Gefängnisses), mit denen die soziale Kontrolle »wie ein Krebsgewebe über Gefängnismauern hinaus« in die Gesellschaft ausgedehnt werde: Michel Foucault, »›Alternativen‹ zum Gefängnis: Verbreitung oder Abnahme der sozialen Kontrolle?«, *Neue Rundschau* 3/2022, S. 11–34 (17) (ich danke Stefanie Schütz für diesen Hinweis).

38 Friedrich Hölderlin, »Hyperion oder Der Eremit in Griechenland«, in: Friedrich Hölderlin (Hg.), *Hyperion. Empedokles*, Frankfurt am Main: Deutscher Klassiker Verlag 2008, S. 39. Erfahrungshintergrund dürfte die Tugend- (und Terror-)herrschaft des Wohlfahrtsausschusses (1793–95) in der Französischen Revolution gewesen sein. Zu der damit einhergehenden Herrschaft des Verdachts s. Georg W. F. Hegel, *Phänomenologie des Geistes*, Frankfurt am Main: Suhrkamp Verlag 1982, S. 437.

39 Kim, »Über Kritik hinausgehen. Kreative Interventionen und Rekonstruktionen kollektiver Verantwortungsübernahme«, S. 548.

zugunsten einer gemeinschaftlichen Fürsorge für Täter und Opfer zu entlasten. Die Versuche, eine abstrakte Konfrontation von Täter und Opfer zu vermeiden, zielen unter anderem auch darauf, »der gewaltausübenden Person zu helfen, Verantwortung zu übernehmen, ohne auf den staatlichen Gewaltapparat zurückzugreifen«[40]. Kollektive Verantwortungsübernahme schließt also auf Seiten der Gemeinschaft weder prinzipiell aus, dass ihre Mitglieder individuell für Unrecht verantwortlich sein oder gemacht werden können, noch soll dadurch jeder Versuch unterbunden werden, eine gewaltausübende Person, die ihren Anteil an der Verantwortung für eine Verletzung leugnet, vom Gegenteil zu überzeugen.[41] Für die gewaltausübende Person bedeutet das unter anderem, dass von ihr prinzipiell die Bereitschaft erwartet wird, sich auf einen kollektiven Prozess einzulassen, in dem Art und Umfang ihrer individuellen Zuständigkeit für das Unrecht thematisiert und kommunikativ begründet werden und, wenn Gründe und Gegengründe geklärt sind, Verantwortung zu übernehmen. Dies allerdings nicht, um damit isoliert, exkludiert und stigmatisiert zu werden, sondern als ein notwendiger Schritt hin zur Selbsttransformation innerhalb der Gemeinschaft. Verantwortungsübernahme soll nämlich auch mit der »Transformation der Person, von der die Gewalt ausging«[42], einhergehen bis hin zur Konfrontation der Person mit »Forderungen nach Veränderung« durch die Gemeinschaft.[43]

Wie schon bei der verletzten Norm einer Gemeinschaft werden auch hier Art und Umfang der individuellen Verantwortung sowie deren Verhältnis zur kollektiven Verantwortung zum Thema einer kommunikativen Klärung, bei der implizite Erwartungen der Beteiligten explizit und zum Gegenstand einer kritischen Auseinandersetzung gemacht werden. Dies ist vor allem dann erforderlich, wenn die gewaltausübende Person ihre Beteiligung an der Verletzung entweder abstreitet, ihre Verantwortung relativiert oder neutralisiert. Zwar ist die Verfahrensweise der kollektiven Verantwortungsübernahme darauf gerichtet, eine öffentliche und konfrontative Anklage der gewaltausübenden Person zunächst zu vermeiden, wie dies z.B. mit der Praxis des »Calling in« angestrebt wird, um innerhalb einer Gruppe auf negativ bewertetes Verhalten oder Äußerungen eines Einzelnen oder der Gruppe aufmerksam zu machen. Aber dabei geht es auch um die Übernahme von Verantwortung durch die verletzende Person: »›Calling in‹ ermöglicht es uns, Verantwortungsübernahme zu kultivieren, wenn Menschen verletzendes Verhalten an

40 Loick/Thompson, »Was ist Abolitionismus?«, S. 50.

41 Zur Kritik s. den Beitrag von Franziska Dübgen in diesem Band.

42 Loick/Thompson, »Was ist Abolitionismus?«, S. 52.

43 Kim, »Über Kritik hinausgehen. Kreative Interventionen und Rekonstruktionen kollektiver Verantwortungsübernahme«, S. 548.

den Tag gelegt haben, ohne sie öffentlich bloßzustellen.«[44] Das soll allerdings auch nicht ausschließen, »jemanden für verletzende Handlungen öffentlich zu benennen und zur Verantwortungsübernahme aufzufordern, wenn frühere interne Versuche erfolglos geblieben sind«[45].

Einige der bisherigen Erfahrungsberichte zeigen, dass ein Grund für die Erfolglosigkeit in Verhaltensweisen des Bestreitens oder Neutralisierens liegt, was die übrigen Mitglieder der Gemeinschaft vor besondere Herausforderungen stellt.[46] Dies zumal dann, wenn dies in der anzustrebenden »offenen, aber verbindlichen Atmosphäre« geschieht, und »bei solchen Konfrontationen immer auf die unterschiedliche Vulnerabilität gegenüber staatlicher Gewalt und Repression geachtet werden« soll.[47] In ihrem Erfahrungsbericht über Experimente mit kollektiver Verantwortungsübernahme hebt Kim hervor, dass gewaltausübende Personen auf erste Forderungen nach Verantwortungsübernahme und Veränderungen ihres Selbst überwiegend mit Widerstand reagieren. Die während eines Konflikts oder danach intervenierenden Akteure der Gemeinschaft machen dabei die Erfahrung, dass auch unabhängig von dem konkret in Rede stehenden Fall auf die Konfrontation der betroffenen Person mit ihren »verletzenden Einstellungen und Handlungen« häufig mit den

44 Yael Attia/Emily Dische-Becker/Daniel Loick/Anthony Obst/Vanessa E. Thompson, »Für einen nicht-karzeralen Anti-Antisemitismus«, *the Diasporist* 06.03.2025 https://thediasporist.de/de/fur-einen-nicht-karzeralen-anti-antisemitismus/ (Zugriff: 09.03.2025).

45 Ebd. Offen bleibt, welche Zwecke das »öffentliche Benennen« erfüllen soll, vor allem dann, wenn es mit dem Ausdruck der Missbilligung des verletzenden Verhaltens einhergeht. Wenn es für den Fall vorgesehen ist, dass »frühere interne Versuche erfolglos geblieben sind«, könnte es sich um das Mittel einer Sanktionsdrohung handeln, mit der die verletzende Person zur vorerst nicht-öffentlichen Verantwortungsübernahme motiviert werden soll. Ein weiterer Zweck könnte in der öffentlichen Beschämung liegen, die von dem Betroffenen freilich auch wie eine Sanktion empfunden würde (wohl auch dann, wenn sie »re-integrativ« ausgestaltet wäre, wie John Braithwaite, *Crime, shame and reintegration*, Cambridge/New York: Cambridge University Press 1989, vorgeschlagen hat). In beiden Fällen wäre dann aber zu fragen, ob und inwiefern sich das öffentliche Benennen von der karzeralen Logik unterscheidet.

46 Abgesehen von solchen Fällen, in denen sich die gewaltausübende Person ihrer Verantwortung durch Flucht entzieht oder nur ein Verdacht besteht, zu dessen Klärung die verdächtigte Person trotz Zuwendung durch die Gemeinschaft nicht beitragen will. Auch hier stellen sich Probleme, die aus den Verfahren staatlicher Strafverfolgung bekannt sind: Soll die verdächtige Person schweigen, sollen falsche Aussagen folgenlos bleiben dürfen? Umgekehrt: Wie ist auf falsche Verdächtigungen zu reagieren?

47 Attia/Dische-Becker/Loick/Obst/Thompson, »Für einen nicht-karzeralen Anti-Antisemitismus«.

»üblichen Taktiken des Leugnens, der Verharmlosung und der Schuldzuweisung an andere, einschließlich der Fokussierung auf wahrgenommene Ungerechtigkeiten während der Durchführung der Intervention« reagiert wird.[48] Solche Verhaltensweisen sind in der Kriminologie seit den Studien von Sykes und Matza als Neutralisierungstechniken bekannt.[49]

An dieser Erfahrung ist nicht nur aufschlussreich, dass es sich bei der beschriebenen Reaktionsweise der gewaltausübenden Person vermutlich nicht um einen typischen Effekt einer von karzeraler Logik geleiteten staatlichen Gewalt und Repression handelt, der bei alternativen Praktiken kollektiver Verantwortungsübernahme in einer nicht bloßstellenden, offenen, aber verbindlichen Atmosphäre einfach verschwinden würde, sondern mit dem auch dann noch zu rechnen ist. Gemeinschaftliche, Vulnerabilitäten achtende Hilfe während der Auseinandersetzung über ein verletzendes Verhalten scheint bei der gewaltausübenden Person nicht ohne weiteres die Bereitschaft auszulösen, sich kooperativ auf einen Prozess einzulassen, an dessen Ende Verantwortungsübernahme und Selbsttransformation stehen.

Fragwürdig erscheint es zudem auch, Neutralisierungen von vornherein nur als »Taktiken« zu charakterisieren, d.h., als bloß strategisch motiviertes Verhalten, das einzig von dem Ziel geleitet sei, sich jeglicher Konfrontation mit den eigenen verletzenden Einstellungen und Handlungen zu entziehen. Auch wenn solche Fälle selbstverständlich vorkommen (aber auch dann müssten sich die Akteur:innen der kollektiven Verantwortungsübernahme selbstkritisch fragen, warum die betroffene Person sich so verhält), wäre es in einer offenen, aber verbindlichen Atmosphäre, in der auf Vulnerabilitäten der Beteiligten geachtet wird,

48 Kim, »Über Kritik hinausgehen. Kreative Interventionen und Rekonstruktionen kollektiver Verantwortungsübernahme«, S. 548.

49 Gresham M. Sykes/David Matza, »Techniken der Neutralisierung: Eine Theorie der Delinquenz«, in: Fritz Sack/René König (Hg.), *Kriminalsoziologie*, Frankfurt/Main: Akademische Verlagsgesellschaft 1968, S. 360–371. Der Gebrauch von Neutralisierungstechniken bei der Antwort auf die Frage nach der eigenen Verantwortung, aber auch die gängigen Verzerrungen, zu denen es bei der Zurechnung durch die nach der Verantwortung fragenden Dritten kommt, ist ubiquitär und psychologisch gut erforscht; s. zusammenfassend: Klaus Günther, »Erinnerungspolitische Zurechnungskonflikte«, in: Esther Gardei/Hans-Georg Soeffner/Benno Zabel (Hg.), *Vergangenheitskonstruktionen – Erinnerungspolitik im Zeichen von Ambiguitätstoleranz*, Göttingen: Wallstein 2023, S. 107–130. Sie spielen eine prominente Rolle bei Makro-Verbrechen wie z.B. im Völkerstrafrecht (Genozid, Verbrechnen gegen die Menschlichkeit, Kriegsverbrechen). S. dazu Herbert Jäger, *Makrokriminalität*, Frankfurt am Main: Suhrkamp 1989, S. 187–213; Frank Neubacher, *Kriminologische Grundlagen einer Internationalen Strafgerichtsbarkeit*, Tübingen: Mohr Siebeck 2005.

geboten, die leugnende Person mit ihren Gründen ernst zu nehmen, d.h., die neutralisierenden Gründe dürften nicht einfach bestritten und ignoriert oder nur in therapeutisch-objektivierender Einstellung als Symptome eines psychischen Defizits oder sonst einer Pathologie erklärt (und therapeutisch behandelt) werden.[50]

Sobald es daher zur Konfrontation einer Person mit ihrem verletzenden Verhalten kommt und diese mit Neutralisierungen reagiert, statt Verantwortung zu übernehmen, geht es immer auch um eine Auseinandersetzung über Umfang, Grad und Inhalt der geforderten und zunächst verweigerten Verantwortung. Die Frage individueller Verantwortlichkeit muss daher im Verfahren kollektiver Verantwortungsübernahme thematisiert und kritisiert werden können. Verhandelt wird dabei zumindest implizit über die Konzeption einer verantwortlichen Person, auf deren Grundlage die Mitglieder der Gemeinschaft zumindest zweierlei bestimmen: *Erstens,* in welchem Maße und in welcher Weise sie wechselseitig voneinander die Befolgung ihrer Normen erwarten, und *zweitens*, auf welche Konzeption sie die Berechtigung gründen, im Fall einer Normverletzung die verletzende Person verantwortlich zu machen und die Übernahme von Verantwortung zu fordern.[51] Nach Lon Fuller handelt es sich dabei um eine der notwendigen Voraussetzungen dafür, dass man sich überhaupt auf das Projekt einlässt, menschliches Verhalten im Zusammenleben durch Normen zu regeln. Das gilt auf jeden Fall für Rechtsordnungen, vermutlich aber auch für jede normative Ordnung überhaupt (wie z.B. das kollektive Ethos einer sittlich integrierten Gemeinschaft) – wie Fuller es auch behauptet hat.[52] Eine normative Ordnung ohne verantwortliche Normadressaten wäre keine, aber wie die Konzeption einer verantwortlichen Person dann ausgestaltet wird, in welcher Weise und in welchem Umfang ein Unrecht, ein verletzendes Verhalten, zugespitzt formuliert, eher der verletzenden Person selbst, den indirekt Beteiligten und der Gemeinschaft, der verletzten Person oder niemandem, d.h., nur der Natur oder dem Schicksal, zugerechnet wird, variiert nicht nur historisch und kulturell, sondern es kann selbst wiederum zum Thema einer politischen Entscheidung gemacht werden.[53] Implizit geschieht dies in moralischen Diskursen, aber auch in den faktischen Aushandlungsprozessen zwischen verschiedenen

50 Diese Konfliktsituation ist der Ausgangspunkt meiner kommunikationstheoretischen Rekonstruktion des strafrechtlichen Schuldbegriffs: Klaus Günther, *Schuld und kommunikative Freiheit*, Frankfurt am Main: Vittorio Klostermann 2005, S. 202ff.

51 Zu diesem Prozess diskursiver Klärung von Personenkonzepten s. ausführlich Klaus Günther, *Schuld und kommunikative Freiheit*, S. 245ff.

52 Lon Fuller, *The Morality of Law*, London: Yale University Press 1965, S. 162.

53 Klaus Günther, *Schuld und kommunikative Freiheit*, S. 253ff.

gesellschaftlichen Machtgruppen, explizit sollte es in einer Demokratie politisch thematisiert werden.

Spätestens jetzt, wenn von der Reflexion auf die Kriterien individueller Verantwortung der gewaltausübenden Person in der kollektiven Verantwortungsübernahme jenseits von staatlicher Gewalt und Strafverfolgung die Rede ist, wird verschiedentlich der Einwand erhoben, dass damit nur eine juridische, letztlich die strafrechtliche, karzerale Logik reproduziert würde. Jede, auch eine kritische Rekonstruktion der Voraussetzungen und Kriterien einer fairen Zuschreibung von Verantwortung sei ein Fall von »Juridismus«. Eine stärkere Version dieses Einwands, die vor allem von Frieder Vogelmann vorgetragen worden ist, entdeckt in jeder Zuschreibung von Verantwortung eine juridische Struktur, die auch dann fortgeschrieben würde, wenn zwar auf das Strafen, nicht jedoch auf die Zuschreibung von Verantwortung verzichtet würde. Der darauf gegründete Vorwurf des Juridismus müsste sich dann konsequent auch gegen alle Praktiken kollektiver Verantwortungsübernahme richten, insbesondere dann, wenn sie die gewaltausübende Person mit der Forderung nach individueller Verantwortungsübernahme und Selbsttransformation konfrontieren. Sie würden auch dann in einem »Bann der Verantwortung« bleiben, der letztlich ein mythischer Bann sei. Eine schwächere Version dieses Einwands beschränkt sich darauf, die historisch kontingente Kontamination von Praktiken der Verantwortungszuschreibung mit Verhältnissen sozialer Ungleichheit sowie Diskriminierung und Marginalisierung von Minderheiten zu kritisieren. Dies führe dazu, dass staatliche Institutionen sich mit einer de-kontextualisierenden und individualisierenden Zurechnungslogik auf den isolierten Einzelnen als Täter fixieren und damit die gesellschaftliche Ungleichheit nur ideologisch rechtfertigen sowie gegen politische Veränderungen immunisieren würden.

Eines der zentralen Argumente der stärkeren Version des Juridismus-Einwands deutet Verantwortung als einen »diskursiven Operator«, der in allen ihren institutionellen Erscheinungsweisen und sozialen Praktiken ihrer Zuschreibung wirksam sei. Auch jeder Versuch einer kritischen, Kriterien für eine Unterscheidung gerechter von ungerechten Verwendungsweisen jenes Operators begründende Konzeption der Verantwortung, würde diesen nur »blindwütig« legitimieren.[54] Jenseits der auch von vielen anderen Autor:innen geübten Kritik an der jüngeren ideologischen Konjunktur des Verantwortungsbegriffs, die vor allem von den neoliberalen Politiken der Transformation des Wohlfahrstaates und der Deregulierung des ökonomischen Systems befördert wurde und zu einer verstärkten Responsibilisierung des Einzelnen auch im Kriminaljustizsystem führte, soll hier der Nachweis geführt werden, dass dem

54 Frieder Vogelmann, *Im Bann der Verantwortung*, Frankfurt/New York: Campus 2014, S. 434.

diskursiven Operator Verantwortung stets und überall eine Machtasymmetrie innewohne, der unter keinen Bedingungen zu entkommen sei.

Exemplarisch lässt sich diese Kritik nachvollziehen an Theorien, nach denen Verantwortung in einer elementaren oder basalen Bedeutung eine unvermeidliche Voraussetzung der kommunikativen Alltagspraxis ist. Dies zeige sich an der wechselseitigen Erwartung und Unterstellung, dass sich Akteure und Sprecher:innen mit ihren Handlungen und Äußerungen auf Gründe beziehen, mit denen sie eine Antwort auf die Frage nach dem Warum geben können. Diese Frage ist überhaupt nur dann sinnvoll, wenn eine Handlung oder Äußerung jemandem zugerechnet werden kann, der/die dafür einsteht, also das, was sie sagt oder tut, gegenüber anderen vertreten kann und damit ernstgenommen werden will. Die wechselseitig erwartete und unterstellte Fähigkeit, sich im Sprechen und Handeln auf Gründe beziehen zu können, lässt sich – mit einem juridischen Terminus – auch als »Zurechnungsfähigkeit« in einem weiteren Sinne bezeichnen: »Wer seine Handlungen und Äußerungen vor anderen nicht verantworten kann, weckt den Verdacht, nicht ›zurechnungsfähig‹ gehandelt zu haben.«[55] Die Relevanz dieser Unterstellung lässt sich an denen Fällen plausibel machen, an denen sie, zumindest prima facie, scheitert: »Unverständliche und merkwürdige, bizarre und rätselhafte Äußerungen provozieren Nachfragen, weil sie einer im kommunikativen Handeln unvermeidlichen Unterstellung implizit widersprechen und daher Irritationen auslösen.«[56] Freilich kann sich durch Nachfragen und Antworten herausstellen, dass der erste Anschein trog und es doch Gründe gab – oder die Unterstellung der Zurechnungsfähigkeit wird suspendiert, um in die Perspektive einer Beobachterin zu wechseln, aus der das Verhalten als von der betreffenden Person nicht zu verantwortende Wirkungen eines Bündels von Ursachen erklärt wird – als Natur. Allerdings zeigt sich auch bei diesem Perspektivenwechsel die Wirksamkeit jener Unterstellung: Wer gegenüber der betroffenen Person in die Beobachterperspektive wechselt, läuft Gefahr, dieser nicht als gleichen, mit seinen Handlungen und Äußerungen ernstzunehmenden Kommunikationsteilnehmer zu begegnen, sondern als ein Untersuchungsobjekt, was immer dann auf vorwurfsvolle Reaktionen des Beobachteten trifft, der verletzt ist, wenn nicht (auch) mit ihm, sondern nur über ihn gesprochen wird. Eine andere Alternative wäre der schlichte Abbruch der Kommunikation.

Für Vogelmann ist die Verwendung eines juridischen Terminus wie »Zurechnungsfähigkeit« bei der Analyse der unvermeidlichen idealisierenden Unterstellungen durch die Teilnehmer:innen der kommunikativen

55 Ebd.
56 Jürgen Habermas, *Kommunikatives Handeln und detranszendentalisierte Vernunft*, Stuttgart: Suhrkamp 2001, S. 25.

Alltagspraxis kein Zufall. Vielmehr handelt es sich um ein schlagendes Indiz für den behaupteten Juridismus, dem mit jener Analyse die Tore für den Einfall in diese Praxis selbst geöffnet werden, wo sie sich unter anderem in den Responsibilisierungsstrategien und Subjektivierungsregimen niederschlägt, mit denen Arbeitslose, Lohnarbeiter:innen und Kriminalisierte individuell verantwortlich gemacht und Maßnahmen der Aktivierung, Selbstausbeutung und der Bestrafung unterworfen werden. Eines der Kennzeichen, an denen sich die juridische Struktur bemerkbar mache, sei die mit der Verantwortung zuschreibenden Warum-Frage einhergehende Konstruktion zurechnungsfähiger, und das heißt, »verantwortungsfähige[r] und daher verurteilbare[r] Subjekte«[57]. Diese Konstruktion, so das Argument, sei nur scheinbar eine sprachliche Notwendigkeit – in Wahrheit, so ließe sich Vogelmanns Argumentation zuspitzen, ein Einbruch des (Straf-)Rechts in die Sprache, mit der die Warum-Frage in eine virtuelle Gerichtszene verwandelt werde.[58]

Diese These wird nun im folgenden Schritt gegen den Versuch gewendet, aus der wechselseitigen Unterstellung von »Zurechnungsfähigkeit« im weiteren Sinne von Verantwortung auf die juridische Praxis einer Zuschreibung von Verantwortung für ein legitime Rechtsnormen verletzendes Verhalten zu schließen, unabhängig davon, ob darauf Strafe folge oder nicht. Für Habermas »bestätigt« die juridische Zurechnungsweise (z.B. bei der von Verantwortung entlastenden Berücksichtigung von Entschuldigungsgründen) »die Rationalitätsunterstellung, die wir nicht nur im Gerichtsverfahren, sondern auch im Alltag anderen Aktoren gegenüber vornehmen«[59]. Für Vogelmann (der sich dabei neben Habermas vor allem auf meine eigenen Arbeiten bezieht) verhält es sich dagegen umgekehrt: Die Zurechenbarkeit werde »in die Sprechhandlung verlegt, aus der sie dann in der rationalen Rekonstruktion wieder herauspräpariert und zur strafrechtlichen Verantwortung für Handlungen ausgeweitet werden kann«[60]. Die Bestätigungsfunktion der mit Mitteln der Sprachanalyse rekonstruierten idealisierenden Unterstellung von Zurechnungsfähigkeit für die juridische Zurechnungspraxis sei nichts anders als ein »formschöner Zirkel«:

57 Vogelmann, *Im Bann der Verantwortung*, S. 248.

58 Vogelmann, *Im Bann der Verantwortung*, S. 244, Fn. 94, verweist dabei auf eine Rezension von mir, in der ich selbst von einer kommunikativen »tribunalistischen« Struktur spreche. Ich halte diese Bezeichnung angesichts der damit einhergehenden Assoziationen, wie Vogelmann sie benennt, nicht mehr aufrecht.

59 Habermas, *Kommunikatives Handeln und detranszendentalisierte Vernunft*, S. 25. Zu meinen eigenen Versuchen s. Günther, *Schuld und kommunikative Freiheit*.

60 Vogelmann, *Im Bann der Verantwortung*, S. 249.

> »Nicht die in der Sprache innewohnende Verantwortung trägt die komplexer ausdifferenzierte Praktik der Zuschreibung strafrechtlichen[r] Verantwortung durch die Richter:innen, sondern die Macht der Sprache, die das Subjekt als zurechnungsfähiges, deliberatives produziert, verdankt sich den juridischen Straf- und Zurechnungspraktiken, deren Macht in die Sprache einwandert, um sich in den Diskursen jene berechenbaren, weil mit einem in der Sprache fixierten Zurechnungskern versehenen Subjekt heranzuziehen, die sie benötigt.«[61]

Am Ende basiere die diskursive Theorie des Rechts »in ihrem Gebrauch von ›Verantwortung‹ auf einer strafrechtlichen Theorie der Sprache«[62].

Wenn diese These triftig ist, würde sie auch auf die kollektive Verantwortungsübernahme generell und insbesondere auf die darin enthaltene Forderung nach individueller Verantwortungsübernahme zutreffen. Es würde sich nur um eine andere Variante jener juridischen Praktiken handeln, in denen die strafrechtliche Theorie der Sprache zum Zuge käme. Sobald auch hier von Verantwortungsübernahme in Konfrontation mit der leugnenden oder neutralisierenden gewaltausübenden Person die Rede ist, würde sie der »Macht der Diskurse« ausgeliefert, die sie zu einem zurechnungsfähigen Subjekt »zurichtet«.[63]

Hier ist nicht der Ort, an dem mit der gebotenen Ausführlichkeit die (sprach-)philosophische Frage zu diskutieren wäre, ob die Genealogie der im kommunikativen Handeln kontrafaktisch unterstellten Verantwortung aus der strafrechtlichen Zurechnungspraxis triftig ist, oder ob es sich bei letzterer nur um eine wesentlich modifizierte Variante der ersteren handelt. Würde die Genealogiethese zutreffen, müsste sie auch für alle anderen sozialen Praktiken gelten, für den wissenschaftlichen Streit um Hypothesen und Theorien ebenso wie für die Politik – insbesondere eine radikal egalitäre und inklusive demokratische – sowie überall dort, wo die Beteiligten sich mit ihrer Stimme zu Gehör bringen und ernst genommen werden (wollen).[64] Nicht zuletzt wären davon auch diejenigen

61 Vogelmann, *Im Bann der Verantwortung*, S. 244. Eine ausführlichere Begründung des Zirkel-Einwands findet sich in: Frieder Vogelmann, »The Circle of Criminal Responsibility – Juridicism in Klaus Günther's Discourse Theory of Law«, *Archiv für Rechts- und Sozialphilosophie* 2014, S. 413–428.

62 Vogelmann, *Im Bann der Verantwortung*, S. 249.

63 Vogelmann, *Im Bann der Verantwortung*, S. 243.

64 Vogelmann erkennt durchaus, dass er mit seiner genealogischen Kritik des diskursiven Operators Verantwortung Gefahr läuft, in einen performativen Selbstwiderpruch zu geraten, mit dem er seinen eigenen kritischen Anspruch konterkariert: »Denn sie (i.e. die Kritik) zu äußern bedeutet zugleich, ihr den Boden zu entziehen. Da sie selbst noch *im Bann der Verantwortung* steht und die notwendigen Transformationen nicht als philosophische Aufgabe, sondern als politischen Kampf begreift, kann sie kein Bild jenseits von ›Verantwortung‹ und ›Verantwortungslosigkeit‹ zeichnen. Gerade weil sie

Verständigungsprozesse affiziert, in denen sich die Mitglieder einer Gemeinschaft ihrer gemeinsamen geteilten Normen (selbst-)kritisch vergewissern. In der kommunikativen Alltagspraxis blieben infolge des Verzichts auf die Warum-Frage nur noch der Abbruch der Kommunikation oder der Wechsel in die Bobachterperspektive übrig.

Es sind außerdem oftmals die in Machtverhältnissen Unterlegenen oder sonst Marginalisierten, die darum kämpfen, nicht nur überhaupt etwas öffentlich sagen, sondern ihre Äußerungen und Handlungen gegenüber anderen vertreten und so aus der Unsichtbarkeit heraustreten zu können.[65] Dazu gehört auch das von Vogelmann als Indiz für den Juridismus identifizierte Sich-Positionieren mit einer Äußerung gegenüber anderen im öffentlichen Raum. Weil »jede Bezugnahme auf eine Positionierung die Permanenz und Sichtbarkeit dieser Position voraussetzen muss«, d.h., mit jeder (kritischen) Stellungnahme zu einer Äußerung diese zum Gegenstand und Thema einer kommunikativen, Gründe verlangenden und gebenden »Austauschbeziehung« zwischen Sprecherin und Hörerin gemacht wird, muss die sich positionierende Sprecherin zugleich als verantwortliches, zurechnungsfähiges Subjekt behandelt werden, »so lange«, wie sie »diese Position ›hält‹«.[66] Nun manifestiert sich die Marginalisierung von Gruppen in der Gesellschaft unter anderem auch darin, dass ihre Mitglieder mit ihren Handlungen und Äußerungen schlicht übergangen oder evaluativ abgewertet werden, dass ihnen gerade keine sicht- und hörbare Positionierung in der öffentlichen Aufmerksamkeitsökonomie zugestanden wird und sie auf diese Weise unsichtbar bleiben oder gemacht werden.[67] Statt sich auf die mit Äußerungen und Handlungen erhobenen Geltungsansprüche einzulassen, wird einer Sprecherin schlicht die Fähigkeit abgesprochen, sich ein kompetentes Urteil über etwas zu bilden, so dass man ihr das, was sie sagt, so wenig zurechnen kann wie jemandem eine Handlung zugerechnet werden kann, dem es an der Fähigkeit mangelt, die eigene Handlungssituation zutreffend einzuschätzen. Wenn dies systematisch (und nicht nur zufällig) und bedingt durch Vorurteile gegenüber der Gruppe und ihren Mitgliedern geschieht, handelt es sich um einen Fall der von Miranda Fricker untersuchten

sich selbst noch im Bann der Verantwortung gefangen weiß, bleibt ihr nur, den Bann der Verantwortung als das zu zeigen, was er ist.« (Vogelmann, *Im Bann der Verantwortung*, S. 435).

65 Zum Begriff der performativen Macht s. Klaus Günther, »Die Sprache der Verstummten: Gewalt und performative Entmachtung«, in: Klaus Lüderssen (Hg.), *Aufgeklärte Kriminalpolitik oder Kampf gegen das Böse?, Band 2: Neue Phänomene der Gewalt*, Baden-Baden: Nomos 1998, S. 120–143.

66 Vogelmann, *Im Bann der Verantwortung*, S. 248.

67 Vgl. dazu Axel Honneth, »Unsichtbarkeit. Über die moralische Epistemologie von ›Anerkennung‹«, in: Axel Honneth (Hg.), *Unsichtbarkeit*, Frankfurt/Main: Suhrkamp 2003, S. 10–28.

Zeugnisungerechtigkeit, die darin besteht, dass der Sprecherin systematisch ein »durch Identitätsvorurteile bedingtes Glaubwürdigkeitsdefizit« zugeschrieben wird.[68] Es ist ein Unrecht, das jemandem, »insbesondere in seiner Eigenschaft als erkennendes Subjekt«[69] zugefügt wird – indem es als ein Subjekt behandelt wird, dessen wahrheitsfähige Aussagen man nicht ernst nehmen muss, weil die zugeschriebenen, vorurteilsbehafteten Identitätsmerkmale sie vermeintlich daran hindern oder übermäßig dabei einschränken, wahrheitsfähige Sätze zu bilden. Marginalisiert wird die Sprecherin daher als das »Subjekt der Kommunikation«[70], das jedoch nach Vogelmann nichts anderes als das Produkt einer juridifizierenden Macht innerhalb einer Kommunikationspraxis ist, die ihre Teilnehmerinnen als zurechnungsfähige Subjekte zurichtet und unterwirft.

Schließlich neigt die totalisierende Verantwortungskritik dazu, den machtkritischen Impuls der Forderung nach Verantwortungsübernahme zu übersehen. Verantwortung ist nicht nur ein Machtfaktor, mit dem Unterlegene individualisiert, marginalisiert und exkludiert werden, sondern mit dem sie sich auch befähigen können, die Gegenseite beim Wort zu nehmen und sie an ihren Worten und Taten festzuhalten. Dass die Forderung nach Verantwortungsübernahme solche Wirkungen haben kann, zeigt sich nicht zuletzt an den Immunisierungsstrategien, mit denen die Inhaber privilegierter Positionen Vorsorge treffen, um im Konfliktfall nicht verantwortlich gemacht zu werden – während sie von den Unterlegenen regelmäßig Verantwortungsübernahme einfordern: Sei es mit der Behauptung, ihr Regelbruch sei innovativ,[71] sei es durch die Organisation von Unverantwortlichkeit,[72] durch Verantwortungsdiffusion in Netzwerken oder in den Hierarchien von Institutionen,[73] das Ausnutzen von *moral hazards*, durch Überwälzung von Schadenskompensationen auf Dritte[74] oder schlicht durch die machtvolle Durchsetzung einer

68 Fricker, *Epistemische Ungerechtigkeit*, S. 57.

69 Ebd., S. 46.

70 Ebd., S. 32.

71 Luc Boltanski, *Soziologie und Sozialkritik*, Frankfurt am Main: Suhrkamp 2010, S. 210. S dazu: Klaus Günther, »De nihilo aliquid facit – Zur Kriminologie des effizienten Regelbruchs«, in: Henning Schmidt-Semisch/Henner Hess (Hg.), *Die Sinnprovinz der Kriminalität. Zur Dynamik eines sozialen Feldes*, Wiesbaden: Springer VS 2014, S. 121–136.

72 S. z.B. Ulrich Beck, *Gegengifte: Die organisierte Unverantwortlichkeit*, Frankfurt am Main: Suhrkamp 1988.

73 Aktuelles Beispiel: Die zögerliche, halbherzige und durch organisierte Taktiken des Aufschiebens gekennzeichnete Aufarbeitung der Fälle sexualisierter Gewalt, vor allem gegen Kinder, in den Kirchen.

74 S. dazu die Beispiele in: Klaus Günther, »Krisenmomente der Freiheit. Ein Panorama mit Schlussfolgerungen«, *Archiv für Rechts- und Sozialphilosophie* 2021, S. 330–355 (339–342).

Impunidad, bei der es nicht nur um die Vermeidung von Strafe, sondern vor allem auch um das erzwungene Schweigen über Verantwortlichkeiten geht.[75] Dem folgt häufig eine öffentliche Klage über die fehlende Bereitschaft, die (Unrechts-)Vergangenheit endlich mal in Ruhe zu lassen und damit aufzuhören, den Finger in die Wunde zu legen, sowie die Verdächtigung, die Verantwortung Einfordernden erhofften sich ja nur fragwürdige Vorteile aus einem *blame game*. Die langwierige und mühsame Auseinandersetzung um das NS-Unrecht ist dafür nur ein Beispiel. Unter Verwendung juridischer Metaphern wandte sich bereits 1983 Odo Marquard gegen eine gesellschaftliche »Konjunktur des Legitimationsverlangens«, als deren maßgeblicher Auslöser explizit die Diskurstheorie genannt wird, in deren Folge »alles gewissermaßen zum Tribunal« gemacht würde, so dass es angesichts dieser »Ubiquisierung des Rechtfertigungsverlangens« angemessen sei, von einer »Tribunalisierung der modernen Lebenswirklichkeit« zu sprechen.[76] Dies sei auf ein uneingestandenes, die Neuzeit charakterisierendes Theodizee-Motiv zurückzuführen, mit dem sich der nunmehr Autonomie beanspruchende Mensch zum Ankläger und Angeklagten für die Übel der Welt mache, um einen sich zunehmend entfernenden Gott zu entlasten.

Einem historischen und kulturvergleichenden Blick erschlössen sich möglicherweise auch die Alternativen, in denen verletzendes Verhalten einer gewaltausübenden Person anders denn als zurechenbares individuelles Fehlverhalten gedeutet wird, ohne dabei die für berechtigt gehaltene Erwartung aufzugeben, dass solches Verhalten nicht sein solle.[77] Freilich

75 S. z.B.: Kai Ambos, *Straflosigkeit von Menschenrechtsverletzungen: Zur »impunidad« in südamerikanischen Ländern aus völkerstrafrechtlicher Sicht*, Freiburg i.Br.: Ed Iuscrim 1997. Eine privatrechtliche Variante ist die gängige Praxis in einigen Unternehmen, u.a. in der Filmbranche, die Opfer sexualisierter Gewalt durch (leitende) Unternehmensmitarbeiter mit vertraglich vereinbarten Entschädigungszahlungen, die in der Regel durch mächtige Anwaltskanzleien rechtlich ausgestaltet werden, zum Schweigen und zum Verzicht auf rechtliche Schritte zu verpflichten.

76 Odo Marquard, »Entlastungen – Theodizeemotive in der neuzeitlichen Philosophie«, in: Odo Marquard (Hg.), *Zukunft braucht Herkunft*, Stuttgart: Reclam 2020, S. 126–147 (126). S. auch Hermann Lübbe, *»Ich entschuldige mich«. Das neue politische Bußritual*, Berlin: Siedler 2001.

77 S. dazu die kurze evolutionstheoretische Skizze bei Niklas Luhmann, *Rechtssoziologie*, Opladen: Westdeutscher Verlag 1983, S. 54–60; insbes. S. 56: »Eine Möglichkeit solcher Enttäuschungserklärung ist, den Vorfall auf eine Einwirkung übernatürlicher Kräfte zurückzuführen, ihn als Hexerei, als Rache der Toten, als gerechte Strafe Gottes zu beschreiben. Eine andere Art von Erklärung zielt auf die böse Absicht des Handelnden, auf sein ›Inneres‹, auf Schuld. Feindschaft oder Fremdheit, also Rollencharakterisierungen, erfüllen eine ähnliche Funktion. Moderne Varianten liefern

wäre auch dies, d.h., die Preisgabe der verletzten Norm selbst, eine mögliche Alternative zur Zurechnung. Damit würde das verletzende Verhalten zumindest hingenommen oder sogar explizit akzeptiert werden, dürfte dann aber weder von den Opfern noch von der Gemeinschaft als »verletzend« kritisiert werden. Im Fall der Zustimmung wäre es darüber hinaus als berechtigt anzuerkennen oder zu rühmen, während die verletzte Person sich damit abfinden oder einsehen müsste, sich unrecht verhalten zu haben.[78]

2. Einige der vorstehenden Beispiele legen zumindest die Vermutung nahe, dass es sich bei der individualisierenden Zuschreibung von Verantwortung nicht selbst um einen Machtfaktor handelt, wie die totalisierende Verantwortungskritik behauptet, sondern dass die Tribunalisierungs-Effekte der Dekontextualisierung, Individualisierung und Subjektivierung (sowie der darauf gegründeten Bestrafung) sowohl verantwortungsexternen Machtfaktoren geschuldet sind als auch der Verwendungsweise und der internen Ausgestaltung ihrer Bedeutung. Wer sich in einer privilegierten Position befindet und Macht über Unterlegene ausübt, kann diese auch verantwortlich machen und sich selbst gegenüber der Forderung nach Verantwortungsübernahme immunisieren. Er kann die Regeln für die Zuschreibung von Verantwortung außerdem so ausgestalten, dass den Unterlegenen auch unter Bedingungen extremer sozialer Ungleichheit und Repression alle Folgen ihres Handelns zur vollen Verantwortung zugerechnet werden, während für ihn selbst auch noch die geringfügigste Belastung entlastend Berücksichtigung findet oder die Verantwortung ganz auf die Gesellschaft, die widrigen Umstände oder das Schicksal abgewälzt wird.[79]

Ein solcher Blick würde sich vor allem sensibilisieren für die mehr oder weniger große Differenz, die zwischen den unvermeidlich idealisierenden Zuschreibungen von Verantwortung im Sinne des Einstehen-Sollens und -Könnens für die eignen Äußerungen und Handlungen gegenüber anderen sowie der realen Praxis in den Institutionen besteht, in denen in verschiedenen Kontexten individuelle Verantwortungsübernahme gefordert

pseudowissenschaftliche Begriffe oder Gesetzmäßigkeiten [...].« Welche davon ausgewählt wird, hängt nach Luhmann von den (historisch variierenden) strukturellen Gegebenheiten des Sozialsystems der Gesellschaft ab.

78 Damit ist freilich nicht ausgeschlossen, dass ein Fall der Verletzung normativer Erwartungen innovativ wirken, d.h., berechtigte Gründe für eine Änderung oder Preisgabe der verletzten Norm einsichtig machen kann.

79 Nicht außer Acht gelassen werden darf allerdings, dass auch die Pathologisierung und Psychiatrisierung abweichenden Verhaltens dazu genutzt werden kann, sich gegen Machtkritik zu immunisieren, vor allem, wenn es um die Abwehr politischer Dissidenz geht. Hier besteht die Technik der Macht gerade darin, die Zuschreibung von Verantwortung zu suspendieren, um den Dissidenten nicht ernst nehmen zu müssen.

wird.[80] Nicht zufällig ist es ja diese Differenz, die der abolitionistischen Forderung nach kollektiver Verantwortungsübernahme immer wieder reichlich Nahrung gibt, ohne deshalb die Institution der Verantwortung selbst gleich mit zu verabschieden.

Dies geschieht in bewusster Abgrenzung von juridischen Verantwortungskonzeptionen, vor allem vom Typus des strafrechtlichen Schuldbegriffs. Auch unabhängig vom damit behaupteten Konnex zwischen Schuld und Strafe wird dieser wenigstens wegen zweier Wirkungen kritisiert: *Erstens,* singularisiert der strafrechtliche Schuldbegriff den »Täter« als Alleinverantwortlichen gegenüber dem Opfer und der Gesellschaft, rechnet ihm das Konfliktgeschehen als individuelle Tat zu und isoliert ihn von seinen sozialen Kontexten ebenso wie von den gesellschaftlichen Verhältnissen, in denen er gehandelt hat.[81] *Zweitens*, wirkt er subjektivierend auf die Mitglieder einer Rechtsgemeinschaft und im Einzelfall auf den Beschuldigten, wenn dieser mit einer Konzeption von Verantwortung konfrontiert wird, welche die motivationalen Anforderungen an individuelle Normtreue definiert und dem Beschuldigten konfrontativ entgegenhält. Damit werden die Voraussetzungen normativer Ansprechbarkeit festgelegt, von denen allgemein gilt, dass sie von jedem Einzelnen durchschnittlich erfüllt werden *können* – und *sollen*. Auf diese Weise dienen Strafrecht, Strafverfahren und Strafe dazu, wie David Garland es beschrieben hat,

> »die Vorstellungen davon (zu definieren), was es bedeutet, eine Person zu sein, welche Arten von Personen es gibt und wie solche Personen und ihre Subjektivität verstanden werden. Durch die Verfahren, mit denen Individuen zur Rechenschaft gezogen werden, definiert die Strafe die Art der normalen Subjektivität und die Beziehung, von der allgemein angenommen wird, dass sie zwischen individuellen Akteuren und ihrem persönlichen Verhalten besteht.«[82]

Es sind diese Effekte, die von einer strafjustiziellen Praxis hervorgebracht werden, mit der ein »Theater der Verantwortung« inszeniert wird, das u.a. auf der durch Verfahrensregeln institutionalisierten Asymmetrie zwischen den Positionen derjenigen, die Verantwortung zuschreiben (und zu einer Strafe verurteilen können) und derjenigen, die zum alleinigen Träger der strafrechtlichen Verantwortung gemacht wird.[83] Dass diese

80 S. dazu ausführlich: Benno Zabel, *Kritik der strafenden Vernunft*, S. 219ff.

81 S. zu Lagasneries Kritik an der »dreifachen Operation« der narrativen Konstruktion einer Wirklichkeit: »enttotalisieren, biographisieren, endogenisieren«, Benno Zabel, *Kritik der strafenden Vernunft*, S. 239ff.

82 David Garland, *Punishment and Modern Society*, Chicago: University of Chicago Press 1990, S. 268 (Übers. K.G.)

83 S. dazu, neben den Arbeiten von Geoffrey de Laganserie und Cornelis Vismann, Frieder Vogelmann, *Im Bann der Verantwortung*, S. 249ff. Ich beziehe

strafjustizielle Praxis in vielen Hinsichten kritisierbar ist, bedarf hier angesichts der bekannten Gründe keiner weiteren Vertiefung.[84]

Freilich kommen dabei noch zwei weitere Voraussetzungen in den Blick, die von einem öffentlichen Strafrecht auch unter Bedingungen demokratischer Rechtsstaatlichkeit entweder gar nicht oder nur in begrenztem Umfang berücksichtigt werden. Beide Voraussetzungen haben ihren gemeinsamen Grund in der sozio-ökomischen und der normativ-institutionellen Grundstruktur einer Gesellschaft: *Erstens*, die gesellschaftlichen Bedingungen, unter denen eine Person die Fähigkeiten sowie die Disposition erwerben und ausbilden kann, die es ihr ermöglichen, Verantwortung für ihre Äußerungen und Handlungen zu übernehmen, sowie, *zweitens*, die gesellschaftlichen Ursachen abweichenden Verhaltens.

Die Fähigkeit und noch mehr die Bereitschaft, individuelle Verantwortung zu übernehmen, sind nicht naturgegeben, sie entwickeln sich in mehr oder weniger gelingenden Sozialisationsprozessen, die wiederum von der sozio-ökonomischen und normativen Grundstruktur der gesellschaftlichen Kooperation mitbestimmt werden. Abhängig von dieser Grundstruktur beeinflussen die Familienverhältnisse sowie weitere Agenturen und Agenten der Sozialisation die Entwicklung und die Lebensführung der Individuen und bestimmen die Interaktionsverhältnisse und Netzwerke, in denen jemand lebt und handelt. Je weniger fair diese organsiert sind und praktiziert werden, desto größer wird die Wahrscheinlichkeit, dass eine eigenverantwortliche Lebensführung misslingt und damit die Fähigkeit und Bereitschaft, Verantwortung zu übernehmen, sich gar nicht oder nur rudimentär ausbilden kann oder wieder verkümmert. Eine solche Persönlichkeitsstruktur kann gleichzeitig auch selbst als ein Faktor verletzenden, gewalttätigen Verhaltens wirken.[85] Mangelnde Fähigkeit zur Verantwortungsübernahme und der Gebrauch von Neutralisierungstechniken können dann bei einer gewaltausübenden Person Hand in Hand gehen.

Eine Gesellschaft, die darauf nicht reagiert, sondern gegenüber einer gewaltausübenden Person trotz prekärer Lebensbedingungen an einem

mich hier auf die eingehende zusammenfassende Darstellung und kritische Auseinandersetzung bei Benno Zabel, *Kritik der strafenden Vernunft*, S. 255ff.

84 S. u.a. die Hinweise in der vorangegangenen Fn. Zu einem frühen Versuch des »szenischen Verstehens« von Strafprozessen s. Winfried Hassemer, *Einführung in die Grundlagen des Strafrechts*, München: C.H.Beck 1990.

85 Ein Beispiel dafür ist die Ausbildung eines »short term mindset«, das die Fähigkeit einer Person beeinrächtigt, sich selbst langfristige Ziele zu setzen und zu verfolgen. Vgl. dazu z.B. Jean-Louis van Gelder/Margit Averdijk/Denis Ribeaud/Manuel Eisner, »Punitive Parenting and Delinquency: The Mediating Role of Short-term Mindsets«, *The British Journal of Criminology* 2018, S. 644–666.

verabsolutierten Ideal der eigenverantwortlichen Normbefolgungsfähigkeit eines sich selbst kontrollierenden, beständig evaluierenden, korrigierenden und optimierenden Subjekts festhält, macht ein Phantom verantwortlich, nicht die Person. Es ist vor allem diese skandalöse Differenz, die alle Einwände gegen die Praxis der strafjustiziellen Verantwortungszuschreibung als repressive Machtausübung der Privilegierten über prekarisierte und marginalisierte Gruppen bestätigt und alle Versuche (meine eigenen eingeschlossen), die idealisierenden Voraussetzungen einer wechselseitigen Unterstellung von Zurechnungsfähigkeit i.w.S. und faire Regeln sowie Verfahren einer rational begründeten individualisierenden Zurechnung zu begründen, in einem fahlen Licht erscheinen lässt: »Angesichts des repressiven Charakters der bestehenden Polizei-, Gerichts- und Strafinstitutionen haben Individualisierungsdiskurse einen ideologischen Charakter.«[86] Die Gesellschaft ist daher auch dafür verantwortlich, die Bedingungen zu schaffen, unter denen eine Person die Fähigkeit erwerben kann, verantwortlich zu handeln, als auch die gesellschaftlichen Verhältnisse so umzugestalten, dass sie diese Fähigkeit auch auszuüben vermag.[87] Das zu ermöglichen, wäre eine zentrale Aufgabe kollektiver Verantwortungsübernahme, welche subjektive Freiheit und individuelle Verantwortlichkeit solidarisch und in Praktiken der Fürsorge ermöglichte.

Die Voraussetzung, individuelle Verantwortungsübernahme gesellschaftlich zu ermöglichen, ist verschränkt mit der zweiten Voraussetzung. Verletzende, gewalttätige Handlungen werden zwar von Einzelnen an einzelnen Opfern vollzogen, aber in Kontexten und unter Umständen, die solches Verhalten begünstigen und die Wahrscheinlichkeit seines Auftretens erhöhen. Einer der dafür maßgeblichen Faktoren ist die sozio-ökonomische Grundstruktur gesellschaftlicher Kooperation und die davon mitbestimmte Verteilung des kulturellen und symbolischen Kapitals, des Respekts, der Anerkennung und Wertschätzung, die der Einzelne im Verlauf seiner Sozialisation und in verschiedenen sozialen Milieus sowie in seiner Bildungsgeschichte erfährt. Prekäre Sozialmilieus gehören nicht nur unmittelbar zu den Ursachenfaktoren, es gibt inzwischen auch gute Gründe für die Vermutung, dass selbst dort, wo biologische, potentiell pathogene Faktoren eine Disposition zu aggressivem, soziopathischem Verhalten noch diesseits der Schwelle des § 21 StGB wahrscheinlicher machen, sowohl der Grad ihrer ontogenetischen Ausprägung als auch das Ausmaß manifester sozialer Auffälligkeit maßgeblich

86 Daniel Loick, *Juridismus*, Frankfurt am Main: Suhrkamp 2022, S. 106 (in Fn. 40).

87 Klaus Günther, »Zwischen Ermächtigung und Disziplinierung. Verantwortung im gegenwärtigen Kapitalismus«, in: Axel Honneth (Hg.), *Befreiung aus der Mündigkeit. Paradoxien des gegenwärtigen Kapitalismus*, Frankfurt am Main: Campus 2002, S. 117–140.

von den sozialen und ökonomischen Verhältnissen bestimmt sind, in denen jemand mit einer solchen Disposition heranwächst. Anomische Gesellschaftsstrukturen, die sich unter anderem niederschlagen in sozialen Verhältnissen, die durch notorische Armut, aber auch Diskriminierung und Missachtung, traumatisierende Erfahrungen körperlicher und sexualisierter Gewalt, Demütigungen und Erniedrigungen geprägt sind, können eine Disposition zu aggressivem und gewalttätigen Verhalten verursachen oder eine bereits ursprünglich vorhandene verstärken und manifest werden lassen. Umgekehrt dagegen kann ein günstigeres Sozialisations- und Sozial-Milieu die Manifestation jener Disposition verhindern oder zumindest so abmildern, dass in erhöhtem Maße aggressives Verhalten noch für sozialadäquat gehalten oder in bestimmten Kontexten sogar sozial anerkannt wird.[88]

Auch diese soziostrukturellen Ursachen und ihre Erklärungen sind hinlänglich bekannt. Sie bringen die Zuschreibung individueller Verantwortung für verletzendes Verhalten in ein Dilemma, das Klaus Lüderssen bereits 1980 als den »Grundwiderspruch« des Strafrechts gekennzeichnet hat:

> »Kriminalität ist ein gesellschaftliches Produkt – gleichviel, ob die Gesellschaft insoweit voll oder teilweise identisch ist mit den Instanzen sozialer Kontrolle. Dazu passt nicht, dass für die Bekämpfung der Kriminalität das Instrument der individualisierenden Haftung eingesetzt wird.«[89]

Freilich handelt es sich nur in dem Maße um einen Grundwiderspruch, in dem die gesellschaftliche Produktion verletzenden Verhaltens von einer ungerechten Struktur gesellschaftlicher Kooperation angetrieben wird, wozu auch die Unfähigkeit gehört, in den Fällen einer stärker ausgeprägten individuellen Disposition ausreichende Solidarität und gemeinschaftliche Fürsorge aufzubringen, die verhindert, dass diese Personen alleine gelassen oder bestenfalls nur sichernd verwaltet werden.

Dagegen hat Iris Marion Young vorgeschlagen, die individualisierende Zuschreibung von Verantwortung für vergangenes verletzendes Verhalten zu unterscheiden von einer zukunftsorientierten politischen

88 Zu den komplexen Wechselwirkungen zwischen biologischer Disposition und sozialen Einflüssen s. am Beispiel von Gewaltverbrechen: Adrian Raine, *The Anatomy of Violence*, London: Vintage 2014 (dt. Übers. bedauerlicherweise unter dem missverständlichen Titel: Als Mörder geboren, Stuttgart: Klett-Cotta 2015); Andrea L. Glenn/Adrian Raine, »Neurocriminology: Implications for the Punishment, Prediction and Prevention of Criminal Behaviour«, *Nature Reviews Neuroscience* 2014, S. 54–63.

89 Klaus Lüderssen, »Kollektive Zurechnung – individualisierende Haftung. Ein »Grundwiderspruch« der modernen Kriminalpolitik?«, in: Klaus Lüderssen/Fritz Sack (Hg.), *Vom Nutzen und Nachteil der Sozialwissenschaften für das Strafrecht*, Frankfurt am Main: Suhrkamp 1980, S. 740.

Verantwortung für die Veränderung jener die Grundstruktur gesellschaftlicher Kooperation prägenden strukturellen Ungerechtigkeit, die als Hintergrundbedingung individuell verletzenden Unrechts wirksam ist. Diese Verantwortung trifft alle, die an dem (arbeitsteiligen und komplexen) System gesellschaftlicher Kooperation teilnehmen, weil sie so vorteilhafter ihre jeweiligen individuellen Ziele realisieren können. Insofern sind sie mit ihrem individuellen Tun und Lassen immer schon sozial miteinander verbunden (*social connectedness*).[90] Gleichzeitig jedoch produzieren und reproduzieren sie mit ihren Äußerungen und Handlungen die diesem System inhärenten strukturellen Ungerechtigkeiten und erhöhen indirekt – ohne Vorsatz oder Intention - auch die Wahrscheinlichkeit, dass es zu verletzendem Verhalten Einzelner kommt, das diesen dann wiederum zur individuellen Verantwortung zugerechnet wird. Deshalb werden die übrigen Mitglieder der Gesellschaft ihre Verantwortung nicht los – die Schlussfolgerung, mit der Verantwortung eines Einzelnen für verletzendes Verhalten könne sich die übrige Gesellschaft von jeder Verantwortung freizeichnen und entlasten, ist moralisch falsch:

> »Where there are structural injustices, finding that some people are guilty of preparing wrongful actions does not absolve others whose actions contribute to the outcomes in a different way. [...] They bear responsibility for unjust outcomes, which they may regret, without being specifically at fault.«[91]

Der Vorteil dieser Unterscheidung zwischen zwei Konzeptionen der Institution der Verantwortung besteht vor allem darin, dass die Forderung nach individueller Verantwortungsübernahme für verletzendes Verhalten in ihrer Bedeutung und Funktion für die verletzte Person ebenso wie für die Gemeinschaft erhalten bleibt, aber gleichzeitig die belastenden gesellschaftlichen Verhältnisse, soweit sie bei der individuellen Verantwortungsübernahme nicht entlastend berücksichtigt werden, ihrerseits zum Gegenstand einer – gemeinsam geteilten – Verantwortung gemacht werden können. Das sind vor allem die Verhältnisse, die nach der Analyse von Garland in der strafjustiziellen Zurechnung als solche behauptet werden, unter denen eine »normale« Subjektivität in der Lage sei, Rechtsnormen zu befolgen – die also ihrerseits als normale (bzw. normalisierte) Umstände gelten, unter denen normale (bzw. normalisierte) Subjekte verletzendes Verhalten nicht nur vermeiden sollen, sondern auch können.[92] Diese scheinbar normalen, bei der individuellen Zurechnung aus dem Blick fallenden Umstände erweisen sich jedoch bei näherem Zusehen als solche, die selbst strukturell ungerecht oder in ungerechte

90 Iris Marion Young, *Responsibility for Justice*, Oxford: Oxford University Press 2011, S. 105.

91 Young, *Responsibility for Justice*, S. 106.

92 Ebd., S. 107.

Strukturen eingebettet sind und denjenigen, die für verletzendes Verhalten individuell verantwortlich gemacht werden, in der Regel nicht als normal erscheinen. Diese Umstände werden aber zugleich von jedem einzelnen Mitglied der Gesellschaft in den alltäglichen Interaktionen und Kommunikationen gemeinschaftlich produziert, reproduziert und damit auch immer wieder normalisiert.

Die Verantwortung für die Transformation ungerechter Verhältnisse trifft daher auf der einen Seite jeden Einzelnen; niemand, der an dem System gesellschaftlicher Kooperation teilnimmt, kann sich ihr aufgrund der damit gegebenen sozialen Verbundenheit entziehen: »a personal responsibility for outcomes and the risks of harmful outcomes, produced by a group of persons«[93]. Dazu kann auch die verletzte Person selbst gehören, zum einen deshalb, weil sie ihre spezifische Opfer-Position in die politische Auseinandersetzung über die Minimierung struktureller Ungerechtigkeiten einbringen kann, zum anderen, weil eine in einer Hinsicht verletzte Person zuweilen in anderen Hinsichten an der Reproduktion struktureller Ungerechtigkeiten mitwirken kann. Auf der anderen Seite wird diese Verantwortung jedoch aufgrund derselben sozialen Verbundenheit gemeinsam geteilt (*shared responsibility*). Sie kann daher auch nicht an ein Kollektiv delegiert werden. Sie ist zukunftsorientiert und auf die Transformation der mitproduzierten strukturellen Ungerechtigkeiten des Systems sozialer Kooperation gerichtet. Es handelt sich um eine gemeinsam zu tragende politische Verantwortung (*political responsibility*), mit der die Aufgabe übernommen wird, durch kollektives Handeln gesellschaftsstrukturelle Ungerechtigkeiten zu minimieren: »Taking responsibility for structural injustice under this model involves joining with others to organize collective action to reform the structures.«[94]

Ein weiterer, wesentlicher Unterschied zwischen der individuellen Verantwortungsübernahme für verletzendes Verhalten in der Vergangenheit und der Übernahme einer gemeinsamen zukunftsorientierten politischen Verantwortung besteht nach Young darin, dass diese sich von einer »blame and fault-oriented language«[95], also von einer verletzendes Verhalten in der Weise zur individuellen Verantwortung zurechnenden Sprache löst, dass damit zugleich ein persönlicher Vorwurf an die verletzende Person erhoben wird – und sei es auch nur im Sinne jenes schmerzhaften Verstehens, das Miranda Fricker als die illokutionäre Bedeutungskomponente des entsprechenden Sprachaktes herausgestellt hat.[96] Denn

93 Ebd., S. 110.
94 Ebd., S. 112.
95 Ebd., S. 113.
96 Miranda Fricker, »What's the Point of Blame? A Paradigm Based Explanation«, *NOÛS* 2016, S. 165–183 (173). S. dazu eingehend: Benno Zabel, *Kritik der strafenden Vernunft*, S. 298ff.

dieses Element des Vorwurfs weckt, so begründet Young ihre Kritik unter Rückgriff auf Nietzsches Passagen zur Strafe in dessen »Genealogie der Moral«, unter den Beteiligten den Geist des Ressentiments, der die politische Deliberation über mögliche Änderungen ungerechter gesellschaftlicher Strukturen verzerren und die erfolgreiche Erfüllung der mit der politischen Verantwortung übernommenen Aufgabe konterkarieren würde.[97] Die sie tragende soziale Verbundenheit würde zerstört von einem Streben nach Macht auf der anklagenden Seite durch das Erzeugen von Schuldgefühlen und schlechtem Gewissen, durch das Bedürfnis zu strafen und Kompensationen zu verlangen. Dagegen würde die angeklagte Seite sich darauf fixieren, sich gegen die Vorwürfe mit Leugnen, Vermeidung und anderen Neutralisierungen zu verteidigen. Deshalb hält Young fest: »The social connection conception of responsibility offers means of holding ourselves and other responsible in politics in a way that avoids appeals to blame, guilt or fault.«[98]

Freilich wirft diese Charakterisierung der politischen Verantwortlichkeit ohne Vorwurf noch einmal ein trübes Licht zurück auf die individuelle Verantwortungsübernahme, wie sie nicht nur in der institutionalisierten Form strafjustizieller Verfahren, sondern auch in alternativen Praktiken kollektiver Verantwortungsübernahme aufscheint, soweit diese die Forderung nach individueller Verantwortungsübernahme der verletzenden Person mit einschließt. Das legt die Vermutung nahe, dass es nicht die individualisierende Zurechnung als solche ist, der sich die Macht als Vehikel bedient, sondern der damit einhergehende persönliche Vorwurf oder Tadel, der vom subjektiven Geist des Ressentiments infiziert ist.

Schließlich lässt sich an Youngs Konzeption der politischen Verantwortlichkeit erkennen, dass es sich bei ihr auch um eine Variante der Institution »Verantwortung« handelt, die zumindest so etwas wie Zurechnungsfähigkeit i.w.S., also das von der totalisierenden Verantwortungskritik als Effekt der Straflogik kritisierte Einstehen-Können und -Müssen für die eigenen Äußerungen und Handlungen gegenüber anderen voraussetzt. Darin teilen sich sowohl die juridische und moralische als auch die politische Verantwortung, auch wenn sie sich bereichsspezifisch mit unterschiedlichen Modifikationen differenzieren. Nicht zuletzt gehören zur politischen Verantwortung nicht nur die Ungerechtigkeiten in den sozio-ökonomischen und den Anerkennungs-Verhältnissen der vielfältigen Prozesse gesellschaftlicher Kooperation, sondern auch die Rechtsnormen, die diese Kooperation regeln, unter anderem die

97 S. zu Nietzsches Strafrechtskritik und insbesondere die Praktiken der Erniedrigung Franziska Dübgen, *Transformative Strafrechtskritik*, Tübingen: Mohr Siebeck 2022, S. 46.

98 Young, *Responsibility for Justice*, S. 118.

Strafgesetze, deren Verletzung dann im Rechtssystem individuell zugerechnet wird. Das begründet die Doppelrolle der Staatsbürger:innen als politisch verantwortliche Mitgesetzgeber:innen und individuell verantwortliche Normadressaten, wobei die politische Verantwortung als Mitgesetzgeber auch die kontinuierliche Reform der strukturellen Ungerechtigkeit ihrer Gesellschaft umfasst. Benno Zabels Einwand, dass dieses Modell der Doppelrolle »nicht auch das Gesellschaftssubjekt berücksichtigt, sondern es bei einem Ergänzungsverhältnis von politischem und Rechtssubjekt belässt«[99], könnte damit aufgefangen werden, dass die Mitgesetzgeber immer auch Subjekte ihrer Gesellschaft sind und als solche in der von Young beschriebenen Weise zur Produktion und Reproduktion struktureller Ungerechtigkeiten beitragen, deren Reform (z.B. durch öffentliche Kritik und Deliberation, die in eine Reformgesetzgebung mündet) in ihre politische Verantwortung fällt.

Folgt man Youngs Forderung nach einer politischen Verantwortung für Gerechtigkeit, überrascht es nicht, wenn die meisten abolitionistischen Positionen nicht einfach bei der Abschaffung der Gefängnisse und bei einer kollektiven Verantwortungsübernahme als Alternative zu einem ausdifferenzierten Kriminaljustizsystem stehenbleiben:

> »Die Transformationsstrategie des Abolitionismus lässt sich am ehesten als sozialrevolutionär beschreiben: Es geht um eine radikale Umwälzung der bestehenden Gesellschaft mitsamt ihren grundlegenden ökonomischen, politischen, sozialen und kulturellen Institutionen.«[100]

Allerdings bietet Youngs gleichzeitige Differenzierung und Verknüpfung von politischer Verantwortung für gesellschaftliche Ungerechtigkeit und individueller Verantwortung für verletzendes Verhalten ein Modell dafür an, wie das Projekt einer transformativen Gerechtigkeit, die gleichzeitig Verantwortung für die Veränderung ungerechter gesellschaftlicher Verhältnisse übernimmt, aber dabei die individuelle Verantwortung für verletzendes Verhalten nicht preisgibt, auch unter Bedingungen moderner, komplexer und differenzierter Gesellschaften realisiert werden könnte.

3. Die von Young hervorgehobene Asymmetrie im Verhältnis zwischen politischer Verantwortung für strukturelle Ungerechtigkeit in der Gesellschaft und individueller Zurechnungsverantwortung lenkt den Blick noch einmal zurück auf die Ausgestaltung der individuellen Verantwortungsübernahme. Während erstere auf künftige Veränderungen struktureller Ungerechtigkeit gerichtet ist, konzentriert sich die letztere auf die vergangene Verletzung und deren Folgen für die verletzte Person und die Gemeinschaft. Die kollektive Verantwortungsübernahme ist dagegen dadurch gekennzeichnet, dass sie darüber hinaus, geleitet von einer Ethik der Fürsorge, sich auch um die »Transformation der Person, von der die

99 Zabel, *Kritik der strafenden Vernunft*, S. 236.
100 Loick/Thompson, »Was ist Abolitionismus?«, S. 46.

Gewalt ausging«[101], kümmert. Daher ist auch sie zukunftsgerichtet, jetzt aber bezogen auf die gewaltausübende Person.

Freilich lässt sich die individuelle Verantwortungsübernahme nicht so absolut von der Forderung nach Selbst-Transformation trennen wie die Aufgabe der Gesellschaftstransformation bei der politischen Verantwortung. Wie schon die Erfahrungen mit Resozialisierungsmaßnahmen und Soziotherapien im staatlichen Strafvollzug gezeigt haben, aber auch die Debatten über alternative Konzepte wie Restaurative Justice, sind Einsicht und Verantwortungsübernahme der verletzenden Person eine notwendige Bedingung für eine gelingende Transformation.[102] Dies dürfte erst recht auch dann gelten, wenn sie in eine kollektive Fürsorge statt in kontraproduktive staatlich organisierte Maßnahmen innerhalb der Gefängnismauern eingebettet ist. Umgekehrt beruht auch die politische Verantwortung auf der jeweils individuellen Einsicht, selbst und gemeinsam mit anderen an der Produktion und Reproduktion struktureller gesellschaftlicher Ungerechtigkeit beteiligt zu sein und daraus Vorteile für sich zu ziehen (was ja dann auch häufig auch die Aufgabe der Selbst-Transformation, z.B. eines konsumistischen Lebensstils, einschließt). Zu klären bleibt dann die Frage, ob und inwiefern die Verknüpfung dieser Einsicht in eine vergangene oder aktuelle Ungerechtigkeit mit der Bereitschaft zur Transformation des eigenen Selbst und der Gesellschaft davon abhängt, dass es subjektiv-individuell so etwas wie eine Empfindung der Reue oder das von Fricker so gekennzeichnete schmerzhafte Verstehen gibt – auch wenn dies nicht durch den Geist des Ressentiments heraufbeschwörende performative Sprechakte, durch das Erheben von Vorwürfen, geschehen muss.

101 Ebd., S. 52.

102 S. dazu Dübgen, in diesem Band; Klaus Günther, »The Productivity of Guilt in Criminal Law Discourse«, in: Katharina von Kellenbach/Matthias Buschmeier (Hg.), *Guilt – A Force of Transformation*, Oxford: Oxford University Press 2022, S. 99–122. Zur Rolle von Autonomie und Einsicht bei Maßnahmen der Resozialisierung s. Michael Baurmann, *Zweckrationalität und Strafrecht*, Wiesbaden: VS Verlag 1987.

Franziska Dübgen

Antinomien Transformativer Gerechtigkeit

Deutungskämpfe und Fallstricke im praktischen Vollzug[1]

Gefängnisse tendieren dazu, zu desozialisieren, statt zu reintegrieren: Die Rückfallquoten sind international hoch und stagnierten in den letzten Jahren in Deutschland bei leicht über einem Drittel der verurteilten Straftäter:innen innerhalb der ersten drei Jahre.[2] Die Wahrscheinlichkeit, in Altersarmut, Arbeitslosigkeit und Wohnungsnot zu geraten, ist für ehemals Inhaftierte erhöht. Und viele Familienmitglieder, insbesondere die Kinder vieler Strafgefangener, leiden unter Stigmatisierung, Verunsicherung, sozialer Not und Ausgrenzung.[3] Wie könnte ein Umgang mit übergriffigem, gewaltförmigem Verhalten aussehen, der primär auf die Verhinderung von Gewalt ausgerichtet ist und diese sekundären Effekte vermeidet? Wie ließen sich Praktiken entwickeln, die statt auf Repression auf inneren Wandel und systemische Transformation zielen und die Bindungskraft von Normen prospektiv stärken?

In Kanada und den USA hat sich ein Diskurs etabliert, der sich kritisch vom dortigen Strafrechtssystem – einer expandierten Gefängnisindustrie, Polizeigewalt und strukturellem Rassismus – abgrenzt und zugleich Gerechtigkeit einfordert. Er entwickelte sich insbesondere in den Schwarzen Communities, in aktivistischen Kreisen von illegalisierten Migrant:innen und für diese sowie im queeren Milieu. Unter dem Schlagwort *Transformative Justice* wird ein grundlegend neuer Umgang mit gravierenden Normbrüchen und Gewalt gefordert.

1 Ich bedanke mich bei den Herausgeber:innen, den Teilnehmern des Workshops »Alternativen zum, im und durch Strafrecht« im Oktober 2023 an der Goethe-Universität Frankfurt sowie Eva-Maria Landmesser, Korassi Téwéché und Klemens Kordt für hilfreiche Kommentare und Hinweise.

2 Carina Tetal, »Legalbewährungsfakten: Rückfall und strafrechtliche Sanktionierung nach Strafvollzug«, in: Wolfgang Wirth (Hg.), *Steuerung und Erfolgskontrolle im Strafvollzug: zur evidenzbasierten Gestaltung freiheitsentziehender Sanktionen,* Berlin: Springer 2022, S. 117–144.

3 Franziska Dübgen, »Strafe als Herrschaftsmechanismus. Zum Gefängnis als Ort der Reproduktion gesellschaftlicher Machtverhältnisse«, *Kriminologische Journal* 2017, S.141–152 (152).

Auch im deutschsprachigen Kontext wird diese Debatte seit einigen Jahren rezipiert und in Bewegungskontexten erprobt. Da die Kontextbedingungen und das Rechtssystem in Nordamerika und in Deutschland zum Teil stark divergieren, lässt sich dieser kritische Diskurs nicht einfach unreflektiert übertragen. Auch auf einer theoretischen Ebene unterscheiden sich die beiden Debattenkontexte. Während in Nordamerika die Forderung nach systemischer ›*transformation*‹ mit einem Plädoyer für die Stärkung demokratischer Selbstbestimmung, sozialer Rechte und Umverteilung einhergeht, befasst sich die deutsche Debatte verstärkt mit individuellen Fällen von Sexismus in Bewegungskontexten. Zudem verhält sie sich weitaus skeptischer gegenüber staatlichen Institutionen: Es etablierten sich, insbesondere mit Blick auf sexualisierte Gewalt auf einer praktischen Ebene, Verfahren, mithilfe derer Akteur:innen innerhalb ihrer subkulturellen Milieus einen Prozess einleiten können, der ohne Zuhilfenahme staatlicher Organe auf Konfliktlösung und Sicherheit ausgerichtet ist.

Ziel dieses Aufsatzes ist es, von den Erfahrungen und erprobten Verfahren zu lernen, und zwar indem sie – auf der Basis der ihnen inhärenten Normen – kritisch reflektiert und hinterfragt werden. Dabei wird zunächst die Entstehung der *Transformative-Justice*-Bewegung in Nordamerika anhand diskursprägender Autor:innen nachgezeichnet (I.). In einem nächsten Schritt wird die Übersetzung des Begriffs in den deutschen Kontext beleuchtet. Hierbei wird die Umsetzung des Konzepts anhand erster qualitativer Forschung und Literatur aus dem hiesigen Bewegungskontext untersucht. Dabei werden insbesondere die Hürden und Fallstricke im praktischen Vollzug analysiert und danach gefragt, inwiefern diese Praktiken Anknüpfungspunkte für einen gesamtgesellschaftlichen Umgang mit Normbrüchen bieten können. Resümierend benennt der Artikel einige Antinomien – gemeint sind interne Widersprüche und Spannungsverhältnisse –, die bei der Auslegung und praktischen Anwendung des Konzeptes entstehen (II.). Abschließend werden auf der Basis der diagnostizierten Probleme und Widersprüche Perspektiven formuliert, wie Alternativen zum Strafrecht stattdessen beschaffen sein sollten (III.). Eine zentrale Annahme in dieser abschließenden Reflexion besteht darin, dass sowohl dem Recht als auch der Politik ein emanzipatorisches Potenzial innewohnt, das für die transformative Neugestaltung des Strafrechtssystems produktiv genutzt werden sollte.

I. Die Genese des Konzepts der *Transformative Justice*

Auf einer gerechtigkeitstheoretischen Ebene bietet das Konzept der *Transformative Justice* eine überzeugende Alternative gegenüber vergeltungsorientierten, präventiven und restaurativen Ansätzen, wobei in manchen Auslegungen die Distinktion zwischen transformativen und restaurativen Auslegungen wenig trennscharf ist.[4] Gegenüber *vergeltungsorientierten* Ansätzen der Gerechtigkeit, die als Reaktion auf eine zurückliegende Normverletzung Strafe zur Wiederherstellung der Norm einfordern, werden aus Sicht der Kritiker:innen hauptsächlich folgende Einwände erhoben: Die Strafgerechtigkeit sei rückwärtsgewandt, antworte auf Normbrüche mit erneuten Verletzungen (dem Strafschmerz), exkludiere die Opfer aus dem Verfahren und gehe von einer zu starken Konzeption von Willensfreiheit aus, die zu einer rein individuellen Verantwortungszuschreibung führe (der sogenannten Responsibilisierung). *Präventive* Ansätze, die Strafen damit begründen, zukünftige Straftaten verhindern zu wollen und damit den Vorwurf der Rückwärtsgewandtheit umgehen, instrumentalisieren ihren Kritiker:innen zufolge die bestraften Personen hingegen als Instrumente der Abschreckung. Zudem wird beanstandet, dass die Ziele der Spezial- und Generalprävention mit den kriminologischen Befunden bezüglich der abschreckenden Wirkung von Strafe und der Rückfälligkeit von verurteilten Straftäter:innen stark auseinanderklaffen.

Entgegen dem Paradigma der Strafgerechtigkeit bedürfe es vielmehr neuer Mechanismen, welche die Bedürfnisse der Opfer stärker berücksichtigen und die Angeklagten langfristig nicht exkludieren. Anschließend u. a. an indigene Konfliktlösungsmechanismen der Native Americans in Nordamerika und der Aborigines in Australien wurde das Konzept der *restaurativen* Gerechtigkeit entwickelt, das auf Heilung und Wiederherstellung sozialer Harmonie zielt. In restaurativen Ansätzen wird das Verbrechen nicht als Verletzung einer Norm gedeutet, sondern als Konflikt zwischen den betroffenen Personen und ggf. ihrem Umfeld. Durch diskursive Aushandlungsprozesse zwischen als ›Täter:innen‹ und ›Opfern‹ identifizierten Personen sowie mithilfe der betroffenen Gemeinschaften sollen Empathie und gegenseitiges Verständnis gestärkt werden. Die übergeordneten Ziele der Verfahren der restaurativen Gerechtigkeit liegen in der Versöhnung zwischen den beteiligten Personen und der Wiedergutmachung des Schadens, beziehungsweise der entstandenen Verletzungen.[5]

4 Kay M. Harris, »Transformative Justice. The Transformation of Restorative Justice«, in: Dennis Sullivan/Larry Tifft (Hg.), *Handbook of Restorative Justice*, London: Routledge 2006, S. 555–566.

5 Franziska Dübgen, *Theorien der Strafe*, Hamburg: Junius 2016; Rehzi Mahlzahn, »Restorative Justice – eine andere Unrechtsbewältigung ist möglich«,

Aus dem Blickwinkel der *transformativen* Gerechtigkeit sind aber auch die restaurativen Prozesse nicht hinlänglich: Ruth Morris, eine kanadische Quäkerin, formuliert in ihrem Buch *Stories of Transformative Justice*,[6] einer der ersten ausführlichen Publikationen zu dem Konzept, folgende gewichtige Gegenargumente: Die meisten Opfer wollten gar nicht, dass die ursprünglichen Zustände, innerhalb derer sich eine Normverletzung ereignete, ›wiederhergestellt‹ würden. Sie stellt eindringlich die rhetorische Frage: »Do we want to restore offenders to the marginalized, enraged, disempowered condition most were in just before the offence?«.[7] Die harmonisierende Sichtweise, die der restaurativen Gerechtigkeitstheorie latent inhärent sei, drohe die strukturellen Ungerechtigkeiten, wie Klassismus und Rassismus, zu verdecken. Daher müsse korrektive Gerechtigkeit erneut mit Fragen der sozialen Gerechtigkeit zusammengedacht werden. Morris fordert darüber hinaus die Transformation der politischen Systeme Nordamerikas hin zu mehr Demokratie.[8] Darunter versteht sie vor allem das Zurückdrängen von Wirtschaftsunternehmen aus den Wahlkämpfen und ein Repräsentationssystem, das auch Minderheiten eine Stimme in politischen Prozessen verleihe.

Auf einer praktischen Ebene speist sich die *Transformative Justice*-Bewegung aus der Unzufriedenheit mit der bisherigen Strafpraxis, die durch hohe Rückfallquoten, eine privatwirtschaftliche Gefängnisindustrie, rassistische Polizeigewalt und tiefschürfende soziale Ungerechtigkeiten gekennzeichnet ist sowie wenig dazu geeignet scheint, sexuellen Missbrauch und häusliche Gewalt angemessen zu adressieren und den Opfern aktiv zur Seite zu stehen.

Die US-amerikanische Rechtsprofessorin Donna Cooker plädierte im Anschluss an Morris dafür, dass neben strukturellen ökonomischen Ursachen auch stärker die genderspezifischen Praktiken, Diskurse und Institutionen in den Blick genommen werden müssen, in die individuelles Handeln stets eingebettet sei.[9] Insgesamt argumentieren die Vertreter:innen von Transformativer Gerechtigkeit dafür, dass die Ursachen

in: Rehzi Mahlzahn (Hg.), *Strafe und Gefängnis. Theorie, Kritik, Alternativen. Eine Einführung*, Stuttgart: Schmetterling Verlag 2019, S. 194–221; Gerry Johnstone, *Restorative Justice: Ideas, Values, Debates*, London/New York: Routledge 2013.

6 Ruth Morris, *Stories of Transformative Justice*, Toronto: Canadian Scholars' Press 2000.

7 Ebd., S. 19.

8 Ebd., S. 237ff.

9 Donna Coker, »Transformative Justice: Anti-Subordination Processes in Cases of Domestic Violence«, in: Heather Strang/John Braithwaite (Hg.), *Restorative Justice and Family Violence*, Cambridge: Cambridge University Press 2002, S. 127–152 (144).

von Gewalt, die in gesamtgesellschaftlichen Strukturen ihre Wurzeln haben, behoben werden müssten.[10] Flankiert werden soll dieser systemische Wandel durch Arbeit auf der lokalen Ebene, die auf Versöhnung, Restitution und Verantwortungsübernahme abzielt.

Weitere Autor:innen aus den USA, die ebenfalls für intersektionale Perspektiven werben, argumentieren für eine Verbindung von der Vision der *Transformative Justice* mit einem abolitionistischen Demokratieverständnis (*Abolition Democracy*). Dieser Diskurs wurde vor allem von Angela Davis in Anschluss an W.E.B. Du Bois Schriften entwickelt.[11] Davis bezeichnet ihre Vision als ›sozialistisch‹ und legt ihren Fokus stark auf institutionelle Antworten auf kriminogene Faktoren. Sie bezieht sich in ihrer Auseinandersetzung mit Rassismus und dem Gefängnissystem in den USA insbesondere auf Du Bois' Forderung, demokratische soziale Institutionen zu schaffen, damit Abolitionismus als tatsächliche Alternative realisierbar werde:[12]

> »They [prisons] cannot, therefore, be eliminated until new institutions and resources are made available to those communities that provide in part the human beings that make up the prison population.«[13]

Unter abolitionistischer Demokratie versteht sie die Realisierung ›substantieller Rechte‹ für alle Bürger:innen, beispielsweise durch ein Recht auf Arbeit, Wohnraum und Zugang zur Gesundheitsversorgung. Als Antwort auf bestehende Kriminalität fordert sie darüber hinaus den Zugang aller Bürger:innen zu psychologischen Behandlungsmöglichkeiten, bezahlbare Drogentherapien, die Dekriminalisierung von Rauschmitteln und undokumentierte Migration sowie angemessene Löhne und Präventionsmaßnahmen zur Bekämpfung geschlechtsbasierter Gewalt.[14] Im Zentrum ihrer Forderungen befinden sich transformierte Bildungsinstitutionen, die als »vehicles for decarceration« dienen sollen.[15] Angestrebt ist eine radikale Transformation der Gesellschaft, um diejenigen sozialen Probleme zu lösen, welche Kriminalität und Gewalt begünstigen und zum Teil hervorbringen.[16]

10 Vgl. dazu Anthony Nocella, »An Overview of the History and Theory of Transformative Justice«, *Peace & Conflict Review* (2011/6), S. 1–10.

11 Angela Y. Davis, *Are Prisons Obsolete?*, New York: Seven Stories Press 2003; Angela Y. Davis, *Abolition Democracy. Beyond Empire, Prisons and Torture*, New York: Seven Stories Press 2005; W.E.B. Du Bois, *Black Reconstruction in America. 1860–1880*, London: Free Press 1999.

12 Davis, *Abolition Democracy. Beyond Empire, Prisons and Torture*, S. 95.

13 Angela Y. Davis, *The Meaning of Freedom. And Other Difficult Dialogues*, San Francisco: Open Media Series 2012, S. 116.

14 Davis, *Are Prisons Obsolete?*, S. 109–110.

15 Ebd., S. 108.

16 Davis, *Abolition Democracy. Beyond Empire, Prisons and Torture*, S. 96.

Die Abolitionistin Ruth Wilson Gilmore plädiert ebenfalls als Alternative zur massenhaften Inhaftierung für eine Transformation des Staates, um die Grundvoraussetzungen für das soziale Wohlergehen aller Bürger herzustellen.[17] Dies impliziere angemessene Löhne, Umverteilungsmechanismen, die ein besseres Leben für alle ermöglichen, sowie mehr Rechte und reale Teilhabechancen für Migrant:innen.

In ähnlicher Stoßrichtung argumentiert Allegra McLeod in ihrem Plädoyer für eine abolitionistische Demokratie. Sie betont, dass im Rahmen von Transformativer Gerechtigkeit verstärkt die Ursachen kriminellen Verhaltens angegangen werden müssen:

> »Transformative Gerechtigkeitsprozesse versuchen, den Bedürfnissen der Geschädigten gerecht zu werden, zukünftigen Schaden zu minimieren und Verantwortung und größeres Verständnis zu fördern. Aber über die Wiedergutmachung von Unrecht hinaus geht es bei *Gerechtigkeit in einem abolitionistischen Sinne* auch darum, Schaden zu verhindern, indem materielle Ressourcen gerechter verteilt werden, zum Beispiel durch partizipative Haushaltsplanung. Abolitionist:innen entwerfen und verwirklichen dabei eine größere kollektive Sicherheit und erweitern und vertiefen gleichzeitig das demokratische Engagement.«[18]

Anstatt Gerechtigkeit abstrakt als Ideal zu postulieren, sollten Abolitionist:innen auf schrittweise Veränderungen abzielen, die zu einer Gesellschaft führen, welche der Würde und Menschlichkeit aller Bürger:innen – auch derjenigen, die Normbrüche üben – Rechnung tragen.[19] Ähnlich sieht das auch der/die queere *Black Lives Matter*-Aktivist:in Patrisse Cullors,

17 Ruth Wilson Gilmore, *Golden Gulag. Prisons, Surplus, Crisis and Opposition in Globalizing California*, Berkeley: University of California Press 2007.

18 Allegra M. McLeod, »Abolitionistische Demokratien entwerfen«, in: Daniel Loick/Vanessa E. Thompson (Hg.), *Abolitionismus. Ein Reader*, Berlin: Suhrkamp 2022, S. 556–608 (605), Herv. v. F.D.

19 Daniel Loick/Vanessa E. Thompson, »Was ist Abolitionismus?«, in: Daniel Loick/Vanessa E. Thompson (Hg.), *Abolitionismus. Ein Reader*, Berlin: Suhrkamp 2022, S. 7–56. Loick und Thompson rekonstruieren diese sukzessive Veränderung der Gesellschaft, die von demokratischen Abolitionist:innen gefordert wird, im Anschluss an die US-amerikanische Gruppe »Critical Resistance« als »nichtreformistische Reformen«, die grundlegenden Veränderungen den Weg bereiten (S. 46). Anders als in meiner Rekonstruktion betonen sie jedoch die anarchistische, gegen den Staat gerichtete, Strömung dieser Bewegung, die nicht auf Institutionen setzt: »Die Bewegung sucht dabei nicht den Umweg über den Staat, etwa in Form eines Marsches durch die Institutionen oder der Eroberung der Staatsmacht durch eine Avantgarde, sondern will die Transformation direkt in den vielfältigen Arenen der sozialen Produktion und Reproduktion selbst durchsetzen.« (Ebd.) Dieser Artikel argumentiert dahingehend, dass ein solches Verständnis das Potential unterschätzt,

der/die im Anschluss an die bereits zitierten Autor:innen für eine interne Verknüpfung beider Diskurse plädiert: »Abolition means transformative justice.«[20]

Anarchistisch orientierte Aktivist:innen suchen zudem nach Wegen, die nicht vorrangig auf den bestehenden Staat als Akteur in transformativen Prozessen zurückgreifen. Dieser sei verwoben mit einer kapitalistischen Ökonomie und menschenverachtenden Grenzregimen und daher untauglich, Gewaltverhältnisse auf lokaler Ebene zu bekämpfen. Mitglieder von *GenerationFive*, die sich gegen den sexuellen Missbrauch von Kindern engagieren, schreiben in ihrem Handbuch proklamatisch: »We want approaches to justice that allow our communities to meet their own needs and challenge state and systemic violence, rather than just trying to make reforms«.[21] Als Ziele werden die Heilung der Verletzungen bei Kindern genannt, ein größeres gesellschaftliches Bewusstsein für das Thema Missbrauch sowie die Veränderung der gesamten sozialen und politischen Strukturen. Dieser »wahrhaft befreiende« Ansatz impliziere eine Veränderung der Normen sowie die Neuverteilung von Geld und Macht.[22] All dies soll dazu führen, die andauernde Gewalt zu beenden und zukünftige Gewalt zu verhindern.

Das Kollektiv INCITE, das sich mit der Gewalt gegenüber Schwarzen Frauen in den USA – u.a. seitens des Staats – befasst, fordert nebst Heilung der geschädigten Person und Verantwortungsübernahme seitens der Täter:in auch einen Kampf für mehr soziale Gerechtigkeit, und eine Transformation des kapitalistischen ökonomischen Systems.[23]

All diese Autor:innen und Aktivist:innen eint, dass sie Transformative Gerechtigkeit als einen strukturellen, demokratischen Prozess verstehen, der die Wurzeln von Gewalt bekämpfen und bessere Lebensbedingungen für alle Menschen schaffen soll. Kriminalität wird stets in ihrem Kontext betrachtet. Bei den zuerst behandelten Autor:innen und Aktivist:innen wird die Forderung nach einer Abschaffung (engl.: *abolition*) von Haftanstalten mit der Forderung nach neuen Bildungseinrichtungen, sozialen Grundrechten und einer offenen Gesellschaft verknüpft. Deswegen bezeichne ich diese Auslegung des Konzepts als

durch politisches Handeln institutionelle Veränderungen durchzusetzen und dadurch substanzielle Verbesserungen von Lebensrealitäten zu erzielen.

20 Patrisse Cullors, »Abolition and Reparations: Histories of Resistance, Transformative Justice, and Accountability«, *Harvard Law Review* 2019, S. 1684–1694 (1694).

21 GenerationFive, *Ending Child Sexual Abuse. A Transformative Justice Handbook,* 2017, S. 38.

22 Ebd.

23 INCITE, »Statement on Gender Violence and the Prison Industrial Complex«, *INCITE!* 2001 https://incite-national.org/incite-critical-resistance-statement/ (Zugriff: 22.01.2024).

strukturell-demokratisch.[24] Letztere Gruppierungen fordern dagegen explizit Lösungen jenseits des Staates, plädieren aber ebenfalls für grundlegende Transformationen auf der sozio-ökonomischen Ebene. Ich habe sie daher andernorts als die *anti-etatistische* Auslegung von Transformativer Gerechtigkeit bezeichnet.[25]

In der aktuell im deutschen Bewegungskontext dominierenden Interpretation von *Transformative Justice* tritt die demokratisch-strukturelle Komponente, die auf einer sozialen Makroebene Transformationen bewirken soll, in den Hintergrund zugunsten der Fokussierung auf die individuelle Akteursebene. Es ist jedoch schwer ersichtlich, wie globaler Kapitalismus, das europäische Grenzregime, Militarismus und Rassismus – als identifizierte Übel der entsprechenden Bewegungen – auf der Ebene lokaler, opferzentrierter Verfahren adressiert werden können.

Ziel des folgenden Teils ist daher eine kritische Auseinandersetzung mit den Zielen der Bewegung im deutschen Kontext und den befürworteten Verfahren. Es werden nun überblickshaft die Anwendung der Verfahren der Transformativen Gerechtigkeit dargestellt und evaluiert, um einerseits die spezifische Auslegung des Konzepts in hiesigen aktivistischen Gruppierungen zu rekonstruieren und andererseits sowohl dessen Potenzial als auch seine Grenzen auszuloten. Dabei ist darauf hinzuweisen, dass viele der beteiligten Akteur:innen diese Prozesse äußerst selbstreflexiv aufarbeiten und das Anliegen dieses Artikels keineswegs in der Bloßstellung dieser Gruppierungen besteht, sondern vielmehr in der konstruktiven Auseinandersetzung mit dem Ringen um einen besseren Umgang mit Gewalt und Devianz.

II. Übertragung des Konzepts in den deutschen Bewegungskontext: Akteur:innen, Deliktsbereiche und Anwendung

Die dokumentierte Anwendung von Verfahren der Transformativen Gerechtigkeit findet in Deutschland vorrangig in linksautonomen und feministisch geprägten Kontexten statt. Sie geht zumeist einher mit einer staats- und polizeikritischen Haltung der beteiligten Personen.[26] Viele

24 Franziska Dübgen, »Rechtsbruch und Strafe. Gerechtigkeitstheoretische Erwägungen«, *Ethik und Gesellschaft* (2018/2), S. 1–21 (14).

25 Ebd., S. 15.

26 Da es bisher nur wenig akademische Forschung zu dem Bereich gibt, wird in diesem Aufsatz auf Bewegungsliteratur, Handbücher zur Anleitung der Methoden der Transformativen Gerechtigkeit, aktuelle Qualifikationsarbeiten und kriminologische Fachartikel zurückgegriffen, welche die Prozesse dokumentieren und kritisch analysieren. Die Studie von Julia Rieger bezieht sich auf

Akteur:innen verorten sich – anders als beispielsweise in den USA und Kanada – als ›weiß‹ und gesellschaftlich privilegiert und können einem akademischen Milieu zugeordnet werden.[27] Viele der engagierten Personen kommen zudem aus dem Bereich der Sozialen Arbeit und der Psychotherapie. Während im nordamerikanischen Raum das Konzept vor allem in marginalisierten Communities von Schwarzen, *People of Colour* und illegalisierten Menschen entwickelt und erprobt wurde, ist es im deutschen Kontext weniger stark an eine (zugeschriebene oder selbst definierte) Identität der Personen und deren Erfahrungen gebunden, sondern an ideelle Einstellungen und politischen Aktivismus. Julia Rieger kommentiert diese Faktoren wie folgt:

den Umgang mit außerstrafrechtlicher Konfliktbewältigung in linksautonomen Kreisen, vgl. Julia Rieger, *Doing Justice. Zur Praxis außerstrafrechtlicher Strategien der Konfliktbewältigung in linksautonomen Räumen,* Köln: Technischen Hochschule Köln 2020 https://epb.bibl.th-koeln.de/frontdoor/index/index/docId/1561 (Zugriff: 22.01.2024); für die Arbeit von Frauke Schußmann wurden Interviews mit Personen geführt, die bereits mehrere Prozesse der Transformativen Arbeit getätigt haben, vgl. Frauke Schußmann, *Transformative Täter:innenarbeit und kollektive Verantwortungsübernahme bei sexualisierter Gewalt,* Merseburg: Hochschule Merseburg 2021 https://opendata.uni-halle.de/handle/1981185920/83321 (Zugriff: 15.04.2025). Weiteres Quellenmaterial ergibt sich aus den Handbüchern von Respons und dem Transformative Justice-Kollektiv Berlin sowie den auf aktivistischen Webseiten und dem Feministischen Info-Brief des Republikanischen Anwaltsvereins, in denen der Fall »Monis Rache« diskutiert wird. Vgl. Respons, *Was tun bei sexualisierter Gewalt?: Handbuch für die Transformative Arbeit mit gewaltausübenden Personen,* Münster: Unrast Verlag 2021; Melanie Brazzell (Hg.), *Was macht uns wirklich sicher?*; Ronska Grimm/Anya Lean, »Kollektive Verantwortungsübernahme und transformative Gerechtigkeit. Alternative zum Rechtssystem?«, *Info-Brief 121 des RAV* 2021 https://www.rav.de/publikationen/rav-infobriefe/feministischer-infobrief-121-2021/kollektive-verantwortungsuebernahme-und-transformative-gerechtigkeit (Zugriff: 15.04.2023).

27 Als dezidiert interkulturell und migrantisch geprägte Gruppe ist u.a. LesMigraS zu nennen, die sich vor allem in der Lesbenberatung engagiert. Sie verwendet nicht explizit den Begriff »*Transformative Justice*« in ihrer Broschüre »Unterstützung geben« (vgl. LesMigraS, *Unterstützung geben. Handlungsmöglichkeiten im Umgang mit Gewalt und Diskriminierung*, Berlin: LesMigrasS 2011), wird aber dennoch in der Literatur innerhalb des Bereichs der kollektiven Verantwortungsübernahme bezüglich sexualisierter Gewalt verortet. Es gibt darüber hinaus weitere migrantische, marginalisierte und z.T. illegalisierte Bewegungen, die eigenständige Formen der kollektiven Verantwortungsübernahme entwickeln (Loick/Thompson, »Was ist Abolitionismus?«, S. 52), die jedoch weniger stark dokumentiert und erforscht sind und hier deswegen nicht diskutiert werden.

> »Demnach sind Personengruppen, die in ihrem Alltag besonders stark von Prozessen sozialer Ausschließung und den neoliberalen Entwicklungen des Strafrechtssystems betroffen sind, unter den Aktivist:innen kaum bis gar nicht vertreten.«[28]

Der Anwendungsbereich ist zudem stark eingeschränkt, und zwar auf Fälle sexualisierter Gewalt, die vorrangig von Cis-Männern[29] gegenüber Frauen beziehungsweise FLINTA-Personen[30] ausgeübt wird. Das Handbuch zur Anwendung von Verfahren Transformativer Gerechtigkeit von dem Kollektiv *Respons* empfiehlt zudem, den Prozess nur bei Personen anzuwenden, die weder geplant noch absichtlich Gewalt ausgeübt haben und von denen keine weitere Gefahr ausgeht.[31] Dies schließt Wiederholungstäter und Taten mit »massiver Gewalt« aus.[32] In dieser Auslegung verbleibt lediglich ein sehr spezifischer Teilbereich strafrechtlicher Delikte, die überhaupt im Rahmen der ›Transformativen Gerechtigkeit‹ derzeit bearbeitet werden. Ob sich hieraus Anknüpfungspunkte für ein Modell generieren lassen, welches für das Strafrecht im Allgemeinen eine Alternative darstellen könnte, ist daher kritisch zu prüfen. Viele Deliktsbereiche, die für das Strafrecht relevant sind und mit einer großen Sozialschädlichkeit einhergehen, wie beispielsweise Wirtschafts- und Umweltkriminalität, werden nicht bearbeitet.[33]

1. Übersetzung und Aneignung des Konzepts durch lokale Akteur:innengruppen

Die im deutschsprachigen Raum angesiedelten *Transformative-Justice*-Aktivist:innen plädieren anders als in Nordamerika zumeist für eine anti-etatistische Variante von *Transformative Justice,* die auf den Staat und das staatliche Rechtssystem gänzlich verzichtet. Sie fordern Ansätze der kollektiven Verantwortungsübernahme und sind bestrebt, lokale Gruppen und Gemeinschaften zu befähigen, entsprechende Prozesse

28 Rieger, *Doing Justice. Zur Praxis außerstrafrechtlicher Strategien der Konfliktbewältigung in linksautonomen Räumen,* S. 103–104.

29 Das Präfix »Cis« bedeutet, dass die zugeschriebene Geschlechtsidentität den biologischen Identitätsmarkern entspricht. Ein Cis-Mann ist demnach eine Person mit männlichen Geschlechtsmarkern, die sich selbst als männlich identifiziert.

30 FLINTA bezeichnet als Akronym Frauen, Lesben, intersexuelle, nicht-binäre, trans- Personen und Menschen, die sich keinem Geschlecht zuordnen möchten (*agender*).

31 Respons, *Was tun bei sexualisierter Gewalt?: Handbuch für die Transformative Arbeit mit gewaltausübenden Personen,* S. 106.

32 Ebd.

33 Rieger, *Doing Justice. Zur Praxis außerstrafrechtlicher Strategien der Konfliktbewältigung in linksautonomen Räumen,* S. 24.

und das Handwerkszeug (engl.: *toolkit*) zu erlernen, um selbstständig Konflikte zu lösen, Opfer von Gewalt besser zu unterstützen und die »gewaltausübenden Personen« zu einem inneren Wandlungsprozess zu bewegen.[34] Transformative Gerechtigkeit wird dabei häufig als Teilprozess der Verantwortungsübernahme der Gemeinschaft (engl.: *community accountability*) gefasst. Während einige Gruppierungen beide Begriffe synonym verwenden,[35] findet sich zugleich folgende Differenzierung in der Bewegungsliteratur: Während *community accountability* die ›kollektive Verantwortungsübernahme‹ bei Fällen von Gewalt ohne das Hinzuziehen von Justiz und Polizei bedeutet, fokussiert ›Transformative Gerechtigkeit‹ den Teilbereich des Umgangs mit der ›gewaltausübenden Person‹.[36] Vorrangiger Fokus der ›Transformation‹ ist demnach die beschuldigte Person, die in diesem Kontext als ›gewaltausübende Person‹ bezeichnet wird. Diese spezifische Auslegung des Konzepts manifestiert sich auch auf einer sprachlichen Ebene, da Brazzell *Transformative Justice* als »auf Verhaltensänderung zielende Gerechtigkeit« übersetzt:[37] Der gewaltausübenden Person sollen »Möglichkeiten zur Verhaltensänderung angeboten werden, statt sie zu bestrafen und auszustoßen«.[38] Während im englischen Terminus offenbleibt, was sich verändern soll (engl.: *to be transformed*) – nämlich die Strukturen, einzelne Subjekte oder Institutionen etc. – wird in der deutschen Übersetzung ein ›Verhalten‹ benannt, das einzelnen Individuen zugeschrieben wird. Bereits diese Übersetzung impliziert eine spezifische Auslegung und starke Verengung des gerechtigkeitstheoretischen Prinzips, das sich von dem Verständnis von »transformative justice« als intrinsisch verbunden mit »abolition democracy« unterscheidet.

Während die Auslegung des Konzepts auf feministisches Theoriewissen zurückgreift (z.B. im Rahmen der Debatte um ›Definitionsmacht‹), spielen abolitionistische Diskurse eine untergeordnete Rolle im Prozess der aktiven Aneignung durch Aktivist:innen in Deutschland.[39] Die europäische Debatte über Abolitionismus in der Kritischen Kriminologie der 1970er und 1980er Jahre scheint hier ebenfalls nicht oder kaum rezipiert

34 Melanie Brazzell, »Was ist die kollektive Verantwortungsübernahme & transformative Gerechtigkeit Bewegung?«, in: Melanie Brazzell (Hg.), *Was macht uns wirklich sicher?*, S. 84–85.

35 Respons, *Was tun bei sexualisierter Gewalt?: Handbuch für die Transformative Arbeit mit gewaltausübenden Personen*, S. 67; Brazell, »Was ist die kollektive Verantwortungsübernahme & transformative Gerechtigkeit Bewegung?«, S. 90.

36 Ebd.

37 Ebd., S. 7.

38 Ebd., S. 8.

39 Vgl. Rieger, *Doing Justice. Zur Praxis außerstrafrechtlicher Strategien der Konfliktbewältigung in linksautonomen Räumen*, S. 104.

zu werden. Auch dies unterscheidet den deutschen Bewegungskontext vom nordamerikanischen politischen Diskurs, in welchem *Prison Abolitionism* beziehungsweise *Decarceration* eine zentrale Forderung innerhalb der Transformative-Justice-Bewegung darstellt.

Zwar wird in den einschlägigen Handbüchern benannt, dass sich die Transformation der »gewaltausübenden Person« auch auf die Ebene der »sozialen und institutionellen Strukturen« auswirken soll.[40] Es bleibt aber relativ offen, wie in den skizzierten gemeinschaftsorientierten Modellen diese makrostrukturelle Änderung durch die Arbeit auf lokaler, zwischenmenschlicher Ebene erwirkt werden soll.

2. *(Selbst)Kritische Reflexion der Schwierigkeiten und Grenzen bei der Anwendung des Konzepts*

Die beteiligten Akteur:innen erweisen sich in Interviews im Rahmen von qualitativer Sozialforschung sowie in Debatten auf einschlägigen Webseiten überwiegend als hochgradig selbstreflexiv. Trotz der theoretisch überzeugenden Vorzüge des Konzepts der transformativen Gerechtigkeit gegenüber der strafenden Gerechtigkeit, werden immer wieder entscheidende Voraussetzungen sowie auch Hürden und Grenzen bei der Umsetzung benannt. Diese sollen im Folgenden erörtert werden, um daraus Schlüsse im Hinblick darauf zu ziehen, was auf gesamtgesellschaftlicher Ebene für Konsequenzen für den Umgang mit Normbrüchen gezogen werden können.

Der sogenannte TA-Prozess (Transformative Arbeit) wird prototypisch wie folgt initiiert: Nach einem Übergriff bildet sich nach der Einwilligung der von der Gewalt betroffenen Person eine Unterstützungsgruppe, die ihre Definition der Tat übernimmt und sich mit den konkreten Bedürfnissen dieser Person befasst. Zugleich wird eine TA-Gruppe gebildet, welche den Prozess mit der ›gewaltausübenden Person‹ plant und in die Wege leitet. Dabei sollen Menschen, die der beschuldigten Person nahestehen und ihr mit Empathie begegnen können, in den Prozess inkludiert werden.[41]

In der konkreten Ausgestaltung des transformativen Prozesses spielen demnach die Konzepte der ›Definitionsmacht‹ und der ›Parteilichkeit‹ eine entscheidende Rolle. Das Prinzip der Definitionsmacht, die einseitig bei der geschädigten Person liegen soll, wurde im Rahmen feministischen Engagements entwickelt, um einer erneuten Viktimisierung von

40 Brazell, »Was ist die kollektive Verantwortungsübernahme & transformative Gerechtigkeit Bewegung?«, S. 90.

41 Respons, *Was tun bei sexualisierter Gewalt?: Handbuch für die Transformative Arbeit mit gewaltausübenden Personen*, S. 90.

Opfern sexualisierter Gewalt seitens des staatlichen Strafrechtssystems entgegenzuwirken. Keine staatliche Instanz dürfe darüber entscheiden, ob es sich bei einem Ereignis um einen Übergriff gehandelt hat. Vielmehr solle die betroffene Person selbst die Interpretationshoheit über die von ihr gemachten Erfahrungen behalten. Dieses Konzept zielt auf das Empowerment nach der Tat und soll konstruktive Unterstützung ermöglichen. Ein entscheidender juristischer Hintergrund dieser feministischen Forderung besteht darin, dass bis zur Änderung des Sexualstrafrechts im Jahr 2016 Opfer von Vergewaltigungen ihren entgegenstehenden Willen verbal oder körperlich aktiv äußern mussten, damit die Tat als solche anerkannt wurde.[42] Fühlte sich die Person nicht in der Lage, aktiv Widerstand zu leisten, war dies ein Hindernis für die strafrechtliche Verfolgung. Folgt man dem Konzept der Definitionsmacht, so wird die Beweislast für Akte sexualisierter Gewalt, die häufig in strafprozessualen Verfahren nur schwer zu erbringen ist, nicht mehr dem Opfer aufgebürdet:

> »Die Selbstbestimmung soll zurückerlangt werden, indem das Vermögen, zu benennen, wann und wie eine Grenzüberschreitung oder sexualisierte Gewalt stattgefunden hat, alleinig bei der betroffenen Person liegt. Wann die eigenen Grenzen überschritten worden sind sowie ob und in welchem Maße eine Situation gewaltvoll war, kann nur die betroffene Person für sich selbst definieren, weil nur diese Person weiß, ob er:sie mit der Handlung einverstanden war.«[43]

Ein Grundgedanke der Definitionsmacht und der daraus folgenden Parteilichkeit ist zudem die Annahme ungleich verteilter Macht. Es wird davon ausgegangen, dass patriarchale Machtverhältnisse heterosexualisierte Gewalt hervorbringen und vor deren Aufklärung schützen. Selbstkritisch merkt Respons hierzu an, dass es an der Zeit sei, unterschiedliche Machtfaktoren (u.a. Rassismus, sexuelle Orientierung, Staatsbürgerschaft und Klassismus) intersektional miteinzubeziehen, die sich nicht nur auf das Geschlecht beziehen und die in TA-Prozessen Berücksichtigung finden sollten: »Wie nun jedoch ein guter Umgang mit diesen Verschränkungen und dieser Komplexität aussehen könnte, dazu fehlen in der Bewegungslinken bisher immer noch viele Erfahrungen«.[44] So kann es beispielsweise sein, dass die geschädigte Person selbst Gewalt ausgeübt oder sich diskriminierend verhalten hat und über gesellschaftliche

42 Vgl. § 184h StGB. Vgl. hierzu Ulrike Lembke, »Warum die ›Reform‹ des Sexualstrafrechts keine ist«, *Verfassungsblog* v. 22.04.2016 https://nbn-resolving.org/urn:nbn:de:0301-20160422-140322-31 (Zugriff: 22.01.2024).

43 Respons, *Was tun bei sexualisierter Gewalt?: Handbuch für die Transformative Arbeit mit gewaltausübenden Personen*, S. 43.

44 Ebd., S. 46.

Privilegien verfügt.[45] Andersherum gilt auch für die gewaltausübende Person, dass sie sich auf einer Achse der Unterdrückung strukturell der geschädigten Person als unterlegen erweisen kann.

Als wichtige Voraussetzungen, damit ein transformativer Prozess gelingen kann, werden in der Bewegungsliteratur die freiwillige Teilnahme der ›gewaltausübenden Person‹, ein stabiles soziales Umfeld sowie zeitliche Ressourcen genannt.[46]

Die beschuldigte Person soll als ›gewaltausübende Person‹ in den Prozess eintreten. Von ihr wird erwartet, dass sie die Definition und Beschreibung der Tat durch die betroffene Person anerkennt.[47] Es kommt also nicht – wie beispielsweise im Täter-Opfer-Ausgleich oder von restaurativen Prozessen intendiert – zu einer Vermittlung der Perspektiven der beteiligten Personen oder zum Einsatz einer neutralen dritten Instanz (wie in strafrechtlichen Verfahren). Vielmehr wird eine Perspektive als epistemisch überlegen von Anfang an vorausgesetzt. Mögliche einseitige Verzerrungen der Wahrnehmungen oder ungeklärte Sachverhalte werden hierbei ex ante ausgeschlossen. Überdies wird in TA-Prozessen der ›gewaltausübenden Person‹ die alleinige Schuld an den Normbrüchen individuell zugeschrieben. Dieser Prozess der Responsibilisierung spiegelt die sozialontologischen Prämissen der Vergeltungslehre wider, statt – wie in restaurativen Theorien angedacht – die Einbettungen individueller Handlungen in kollektive Strukturen konsequent zu berücksichtigen. Der soziale Druck auf die ›gewaltausübende Person‹ ist überdies sehr groß und führt nicht selten zu einer persönlichen Krise. Es wird berichtet, dass die Angst vor einem Outing und vor Ausschluss aus der sozialen Gruppe die Transformative Arbeit mit der Person erschwere.[48]

Die Mitglieder des TA-Prozesses engagieren sich freiwillig. Gründe hierfür können freundschaftliche Kontakte zu einer der involvierten Personen, Mitgliedschaft in einem Kollektiv (beispielsweise in einem Hausprojekt), eigene Betroffenheit (da sie selbst Opfer sexualisierter Gewalt geworden sind) sowie Interesse an Konfliktlösungen außerhalb des strafrechtlichen Rahmens sein. Es wird angegeben, dass vor allem FLINTA-Personen in den Prozessen involviert seien. Dieser Umstand wird durchaus kritisch reflektiert: TA-Arbeit werde von vielen als »emotionale

45 Schußmann, *Transformative Täter:innenarbeit und kollektive Verantwortungsübernahme bei sexualisierter Gewalt*, S. 37.

46 Vgl. Rieger, *Doing Justice. Zur Praxis außerstrafrechtlicher Strategien der Konfliktbewältigung in linksautonomen Räumen*; Schußmann, *Transformative Täter:innenarbeit und kollektive Verantwortungsübernahme bei sexualisierter Gewalt.*

47 Respons, *Was tun bei sexualisierter Gewalt?: Handbuch für die Transformative Arbeit mit gewaltausübenden Personen*, S. 142.

48 Schußmann, *Transformative Täter:innenarbeit und kollektive Verantwortungsübernahme bei sexualisierter Gewalt*, S. 73.

Care-Arbeit« betrachtet, der jedoch wenig Anerkennung entgegengebracht werde.[49] Diese Kritik spiegelt den feministischen Diskurs über die mangelnde Anerkennung und Entlohnung von Sorgearbeit auf gesamtgesellschaftlicher Ebene.[50]

Zudem erfordert die Arbeit innerhalb einer TA-Gruppe enorme zeitliche Ressourcen und wird von den Beteiligten als große emotionale Belastung beschrieben.[51] Es fehlten die Kapazitäten, um »alle Brände zu löschen«.[52] Gemeint ist hiermit, dass nicht alle Vorfälle sexueller Übergriffe angemessen aufgearbeitet werden könnten. Außerdem seien die Beteiligten häufig nicht professionell auf solche Prozesse vorbereitet. Der Umgang mit möglichen Traumata, mit Berichten über schwere Gewalterfahrungen in der Kindheit oder auch Bedenken bezüglich einer möglichen Selbstgefährdung der ›gewaltausübenden Person‹ sind Themen, die in diesem Zusammenhang als Herausforderungen benannt werden. Die mangelnde psychologische Ausbildung und Professionalität führten in einigen Fällen zu Gefühlen der Überforderung.

Einzelpersonen übernehmen in TA-Prozessen demnach staatliche Aufgaben, ohne hierfür finanziell kompensiert zu werden. Die ohnehin überlasteten Gerichte erfahren demgegenüber eine (wenn auch geringfügige) Minderung der zu bearbeitenden Fälle und Sozialarbeiter:innen werden von Aufgaben der sozialen Fürsorge entbunden.

Aufgrund dieser starken Anforderungen an die beteiligten Personen stellt sich die Frage, ob diese Praktiken ein gesamtgesellschaftliches Modell darstellen könnten. Personen, die in Lohnarbeitsverhältnisse und Sorgearbeit eingespannt sind, verfügen häufig nicht über die zeitlichen Ressourcen, um sich unentgeltlich in einem solchen langfristigen Prozess zu engagieren. TA-Prozesse finden aktuell vorrangig in einer Subkultur einer links-anarchistischen, feministisch geprägten Szene statt, die von einer starken gemeinsamen Lebenswelt geprägt ist. Ob sich Praktiken innerhalb dieses Milieus auf eine stark ausdifferenzierte gesamtgesellschaftliche Ebene übertragen lassen, in der nicht alle Personen dermaßen vernetzt sind, ist überdies fraglich.

Ein spezifischer TA-Prozess erhielt besondere Aufmerksamkeit und wurde insbesondere von den Betroffenen sehr kritisch diskutiert. Dieser

49 Ebd., S. 69. Vgl. auch Jenny Künkel/Marie-Theres Piening, »Defund the Police. Ambivalenzen einer Bewegung«, *Kriminologisches Journal* 2022, S. 268–279 (275).

50 Ebd.

51 Ebd., S. 73.

52 Ebd., S. 66; vgl. auch Lisa Monz/Melanie Brazzell, »Kein einfacher Weg: von Restorative zu Transformative Justice im Umgang mit sexualisierter Gewalt und Beziehungsgewalt«, in: Rehzi Mahlzahn (Hg.), *Strafe und Gefängnis. Theorie, Kritik, Alternativen. Eine Einführung*, Stuttgart: Schmetterling Verlag 2019, S. 222–245 (243).

Fall soll hier beispielhaft beleuchtet werden, um weitere Problemfelder zu skizzieren. Es handelt sich um den initiierten Prozess infolge von Vorfällen auf dem linken Musikfestival »Monis Rache« in den Jahren 2016 und 2018. Dort installierte eine Person heimlich eine Kamera auf einem Dixie-Klo.[53] Die intimen Videos von weiblich gelesenen Personen wurden später auf einer Porno-Plattform hochgeladen.[54] Die Erstinformierten der Tat teilten ihr Wissen zunächst weder mit den Mitorganisator:innen des Festivals, noch mit potenziellen Betroffenen, deren Intimsphäre verletzt wurde, die aber keine Mitsprache im weiteren Verfahren erhielten. Die Erstinformierten selbst befanden sich in persönlicher Nähe zur ›gewaltausübenden Person‹ und setzten sie unter Druck, bei einem TA-Prozess mitzumachen, indem sie drohten, den Fall ansonsten an die Öffentlichkeit zu bringen. Kritisiert wurde insbesondere, dass die jeweiligen Betroffenen nicht in den Prozess integriert waren und damit keine Mitsprache mit Blick auf den Umgang mit dem, ihre Intimsphäre verletzenden, Material im Zuge des TA-Prozesses hatten. Zudem sei ›Täterschutz‹ betrieben worden,[55] indem die Identität der Person den Opfern nicht frühzeitig kommuniziert und Videomaterial gelöscht worden sei. Zudem hätten Verletzungen von Auflagen im Rahmen des TA-Prozesses keinerlei Konsequenzen für die ›gewaltausübende Person‹ gehabt.

Auch Monz und Brazzell vom *Transformative Justice* Kollektiv in Berlin weisen in ihrer kritischen Reflexion über die Grenzen der TA-Verfahren darauf hin, dass sich in einzelnen Fällen die Begleitgruppe unkritisch für die ›gewaltausübende Person‹ mobilisierte, sie verteidigte und es vom Grad an Popularität und Status der beschuldigten Person abhängen könne, wie mit ihr umgegangen werde.[56]

Aufgearbeitet wurde dieser misslungene TA-Prozess zu den Ereignissen auf dem Musikfestival »Monis Rache« durch hitzig geführte Debatten

53 Die Ereignisse wurden von dem Recherchekollektiv STRG_F aufgedeckt und im Rahmen einer Video-Reportage auf Youtube veröffentlicht. Die Veröffentlichung führte zu intensiven Debatten in der betroffenen Szene, vgl. STRG_F, »Spannervideos: Wer filmt Frauen auf Toiletten?«, 07.01.2020 https://www.youtube.com/watch?v=nGldiXxljhQ (Zugriff: 22.01.2024).

54 Grimm/Lean, »Kollektive Verantwortungsübernahme und transformative Gerechtigkeit. Alternative zum Rechtssystem?«; Monis Rache, »Ausführliches Statement von Monis Rache zu den Straftaten auf dem Festival 2016 und 2018«, 11.02.2020 https://monisrache.wtf/ (Zugriff: 15.04.2023).

55 Bilke Schnibbe, »Aber bei uns kommt sowas doch nicht vor. Die Ereignisse auf dem Festival Monis Rache zeigen, wie Täterschutz in linken Strukturen funktioniert«, *Analyse & Kritik* 2020 https://www.akweb.de/bewegung/aber-bei-uns-kommt-sowas-doch-nicht-vor/ (Zugriff: 22.01.2024).

56 Monz/Brazzell, »Kein einfacher Weg: von Restorative zu Transformative Justice im Umgang mit sexualisierter Gewalt und Beziehungsgewalt«, S. 243–245.

im Internet innerhalb betroffener linker und feministischer Netzwerke.[57] Innerhalb dieser Debatten wurden zum Teil punitive Maßnahmen gefordert, wie die Veröffentlichung von Namen und Adresse der ›gewaltausübenden Person‹ bis hin zur Strafanzeige.[58] Aber auch der TA-Prozess selbst war nicht frei von Maßnahmen, die als punitiv charakterisiert werden können: So wurde durch die Bekanntgabe des Namens durch Akteure der linken Szene *Public Shaming* betrieben. Weitere strafende Mechanismen, die generell in TA-Prozessen zur Anwendung kommen, sind der Ausschluss aus einem Wohnprojekt oder die Verwehrung des Zugangs zu linken/autonomen Räumen und Veranstaltungen, insofern dies vom Opfer gewünscht ist.

Ein Problem von TA-Prozessen, das auch das Verfahren nach Vorfällen auf dem Musikfestival »Monis Rache« betraf, besteht darin, dass viele Prozesse nicht erfolgreich abgeschlossen werden. Dies erfolgt insbesondere dann, wenn sich die ›gewaltausübende Person‹ dem TA-Prozess entzieht. Gründe können Umzug, Wechsel des sozialen Umfeldes oder Kommunikationsabbruch sein.[59]

Die Bearbeitung von Konflikten und gravierenden Normverletzungen auf rein lokaler Ebene birgt zudem folgende Problematiken, die hier abschließend kurz umrissen werden sollen: Der Fokus auf das soziale Nahfeld, die Nachbarschaft oder eine spezifische ›Community‹ birgt die Gefahr, Logiken der Trennung, wie sie beispielsweise in stark nach Race und Einkommen segregierten urbanen Räumen zum Tragen kommen, zu reproduzieren.[60] Communities sind zudem nicht immer progressiv und emanzipatorisch ausgerichtet; sie repräsentieren auch nicht notwendig marginalisierte Gruppen. Lokale Nachbarschaftsverbünde vertreten zuweilen auch Interessen privilegierter und konservativer Akteursgruppen. Zudem begrenzen sie ihre Mitgliederschaft ebenso wie größere Gemeinwesen für gewöhnlich durch Logiken des Ausschlusses (z.B. auf der

57 Vgl. Statements von Crews, Gruppen und Kollektiven, die mit Moni verschwestert sind (oder zumindest waren), »Ausführliches Statement von Monis Rache zu dem Straftaten auf dem Festival 2016 und 2018«, *monisrache.wtf* 2020 https://monisrache.wtf (Zugriff: 22.01.2024).

58 Dorfplatz-Crew, »Statement der Dorfplatz-Crew (Workshopspace, Awareness, Infopunx, Psycare)«, 2020 https://www.docdroid.net/wTS8gnI/statement-mr-von-dorfplatz-final-pdf (Zugriff: 22.01.2024); Jenny Künkel, »Carceral Feminism in Deutschland? Debatten um Vergewaltigungsrecht und sexuelle Gewalt in Partyräumen«, *Kriminologisches Journal* 2021, S. 105–120 (114).

59 Respons, *Was tun bei sexualisierter Gewalt?: Handbuch für die Transformative Arbeit mit gewaltausübenden Personen*, S. 171–173.

60 Marie-Theres Piening/Jenny Künkel, »Community Accountability: Feministisch-antirassistische Alternative zum strafenden Staat?«, *CILIP* (2020/123), https://www.cilip.de/2020/12/03/community-accountability-feministisch-antirassistische-alternative-zum-strafenden-staat/ (Zugriff: 22.01.2024).

Basis ideologischer Grenzlinien). Schließlich sollte noch angemerkt werden, dass auch lokale Gemeinschaften nicht frei von internen Machtstrukturen sind.[61]

Auf die Gefahr von Machtasymmetrien und Gewalt innerhalb von Gemeinschaften haben bereits Abolitionist:innen der Kritischen Kriminologie hingewiesen.[62] So kann es auch innerhalb von TA-Prozessen dazu kommen, dass Personen eingeschüchtert werden oder Druck auf sie ausgeübt wird, wenn sie sich in Positionen der Abhängigkeit befinden.

Letztlich sollte auch die Wechselwirkung einer stark individuenzentrierten Verfahrensweise auf lokaler Ebene mit makrostrukturellen Kontextbedingungen geklärt werden. Piening und Künkel bringen diese Problematik in Beziehung zur Figur des ›local trap‹, wie sie von Mark Purcell entwickelt wurde: Das Konzept der lokalen Falle analysiert kritisch die Annahme, dass ›lokal‹ mit ›demokratisch‹ und ›gerecht‹ gleichgesetzt werden könne.[63] Gerechte und demokratische Politik ist jedoch nicht notwendig an einen lokalen Kontext gebunden, sondern an nachvollziehbare Verfahren und Politikinhalte, die gerechte Verhältnisse herstellen.

Mit Blick auf die Strafverfolgung zeigt Fabien Jobard in seiner historischen Studie zur ›Infra-Justice‹, dass bereits im 18. Jahrhundert städtische Eliten für Sicherheit und Konfliktlösung auf lokaler Ebene eintraten und hierbei die Autorität der Obrigkeit umgehen wollten.[64] Ihr Ziel bestand damals vor allem darin, die bestehenden Macht- und Eigentumsverhältnisse zu schützen und ihr Verständnis von Sittlichkeit durchzusetzen. Seiner Analyse nach war der Rekurs auf die formale Rechtsprechung für viele Unterdrückte vorteilhafter und stellte sich als ermächtigender heraus als der lokale Vigilantismus. Auch heute mag diese Beobachtung für gewisse Gruppierungen zutreffen.

61 Michael Imhorst, *Transformative Gerechtigkeit als Alternative zur Polizei? Zur Rolle der Sozialen Arbeit*, Merseburg: Hochschule Merseburg 2021, S. 31, https://opendata.uni-halle.de/bitstream/1981185920/82085/1/Imhorst-Michael_Transformartive%20Gerechtigkeit%20als%20Alternative%20zur%20Polizei.pdf (Zugriff: 22.01.2024); Piening/Künkel, »Community Accountability: Feministisch-antirassistische Alternative zum strafenden Staat?«; Künkel, »Carceral Feminism in Deutschland? Debatten um Vergewaltigungsrecht und sexuelle Gewalt in Partyräumen«, S. 109; Fabien Jobard, »Polizei abschaffen? Schon geschehen«, *Kriminologisches Journal* 2022, S. 298–311.

62 Trutz v. Trotha, »›Limits to Pain‹. Diskussionsbeitrag zu einer Abhandlung von Nils Christie«, *Kriminologisches Journal* 1983, S. 34–53.

63 Mark Purcell, »Urban Democracy and the Local Trap«, *Urban Studies* (2006/11), S. 1921–1941 (1924).

64 Jobard, »Polizei abschaffen? Schon geschehen«, S. 304–307.

3. Antinomien in der Praxis

Auf der Anwendungsebene offenbaren sich demnach folgende grundlegende interne Spannungsverhältnisse,[65] die einander teilweise überlagern und sich anhand von sechs Antinomien zuspitzen lassen:

a) Gemeinschaft und Struktur
Aktivist:innen im deutschen Kontext geben an, durch ihr Engagement auf lokaler Ebene zu strukturellen Veränderungen beizutragen. Die Vermittlung zwischen subkulturellem Milieu und gesamtgesellschaftlicher, bzw. transnationaler Transformation stellt sich in diesem Kontext als große Herausforderung dar.

b) Responsibilisierung und die Kritik an Machtverhältnissen
Während soziale Machtverhältnisse klar als rahmende Verhältnisse von zwischenmenschlicher Gewalt benannt werden, liegt der Fokus der Transformativen Arbeit auf der individuellen Verantwortungsübernahme durch die ›gewaltausübende Person‹. Dies droht der beschuldigten Person einseitig Lasten aufzubürden, die gesamtgesellschaftlich bearbeitet werden sollten. Insbesondere mit Blick auf Intersektionalität muss zudem berücksichtigt werden, dass Machtverhältnisse häufig nicht einseitig vertikal verlaufen, sondern auf komplexe Weise miteinander verwoben sind.

c) Politisierung und selbstbestimmte Konfliktbearbeitung
Einerseits soll sich die Art und Weise, wie ein Fall aufgearbeitet wird, stark an den Bedürfnissen und Interessen der geschädigten Person orientieren. Andererseits sollen die einzelnen Fälle stets mit Blick auf vorhandene Strukturen kritisch reflektiert werden und deren Bearbeitung in die Gesellschaft hineinwirken. Die nach außen gerichtete Politisierung und Skandalisierung eines Falles kann mit den Interessen und Vorschlägen der geschädigten Person in einen Konflikt geraten und zu einem Spannungsverhältnis führen.

d) Transparenz und Schutz der Intimsphäre
Während einerseits von TA-Prozessen ein hohes Maß an Transparenz gefordert wird, sind sie gleichzeitig darauf angelegt, den Schutz der Bedürfnisse der geschädigten Person, unter anderem ihrer Intimsphäre, sicherzustellen. Die Anforderungen an Transparenz für alle Betroffenen und das Recht auf Privatheit können hierbei in einen grundlegenden Konflikt miteinander treten.

65 Auch Künkel und Piening verweisen auf »Widersprüche«, die es verstärkt zu untersuchen gälte, vgl. Künkel/Piening, »Defund the Police«, S. 275.

e) Freiwilligkeit und sozialer Druck
Während die Freiwilligkeit der Teilnahme einerseits als zentrale Voraussetzung für einen erfolgreichen transformativen Prozess benannt wird, wird andererseits die ›gewaltausübende Person‹ nicht selten durch sozialen Druck (durch Androhung von Outing, sozialem Ausschluss oder das Absprechen einer ›linken Identität‹) zu einer Teilnahme gebracht. Dieser – wenn auch teilweise nicht intentional aufgebaute – soziale Druck widerstrebt der psychologischen Disposition der selbstmotivierten Freiwilligkeit.

f) Ablehnung von Strafen und Maßnahmen zum Schutz der Gruppe
TA-Gruppen können Maßnahmen zum Schutz der geschädigten Person sowie präventiv für andere (insbesondere FLINTA-)Personen beschließen. Die geschädigte Person kann definieren, was sie benötigt, um sich erneut sicher zu fühlen. Ausschlüsse aus einer Gruppe, von Veranstaltungen oder einem Wohnprojekt können einerseits als Schutzmaßnahmen gerechtfertigt werden. Diese Maßnahmen können aber andererseits von der betroffenen Person als strafende Sanktion erlebt werden und widersprechen damit dem Ziel von TA-Prozessen, Alternativen zum Strafen zu entwickeln.

III. Alternativen zu den Alternativen?

Resümierend soll nun keine Blaupause vorgelegt werden, wie angesichts der großen Herausforderungen und Widersprüche bei der Umsetzung von *Transformative Justice* eine gelungene Praxis mit Normbrüchen idealiter aussehen könnte. Stattdessen werden ex negativo aus den von den Akteur:innen selbst identifizierten Voraussetzungen, Hürden und Grenzen sowie auf der Basis der identifizierten Ziele einer abolitionistischen Demokratie mögliche Kennzeichen abgeleitet, die zukünftige Alternativen charakterisieren sollten.

Zunächst bedürfte es einer intensiveren Reflexion der Komplexität und *Intersektionalität von Machtverhältnissen*, in welche Gewalt und Konflikte eingebettet sind und die sich nicht auf patriarchale Beziehungen reduzieren lassen (selbst wenn diese in einzelnen Fällen entscheidend sein mögen). Dies impliziert auch die kritische Reflexion der Machtbeziehungen innerhalb der jeweiligen Gemeinschaft, die den Konflikt bearbeitet und in der Machtdynamiken umso subtiler wirken können, je weniger sie explizit gemacht werden. Macht manifestiert sich nicht nur im Staat und in der Ökonomie, sondern durchdringt (wenn auch auf andere Weise) ebenso Nachbarschaften und sozial relativ autarke Räume.

Des Weiteren sollte eine *Professionalisierung* der beteiligten Akteur:innen erfolgen, deren Ausbildung und Kompetenzorientierung selbst demokratisch reguliert wird. Dies würde gewisse Qualitätsstandards bei Prozessen zur Konfliktlösung sichern und der Überforderung und Überlastung der engagierten Akteur:innen entgegenwirken. Überdies könnte mit einer damit einhergehenden *Institutionalisierung* Erfahrungswissen gesammelt, dokumentiert und ausgewertet werden, das sonst mit dem Ausscheiden einzelner Individuen aus Praktiken der Konfliktlösung verloren zu gehen droht. Eine damit verbundene angemessene *finanzielle Kompensation*, beziehungsweise Entlohnung, würde überdies verhindern, dass die Beteiligung an Alternativen nicht das Privileg einer bestimmten sozialen Gruppe darstellt, sondern möglichst allen interessierten und geeigneten Personen offensteht.

Auch bei Alternativen ist zu hinterfragen, ob die vorgeschlagenen Umgangsformen oder Reaktionsweisen selbst *punitiven Charakter* besitzen – wie der Ausschluss aus sozialen Räumen, Stigmatisierung und Public Shaming. Konzeptionell erfordert Transformative Gerechtigkeit eine konsequente Ablösung von dem vergeltungstheoretischen Gehalt bisheriger Gerechtigkeitskonzeptionen. Dies impliziert die Abwendung von erniedrigenden Mechanismen wie individualisierender Schuldzuschreibung und der damit einhergehenden Verinnerlichung der Gewalt (Introjektion). Stattdessen sollte Transformative Gerechtigkeit auf einen sozial verankerten Begriff von Verantwortung abzielen, der empowert, statt Menschen zu erniedrigen.[66]

Auf einer rechtlichen Ebene ist im Sinne eines minimalen Abolitionismus an der *Dekriminalisierung* von Rechtsbereichen anzusetzen, die besser durch andere Politikbereiche bearbeitet und bewältigt werden können. Sosehr auch der emanzipatorische Gehalt des Rechts von den Machtverhältnissen abhängt, die es hervorbringen und reproduzieren, so sollten Alternativen nicht voreilig gänzlich auf das Recht verzichten. Rechtsstaatlichen Verfahren wohnt das Potenzial inne, vor Übergriffen durch privilegierte Gruppen und staatlichen Organen zu schützen und möglichst transparente, vergleichbare Umgangsformen mit gravierenden Normbrüchen, beispielsweise im Rahmen des Zivilrechts, zu erwirken. Sie bieten zudem ein gewisses Maß an Verfahrenssicherheit.

Statt die Verantwortungsübernahme der beschuldigten Person ins Zentrum alternativer Verfahren zu stellen, sollte dieser zur neoliberalen Responsibilisierung analoge Mechanismus stärker hinterfragt werden. Auch Alternativen zum Strafrecht sollten stets die Eingebundenheit individueller Fehltritte und Lebenskrisen in kollektive soziale Prozesse

66 Franziska Dübgen, *Transformative Strafrechtskritik. Überlegungen im Anschluss an Nietzsches Vision einer neuen Gerechtigkeit*, Tübingen: Mohr Siebeck 2022.

berücksichtigen. Zukünftige Praktiken und Verfahren müssten daher die Verbindung von der Mikroebene der Gewalt zwischen einzelnen Personen und der *Makroebene*, welche die rahmenden Verhältnisse dieser Ereignisse beinhaltet, in ihren Prozessen abbilden – beispielsweise durch einen Wissenstransfer sowie Forderungen an Politikbereiche, wie beispielsweise der Migrations-, Gesundheits- und Klimapolitik. Alternative Verfahren zur Lösung der intersubjektiven Gewaltverhältnisse sollten demnach gekoppelt sein an Anstrengungen zur Veränderung der jeweiligen Strukturen, welche daran beteiligt sind, Gewaltverhältnisse hervorzubringen und zu reproduzieren.

Statt Konfliktlösung genuin auf eine intersubjektive Ebene zu verlagern und dem neoliberalen »Regieren durch Community«[67] Vorschub zu leisten, wäre vielmehr auf politischer Ebene zu fordern, dass das *demokratische Gemeinwesen* nicht aus der Pflicht genommen wird, Bildung, Gesundheitsfürsorge, psychologische Unterstützung, finanzielle Absicherung und soziale Teilhabe für alle Bürger:innen – beziehungsweise alle in einem Gemeinwesen lebenden Menschen, unabhängig von ihrem Bürgerschaftsstatus – zu ermöglichen. Gesamtgesellschaftliche Institutionen sollten diese Aufgaben abgesehen von der Frage, zu welcher Community eine Person sich zugehörig fühlt oder von außen zugeordnet wird, für alle gleichermaßen erfüllen. Die Realisierung einer an sozialer Gerechtigkeit orientierten Politik ist – mit Angela Davis gesprochen – eine zentrale Voraussetzung, um abolitionistische Alternativen überhaupt erst zu ermöglichen.

Anders als in der aktuellen linksautonomen Aneignung des Konzepts der Transformative Justice würde eine solche Interpretation des Konzepts auf ein demokratisch reguliertes Recht und politische Institutionen nicht voreilig verzichten. Eine pauschale Zurückweisung dieser Instanzen unter den aktuellen Bedingungen, so mein abschließendes Plädoyer, bedeutet vielmehr ein Verzicht auf die emanzipatorischen Seiten von gesellschaftlichen Institutionen, derer wir aber dringend bedürfen, um gewaltgenerierenden Mechanismen in einer global vernetzten Welt effektiv entgegenwirken zu können.

67 Piening/Künkel, »Community Accountability: Feministisch-antirassistische Alternative zum strafenden Staat?«.

Maximilian Pichl

Solidarität statt Strafe

Rechtskämpfe als Weg zu Alternativen zur Kriminalisierung von Fluchthilfe

I. Einleitung

Im Film *Le Havre* (2011) vom finnischen Regisseur Aki Kaurismäki hilft der alternde Schuhputzer Marcel dem gabunischen Flüchtlingsjungen Idrissa und nimmt ihn bei sich auf, obwohl die Beihilfe zum illegalen Aufenthalt in Frankreich verboten ist. Die Polizei ist dem Jungen auf der Spur. Kommissar Monet verfolgt ihn bis in das Haus von Marcel, untersucht die Räume eher oberflächlich und sagt dann, er sei nicht im Dienst hier, wolle laut denken und könne deshalb nicht gegen die Vorschriften seines Berufs als Polizeikommissar verstoßen: »Wenn ich Sie wäre«, sagt der Kommissar zu Marcel, »würde ich mich auf der Stelle des Päckchens entledigen, und zwar so schnell wie möglich«. Marcel versteht den Wink des Kommissars, schafft es, Idrissa vor der anstehenden polizeilichen Razzia wegzuschaffen und findet sogar in seinem Privatleben wieder das unverhoffte Glück.

Le Havre ist eine märchenhafte Inszenierung über die europäische Flüchtlingspolitik und steht damit im Kontrast zum Film *Welcome* (2009), der zwei Jahre zuvor erschienen ist und die Migrationspolitik und Kriminalisierung von Flüchtlingen sowie ihren Helfer:innen unverblümt darstellt, auch die tödlichen Konsequenzen. Der utopische Moment von Kaurismäkis Werk ist in seinen Protagonisten angelegt, die sich quer zu ihren Rollenerwartungen verhalten und dadurch die staatliche Ordnung durcheinanderwirbeln. Anstatt stur ihren eingeübten Verhaltensweisen oder gesetzten Regeln zu folgen, orientieren sich die Figuren an Freundschaft, Solidarität und Brüderlichkeit. »Ich habe mich in Ihnen getäuscht, Monsieur. Dürfte ich Ihnen bei einem Glas Wein meine Entschuldigung anbieten«, wird Marcel zu Kommissar Monet sagen, woraufhin dieser entgegnet: »Warum nicht bei einem Calvados?«. *Le Havre* hat Eindruck beim europäischen Filmpublikum hinterlassen, weil die Inszenierung der Solidarität zwischen den Figuren das »Auseinanderklaffen von Verfassungsnorm und Verfassungswirklichkeit«[1] in der europäischen Flüchtlingspolitik drastisch verdeutlicht.

1 Johannes Agnoli, »Von der kritischen Politologie zur Kritik der Politik«, in: Ulrich Albrecht/Elmar Altvater/Ekkehart Krippendorff (Hg.), *Was heißt und*

In diesem Beitrag wird die strafrechtliche Verfolgung der Hilfe für Geflüchtete im Vordergrund stehen und untersucht, welche Praktiken der Solidarität Alternativen zum Strafen etablieren. Solche Alternativen zum Strafen, so meine grundlegende These, entstehen nicht als rein normatives Gegenprojekt, sondern in der Praxis der Kämpfe. »In der Organisation und Gemeinschaft der Kämpfenden«, hat Max Horkheimer geschrieben, »erscheint [...] etwas von der Freiheit und Spontaneität der Zukunft«.[2] Unter Rekurs auf das Konzept der Rechtskämpfe[3] werde ich daher zeigen, wie Alternativen zum Strafrecht auf konkrete gesellschaftliche Kämpfe zurückgeführt werden müssen, die sich dann spezifisch ins Recht übertragen. Über Alternativen zum Strafrecht in diesem Bereich nachzudenken, ist herausforderungsvoll, weil die Versicherheitlichung von Migration tief in die Strukturen und Mentalitäten der bürgerlichen Gesellschaft eingewoben ist. Dies wird anhand der Arbeiten von Didier Bigo und Zygmunt Bauman nachgezeichnet. Auf diese Weise wird ein gutes Ende für Geflüchtete und ihre Retter:innen wie im Film *Le Havre* verhindert. Aber gibt es Möglichkeiten, im Recht Widerstände und Handlungsmöglichkeiten gegen die Kriminalisierung zu erzeugen? Wie lässt sich die Frage der Migration aus dem Feld der Ordnungs- und Sicherheitspolitik herausdrängen? Und auf welche Weise lässt sich eine Brüderlichkeit und Solidarität begründen, die die Prämisse des Strafens überwindet? Ausgehend von einer Darstellung der Netzwerke von Flüchtlingssolidarität in Europa und ihrer Kriminalisierung, werde ich einen konkreten Rechtskampf untersuchen. Als Anschauungsbeispiel dient mir ein Verfahren vor dem französischen Verfassungsrat aus dem Jahr 2018, in dem das Prinzip der »Brüderlichkeit« gegen die Kriminalisierung in Anschlag gebracht wurde. Zum Abschluss diskutiere ich, inwiefern Solidarität bzw. solidarische Praktiken ein Ankerpunkt in der verschärften Migrationspolitik sein können.

zu welchem Ende betreiben wir Politikwissenschaft? Kritik und Selbstkritik aus dem Otto-Suhr-Institut, Opladen: Westdeutscher Verlag 1989, S. 13–24 (17).

2 Max Horkheimer, »Traditionelle und kritische Theorie«, in: *Gesammelte Schriften*, Band 4, Frankfurt am Main: Fischer 1937/1988, S. 162–225 (192).

3 Sonja Buckel/Maximilian Pichl/Carolina Vestena, »Legal Struggles: A Social Theory Perspective on Strategic Litigation and Legal Mobilisation«, *Social & Legal Studies* (2024/1), S. 21–41; Maximilian Pichl, *Rechtskämpfe. Eine Analyse der Rechtsverfahren nach dem Sommer der Migration*, Frankfurt am Main: Campus 2021.

II. Rechtskämpfe

Kämpfe sind ein zentraler Motor für Veränderungen in der bürgerlichen Gesellschaft, in denen Antagonismen und Widersprüche historisch konkret verhandelt werden.[4] Analog zu den Kämpfen im politischen finden Auseinandersetzungen im juridischen Feld statt, die durch soziale Akteur:innen in das Feld hineingetragen werden müssen – oder den Akteur:innen wird, wie in aller Regel im Strafrecht, ein rechtlicher Konflikt aufgezwungen.

Pierre Bourdieu versteht das juridische Feld als einen »Kampfplatz um das Monopol des Rechts, Recht zu sprechen [...] die gute Ordnung zu verkünden«.[5] Das Recht ist ein besonderes Feld hegemonialer Auseinandersetzungen, weil es das »paradigmatische Normalisierungsinstrument« der symbolischen Macht ist,[6] indem es »einer bestimmten Perspektive auf die Welt [...] das Siegel der Universalität« verleiht.[7] Das heißt, wenn sich eine bestimmte Perspektive auf eine gesellschaftliche Frage im Recht als sogenannte »herrschende Meinung« durchsetzt oder zumindest als legitime rechtliche Deutung anerkannt wird, verändert sich zugleich der politische Handlungsspielraum des politisch Möglichen und öffentlich Sagbaren.

Gerichte können in aller Regel nicht von selbst entscheiden, ob ein Konflikt zu einem rechtlichen Verfahren wird, sondern gesellschaftliche Auseinandersetzungen werden in das juridische Feld hineingetragen, sei es intendiert oder nicht-intendiert. Bei diesem Übersetzungsvorgang ins Recht werden »gesellschaftliche Kräfteverhältnisse [...] in den eigensinnigen Verfahren der Rechtsform in juridische übersetzt und in einen hegemonialen Konsens eingebunden«.[8] Der Konflikt passt sich also an die Verfahren, die Sprache und die Logik des Rechts an. Gerade darin sieht Bourdieu die Eigensinnigkeit von Kämpfen im juridischen Feld. Denn den Rechtstext versteht Bourdieu als einen »Spielball von Kämpfen«,[9] der »wie Waffen« gebraucht werden kann.[10] Das bedeutet, die Interpretation des Rechts durch die fachwissenschaftliche Debatte, die (Ministerial-)Bürokratie oder durch die Gerichtsbarkeit folgt keinen rein objektivierbaren Auslegungsregeln, sondern geht auf gesellschaftliche

4 Pichl, *Rechtskämpfe*, S. 24.

5 Pierre Bourdieu, »Die Kraft des Rechts«, in: Andrea Kretschmann (Hg.), *Das Rechtsdenken Pierre Bourdieus*, Weilerswist: Velbrück Wissenschaft 2019, S. 37.

6 Ebd., S. 70.

7 Ebd., S. 67.

8 Sonja Buckel, *»Welcome to Europe« – Die Grenzen des europäischen Migrationsrechts*, Bielefeld: transcript 2013, S. 33.

9 Bourdieu, »Die Kraft des Rechts«, S. 39.

10 Ebd., S. 72.

Kräfteverhältnisse zurück, die sich spezifisch in juridische Kräfteverhältnisse transformieren. Die Eigensinnigkeit der Kämpfe im juridischen Feld führt dazu, dass die dortigen Kräfteverhältnisse und Dynamiken nicht deckungsgleich mit den politischen Verhältnissen sind. Das juridische Feld changiert daher systematisch zwischen der Herrschaftsstabilisierung und den progressiven Kämpfen gegen Herrschaftsverhältnisse. In den Worten Bourdieus: »Dabei erfasst [...] das Recht stets das momentane Kräfteverhältnis, indem es auch den Kampferfolgen der Beherrschten rechtliche Geltung verschafft und diesen Errungenschaften dadurch Anerkennung verleiht«.[11]

Dem Begriff der Rechtskämpfe[12] liegt daher ein gesellschaftstheoretisches Verständnis zugrunde, um das Recht und seine Auslegung als hegemonial umkämpftes Terrain zu verstehen. Wenn Akteur:innen mit den Mitteln der Rechtsmobilisierung oder strategischen Prozessführung Kämpfe in das juridische Feld tragen wollen, müssen sie sich auf spezifische juridische Machtressourcen stützen.[13] Sie benötigen finanzielle Mittel, organisatorische Unterstützungsstrukturen, soziale Bewegungen, öffentliche Diskurse, prozessuale Zugänge zur Gerichtsbarkeit und nicht zuletzt einen rechtsdogmatischen Diskurs, der für ihre Anliegen offen ist oder geöffnet werden kann. Dabei ist zudem zu berücksichtigen, dass sich in jedem Rechtsgebiet noch einmal eigene Zugänge, Verhandlungsweisen, Systematiken und Logiken etabliert haben. Nicht jeder Kampf wird daher zu einem (erfolgreichen) Rechtskampf.

Das Strafrecht ist traditionellerweise ein Rechtsgebiet, das für progressive Rechtskämpfe nicht genutzt wird, sondern die Betroffenen werden darin vereinzelt und entfremdet. Progressive Rechtskämpfe werden bei strafrechtlichen Vorgängen in aller Regel als rechtsstaatliche Verteidigungskämpfe geführt, um den staatlichen Strafanspruch einzudämmen. Ausnahmen davon sind Kämpfe, in denen sich soziale Bewegungen in Prozessen Kriminalisierungen entgegenstellen, um politische Handlungsfähigkeit sicherzustellen, wie bspw. die Rechtsverfahren gegen die Bewegung »Letzte Generation« zeigen.[14] Abolitionistische Perspektiven, die aktuell wieder an Relevanz gewinnen[15] und auf eine Entknastung und Entkriminalisierung abzielen, hatten in Deutschland zuletzt zwischen

11 Ebd., S. 38.

12 Buckel/Pichl/Vestena, »Legal Struggles«; Pichl, *Rechtskämpfe*.

13 Vgl. Sarah Klosterkamp/Maximilian Pichl/Tino Petzold, »Rechtskämpfe und Ressourcen des Rechts aus geographischer Perspektive«, *Geographische Zeitschrift* (2023/1), S. 22–41.

14 Vgl. Maxim Bönnemann (Hg.), *Kleben und Haften: Ziviler Ungehorsam in der Klimakrise*, Berlin: Verfassungsbooks 2023.

15 Vgl. Daniel Loick/Vanessa Thompson (Hg.), *Abolitionismus. Ein Reader*, Berlin: Suhrkamp 2022.

den 1970er bis hinein in die 1990er Jahre Konjunktur.[16] Wenngleich es im Einzelnen liberale Reformen im Strafgesetzbuch gab, gibt es einen »ungebrochenen Trend zur Kriminalisierung«,[17] der sich auch im Ausländerstrafrecht überdeutlich zeigt.[18] Gleichwohl hat der Rechtsanwalt Peer Stolle in einem Resümee über den Zustand des Strafrechts darauf hingewiesen, dass »gesellschaftliche Gruppen und Stimmen, die vorher marginalisiert worden sind, nunmehr in verstärktem Maße die Möglichkeit haben, ihren Interessen nicht nur Gehör zu verschaffen [...], sondern sie auch in einem gewissen Maße zu einer Angelegenheit der Gesamtgesellschaft zu machen [...]«.[19] Solange die Abschaffung des Strafrechts bzw. die sukzessive Entkriminalisierung auf politischem Wege nicht gelingt, ist das Strafrecht also durchaus ein Terrain, um dort mit progressiven Rechtskämpfen Alternativen zum Strafen zu entwickeln.

III. Migrationspolitik im Nexus von Sicherheit und Ordnung

Das Politik- und Rechtsfeld der Flüchtlings- und Migrationspolitik ist auf eine besondere Art und Weise von rassistischen Herrschaftsverhältnissen überformt, wodurch Sicherheits- und Ordnungslogiken sowie Kriminalisierungsdiskurse hier leicht andocken können. Über Grenzen wird der »Ein- und Ausschluss organisiert und somit überhaupt erst durch die Bestimmung des Außen ein Innen festgelegt«.[20] In einer Welt, die entlang von unterschiedlichen Formen der Exklusion organisiert ist (Klasse, »Rasse«, Geschlecht) halten Grenzen im Allgemeinen und damit die Migrationspolitik und auch das Recht im Besonderen Herrschaftsver-

16 Für einen Überblick: Helmut Pollähne, »Ausbruch aus dem Gefängnis des Knastsystems. 40 Jahre republikanischer Abolutionismus?!«, in: Volker Eick/Jörg Arnold (Hg.), *40 Jahre RAV. Im Kampf um die freie Advokatur und um ein demokratisches Recht*, Münster: Westfälisches Dampfboot 2019, S. 171–180.

17 Ebd., S. 173.

18 Siehe Julia Gelhaar, »Mit Sicherheit gegen Migration«, *verfassungsblog.de* 15.11.2021 https://verfassungsblog.de/os2-mit-sicherheit/ (Zugriff: 02.07.2025).

19 Peer Stolle, »Alles wird schlimmer oder Alles beim Alten? Ein Kommentar zum Zustand des Strafrechts«, in: Andreas Engelmann/Joachim Kerth-Zelter/Ursula Mende/Cara Röhner/David-S. Schumann/Lea Welsch (Hg.), *Streit ums Recht*, Hamburg: VSA 2022, S. 203–213 (204).

20 Daniel Keil, *Territorium, Tradition und nationale Identität. Eine staatstheoretische Perspektive auf den Wandel nationaler Identität in der europäischen Integration*, Münster: Westfälisches Dampfboot 2015, S. 175.

hältnisse aufrecht. Sie sichern »die Privilegien und die kulturelle Dominanz ethno-rassistisch und klassenbasierter In-Groups durch den Ausbau von Polizei, Militär und Grenzregimen nach außen und nach innen autoritär und chauvinistisch« ab.[21]

Zygmunt Bauman hat in seinem Buch *Verworfenes Leben* beschrieben, wie die Globalisierung Dynamiken der Verunsicherung in Gang gesetzt hat: »Wir sind nicht die einzigen, niemand hat das Geschehen im Griff, niemand weiß Bescheid.«[22] Diese Erfahrungen wirken sich auf den Umgang mit Migration in den Gesellschaften des Globalen Nordens aus. Bauman schreibt, was den »Regierungen noch bleibt, ist die Umorientierung auf Objekte, die in Reichweite liegen; man wendet sich von den Dingen ab, an denen man nichts ändern kann, und widmet sich vorzugsweise den Themen, bei denen man öffentlichkeitswirksam Handlungsfähigkeit und Macht beweisen kann. Flüchtlinge, Asylbewerber, Einwanderer – die Abfallprodukte der Globalisierung – eignen sich vorzüglich für diesen Zweck«.[23] Da zeitgleich, so Bauman, das Sozialstaatsmodell in vielen Feldern zurückgedrängt wurde und dieser Ohnmacht nicht mehr entgegenwirkt, avanciert das Strafrecht zu einem zentralen Steuerungsvehikel;[24] Migrierende werden repressiven Ordnungspolitiken unterworfen, in ihrer Freiheit beschränkt und in Lagern auf Distanz gehalten. Bauman argumentiert, inspiriert durch die Debatten, die Giorgio Agamben Anfang der 2000er Jahre über den Ausnahmezustand ausgelöst hat, dass die Flüchtlinge einer »Art von Gesetzlosigkeit« im »globalen Grenzland« ausgesetzt werden.[25] Der Migrationsrechtler Thomas Spijkerboer hat dieses Argument von Bauman als ein »overstatement« bezeichnet, indem er betont, die Rechtlosigkeit von Geflüchteten sei kein »matter of structural or conceptual necessity but a consequence of human acts, which can be changed«.[26] Mein Argument ist, dass gerade Rechtskämpfe, die von NGOs, Anwält:innen und zivilgesellschaftlichen Bewegungen geführt werden, eine Gegenstrategie zur Entrechtung von Geflüchteten und Fluchthelfer:innen darstellen.

Die Rechtskämpfe in diesem Feld müssen dabei eine Antwort auf die Versicherheitlichung der Migrationsfrage finden, die die politischen und

21 Fabian Georgi, »Turbulenter Festungskapitalismus: Migration und Grenzregime zwischen Realität und Dystopie«, in: Carina Book/Nikolai Huke/Sebastian Klauke/Olaf Tietje (Hg.), *Alltägliche Grenzziehungen*, Münster: Westfälisches Dampfboot 2019, S. 27–43 (27).

22 Zygmunt Bauman, *Verworfenes Leben. Die Ausgegrenzten der Moderne*, Hamburg: Hamburger Edition 2005, S. 93.

23 Bauman, *Verworfenes Leben*, S. 94.

24 Ebd., S. 96.

25 Ebd., S. 107.

26 Thomas Spijkerboer, »Wasted Lives. Borders and the Right to Life of People Crossing Them«, *Nordic Journal of Interational Law* (2017/1), S. 1–29 (20f.).

rechtlichen Kämpfe überformt. Der Soziologe Didier Bigo schreibt in seinem grundlegenden Beitrag *Sicherheit und Immigration*, es werde ein »Kontinuum von Gefahren und des Unbehagens« rund um die Migration geschaffen.[27] Die »Versicherheitlichung des Migranten als Risiko«[28] sei aber nicht in erster Linie das Ergebnis von rechter Agitation, sondern ließe sich auf die »Vorstellung vom Staat als ein Körper oder als ein Gefäß für politische Gemeinschaften« zurückführen.[29] Deswegen haben wiederum öffentliche Diskurse à la »Das Boot ist voll« überhaupt eine gesellschaftliche Grundlage, auf der sie gedeihen. Wenn der Staat, wie in vielen Traditionen der politischen Herrschaftstheorie, als ein Körper verstanden wird, der sich wie bei Hobbes' Leviathan aus den Menschen zusammensetzt, dann wird jeder unregulierte Grenzübertritt als ein Angriff oder eine Bedrohung für »die gesamte Bevölkerung« gewertet. Die Versicherheitlichung ist dadurch anschlussfähig an rechte Strategien und Verschwörungserzählungen, die dieses Narrativ völkisch wenden.[30] Aus einer solchen Perspektive lässt sich auch erklären, warum das Ausländerstrafrecht derart spezifisch konzipiert ist. Seine Besonderheit liegt darin, dass die Strafe ausschließlich an den illegalisierten Aufenthalt und den Grenzübertritt bzw. der Beihilfe zu diesem anknüpft. Ohne ansonsten eine Straftat begangen zu haben, ist der bewegliche Körper der Geflüchteten Gegenstand des Strafrechts.

Diese »Praktiken der Sicherheit«, mit der die Migrationsfrage behandelt wird, sind jedoch »nicht naturgegeben«, sondern wie Bigo betont, »das Ergebnis von politischen Handlungen von Politikern und der Spezialisten des Bedrohungsmanagements«.[31] Zugleich haben die Institutionen des Staates, die der Sicherheit wegen eingerichtet wurden, ein Selbsterhaltungsinteresse daran ausgearbeitet, Migration als Sicherheitsproblem zu definieren.[32] »Die Professionellen des Sicherheitsfeldes sind alle ›Manager der Angst‹«, wie Bigo schreibt.[33] »Versicherheitlichung ist also die Verwandlung eines politischen Diskurses der Wahrheit durch die Professionellen des Bedrohungsmanagements, die damit ihre

27 Didier Bigo, »Sicherheit und Immigration: Zu einer Kritik der Gouvernmentalität des Unbehagens«, in: Margarete Misselwitz/Klaus Schlichte (Hg.), *Politik der Unentschiedenheit: Die internationale Politik und ihr Umgang mit Kriegsflüchtlingen*, Bielefeld: transcript 2010, S. 39–76 (39).

28 Ebd., S, 42.

29 Ebd., S. 42.

30 Gelhaar, »Mit Sicherheit gegen Migration«.

31 Bigo, »Sicherheit und Immigration«, S. 47.

32 Gerade rund um die Migrationspolitik hat sich in Europa ein polizeilicher und militärisch-industrieller Komplex gesponnen. Zwischen 2014 und 2020 hat die EU 3,8 Milliarden Euro für den Internen Sicherheitsfond (ISF), also für Mittel der Grenzabschottung, ausgegeben.

33 Ebd., S. 56.

institutionellen Interessen verfolgen«.[34] Genau an diesem Punkt werden Alternativen zum Strafen und zur Sicherheitslogik relevant. Denn Bigo schreibt ausdrücklich, der »kritische Diskurs kann die Situation nicht dadurch verändern, dass er sich für Migranten und gegen ›securitization‹ einsetzt«.[35] Damit verweist er auf die tief verwobenen Mentalitäten und Strukturen, die die Versicherheitlichung hervorgebracht haben. Entscheidend sind daher gesellschaftliche Kämpfe, die den Diskurs um die Sicherheit als »unwahr« dechiffrieren und schrittweise die Institutionen der Sicherheit und der Strafe ersetzen. Langfristig setzen abolitionistische Strategien sich dafür ein, »Leid zu verhindern«.[36] Auf dem Weg dorthin werden Institutionen der Sicherheit und des Strafens aber nicht nur abgeschafft, sondern eine »Konstellation demokratischer Institutionen und Praktiken« etabliert, um »Polizeiarbeit und Gefängnis zu ersetzen und gleichzeitig auf die Verwirklichung gerechterer und fairer Bedingungen des kollektiven Lebens hinzuarbeiten«.[37]

IV. Netzwerke der Solidarität und ihre Kriminalisierng

Schon heute gibt es im Feld der Migrationspolitik demokratische und solidarische Konstellationen, die sich gegen die Versicherheitlichung des europäischen Grenzregimes wenden. Sie sind hervorgegangen aus den antirassistischen und selbstorganisierten migrantischen Bewegungen. Solidarische Netzwerke für Geflüchtete und Migrierende sind in Europa nicht auf lokale Kommunen beschränkt. Begleitend zur Europäisierung der Migrationskontrollpolitik haben sich in den vergangenen dreißig Jahren europäische und transnationale Netzwerke gebildet, die Fluchthilfen organisieren, Menschen das Ankommen in Europa erleichtern und gegen restriktive Asylrechtsverschärfungen ankämpfen. Knotenpunkte der »No Border«-Bewegung waren immer wieder Camps an den neuralgischen Orten der Grenzpolitik, wie beispielsweise in Griechenland.[38]

34 Ebd., S. 57.
35 Ebd., S. 44.
36 Allegra M. McLeod, »Abolitionistische Demokratien entwerfen«, in: Daniel Loick/Vanessa Thompson (Hg.), *Abolitionismus. Ein Reader*, Berlin: Suhrkamp 2022, S. 556–608 (559).
37 McLeod, »Abolitionistische Demokratien«, S. 536.
38 Dort fand 2009 ein Camp auf der Insel Lesbos statt, in der Nähe zu dem Gefängnis Pagani, in dem Geflüchtete, darunter auch Kinder, willkürlich eingesperrt waren. Es gelang, ein Video über die menschenrechtswidrigen Zustände auf der Insel zu produzieren und europaweit bekannt zu machen. Aktivist:innen und Menschenrechtsorganisationen forderten die Schließung des Gefängnisses, die Ende des Jahres 2009 nach internationalem Druck tatsächlich umgesetzt wurde.

Seit Anfang der 2010er Jahre haben sich zahlreiche Netzwerke der Flüchtlingssolidarität gegründet, wie Boats4People oder Welcome2Europe. In vielen Staaten schufen sie die »Grundlage für die Solidarität«, die Geflüchtete europaweit im Jahr 2015 infolge der sogenannten »Willkommenskultur« erfahren haben.[39] Das AlarmPhone, das sowohl die Situation auf dem zentralen Mittelmeer als auch in der Sahara beobachtet, ist eine Kontaktstelle für Geflüchtete, die sich in Lebensgefahr an die Aktivist:innen wenden können. Diese versuchen dann, staatliche Stellen oder Seenotretter:innen zu kontaktieren. In dieser Dokumentations- und Berichtstätigkeit ist ein evident politischer Akt eingelagert: »Das Hinsehen selbst ist ein Akt des Widerstands«,[40] indem die »Blackbox Grenze« ein Stück weit geöffnet wird und die tödlichen Konsequenzen der Migrationskontrollen sichtbar werden. Verstärkt hat sich dieser Einsatz durch die Aktivitäten von Seenotrettungs-NGOs wie SeaWatch, SeaEye oder MissionLifeline u.a., die vor allem seit 2015 auf dem Mittelmeer aktiv sind und eine fehlende europäische Seenotrettung kompensieren wie auch das Sterben auf der See skandalisieren. Sie entwickeln dabei ein gegenhegemoniales Wissen, das ihnen auch neue politische wie rechtliche Interventionsmöglichkeiten eröffnet.[41] Der Migrationsforscher Maurice Stierl schreibt zusammenfassend über diese Formen solidarischer Kämpfe: »Migratory solidarity, then, seems to be the process of collectivising struggle at the border and of identifying despite difference, with the possibility of failure always lurking. [...] By creating connections precisely in spaces where European borders implement deadly visions, such solidarity constitutes a form of resistance that counter-performs and prefigures the Mediterranean space as one not of abjection but of encounter and exchange«.[42]

Solidarischer Widerstand erzeugt aber auch Gegenwehr und immer öfter werden die NGOs und Aktivist:innen selbst Gegenstand strafrechtlicher Ermittlungen und Kriminalisierungen. Die »zunehmende Verflechtung der Kontrolle von Kriminalität mit Migrationskontrolle«, auch »Crimmigration« genannt«,[43] hat in Europa und auch in Deutsch-

39 Christian Jakob, *Die Bleibenden. Wie Flüchtlinge Deutschland seit 20 Jahren verändern*, Berlin: Ch. Links 2016, S. 17.

40 Laura Graf, »Pushbacks dokumentieren: Ungehorsame Beobachtungen von Grenzgewalt auf der Balkanroute«, in: Sonja Buckel et al. (Hg.), *Kämpfe um Migrationspolitik seit 2015*, Bielefeld: transcript 2021, S. 93–124 (100).

41 Simon Noori, »Navigating the Aegean Sea: smartphones, transnational activism and viapolitical in(ter)ventions in contested maritime borderzones«, *Journal of Ethnic and Migration Studies* (2022/8), S. 1856–1872.

42 Maurice Stierl, *Migrant Resistance in Contemporary Europe*, London: Routledge 2020, S. 120.

43 Christine Graebsch, »Krimmigration: Die Verwobenheit strafrechtlicher mit migrationsrechtlicher Kontrolle unter besonderer Berücksichtigung des

land eine lange Tradition.[44] Im Jahr 2022 wurden 102 Menschen in acht EU-Mitgliedstaaten wegen Fluchthilfe kriminalisiert:[45] »Neue Straftatbestände werden geschaffen, bereits existierende missbräuchlich angewendet oder Menschen mit unverhältnismäßig drastischen Anklagen konfrontiert. Diese reichen bis zu Vorwürfen wegen angeblichem Terrorismus oder Organisierter Kriminalität.«[46]

Die strafrechtliche Verfolgung der Schleusung von Migrierenden ist seit Ende der 1990er Jahre weltweit auf unterschiedlichen Rechtsebenen verankert.[47] Für den europäischen Kontext ist die sogenannte Schleusungs-Behilfenrichtlinie (2002/90/EG) relevant. Die EU hat mit dieser versucht, eine Harmonisierung der strafrechtlichen Bestimmungen in den EU-Mitgliedstaaten zu erreichen. Nach Artikel 1 der Richtlinie soll jeder Mitgliedstaat angemessene Sanktionen für diejenigen festlegen, die Personen vorsätzlich unter Verletzung der Rechtsvorschriften bei der Einreise oder Durchreise helfen. Als weitere Fallgruppe erfasst der Artikel Schleusungen zu Gewinnzwecken. Im deutschen Recht ist die strafrechtliche Sanktionierung von Schleusungen beispielsweise in § 96 Aufenthaltsgesetz festgeschrieben.

Das Problem der Richtlinie war schon immer, dass die nur sieben Normen umfassende Vorschrift sehr unbestimmt ist[48] und in der Praxis »systematisch zur Verfolgung von humanitären und zivilgesellschaftlichen Akteur:innen aus der EU eingesetzt« wird.[49] Dabei gerät die Richtlinie in Konflikt mit ihren völkerrechtlichen Bezügen. Auf völkerrechtlicher Ebene stützt sich die Kriminalisierung der Schleusung auf das *Zusatzprotokoll*

Pre-Crime-Rechts für »Gefährder«, in: *Kriminologie – Das Online-Journal* (2019/1), S. 75–103 (76).

44 Silja Klepp, *Europa zwischen Grenzkontrolle und Flüchtlingsschutz. Eine Ethnographie der Seegrenze auf dem Mittelmeer*, Bielefeld: transcript 2011, S. 261ff.

45 Brot für die Welt, *Atlas der Zivilgesellschaft*, München 2023, S. 40.

46 Ebd., S. 41.

47 Andreas Schloenhardt, »Samariter, Schlepper, Straftäter: Fluchthilfe und Migrantenschmuggel im 21. Jahrhundert«, *Aus Politik und Zeitgeschichte* (2015/25), S. 38–42 (39).

48 Sergio Carrera/Lina Vosyliute/Stephanie Smialowski/Jennifer Allsopp/Gabriella Sanchez, »Fit for purpose? The Facilitation Directive and the criminalization of humanitarian assistance to irregular migrants: 2018 update, Study«, Poliy Department for Citizens' Rights and Constitutional Affairs, 2018: https://www.europarl.europa.eu/RegData/etudes/STUD/2018/608838/IPOL_STU(2018)608838_EN.pdf (Zugriff: 02.07.2025).

49 Laura Schack, »Humanitarian Smugglers? The EU Facilitation Directive and the Criminalisation of Civil Society«, *Border Criminologies* 06.07.2020 https://blogs.law.ox.ac.uk/research-subject-groups/centre-criminology/centreborder-criminologies/blog/2020/07/humanitarian (Zugriff: 02.07.2025).

zum Übereinkommen der Vereinten Nationen gegen die grenzüberschreitende organisierte Kriminalität. »Jeder Vertragsstaat trifft die erforderlichen gesetzgeberischen und sonstigen Maßnahmen«, um die Schlepperei von Migrierenden als Straftaten zu umschreiben, heißt es in Artikel 6 Absatz 1 des Abkommens. Das Protokoll zielt jedoch erkennbar auf den Schutz der betroffenen Personen als einer vulnerablen Gruppe ab, nicht auf den »Schutz von Staaten gegen irreguläre Einreisen«.[50] Ein zentrales Kriterium des Abkommens ist, dass nur diejenigen Schleusungen kriminalisiert werden sollen, die mit Bereicherungsabsicht getätigt werden.[51] Deshalb müsste die humanitäre Fluchthilfe davon ausgenommen sein. Aber in der EU-Richtlinie ist der Gewinnzweck als bestimmendes Kriterium nicht enthalten, sondern nur als ein weiterer Tatbestand aufgeführt.

In den EU-Mitgliedstaaten gibt es eine große Spannbreite an Umsetzungen und behördlichen Praktiken,[52] wobei sich die wenigsten Staaten an die völkerrechtlichen Standards halten. Auch die EU-Kommission konstatiert, »dass strafrechtliche Ermittlungen gegen Personen und deren strafrechtliche Verfolgung aus Gründen, die mit dem Straftatbestand der Beihilfe in Zusammenhang stehen, seit 2015 in der EU zugenommen haben«.[53] In Griechenland, wo aufgrund der geographischen Lage des Landes viele Asylsuchende ankommen, werden die Strafnormen zur Schleusung besonders restriktiv angewendet. Allein im Jahr 2022 gab es laut einer Dokumentation von Borderline Europe mindestens 1.374 Personen, die wegen Schleusungen verhaftet wurden.[54] In Schnellverfahren werden drakonische Haftstrafen verhängt, die bis zu 46 Jahre betragen können. Auch Flüchtlinge selbst werden immer öfter inhaftiert,[55]

50 Dana Schmalz, »Schutzsuchende als Schleuser? Grenzen des internationalen Rechts hinsichtlich der Kriminalisierung von Flucht«, *verfassungsblog.de* 22.08.2023, https://verfassungsblog.de/schutzsuchende-als-schleuser/ (Zugriff: 02.07.2025); siehe auch Schloenhardt: »Samariter, Schlepper, Straftäter«, S. 40.

51 Schloenhardt: »Samariter, Schlepper, Straftäter«, S. 40.

52 Zur Übersicht: EU-Kommission, Mitteilung der Kommission. Leitlinien der Kommission zur Anwendung der EU-Vorschriften betreffend die Definition und Bekämpfung der Beihilfe zur unerlaubten Ein- und Durchreise und zum unerlaubten Aufenthalt, in: Amtsblatt der Europäischen Union, C 323 v. 1.10.2020, S. 5.

53 Ebd, S. 2.

54 Julia Winkler/Lotta Mayr, *A Legal Vacuum. The Systematic Criminalisation of Migrants for Driving a Boat or Car to Greece. A Study by Borderline Europe*, 2023; siehe auch Clara Bünger, »Seenotretter:innen als Staatsfeinde Nr. 1?«, in: Nele Austermann et al. (Hg.), *Recht gegen Rechts, Report* 2024, Frankfurt am Main: S. Fischer 2024, S. 57–63.

55 Lara Straatmann/Achim Pollmeier/Shafagh Laghai, »Kampf gegen Schleuser trifft auch Flüchtlinge«, *tagesschau.de* 21.09.2023, https://www.tagesschau.de/investigativ/monitor/schleuser-eu-100.html (Zugriff: 02.07.2025).

obwohl dies dem Pönalisierungsverbot des internationalen Flüchtlingsrechts widerspricht.[56] Auch in Frankreich stehen die Verteidiger:innen von Menschenrechten unter Druck. Amnesty International spricht in einem Report über ein »Klima der Angst« zwischen zivilgesellschaftlichen Akteur:innen und Behörden, dass durch willkürliche Personalienkontrollen, Gängelungen, verbalen Angriffen und mitunter auch Festnahmen seitens des Staates geschaffen worden sei.[57] Die EU-Kommission hat 2020 Auslegungshinweise veröffentlicht, demzufolge die Kriminalisierung der humanitären Fluchthilfe europarechtswidrig sei,[58] jedoch kein Gesetzgebungsverfahren eingeleitet, um die unbestimmte Richtlinie selbst zu verändern. Vielmehr erklärte die Kommission, es gäbe keine Beweise, »dass die Schleusungs-Beihilfe-Richtlinie die Ursache der Kriminalisierung sei«.[59]

Mit Didier Bigo lässt sich erklären, warum die EU-Staaten derart rigide auf die solidarische Unterstützung von Geflüchteten reagieren. Das Grenzregime zielt darauf, die vermeintlichen Gefahren von »Außen« mit polizeilichen und strafrechtlichen Mitteln einzudämmen, bei den Unterstützungshandlungen für Geflüchtete entsteht jedoch eine Gefahr von »innen«, der Körper des Staates wird dieser Annahme zufolge »zersetzt«. Die Professionellen der Sicherheitspolitik sehen sich von allen Seiten unter Druck und verfolgen eine »Nulltoleranz«-Linie gegenüber der Fluchthilfe.

V. Solidarischer Rechtskampf

Die Akteure der Solidaritätsnetzwerke nehmen die Kriminalisierung nicht einfach hin. Sie setzen sich politisch und zugleich rechtlich gegen strafrechtliche Ermittlungsverfahren zur Wehr. Mitunter finden die Praktiken der Akteur:innen auch Eingang in Rechtskämpfe, die sich gegen die menschenrechtswidrige Push und Pullback-Praxis im Mittelmeer wenden, zum Beispiel wie im Falle der SeaWatch, die einen tödlichen Einsatz der libyschen Küstenwache filmte und ein (erfolgloses) Verfahren vor dem Europäischen Gerichtshof für Menschenrechte initiierte.[60]

56 Schmalz, »Schutzsuchende als Schleuser«.

57 Amnesty International, Targeting Solidarity: Criminalization and Harassment of People Defending Refugee and Migrant Rights in Northern France, London 2019, S, 17.

58 EU-Kommission, Mitteilung der Kommission. C 323 v. 1.10.2020, S. 6.

59 Schack, »Humanitarian Smugglers?«.

60 Sonja Buckel, »Berührungslose Kontrolle. Kämpfe um die symbolische Macht des Rechts auf der Hohen See«, in: dies. et al. (Hg.), *Kämpfe um Migrationspolitik seit 2015*, Bielefeld: transcript 2021, S. 65–91; in seiner

Italienische Anwält:innen haben 2023 zudem ein Vorabentscheidungsverfahren vor dem Europäischen Gerichtshof in der Rechtssache *Kinsa* auf den Weg gebracht, bei dem die Kriminalisierung von Schleusungen und Fluchthilfen nach Europa untersucht und die Beihilfen-Richtlinie grundsätzlich zur Disposition gestellt wurde.[61] Ziel des Verfahrens war es festzustellen, dass die Fluchthilfe ohne Gewinnerzielungsabsicht nicht im Lichte der Europäischen Grundrechtecharta kriminalisiert werden darf.[62] In seiner Entscheidung vom Juni 2025 hat der EuGH festgestellt,[63] dass Personen, die ihre eigenen Kinder über die Grenze bringen, nicht den Tatbestand der Beihilfe zur unerlaubten Einreise erfüllen. Das Verfahren und die Entscheidungsgründe sind von grundlegender Bedeutung, weil der EuGH erkennbar humanitäre Beweggründe nicht als kriminelle Schleusung verstanden wissen will.

Ein Rechtskampf, der vor dem französischen Verfassungsrat ausgetragen wurde, hat im Jahr 2018 international für Aufsehen gesorgt. Dabei ging es um ein Strafurteil gegen den Olivenbauern Cédric Herrou, der in der Nähe der italienischen Grenze lebt. Dieser hatte im Frühjahr 2016 eine Flüchtlingsfamilie im Gebirge gefunden und auf seinem Hof untergebracht. Der Hof entwickelte sich zu einer informellen Unterbringungsstruktur für geflüchtete Menschen. Die Aktivitäten Herrous spielten sich vor einer veränderten politischen Lage in Frankreich ab. Aufgrund der islamistischen Terroranschläge von 2015 hatte die Regierung Binnengrenzkontrollen eingeführt und einen landesweiten Ausnahmezustand verhängt. Die »Versicherheitlichung« der Migration hat sich in Frankreich mit diesem Konnex zur Terrorismusbekämpfung erheblich intensiviert. Die Flucht von Menschen nach und über Frankreich wurde dadurch erheblich erschwert. Der Bauer wurde mehrmals in Gewahrsam genommen und aufgrund von Artikel L.622-1 des *Gesetzbuches über die Einreise und den Aufenthalt von Ausländern sowie über das Asylrecht* im Jahr 2017 wegen der Beihilfe zum illegalen Grenzübertritt und Aufenthalt auf Bewährung verurteilt.

Gegen das Urteil wendete sich der Bauer mit Unterstützung seiner Anwälte an den Verfassungsrat mit der Frage, ob die Bestimmungen des französischen Aufenthaltsrechts gegen die Verfassung, konkret den Grundsatz der Brüderlichkeit verstoßen. Artikel 2 der französischen Verfassung definiert den Wahlspruch der Republik als »Freiheit, Gleichheit

Entscheidung hat der EGMR eine Jurisdiktion Italiens für das Verhalten der libyschen Küstenwache verneint, EGMR, 20.05.2025 - 21660/18.

61 Europäischer Gerichtshof, C-460/23; siehe https://www.kinsa-case.eu/ (Zugriff: 02.07.2025).

62 Stefano Zirulia, »Waiting for Kinsa. The Criminalisation of Facilitating Irregular Immigration before the CJEU«, *verfassungsblog.de* 10.06.2024, https://verfassungsblog.de/waiting-for-kinsa/ (Zugriff: 02.07.2025).

63 EuGH, 03.06.2025 - C-460/23.

und Brüderlichkeit« und die Präambel bezeichnet den Begriff als ein »gemeinsames Ideal« (Artikel 72-3). In dem Verfahren traten als Drittparteien unter anderem die Französische Liga für Menschenrechte, der Verein »SOS soutien o sans papiers« und die Menschenrechtsorganisation CIMADE auf, die allesamt seit langem in Frankreich die Kämpfe der Sans Papiers unterstützen, die nicht selten in Rechtskämpfen ausgetragen wurden.[64] Herrou ist zudem kein Einzelkämpfer, sondern Vorsitzender des Vereins Roya Citoyenne, der Flüchtlinge unterstützt.

Bei den beteiligten Akteuren handelt es sich um klassische organisatorische Machtressourcen für Rechtskämpfe, die in der Lage sind, einem Verfahren eine grundlegende Bedeutung zu verleihen und den Sachverhalt in der Öffentlichkeit durch politische Kampagnen bekannt zu machen. Der Rechtskampf konnte auch aus diskursiven Ressourcen schöpfen, weil die Frage der Kriminalisierung von Fluchthilfe in Frankreich seit Jahrzehnten öffentlich umstritten ist. In rechtsdogmatischer Hinsicht konnte der Rechtskampf jedoch auf keiner besonderen Vorarbeit aufbauen. Der Begriff der Brüderlichkeit beziehungsweise Solidarität spielte in der juristischen Auslegungspraxis zuvor keine nennenswerte Rolle. Bourdieu hat darauf verwiesen, dass die »professionellen Arbeiter am Symbolischen«, also die juristischen Expert:innen, im juridischen Feld[65] das Recht nur dann durch die Auslegung mit Leben erfüllen können, wenn sie sich auf die »objektiven Strukturen der sozialen Welt« beziehen:[66] »Sie bringen nur dann das hervor, was sie benennen – neue Praktiken, neue Sitten und nicht zuletzt neue Gruppen –, wenn sie das benennen, was im Kommen ist, was sich ankündigt. Sie sind also nicht so sehr die Hebammen als vielmehr die Protokollanten der Geschichte.«[67] Ganz deutlich wird hier die Verknüpfung der juristischen Auslegung mit den realen (Rechts-)Kämpfen. Nicht der Verfassungsrat selbst hatte die Brüderlichkeit als Rechtsprinzip ins Spiel gebracht, sondern die klagenden Parteien und Drittintervent:innen,[68] die ihre Argumentation vor dem Hintergrund eines größeren öffentlichen Diskurses vertraten.

In seiner Entscheidung stellte der Verfassungsrat vergleichsweise nüchtern fest,[69] dass sich aus dem Grundsatz der Brüderlichkeit die Freiheit ergibt, »anderen Menschen aus einer humanitären Absicht heraus zu

64 Benjamin Boudou, »The Solidarity Offense in France: Egalité, Fraternité, Solidarité!«, *verfassungsblog.de* 06.07.2018, https://verfassungsblog.de/the-solidarity-offense-in-france-egalite-fraternite-solidarite/ (Zugriff: 02.07.2025).

65 Bourdieu, »Die Kraft des Rechts«, S. 62.

66 Ebd., S. 61.

67 Ebd., S. 61.

68 Fraternité. Editorial, *European Constitutional Law Review* (2019/2), S. 183–193 (188).

69 Conseil constiutionnel, Entscheidung Nr. 2018-717/718 QPC v. 6.7.2018.

helfen, ohne Ansehen der Frage der Rechtmäßigkeit des Aufenthalts des Geholfenen auf dem französischen Staatsgebiet«.[70] Straflos seien Hilfen, die dem Zweck dienen, »dem Ausländer würdige und anständige Lebensbedingungen zu sichern«.[71] Die dem Strafverfahren von Cédric Herrou zugrundeliegenden Strafnormen erklärte der Verfassungsrat für verfassungswidrig.

Jedoch entkriminalisierte der Verfassungsrat nicht jede Form der Fluchthilfe. Die Hilfe für Ausländer, die erst im Begriff sind, auf das französische Staatsgebiet zu reisen, blieb strafbewehrt. Der Kampf gegen irreguläre Einwanderung sei »Teil der Maßnahmen zum Schutz der öffentlichen Sicherheit und Ordnung, einem Ziel von Verfassungsrang«.[72] Es obliege dem Gesetzgeber, den »Grundsatz der Brüderlichkeit und den Schutz der öffentlichen Sicherheit und Ordnung miteinander zu vereinbaren«.[73] Damit ist die »Brüderlichkeit nicht universell«, sondern zur Solidargemeinschaft gehört nur, wer schon auf dem Staatsgebiet befindlich ist.[74] Die Versicherheitlichung der Migration an den Grenzen wird durch die Entscheidung prinzipiell aufrechterhalten. Zudem zeigen Rechtsverfahren, die nach dem Urteil geführt wurden, dass Unterstützer:innen der Fluchthilfe weiterhin Repressionen ausgesetzt sind und Unsicherheiten in Bezug auf die Rechtslage fortbestehen.[75] Diese kategoriale Unterscheidung, mit der auf der einen Seite die Emanzipationskraft des Rechts gestärkt, aber seine Herrschaftsabsicherung zugleich reproduziert wird, hat auch Didier Bigo als ein Problem angesehen. Er zeigt sich skeptisch gegenüber menschenrechtsbasierten Politiken: »So ist zum Beispiel der Diskurs über Menschenrechte von Asylsuchenden de facto ein Teil des Versicherheitlichungsprozesses, wenn die Unterscheidung zwischen Asylsuchenden und illegalen Migranten übernommen wird, bei der ersten durch die Verdammung letzterer geholfen wird, was aber die Kontrolle der Grenzen an sich rechtfertigt«.[76]

Die Akteur:innen, die den Rechtskampf vor den Verfassungsrat getragen haben, zeichnen sich durch eine prinzipielle Kritik am französischen

70 Ebd., Rn. 8.

71 Ebd., Rn. 14.

72 Ebd., Rn. 9.

73 Ebd., Rn. 10.

74 Andreas Funke/Anselm Zölls, »Wachgeküsst: Der französische Verfassungsrat aktiviert erstmals die Fraternité – im Ausländerrecht«, *verfassungsblog.de* 01.08.2018, https://verfassungsblog.de/wachgekuesst-der-franzoesische-verfassungsrat-aktiviert-erstmals-die-fraternite-im-auslaenderrecht/ (Zugriff: 21.9.2023).

75 Cathryn Costello/Stefano Zirulia, »Pushing Back. How to Limit Overcriminalisation of Assistance to Those in Need of Protection«, *verfassungsblog.de* 29.02.2024, https://verfassungsblog.de/pushing-back/ (Zugriff: 02.07.2025); Amnesty International: Targeting Solidarity.

76 Bigo, »Sicherheit und Immigration«, S. 61.

und europäischen Grenzregime aus. Aber die prinzipielle Infragestellung territorialer Grenzen ließ sich nicht in das juridische Feld übersetzen. Dadurch wird zugleich die Grenze von Rechtskämpfen selbst markiert. Geht es an die zentralen Strukturprinzipien der bürgerlichen Gesellschaft, ist das Recht kein Vehikel für Veränderung, sondern dies bleibt eine politische Aufgabe. Die Entscheidung hat dennoch die demokratische Handlungsfähigkeit der solidarischen Fluchthelfer:innen in Frankreich gestärkt, die ausgestattet mit der symbolischen Macht der Entscheidung zumindest für bestimmte Formen der Hilfe nicht mehr kriminalisiert werden können. Relevant ist in diesem Zusammenhang, dass die Polizei und Strafverfolgungsbehörden aus solidarischen Orten wie dem Bauernhof des Klägers herausgehalten werden können. In der französischen Region, in der der Hof liegt, gibt es weit gesponnene solidarische Netzwerke für Geflüchtete, die eine nachhaltige Transitinfrastruktur herausgebildet haben.[77] Ethnographische Forschungen beschreiben, wie dort eine Community gegenhegemonialer Werte zur französischen Abschottungspolitik entstanden ist, die starke soziale und freundschaftliche Bindungen begründet.[78] Solche Orte sind Bausteine einer abolitionistischen Demokratie. Eine ähnliche internationale Ausstrahlungskraft hatte beispielsweise das Hotel City Plaza in Athen, das zwischen 2016 bis 2019 besetzt war. Von diesen Orten ausgehend entwickeln sich konkrete solidarische Praktiken und Alternativen zum Strafrecht.

VI. Solidarität und Soziales Recht

Ist es möglich, den französischen Rechtskampf und die Praktiken der transnationalen Solidarität in Europa gegen die Kriminalisierung der Fluchthilfe zu universalisieren? Dazu bedürfte es, wie Sonja Buckel es genannt hat, entsprechender Rechtsfiguren, die »als Ablagerungen vergangener Auseinandersetzungen« zu verstehen sind.[79] Das heißt, es bedürfte einer Norm, die sprachlich offen genug ist, um eine solidarische Praxis gegen die Kriminalisierung zu begründen. Erst dann kann sich eine gesellschaftliche Auseinandersetzung in einen Rechtskampf übersetzen.

Nur kennen die allermeisten Verfassungen und Konventionen in Europa keine Norm der »Brüderlichkeit« oder »Solidarität«. Diese ist

77 Luca Gilberti: »Support for Migrants as a Form of Territorial Struggle: Endogenous Solidarity in the Roya Valley«, in: Livio Amigoni/Silvia Aru/Ivan Bonnin/Gabriele Proglio/Cecilia Vergnano (Hg.), *Debordering Europe. Migration, Diasporas and Citizenship*, Cham: Palgrave Macmillan 2021, S. 205–219 (213).

78 Ebd., S. 214.

79 Buckel, *Welcome*, S. 74.

vielmehr das spezifische Ergebnis des radikalen revolutionären Wegs, den die Französische Republik gegangen ist. Und beide Begriffe sind auch nicht unproblematisch. Vor allem die Brüderlichkeit ist nicht nur dem Namen nach ein maskuliner Begriff, sondern geht auf ein spezifisch bürgerliches Verständnis zurück, demzufolge »die Geschichte der Ausbreitung von Freiheit und Gleichheit als Fortschritt des modernen Patriarchats erzählt werden kann«.[80]

Im Gegensatz zur Brüderlichkeit hat die Solidarität eine revolutionärere Schlagrichtung entwickelt und hebt sich von einem bürgerlichen Begriffsverständnis ab, indem sie den »Zusammenhalt und die Gleichheit der Interessen derer [meint], die unter den bestehenden gesellschaftlichen Verhältnissen leiden«.[81] So lässt sich auch erklären, dass in der Entscheidung des Verfassungsrats die Brüderlichkeit auch exkludierend konzipiert und bspw. nicht auf die Hilfe für Menschen außerhalb der Grenzen angewendet wird. Deswegen ist fraglich, inwiefern Brüderlichkeit und Solidarität in ihrer unterschiedlichen Nuancierung konkrete Einfallstore für eine progressive Aneignung des Rechts durch Kämpfe sein können.

Rechtskämpfe gegen die Kriminalisierung von Fluchthilfe wären auch im deutschen Kontext bedeutsam. Nach den §§ 95 und 96 Aufenthaltsgesetz gibt es »ein erhebliches Risiko (…), sich bei einer sogenannten ›Fluchthilfe‹ strafbar zu machen«.[82] Kriminalisierungen haben seit 2015 durchaus zugenommen. Als tausende Menschen im Sommer 2015 versuchten, die deutsche Binnengrenze von Österreich aus zu überqueren, gab es an der bayerischen Grenze strafrechtliche Verfahren im »Viertelstundentakt«.[83] Wie Funke und Zölls dargelegt haben, ist eine unmittelbare Übertragung auf das deutsche Recht beispielsweise nicht möglich. Solidarität oder Brüderlichkeit tauchen als Rechtsbegriffe nicht im Grundgesetz auf,[84] sondern das Grundgesetz spricht nur in Art. 20 vom demokratischen und sozialen Bundesstaat. Zwar gibt es Interpretationen, die die Systematik des Grundgesetzes insgesamt von einem Prinzip der Solidarität geprägt sehen,[85] dieses Verständnis geht aber in der Regel

80 David Palme, »Solidarität statt Brüderlichkeit? Über Geschichte und Bedeutung zweier politischer Begriffe«, in: *Kuckuck. Notizen zur Alltagskultur* (2021/2).

81 Ebd.

82 Marcus Bergmann/Carsten Hörich, »Strafbarkeit bei Hilfe zum Grenzübertritt?«, *Asylmagazin*, (2015/12), S. 403–408 (408).

83 Anette Ramelsberger, »Schnellgericht. Prozesse gegen Schleuser«, *sueddeutsche.de* 09.05.2015, https://www.sueddeutsche.de/politik/prozesse-schnellgericht-1.2640122?reduced=true (Zugriff: 02.07.2025).

84 Erhard Denninger, »Solidarität als Verfassungsprinzip. Ideengeschichtlicher Hintergrund und moderne Deutungsversuche«, *KritV* (2009/1), S. 20–30 (20).

85 Uwe Volkmann, *Solidarität – Programm und Prinzip der Verfassung*, Tübingen: Mohr Siebeck 1998.

nicht über das sozialstaatliche Programm[86] hinaus und hat eine etatistische Schlagrichtung, die die zwischenmenschlichen Beziehungsweisen außer Acht lässt. Das Besondere an der Entscheidung des Verfassungsrats war es aber gerade, die Brüderlichkeit als intersubjektives Rechtsprinzip zu verstehen, das sich auch gegen geltende staatliche Gesetze richten kann oder zumindest mit der staatlichen Ordnung abgewogen werden muss. »Als Rechtsprinzip läßt sich Solidarität also nicht ausschließlich auf Fragen der Gerechtigkeit festlegen, sondern betrifft zugleich auch solche des guten Lebens bzw. des angemessenen Zusammenlebens in Gesellschaft [...]«, schreibt Günter Frankenberg.[87] Ein Anknüpfungspunkt könnte noch in der Würde des Menschen nach Artikel 1 des Grundgesetzes gesehen werden. Dieser prägende Verfassungsgrundsatz begründet nicht nur einen Schutzauftrag des Staates, sondern zugleich eine zwischenmenschliche Anerkennungspraxis zwischen den Menschen, die in einer Gesellschaft leben, sich würdig zu begegnen und zu verhalten. Solidarische Handlungen in der Fluchthilfe resultieren gerade aus dieser Motivation.

Anknüpfungspunkte für progressive Rechtskämpfe gibt es hingegen im Europarecht und im Internationalen Recht. In Art. 80 AEUV heißt es in Bezug auf die »Politik im Bereich Grenzkontrollen, Asyl und Einwanderung«, dass hierfür der »Grundsatz der Solidarität und der gerechten Aufteilung der Verantwortlichkeiten unter den Mitgliedstaaten, einschließlich in finanzieller Hinsicht« gilt. Diese Norm richtet sich zunächst an die Mitgliedstaaten und konzipiert Solidarität als zwischenstaatliches Organisationsprinzip, nicht als »Netzwerk sozialer Solidaritäten«.[88] Bedeutungen von Normen sind aber wandelbar und nicht selten hat der Europäische Gerichtshof aus dem Primär- und Sekundärrecht subjektive Rechte oder Maßstäbe abgeleitet, die auch die Rechtspositionen der Einzelnen stärken. Eine fachwissenschaftliche Debatte, die das Rechtsprinzip vom Kopf auf die Füße stellt, könnte eine Basis schaffen, um die Kriminalisierung der Fluchthilfe am Maßstab europäischer Solidarität zu messen. Im Kinsa-Verfahren hat der EuGH zudem die Grundrechte-Charta in Anschlag gebracht, um Handlungen wie die Verantwortung einer Mutter für ihr Kind aus dem Tatbestand der unerlaubten Beihilfe herauszuhalten. Schließlich heißt es in Artikel 1 der Allgemeinen Erklärung der Menschenrechte (AEMR), alle Menschen »sind mit Vernunft und Gewissen begabt und sollen einander im Geiste der Brüderlichkeit begegnen«. Als Resolution der UN-Vollversammlung

86 Denninger, »Solidarität als Verfassungsprinzip«, S. 29.

87 Günter Frankenberg, *Die Verfassung der Republik. Autorität und Zivilgesellschaft in der Zivilgesellschaft*, Frankfurt am Main: Suhrkamp 1997, S. 155.

88 Frankenberg, *Verfassung der Republik*, S. 155.

ist die AEMR völkerrechtlich nicht bindend, aber Richter:innen können durchaus in (verfassungsgerichtlichen) Entscheidungen auf sie Bezug nehmen und ihre juristischen Begründungen mit ihr anreichern. Solidarische Rechtskämpfe stehen daher nicht vor dem Nichts, sie können Bezüge zum Recht herstellen, um eine »nicht-staatliche Solidarisierung« zu fördern und »damit einer Zivilgesellschaft von größerer Dichte« zuzuarbeiten.[89]

Der Film *Le Havre* endet damit, dass der Protagonist Marcel mit seiner zuvor schwer erkrankten, aber dann überraschend geheilten Partnerin nach Hause zurückkehrt. Das letzte Bild zeigt blühende Kirschblüten, ein Symbol des Aufbruchs. Werden solidarische Rechtskämpfe gegen die Kriminalisierung der Fluchthilfe eine ähnliche Wendung einleiten können?

89 Ebd., S. 206.

Melina C. Kalfelis

Zugehörigkeit als Errungenschaft:

Eine konflikttypologische Untersuchung von vigilanten Strafprozessen in Burkina Faso

I. Einleitung

Vigilantismus in Westafrika ist in einem von kolonialer Gewalt und Unterdrückung geprägten Kontext eingebettet, in dem nichtstaatliche Rechtsordnungen keine Ausnahme sind, sondern fester Bestandteil einer heterarchischen postkolonialen Ordnung.[1] In einem politischen Kontext wie dem Burkina Fasos, wo ein Großteil der Bevölkerung weder durch den staatlichen Sicherheitsapparat vor Kriminalität[2] geschützt ist, noch Zugang zum Justizsystem hat, wenden sich viele Bürger:innen an Selbstschutzgruppen wie die Koglweogo. Sie verwalten sowohl in ländlichen als auch urbanen Räumen des Landes ihre eigenen Gefängnisse zur Bekämpfung von Kriminalität und unterstützen den Staat im Kampf gegen das Problem des Jihadismus.

Der vorliegende Beitrag basiert auf einer ethnografischen Feldforschung (seit 2018) mit insgesamt drei urbanen Koglweogo-Gruppen in Burkina Fasos Hauptstadt Ouagadougou. Im Zentrum der Untersuchung stehen die alltäglichen Aushandlungen und Strafpraktiken während ihrer Konfliktinterventionen. Genauer werden drei Fallbeispiele entlang einer heuristischen Konflikttypologie analysiert, um sich den vorherrschenden Alltagsdelikten verstehend anzunähern und sie in ›Konflikten

1 Trutz von Trotha, »The Problem of Violence – Some Theoretical Remarks about ›Regulative Orders of Violence‹, Political Heterarchy, and Dispute Regulation beyond the State«, in: Georg Klute/Birgit Embaló (Hg.), *The Problem of Violence: Local Conflict Settlement in Contemporary Africa*, Köln: Köppe 2011, S. 31–48.

2 In der Sozialanthropologie wird der Begriff der Kriminalität aufgrund seiner moralischen und legalen Implikationen kritisch gesehen. Aufgrund der interdisziplinären Ausrichtung des Bandes und seiner einschlägigen Verortung in rechtstheoretischen Debatten behalte ich ihn bei, führe aber eine Konflikttypologie ein, um mich seiner stigmatisierenden und normativen Implikationen ein Stück weit zu entziehen. Zur fachlichen Begriffskritik siehe z.B. Jane Schneider/Peter Schneider, »The Anthropology of Crime and Criminalization«, *Annual Review of Anthropology* (2008), S. 351–373.

zu denken‹.[3] Daran wird sichtbar, dass sich viele der Delikte in Ouagadougou in sozialen Nahräumen ereignen – also zwischen Menschen, die sich persönlich kennen oder sogar miteinander verwandt sind. Sie sind demnach auch als Ausdruck von Vertrauenskrisen und Entfremdungsprozessen zu verstehen, was die Strafprozesse der Koglweogo in vielerlei Hinsicht verkompliziert.

Auf diesen Einsichten aufbauend demonstriert der vorliegende Beitrag, dass vigilante Ordnungen wie die der Koglweogo aus einer westlich geprägten Perspektive zwar als Alternative zu einem dogmatischen, rechtstheoretischen Verständnis von Strafe gesehen werden können, aber nicht als abolitionistischer Gegenentwurf zur Strafpraxis selbst. Vielmehr verweist eine Kontextualisierung ihrer Strafpraktiken auf neue epistemologische Ausgangspunkte, um über Vigilantismus in Afrika jenseits staatszentrierter Perspektiven nachzudenken. Der vorliegende Beitrag argumentiert, dass die Strafprozesse der Koglweogo tiefgreifendere Fragen nach einem gegenseitigen Zugehörigkeitsempfinden sowie dessen Bedingungen und Grenzen aufwerfen; und zwar genau dort, wo es als selbstverständlich erachtet wird. Im Folgenden wird Zugehörigkeit in Anlehnung an Tine Gammeltoft[4] nicht als Tatsache, sondern als sensible Errungenschaft in sozialen Nahbeziehungen untersucht, um die sich Menschen im Lichte gegenseitiger Anforderungen bemühen (oder eben nicht). Damit werden die positiven Konnotationen von Zugehörigkeit infrage gestellt sowie deren verletzenden und verhängnisvollen Verstrickungen herausgearbeitet.

Die vorliegende Studie ordnet sich damit in der Tradition der anthropologischen Konflikttheorie von Georg Elwert ein und orientiert sich an interdisziplinären Auseinandersetzungen mit Vergeltung.[5] Allerdings ergänzt es die vorhandenen Studien um eine intersektionalen Perspektive, die die Strafpraktiken der Koglweogo als eine Gratwanderung hervorhebt, die das soziale Gefüge zusammenhalten möchte und zugleich hegemoniale, patriarchale und gerontokratische Machthierarchien stützt.

Nach einigen theoretischen und methodischen Hinweisen sowie einer Einführung zum historischen und politischen Kontext führt das Kapitel drei induktiv herausgearbeitete Konflikttypen ein. Beim ersten Konflikttyp handelt es sich um (1) Vertrauenskonflikte, die sich aufgrund von Diebstahl oder Betrug innerhalb von Verwandtschaftskreisen, Nachbarschaften und Freundeskreisen ergeben – also zwischen Menschen, die sich kennen und einander mehr oder minder nahestehen. Im Kontext

3 Siehe Einleitung in diesem Band.

4 Tine M. Gammeltoft, »Belonging. Comprehending Subjectivity in Vietnam and Beyond«, *Social Analysis* (2018), S. 76–95.

5 Siehe Julia M. Eckert, *Anthropologie der Konflikte. Georg Elwerts konflikttheoretische Thesen in der Diskussion*, Bielefeld: Transcript 2015; Günther Schlee/Bertram Turner, *On Retaliation. Towards an Interdisciplinary Understanding of a Basic Human Condition,* New York: Berghahn 2017.

von wirtschaftlichen Aktivitäten geraten (2) Verbindlichkeitskonflikte in den Blick, in denen es zumeist um die Vergeltung von nicht eingehaltenen Vereinbarungen und von nicht erfolgten Dienstleistungen geht. Zuletzt konzentriert sich das Kapitel auf (3) Fürsorgekonflikte, bei denen Angehörige sich an die Koglweogo wenden, damit sie sich um deren suchtkranke Verwandte kümmern und bei ihrer sozialen Reintegration unterstützen.

Im Rahmen dieser Konflikttypologie untersucht der vorliegende Beitrag, wie die Koglweogo die an sie herangetragenen Delikte verwalten und bestrafen. Es handelt sich dabei um eine Perspektive, die in bisherigen Studien zu Vigilantismus in der Region selten bleibt. Primär wurde der politischen und kulturellen Einbettung von vigilanten Ordnungen Rechnung getragen,[6] während ihre Sanktionsmechanismen und Alltagspraxis seltener erforscht wurden. Ein Grund für diese Lücke ist, dass vigilante Gruppen, die sich erst in der postkolonialen Periode geformt haben, vermehrt in Retroperspektive und durch die Wahrnehmung von Außenstehenden untersucht wurden.[7] Über etablierte Jägergruppen in Westafrika, wie beispielsweise die Dozo, sind emische Perspektiven auf das Phänomen gängiger.[8] Eine Ursache für diese Lücke ist methodischer Natur: Der Zugang zu und die direkte Forschung mit neueren vigilanten Gruppierungen ist durch das oft gewalttätige Umfeld, das sie kreieren, erschwert. Ausnahmen bilden hier Per Brandströms Forschung zur Sozialgeschichte der Sungusungu in Tansania und ihre Rolle beim Erhalt von Frieden,[9] sowie Lars Buurs Analyse vigilanter Strafpraktiken in Südafrika.[10]

Ein Großteil der Forschung zu Vigilantismus in Afrika bietet außerdem staatszentrierte Erklärungen für das Phänomen an. Letztere gehen

6 Siehe Kate Meagher, »Hijacking Civil Society: The Inside Story of the Bakassi Boys Vigilante Group of South-Eastern Nigeria«, *The Journal of Modern African Studies* (2007), S. 89–115.

7 Z.B. ebd.; Tilo Grätz, »Dévi & his Men. The Rise and Fall of a Vigilante Movement in Benin«, in: Thomas G. Kirsch/Tilo Grätz (Hg.), *Domesticating Vigilantism in Africa*, England/Wales: Boydell & Brewer 2010, S. 79–97.

8 Sten Hagberg, »›Each Bird is Sitting in its Own Tree‹: The Authority and Violence of a Hunters' Association in Burkina Faso«, in: Bill Derman (Hg.), *Conflicts over Land and Water in Burkina Faso*, Oxford: James Currey 2007, S. 187–201; Joseph Hellweg, *Hunting the Ethical State: The Benkadi Movement of Côte d'Ivoire*, Chicago: University of Chicago Press 2011; Issifou A. Moumouni, *Gouvernance de la sécurité au Bénin: Les chasseurs néo-traditionnels dans le système sécuritaire*, Münster: Lit 2017.

9 Per Brandström, *Mhola – The Utopia of Peace: An Ethnographic Exploration of the Sungusungu Movement in Tanzania*, Uppsala: Acta Universitatis Upsaliensis 2021.

10 Lars Buur, »The Sovereign Outsourced: Local Justice and Violence in Port Elizabeth«, in: Thomas Blom Hansen/Finn Stepputat (Hg.), *Citizens,*

in der Regel mit einer Problematisierung von postkolonialen demokratischen Formationen sowie einem Fokus auf Sicherheit einher.[11] In Bezug auf die Koglweogo wurden entsprechende Erklärungsversuche, die auf eine staatliche »Sicherheitslücke« in Burkina Faso verweisen,[12] als zu vereinfachend und entpolitisierend kritisiert.[13] Sie ignorieren nicht nur die vielfältigen Faktoren und Ursachen, die hohe Kriminalitätsraten und die daraus wachsende Herausbildung von vigilanten Gruppen bedingen, wie z.B. Urbanisierungsprozesse und Städteplanung, mangelnder Bildungszugang, infrastrukturelle Engpässe und Arbeitslosigkeitsraten. Auch finden alltägliche Erfahrungen mit Kriminalität und deren zugrundeliegenden sozialen und intergenerationalen Dynamiken zu wenig Beachtung. Wenn letztere in Bezug auf die Koglweogo Erwähnung finden, dann von einem normativen und unreflektierten Standpunkt aus.[14]

Die Analyse trägt damit zu einem tiefgreifenden Verständnis der alltäglichen Strafpraxis von vigilanten Gruppen in der Region bei, und gibt Hinweise darauf, wie sie sich als eine ordnungsstiftende Institution etablieren konnten. Allerdings wäre es fehlgeleitet, die Selbstschutzgruppen als eine Form von *community accountability* oder kollektiver Verantwortungsübernahme zu interpretieren, wie sie oft in eurozentrischen Debatten zum Abolitionismus Erwähnung finden. Die Koglweogo

Migrants, and States in the Postcolonial World, New Jersey: Princeton University Press 2005, S. 192–217.

11 Thomas G. Kirsch, »Violence in the Name of Democracy. Community Policing, Vigilante Action and Nation-Building in South Africa«, in: Tilo Grätz/Thomas G. Kirsch (Hg.), *Domesticating Vigilantism in Africa. South Africa – Nigeria – Benin – Cote d'Ivoire – Burkina Faso*, Rochester: Boydell & Brewer 2010, S. 139–162; Lars Buur, »Democracy & its Discontents: Vigilantism, Sovereignty & Human Rights in South Africa«, *Review of African Political Economy* (2008), S. 571–584; z.B. Bruce Baker, »Justice and Security Architecture in Africa: The Plans, The Bricks, The Pursue and The Builder«, *The Journal of Legal Pluralism and Unoffical Law* (2011), S. 25–47; Mirco Göpfert, »Security in Niamey: an Anthropological Perspective on Policing and an Act of Terrorism in Niger«, *Journal of Modern African Studies* (2012), S. 53–74.

12 Z.B. Sidney Leclercq/Geoffroy Matagne, »›With or Without You‹: The Governance of (Local) Security and the Koglweogo Movement in Burkina Faso«, *Stability: International Journal of Security and Development* (2020).

13 Zakaria Soré et al., »Politiser le ›Vide Sécuritaire‹: À Propos des Groupes D'Autodéfense Koglweogo au Burkina Faso«, *Politique africaine* (2021), S. 127–144.

14 Siehe Romane Da Cunha Dupuy, »Bureaucratizing Self-Defence and Reframing Identities. The Case of the Koglweogo in Burkina Faso«, in: Séverine Awenengo Dalberto/Richard Bangas (Hg.), *Identification and Citizenship in Africa: Biometrics, the Documentary State and Bureaucratic Writings of the Self*, London: Routledge 2021, S. 279–292.

stellen keine homogene Gruppe dar, die einem eindeutigen Sanktionsschema folgt oder frei von internen Konflikten und Widersprüchen ist.[15] Ebenso gilt es, das Vorgehen der Koglweogo nicht als kulturell angepasst zu romantisieren, oder zu verschleiern, dass ihr Eingreifen auch zur Verschärfung von Konflikten, Tod, und schwerwiegenden Fällen von Gewalt beiträgt. Die Selbstschutzgruppen bleiben eine umstrittene, mitunter als bedrohlich empfundene Ordnung in Burkina Faso, die sich inmitten der anhaltenden, von Jihadismus, Verfolgung und interkommunaler Gewalt geprägten Sahelkrise im ständigen Wandel befindet.

II. Methodische und theoretische Ausgangspunkte

Das in diesem Kapitel verwendete empirische Material basiert auf einer siebenmonatigen ethnografischen Feldforschung (2018–heute) mit insgesamt drei urbanen Koglweogo-Gruppen in Ouagadougou (Kouba, Somgandé und Pagan).[16] Neben teilnehmender Beobachtung, Interviews und informellen Gesprächen, habe ich Koglweogo auf Missionen begleitet, an Gründungszeremonien teilgenommen, die Haushalte von Mitgliedern besucht, bei der Dokumentation von Beschwerden sowie Diebstählen unterstützt und an mehr als 150 Konfliktmediationen teilgenommen. Der Zugang zu Selbstschutzgruppen als weiße Wissenschaftlerin und die Durchführung der Forschung in einer angespannten Sicherheitslage blieb bis zuletzt eine Herausforderung, die nicht nur ein hohes Maß an Flexibilität, sondern auch Geduld erfordert.[17] Im Laufe der letzten fünf Jahre stellte eine der Gruppen, mit der ich eng zusammenarbeitete, unerwartet ihre Arbeit ein, während eine andere sich während der Corona-Pandemie unbegründet von der Zusammenarbeit zurückzog. Mit der Gruppe in Somgandé, zu der ich mir erst im Jahr 2020 den Zugang erarbeitet habe, kollaboriere ich bis heute (zum Zeitpunkt dieser Publikation).

Durch diesen einmaligen Zugang in den Alltag von Selbstschutzgruppen rückten meine Forschungsfragen zur Rolle des Staates und Sicherheitsdynamiken in den Hintergrund, während Strafpraktiken und Dynamiken von Zugehörigkeit, Vertrauen und Gewalt an Bedeutung gewannen.

15 Melina C. Kalfelis, »Tricky Violence: Vigilantism as a Moral Experiment in Urban Burkina Faso«, *Conflict and Society* (2024), S. 82–96.

16 Alle Namen und Orte in diesem Kapitel wurden zum Schutz der an der Forschung beteiligten Personen abgeändert und pseudonymisiert.

17 Siehe auch Janneke Tiegna/Nestor Zanté, »Forschung über Bürgerwehren in Burkina Faso: Herausforderungen und Strategien des Feldzugangs«, *LoSAM Working Papers* 4/2021; Heidi Bojsen/Ismaël Compaoré, »Enquête anthropologique et documentation visuelle sur la sécurité chez les Koglweogo au Burkina Faso«, *Mande Studies* (21/2019), S. 91–113.

Insbesondere das Konzept der Zugehörigkeit erlebt in den Sozial- und Geisteswissenschaften zurzeit Konjunktur. Seine offene und prozessuale Konnotation erlaubt eine dynamische Analyse des Verhältnisses von Individuen zu den gesellschaftlichen Strukturen, die sie täglich umgeben.[18] Besonders gängig werden Fragen von Zugehörigkeit in Studien zu Staatsbürgerschaft, Macht und Differenz untersucht. In der Soziologie bietet das Konzept dabei eine populäre Alternative zum Begriff der Identität, während die Sozialanthropologie Zugehörigkeit stärker in einem intersubjektiven und handlungstheoretischen Rahmen verortet und damit einem phänomenologischen Ansatz Rechnung trägt.[19] Hier erlebt Zugehörigkeit vor allem im Schatten traditionsreicher Debatten über Verwandtschaft und Relationalität einen Aufschwung.[20] Zudem stellen immer mehr Publikationen Fragen nach Zugehörigkeit in den Mittelpunkt der Analyse, die sich mit Diaspora, Flucht und Urbanisierungsprozessen beschäftigen.[21]

In Abgrenzung zu diesen Forschungen schaut die vorliegende Fallstudie nicht auf einen Kontext, in dem Menschen sich von vorneherein fremd fühlen und neue Formen von Zugehörigkeit erarbeiten müssen, sondern auf Sphären sozialer und kultureller Nähe: dort, wo »Zugehörigkeit Menschen in eine Position bringt, in der sie das Gewicht der Forderungen anderer spüren und sich gezwungen fühlen, entsprechend zu handeln«[22]. Dabei folgt sie dem Ansatz der kritischen Phänomenologie,[23] der intersektionale und phänomenologische Ansätze verbindet. Das vor-

18 Vanessa May, »Self, Belonging and Social Change«, *Sociology* (2011), S. 363–378.

19 John Borneman, *Belonging in the Two Berlins: Kin, State, Nation*, Cambridge: Cambridge University Press 1992; Ghassan Hage, »Citizenship and Honourability: Belonging to Australia Today«, in: Ghassan Hage (Hg.), *Arab-Australians Today: Citizenship and Belonging*, Melbourne: Melbourne University Press 2002, S. 1–15; Nira Yuval-Davis, »Belonging and the Politics of Belonging«, S. 197–214.

20 Siehe Marilyn Strathern, *Relations. An Anthropological Account*, Durham: Duke University Press 2020.

21 Mette-Louise E. Johansen/Lone Grøn, »Special Issue Introduction: Intimate Belongings – Kinship and State Relatedness in Migrant Families in Denmark«, *Genealogy* (3/2022), S. 1–10; Andrea Behrends, *Lifeworlds in Crisis. Making Refugees in the Chad-Sudan Borderlands*, London: Hurst 2024; Jutta Bakonyi/Peter Chonka, *Precarious Urbanism. Displacement, Belonging and the Reconstruction of Somali Cities*, Bristol: Bristol University Press 2023.

22 Gammeltoft, »Belonging. Comprehending Subjectivity in Vietnam and Beyond«, S. 92, aus dem Englischen übersetzt.

23 Robert Desjarlais, *Shelter Blues: Sanity and Selfhood Among the Homeless*, Philadelphia: University of Pennsylvania Press 1997; Helen Ngo, »Critical Phenomenology and the Banality of White Supremacy«, *Philosophy Compass* (2020), S. 1–15.

liegende Kapitel versteht Zugehörigkeit damit als eine »fragile, unsichere und oft extrem kontingente Art zu versuchen, etwas Größerem anzugehören«[24], die in Subjektivierungsprozesse, Machtstrukturen und soziale Ungleichheit eingebettet ist.

Das vorliegende Kapitel geht außerdem davon aus, dass das Streben nach Zugehörigkeit ein multi-direktionaler Prozess ist, der nicht allein vom Handeln eines Individuums, sondern Interaktionen und Wechselbeziehungen ausgeht. Wo sich Menschen einander zugehörig fühlen, geben sie nicht nur auf einander Acht, sondern definieren sich auch übereinander.[25] Ein integraler Bestandteil eines gegenseitigen Zugehörigkeitsempfindens sind dabei Praktiken gegenseitiger Fürsorge auf Basis emotionaler Bindungen, ein moralisches Verantwortungsgefühl und ein grundlegendes Vertrauen in die guten Absichten des anderen.[26] Genau hier rückt Zugehörigkeit auch die räumliche Verortung von Menschen und Gemeinschaften in den Fokus: das eigene Zuhause, die Nachbarschaft, Orte freundschaftlicher Zusammenkunft.[27]

Für diese Fallstudie ist die Annahme wichtig, dass das alltägliche Streben und Herstellen von Zugehörigkeit niemals selbstverständlich ist, sondern stets zu scheitern droht.[28] Genau dieser Moment des Scheiterns, der drohende Verlust des Potentials, sich mit anderen verbunden und als Teil der Gemeinschaft zu verstehen, steht während der Konfliktinterventionen der Koglweogo auf die ein oder andere Weise auf dem Spiel. Dieses Kapitel untersucht ihre Regulierungsversuche und Strafpraktiken nicht nur als Ausdruck von Zwang oder Vergeltung,[29] sondern eine soziale und emotionsbasierte Handlungsmacht, die andere dazu bringen soll, sich den Erwartungen anderer unterzuordnen, was auch weiterführende Fragen zum Verhältnis von Vertrauen und Konflikt aufwirft.[30]

24 Gammeltoft, »Belonging. Comprehending Subjectivity in Vietnam and Beyond«, S. 77, aus dem Englischen übersetzt.

25 Rupert Stasch, *Society of Others: Kinship and Mourning in a West Papuan Place*, Berkeley: University of California Press 2009.

26 Siehe Till Förster, »Trust and Agency. An Analysis of Social Relations during Civil War«, in: Sabrina Feickert et al. (Hg.), *Faces of Communities. Social Ties between Trust, Loyalty and Conflict*, Göttingen: V&R 2014, S. 43–60.

27 Siehe Anthony P. Cohen, »Belonging: The Experience of Culture«, in: Anthony P. Cohen (Hg.), *Belonging: Identity and Social Organisation in British Rural Cultures*, Manchester: Manchester University Press 1982, S. 1–17.

28 Stasch, *Society of Others: Kinship and Mourning in a West Papuan Place*.

29 Z.B. Günther Schlee, »Customary Law and the Joys of Statelessness: Somali Realities Beyond Libertarian Fantasies«, in: Günther Schlee/Bertram Turner (Hg.), *On Retaliation. Towards an Interdisciplinary Understanding of a Basic Human Condition*, New York: Berghahn 2017, S. 208–235.

30 Siehe Rainer Forst, »The Justification of Trust in Conflict. Conceptual and Normative Groundwork«, *ConTrust Working Paper* 2/2022, S. 1–3.

III. Die Koglweogo: Historische Wurzeln und politische Debatten

Vigilante Ordnungen sind ein fester Bestandteil der (post-)kolonialen Geschichte Burkina Fasos. Untersucht wurden vor allem die überregionale Bewegung der Dozo Jäger, sowie urbane Bürgerwehren, die in den 1970er Jahren in den Straßen von Bobo Dioulasso patrouillierten.[31] Aber auch Thomas Sankara, der die Bevölkerung mit seinem sozialistisch geprägten Regierungsstil (1983–1987) aktiv in die politische, juristische, wirtschaftliche und sicherheitspolitische Politik des Landes einbezog, beeinflusste die historische Entwicklung von Vigilantismus in der Region. Bis heute prägen seine Comités de la Défense de la Revolution (CDR) nicht nur kollektive Vorstellungen von Autonomie und Selbstorganisation, sowie das allgemeine politische Bewusstsein im Land, sondern auch die Vision der Koglweogo, deren ältere Mitglieder zum Teil aktive Mitglieder der CDR waren.

Am prominentesten tauchte die Figur Sankaras als ikonisches Symbol während der landesweiten Proteste im Jahr 2014 auf.[32] Sie trieben Sankaras unmittelbaren Nachfolger Blaise Compaoré ins Exil, als der versuchte, seine Amtszeitbeschränkung nach 27 Jahren durch eine Verfassungsänderung aufzuheben.[33] Nur wenige Monate nach seinem Sturz kam es zu ersten dschihadistischen Anschlägen auf Militärstützpunkte und Gemeinschaften auf burkinischem Boden. Compaorés Sturz markierte den Beginn einer Gewaltspirale, die das Land in einen Konfliktherd der bis heute anhaltenden Krise im Sahel verwandelte. Am Rande dieser Ereignisse erschienen die Koglweogo-Selbstschutzgruppen auf der Bildfläche, die aus vermehrt männlichen, aber auch weiblichen, sowie älteren und jüngeren Mitgliedern bestehen. Ihre innere Zusammensetzung ist multi-religiös und -ethnisch, wobei die islamische Glaubensrichtung und die Ethnie der Mossi in der hier untersuchten Forschungsregion dominieren.[34]

Fragen nach dem Ursprung der Koglweogo bildeten in kürzester Zeit ein Gespinst aus Gerüchten, urbanen Mythen und internationalen

31 Sten Hagberg, »Performing Tradition while Doing Politics: A Comparative Study of the Dozos and Koglweogos Self-Defense Movements in Burkina Faso«, *African Studies Review* (2019), S. 173–193.

32 Sten Hagberg, »›Thousands of New Sankaras‹: Resistance and Struggle in Burkina Faso«, *Africa Spectrum* (2019), S. 109–121.

33 Sten Hagberg et al., *›Nothing Will Be as Before!‹ Anthropological Perspectives on Political Practice and Democratic Culture in ›a New Burkina Faso‹*, Uppsala: Uppsala Universitet 2018.

34 Für eine detailliertere Perspektive auf die interne Organisationsstruktur der Koglweogo siehe Kalfelis, »Tricky Violence: Vigilantism as a Moral Experiment in Urban Burkina Faso«.

Mutmaßungen, was sich schnell zu einem explosiven Gemisch von polarisierenden Vermutungen über die Selbstschutzgruppen entwickelte. Einige glaubten, die Koglweogo stünden unter der geheimen Kontrolle des ehemaligen Sicherheitsministers Simon Compaoré, der sich öffentlich für die Gruppen ausgesprochen hatte.[35] Andere sahen sie als notwendiges Produkt des Machtvakuums, das auf den Aufstand gegen Compaoré im Jahr 2014 und die Auflösung seines privaten *Régiment de sécurité présidentielle* (RSP) folgte. Die glaubwürdigste Entstehungsgeschichte geht jedoch auf El Hadj Ouédraogo Sidiki zurück, der für ein paar Jahre als burkinischer Migrant in Douékoué in der Elfenbeinküste gelebt hatte und sich dort von vigilanten Gruppen zur Sicherung von Kakaoplantagen inspiriert sah. Nach seiner Rückkehr in die Region Yatenga im nördlichen Burkina Faso gründete er bereits 2005 den ersten Verein namens »Koglwéogo du Département de Namissiguima«. Acht Jahre später wurde im Jahr 2013 die erste Kogweogo Gruppe in Ouagadougou, im Stadtviertel Somgandé, gegründet (in einem meiner heutigen Forschungsstandorte). Sie entstand damit – entgegen der meisten Gründungsmythen – bereits vor dem Sturz des Compaoré-Regimes.[36]

Das landesweite Auftreten der Koglweogo im Jahr 2016 erregte große öffentliche Aufmerksamkeit und war vor allem in einen Diskurs über Unsicherheit, Ethnizität und schwache Staatlichkeit eingebettet. Die Gruppen hatten die politische Bühne in einer Phase betreten, in der Sicherheitsprobleme und Anti-Terror-Maßnahmen im Mittelpunkt jeglicher Sahel-bezogener Rhetorik standen, wodurch sie ausschließlich vor diesem Hintergrund bewertet und interpretiert wurden. Einflussreiche politische Think Tanks wie die International Crises Group warnten davor, dass sie die staatliche Ordnungsmacht übernehmen könnten, was die Autorität der kommunalen und traditionellen Vertreter:innen bei der Bewältigung von Konflikten um Land, Vieh und Kriminalität weiter untergraben und zu Rivalitäten zwischen Gemeinschaften führen würde.[37] Diese Befürchtungen wurden durch eine Reihe von inter- und intrakommunalen Zusammenstößen im Norden und Westen des Landes – insbesondere in den ersten Jahren der Koglweogo – befeuert. Sie ereigneten sich primär dort, wo die Lage aufgrund einer fragilen Sicherheitslage durch jihadistische Anschläge und abwesende staatliche Institutionen angespannt war. Man kann daher sagen, dass Gruppen wie die

35 Angelin Dabiré, »Simon Compaoré, ›Président national des Koglwéogo‹ en tournée«, *LeFaso.net* 27.04.2016 https://lefaso.net/spip.php?article70817 (Zugriff: 27.10.2025).

36 Ludovic Kibora et al., »›Les groupes d'auto-défense‹ Kogl-Weogo ›au Burkina Faso: Entre legitimité et contestation, quel avenir?‹«, *Recherches Africaines* (2018), S. 303–316.

37 International Crisis Group, »Burkina Faso: Stopping the Spiral of Violence«, *Africa Report* 287/2020.

Koglweogo dort Öl ins Feuer gießen, wo Spannungen und Gewaltkonflikte bereits vorherrschen.

Jenseits polarisierter Debatten liegt eine zentrale Ursache für die Entstehung der Koglweogo in einer endemischen Ausbreitung von Kriminalität, befördert durch einen unterfinanzierten und personell schlecht ausgestatteten staatlichen Sicherheitsapparat. Doch das eigentliche Problem, das daraus erwuchs, war ein deutlich komplexeres: Ein Großteil alltäglicher Kriminalität – vor allem Kleinkriminalität – trug sich innerhalb von Verwandtschaftskreisen und Nachbarschaften zu. »Man wusste, wer ein Dieb war und wer nicht«, erinnerte sich ein hochrangiges Koglweogo- Mitglied, »aber niemand unternahm etwas dagegen« (01.10.2021). Für ihn lag der Fokus auf der Eindämmung und Bestrafung von kriminellen Handlungen, allerdings betrachtete er sie nicht nur als politisches, sondern auch als moralisches Problem. Auch vor diesem Hintergrund betonten die Koglweogo in der Öffentlichkeit bereits in der frühen Phase ihrer Entstehung ihre apolitische Haltung.[38] Aus meiner Forschung lässt sich diese Behauptung insofern stützen, als dass ihre Alltagspraxis stets weder staatlichen noch kulturellen Institutionen, sondern ihrer eigenen Nachbarschaft zu gelten schien – also den Menschen, mit denen sie alltägliche soziale und intime Beziehungen pflegen. Zudem ließen sich unter den Mitgliedern unterschiedliche politische Präferenzen und Loyalitäten vorfinden.

Bis heute bleiben die Koglweogo informell auf die Toleranz der zuletzt häufig wechselnden staatlichen Regierung angewiesen und arbeiten je nach Stadtviertel und Region in variierendem Maß mit Polizei und Gendarmerie zusammen. Sie sind weder als eine staatlich geführte Miliz noch als staatsfeindliche Bewegung zu verstehen, sondern vielmehr als zivilgesellschaftliche Formation. Erst im Jahr 2020, als das Problem des Jihadismus einen neuen Höhepunkt erreichte, schloss sich zunächst eine wachsende Zahl von ländlichen Koglweogo-Mitgliedern den sogenannten Volontaires pour la Defense de la Patrie (VDP) an, mit der die Regierung Zivilist:innen für den Kampf gegen Terrorgruppen rekrutiert. Über diesen Umweg ist es dem Staat teilweise gelungen, Koglweogo-Mitglieder unter staatlichen Dienst zu stellen. Im November 2022 kam es zu einem neuen VDP-Rekrutierungsaufruf durch den aktuellen Militärpräsident Ibrahim Traoré, zu dem sich Tausende freiwillig meldeten. Seitdem schließen sich auch immer mehr urbane Koglweogo-Mitglieder den VDP an. In den Straßen Ouagadougous bleiben die Koglweogo nichtsdestotrotz aktiv, wenn auch manche Mitglieder von einem Abebben ihres Engagements sprechen.[39]

38 Ismaël Compaoré/Luc Damiba, »Koglweogo Land«, Dokumentarfilm, LibreDroit 2017.

39 Melina C. Kalfelis, »Gewalt – ein Politikum. Das Beispiel Burkina Faso«, *Afrika Bulletin* 190/2023, S. 4–5.

IV. Konfliktinterventionen und Strafe: Eine intersektionale Perspektive

Ein großer Teil des Alltags der Koglweogo besteht darin, zu warten. Anstatt sich in die Konflikte von außen einzumischen, warten sie darauf, dass Außenstehende um ihre Unterstützung bitten. An manchen Tagen kommen nur eine Handvoll Menschen vorbei und es gibt vielleicht zwei oder drei Fälle, die die Aufmerksamkeit der Gruppe erfordern. An anderen Tagen kollidieren akute Diebstähle, Landkonflikte und andere Streitereien mit laufenden Konfliktmediationen, Gefangenenbesuchen und einem dringenden Anruf wegen eines Einbruchs, der sich gerade ereignet hat. An diesen Tagen geht es chaotisch zu und es wird schwierig, einen Überblick darüber zu bewahren, wer zu welcher Konfliktpartei gehört, um welchen Gefangenen es gerade geht und wer Anschuldigende:r, Beschuldigte:r, Zeug:in oder Verwandte:r ist.

Bei den Konfliktinterventionen handelt es sich in der Regel um sensible Verhandlungen, die sich über mehrere Tage hinziehen können. Die Koglweogo fällen selten ein Urteil, ohne Anschuldigende, Beschuldigte, dessen Verwandte oder nahestehende Personen sowie – falls vorhanden – Zeug:innen anzuhören. Manchmal dauert es Tage, bis alle relevanten Personen erreicht wurden und vor Ort erscheinen. Erst nachdem die Koglweogo die Version aller Beteiligten gehört haben, beurteilen in der Regel die älteren Mitglieder – die sogenannten Berater *(conseillers)* – die Glaubwürdigkeit der oft widersprüchlichen Erzählungen. Wenn sie eine Person für schuldig befinden, schlagen sie eine Strafe und einen Zeitrahmen vor, innerhalb dessen eine Retribution in Form von Rückzahlungen (z.B. in Raten) oder versprochenen Arbeiten zu erfolgen hat.

Je nach Situation, aber auch je nach Alter, Geschlecht und Schwere des Vergehens erteilen sie den Konfliktparteien außerdem Ratschläge und moralische Lektionen und greifen zu körperlichen Strafmethoden. Allerdings kommen physische Strafen heute seltener vor als in der frühen Phase der Koglweogo. Im Laufe der Jahre haben die Gruppen ihre physischen Gewaltpraktiken reduziert – nicht zuletzt, um ihre Legitimität zu wahren – und ihre sanktionierenden Praktiken an soziale Hierarchien, patriarchale Strukturen und Geschlechternormen angepasst. Insbesondere geschlechtsspezifische Dynamiken innerhalb von vigilanten Ordnungen in Afrika wurden bisher – bis auf wenige Ausnahmen[40] – kaum erforscht.

Eine weitreichende Veränderung ließ sich in ihrem Umgang mit Kriminalität entlang von sozialen Klassenstrukturen beobachten. Beispielsweise gingen die Koglweogo anfänglich gegen Korruption vor, wodurch

40 Siehe Patience Adzande, *Gender and (in)formal security provision in Maiduguri*, Nigeria, African Cities: Research Consortium 2023.

Polizist:innen und hochrangige Beamte zu ihren Opfern gehörten. Sie verzichteten aber bald darauf, gegen die Eliten vorzugehen, da sie andernfalls nicht von staatlicher Seite toleriert worden wären. Auch ich, als weibliche weiße Sozialanthropologin, bliebe von der Strafordnung der Koglweogo unberührt. Allgemein sind Frauen zumeist sowohl von körperlichen Strafen als auch Aufenthalten im Gefängnis der Koglweogo ausgenommen. Die Koglweogo verfügen nur selten über das Recht, Frauen körperliche Schmerzen zuzufügen – vor allem bei verheirateten Frauen. Diese Einsicht deckt sich mit den Ergebnissen einer neueren quantitativen Studie zu Selbstjustiz in Afrika, die zu dem Ergebnis kommt, dass Männer vigilanter Gewalt häufiger zum Opfer fallen als Frauen.[41] Es ist vor diesem Hintergrund außerdem nicht verwunderlich, dass die Koglweogo ausdrücklich davon absehen, sich in Fälle von häuslicher Gewalt einzumischen.

Eine andere Gruppe von Menschen, die seltener physisch bestraft wird, sind Suchtkranke, bei denen es sich in den meisten Fällen um junge Männer handelt. Die Koglweogo halten es tendenziell für unangemessen, jemandem physische Schmerzen zuzufügen, der bereits unter einem Drogenentzug leidet. Das steht im Gegensatz zu dem, was Angela Garcia in den sogenannten *anexos* in Mexiko City beobachtet hat.[42] Dort werden drogenabhängige Personen zur sozialen Genesung mittels physischer Strafen »behandelt« – als eine Art der Fürsorge. Im Gegensatz dazu kommen physische Sanktionen bei den Koglweogo in der Regel nur zum Tragen, wenn Suchtkranke beim Stehlen erwischt werden. Der Grad an und die Häufigkeit von physischen Strafen hängen außerdem vom Alter der beschuldigten Person ab. Je jünger sie ist, umso mehr Autorität haben die Koglweogo. Sie begreifen sich dabei als Miterziehende der Jugend aus der Nachbarschaft, deren Eltern die unterstützenden Erziehungsmaßnahmen oft dankend annehmen. Insbesondere ältere Personen sehen in der physischen Bestrafung von Jugendlichen ein notwendiges Element ihrer moralischen Erziehung.

Dieser Abschnitt veranschaulicht, wie die Koglweogo ihre Strafpraktiken an vorhandene patriarchale Machthierarchien, Geschlechternormen und kulturelle Fürsorgearrangements angepasst haben. Insofern stützt der Fall der Koglweogo die These, dass Vigilanz als Praxis bestehende Machtstrukturen nicht nur stören, sondern auch stabilisieren kann.[43] Dennoch folgen die beschriebenen Regelungen keinem eindeutigen Sanktionsschema oder einer irgendwie gearteten Strafrechtsdogma-

41 Anna M. Wilke, *Gender Gaps in Support for Vigilante Violence*, Columbia University: Online Source 2021.

42 Angela Garcia, »Serenity: Violence, Inequality, and Recovery on the Edge of Mexico City«, *Medical Anthropology Quarterly* (2015), S. 455–472.

43 Siehe Ana Ivasiuc et al., »Introduction: The Power and Productivity of Vigilance Regimes«, *Conflict and Society* (2022), S. 57–72.

tik. Vielmehr variiert die Entscheidung der Koglweogo über den Zeitpunkt, das Ausmaß und den Sinn ihrer Strafpraktiken je nach Situation und Art des Konflikts, wie die im folgenden Abschnitt dargelegte Typologie verdeutlichen soll.

V. Das Gewicht der Anforderungen: Eine Konflikttypologie

Die Bevölkerung tritt mit einer Vielzahl an Delikten und Konflikten an die Koglweogo heran. Im Folgenden werden drei besonders häufig auftretende Typen von Konflikt vorgestellt, die sich hinter Fällen von Diebstahl, Betrug und Veruntreuung verbergen und anhand derer sich das Verhältnis von vigilanten Strafpraktiken und Zugehörigkeit herausarbeiten lässt. Die Typologie soll dabei weder den Eindruck erwecken, alle Gruppen würden gleich vorgehen, noch implizieren, dass es keine Abweichungen von den beschriebenen Strafprinzipien gibt. Vielmehr möchte das Kapitel die von den Koglweogo verwalteten Alltagsdelikte in ›Konflikten denken‹ und damit die Beziehungsgeflechte hinter der Tat in den Vordergrund stellen.

1. Vertrauenskonflikte: Mitmenschen und das Gewicht ihrer Anforderungen

Bernard lebt von Landwirtschaft, weshalb die Zahlung des Schulgeldes für seinen Sohn eine große finanzielle Belastung ist. Um ihn zu unterstützen, hat seine Mutter 500.000 CFA (ca. 762 EUR) für die Schulgebühren ihres Enkels gespart. Als sie entdeckte, dass das Geld gestohlen wurde, verdächtigte Bernard schnell seinen Sohn, der zuletzt häufig mit zwei älteren Nachbarskindern Zeit auf der Straße verbrachte. Sein Verdacht erhärtete sich, als ein Nachbar ihm erzählte, er habe die Jungen mit einem teuren Smartphone gesehen. Erschüttert bat Bernard noch am selben Tag die Koglweogo in Kouba um Hilfe. Kurze Zeit später, am 4. März 2020, saßen wir in einem Kreis unter dem Hangar der Koglweogo. Zwischen uns hockten die drei Jungen mit gefesselten Füßen auf dem Boden, während wir uns ein Video auf dem besagten Smartphone anschauten. Darin flüsterte eine Jungenstimme: »Keine Sorge! Keine Sorge!«. Dann wackelt das Bild. Die filmende Person setzt sich in Bewegung. Es muss Nacht sein, denn das Handy-Blitzlicht ist eingeschaltet. Als die Kamera zum Stillstand kommt, zeigt das Licht auf die Hände eines der Kinder. Es fächert einen Haufen Geld auf. Leise Aufregung. Kichern. Dann wird das Bild dunkel. Dieser erschütternde Beweis für die Tat blieb bei weitem nicht der einzige. Zuvor hatte der Telefonverkäufer ausgesagt, der ebenfalls in Schwierigkeiten steckte. Er hätte die Eltern kontaktieren müssen, zumal er wisse, dass Kinder nicht in der Lage sind, so ein teures Smartphone zu bezahlen. Aus Sicht der Koglweogo war er mitschuldig, denn Verkäufer:innen, die fadenscheinige Geschäfte machen, profitieren nicht nur von kriminellen Handlungen, sondern fördern sie durch ihre Komplizenschaft. Später würde er der Großmutter das Geld, das die Jungen für das Telefon bezahlt hatten, zurückzahlen müssen. Das Video lieferte auch den Beweis, dass die Jungen mehr gestohlen hatten, als sie für das Telefon brauchten, und den Rest des Geldes irgendwo versteckten.

Bernard machte keine Miene, während Gérard als *vice président* der Koglweogo-Gruppe die Jungen zurechtwies und ihnen mit Peitschenhieben drohte. »Ist es ein gutes Verhalten, seine Eltern zu bestehlen? Wenn ihr uns nicht sagt, wo der Rest des Geldes ist, werden wir euch schlagen«[44] (04.03.2020). Mit der Drohung wollte er die Jungen dazu bringen, zu gestehen und zu verraten, wo der Rest des Geldes versteckt war. Die Jungen, sichtlich eingeschüchtert, blickten weiter zu Boden und leugneten die Tat. Ihr Schweigen frustrierte Gérard, der sie zurück in die Gefängniszelle schickte. Als die Jungs mit gesenktem Kopf davonhumpelten, lachten er und und ein weiteres Mitglied leise. Es war die Art von Lachen, die Eltern an den Tag legen, wenn sie ihr Kind laut anschreien, um sie zurechtzuweisen, während sie insgeheim ihre kindliche Unbekümmertheit bewundern. Später wiederholte sich das Prozedere, wobei die Koglweogo diesmal nur den Sohn aus dem Gefängnis holten. Sie wollten Bernard die Gelegenheit geben, ihm das Ausmaß seines Vertrauensbruchs noch einmal zu verdeutlichen. Kurz darauf verriet sein Sohn ihr Geldversteck. Die Jungen verbrachten die Nacht trotzdem im Gefängnis. Wenn die Koglweogo sie physisch straften, was ich nicht sicher weiß, war es vermutlich Bernard selbst, der sie dazu aufforderte.

Das Delikt von Bernards Sohn ist kein Einzelfall. Viele solcher und ähnlicher Delikte ereignen sich innerhalb von Verwandtschaftskreisen, Nachbarschaften und Freundeskreisen. Hier verschwimmt die Grenze zwischen den rechtlichen und intimen Sphären menschlichen Zusammenlebens. Etwas Tiefgreifenderes steht auf dem Spiel als ein materieller Schaden: die habituelle Grundbasis eines gegenseitigen Vertrauens,[45] ein grundlegender Glaube an die guten Absichten des Gegenübers – an dessen aufrichtige Intention, seinen Mitmenschen gegenüber verantwortlich

44 Alle Zitate sind von der Autorin aus dem Französischen ins Deutsche übersetzt worden.

45 Morten Frederiksen, »Relational Trust: Outline of a Bourdieusian Theory of Interpersonal Trust«, *Journal of Trust Research* (2014), S. 167–192.

zu handeln.[46] Aus diesem Grund lassen sich solche Delikte als *Vertrauenskonflikte* denken. Sie haben das Potential, die Wahrnehmung des eigenen, häuslichen Umfelds zu verändern und die Annahme zu erschüttern, man teile grundlegende moralische Prämissen. Besonders gravierend an diesen Konflikten ist, dass die Beschuldigten das intime Wissen um die Schwachstellen und Routinen der ihnen nahestehenden Personen missbrauchen: Das Geldversteck im Haus, der Weg zur Arbeit, der blinde Fleck im Hof – nicht jede:r verfügt über diese Informationen und kann sie ausnutzen. Das eigene Zuhause wird zudem nicht nur als abschätzbarer, sondern auch als ein vergleichsweise sicherer Raum ausgenutzt, wo Grenzen ausgetestet werden können. Es ist eher unwahrscheinlich, von der eigenen Familie bei der Polizei angezeigt zu werden, was einer Selbstschädigung gleichkäme und Prozesse lostäte, die kaum zu kontrollieren wären. Auch aus diesem Grund wenden sich viele betroffene Familien lieber an die Koglweogo als an staatliche Sicherheitseinrichtungen.

Für viele Koglweogo besteht vor diesem Hintergrund kein Zweifel, dass kriminelles Potential zu Hause entsteht, wo Menschen sich nahestehen. In einem Interview erklärte Gérard: »[Der kleine Dieb] beginnt im Haus. Er nimmt das Geld der Mutter, das Geld des Vaters, das Geld des großen Bruders. Er fängt mit kleinen Dingen an und steigert sich, bis er nach draußen geht und dort zu stehlen beginnt« (06.07.2022). Für ihn fängt das Problem der Kriminalität im häuslichen Umfeld an, wo finanzielle Alltagssorgen und die moralische Erziehung von Kindern ineinandergreifen. Sind Jugendliche involviert, bezeichnen viele Koglweogo-Mitglieder demnach ihre Strafpraktiken als Erziehungsmaßnahme. Kinder und Jugendliche sehen sie als sozial und moralisch formbarer als Erwachsene. In der Sprache Mooré gibt es dafür ein Sprichwort: »*raoogkoɛɛng ka le tõe n remes yaas ye*« (ein altes, trockenes Holz lässt sich nicht mehr verbiegen). Physische Strafen oder deren Androhung sind aus Sicht der Koglweogo deswegen unerlässlich, um Jugendliche an ihre Pflichten gegenüber ihren Mitmenschen zu erinnern und ihnen die Konsequenzen ihrer Taten bewusst zu machen. Strafe gilt als eine notwendige »Korrektur« von jungen Menschen (14.11.2018), wie es ein Mitglied formulierte, als eine soziale Praxis der Fürsorge, die der Abschreckung dient und eine Wiederholung der Tat und damit einem längerfristigen Bruch in der Beziehung entgegenwirken soll.

Im Fokus der Aushandlung von Vertrauenskonflikten steht also – insbesondere wenn Jugendliche involviert sind – die Androhung oder tatsächliche Umsetzung physischer Strafen sowie die Offenlegung der emotionalen Verletzung, die der Tat zugrunde liegt. Damit erzeugen die Koglweogo Angst und Scham bei den Betroffenen, die sie wiederum mit

46 Siehe Till Förster, »Trust and Agency. An Analysis of Social Relations during Civil War«.

moralischen und emotionalen Anforderungen verschränken. Anders formuliert werden Beschuldigte in Vertrauenskonflikten in eine Position gebracht, in der sie »das Gewicht der Anforderungen anderer spüren«[47] und durch eine Entschuldigung – die zugleich ein Eingeständnis ist – gezwungen werden, einen aktiven Schritt in Richtung dieser Mitmenschen machen.

2. *Verbindlichkeitskonflikte: Vergeltung, um Schlimmerem zu entgehen*

Der 4. Oktober 2021 hätte ein verhältnismäßig ruhiger Tag bei den Koglweogo in Somgandé werden können, wenn der Diebstahl in einem Hühnerstall nicht einen Großteil der Zeit in Anspruch genommen hätte. Der zwang sie dazu, die Veruntreuung von Geld für den Kauf eines Kia Jeeps, sowie einen Landkonflikt eher nebenbei abzuhandeln.

Letzteren Konflikt hatte Pierre – ein düster dreinblickender Mann – an diesem Tag vermeldet. In Begleitung einer kleinen Entourage an Freunden erzählte er uns, wie er von Sylvain ein Stück Land für 600.000 CFA (ca. 914 EUR) gekauft hatte, obwohl es bereits jemand anderem versprochen war. Auch das alternative Grundstück, das Sylvain ihm daraufhin anbot, war bereits vergeben. Nun habe Pierre genug und wolle sein Geld zurück. Sylvain war ebenfalls anwesend und von einer kleinen Gruppe von Freunden umgeben. Er reagierte allergisch auf die Anschuldigungen, hatte aber keine guten Argumente zu seiner Verteidigung vorzubringen. Deswegen erklärten die Koglweogo ihm, nachdem sie sich seine Version der Geschichte angehört hatten, dass er das Geld zurückbezahlen müsse.

Da der Konflikt zwischen den beiden Parteien bereits fortgeschritten war, als Pierre die Hilfe der Koglweogo suchte, wurde die Diskussion schnell hitzig. Sylvain weigerte sich, einer Rückzahlung des Geldes zuzustimmen und pochte stattdessen darauf, Pierre ein anderes Stück Land zu geben. Doch für Pierre, dessen Miene sich zusehends verfinsterte, war klar, dass er keine weiteren Geschäfte mit Sylvain machen wolle. Daraufhin verkündete Sylvain, er habe das Geld nicht: »Auch wenn ich einen Monat im Gefängnis der Koglweogo sitze – das Geld kann ich trotzdem nicht zurückzahlen«, erklärte er in trotzigem Ton. In seiner Verzweiflung fing er an, den Koglweogo zu drohen, zur Polizei zu gehen und sie anzuklagen. Die Koglweogo blieben unbeeindruckt und erwiderten trocken, dass ihn dort vermutlich eine lange Zeit im Gefängnis erwarte, weil er zahlungsunfähig sei.

47 Siehe Gammeltoft, »Belonging. Comprehending Subjectivity in Vietnam and Beyond«, S. 92.

Im Laufe dieses Schlagabtauschs entstand zunehmend Unruhe und Sylvain sprang wütend auf, was Adama, ein älteres Koglweogo-Mitglied, dazu veranlasste, sich in die Mitte der Runde zu stellen, laut in die Hände zu klatschen, und alle Anwesenden anzuweisen, ruhig zu bleiben und sich wieder hinzusetzen. Sylvain gehorchte, doch der Konflikt schien nichtsdestotrotz in einer Sackgasse. Seine Freunde nahmen ihn zur Seite und redeten auf ihn ein. Zwei Stunden später – die Koglweogo waren inzwischen mit dem Hühnerdiebstahl beschäftigt – rollte ein glänzender roter Jeep auf das Gelände. Es war ein Onkel von Sylvain, ein fein gekleideter Mann, der nicht weniger düster schaute als Pierre. Er einigte sich mit den Koglweogo darauf, 350.000 CFA sofort zurückzuzahlen und den restlichen Betrag am morgigen Tag vorbeizubringen. Die Koglweogo und Pierre stimmten diesem Angebot zu.

An diesem Tag war ich für die Niederschrift solcher Vereinbarungen zuständig. Aufgrund der zugespitzten Lage, und zu meiner großen Erleichterung, nahm Mohammed, der Generalsekretär der Gruppe, das schwere Notizbuch an sich und notierte die geleistete Zahlung, den Ratenplan und die relevanten Personendaten. Nachdem Sylvains Onkel und Pierre die Vereinbarung unterschrieben, wirkte letzterer deutlich besänftigt. Er reichte den Koglweogo ein wenig Geld, bedankte sich für ihre Vermittlung und verließ das Gelände. Am nächsten Tag holte er den ausstehenden Restbetrag ab.

Konflikte wie die zwischen Pierre und Sylvain lassen sich als *Verbindlichkeitskonflikte* bezeichnen. Sie treten vermehrt in geschäftlichen Kontexten auf, wo Menschen sich gegenseitig Waren verkaufen, Dienstleistungen anbieten oder Kredite vergeben. Diese Konflikte betreffen die Koglweogo auf besondere Weise. Zumal sie selbst im Bereich von Zucht, Land, Waren und Transport arbeiten und sich als Teil einer größeren wirtschaftlichen Gemeinschaft verstehen, sind die Grundprinzipien, auf deren Basis diese Gemeinschaft funktioniert, ihnen ein persönliches Anliegen.

Verbindlichkeitskonflikte unterscheiden sich insofern von Vertrauenskonflikten, als dass die Konfliktparteien eine weniger intime Beziehung zueinander pflegen. Das Verhältnis ist damit von anderen Erwartungen geprägt. Trotzdem ist ein zentrales Merkmal von Verbindlichkeitskonflikten ein geleisteter Vertrauensvorschuss,[48] der sich zum Beispiel in Form von vorausgehenden Zahlungen für Material, Land oder Dienstleistungen ausdrückt. Zudem geht Verbindlichkeitskonflikten, wie das Fallbeispiel verdeutlicht, oft eine längere Phase der gegenseitigen Provokation und Streitigkeit voraus, bevor die Koglweogo involviert werden. Die Strafprozesse werden deswegen nicht selten von starken Emotionen

48 Georg Simmel, *Philosophie des Geldes*, München: Duncker & Humblot 1930.

wie Wut und Frustration begleitet und drohen zu eskalieren, weshalb die Koglweogo laute Streitereien und aggressives Gebaren stets im Keim zu ersticken versuchen.

Um die ohnehin hitzigen Konflikte nicht weiter zu eskalieren, kommen physische Strafen bei Verbindlichkeitskonflikten seltener zum Tragen. Stattdessen setzen die Koglweogo auf Vergeltungsmechanismen als Strafpraxis. Das heißt, sie reduzieren ihren Eingriff auf die Forderung, dass Schulden beglichen, Versprechen eingelöst oder Geld zurückgezahlt wird. Dieser Ansatz zielt einerseits darauf ab, ein Signal zu senden – nämlich dass Diebstahl, Veruntreuung und Betrug unter der Wachsamkeit der Koglweogo nicht (mehr) zu Vorteilen führen. Vergeltung – in Kombination mit einer schambesetzten Konfrontation – haben hier, ähnlich wie bei der physischen Bestrafung von Jugendlichen, eine abschreckende Funktion.[49] Andererseits bieten die Koglweogo mit erzwungenen Kompensationen dem Beschuldigten die Möglichkeit der Wiedergutmachung und damit auch, einer Begegnung mit der Polizei zu entgehen. Für Sylvain würde ein Gefängnisaufenthalt nicht nur einen weitaus nachhaltigeren Gesichtsverlust bedeuten, sondern ihn auch seinen alltäglichen Arbeitsaufgaben und familiären Pflichten entreißen. Der Schaden, der dadurch entstünde, wäre größer, als das Geld zu beschaffen. Die Koglweogo bieten Beschuldigten also mit ihrer Intervention die Möglichkeit, einer Freiheitsstrafe zu entgehen und trotz des Delikts Teil der Gemeinschaft zu bleiben.

3. Fürsorgekonflikte: Zurück ins Leben, weit weg von zu Hause

Als ich Eric am 13. März 2021 bei den Koglweogo in Kouba kennenlernte, durfte er sich bereits frei auf dem Gelände bewegen. Er war circa 28 Jahre alt und Sohn eines reichen Geschäftsmannes in der Elfenbeinküste, der ihn aufgrund seiner Heroinsucht zu den Koglweogo geschickt hatte. Einige Gruppen hatten sich zu diesem Zeitpunkt bereits einen guten Ruf im Metier des Drogenentzugs gemacht. Zuvor hatten mehrere andere teure Anläufe in Kliniken, mit Methadon-Substituten und Diäten, Eric nicht langfristig von seiner Sucht befreit. Immer wieder wurde er rückfällig; immer wieder enttäuschte er nicht nur seinen Vater und seinen großen Bruder, sondern auch seine Frau und deren

49 Bertram Turner, »Introduction. On Retaliation: Conceptual Plurality, Transdisciplinary Research, Rifts, Blurrings and Translations«, in: Günther Schlee/Bertram Turner (Hg.), *On Retaliation. Towards an Interdisciplinary Understanding of a Basic Human Condition*, New York: Berghahn 2017, S. 1–27.

gemeinsame kleine Tochter. Die Sucht, so erklärte er mir, habe ihn immer wieder zum Diebstahl getrieben. Am Anfang habe sein Gehalt als Lastwagenfahrer noch ausgereicht, um seinen Heroinkonsum zu finanzieren, doch mit der Zeit sei der Bedarf gestiegen und damit auch die Not, an Geld zu kommen.

Zum Zeitpunkt unseres Kennenlernens war Eric bereits zwei Monate bei den Koglweogo. In den ersten Wochen trug er, so erzählte er mir, Fußfesseln und saß im Gefängnis, das er nur für den Gang zur Toilette und seine Hygiene verlassen durfte. Erst als sich sein Zustand verbesserte und der Drang nach Drogen nachließ, erlaubten die Koglweogo ihm etwas mehr Zeit außerhalb des Gefängnisses zu verbringen. Irgendwann durfte er sich frei und ohne Fesseln auf dem Gelände bewegen. Während ich vor Ort war, half er manchmal bei den bürokratischen Prozeduren der Konfliktinterventionen, weil er im Vergleich zu vielen Koglweogo-Mitgliedern die Schule bis zur *Troisième* (entspricht dem deutschen Realschulabschluss) besucht hatte. Auch durfte er zu diesem Zeitpunkt ein Motorrad ausleihen und das Gelände verlassen, um sich selbst mit Hygieneartikeln einzudecken und seine in Ouagadougou ansässigen Verwandten zu besuchen. Er half bei der Versorgung anderer Gefangener, brachte ihnen Essen und leerte die Toilette im Gefängnis. Nur nachts zum Schlafen musste er zurück in die Zelle. Zum Zeitpunkt meiner Abreise freute er sich, wieder nach Hause nach Abidjan zurückzukehren. Aufgrund seiner Arbeit und einem vorangegangenen Drogenentzug war er seit über einem Jahr in Ouagadougou. Doch sowohl seine Familie als auch die Koglweogo waren der Auffassung, er brauche noch etwas Zeit und solle noch einen weiteren Monat bleiben. Als ich mich von Eric verabschiedete, um nach Deutschland zurückzukehren, versprach er mir, nicht wieder rückfällig zu werden. Was aus ihm geworden ist, weiß ich nicht.

Die Überwachung und gesellschaftliche Wiedereingliederung von Suchtkranken gehören zu einer der Aktivitäten, die urbane Koglweogo-Gruppen erst im Laufe der Jahre systematisch aufgebaut haben. Sie sind ein gutes Beispiel dafür, wie sie ihr Vorgehen an die Bedürfnisse ihrer Nachbarschaften angepasst haben. Für den Entzug behalten sie Suchtkranke länger im Gefängnis, wenn sie selbst oder ihre Verwandten für Verpflegung und Hygieneartikel sorgen können. Zudem erhalten die Koglweogo für diesen Service größere und kleinere Aufwandsentschädigungen. Die Arbeit mit Suchtkranken bietet den Gruppen demzufolge auch eine ökonomische Gelegenheit. Wie die meisten zivilgesellschaftlichen Formationen in Burkina Faso, kämpfen auch sie um ihre autonome Selbstfinanzierung.[50]

50 Siehe Melina C. Kalfelis, *NGO als Lebenswelt. Transnationale Verflechtungen im Arbeitsalltag von Entwicklungsakteuren*, Frankfurt/Main: Campus 2020.

Dieser Beitrag denkt Fälle wie die von Eric als *Fürsorgekonflikte*, weil die Koglweogo die Pflegearbeit von Menschen übernehmen, für die eigentlich Verwandte oder politische Institutionen in Burkina Faso zuständig wären. Dabei setzen die Koglweogo vor allem auf eine soziale Reintegration von Suchtkranken, die zwar auf Zwang beruht, aber zugleich die Selbstbestimmung der Person stärken soll. Der durch einen Gefängnisaufenthalt erzwungene kalte Entzug ist nur ein anfängliches Mittel, um Suchtkranke in einen mündigen und klaren Zustand zu versetzen. Die älteren Mitglieder nutzen diese Zeit, um ihnen moralische Lektionen und Ratschläge zu erteilen. In dieser Phase spielen die Gruppen vor allem auf Zeit, um Suchtkranke zum Nachdenken zu zwingen.

Erst wenn die Koglweogo es als angemessen betrachten, geben sie Suchtkranken mehr Verantwortung auf dem Hof und betrauen sie mit der Versorgung von anderen Gefangenen, Putzarbeiten oder Besorgungen. Verläuft diese Periode problemlos, ermutigen sie die Betroffenen, sich einen Nebenjob im Viertel zu suchen und Geld zu sparen, das die Koglweogo für sie aufbewahren. Das Ersparte stehe ihnen bei Bedarf zur Verfügung und werde ihnen in vollem Umfang übergeben, wenn sie die Gruppe wieder verlassen, erklärte mir der Koglweogo-Präsident der Gruppe in Pagan. Dort wollten einige der Suchtkranken gar nicht mehr fortgehen. Einer der jungen Männer erklärte mir, eine Rückkehr in sein Viertel wäre gleichbedeutend mit einem Rückfall. Doch gelingt es nur den Wenigsten, sich einen dauerhaften Platz bei den Koglweogo zu erarbeiten. Die meisten müssen die Gruppe auf kurz oder lang wieder verlassen.

In der Regel verbergen sich hinter Fürsorgekonflikten, ähnlich wie bei Vertrauenskonflikten, familiäre Beziehungsgeflechte und intergenerationale Konflikte: ein junger Vater, der seinen Pflichten gegenüber der Familie aufgrund seiner Sucht nicht mehr nachkommt; ein Sohn, der dem Geschäft und Ruf der Eltern schadet; eine Schwester, die mit ihrem suchtkranken Bruder nicht mehr weiterweiß. Häufig steht die Zugehörigkeit von Suchtkranken zu ihren Verwandten – wenn nicht zur Gesellschaft insgesamt – auf dem Spiel. Es droht ein vollständiger Ausschluss aus der Gemeinschaft. Die suchtkranke Person und diejenigen, die sich für sie verantwortlich fühlen, sind kaum oder gar nicht mehr in der Lage, ihre moralische Integrität zu wahren und ihrem gegenseitigen Pflichtgefühl nachzukommen.[51] Sie betrachten die Intervention der Koglweogo vor diesem Hintergrund oft als letzte Chance, den ihnen nahestehenden Personen dabei zu helfen, sich wieder einen Platz in der Gemeinschaft zu erarbeiten und als respektiertes Mitglied dieser Gemeinschaft zu verstehen.

51 Siehe Jarrett Zigon, »A Moral and Ethical Assemblage in Russian Orthodox Drug Rehabilitation«, *Ethos* (2011/1), S. 30–50.

VI. Schlussbetrachtungen

Jenseits einer staatszentrierten Problematisierung von Vigilantismus und Kriminalität verschiebt sich der Fokus von den rechtlichen und sicherheitspolitischen Implikationen der untersuchten Delikte hin zu ihren erfahrungsbasierten, emotionalen und zwischenmenschlichen Dimensionen. Daraus lassen sich drei zentrale Einsichten ziehen. Erstens wird deutlich, dass bei den untersuchten Fallbeispielen nicht zwingend ein Bedarf am Zugang zur Polizei oder Justiz besteht. Insbesondere dort, wo Menschen einander nahestehen, können Möglichkeiten der Bestrafung und sozialen Kontrolle jenseits staatlicher Dienstleistungen von weitaus größerer Bedeutung sein. Insofern können vigilante Ordnungen aus einer westlichen Perspektive vielleicht als Alternative zum staatlichen Strafrecht gelesen werden, aber nicht als abolitionistischer Gegenentwurf zur Strafpraxis selbst. Im empirischen Material spiegelt sich vielmehr die Überzeugung wider, Strafe bzw. dessen Androhung verfüge über steuernde und inklusive Wirkmechanismen.

Zweitens erlaubt das ethnografische Material, das Phänomen der Kriminalität zu kontextualisieren und in ›Konflikten zu denken‹, wodurch die Beziehungsgeflechte und die daraus wachsenden Aushandlungen in den Vordergrund der Analyse rücken. Aus Sicht der Koglweogo lassen sich dabei zwar weder Vorstellungen von Schuld noch von Verantwortung überwinden, doch kommen zumindest die unterschiedlichen Perspektiven der am Konflikt beteiligten Parteien sowie die hinter den Einzelfällen erlebten Verfehlungen und Enttäuschungen zum Vorschein. Daraus ergibt sich auch ein neuer epistemologischer Ausgangspunkt, um über vigilante Strafprozesse in Westafrika nachzudenken. Denn die Koglweogo, so wird deutlich, sind weniger als Antwort auf ein staatliches Versagen zu verstehen, denn als eine Reaktion auf tiefgreifendere Fragen nach den Bedingungen und Grenzen von Zugehörigkeit, die sich an geschlechtlichen, patriarchalen und gerontokratischen Machthierarchien orientiert.

Drittens erlauben die Fallbeispiele einige Überlegungen zum Phänomen der Zugehörigkeit selbst. Die soziale Situation, aus der heraus sich sowohl eine Vielzahl an Alltagsdelikten in Ouagadougou, als auch die Strafpraktiken der Koglweogo ergeben, verdeutlicht das Gewicht und die Konflikthaftigkeit eines gegenseitigen Zugehörigkeitsempfindens in sozialen Nahbeziehungen: Es kann durch alltägliche Praktiken hergestellt, torpediert, gefestigt und zerstört werden und erfordert aktive Bemühungen all derjenigen, die sich als Teil des anderen verstehen oder verstehen wollen; als Teil derselben Familie, Gemeinschaft, Nation. Wie diese Bemühungen aussehen, so wurde gezeigt, ist weder evident noch intuitiv. Die Anforderungen anderer können laut eingefordert oder leise vorausgesetzt, oder mittels gewaltvoller und strafender Praktiken zum

Zwang werden; sie können aber auch Ignoranz, Widerstand oder eine vollständige Abkehr hervorrufen. Demzufolge ist Zugehörigkeit dort, wo Menschen sich nahestehen, nicht nur eine Errungenschaft. Ihr wohnt auch eine besondere Verletzungskraft inne.

V. Alternativen im Strafrecht

Máximo Langer*

Strafrechtsabolitionismus und Strafrechtsminimalismus:

Hier und dort, heute und damals

I. Einführung

In *Foreword: Abolition Constitutionalism*[1] stellt *Dorothy E. Roberts* Überlegungen zu »abolition constitutionalism« an, um die Bewegung der »prison abolitionists« theoretisch zu unterfüttern.[2] Die Proteste nach der Tötung von George Floyd durch die Polizei von Minneapolis markierten einen Wendepunkt in der Debatte. Sie mündeten in Vorschläge und Forderungen zur Abschaffung der Polizei (»*defund the police*«) und machten »prison abolitionism« einem breiteren Publikum bekannt.[3] Dies ist Teil eines positiven Trends. In keinem Land sind prozentual mehr Menschen inhaftiert als in den Vereinigten Staaten,[4] und zwar in einer Weise, die oft unmenschlich und ungerecht ist. Dabei sind überproportional häufig afro- oder lateinamerikanische, indianische, eingewanderte,

* David G. Price and Dallas P. Price Professor of Law, Director of the UCLA Transnational Program on Criminal Justice. Der Text beruht auf dem Beitrag »Penal Abolitionism and Criminal Law Minimalism: Here and There, Now and Then«, *Harvard Law Review Forum* 133/2020. Der Beitrag wurde in Abstimmung mit dem Autor von Christoph Burchard in Zusammenarbeit mit Finn-Lauritz Schmidt übersetzt und im Rahmen der Übersetzung deutlich gestrafft. Von Container-Fußnoten wurde abgesehen. Für weitere Nachweise und Danksagungen vgl. den Originaltext.

1 Dorothy E. Roberts, »Foreword: Abolition Constitutionalism«, *Harvard Law Review* 2019, S. 1.

2 Da die Übersetzung »abolistischer Konstitutionalismus« bzw. »Strafvollzugsabolitionismus« etwas krumm erscheint, wurde entschieden, hier die englischen Originalbegriffe beizubehalten.

3 Zur Beziehung zwischen Polizei und Gefängnissen sowie deren Abschaffung siehe allgemein: Eduardo Bautista Duran/Jonathan Simon, »Police Abolitionist Discourse? Why It Has Been Missing (and Why It Matters)«, in: Tamara Rice Lave/Eric J. Miller (Hg.), *The Cambridge Handbook of Policing in the United States,* Cambridge: Cambridge University Press 2019, S. 85–103.

4 Unbekannt, »Highest to Lowest – Prison Population Rate«, *World Prison Brief* 08.09.2020 https://perma.cc/D6XD-87YD (Zugriff: 31.03.2025).

arme, weibliche und psychisch kranke Menschen betroffen.[5] Auch die Zahl der von der Polizei verübten Tötungen von Afroamerikaner:innen und anderen Menschen ist in den Vereinigten Staaten wesentlich höher als in anderen westlichen Demokratien.[6] Öffentliche Diskussionen, wissenschaftliche Arbeiten und Reformbemühungen, die darauf abzielen, das Ausmaß des als »kriminell« eingestuften Verhaltens zu verringern und die Art der Bestrafung zu humanisieren, sind daher begrüßenswerte Entwicklungen.

Es ist jedoch wichtig, dabei einen kritischen Blick zu bewahren, um umfassend und sinnvoll darüber diskutieren zu können, wie sozialschädliches Verhalten (»harmful conduct«) zu bewerten und zu entgegnen ist, um zu eruieren, wie der Strafvollzug humanisiert werden kann. Mit dieser kritischen Perspektive im Hinterkopf möchte ich in diesem Artikel drei Beiträge zur Debatte um »prison abolitionism« leisten:

Erstens fehlt in *Roberts'*[7] Argumentation ein Bezug zu abolitionistischen Bewegungen und Theorien außerhalb der Vereinigten Staaten. Der Strafvollzugsabolitionismus ist ein globales Phänomen mit langen Traditionen, insbesondere in Europa und Lateinamerika. Die Vernachlässigung dieser Perspektiven könnte zu einer Verzerrung führen, die den internationalen Austausch über alternative Modelle der Strafrechtspflege behindert.

Zweitens gibt es zentrale Herausforderungen für den Abolitionismus, die ernst genommen werden müssen. Dazu gehört die Frage, wie Gesellschaften mit schädlichem Verhalten umgehen können, ohne auf Bestrafung und Inhaftierung zurückzugreifen. Der völlige Verzicht auf staatliche Sanktionen könnte sich als ungerecht erweisen, insbesondere für Opfer von Gewaltverbrechen. Zudem bleibt unklar, welche alternativen Mechanismen für öffentliche Sicherheit und sozialen Ausgleich entwickelt werden könnten.

Drittens bietet das Konzept des *abolition constitutionalism* eine interessante Grundlage für rechtliche und politische Reformen. Allerdings ist eine weitergehende Reflexion darüber nötig, inwieweit ein minimalistisches Strafrecht, das auf drastische Reduzierung statt vollständiger Abschaffung setzt, ein tragfähigerer Ansatz sein könnte. Die Vorstellung eines konstitutionellen Rahmens, der auf sozialen Ausgleich und Prävention statt auf Strafe setzt, könnte ein entscheidender Schritt in Richtung eines gerechteren Rechtssystems sein.

5 Hierzu Michelle Alexander, *The New Jim Crow: Mass Incarceration in the Age of Colorblindness*, New York: The New Press 2010, S. 8; James Forman Jr., *Locking Up Our Own: Crime and Punishment in Black America*, New York: Farrar, Straus and Giroux 2017, S. 6f.; David Garland, *The Culture of Control*, Oxford: Oxford University Press 2001, S. 178f.

6 Franklin E. Zimring, *When Police Kill*, Cambridge: Harvard University Press 2017, S. 76.

7 Dorothy E. Roberts, »Foreword: Abolition Constitutionalism«, S. 1.

Dieser Artikel untersucht daher, wie internationale Perspektiven den abolitionistischen Diskurs bereichern können, welche Herausforderungen für eine vollständige Abschaffung des Strafrechts bestehen und wie sich ein rechtlicher Rahmen für eine radikale Reduzierung des Strafsystems gestalten ließe.

II. Abolitionismus in Europa und Lateinamerika

Dorothy Roberts verortet den Strafvollzugsabolitionismus primär in der US-amerikanischen Bürgerrechtsbewegung und stellt ihn als Reaktion auf rassistische Polizeigewalt und Masseninhaftierung dar. Sie ignoriert dabei jedoch, dass es eine lange internationale Geschichte abolitionistischer Theorien gibt.[8] Insbesondere in Europa und Lateinamerika entwickelten sich in den letzten Jahrzehnten Konzepte, die über die Forderung nach einer Abschaffung von Gefängnissen hinausgehen und das Strafrecht selbst infrage stellen.[9] Diese Perspektiven sind wichtig für eine umfassendere Debatte über mögliche Alternativen zum bestehenden Strafrechtssystem.

1. Abolitionismus in Europa

Die Ursprünge des modernen Abolitionismus in Europa lassen sich in die 1960er Jahre zurückverfolgen. In Skandinavien entstand eine kritische Auseinandersetzung mit dem Strafsystem, die sich in der Gründung abolitionistischer Organisationen wie KROM in Norwegen manifestierte.[10] Diese Gruppen wurden von ehemaligen Inhaftierten, Jurist:innen, Sozialwissenschaftler:innen und politischen Aktivist:innen gegründet und forderten eine grundlegende Umgestaltung der Gesellschaft, um Kriminalität nicht durch Strafe, sondern durch soziale Maßnahmen zu begegnen.[11]

8 Zu strafrechtsabolitionistischen Bemühungen außerhalb der Vereinigten Staaten: Patrisse Cullors, »Abolition and Reparations: Histories of Resistance, Transformative Justice, and Accountability«, *Harvard Law Review* 2018, S. 1684.

9 Zu den verschiedenen Strömungen: Willem de Haan, *The Politics of Redress: Crime, Punishment and Penal Abolition*, London (u.a.): Routledge 1990, S. 179.

10 Weitergehend hierzu Donald F. Tibbs, *From Black Power to Prison Power: The Making of Jones V. North Carolina Prisoners' Labor Union*, New York: Palgrave Macmillan 2012, S. 118.

11 Thomas Mathiesen, *The Politics of Abolition Revisited*, London (u.a.): Routledge 2015, S. 74.

Einer der zentralen theoretischen Beiträge dieser Zeit stammt von Thomas Mathiesen, dessen Werk *The Politics of Abolition* (1974)[12] ein fundamentales Konzept für die abolitionistische Bewegung entwickelte. Mathiesen argumentierte, dass der Strafvollzug in erster Linie dazu diene, Machtverhältnisse aufrechtzuerhalten, anstatt gesellschaftliche Probleme zu lösen. Er prägte das Konzept des »Unfertigen« (*unfinished*), wonach radikale Reformen nicht als vollständig ausgearbeitete Alternativen präsentiert werden sollten, da sie sonst entweder vom bestehenden System absorbiert oder als unrealistisch abgelehnt würden.[13]

Neben Mathiesen war Nils Christie[14] ein einflussreicher Denker dieser Bewegung. Er kritisierte das Strafrecht als eine Institution, die soziale Konflikte monopolisiert und damit den betroffenen Individuen die Möglichkeit nimmt, ihre Konflikte selbst zu lösen. In seinem Werk *Conflicts as Property* argumentierte er, dass Konflikte nicht vom Staat »enteignet« werden sollten, sondern durch gemeinschaftliche und versöhnende Prozesse behandelt werden müssten.[15] In den Niederlanden entwickelte Louk Hulsman ähnliche Ideen. In seinem Buch *Peines Perdues* (1982) argumentierte er, dass das Strafrecht eine künstliche Konstruktion sei, die soziale Probleme in Kategorien von »Kriminalität« und »Bestrafung« zwinge, anstatt nachhaltige Lösungen zu fördern.[16] In Italien entwickelte Luigi Ferrajoli das Konzept des »minimalen Strafrechts« als Alternative zur Abschaffung der Strafe. Dessen Ziel ist es, den Einsatz von Strafmaßnahmen drastisch zu reduzieren und alternative Mechanismen jenseits der Strafe zur Konfliktlösung zu fördern.[17]

2. *Abolitionismus in Lateinamerika*

Parallel zu diesen Entwicklungen in Europa entstanden in Lateinamerika abolitionistische Ideen im Kontext des Übergangs nach autoritären Regimen und repressiven Justizsystemen. In Argentinien, Brasilien und Kolumbien hinterfragten Kritiker:innen die Legitimität eines Strafrechts, das historisch dazu diente, soziale Kontrolle auszuüben und politische Gegner zu unterdrücken.[18]

12 Thomas Mathiesen, *The Politics of Abolition*, New York: Wiley 1974.
13 Thomas Mathiesen, *The Politics of Abolition Revisited*, S. 47–61, 66f.
14 Exemplarisch: Nils Christie, *Limits to Pain*, Oxford: Martin Robertson 1981.
15 Nils Christie, »Conflicts as Property«, *The British Journal of Criminology* 17/1977, S. 1.
16 Louk Hulsman/Jacqueline Bernat de Celis, *Peines perdues: le système pénal en question*, Paris: Le Centurion 1982.
17 S. hierzu Luigi Ferrajoli, »Sul diritto penale minimo risposta a Giorgio Marinucci e a Emilio Dolcini«, *Il Foro Italiano* 2000, S. 125 (125f.)
18 Zum Strafrechtsabolitionismus in Lateinamerika vgl. Mauricio Martínez Sánchez, *La abolición del sistema penal*, Bogotá: Temis 1990; Alberto Bovino,

Eugenio Raúl Zaffaroni argumentierte, dass das Strafrecht oft eine Fortsetzung kolonialer Machtstrukturen sei und in erster Linie dazu diene, marginalisierte Gruppen zu kontrollieren.[19] In Brasilien und Kolumbien kritisierten abolitionistische Jurist:innen und Kriminolog:innen die Verquickung von Strafrecht und sozialer Ungleichheit. Sie plädierten für eine Abkehr von repressiven Maßnahmen hin zu präventiven, sozialpolitischen Strategien.[20]

3. Unterschiede zwischen US-amerikanischem und nicht-amerikanischem Abolitionismus

Ein zentraler Unterschied zwischen dem US-amerikanischen Abolitionismus und seinen europäischen sowie lateinamerikanischen Gegenstücken liegt in der Begrifflichkeit. Während in den USA meist von *Prison Abolitionism*[21] gesprochen wird, verwenden nicht-amerikanische Theoretiker:innen den Begriff *Penal Abolitionism.*[22] Während sich der erste Begriff primär auf die Abschaffung von Gefängnissen fokussiert, geht der zweite weiter und hinterfragt das gesamte Konzept des Strafrechts.

Ein weiterer Unterschied liegt in den ideologischen Grundlagen der jeweiligen Bewegungen. Der US-amerikanische Abolitionismus ist stark von der Critical Race Theory und marxistischen Theorien geprägt und betont die rassistischen und kapitalistischen Strukturen hinter dem Strafsystem.[23] In Europa und Lateinamerika sind abolitionistische Theorien dagegen breiter aufgestellt und greifen unter anderem auf humanistische, phänomenologische, lokalistische und christlich-theologische Ansätze oder auf eine Kritik experto- und technokratischer Rechtfertigungen des Straf- und Gefängnissystems zurück.[24]

»La víctima como preocupación del abolicionismo penal«, in: Albin Eser et al. (Hg.), *De los delitos y de las víctimas*, Buenos Aires: AD-HOC 1992, S. 261.

19 Eugenio Raúl Zaffaroni, *En busca de las penas perdidas*, Buenos Aires: Ediar 1989.

20 Zum Strafrechtsabolitionismus in Lateinamerika siehe bereits Fn. 18.

21 Angela Y. Davis, *Are Prisons Obsolete?*, New York: Seven Stories Press 2003, S. 55.

22 Willem de Haan, *The Politics of Redress: Crime, Punishment and Penal Abolition*; Louk Hulsman/Jacqueline Bernat de Celis, *Peines perdues: le système pénal en question*, S. 7, 48; Eugenio Raúl Zaffaroni, *En busca de las penas perdidas*, S. 93.

23 Angela Y. Davis, *Are Prisons Obsolete?*, S. 44f., 103. Für eine Einführung in die Critical Race Theory: Kimberlé Crenshaw et al. (Hg.), *Critical Race Theory: The Key Writings That Formed The Movement*, New York: The New Press 1995.

24 Louk Hulsman/Jacqueline Bernat de Celis, *Peines perdues: le système pénal en question*, S. 46; Nils Christie, *Limits to Pain*, S. 72ff.

Diese Unterschiede wirken sich auf die strategischen Schwerpunkte aus. Während die US-amerikanische Debatte oft die Polizei und das Gefängnissystem als vorrangige Ziele betrachtet, setzen sich nicht-amerikanische Theoretiker:innen stärker mit Alternativen zum gesamten strafrechtlichen Denken auseinander. Das führt zu einer weitergehenden Kritik daran, wie Gesellschaften mit sozialen Konflikten umgehen und welche normativen Grundlagen sie dafür wählen.[25]

4. *Herausforderungen und Kritik am Abolitionismus*

Ein wesentlicher Kritikpunkt am Abolitionismus ist die Frage, wie mit schwerwiegenden Verbrechen umgegangen werden soll, wenn Polizei und Gefängnisse abgeschafft würden.[26] Einige Abolitionist:innen wie Angela Davis argumentieren, dass transformative Gerechtigkeitsansätze auch in Fällen von Gewaltverbrechen funktionieren könnten. Sie verweisen auf Beispiele wie den Fall von Amy Biehl, einer US-Amerikanerin, die in Südafrika ermordet wurde, deren Eltern aber dennoch mit ihren Mördern versöhnungsorientierte Prozesse führten.[27]

Andere Abolitionist:innen, darunter Nils Christie, argumentieren, dass gesellschaftliche Reaktionen auf Gewalt nicht zwangsläufig strafend sein müssen. Er schlug vor, dass selbst bei schwersten Verbrechen soziale Mechanismen der Versöhnung und Wiedergutmachung wirkungsvoller sein könnten als repressive Maßnahmen.[28]

Kritiker:innen bemängeln jedoch, dass Abolitionist:innen oft keine klaren Antworten darauf geben, wie solche Mechanismen im großen Maßstab funktionieren würden. Zudem bleibt offen, wie gesellschaftliche Machtverhältnisse ohne formelle Strafmechanismen reguliert werden können. Einige Abolitionist:innen haben darauf mit der Strategie des »Unfertigen« geantwortet, nach der Alternativen nicht vollständig ausgearbeitet präsentiert werden sollen, um ihre politische Durchsetzbarkeit zu erhöhen.[29]

Ein weiterer Kritikpunkt betrifft die Rolle des Strafrechts in der Bürgerrechtsbewegung. Historisch gesehen haben Schwarze Aktivist:innen in den USA oft für eine konsequentere strafrechtliche Verfolgung von rassistischer Gewalt plädiert – von den Anti-Lynch-Gesetzen bis

25 Nils Christie, *Limits to Pain*, S. 92ff.

26 Nicolas Carrier/Justin Piché, »Blind Spots of Abolitionist Thought in Academia: On Longstanding and Emerging Challenges«, *Champ pénal* 2015, S. 1 (6–11).

27 Angela Y. Davis, *Are Prisons Obsolete?*, S. 114f.

28 Nils Christie, »Peace or Punishment?«, in: Georg Gilligan/John Pratt (Hg.), *Crime, Truth and Justice*, Devon: Willan 2004, S. 243 (243f.).

29 Allegra M. McLeod, »Confronting Criminal Law's Violence: The Possibilities of Unfinished Alternatives«, *Harvard Unbound* 2013, S. 109 (120f.).

zu modernen Hate-Crime-Gesetzen. Kritiker:innen argumentieren, dass eine vollständige Abschaffung des Strafrechts in diesem Kontext auch die Möglichkeit nehmen könnte, rassistische Verbrechen zu sanktionieren.[30]

5. Bedeutung für die heutige Debatte

Die internationale Geschichte des *prison abolitionism* zeigt, dass es sich nicht um eine rein amerikanische oder neue Idee handelt, sondern um eine tief verwurzelte Bewegung mit globalen Wurzeln.[31] Während der US-amerikanische Abolitionismus häufig auf Rassismus und Klassenunterdrückung fokussiert ist, betonen nicht-amerikanische Theoretiker:innen stärker die generelle Problematik des Strafrechts als Herrschaftsinstrument.[32]

Die europäischen und lateinamerikanischen Erfahrungen verdeutlichen zudem, dass der Abolitionismus nicht nur eine Reformagenda ist, sondern eine grundsätzliche Alternative zum bestehenden Strafrechtssystem darstellt. Indem diese Perspektiven stärker in die US-amerikanische Debatte integriert werden, könnte eine umfassendere Vision entstehen, die nicht nur einzelne Institutionen wie Gefängnisse oder Polizei infrage stellt, sondern auch das gesamte Konzept von Kriminalität, Bestrafung und sozialer Kontrolle.

Der Blick über die USA hinaus eröffnet daher neue Möglichkeiten für eine abolitionistische Politik, die sich nicht nur mit Symptomen des Strafsystems, sondern mit seinen strukturellen Ursachen befasst. Die Frage ist nicht nur, ob Gefängnisse abgeschafft werden sollen, sondern wie Gesellschaften mit Konflikten umgehen, ohne auf repressive und diskriminierende Maßnahmen zurückzugreifen.

III. Herausforderungen des Strafrechtsabolitionismus

Im amerikanischen wie auch im nicht-amerikanischen Strafrechtsabolitionismus sind verschiedene Einwände laut geworden.[33] In diesem Abschnitt möchte ich drei Herausforderungen beleuchten, die ich für besonders zentral halte und die erklären, weshalb ich mich – obwohl ich

30 Lisa L. Miller, *The Perils of Federalism: Race, Poverty, and the Politics of Crime Control*, Oxford: Oxford University Press 2008, S. 174.

31 Zum internationalen Kontext des prison abolitionism: Angela Y. Davis, *Freedom Is a Constant Struggle*, Chicago: Haymarket Books 2016, S. 5ff.

32 Nils Christie, *Limits to Pain*, S. 13–19.

33 Willem de Haan, *The Politics of Redress: Crime, Punishment and Penal Abolition*, S. 85ff.; Nicolas Carrier/Justin Piché, »Blind Spots of Abolitionist Thought in Academia: On Longstanding and Emerging Challenges«, S. 32ff..

den Strafrechtsabolitionismus als bedeutsame und kraftvolle soziale Bewegung und Theorie wertschätze – eher dem »Strafrechtsminimalismus« zuordnen würde. Bevor ich darauf näher eingehe, möchte ich zwei Punkte vorausschicken:

Erstens verstehe ich unter »Strafrechtsminimalismus« eine Theorie, in der es weiterhin öffentliche Strafverfolgung, Sanktionsmaßnahmen und zumindest vorläufig auch Freiheitsentzug als Instrumente zur Bewältigung sozialschädlichen Verhaltens gibt. Diese Instrumente sollen jedoch nur dann eingesetzt werden, wenn es keine anderen, gleich wirksamen Maßnahmen gibt, und sie müssen in fairer und angemessener Weise angewandt werden. Aus dieser Position folgt, dass die Vereinigten Staaten die Zahl ihrer Inhaftierten radikal reduzieren, die Strafverfolgung und den Strafvollzug neu ausrichten sowie eine Reihe nichtstrafender Mechanismen einführen müssten, um den Rückgriff auf das Strafrecht so weit wie möglich zu verringern.

Zweitens soll die Erörterung dieser Herausforderungen keineswegs den Strafrechtsabolitionismus herabsetzen oder entwerten. Unabhängig davon, wie man diese Herausforderungen bewertet, überschneiden sich die Reformvorschläge des Strafrechtsminimalismus und des Strafrechtsabolitionismus – wie bereits erwähnt – in erheblichem Maße. Dennoch ist eine kritische Auseinandersetzung mit den jeweiligen Positionen unerlässlich, um den bestmöglichen Weg zur Gewährleistung öffentlicher Sicherheit zu finden.

1. Sozialschädliches Verhalten

Eine erste grundlegende Herausforderung für den Strafrechtsabolitionismus besteht darin, wie mit sozialschädlichem Verhalten umzugehen ist, wenn Polizei und Strafverfolgung sowie Gefängnisse oder andere Formen unfreiwilliger Freiheitsentziehung abgeschafft würden.[34] Unter »sozialschädlichem Verhalten« fallen schwerwiegende Delikte wie Tötungsdelikte, Vergewaltigungen, sexuelle Übergriffe, häusliche Gewalt, schwere Körperverletzungen, bewaffnete Einbrüche, bestimmte Raubtaten und Brandstiftungen. In vielen Gesellschaften stellt sich darüber hinaus die Frage, wie Verbrechen systematischer oder kollektiver Gewalt – etwa Völkermord, Apartheid oder das gewaltsame Verschwindenlassen von Menschen – ohne Strafjustiz geahndet werden könnten.[35]

34 Ebd., S. 6–11.
35 Steven Ratner/Jason S. Abrams/James L. Bischoff, *Accountability for Human Rights Atrocities in International Law: Beyond the Nuremberg Legacy*, Oxford: Oxford University Press 2009, S. 3–26.

Angesichts dieser Herausforderungen haben sich innerhalb des Abolitionismus vier typische Reaktionsweisen herausgebildet: (1) das »Zurückrudern« (in Richtung Strafrechtsminimalismus), (2) das Ausweichen (durch Fokussierung auf leichtere Kriminalität), (3) das Adressieren von exemplarischen Alternativen sowie (4) das Verschieben (der Problemlösung auf eine künftige, radikal andere Gesellschaft).

a) »Zurückrudern« (in Richtung Strafrechtsminimalismus)

Einige Abolitionist:innen distanzieren sich nicht vollständig vom Gefängnis oder dem Strafrecht, sondern betrachten Haft zumindest in Fällen schwerster Kriminalität weiterhin als legitim.[36] So kam es beispielsweise in Argentinien vor, dass sich führende Wissenschaftler:innen als »abolitionistisch« bezeichneten, im Kontext der Menschenrechtsverletzungen durch die Militärdiktatur jedoch ausdrücklich eine strafrechtliche Verfolgung befürworteten. Diese Haltung deckt sich de facto mit einer minimalistisch-strafrechtlichen Position: Zwar sollen Polizei und Gefängnisse stark reduziert werden, jedoch nicht völlig verschwinden.[37]

In dieses Spektrum gehören auch jene, die argumentieren, es sei derzeit nicht entscheidend, ob eine kleine Restpopulation tatsächlich im Gefängnis bleiben müsse. Zunächst gelte es, die Masse der Inhaftierten zu entlassen; erst wenn diese drastische Verringerung erreicht sei, könne über den verbleibenden »harten Kern« diskutiert werden.[38] Wer aber einräumt, dass wenigstens ein Teil von Straftäter:innen weiterhin inhaftiert wird, akzeptiert letztlich, dass das klassische Strafrechtssystem nicht vollends abgeschafft wird.

b) Ausweichen

Andere Abolitionist:innen konzentrieren sich bewusst auf weniger gravierende Delikte wie Drogenbesitz oder Eigentumsdelikte, die ihrer Ansicht nach entkriminalisiert oder mit alternativen Ansätzen bearbeitet werden sollten.[39] Dies kann eine politische Strategie sein, um aufzuzeigen, wie

36 Fay Honey Knopp, *Instead of Prisons: A Handbook for Abolitionists*, New York: Prison Research Education Action Project 1976; Sebastian Scheerer, »Towards Abolitionism«, *Contemporary Crisis* 1986, S. 19.

37 Fay Honey Knopp, *Instead of Prisons: A Handbook for Abolitionists*; Sebastian Scheerer, »Towards Abolitionism«, *Contemporary Crisis* 1986, S. 10.

38 Ein großer Dank gilt Professor David Sklansky, welcher mir diesen Standpunkt näher erläutert hat.

39 Willem de Haan, *The Politics of Redress: Crime, Punishment and Penal Abolition*, S. 91.

groß das Potenzial nichtstrafender Verfahren ist. Allerdings umgeht man damit die Frage, wie eine Gesellschaft auf Gewaltverbrechen reagieren sollte, die selbst viele Abolitionist:innen nicht ohne Weiteres einer unregulierten Konfliktlösung überlassen würden.

Der norwegische Soziologe Thomas Mathiesen nutzt hier den Begriff des »Unvollendeten« (»the unfinished«). Abolitionist:innen sollten keine vollständig ausgearbeiteten Alternativen präsentieren, da diese – wenn sie radikal klingen – entweder vom System vereinnahmt oder als realitätsfremd abgetan würden.[40] Dieser Ansatz kann zwar politisch vorteilhaft sein, lässt aber offen, wie eine Welt ohne Gefängnisse bei schweren Gewaltstraftaten handeln sollte.

c) Adressierung von Alternativen

Wieder andere Abolitionist:innen befassen sich gezielt mit schwerem sozialschädlichem Verhalten. Angela Davis verweist beispielsweise auf den Fall von Amy Biehl, in dem die Eltern der in Südafrika ermordeten US-Studentin zwei ihrer Mörder adoptierten.[41] Nils Christie schlug vor, den Kommandanten eines nationalsozialistischen Konzentrationslagers in einer öffentlichen Anhörung mit der moralischen Verurteilung seines Handelns zu konfrontieren.[42] Auch gibt es Projekte, die versuchen, auf Folterpraktiken durch die Polizei oder auf sexuelle Gewalt nicht mit klassischer Strafjustiz zu reagieren, sondern Räume zu schaffen, in denen Betroffene und Täter:innen gemeinsam an alternativen Formen der Wiedergutmachung und Konfliktbearbeitung arbeiten.[43]

Solche Programme[44] können den klassischen Strafvollzug in vielen Fällen ergänzen oder teilweise ersetzen, da sie auf Versöhnung, Prävention, soziale Teilhabe und Bildung setzen. Allerdings besteht ein erheblicher Unterschied zwischen der Möglichkeit, bei Einzelfällen auf Freiheitsentzug zu verzichten, und dem Vorhaben, alle Konflikte ohne Polizei oder Gefängnis zu lösen. So nachvollziehbar abolitionistische Skepsis gegenüber Strafe ist, so schwer vorstellbar ist es, in naher Zukunft grundsätzlich auf jede staatliche Intervention zu verzichten. Ob und wann Gefängnisse und Polizeibehör-

40 Thomas Mathiesen, *The Politics of Abolition Revisited*, S. 48f.

41 Angela Y. Davis, *Are Prisons Obsolete?*, S. 114f.

42 Nils Christie, »Peace or Punishment?«, S. 243f.

43 Allegra M. McLeod, »Envisioning Abolition Democracy«, *Harvard Law Review* 2019, S. 1613f.; Mia Mingus, »Transformative Justice: A Brief Description«, *transformharm.org* 11.01.2019, https://transformharm.org/tj_resource/transformative-justice-a-brief-description/ (Zugriff: 31.03.2025).

44 Eine kurze Übersicht über einige dieser Programme und Initiativen: »What Happens After We Defund Police?«, *UCLA Criminal Justice Program* 06.2020 https://perma.cc/RQF3-23XU (Zugriff: 06.04.2025).

den überflüssig werden, hängt letztlich von den Bedürfnissen, Wertvorstellungen und Machtverhältnissen in den betroffenen Gemeinschaften ab.[45]

Darüber hinaus zeigt ein Blick in die USA, dass fehlende Strafverfolgung selbst in von Diskriminierung betroffenen Communities gefährliche Folgen haben kann. Jill Leovy beschreibt in *Ghettoside*, wie niedrige Aufklärungsraten bei Tötungsdelikten in South Central Los Angeles die Bildung einer Kultur der Selbstjustiz befördern.[46] Ähnliche Phänomene wurden in anderen Regionen dokumentiert.[47]

Hinzu kommt, dass Strafverfolgung für viele Schwarze Communities in den USA durchaus ein wichtiges Mittel war, um sich gegen weiße Vorherrschaft zu wehren.[48] Personen wie Ida B. Wells-Barnett[49] oder W.E.B. Du Bois[50] und Organisationen wie die NAACP[51] forderten beispielsweise explizite Strafen für weiße Lynchmorde oder rassistisch motivierte Tötungen. Dieser Kampf um die Ahndung rassistischer Gewalt zeigt sich in der Anti-Lynch-Bewegung, in Bürgerrechtsgesetzen sowie in jüngeren Protesten, die Straffreiheit für Polizist:innen oder Zivilpersonen mit rassistischem Tatmotiv anprangern. Auch außerhalb der Vereinigten Staaten – etwa nach Völkermorden oder Diktaturen – sind Bestrafungen ein wesentlicher Bestandteil der Forderungen von Opfern und Menschenrechtsorganisationen, die neben Wahrheitskommissionen und Reparationszahlungen auch Strafprozesse anstreben.

Dies verteidigt nicht das US-amerikanische System der Masseninhaftierung,[52] sondern macht deutlich, dass ein Verzicht auf hoheitliche Sanktionsinstrumente – insbesondere Freiheitsstrafen – nicht immer dem Ideal von Gerechtigkeit und Sicherheit entsprechen muss.[53] Ein völliges

45 William J. Stuntz, *The Collapse of American Criminal Justice*, Cambridge: Harvard University Press 2011, S. 287.

46 Jill Leovy, *Ghettoside: A True Story of Murder in America*, New York: One World 2015, S. 156f.

47 Angelina Snodgrass Godoy, *Popular Injustice: Violence, Community, and Law in Latin America*, Stanford (Kalifornien): Stanford University Press 2006, S. 5f.

48 James Forman Jr., *Locking Up Our Own: Crime and Punishment in Black America*, S. 11.

49 Ida B. Wells, *Southern Horrors: Lynch Law in All Its Phases*, New York: New York Age Print 1892, S. 21.

50 Philip S. Foner, *W.E.B. Du Bois Speaks: Speeches and Addresses 1920–1963*, New York: Pathfinder Press 1970, S. 202f.

51 Zur Geschichte von NAACAP: Unbekannt, »NAACP History: Dyer Anti-Lynching Bill«, *naacp* https://perma.cc/W5WK-KDPT (Zugriff: 31.03.2025).

52 Kritische Analyse zur Polizeiarbeit: Monica C. Bell, »Police Reform and the Dismantling of Legal Estrangement«, *Yale Law Journal* 2017, S. 2054.

53 Kathryn Sikkink, *The Justice Cascade: How Human Rights Prosecutions Are Changing World Politics*, New York: W.W. Norton & Company 2011, S. 5.

Fehlen institutioneller Kontrolle kann gerade in Fällen extremer Gewalt selbst ungerecht wirken, weil besonders verletzliche Gruppen gegen mächtige Täter:innen allein gelassen würden.

d) Verschieben, bis eine neue Gesellschaft geschaffen ist

Manche Abolitionist:innen argumentieren, eine vollständige Abschaffung von Polizei und Gefängnissen sei nur in einer künftigen Gesellschaft vorstellbar, in der die strukturellen Ursachen sozialschädlichen Verhaltens so weitgehend beseitigt sind, dass man nicht mehr auf das Strafrecht angewiesen wäre. Da diese sozialen, wirtschaftlichen und politischen Veränderungen aber noch ausstehen, könne man lediglich Zwischenschritte in Richtung eines Abbaus des heutigen Strafjustizsystems unternehmen.[54]

Insgesamt zeigt sich, dass die Frage, wie man auf schwerwiegendes sozialschädliches Verhalten reagieren soll, im Zentrum der Debatten zwischen Strafrechtsabolitionist:innen und Strafrechtsminimalist:innen steht. Während die einen Polizei und Gefängnisse weitgehend eliminieren möchten, sehen die anderen gewisse staatliche Eingriffsbefugnisse als notwendig an – zumindest solange noch Gewaltprobleme und strukturelle Ungleichheiten bestehen. Beide Positionen teilen allerdings die Überzeugung, dass das aktuelle US-Strafjustizsystem dringend reformiert werden muss.

2. *Die Unvergänglichkeit von Macht*

Eine weitere zentrale Herausforderung für den Strafrechtsabolitionismus besteht darin, dass Machtverhältnisse nicht einfach aufgehoben werden können, selbst wenn Polizei, Gefängnisse oder andere Institutionen des Strafrechts eines Tages vollständig abgeschafft würden. Mit »Machtverhältnissen« sind hier diejenigen sozialen, wirtschaftlichen und politischen Strukturen gemeint, die das Zusammenleben bestimmen und dabei häufig zu Ungleichheit und Unterdrückung führen. In jeder Gesellschaft existieren bestimmte Regeln, Normen und Institutionen, die den Umgang mit Konflikten, Missständen und sozialschädlichem Verhalten regeln. Selbst wenn man Polizei und Gefängnisse abschaffte, müsste man diese Strukturen ersetzen, weil sie bislang für die Kontrolle bestimmter Lebensbereiche zuständig waren.[55]

54 Angela Y. Davis, *Are Prisons Obsolete?*, S. 105ff.
55 Hernán Charosky/Máximo Langer, »Crítica destructiva: Por un nihilismo criminológico«, *No Hay Derecho* 7/1992, S. 32ff.

a) Warum Machtverhältnisse fortbestehen

Michel Foucault hat in seinen Analysen der Disziplinar- und Überwachungsgesellschaft darauf hingewiesen, dass sich Macht nicht nur in offensichtlichen Zwangsinstitutionen wie Gefängnissen oder psychiatrischen Anstalten manifestiert. Macht wird auch in weniger sichtbaren Netzwerken ausgeübt, etwa durch soziale Normen, bürokratische Praktiken, medizinische Klassifikationen oder wirtschaftliche Zwänge.[56] Selbst eine vollständig gefängnisfreie Gesellschaft würde neue Formen der Kontrolle und Regulierung entwickeln, weil es stets unterschiedliche Interessen, soziale Konflikte und Grenzziehungen gibt.

Hier setzt die Kritik am Strafrechtsabolitionismus an: Ein bloßer Verzicht auf Polizei und Gefängnisse garantiert noch keine gerechtere oder freiere Gesellschaft. Auch alternative Organisationsformen – etwa lokale »Gemeinschaftsräte« ohne formale Staatsgewalt[57] – könnten autoritär handeln, bestimmte Gruppen ausschließen oder neue Hierarchien etablieren. Entscheidend ist daher, wie sich Machtbeziehungen so strukturieren lassen, dass sie möglichst wenig Unterdrückung erzeugen und eine faire Partizipation aller ermöglichen.

b) Strafrechtsminimalismus und Machtordnung

Der Strafrechtsminimalismus geht davon aus, dass soziale Kontrolle nicht grundsätzlich verschwindet, sondern lediglich in anderer Form organisiert wird. Er plädiert dafür, die Strafgewalt des Staates auf jene Fälle zu begrenzen, in denen tatsächlich eine einschneidende Intervention gegen sozialschädliches Verhalten erforderlich ist, weil ansonsten gewichtige Rechtsgüter gefährdet sind. Gleichzeitig muss man stets prüfen, ob es mildere, nichtstrafende Instrumente gibt, um mit Konflikten und Regelverstößen umzugehen. Der Rückgriff auf Polizeigewalt, Haft oder Strafen sollte nur dann erfolgen, wenn keinerlei Alternativen vorliegen, die den Schutz der Gemeinschaft und die Rechte der potenziell Geschädigten gewährleisten.

Ein zentrales Anliegen des Strafrechtsminimalismus ist daher, die Praxis zu hinterfragen, viele Arten sozialschädlichen Verhaltens sofort über das Strafrecht zu regeln. Viel zu häufig setzen Gesellschaften auf strafrechtliche Repression, um Probleme zu bewältigen, die eigentlich auf sozialpolitische, psychologische oder pädagogische Weise gelöst werden

56 Vgl. Michel Foucault, *Discipline and Punish: The Birth of the Prison*, New York: Vintage Books 1995.

57 In diese Richtung Hernán Charosky/Máximo Langer, »Crítica destructiva: Por un nihilismo criminológico«, S. 33f.

könnten.[58] Der minimalistische Ansatz zeigt, dass sich Macht auch in gemeindenahen oder informellen Verfahren manifestiert und daher demokratische und transparente Kontrollmechanismen benötigt werden – beispielsweise faire Beteiligungsverfahren, klare Regeln zu Verantwortlichkeiten und Rechenschaftspflichten.

c) Beispiele potenziell autoritärer Gemeinschaften

Bestimmte Spielarten des Strafrechtsabolitionismus schlagen vor, dass Konflikte und sozialschädliches Verhalten in kleinen, überschaubaren Gemeinschaften – oft als »Nachbarschaftszellen« oder lokale Räte gedacht – gelöst werden. Die Idee dahinter ist, persönliche Bindungen zu stärken und Konflikte mit Verständnis und gemeinsamen Lösungen zu begegnen, anstatt auf strenge Hierarchien oder staatliche Gewalt zu setzen.[59]

Doch kleine Gemeinschaften sind nicht per se frei von Machtmissbrauch.[60] Gerade in dörflichen Milieus oder eng geknüpften Nachbarschaften können gesellschaftliche Normen sehr restriktiv wirken und bestimmte Individuen oder Gruppen (z. B. queere Personen oder abweichende Charaktere) ausgrenzen. So kann ein kollektives System moralischer Kontrolle entstehen, das nicht weniger autoritär ist als staatliche Institutionen – nur weniger sichtbar und deshalb schwerer angreifbar. Die Gefahr liegt darin, dass besonders verletzliche Personen in solchen Gemeinschaften keinen wirksamen Schutz vor Übergriffen oder Mobbing haben, wenn es keinen übergeordneten Mechanismus gibt, der die Macht lokaler Strukturen begrenzt.

d) Der Illusionscharakter einer vollständig gewaltfreien Gesellschaft

Ein damit verwandtes Argument richtet sich gegen die Vorstellung, eine ideale Gesellschaft bräuchte überhaupt keine staatliche Intervention. Selbst in einer deutlich egalitäreren und gerechteren Ordnung werden Konflikte auftreten, die bis hin zu gewalttätigen Auseinandersetzungen

58 Luigi Ferrajoli, »Crisi della legalità e diritto penale minimo«, in: Umberto Curi/Giovanni Palombarini (Hg.), *Diritto penale minimo*, Rom: Donzelli 2002, S. 11f., 15, 19.

59 Vgl. Hernán Charosky/Máximo Langer, »Crítica destructiva: Por un nihilismo criminológico«, S. 33f.

60 Siehe z.B. Sally Engle Merry, »The Social Organization of Mediation in Nonindustrial Societies: Implications for Informal Community Justice in America«, in: Richard L. Abel (Hg.), *The Politics of Informal Justice Vol. II: Comparative Studies,* New York: Academic Press 1982, S. 20f.

eskalieren. Ein gewisses Maß an organisierter Kontrolle oder sanktionierender Instanz scheint daher unvermeidbar. Der Strafrechtsminimalismus erkennt an, dass eine gerechtere Gesellschaft sehr viel weniger Polizei, Strafen und Gefängnisse erfordern würde – dennoch könnten gravierende Einzelfälle von Gewalt nicht völlig ausgeschlossen werden.

Würde man staatliche Eingriffe vollkommen abschaffen, könnten sich private oder halbprivate Sicherheitsdienste etablieren oder bestimmte Gruppen könnten in Vigilantismus abdriften.[61] Es wäre also keineswegs sicher, dass eine Welt ohne formale Strafjustiz systematisch weniger oppressive Machtmechanismen aufweist. Vielmehr könnte die Abwesenheit geregelter Verfahren, die zumindest an rechtsstaatliche Prinzipien gebunden sind, zu einer unkontrollierbaren Vielfalt informeller Machtordnungen führen.

e) Bedeutet das eine Legitimation von Strafe?

Der Hinweis darauf, dass Machtverhältnisse unausweichlich sind, bedeutet nicht, blinde Legitimation für ein strafrechtlich übersteigertes System zu liefern. Aus Sicht des Strafrechtsminimalismus besteht vielmehr die Notwendigkeit, staatliche Zwangsgewalt so stark wie möglich zu reduzieren und Alternativen zu fördern, ohne dabei die Illusion zu nähren, man könne jegliche Form von Repression oder Kontrolle abschaffen. Der Abschaffung des Gefängnisses als Institution könnten etwa elektronische Überwachung, Hausarrest oder andere Maßnahmen folgen, die weniger sichtbar, aber nicht zwingend weniger beschränkend sind. Die Frage ist daher, wie man staatliche und nichtstaatliche Machtverhältnisse gleichermaßen kritisch hinterfragt.

Echte Gerechtigkeit lässt sich nur dann erreichen, wenn gesellschaftliche Machtasymmetrien strukturell bekämpft werden, indem man Zugang zu Gesundheit, Bildung, Wohnung und Arbeit für alle ausbaut und Armut, Rassismus und andere Diskriminierungen abbaut. Je besser dies gelingt, desto weniger muss das Strafrecht eingreifen. Doch selbst in einer idealeren Gesellschaft kann es nötig sein, bestimmte Individuen oder Gruppen – etwa bei schweren Gewalttaten – von anderen zu isolieren. Hier setzt der Strafrechtsminimalismus an, indem er die notwendigen »harten« Eingriffe auf das Minimum beschränkt und an eindeutige verfahrensrechtliche Garantien knüpft.

61 Jill Leovy, *Ghettoside: A True Story of Murder in America*, S. 156f.

f) Zwischenfazit: Gerechte Regulierung statt vollständiger Abschaffung

Die Einsicht, dass man jede Form von Machtordnung abschaffen müsste, um wirklich keine repressiven Strukturen mehr zu haben, führt zu einem radikalen Anspruch, der in der Realität kaum umsetzbar ist. Der Strafrechtsminimalismus erkennt die Grenzen einer vollständigen Abschaffung an und fokussiert sich darauf, Macht ordnen und eingrenzen zu können, statt sie vollends zu negieren. Darum kombiniert mein Verständnis des Strafrechtsminimalismus die Forderung nach umfassenden Sozial- und Wirtschaftsreformen mit einer drastischen Verkleinerung des Strafrechtssystems und der Suche nach zivilen, communitybasierten Konfliktlösungen.

Auch wenn das Ziel einer Welt ohne Gefängnisse oder Polizei für manche als wegweisende Utopie gelten mag, ist der Weg dorthin keineswegs gesichert. Ohne institutionelle Vorkehrungen gegen Missbrauch können alternative Formen der Konfliktbearbeitung selbst Machtunterschiede verfestigen. Der Strafrechtsminimalismus will deshalb weder die Bedeutung sozialer und wirtschaftlicher Veränderungen kleinreden, noch die Komplexität von Gewalt und sozialschädlichem Verhalten bagatellisieren. Statt einer völligen »Abschaffung von Macht« schlägt er vor, staatliche Macht so zu begrenzen und zu regulieren, dass Eingriffe nur geschehen, wenn unbedingt notwendig. Zugleich sollen präventive und nichtstrafende Mechanismen gefördert werden, um die Einmischung des Strafrechts so weit wie möglich überflüssig zu machen.

In diesem Licht betrachtet, ergibt sich ein differenziertes Bild: Ja, Gefängnisse und Polizei mögen in einer gerechteren Gesellschaft weitgehend an Bedeutung verlieren – aber Machtstrukturen per se verschwinden nicht. Gefordert ist daher eine bewusste, kritische Gestaltung der verbleibenden Institutionen, um autoritären Tendenzen in jeder Form entgegenzuwirken. Genau hier liegt der Kern der minimalistischen Perspektive: Sie reduziert das staatliche Gewaltmonopol auf Ausnahmefälle und beharrt zugleich auf der Notwendigkeit, übermäßige Macht oder blinde Machtausübung zu zügeln, wo immer sie auftritt. Nur so kann man der Illusion entgehen, die Abschaffung formeller Institutionen führe automatisch zu einer gewaltfreien, machtdistanzierten Gesellschaft.[62]

Ein weiterer Punkt in der Debatte um den Strafrechtsabolitionismus betrifft die Frage, ob in einer idealen Gesellschaft wirklich ganz auf Strafen verzichtet werden sollte oder könnte. Selbst wenn man Gefängnisse abschafft und Polizei sowie weitere Elemente formeller Repression drastisch reduziert, heißt das nicht automatisch, dass eine solche Gesellschaft

62 Für eine klassische Analyse vgl. Herbert Morris, »Persons and Punishment«, *The Monist* 1968, S. 475.

gar keine Strafen mehr kennen darf oder kennt. Auch aus Sicht des Strafrechtsminimalismus ist nicht ausgemacht, dass gänzlich auf jegliche Form von Strafe verzichtet werden kann oder soll.

3. *Kommt die ideale Gesellschaft ohne Strafe aus?*

a) Unvollständiger Ersatz: Therapie, Prävention und Sozialarbeit

Ein gängiges Argument im Abolitionismus lautet, sozialschädliches Verhalten ließe sich statt durch Strafen durch soziale, therapeutische oder medizinische Maßnahmen eindämmen. Beispielsweise würden Süchtige besser behandelt als bestraft. Ebenso könnten psychische Erkrankungen, die zu Gewalttaten beitragen, frühzeitig erkannt und therapiert werden. Auch häusliche Gewalt ließe sich durch pädagogische Programme und Präventionsinitiativen möglicherweise effektiver bekämpfen als durch polizeiliche Einsätze und Freiheitsstrafen.

Aus Perspektive des Strafrechtsminimalismus ist dieser Ansatz durchaus sinnvoll, solange er die Menschenwürde respektiert und nachweislich wirksam ist. Allerdings weist er darauf hin, dass Therapie oder andere »milde« Maßnahmen nicht in jedem Fall eine sinnvolle Alternative zu jeglicher Strafe darstellen. Zum einen kann ein auf Behandlung und Therapie fixiertes System rasch autoritäre Züge annehmen: Statt als autonome Bürger:innen würden Betroffene als Patient:innen oder als »Therapieobjekte« betrachtet. Es könnte zu unfreiwilliger Einweisung oder Zwangsbehandlung kommen, was ebenso stark in Rechte und Freiheiten eingreift wie eine Haft. Zum anderen bleiben Fälle schwerer Gewalt, bei denen therapeutische Interventionen allein weder Abschreckung noch unmittelbaren Schutz für die Opfer gewährleisten können.

Folglich erscheint es fraglich, ob eine rein »therapeutische« Gesellschaft tatsächlich gerechter wäre als eine Gesellschaft, die in seltenen Fällen auf Strafen zurückgreift.[63] Mit Blick auf die Erfahrungen totalitärer Regime, die psychiatrische Einrichtungen zur politischen Disziplinierung missbrauchten, zeigt sich, dass die Grenze zwischen Heilung und Zwang schmal ist.

b) Vorsorge statt Strafe: Präventive Maßnahmen und Problemfelder

Ein anderes Abolitionismus-Modell schlägt vor, Strafen durch präventive oder sichernde Maßnahmen zu ersetzen. Hierunter fallen erweiterte

63 Herbert Morris, »Persons and Punishment«, *The Monist* 1968, S. 475.

psychologische Betreuung, Sicherheitsverwahrung oder Überwachungssysteme, die potenziell gefährliche Personen schon vor einer Straftat kontrollieren sollen.[64] Das Problem liegt darin, dass derart präventive Maßnahmen – etwa unbefristete Unterbringungen in geschlossenen Einrichtungen oder umfassende elektronische Überwachung – wiederum tief in Grundrechte eingreifen. Sie können tendenziell sogar stärker in das Leben Einzelner eindringen als ein befristeter Freiheitsentzug im klassischen Strafvollzug.[65]

Aus Sicht des Strafrechtsminimalismus ist Prävention notwendig und wünschenswert, sollte jedoch keinesfalls zum Deckmantel für indirekte Strafen ohne rechtsstaatliche Garantien werden. Gerade bei präventiven Eingriffen ist die Gefahr groß, dass Personen ohne ein faires Verfahren pauschal als »gefährlich« eingestuft werden. Hier fordert ein minimalistischer Ansatz strenge Regeln, um Bürger:innen nicht bloß aufgrund bestimmter Risikoprofile oder pauschaler Verdachtsmomente zu isolieren. Gleichzeitig erkennt er an, dass man im Einzelfall Menschen vor akut gefährlichen Personen schützen muss – etwa bei Gewalttäter:innen, die keine Einsicht zeigen und wiederholt andere bedrohen.

c) Braucht auch eine ideale Gesellschaft geregelte Sanktionen?

Selbst wenn die gesellschaftlichen Bedingungen so gestaltet wären, dass sozialschädliches Verhalten drastisch abnimmt, ist es schwer vorstellbar, dass Gewalt und Konflikte vollständig verschwinden. Der Strafrechtsminimalismus hält es für möglich, dass auch in einer »idealen« Zukunft Situationen eintreten, in denen jemand andere Personen tötet, misshandelt oder schwer schädigt. Die Gemeinschaft müsste dann überlegen, wie sie reagiert.

Die völlige Abwesenheit formeller Strafe könnte in solchen Extremfällen bedeuten, dass die Betroffenen sich selbst überlassen sind oder

64 Abgrenzung zwischen zivil- und strafrechtlichen Maßnahmen, Jenny Roberts, »Gundy and the Civil-Criminal Divide«, *Ohio State Journal of Criminal Law* 2019, S. 207; Carol S. Steiker, »Punishment and Procedure: Punishment Theory and the Criminal-Civil Procedural Divide«, *Georgetown Law Journal* 1997, S. 778.

65 Vgl. Diane Webber, *Preventive Detention of Terror Suspects: A New Legal Framework*, London (u.a.): Routledge 2018, S. 1–13; Michael L. Perlin et al., »›On Desolation Row‹: The Blurring of the Borders Between Civil and Criminal Mental Disability Law, and What It Means to All of Us«, *Texas Journal on Civil Liberties & Civil Rights* 2018, S. 65; Eric Sandberg-Zakian, »Beyond Guantanamo: Two Constitutional Objections to Nonmilitary Preventive Detention«, *Harvard National Security Journal* 2011, S. 289.

Vergeltung auf informellem Wege stattfindet.[66] Gerade Menschen, die wenig Ressourcen haben, könnten gegenüber Mächtigeren benachteiligt sein. So könnte ein grundsätzlich straffreies System paradoxerweise mehr Ungleichheit hervorrufen, wenn die Durchsetzungskraft stärkerer Akteure zunimmt und keine übergeordnete Institution existiert, die diese Macht begrenzt.

Daraus folgt, dass eine »perfekte« Gesellschaft zwar auf ein Minimum an Strafen reduziert sein mag, aber es ist unklar, ob sie ganz auf geregelte Sanktionen verzichten sollte. Der Strafrechtsminimalismus formuliert eine deutliche Skepsis gegenüber der Illusion, dass null staatliche Eingriffe eine garantiert freiere oder gerechtere Ordnung schaffen.

d) Möglichkeiten und Grenzen nichtstrafender Ansätze

Abolitionistische Konzepte wie *Restorative Justice* (wiederherstellende Gerechtigkeit)[67] oder *Transformative Justice* (verändernde Gerechtigkeit)[68] betonen die Bedeutung von Versöhnung, Wiedergutmachung und sozialer Heilung bei sozialschädlichem Verhalten. Solche Ansätze haben bereits in verschiedenen Kontexten Erfolge erzielt, etwa in Gemeinschaftsverfahren, bei denen Opfer und Täter:innen einvernehmliche Lösungen fanden. Derartige Projekte legen Wert auf Teilhabe, das Erkennen von Ursachen und das Verhindern künftiger Taten.[69]

Allerdings verlangen diese Ansätze bestimmte Voraussetzungen: Die Beteiligten müssen kooperieren und bereit sein, sich dem Verfahren zu stellen. Ein Machtgleichgewicht ist nötig, damit niemand die Verhandlung dominiert. Vor allem bei schweren Gewaltdelikten kann es

66 Tamar Pitch, *Limited Responsibilities: Social movements and criminal justice,* London (u.a.): Routledge 1995, S. 66.

67 John Braithwaite, *Restorative Justice & Responsive Regulation*, Oxford: Oxford University Press 2002; John Braithwaite, »Principles of Restorative Justice«, in: Andrew von Hirsch et al. (Hg.), *Restorative Justice and Criminal Justice: Competing or Reconcilable Paradigms?*, Oxford (u.a.): Hart Publishing 2003, S. 1.

68 Allegra M. McLeod, »Envisioning Abolition Democracy«, S. 1630f. zitiert Kelly Hayes/Mariame Kaba, »The Sentencing of Larry Nassar Was Not ›Transformative Justice‹. Here's Why.«, *The Appeal* 05.02.2018 https://theappeal.org/the-sentencing-of-larry-nassar-was-not-transformative-justice-here-s-why-a2ea323a6645 (Zugriff: 31.03.2025).

69 Zu Programmen opferorientierter Justiz z. B.: John Braithwaite, »Principles of Restorative Justice«, S. 1; John Braithwaite, »Restorative Justice and Responsive Regulation: The Question of Evidence«, RegNet Research Papers, Working Paper 2016, https://johnbraithwaite.com/wp-content/uploads/2016/10/SSRN_2016_BraithwaiteJ-revised-51.pdf (Zugriff: 31.03.2025).

schwierig sein, Opfer und Täter:in an einen Tisch zu bringen. Menschen, die enormen körperlichen oder seelischen Schaden erlitten haben, möchten möglicherweise nicht in der Nähe des Täters sein. Oder der Täter verweigert sich solchen Maßnahmen. Gelingt *Restorative Justice*, kann sie jedoch ein wichtiger Baustein für einen nachhaltigen Umgang mit Straftaten sein. Aber selbst leidenschaftliche Befürworter:innen nichtstrafender Modelle räumen ein, dass es Situationen geben kann, in denen ohne staatliche Sanktionen eine Wiederholungstat zu wahrscheinlich wäre.[70]

e) Gesellschaftliche Ansprüche an Strafe

Neben dem Bedürfnis, Menschen vor weiterer Gewalt zu schützen, kann auch die Idee moralischer Rechenschaft eine Rolle spielen. Theorien der Gerechtigkeit – etwa die retributive Rechtsphilosophie – argumentieren, dass es nicht allein um Prävention oder Behandlung geht, sondern auch darum, Unrecht angemessen zu beantworten. Wenn jemand gravierend gegen elementare Regeln des Zusammenlebens verstößt und einer Person großen Schaden zufügt, sehen viele es als notwendig an, dass darauf eine formale Sanktion folgt, die über bloße Wiedergutmachung hinausgeht.[71]

Einige Varianten des Strafrechtsminimalismus erlauben es, dieses moralische Bedürfnis in einer reduzierten Strafrechtsordnung zu berücksichtigen, ohne jedoch Strafe als Standardlösung zu etablieren. Die Strafe soll eine von mehreren möglichen Reaktionen sein – und immer nur dann zum Einsatz kommen, wenn alternative Maßnahmen eine erneute Schädigung nicht verhindern oder den Opfern keine angemessene Antwort ermöglichen.

f) Zwischenfazit: Ein Gleichgewicht zwischen Utopie und Notwendigkeit

Die Frage, ob eine ideale Gesellschaft ganz ohne Strafen auskommt, lässt sich nicht abschließend beantworten. Es hängt von zahlreichen Faktoren ab: der Verteilung von Ressourcen, der Stärke sozialer Netze, dem Grad an Gleichberechtigung und den Konfliktlösungsmechanismen, die zur Verfügung stehen. Der Strafrechtsminimalismus gesteht zu, dass konsequente Sozialpolitik, gerechtere wirtschaftliche Strukturen und breite

70 Allegra M. McLeod, »Envisioning Abolition Democracy«, S. 1630f.

71 Überblick zu Theorien retributiver Gerechtigkeit und deren Rezeption in der Straftheorie bei Michael Wenzel/Tyler G. Okimoto, »Retributive Justice«, in: Clara Sabbagh/Manfred Schmitt (Hg.), *Handbook of Social Justice Theory and Research*, New York: Springer 2016, S. 237ff.

Bildungsangebote das Entstehen von sozialschädlichem Verhalten deutlich reduzieren könnten. Je gerechter und solidarischer die Gesellschaft wird, desto weniger müssen Polizei und Gefängnisse eingreifen.

Gleichzeitig betont er, dass selbst in einer optimierten Gesellschaft Situationen eintreten können, in denen eine staatliche Intervention, eventuell auch in Form von Freiheitsentzug oder sanktionierenden Maßnahmen, unerlässlich erscheint. Dieser Eingriff mag sehr selten sein und strengen Kriterien unterliegen, um Willkür zu vermeiden. Doch ihn kategorisch auszuschließen hieße, Teile der Bevölkerung ihrem Schicksal zu überlassen und möglicherweise in informelle oder noch repressivere Formen von Selbstjustiz zu treiben.

Damit kreiert der Strafrechtsminimalismus einen Mittelweg zwischen radikalem Abolitionismus, der auf vollständige Abschaffung von Polizei und Gefängnis setzt, und einem expansiven Strafrecht, das unzählige Bereiche des Lebens reguliert. Er hält Strafen für letzthin unvermeidbar, akzeptiert sie aber nur als äußerstes Mittel (Ultima Ratio). So soll die Zwangsgewalt des Staates extrem beschränkt bleiben, während nichtstrafende Alternativen gefördert werden.

In diesem Sinn zielt der Strafrechtsminimalismus darauf ab, die Gesellschaft langfristig so umzugestalten, dass weniger sozialschädliches Verhalten entsteht und staatliche Eingriffe nur noch in Ausnahmefällen nötig sind. Aber er schließt anders als ein radikaler Abolitionismus nicht aus, dass selbst die beste aller möglichen Gesellschaften noch institutionelle Formen der Sanktionsgewalt bereithalten sollte. Eine völlig straflose Welt mag als Inspirationsquelle dienen, in der konkreten Praxis dagegen bleiben gewaltarme, rechtsstaatlich kontrollierte und maximal reduzierte Strukturen der Strafverfolgung die realistischere Option.

IV. Strafrechtsabolitionismus und die Verfassung des Strafrechtsminimalismus

Der zentrale Vorschlag von Professor Roberts ist das Konzept des »Abolition Constitutionalism«. Einige nicht-amerikanische Abolitionisten haben sich ebenfalls mit den dogmatischen Implikationen ihrer abolitionistischen Positionen auseinandergesetzt.[72] Aufgrund der Bedeutung des Verfassungsdiskurses in den Vereinigten Staaten haben amerikanische Gefängnisabolitionisten schon lange verfassungsrechtliche Argumente zur Förderung ihrer Sache herangezogen – und Professor Roberts' Artikel fügt dieser Tradition ein wichtiges Kapitel hinzu.[73]

72 Eugenio Raúl Zaffaroni, *En busca de las penas perdidas*, S. 96ff.
73 Zur Abschaffung von Gefängnissen unter Berufung auf die US-Verfassung: Fay Honey Knopp, *Instead of Prisons: A Handbook for Abolitionists*, S. 17.

In diesem Abschnitt diskutiere ich drei Prinzipien, die – wie ich behaupte – Teil einer strafrechtsminimalistischen Verfassungsrechtstheorie sein sollten. Ich bin der Ansicht, dass die meisten oder alle dieser Prinzipien auch Bestandteil eines abolitionistischen Verfassungsrechts sein könnten – wobei amerikanische Gefängnisabolitionist:innen darüber debattieren könnten, ob dies tatsächlich der Fall ist.

1. Das Antihierarchie-Prinzip und das Strafsystem

Professor Roberts kritisiert *Flowers v. Mississippi* sowie die durch die dort angewandte *Batson*-Doktrin festgelegten Regeln.[74] Diese Doktrin schränkt die Art und Weise ein, wie Parteien während des *voir dire* (der Jury-Auswahl) ihre peremptorischen Herausforderungen ausüben dürfen, indem sie den Nachweis eines diskriminierenden Effekts sowie einer diskriminierenden Absicht fordert. Damit wird ein Standard etabliert, der schwer zu erfüllen ist und eine ausschließlich individualistische Auffassung von Diskriminierung voraussetzt – ohne Raum für ein systemisches oder institutionelles Verständnis, etwa von systemischem oder institutionellem Rassismus. Roberts' Analyse fügt dieser Kritik eine historische und verfassungsrechtliche Perspektive hinzu, indem sie die Rolle rein weißer Geschworenen bei der Aufrechterhaltung rassistischer Unterdrückung in den Vereinigten Staaten beleuchtet.[75]

Diese Analyse ist auch mit einem strafrechtsminimalistischen Verfassungsrecht vereinbar, das ein starkes Antihierarchie-Prinzip befürwortet. Ein solches Prinzip ist eine Voraussetzung für Gerechtigkeit und wesentlich, um den ungleichen Umfang des Strafsystems in den Vereinigten Staaten zu reduzieren. Dieses Prinzip ließe sich auf weitere Bereiche des Strafsystems ausweiten.[76] Beispielsweise wäre eine naheliegende Anwendung die *selective prosecution doctrine*, nach der – obwohl es Beweise dafür gibt, dass Schwarze härter angeklagt werden als Weiße[77] – auch

74 Dorothy E. Roberts, »The Supreme Court, 2018 Term – Foreword: Abolition Constitutionalism«, *Harvard Law Review* 2019, S. 93–99; kritisch dazu Paul Butler, »Mississippi Goddamn: Flowers v. Mississippi's Cheap Racial Justice«, *Supreme Court Review* 2019, S. 73–109.

75 Dorothy E. Roberts, »The Supreme Court, 2018 Term – Foreword: Abolition Constitutionalism«, S. 99, 105.

76 Alexandra Natapoff, »Atwater and the Misdemeanor Carceral State«, *Harvard Law Review* 2020, S. 151.

77 Exemplarisch: Marit Rehavi/Sonja B. Starr, »Racial Disparity in Federal Criminal Sentences«, *Journal of Political Economy* 2014, S. 1322; Sherod Thaxton, »Disentangling Disparity: Exploring Racially Disparate Effect and Treatment in Capital Charging«, *American Journal of Criminal Law* 2018, S. 103.

vom Obersten Gericht der USA der Nachweis von diskriminierendem Effekt und diskriminierender Absicht verlangt wird.[78] Diese Doktrin könnte einen größeren Einfluss auf Strafurteile und Verurteilungen haben, da die meisten Strafurteile in den USA durch Schuldbekenntnisse statt durch Geschworenenprozesse erzielt werden.[79]

2. *Das Ultima-Ratio-Prinzip*

Ich möchte weiter argumentieren, dass ein starkes Antihierarchie-Prinzip, wie es Professor Roberts vorschlägt, allein nicht ausreichen wird, um die Masseninhaftierung wesentlich zu verringern oder gänzlich zu beseitigen. Ein Prinzip, das in diesem Zusammenhang formuliert werden könnte, ist das Prinzip der *ultima ratio* – die Idee, dass das Strafrecht (und insbesondere die Strafverhängung) nur als letztes Mittel eingesetzt werden darf.[80] Da Bestrafung (einschließlich Todesstrafe und Freiheitsstrafe in den USA) die einschneidendste staatliche Maßnahme darstellt, muss deren Anwendung auf Situationen beschränkt sein, in denen keine nicht-strafrechtlichen Maßnahmen ein legitimes Ziel, etwa die Bekämpfung schädlichen Verhaltens, in ausreichender Weise fördern können.[81]

Dieses Prinzip unterscheidet sich von anderen strafrechtlichen Grundsätzen wie dem Schadensprinzip, dem Unrechtsprinzip oder dem Verhältnismäßigkeitsprinzip; selbst, wenn diese erfüllt sind, erfordert das *ultima ratio*-Prinzip, dass das Strafrecht nicht angewendet wird, wenn eine weniger einschneidende Maßnahme zur Verfügung steht.[82]

Es wird darüber debattiert, ob *ultima ratio* ein verfassungsrechtlicher oder lediglich ein moralischer bzw. pragmatischer Grundsatz ist.[83]

78 Sh. United States v. Armstrong, 517 U.S. 456, S. 465 (1996); United States v. Bass, 536 U.S. 862, 863 (2002).

79 Máximo Langer, »Plea Bargaining, Conviction Without Trial, and the Global Administratization of Criminal Convictions«, *Annual Review of Criminology* 2021, S. 377–411.

80 Zu möglichen Interpretationen des Ultima-Ratio-Prinzips: Douglas Husak, »The Criminal Law as Last Resort«, *Oxford Journal of Legal Studies* 224/2004, S. 216f.

81 Ich versuche eine Definition zu geben, die offen bleibt für verschiedene Theorien des Staates, der Strafe, des legitimen Ziels und dessen angemessener Förderung. Zu verschiedenen möglichen Interpretationen des *Ultima-Ratio-Prinzips* vgl. Douglas Husak, *Overcriminalization*, Oxford: Oxford University Press 2007, S. 216–227.

82 Zum Verhältnis minimalistischer Straftheorien: Luigi Ferrajoli, *Diritto E Raggione*, Bari (u.a.): Laterza 1989, S. 325ff.; Luigi Ferrajoli, »Crisi della legalità e diritto penale minimo«, S. 9f.

83 Vgl. Thomas Frøberg, »The Role of the Ultima Ratio Principle in the Jurisprudence of the Norwegian Supreme Court«, *Oñati Socio-Legal Series*

Einige Gerichte in Ländern wie Kolumbien[84] und Finnland[85] haben diesem Prinzip verfassungsrechtlichen Status verliehen. In den Vereinigten Staaten könnten die *Eighth Amendment* (das Verbot grausamer und ungewöhnlicher Strafen) oder die *Due Process*-Klauseln des *Fifth* und *Fourteenth Amendments* so interpretiert werden, dass sie es einschließen. Obwohl Gerichte möglicherweise nicht ideal dazu geeignet sind, gesetzgeberische Entscheidungen über die Notwendigkeit der Strafrechtanwendung zu hinterfragen,[86] könnte das *ultima ratio*-Prinzip die Gesetzgebung selbst leiten – etwa in der von Lawrence Sager beschriebenen Theorie der Unterdurchsetzung verfassungsrechtlicher Normen.[87]

Ein robustes *ultima ratio*-Prinzip würde sich nicht nur auf die Gesetzgebung beschränken, sondern auch für alle am Strafrecht beteiligten Akteure gelten: Für die Strafverfolgungsbehörden würde es beispielsweise bedeuten, dass kein Strafverfahren eingeleitet werden darf, wenn auch andere Maßnahmen zur Verfügung stehen; für Staatsanwält:innen, dass Anklagen unterbleiben sollten, wenn weniger einschneidende Alternativen vorhanden sind; und für Gerichte und Geschworene, dass dies auch bei der Auslegung von Gesetzen und bei Strafzumessungen berücksichtigt wird. Auf gesellschaftlicher Ebene würde es dazu führen, dass die Bevölkerung weniger reflexhaft die Polizei ruft oder Strafverfolgungsmaßnahmen einleitet, wenn zivilrechtliche oder informelle Lösungswege ausreichen würden.[88]

Schließlich sollte das *ultima ratio*-Prinzip nicht nur die Anwendung des Strafrechts als Sanktionsmechanismus begrenzen, sondern auch die zugrunde liegende Neigung, alle schädlichen Situationen ausschließlich durch die Linse von Schuld und Vergeltung zu interpretieren. Alternative Auffassungen, wie sie etwa in restaurativen und transformativen Gerechtigkeitsmodellen zu finden sind, könnten in vielen Fällen vorzuziehen sein.

2013, S. 128; Nils Jareborg, »Criminalization as Last Resort (Ultima Ratio)«, *Ohio State Journal of Criminal Law* 2005, S. 521ff.

84 Exemplarisch: C.C., Sentencia C-647/01, 20. Juni 2001, § VI.4; C.C., Sentencia C-365/12, 16. Mai 2012, §§ III.3.3.1, III.3.4.2.1.

85 Kaarlo Heikki Tuori, »Ultima Ratio as a Constitutional Principle«, *Oñati Socio-Legal Series* 2013, S. 11.

86 Douglas Husak, »The Criminal Law as Last Resort«, S. 208; Nils Jareborg, »Criminalization as Last Resort (Ultima Ratio)«, S. 522.

87 Lawrence Sager, *Justice in Plainclothes: A Theory of American Constitutional Practice*, New Haven (Connecticut): Yale University Press 2004, S. 6f., 91f., 102; Lawrence Sager, »Fair Measure: The Legal Status of Underenforced Constitutional Norms«, *Harvard Law Review* 1978, S. 1212f.

88 Über den Konstitutionalismus: Larry D. Kramer, *The People Themselves: Popular Constitutionalism and Judicial Review*, Oxford: Oxford University Press 2004.

3. *Eine ökonomische und soziale Verfassung*

Die amerikanische Gefängnisabolition hat schon lange argumentiert, dass die Beseitigung der Masseninhaftierung in den Vereinigten Staaten nicht gelingen kann, wenn nicht auch andere Bereiche der sozialen Ordnung – etwa Wirtschaft, Wohnungsbau, Gesundheitsversorgung usw. – grundlegend verändert würden.[89] Im Gegensatz dazu haben sich Strafrechtsminimalisten oft ausschließlich auf strafrechtliche Politiken und Verfahren konzentriert.[90]

Eine robuste strafrechtsminimalistische Verfassungsrechtstheorie – beziehungsweise auch ein abolitionistisches Verfassungsrecht – müsste daher über die Neuausrichtung des Strafrechts hinausgehen und eine ökonomische sowie soziale Verfassung beinhalten. Die Verfassungen zahlreicher Länder schreiben bereits explizit Rechte auf Bildung, Gesundheitsversorgung, Nahrung, Wohnen, Arbeit, wirtschaftliche Sicherheit und eine gesunde Umwelt vor.[91] Auch wenn in den Vereinigten Staaten solche Rechte nicht explizit verfassungsgemäß verankert sind, könnte eine erneuerte Verfassung diese Rechte integrieren – wenn auch dies eine grundlegende Neuausrichtung der amerikanischen Verfassungskultur bedeuten würde.[92]

89 Exemplarisch: Angela Y. Davis, *Abolition Democracy*, New York: Seven Stories Press 2005, S. 74.

90 Allgemein hierzu Luigi Ferrajoli, *Derechos y garantías: la ley del mas débil*, Madrid: Editorial Trotta, S.A. 1999; Luigi Ferrajoli, *Manifiesto por La Igualdad*, Madrid: Editorial Trotta, S.A. 2019.

91 Vgl. Abschnitt 2 der Verfassung der Republik Südafrika v. 1996.

92 Katharine G. Young, *Constituting Economic and Social Rights*, Oxford: Oxford University Press 2012, S. 1–25.

Wolfgang Naucke

Negatives Strafrecht[1]

I.

Der Ausdruck »negatives Strafrecht« ist einer Kant-Stelle in der »Kritik der reinen Vernunft« nachgebildet. Die Stelle[2] erörtert »die Disziplin«, die der Vernunftgebrauch nötig hat, um nicht in »Ausschweifung und Irrtum« zu verfallen. Kant verlangt zu diesem Ziel die Entwicklung inhaltlich bestimmter »negativer Urteile«. Vorausgesetzt ist, dass die Vernunft trotz beschränkter Erkenntnismöglichkeiten »unablässig« nach Erweiterung strebt, dadurch aber »Täuschungen und Blendwerken unterliegt und, jedes Unbegründete und Willkürliche« für wahr nimmt. Verhindern kann dies nur eine »warnende Negativlehre«, ein »System der Vorsicht«, eine Bändigung der Vernunft, eine »negative Gesetzgebung«. Diese Forderung nach Disziplinierung der Vernunft gilt für alle Arten des Vernunftgebrauchs.

Strafrecht (dazu gehört auch das Maßregelrecht) gilt als eine Ausprägung der Vernunft. Die strafende Vernunft, wie jeder Vernunftgebrauch, strebt »unablässig zur Erweiterung«, hat den »beständigen Hang, von gewissen Regeln abzuweichen«, treibt manchmal ein »leichtsinniges Spiel«, vermeidet nicht den »falschen vernünftelnden Schein«, auch nicht Irrtümer und Ausschweifungen. Um Disziplin im Denken und Handeln zu bewahren, ist »eine ganz eigene und zwar negative Gesetzgebung erforderlich«. Die strafende Vernunft, soll sie nicht ständig Irrtümern unterliegen, muss auf ein negatives Strafrecht treffen, einen »Zwang« zur Disziplin. Die strafende Vernunft wird das negative Strafrecht als »Demütigung« auffassen. Doch allein eine solche Demütigung kann die Vernünftigkeit der strafenden Vernunft sichern.

Dass diese Verbindung von negativen Vernunfturteilen bei Kant und negativem Strafrecht nicht künstlich ist, zeigt sich an Kants Kritik des positiven Rechts. Diese Kritik ist nicht gemeint als Kritik an der gerade aktuellen Zweckmäßigkeit des Rechts, des Strafrechts. Diese Kritik ist die Untersuchung der Reichweite der Vernunft bei der Suche nach der unbezweifelbaren Richtigkeit des Rechts. Die negativen Urteile sind ein Teilstück dieses Verfahrens. Angewandt auf das positive Recht kommt

1 Zuerst abgedruckt in: Wolfgang Naucke, *Negatives Strafrecht. 4 Ansätze*, Münster: 2015, S. 27–40.

2 Immanuel Kant, *Kritik der reinen Vernunft*, Hamburg: Verlag Meiner 1952, S. 654ff. Alle im Text folgenden Zitate sind dieser Stelle entnommen.

Kant zu dem Satz, die tatsächliche Gesetzgebung habe die Neigung, sich »durch ihre Majestät« der Prüfung durch das kritische negative Recht zu entziehen,[3] müsse sich dann freilich vorhalten lassen, »ein bloß mechanisches Machwerk zu sein, was eigentlich [...] ein bloß subjektives (von der Willkür der oberen Macht ausgehendes), mithin an sich gar kein Recht sein würde«[4] Das negative Strafrecht ist das Verfahren grundsätzlicher Skepsis am gerade geltenden Strafrecht, bis hin zum unbegrenzten Verwerfen dieses gerade geltenden Strafrechts.

II.

Es ist durchaus nicht ungewöhnlich, die Grenzen eines Fachs negativ zu bestimmen. Eine Nachfrage bei anderen Fächern zeigt traditionsreiche negative Vergewisserungen. Die negative Theologie hat eine weit zurückreichende breite Debattenkultur. Die negative Theologie beharrt darauf, dass die Eigenschaften eines Gottes nicht positiv bestimmt, nicht als gut oder böse wahrgenommen, sondern allein als unsichtbar, nicht in Analogie zu menschlichen Eigenschaften beschreibbar aufgefasst werden können.[5] Die negative Pädagogik, ein verästeltes Feld, wendet sich gegen die angestammte Pädagogik mit der Forderung, die jeweils für selbstverständlich, leicht begründbar genommenen pädagogischen Ziele und Verfahren mit Distanz zu analysieren.[6]

Eine direkte Brücke von der negativen Theologie oder der negativen Pädagogik zum negativen Strafrecht gibt es nicht. Aber das Arbeitsklima dieser negativen Fachbestimmungen ist gleich. Es ist das Arbeitsklima, das die kantischen negativen Vernunfturteile erfüllt. Die negative Gesetzgebung eines selbstgewissen Faches soll der fachlichen Orthodoxie, die Täuschungen unterliegen kann, entgegentreten. Für das Strafrecht, ein Machtinstrument, ist das negative Strafrecht besonders wichtig, Es liegt daher nahe anzunehmen, dass das negative Strafrecht bereits zu finden ist, in unverbundenen Teilstücken, auf Systematisierung wartend.

3 Kant, *Kritik der reinen Vernunft*, S. 7.

4 Die Stelle steht in Kants handschriftlichem Nachlass (Immanuel Kant, *Kants gesammelte Schriften*, hrsg. v. Preußische Akademie der Wissenschaften, Berlin: De Gruyter 1936, S. 178f., nachgewiesen und abgedruckt bei Hermann Klenner/Immanuel Kant, *Rechtslehre – Schriften zur Rechtsphilosophie*, Berlin: Akademie Verlag 1988, S. 419.

5 Thomas Rentsch, »Theologie, negative«, in: *Historisches Wörterbuch der Philosophie Band 10*, Basel: Schwabe 1998, Spalte 1102; Alois Halbmayr (Hg.), *Negative Theologie heute?*, Freiburg i.Br.: Herder 2008.

6 Andreas Gruschka, *Negative Pädagogik*, Wetzlar: Büchse der Pandora 2004, bes. Kap. 2.

III.

Das Adjektiv »negativ« zur Kennzeichnung eines strafrechtlichen Instituts ist nicht ganz selten. Seit Feuerbachs Versuch von 1799, den Begriff der Strafe durch die Ermittlung des Sprachgebrauchs beim Reden und Schreiben über Strafe auf die Spur zu kommen,[7] gilt das Verfahren, vom strafrechtlichen Sprachgebrauch auf den Inhalt des von der Sprache bezeichneten Begriffs zu schließen, nicht als chancenlos. Doch führt die Ermittlung des Sprachgebrauchs von »negativ« im Strafrecht nicht einmal zu den Umrissen einer Lehre vom negativen Strafrecht, zeigt eher die Lässigkeit eines strafrechtlichen Sprachgebrauchs.

»Negative Generalprävention« ist eine geläufige Formel für die sog. Individualabschreckung durch Bestrafung. Die Formel enthält aber eine Strafrechtsverstärkung, keine Strafrechtsbeschränkung. Ebenso ist die Redewendung »negative Spezialprävention« einzuordnen. Gemeint ist die Sicherung der Gesellschaft vor einem einzelnen Täter, nicht eine Sanktionsgrenze. Die zitierten Formeln haben mit negativem Strafrecht nichts zu tun. Nicht viel anders verhält es sich mit der gängigen Bezeichnung »negative Tatbestandsmerkmale«. Die Tatbestände als Voraussetzungen der Strafbarkeit werden zwar eingeschränkt, werden begrenzt durch rechtfertigende Sachverhalte. Dennoch ergibt die Lehre von den negativen Tatbestandsmerkmalen wenig für eine Lehre vom negativen Strafrecht. Der Umfang der Strafbarkeit wird durch negative Tatbestandsmerkmale objektiv nicht geschmälert. Die rechtfertigenden Sachverhalte stehen fest. Es geht nur um die technische Frage, auf welcher Stufe des Verbrechensaufbaus die rechtfertigenden Sachverhalte zu erörtern sind. Das Eigenschaftswort »negativ« vor »Tatbestandsmerkmale« ist ein wenig durchdachter Zufall. Noch klarer wird dies an dem Ausdruck »negativer (strafrechtlicher) Handlungsbegriff«. Gemeint ist, dass als Handlung jedes Verhalten aufzufassen ist, das einen tatbestandsmäßigen Schaden hätte verhindern können. »Negativ« wird für »vermeidbar« gesetzt, um einen Handlungsbegriff zu bekommen, der Tun und Unterlassen umfasst. Das ist ein künstliches Abschleifen der Bedeutung von »negativ«.

Die Ansätze für die Entwicklung des negativen Strafrechts sind nicht im strafrechtlichen Sprachgebrauch von »negativ« zu finden.

IV.

Eine ergiebigere Annäherung an den Inhalt eines negativen Strafrechts folgt aus dem Versuch, das Gegenteil, also den Begriff des affirmativen

7 Paul Johann Anselm Feuerbach, *Revision der Grundsätze und Grundbegriffe des positiven peinlichen Rechts:* 1, Erfurt: Henning 1799, S. 2ff., 12f.

Strafrechts zu bestimmen. Dieser Versuch gelingt, wenn man die beiden bekanntesten strafrechtlichen Schulen der Moderne, die klassische und die moderne Schule des Strafrechts, als profilierte Ausprägungen eines affirmativen zukunftsgläubigen Strafrechts begreift.

Beide Schulen bilden ein staatsnahes Strafrecht aus, wollen die staatliche Ordnung auch mithilfe des Strafrechts stützen. Die klassische Schule setzt das Strafrecht als Mittel zur Erhaltung wichtiger, die staatliche Ordnung erhaltender Normen ein. Die moderne Schule organisiert das Strafrecht als Mittel zur Erhöhung der Sicherheit im Staat durch zwangsweise Anpassung des Straftäters.[8] Beide Schulen zielen auf ein für den Staat zweckmäßiges machtvolles Strafrecht. Beide Schulen haben das gleiche Problem: sie haben Schwierigkeiten, die Grenzen des affirmativen zweckmäßigen Strafrechts zu bestimmen.

Die beiden Strafrechtsschulen entstehen im letzten Viertel des 19. Jahrhunderts. Diese Zeit kann sich ein Strafrecht nur noch in der Form des Gesetzes vorstellen. Das Problem der Grenze des affirmativen Strafrechts in der klassischen, wie in der modernen Schule muss als Stellungnahme zum Strafgesetz ausgedrückt werden. Damit taucht unausweichlich die Frage auf, ob die Gesetzlichkeit des Strafrechts zum affirmativen oder zum negativen Strafrecht gehört. Die Klassiker und die Modernen akzeptieren die Gesetzlichkeit des Strafrechts, setzen aber alles daran, die Gesetzlichkeit als Unterstützung des affirmativen Strafrechts zu stilisieren.

Die wissenschaftliche Hauptperson der Modernen sieht im Gesetz keine negative Strafrechtsgrenze, sondern einen paradoxen Schutz des die Sicherheit im Staat gefährdenden Straftäters,[9] einen Schutz, der aber jederzeit durch Gesetze überwunden werden kann.[10] Am sichersten ist dieser paradoxe Schutz nach der Meinung des Schulhaupts der Modernen überwindbar durch eine einzige gesetzliche Bestimmung mit der Formulierung: »Jeder gemeingefährliche Mensch ist im Interesse der Gesamtheit so lange als nötig unschädlich zu machen.«[11]. Diese Formulierung ist eine Ausschweifung der affirmativen strafrechtlichen Vernunft, die auf eine feste negative Disziplinierung treffen müsste.

Der wissenschaftliche Gründer der klassischen Schule wendet sich offen gegen das Gesetz, verstanden als Kern negativen Strafrechts. Das Gesetz wird abgewertet. Die Gewaltenteilung, die durch Gesetze erst

8 Vgl. die Darstellung der beiden Schulen von Thomas Vormbaum, *Einführung in die moderne Strafrechtsgeschichte*, Berlin/Heidelberg: Springer 2011, S. 125ff., 138ff.

9 Franz von Liszt, *Strafrechtliche Vorträge und Aufsätze Band 2: 1892 bis 1904*, Berlin: De Gruyter 1905, S. 80.

10 Susanne Ehret, *Franz von Liszt und das Gesetzlichkeitsprinzip*, Lausanne: Peter Lang 1996.

11 Von Liszt, *Strafrechtliche Vorträge und Aufsätze Band 2: 1892 bis 1904*.

ermöglicht wird, hält er für einen »seltsamen Gedanken«, der die »ganze Gewalt« (des Strafrechts) zerreiße.[12] Folglich ist die Forderung nach präziser Gesetzlichkeit des Strafrechts »Tyrannei« über das Strafrecht.[13] Die brutale Ausschweifung einer von dieser Tyrannei befreiten affirmativen strafrechtlichen Vernunft ist die dogmatische Konstruktion einer straflosen Freigabe der Vernichtung lebensunwerten Lebens.[14] Diese Ausschweifung ist folgerichtiges Handeln des affirmativen Strafrechts. Das negative Strafrecht, das diese Ausschweifung disziplinieren könnte, ist nicht zu sehen.

Das affirmative Strafrecht in seiner klarsten Form ist ein gesetzliches Machtinstrument gegen Abweichung. Grenzen aus sich heraus hat es nicht. Aber es trifft bei seiner Organisation auf Grenzen – das negative Strafrecht –, sucht diesen Grenzen freilich zu entkommen. Durch den Blick auf das affirmative Strafrecht zeigt sich: das affirmative Strafrecht rechnet mit einem negativen Strafrecht. Offenbar muss das negative Strafrecht nur identifiziert und systematisiert werden.

V.

Bei dem Bemühen um diese Identifikation tritt das Grundproblem einer Abgrenzung und Gegenüberstellung von affirmativem und negativem Strafrecht hervor: nur jene Institute werden wahrgenommen und gelten für verbindlich, die in einem Gesetz stehen. Was nicht in ein Gesetz gelangt, wird nicht ernstgenommen. Diese Lage schwächt das negative Strafrecht prinzipiell. Das affirmative Strafrecht mit seinem Versprechen, Straftaten zu verhindern und zu bekämpfen, ist beim Zugang zur Gesetzesform stets im Vorteil.

Diese Lage erklärt, warum die vielfältigen Anstrengungen, das affirmative Strafrecht streng zu kontrollieren, im Bereich der Wissenschaft bleiben. Abolitionismus,[15] Abschaffen des Strafens,[16] grundsätzliche Liberalisierung,[17] Strafrecht als fragmentarische und subsidiäre ultima

12 Karl Binding, *Handbuch des Strafrechts*, Leipzig: Duncker & Humblot 1885, S. 21ff.

13 Ebd., S. 17.

14 Karl Binding/Alfred Hoche, *Die Freigabe der Vernichtung lebensunwerten Lebens. Ihr Maß und ihre Form (1920)*, Berlin: Berliner Wissenschafts-Verlag 2006.

15 Sebastian Scheerer, »Die abolitionistische Perspektive«, *Kriminologisches Journal* (1984/2), S. 90ff.

16 Klaus Lüderssen, *Abschaffen des Strafens?*, Berlin: Suhrkamp 1995.

17 Peter-Alexis Albrecht, *Die vergessene Freiheit*, Berlin: Berliner Wissenschafts-Verlag 2011.

ratio,[18] Begrenzung des Strafrechts durch negatives Naturrecht[19] oder eine negative Jurisprudenz[20], diese Forderungen dringen nicht in die Gesetzgebung vor, es sei denn, die eine oder andere Form dieser negativen Kriminalpolitik kann sich als Förderung des affirmativen Strafrechts bewähren. Die Betonung der Notwendigkeit der Strafe als Legitimation für eine gesetzliche strafrechtliche Regel ist das Hauptbeispiel für diesen Vorgang. In neuer Zeit hat die moderne Schule die Grenze des affirmativen Strafrechts in der Grenze der notwendigen Zweckmäßigkeit gesehen.[21] Aus der Sicht des negativen Urteilens über das Strafrecht ist es freilich erschreckend zu bemerken, wieweit die Notwendigkeit zweckmäßigen Strafens reicht: bis zur Einschließung auf unbestimmte Zeit, bis zur Prügelstrafe und bis zum Dunkelarrest und strengstem Fasten.[22]

VI.

Dennoch ist der Versuch, im gesetzlichen Strafrecht die Ansätze eines Systems des negativen Strafrechts[23] zu finden, aussichtsreich. Diese Zuversicht

18 Cornelius Prittwitz, »Subsidiär, fragmentarisch, ultima ratio? – Gedanken zu Grund und Grenzen von Strafbeschränkungspostulaten«, in: Institut für Kriminalwissenschaften (Hg.), *Vom unmöglichen Zustand des Strafrechts*, Frankfurt: Peter Lang 1995, S. 387ff.; Thomas Vormbaum, »Fragmentarisches Strafrecht in Geschichte und Dogmatik«, *Zeitschrift für die gesamte Strafwissenschaft* (2011/4), S. 660ff.

19 Vasco Reuss, *Eine Kritik der juristischen Vernunft*, Lausanne: Peter Lang 2007, bes. S. 261ff. unter Hinweis auf Mathias Becker, *Natur, Herrschaft, Recht. Das Recht der ersten Natur in der zweiten: Zum Begriff eines negativen Naturrechts bei Theodor Wiesengrund Adorno*, Berlin: Duncker & Humblot 1997.

20 S. die Überlegungen von Jochen Bung, *Wissen und Wollen im Strafrecht*, Frankfurt am Main: Vittorio Klostermann 2009, S. 25.

21 Franz von Liszt, *Lehrbuch des deutschen Strafrechts*, Bad Hersfeld: De Gruyter 1905, S. 79.

22 Franz von Liszt im »Marburger Programm«, Franz von Liszt, *Strafrechtliche Vorträge und Aufsätze Band 1 1875 bis 1891*, Berlin: De Gruyter 1905, S. 170.

23 Fundstellen für eine aktuelle einheitliche Nutzung dieses Ausdrucks: Wolfgang Naucke, »Die robuste Tradition des Sicherheitsstrafrechts«, *Kritische Vierteljahrsschrift für Gesetzgebung und Rechtswissenschaft* (2010/2), S. 129–136 (136) und Felix Herzog/Winfried Hassemer, *Festschrift für Winfried Hassemer*, Heidelberg/München: Müller 2010, S. 565; Peter-Alexis Albrecht, »Ein Rückblick auf 26 Jahre: Vor der Erweiterung zu einer europäischen KritV«, *Kritische Vierteljahrsschrift für Gesetzgebung und Rechtswissenschaft* 2011, S. 297–298 (298); Anabelle Voßberg, »Negatives Strafrecht: Eine Kritik des Sicherheitsstrafrechts – Strafrecht in der KritV von 1986 bis

ruht auf der unschwer zu machenden Beobachtung, dass das affirmative Strafrecht eine staatliche Machtform ist und dass eine solche Machtform die Neigung hat auszuschweifen. Die Sorge vor solcher Ausschweifung muss zu positiviertem negativem Strafrecht führen.

Allerdings sind Unterscheidungen nötig, um das negative Strafrecht deutlich bestimmen zu können.

Die Gesetzlichkeit des Strafrechts, häufig als Begrenzung des Strafrechts aufgefasst, gehört zum affirmativen machtnahen Strafrecht. Die Gesetzlichkeit unterstützt das affirmative Strafrecht, macht es gut erkennbar und stark. Die Gesetzlichkeit des Strafrechts ist leicht herzustellen durch einen Diktator, durch Ermächtigungsgesetze,[24] die die Geschichte der parlamentarischen Gesetzgebung begleiten, oder durch klug organisierte Mehrheiten. Zeigt sich ein festes Strafbedürfnis, findet sich auch ein Gesetzgeber, der dieses Strafbedürfnis ins Gesetzblatt bringt. Das negative Strafrecht ist zu suchen als nicht leicht zu positivierender, seltener Gegenspieler des gesetzlichen affirmativen Strafrechts.

Eine große zunehmende Vorschriftengruppe, vor allem im StGB und in der StPO, ist aus dem negativen Strafrecht herauszuhalten, um nicht einem unbegründeten strafrechtlichen Optimismus zu verfallen. Es ist die Vorschriftengruppe, die erst breit Strafbarkeit regelt und dann die Strafbarkeit wieder einschränkt. Ein unübersehbares Beispiel ist die Vorschrift über die Strafbarkeit der Geldwäsche (§ 261 StGB): In fünf Absätzen wird ein umfangreiches Handlungsfeld unter Strafe gestellt (affirmatives gesetzliches Strafrecht). In Absatz 9 wird Straffreiheit versprochen, wenn der Täter mit den Strafverfolgungsbehörden zusammenarbeitet. Zu diesem Muster gehört die Konstruktion der Strafbarkeit der Luftverunreinigung und des Erzeugens von Lärm in §§ 325, 325a StGB. Zunächst wird breit Strafbarkeit bis zur Fahrlässigkeit geschaffen (§§ 325 I-III, 325a I-III StGB). Sodann wird eine unerklärliche Strafbefreiung für Kraftfahrzeuge, Schienen-, Luft- und Wasserfahrzeuge angefügt (§§ 325 V, 325a IV StGB).

In diesen Bereich gehört weiter das Institut der Straflosigkeit bei Selbstanzeige nach § 370 AO. Das Absehen von Strafe (§§ 60, 46a StGB), das Absehen von der Verfolgung (§ 153 StPO) und die Einstellung gegen Auflagen (§ 153a StPO) bilden ein eigenständiges riesiges Strafrechtsgebiet, das bei gegebener Strafbarkeit Straflosigkeit ermöglicht.[25] Um

2011«, *Kritische Viertelschrift für Gesetzgebung und Rechtswissenschaft* 2011, S. 365–407.

24 Übersicht über die Ermächtigungsgesetzgebung in der 1. Hälfte des 20. Jahrhunderts. Michael Frehse, *Ermächtigungsgesetzgebung im Deutschen Reich 1914–1933*, Pfaffenweiler: Centaurus 1985.

25 Wolfgang Naucke, »Der Kleinbetrug«, in: Wilfried Küper/Ingeborg Puppe/Jörg Tenckhoff (Hg.), *Festschrift für Karl Lackner zum 70. Geburtstag am 18. Februar 1987*, Berlin: De Gruyter 1987, S. 695; Wolfgang Naucke,

einige Vorschriften dieses Typs nachzuschieben: §§ 83a, 314a, 320, 330b StGB: Reduktion der Strafhöhe bis zur Straffreiheit bei »tätiger Reue«. Mit allen diesen aufgeführten Bestimmungen kann zwar Straflosigkeit erreicht werden. Mit negativem Strafrecht haben diese Regeln nichts zu tun. Vielmehr sind diese Regeln eine Sonderform des affirmativen Strafrechts. Am aussagekräftigsten sind sie unter der Bezeichnung »opportunes affirmatives Strafrecht« zusammenzufassen. Das opportune affirmative Strafrecht unterstützt das affirmative Strafrecht durch das Eröffnen zweckmäßiger Einzelfallentscheidungen. Das affirmative Strafrecht übt sichtbar Macht aus. Das opportune affirmative Strafrecht vergrößert diese Macht durch die Unberechenbarkeit möglicher Entscheidungen. Die modernste Ausprägung dieses Denkens ist die Verständigung zwischen Gericht und Verfahrensbeteiligten (§ 257c StPO). Affirmatives Strafrecht und opportunes affirmatives Strafrecht gehören zusammen. Gegen beide Arten von Strafrecht steht das negative Strafrecht. Die Identifizierung der Machtsumme aus affirmativem und opportunem affirmativem Strafrecht macht die Versuche, das negative Strafrecht zu finden und zu systematisieren, noch dringlicher.

VII.

Die Suche konzentriert sich auf deutsche Vorschriften, allerdings in der Überzeugung, dass diese Vorschriften weltweit in vielen Strafrechten zu finden sind (oder zu finden sein müssten). Im GG, in der EMRK, im StGB, im VStGB, in der StPO und im GVG findet man nicht wenige Regeln, die ausschließlich zum machtverneinenden negativen Strafrecht gehören, die in der Form geltenden Rechts die Freiheit des Einzelnen gegen die Macht des affirmativen Strafrechts schützen.[26] Einteilen kann man das Gebiet des negativen Strafrechts in einen Allgemeinen, einen Besonderen und einen Prozessualen Teil.

Im Allgemeinen Teil des negativen Strafrechts sind alle positivierten Regeln zu sammeln, die für den gesamten Bereich des Strafrechts eine Bestrafung ausschließen, ohne ein Äquivalent zu konstruieren:

Gesetzlichkeit und Kriminalpolitik, Frankfurt am Main: Vittorio Klostermann 1999, S. 119ff. und »Das System der prozessualen Entkriminalisierung«, in: *Festschrift für Gerald Grünwald zum 70. Geburtstag*, Baden-Baden: Nomos 1999, S. 403ff.

26 Die Strafvollzugsgesetze des Bundes und der Länder sind in der Aufzählung des Textes weggelassen, weil man in diesen Gesetzen kein negatives Strafrecht findet, allenfalls Regeln entdeckt, die dem opportunen affirmativen Strafrecht zuzurechnen sind (z.B. §§ 3 II StVollzG, 4 NJVollzG).

- Bestimmtheitsgebot (Art. 103 II GG)
- Rückwirkungsverbot (§ 1 StGB, Art. 7 EMRK)
- Analogieverbot (§ 1 StGB)
- Verbot der Doppelbestrafung (Art. 103 III GG)
- Handeln ohne Schuld (§§ 17, 19, 20 StGB, 3 VStGB)
- Verjährung (§§ 78, 79 StGB).

In den Besonderen Teil des negativen Strafrechts gehören alle Regeln, die eine einzelne Vorschrift oder einzelne Vorschriftengruppen des affirmativen Strafrechts klar begrenzen. Freilich findet man wenige Regeln. Das System des opportunen affirmativen Strafrechts hat im Besonderen Teil das negative Strafrecht verhindert. Es gibt bisher nur eine Vorschrift, die sich eindeutig dem negativen Strafrecht zuordnen lässt:

- der Grundsatz der Verhältnismäßigkeit bei den Maßregeln (§ 62 StGB).
- Als ein verklausuliertes Stück negativen Strafrechts im Besonderen Teil lässt sich § 113 IV 2 1. Halbsatz StGB verstehen.
- Im Prozessualen Teil des negativen Strafrechts sind zusammenzufassen alle gesetzlichen Vorschriften, die eine machtvermehrende prozessuale Vorgehensweise oder eine solche Gerichtsorganisation verhindern wollen:
- Garantie der Unschuldsvermutung (Art. 6 II EMRK)
- Trennung von Anklagebehörde und Gericht (§§ 151, 152 StPO)
- keine Entscheidung durch einen befangenen Richter (§ 22 StPO)
- keine Untersuchungshaft wegen Verdunkelungsgefahr bei Bagatellen (§ 113 StPO)
- keine Überschreitung der Fristen für Freiheitsentziehungen im Prozess (Art. 104 GG, Art. 5 EMRK)
- keine Verpflichtung, sich selbst zu belasten (§ 136 I 2 StPO)
- Folterverbot (§ 136a StPO, Art. 3 EMRK)
- Verteidigungsmöglichkeit in jeder Lage des Verfahrens (§ 137 StPO)
- keine Hauptverhandlung bei Ausbleiben des Beschuldigten (§ 230 StPO)
- keine Urteilsvollstreckung ohne Rechtskraft (§ 449 StPO)
- Garantie der Unabhängigkeit der Richter (§ 1 GVG)
- keine Ausnahmegerichte (§ 16 GVG).

Die Liste ist nicht vollständig. Vor allem das Nebenstrafrecht müsste auf Regeln negativen Strafrechts durchsucht werden. Ausdrücklich müsste auch neben das negative Strafrecht ein negatives Maßregelrecht gestellt werden. Aber die Liste ist umfangreich genug, um zu fragen, welcher rechtliche Gedanke die Eintragungen auf der Liste zusammenhält. Die Antwort ist eindeutig. Das affirmative Strafrecht gruppiert sich um den Gedanken des Rechtsgüterschutzes im Interesse der allgemeinen

Sicherheit und um die Verbesserung der sozialen Kontrolle. Das negative Strafrecht fasst diese Grundlage des affirmativen Strafrechts als freiheitsgefährdende Macht auf und bemüht sich, diese Macht zu negieren, d.h. zu schwächen. Diese Auffassung deckt einen harten Unterschied zwischen affirmativem und negativem Strafrecht auf. Das affirmative Strafrecht lässt sich zu einem starken, erweiterbaren System des Rechtsgüterschutzes, zu einer Sicherheitsarchitektur und zu einem engmaschigen Netz sozialer Kontrolle ausbauen. Das negative Strafrecht als Gegengewicht besteht nicht aus einem System, ist nur in wenigen, bisher unverbundenen Instituten zu sehen, ist ständig in Gefahr, von einem affirmativen Strafrecht beengt zu werden, von einem affirmativen Strafrecht daran gehindert zu werden, sich zu einem zusammenhängenden Gebiet zu entwickeln. Das negative Strafrecht hat ständig mit der Einschränkung durch das affirmative Strafrecht zu rechnen. Nur Beispiele:

Das Bestimmtheitsgebot wird zu einem Gebot lediglich der Bestimmbarkeit geändert.[27] Das Rückwirkungsverbot wird durch rückwirkende verschärfende Auslegung unterlaufen. Das Analogieverbot lässt sich leicht als unrealistisch abtun. Die Gründe für den strafbefreienden Schuldausschluss werden durch scharfsinnige dogmatische Figuren (strafbarer Vollrausch § 323a StGB; actio libera in causa) oder durch Maßregeln der Besserung und Sicherung geschwächt. Die Verjährung wird durch Einordnung in das Prozessrecht dem Schutz des Rückwirkungsverbots entzogen. Das Selbstbelastungsverbot muss gegen den Vorwurf der Behinderung einer affirmativen Strafrechtspflege verteidigt werden.[28] Die Unabhängigkeit der Gerichte wird durch Effektivitätsforderungen, die das affirmative Strafrecht stärken sollen, in seiner Bedeutung für das negative Strafrecht gemindert.[29] Die zunehmende Menge strafrechtlicher Spezialgerichte (§§ 74ff., 78, 78a GVG) gerät zur Umgehung des Verbots der Ausnahmegerichte.

Das systematisch entwickelte affirmative Strafrecht, verstärkt durch das sich ausbreitende Gebiet des opportunen affirmativen Strafrechts und durch das Maßregelrecht lässt dem nur punktuell geregelten negativen Strafrecht wenig Widerstandsmöglichkeiten, freilich nur, solange das negative Strafrecht nicht seinerseits systematisch gepflegt und zu einem

27 BVerfG, NJW 2010, S. 3210 Nr. 73ff. (*Verfassungsrechtliche Anforderungen an den strafrechtlichen Untreuetatbestand*).

28 Zusammenfassende Schilderung der gegenwärtigen schwierigen Lage des Rechts, sich im Strafprozess nicht selbst belasten zu müssen: Lutz Eidam, *Die strafprozessuale Selbstbelastungsfreiheit am Beginn des 21. Jahrhunderts*, Frankfurt am Main/Berlin: Peter Lang 2007; Urte Eisenhardt, *Das nemo tenetur-Prinzip: Grenze körperlicher Untersuchungen beim Beschuldigten*, Frankfurt am Main/Berlin: Peter Lang 2007.

29 Peter-Alexis Albrecht, *Kriminologie*, München: C.H. Beck 2010, S. 278ff., 285f.

eigenständigen Strafrechtsgebiet entwickelt, d.h. für Lehre und Praxis übersichtlich abrufbar dargestellt wird. Das kann gelingen, wenn der Gedanke der Machtverneinung durch negatives Strafrecht als Grundlage der Verbindung der bisher unverbundenen Institute des negativen Strafrechts aufgefasst wird. Dann ist eine Antwort auf die Frage möglich, wie jene bisher unverbundenen Institute zu einem Gebäude zusammengefügt, wie also die Lücken zwischen den Instituten des negativen Strafrechts geschlossen werden können. Eine solche Arbeitsweise kann dazu führen, die ständige Schwächung des negativen Strafrechts aufzuhalten, die Ausstrahlung des negativen Strafrechts auf den gesamten machtvollen Bereich des affirmativen Strafrechts zu intensivieren und – vor allem – den Besonderen Teil des negativen Strafrechts mit starken begrifflichen Formen zu versehen. Sichtbar würde ein fester strafrechtlicher Widerspruch gegen das ständig sich erweiternde System des Rechtsgüterschutzes, des unbegrenzbaren Sicherheitsstrafrechts und der schrankenlosen sozialen Kontrolle. Auch ein negatives Maßregelrecht müsste sich dann entwickeln.

Zwei strafrechtliche Denkformen in Praxis und Wissenschaft müssen sich gegenübertreten: das affirmative machtvolle Strafrecht mit seinen Ergänzungen und Verstärkungen, dem opportunen affirmativen Strafrecht und dem Maßregelrecht, und das machtverneinende negative Strafrecht. Eine solche Zweiteilung der bisherigen kompakten, affirmativ orientierten, das negative Strafrecht skeptisch duldenden Denkungsart, eine solche Zweiteilung ermöglichte einen klareren Blick auf die Tendenzen in der Strafrechtsentwicklung. Jedes strafrechtliche Institut bekäme einen inhaltlich bestimmten Platz im affirmativen, opportunen affirmativen oder im negativen Strafrecht.

Vielleicht gewönne man einen aussichtsreichen neuen Blick auf gewohnte dogmatische Anschauungen. In den angestammten strafrechtlichen Diskussionen steckt wahrscheinlich mehr negatives Strafrecht als bisher vermutet wurde. Die Debatte um Kausalität und objektive Zurechnung lässt sich als Auseinandersetzung zwischen affirmativem und negativem Strafrecht auffassen, ebenso die Überlegungen zur Reichweite der Rechtfertigungsgründe und die Grenzbestimmungen von Vorsatz und Fahrlässigkeit, von Fahrlässigkeit und Unfall. Die Neutralisierung des klar zum negativen Strafrecht gehörenden Begriffs der Schuld durch die Suche nach einem affirmativen Schuldbegriff und nach immer neuen Maßregeln ließe die Kraft des affirmativen Strafrechts sehen und nötigte das negative Strafrecht zum Widerstand. Es ist nicht ausgeschlossen, das gesamte positivierte Strafrecht als negatives Strafrecht aufzufassen, das dem affirmativen, auch ohne Gesetze ständig vorhandenen Strafen und Maßregeln entgegentritt, aber zu schwach ist, die Verstärkung des tatsächlichen affirmativen Strafens zu einem affirmativen Strafrecht zu verhindern. Strafrecht wäre dann stets negatives Strafrecht, gerichtet gegen jede Art von Macht, gegen die Macht eines Einzelnen über einen anderen Einzelnen, gegen die Strafmacht des Staates über einen Einzelnen, gegen die nicht zu rechtfertigende Macht des Staates oder anderer Mächte, z.B. wirtschaftlicher oder technischer Mächte, über den Einzelnen. Strafrecht wäre die negative Gesetzgebung zur Disziplinierung des ausschweifenden Strafens und Maßregelns.

Das negativ aufgefasste Strafrecht ist »Verbrechensbekämpfungsbegrenzungsrecht«[30], muss »staatskritische Absolutheitsregeln« entwickeln.[31] Die negativ aufgefasste Strafrechtsdogmatik ist »Begrenzungsdogmatik«[32]. In der Tendenz gleichlaufende, in den Begründungen und in vielen Einzelheiten freilich eigenständige Überlegungen findet man in zahlreichen strafrechtswissenschaftlichen Veröffentlichungen. Auf die Überlegungen zu einem negativen Naturrecht[33] und zu einer negativen Jurisprudenz[34] ist schon hingewiesen worden. Die Auffassung, Strafrechtswissenschaft könne als »Strafbegrenzungswissenschaft«[35]

30 Wolfgang Naucke, »Die Kriminalpolitik des Marburger Programms«, *Zeitschrift für die gesamte Strafwissenschaft* (1982/3), S. 564; Wolfgang Naukke, *Über die Zerbrechlichkeit des rechtsstaatlichen Strafrechts*, Baden-Baden: Nomos 2000, S. 263. S. zu diesem Begriff: Klaus Lüderssen (Hg.), *Aufgeklärte Kriminalpolitik oder Kampf gegen das Böse? Band I: Legitimationen*, Baden-Baden: Nomos 1998, S. 97; Lisa Kathrin Sander, *Grenzen instrumenteller Vernunft im Strafrecht*, Frankfurt am Main/Berlin: Peter Lang 2007, bes. 307ff.; Winfried Hassemer, *Strafrecht. Sein Selbstverständnis, seine Welt*, Berlin: Berliner Wissenschafts-Verlag 2008, S. 15; Peter-Alexis Albrecht, *Der Weg in die Sicherheitsgesellschaft*, Berlin: Berliner Wissenschafts-Verlag 2010, S. 1036; Marc Fornauf, *Die Marginalisierung der Unabhängigkeit der Dritten Gewalt im System des Strafrechts*, Frankfurt am Main/Berlin: Peter Lang 2010, S. 53; Björn Kruse, *Compliance und Rechtsstaat*, Bad Hersfeld: Peter Lang 2014, S. 15ff.

31 Wolfgang Naucke, »Rechtstheorie und Staatsverbrechen«, Einführung zu: Karl Binding/Alfred Hoche, *Die Freigabe der Vernichtung lebensunwerten Lebens. Ihr Maß und ihre Form (1920)*, Berlin: Berliner Wissenschafts-Verlag 2006, S. LII; Albrecht, *Der Weg in die Sicherheitsgesellschaft*, S. 927ff.; Albrecht, *Kriminologie*, S. 396ff.; ähnlich Stefan Braum, *Europäische Strafgesetzlichkeit*, Frankfurt am Main: Vittorio Klostermann 2003, bes. 605ff.

32 Wolfgang Naucke, »Die Grenzen des Strafrechts«, *Archivum Iuridicum Cracoviense* (1994/1995), S. 65. Vgl. zu diesem Begriff als Beitrag zur Interpretation des Satzes in dubio pro reo: Antonio Martins, *Versuch über die Vorsatzzurechnung am Beispiel der aberratio ictus*, Frankfurt am Main/Berlin: Peter Lang 2008, S. 95.

33 Reuss, *Eine Kritik der juristischen Vernunft.*

34 Bung, *Wissen und Wollen im Strafrecht.*

35 Vormbaum, *Einführung in die moderne Strafrechtsgeschichte*, S. 282; s. auch Vormbaum, »Fragmentarisches Strafrecht in Geschichte und Dogmatik«, S. 667.

verstanden werden, nimmt diese Überlegungen auf. Der Begriff eines negativen Strafrechts dringt in straftheoretische und strafrechtsdogmatische Einzeluntersuchungen vor.[36] Die Summe dieser Texte ergäbe ein selbständiges Kapitel mit der Überschrift »Das negative Strafrecht« in jedem strafrechtlichen Lehrbuch weltweit.

36 S. Antonio Martins, »Der Begriff des Interesses und der demokratische Inhalt der personalen Rechtsgutslehre«, *Zeitschrift für die gesamte Strafwissenschaft* (2013/3), S. 257f.; Antonio Martins, »Ein nachmetaphysisches Strafrecht?«, *Zeitschrift für Internationale Strafdogmatik* (2014/10), S. 519; Dirk Fabricius, *Kriminalwissenschaften: Grundlagen und Grundfragen II*, Münster: LIT 2012, S. 60ff.; Charlotte Schultz, *Spiegelungen von Strafrecht und Gesellschaft. Eine systemtheoretische Kritik der Sicherungsverwahrung*, Frankfurt am Main: Peter Lang 2014, S. 479ff.

Markus Abraham

Strafrecht ohne Strafschmerz!

Warum, wie und mit welcher Gesellschaft?[1]

I. Programm: Den schwachen Abolitionismus ausbuchstabieren

Menschen intentional Schmerzen zuzufügen mutet wie ein Atavismus an. Es ist jedenfalls ein Fremdkörper in einer Gesellschaft wie der unseren, die hochsensibel ist für Gewaltphänomene – man denke schlagwortartig an gewaltfreie Erziehung, Sprache als Form der Gewalt, Mobbing als Körperverletzung, Gewalt, die in Strukturen und Institutionen liegt. Die Selbstverständlichkeit, mit der auf die Gewalt einer Straftat mit staatlicher Gewalt reagiert wird, also die Selbstverständlichkeit des Instituts der Kriminalstrafe, erscheint angesichts dieser Sensibilität geradezu erstaunlich. Auf Gewaltanwendung mit Gewaltzufügung zu antworten, klingt nach Spiegelung und daher befremdlich. Dieses Gefühl der Befremdung ist nicht nur Kern der viel zu leicht bei Seite geschobenen Pointierung des Problems durch die Philosophie zum Strafen von der Antike bis zur Aufklärung: »Weshalb Übel mit Übel vergelten«; »Warum ein zweites Übel?«. Es ist auch nicht nur eine Erkenntnis derer, die dem Recht skeptisch gegenüberstehen – die Recht insgesamt als Unternehmen der Gewalt ansehen und den Rechtszwang als problematischen Einstieg in eine Spirale der Gewalt – die die Unmöglichkeit des Einsatzes von Gewalt als *Technik* betonen, die ein Abrutschen in die Gewalt als *Praxis* hervorheben, so etwa *Judith Butler* mit *Walter Benjamin*.[2] Vielmehr wird deutlich, dass das Infrage-Stellen des Strafschmerzes zunehmend in der Binnenperspektive des Rechts, also von Personen, die innerhalb der Praxis des Rechts denken und agieren, ebenfalls als fragwürdig erachtet wird. Als Gradmesser mag insofern herhalten, dass das Phänomen des Strafschmerzes zunehmend als wirkliches Rechtfertigungsproblem

1 Für Anregungen danke ich allen Teilnehmerinnen und Teilnehmern des Workshops am 12./13. Oktober 2023 an der Goethe-Universität Frankfurt a.M., besonders Benno Zabel.

2 Judith Butler, *The Force of Non-Violence*, London/New York: Verso 2020, S. 62. Die Kritik der Polizeigewalt stammt von Walter Benjamin, »Kritik der Gewalt«, in: Rolf Tiedemann/Hermann Schweppenhäuser (Hg.), *Walter Benjamin. Gesammelte Schriften*, Frankfurt a.M.: Suhrkamp Verlag 1991, S. 179–204.

betrachtet wird. Auch in der Straftheorie wird also nicht mehr ausschließlich die Frage adressiert, *wie* die Schmerzzufügung sich am besten begründen lässt, welche Spielart der präventiven oder retributiven Theorienfamilie am ehesten überzeugt. Sondern es wird auch die vorgängige Frage des Ob adressiert, also die Frage, *ob* sich die intentionale Zufügung von Schmerzen überhaupt rechtfertigen lässt.[3]

Erachtet man den Strafschmerz als problematisch, so kann das Positionen motivieren, die im Recht ganz generell Gewalt erkennen und diese bannen wollen, also die Zwangsbefugnis des Rechts überhaupt – und dadurch auch das Strafrecht – in Frage stellen. Für das Strafrecht ist das die Position eines starken Abolitionismus.[4] Daneben existieren Versionen des schwachen Abolitionismus, die rechts*intern* – also innerhalb des Systems subjektiver Rechte – nach alternativen Formen der Konfliktregulierung suchen.

Nicht behandeln möchte ich in dem vorliegenden Text, welche Gesichtspunkte zugunsten eines starken und welche zugunsten eines schwachen Abolitionismus streiten. Das erscheint mir jedenfalls in der Abstraktheit schon deswegen wenig zielführend, weil man erst bestimmen müsste, zwischen welchen Optionen denn genau gewählt werden soll. Was bedeutet starker Abolitionismus, welche Formen der Konfliktregulierung treten an die Stelle des abgeschafften Strafrechts, welche Formen treten an die Stelle des Rechts? Sollen diese neuen Strukturen das Recht für alle Arten der Sozialbeziehungen ablösen oder nur für manche? Aufgrund dieser zuvor klärungsbedürftigen Fragen möchte ich mich an dieser Stelle darauf konzentrieren, eine Lesart des schwachen Abolitionismus auszubuchstabieren – und dadurch aufzeigen, weshalb dieser gegenüber nicht-abolitionistischen Positionen des *Status quo* vorzugswürdig ist – und wo konkrete Ansatzpunkte der Veränderung in der gegenwärtigen rechtlichen Praxis zu finden sind.

Dazu werde ich in einem ersten Schritt herausstellen, dass Kriminalstrafe als wesentlich kommunikativer Vorgang zu verstehen ist – und

3 Exemplarisch dafür stehen die nachstehend bei II. behandelten Positionen der Straftheorie – aber auch neuerdings Kristina Peters, »Wie aktuell ist Hegels Straftheorie?«, in: Markus Abraham/Martin Brecher/Philipp-Alexander Hirsch (Hg.), *Vernünftiges Strafen?*, Bonn: Max-Planck Institut 2023: in Vorbereitung; Benno Zabel, *Kritik der strafenden Vernunft*, Tübingen: Mohr Siebeck 2025.

4 S. etwa Herman Bianchi, *Alternativen zur Strafjustiz*, München: Kaiser 1988, S. 72f.; vgl. den Überblick zu Formen des Abolitionismus bei Stephen Garvey, »Alternatives to Punishment«, in: John Deigh/David Dolinko (Hg.), *The Oxford Handbook of Philosophy of Criminal Law*, Oxford: Oxford University Press 2011, S. 493–519; Jeldrik Mühl, *Strafrecht ohne Freiheitsstrafen – absurde Utopie oder logische Konsequenz?*, Tübingen: Mohr Siebeck 2014, S. 51ff.

analysieren, was hier kommuniziert wird (II.). Die besagte Charakterisierung des Vorgangs des Strafens *als Akt der Kommunikation* steht allerdings, wie ich argumentieren werde, noch weitgehend neutral zur Frage des Strafschmerzes. Daher werde ich in einem zweiten Schritt markieren, worin der Unterschied besteht zwischen Theorien, die Strafen als kommunikativ und gleichwohl schmerzzufügend begreifen, und solchen Theorien, die das zweitgenannte Element bestreiten: Der Unterschied liegt, kurz gesagt, im Selbstverständnis einer Gesellschaft und ihrer Personen (III.). In einem dritten Schritt werde ich dann darlegen, wie die kommunikative Struktur des Strafens zu vervollständigen ist: Sie ist nämlich als vierstufiger kommunikativer Vorgang zu fassen (IV.). Sodann entwickle ich, was das für die Fortentwicklung der aktuellen Praxis des Strafens heißt, wie also die Entwicklung hin zu einer Strafe ohne Strafschmerz konkret ansetzen kann (V.). Bevor ich ein kurzes Fazit ziehe, adressiere ich zwei Einwände (VI.).

II. Strafe als Kommunikation

Wer straft, will damit etwas sagen. Dieses kommunikative Element, die Missbilligungskomponente, findet in der Kriminalstrafe ihren Ausdruck im Schuldspruch. Buchstabiert man die in ihm enthaltene Aussage aus, gelangt man zu folgender idealtypischer Beschreibung: (i) Der Schuldspruch deklariert erstens die Tat allgemeinverbindlich als Unrecht und schreibt der verurteilten Person die Verantwortung dafür zu. (ii) Zweitens entlastet der Schuldspruch die übrigen Akteure, insbesondere die von der Tat Verletzten – er spricht sie gewissermaßen von Verantwortung frei. Auch werden durch ihn andere Erklärungsnarrative (Unglück, Zufall) zurückgewiesen. (iii) Der verurteilten Person, der verletzten Person wie auch der Öffentlichkeit wird drittens durch den Schuldspruch signalisiert, dass das Tatgeschehen nicht reaktionslos hingenommen wird, sondern dass trotz des Normverstoßes die rechtlichen Verhaltenserwartungen weiterhin den relevanten Orientierungsmaßstab abgeben.[5]

Nun ist es so, dass die meisten modernen Straftheorien dieser Beschreibung nicht widersprechen dürften. Vielmehr lassen sich Theorien »expressiv« oder »kommunikativ« verstehen. Denn der Umstand, dass Strafe ein *auch*-kommunikativer Vorgang ist, lässt sich ohne Weiteres in Einklang bringen mit der Ansicht, dass die Kriminalstrafe daneben eben

5 Joel Feinberg, »The Expressive Function of Punishment«, *The Monist* (1965), S. 401ff.; Klaus Günther, »Die symbolisch-expressive Bedeutung der Strafe«, in: Cornelius Prittwitz u. a. (Hg.), *Festschrift für Klaus Lüderssen*, Baden-Baden: Nomos Verlagsgesellschaft 2002, S. 205ff.

auch eine »stumme Seite«[6] beinhaltet. Die Anerkennung der kommunikativen Komponente der Strafe ist vereinbar mit der Sichtweise, dass Strafe spürbar sein muss, dass wir den zu Bestrafenden leiden machen wollen, dass es gerade das ist, worum es beim Strafen geht: »strafen« von (germ. **strappon*), *straff ziehen* streng behandeln *punishment, pain, poena*, peinliches Recht.[7] Dafür, dass neben die Kommunikation der Schmerz treten muss, spricht auch das Alltagdogma, das sich tief in unser Bewusstsein eingebrannt hat: »Wer nicht hören will, muss fühlen.«[8]

Ganz im Sinne dieser Doktrin taucht der Strafschmerz auf bei den gegenwärtigen Theorien, die zur Legitimation der Strafe vorgetragen werden. Sie behandeln den Strafschmerz als Verstärker.[9] Der Strafschmerz bringt die bloßen Worte zur Wirklichkeit, lässt den Sprecher der kommunikativen Botschaft der Strafe erst als wahrhaftig erscheinen.[10] Die Verbindung von kommunikativer und »stummer Seite«[11] lässt sich etwa so formulieren:

> »Wir (als Gemeinschaft der Personen) stehen auf deiner Seite, verehrtes Opfer. Dass wir es ernst meinen, kannst du daran sehen, dass wir das nicht nur so sagen, dass wir also das Tatverhalten nicht nur verbal missbilligen, sondern dass wir den Täter diese Missbilligung auch spüren lassen, Strafschmerzen zufügen.«

In dieser Weise argumentiert etwa *Tatjana Hörnle*: Die Ernsthaftigkeit des Unwerturteils lasse sich nicht durch Worte, sondern nur durch »handfeste

6 Günther Jakobs, *Norm, Person, Gesellschaft*, Berlin: Duncker & Humblot 2008, S. 113.

7 Daniel Spycher, *Die Legitimation der retributiven Kriminalstrafe*, Taunusstein: Dr. H. H. Driesen 2013, S. 23 mit Verweis auf Jacob Grimm/Wilhelm Grimm, *Deutsches Wörterbuch. Der digitale Grimm*, Online-Version 2002, Spalte 701.

8 Dazu Markus Abraham, *Sanktion, Norm, Vertrauen*, Berlin: Duncker & Humblot 2018, S. 21ff.; dazu jüngst Philipp-Alexander Hirsch, »›Wer nicht hören will, muss fühlen!‹ Strafschmerz bei Kant, oder: Die konsequente Denkungsart der Lehre vom höchsten Gut«, in: Andree Hahmann/Stefan Klinger (Hg.), *Festschrift für Bernd Ludwig*, Hamburg: Meiner 2024, S. 254–275.

9 Ausführliche Auseinandersetzung mit den im Folgenden behandelten Theorien bei Abraham, *Sanktion, Norm, Vertrauen*, S. 58–138.

10 Vgl. zur Verdeutlichungsaufgabe des Gegenzwangs bei Hegel Benno Zabel, *Schuldtypisierung als Begriffsanalyse*, Berlin: Duncker & Humblot 2007, S. 79: »Vielmehr muss die Störung des Verhältnisses [des Rechtsverhältnisses als Gegenseitigkeitsverhältnis], und damit auch die nur scheinbar rechtliche Existenz des gewalttätigen Willens dadurch aufgehoben werden, dass man deren Untragbarkeit sowohl für den Zwingenden als auch für die Gemeinschaft erkennt und verdeutlicht.«.

11 Jakobs, *Norm, Person, Gesellschaft*, S. 113.

Übelszufügung«[12] verdeutlichen. In umgekehrter Form könne man dieses Konzept, dass Worte der Verstärkung bedürfen und so erst das Gemeinte zum Ausdruck bringen, bei der Praxis des Auszeichnens sehen: Beim Verleihen eines Preises werde die verbale Würdigung mittels Preisgeld verdeutlicht.[13] Für das Strafen gelte eben, dass die Botschaft erst dann angemessen zum Ausdruck komme, wenn »tangible[] Güter[]« entzogen würden.[14] Schmerz verdeutliche den Ernst. Wenn auch das Ausmaß einer solchen Verstärkung des Verbalen dem Wandel unterliege, könne man auf eine derartige Untermauerung der verbalen Missbilligung einfach nicht verzichten.[15]

Auch andere gegenwärtige Straftheorien leiten die Begründung des Strafschmerzes von der kommunikativen Aussage des Schuldspruchs ab, indem sie dem Strafschmerz die Funktion zuweisen, die kommunikative Aussage in einer bestimmten Form zu stützen. Nach *Jean Hampton* etwa setzt der Täter durch die Tat den Anschein, dass die verletze Person weniger wert sei als der Täter, also gewissermaßen unter ihr stehe. Dem Strafschmerz kommt nun die Funktion zu, diesen Anschein zu widerlegen, also klarzustellen, dass Opfer und Täter gleichwertig sind. Strafschmerz dient hier also zum Beweis des wahren Wertes der verletzten Person.[16] Die Rolle des Strafschmerzes, Beweismittel zu sein, erhält der Strafschmerz auch in der Straftheorie von *Michael Pawlik*. Hier ist der Strafschmerz nämlich Mittel, einen grundlegenden gesellschaftstheoretischen Zusammenhang *zu demonstrieren*: Unser aller Freiheit wird erst durch unser aller Mitwirken konstituiert. Dadurch, dass wir uns alle grundsätzlich legal verhalten, tragen wir dazu bei, dass eine Ordnung von Freiheit und Frieden existiert. Dass dieser Zusammenhang besteht, dass also Freiheit nur bei allseitiger Mitwirkung real ist, wird klargemacht, indem auf Nicht-Mitwirkung mit Freiheits-Verlust begegnet wird. Durch diese Entgegnung werde der besagte Zusammenhang von Mitwirkung und Freiheit demonstriert, werde »die Wechselbezüglichkeit von Loyalitätspflichterfüllung und Freiheitsgenuss bestätigt«.[17] Auch gemäß der Straftheorie von *Günther Jakobs* hat der Strafschmerz die Funktion, die Aussage des Schuldspruchs zu unterstreichen: Während der Schuldspruch

12 Tatjana Hörnle, *Straftheorien*, Tübingen: Mohr Siebeck 2011, S. 42 (der Ausdruck des Handfesten findet sich in der aktuellen Auflage [2017] nicht mehr).

13 Tatjana Hörnle, *Straftheorien*, Tübingen: Mohr Siebeck 2017, S. 44f. (der explizite Bezug auf Preisverleihung findet sich nur in der Vorauflage von 2011, S. 42f.).

14 Hörnle, *Straftheorien*, 2017, S. 44.

15 Ebd., S. 45.

16 Jean Hampton, »An Expressive Theory of Retribution«, in: Wesley Cragg (Hg.), *Retributivism and its Critics*, Stuttgart: Franz Steiner Verlag 1992, S. 19.

17 Michael Pawlik, *Person, Subjekt, Bürger*, Berlin: Duncker & Humblot 2004, S. 97.

dem Täter widerspricht, also die Tat als nicht-anschlussfähig deklariert, schaffe erst der Strafschmerz, dass diese Deklaration in der Wirklichkeit Wirkung entfaltet: Strafschmerz ist dafür nötig, dass die potentiellen Opfer sicher sein können, dass sich auch diejenigen Personen künftig an die für weiterhin geltend erklärte Norm halten werden, die sich um den rein verbalen Widerspruch nicht scheren.[18]

Es lässt sich also konstatieren, dass der Abschied vom Strafschmerz nicht allein deswegen folgt, weil Kriminalstrafe richtigerweise als kommunikativer Akt zu charakterisieren ist. Gleichwohl, und das ist nicht wenig, wird durch die Charakterisierung als kommunikativer Akt die Komponente des Strafschmerzes in ihrer erhöhten Legitimierungsbedürftigkeit noch deutlicher erkennbar. Denn ohne diese Einsicht droht man leicht einem legitimatorischen Fehlschluss zu erliegen: Argumente, die die kommunikative Komponente der Kriminalstrafe plausibel begründen (wie etwa: Es ist nötig, dass Unrechtsverhalten nicht unwidersprochen bleibt), legitimieren eben erst einmal ausschließlich die *verbale* Komponente. Weshalb diese Begründungen auch in der Lage sind, die *stumme* Seite des Strafens zu rechtfertigen, ist damit nicht dargetan, sondern bedarf der Erklärung.

III. Wir verstehen uns als normative Wesen – *all the way*

Überzeugt nun die dargestellte, in verschiedenen Facetten vorgetragene Theorie vom Strafschmerz als Verstärker? *Klaus Günther* ist der Sichtweise, dass Worte eben der Verstärkung bedürfen, im Fall der Strafe also Strafschmerz neben Schuldspruch treten müsse, entgegengetreten: Die Kontrastierung von Handeln und bloßen verbalen Bekundungen, allgemeiner: der Gegensatz von Tun und Sprechen, sei vergröbernd. Es sei nämlich nicht der Fall, dass Worte allein keine Wirkung entfalten würden: Worte binden vielmehr ebenfalls.[19]

Die Sprengkraft der Kritik wird deutlich, wenn man sich die hinter den Positionen stehenden Konzepte von der Gesellschaft und deren Personen vor Augen führt. Den gegenwärtigen Straftheorien, die von der Verstärkung des Schuldspruchs durch den Strafschmerz ausgehen, unterliegt die Vorstellung eines zweigeteilten Wesens, die manichäische Vorstellung, halb Vernunftwesen und halb Triebwesen zu sein. Diese Annahme tritt bei den einzelnen Theorien mehr oder weniger explizit zu Tage.

18 Jakobs, *Norm, Person, Gesellschaft,* S. 113.

19 Klaus Günther, »Criminal Law, Crime and Punishment as Communication«, in: *Normative Order Working Paper (2014/02): Normative Orders, Cluster of Excellence at Goethe University*, Frankfurt a.M.: Universität Frankfurt, Fachbereich Rechtswissenschaft 2014, S. 19.

Bei *Hörnle* etwa lässt sich dies erahnen: Bei der Kriminalstrafe müsse sich die Gesellschaft bei der Kommunikation mit den Normadressaten nicht

> »an den hohen moralischen Ansprüchen für einen mitmenschlichen Umgang ausrichten (...). Pragmatischere Standards, die *sowohl* moralische Ansprechbarkeit *als auch* die Neigung zur Vermeidung von Nachteilen voraussetzen, sind insoweit nicht verwerflich.«[20]

Ganz explizit wird das Personenkonzept bei *Günther Jakobs*: Jakobs teilt die Person ein in das *Individuum*, das nach dem Modus Lust/Unlust operiert, und in die *Person*, für die das Ordnungsschema Pflicht/Willkür relevant ist. Der verbale Widerspruch, den die Kriminalstrafe enthalte, gebe der Person alles, lasse jedoch das Individuum unbefriedigt zurück – denn das Individuum braucht drastische Mittel der Unlust, den Strafschmerz.[21] Den gegenwärtigen Straftheorien und ihrer Legitimation des Strafschmerzes liegt also die Vorstellung zu Grunde, dass beide Komponenten zu bedienen sind, die Sphäre der Worte und die Sphäre der Taten.

Die Kritik von *Günther* basiert nun im Kontrast dazu darauf, dass wir als Menschen eben nicht notwendig nach dem Muster leben, dass neben Worte – gewissermaßen als Wahrmacher – deren Verstärkung treten muss. Es ist nicht zwangsläufig so, dass es Normen gibt, die der Verstärkung durch Nicht-Normatives bedürfen. Wir sind vielmehr in der Lage, uns als normative Wesen *all the way* zu verstehen. Es lässt sich plausibilisieren, dass nicht die Relevanz der Worte, die Relevanz des Schuldspruchs dasjenige ist, das merkwürdig und künstlich erscheint.[22] Merkwürdig und künstlich ist vielmehr die Vorstellung von Gewalt als Wahrmacher, als unterstreichende Geste, die Vorstellung vom Strafschmerz als Mittel, das den Schuldspruch verstärkt. Diese Konzeption des Unterstreichens ist das Merkwürdige. Der Strafschmerz ist das Hinzutretende, das artifiziell Hinzugefügte: ein konventionelles Additivum.

Bei *Günther* hängt die These, dass Kriminalstrafe etwas Sprachliches sein kann – und eben ausschließlich etwas Sprachliches – mit zwei Einsichten zusammen. Erstens ist sie verbunden mit der erwähnten sprachanalytischen Einsicht (etwa zum Ausdruck gebracht in der Sprechakttheorie), dass Sprechen zugleich Tun ist, dass etwas zu sagen zugleich eine Handlung darstellt. Und dabei entfaltet nach *Günthers* Analyse jeder Sprechakt durch den Umstand, dass er in die Praxis des Gebens und Nehmens von Gründen eingebunden ist, eine bindende Wirkung von

20 Hörnle, *Straftheorien*, 2017, S. 15 (H.i.O.).

21 Jakobs, *Norm, Person, Gesellschaft*, S. 52; Kritik bei Abraham, *Sanktion, Norm, Vertrauen*, S. 92ff.

22 Günther, »Criminal Law, Crime and Punishment as Communication«, S. 17 et passim.

genereller Natur (und zwar wegen der Möglichkeit, für einen aufgestellten Sprechakt Gründe fordern zu können).[23] Zusammenzulesen ist diese Einsicht von der generellen Bindungswirkung zweitens mit *Günthers* demokratietheoretischer Überlegung: Wir sind nicht nur Adressatinnen und Adressaten von (Rechts-)Normen, sondern gleichzeitig deren Autorinnen und Autoren.[24] Insofern wird, um den Kontrast zu den anderen Straftheorien scharfzustellen, im Akt der Kriminalstrafe nicht ein negativer Reiz gegenüber dem Individuum gesetzt, sondern allein mit einer Person in ihrer Rolle als Normadressatin kommuniziert, die stets auch an ihre Zustimmung erinnert werden kann, die sie als Normautorin erteilte.[25] *Günthers* Vorstellung vom Kommunikationsvorgang des Schuldspruchs lässt sich daher wie folgt kondensieren:

> »Dein Verhalten war normwidrig und daher zu missbilligen. Für diese Beurteilung kann ich dir einen Grund geben, an den du als Akteur, der Gründen folgt, gebunden bist. Der Grund ist der, dass du zur Normbefolgung verpflichtet warst, denn als Mitautor der Normen hattest du die Möglichkeit, deine (zu begründende) Ablehnung der Norm über den formalisierten Weg der Gesetzgebung/Klage einzubringen.«[26]

Die Rolle der Einzelperson bei der Schaffung von Normen lässt sich überzeugend insbesondere auf die formale Gesetzgebung beziehen: Wir wählen Repräsentierende, die Gesetze entwerfen und verabschieden, wir regieren uns indirekt selbst. Das lässt sich für die den Strafgesetzen zugrundeliegenden Verhaltensnormen plausibel annehmen: Als Normautorinnen legen wir fest, welches Verhalten als sozialethisch missbilligenswert erscheint. Wir legen auch fest, was die Voraussetzungen dafür sind, einen solchen Vorwurf zu machen. An diese Beteiligungsmöglichkeit darf man als potentieller Normbrecher erinnert werden.

Man mag gegen diese Überlegung von der Normautorstellung einwenden, dass es sich um eine »gerechtigkeitstheoretische Exaltation« handelt,[27] die nicht der Realität entspreche. Freilich wäre darüber zu streiten, dem Einwand ließe sich etwa mit Verweis auf den Modellcharakter der demokratietheoretischen Annahme entgegentreten. Statt dies zu vertiefen, möchte ich hier zur Stützung der Überlegung eine weitere

23 Ebd., S. 19f.

24 Klaus Günther, *Schuld und kommunikative Freiheit*, Frankfurt a.M.: Klostermann 2005, S. 245.

25 Genauer ist es bei Günther so, dass er aus der zumutbaren Möglichkeit zur ablehnenden Stellungnahme gegenüber der Norm eine Normbefolgungspflicht folgt, ebd., S. 254.

26 Abraham, *Sanktion, Norm, Vertrauen*, S. 176.

27 Michael Pawlik, *Das Unrecht des Bürgers*, Tübingen: Mohr Siebeck 2012, S. 108, Fn. 594; primäre Grundlage strafrechtlicher Verpflichtungen sei die Gehorsamspflicht, nicht das Teilhaberecht.

Perspektive, wenn man so will eine Überlegung von unten, nämlich die Perspektive unserer menschlichen Alltagspraktiken, zur Seite stellen.

Die Überlegung, dass wir sprachliche Wesen sind, und daher nicht von der Spur der Kommunikation (zusätzlich) auf die Spur des Strafschmerzes zurückgreifen sollten, lässt sich auch entwickeln, wenn wir unsere menschliche Tätigkeit als Gesamtphänomen in den Blick nehmen: Schauen wir nämlich darauf, was uns als Menschen auszeichnet, so ist das – mit *Robert Brandom* betrachtet – die Praxis des Sprechens, genauer die des gegenseitigen Gebens und Nehmens von Gründen. Analysiert man diese Praxis des Sprechens, so wird deutlich, dass es sich dabei um Praxis handelt, bei der der grundlegendste Akt das Aufstellen einer Behauptung ist.[28] Das Interessante ist dabei nun, dass diese Akte der Behauptung nicht einfach isoliert stehen, Kommunikation sich also nicht einfach in einer Aneinanderreihung von Behauptungsakten erschöpft. Vielmehr ist Kommunikation grundlegend normativ, das heißt, wir nehmen wechselseitig zu den von uns aufgestellten Behauptungen Stellung, halten diese für *berechtigt* oder für *nicht-berechtigt*, weisen dem Gegenüber einen normativen Status zu (nämlich zur Aussage berechtigt oder eben dazu nicht-berechtigt zu sein). Und die Zuweisung dieses normativen Status, etwa ein *Für-berechtigt-Halten* hat dann – gemäß den in einer Gemeinschaft konventionell geltenden Normen – Auswirkung darauf, zu welchen *weiteren* Behauptungen man eine Person für berechtigt oder nicht-berechtigt erachtet.[29] Ein einfaches Beispiel: Halte ich Person P für berechtigt zu sagen »Dies ist mein Buch«, dann halte ich sie auch – unterstellt die Existenz von §§ 903, 433 ff. BGB – für berechtigt, dieses Buch an eine andere Person zu verkaufen.

Wenn wir sprechen, bleiben wir unseren eigenen Behauptungen und den Behauptungen der anderen Personen »auf den Fersen« und beurteilen deren Richtigkeit anhand der Schlussfolgerungsbeziehungen, die innerhalb der jeweiligen Gemeinschaft der Sprechenden gelten.[30] Eine nähere Ausführung des Modells und der Implikationen kann hier nicht geleistet werden,[31] vielmehr vermag ich lediglich die Pointe zu benennen, die für die hiesige Frage relevant ist: Nämlich die Analyse, dass unsere Sprachpraxis eine grundlegend durch Sanktionen strukturierte Praxis

28 Robert Brandom, *Expressive Vernunft*, Frankfurt a.M.: Suhrkamp 2000, S. 260f.

29 Vgl. zum Modell dieses »deontischen Kontoführens« Brandom, *Expressive Vernunft*, S. 272ff.; knappe Rekonstruktion bei Jochen Bung/Markus Abraham, »Sprachphilosophie: Davidson und Brandom« in: Sonja Buckel/Ralph Christensen/Andreas Fischer-Lescano (Hg.), *Neue Theorien des Rechts*, Tübingen: UTB 2020, S. 95ff.

30 Brandom, *Expressive Vernunft*, S. 219ff. (Zitat S. 220).

31 Vgl. dazu Bung/Abraham, »Sprachphilosophie: Davidson und Brandom«, S. 95ff.

ist. Inwiefern ist sie durch Sanktionen? Dies liegt schlicht daran, dass der grundlegendste Zug, der mit dem Aufstellen einer jeden Behauptung einhergeht, derjenige ist, diese Behauptung in einem gewissen Sinne zu sanktionieren: Wir halten die Aussage für berechtigt, sanktionieren sie also positiv oder halten sie für nicht-berechtigt, sanktionieren sie also negativ.[32] Lernen lässt sich daraus, dass wir als sprachliche Wesen eine grundlegend – in diesem sehr weiten Sinne – *durch Sanktionen* strukturierte Praxis betreiben.

Was folgt nun daraus für die Frage des Strafschmerzes? Wir können aus dem Umstand, dass unsere grundlegendste soziale Praxis durch Sanktionen strukturiert ist, etwas darüber lernen, wie wir Kriminalstrafe betreiben könnten – und auch betreiben sollten. Die grundlegende Sanktion unserer Praxis des Sprechens ist das Für-nicht-berechtigt-Halten einer Behauptung. Wenn die Beschreibung zutrifft, wir uns also ganz entscheidend als Wesen interpretieren, die sich durch normative Bezüge zueinander und das Zuweisen normativer Status auszeichnen, so hat dieses Selbstverständnis auch Auswirkung darauf, was eine angemessene Reaktion auf Normverstöße bildet. Es erscheint nämlich naheliegend, dass wir bei unserer Praxis des Strafens innerhalb der Welt normativer Wesen, innerhalb der Sprache bleiben, und dass wir *keine zweite Spur* eines die Unlust adressierenden triebhaften Individuums benötigen.[33] Vielmehr ist die zweite Spur sogar ein Fremdkörper: Die Stabilisierung einer gesellschaftlichen Normordnung, die von den Mitgliedern als Gemeinschaft normativer Wesen interpretiert wird, kann schwerlich durch nicht-normative Mittel, also die Zufügung von Schmerzen, erreicht werden, sondern widerspricht dem Selbstverständnis der Akteure als Gründen folgender Akteure.[34]

IV. Vierte Phase der Kommunikation: Weshalb Feststellung (in unserer gegenwärtigen Gesellschaft) nicht genug ist

Nach *Klaus Günther* folgt aus den hier skizzierten Überlegungen zur Sprache und zur Demokratie, dass Kriminalstrafe als dreistufiger kommunikativer Vorgang zu rekonstruieren ist.[35] Wir haben erstens als Normautoren gewisse Normen festgelegt (i). Die Täterin verstieß zweitens gegen

32 Brandom, *Expressive Vernunft*, S. 262f., 272ff.

33 Dieser Gedanke wird entwickelt an dem Konzept »interner Sanktionen« (Brandom, *Expressive Vernunft*, S. 269ff.) bei Abraham, *Sanktion, Norm, Vertrauen*, S. 188ff.

34 Vgl. dazu näher ebd., S. 217ff.

35 Günther, »Criminal Law, Crime and Punishment as Communication«, S. 12ff.

diese Normen, kommuniziert also die Nicht-Achtung dieser Festlegung (ii). Wir stellen drittens im Schuldspruch gegenüber ihr als Normadressatin fest, dass ihr Widerspruch ein Kommunikationsakt war, der nicht hingenommen wird (iii).

Diese Feststellungsfunktion des Schuldspruchs (iii) scheint in der Tat die entscheidende Komponente im Vorgang des Strafens zu sein. Die Feststellung ist nicht lediglich von statischer Natur, also eine selbstgenügsame Einordnung des Verhaltens. Unter anderem schließt die Feststellung nämlich auch künftige Verhaltensakte aus, die an den missbilligten Verhaltensakt anschließen, sich also aus dem Verhaltensakt, so er unwidersprochen bliebe, herleiten ließen. Für die Vergangenheit bedeutet die Feststellung des Unrechts die Annullierung der Tat. Die Feststellung berechtigt nämlich zu rückabwickelnden Akten, beispielsweise die Rückgabe des Gestohlenen fordern zu können, Zahlung von Schadensersatz verlangen zu dürfen. Die Feststellung erschöpft sich also nicht in der bloßen Einordnung, sondern legitimiert auch Akte, die den *Status quo ante* wiederherstellen.

Kann diese Feststellung durch den Schuldspruch – also die verbale Zuschreibung von Verantwortung und die damit einhergehende Entlastung von Dritten und die Absage an die Möglichkeit, dass es sich bei der Tat um ein zufälliges Unglück handelte – nun aber alles sein, was legitimerweise auf eine Straftat folgt? *Günthers* oben (bei III.) skizzierte Vorstellung von der Bindungswirkung von Sprechakten sowie sein demokratietheoretischer Hinweis, der Täter habe es unterlassen, bei der Normgenese seinen Widerspruch anzumelden, müsse sich jetzt als Normadressat daran festhalten lassen, legen diese Sichtweise nahe.

Bei aller Zustimmung mit Blick auf die Relevanz des Schuldspruchs – scheint mir dies eine zu weitreichende Annahme zu sein. Wenn wir in einer Gesellschaft leben würden, in der Rückabwicklung von Verhaltensakten perfekt oder mit nur geringen Verlusten oder Belastungen möglich wäre, spräche in der Tat vieles dafür, es als Reaktion auf eine Straftat bei der missbilligenden Feststellung zu belassen. Selbst die Missbilligung wäre dann wohl nur noch deswegen legitimierbar, weil selbst in einer solchen Gesellschaft die Normübertretung die Ausnahme bleiben müsste.[36] Vor allem weil eine solche annährend vollständige Rückabwicklung (noch?) nicht möglich ist – was zum einen an der fehlenden vollständigen Reversibilität von Verletzungen liegt und zum anderen an der partiellen Nicht-Aufdeckung von Straftaten –, dürfte die reine Feststellung von vorwerfbarem Unrecht in etlichen Fällen als Reaktion nicht ausreichen.

36 Schlicht für das reibungslose Funktionieren der Gesellschaft und der Ressourcenschonung (Rückabwicklung ist mit Kosten verbunden) wäre es erforderlich, dass Interaktionen regelmäßig ohne Normübertretung bleiben, dass etwa eine Begegnung in der Regel ohne Körperverletzung abläuft.

Neben dieser Überlegung der fehlenden Reversibilität erscheint die Annahme, die Feststellung allein sei genügend, aber auch aus einem konzeptuellen Grund zu weitreichend. Sie ist zu weitreichend jedenfalls für unsere gegenwärtige Gesellschaft und für das ihr zugrundeliegende Verständnis der Personen. Denn nach dem demokratietheoretischen Ideal müsste die Person, deren Verhalten als Unrechtstat festgestellt wurde, diese Feststellung selbstständig für ihr vergangenes und künftiges Verhalten als relevant erachten. Der Person dürfte eine solche Zuschreibung nicht egal sein, sie müsste aus freien Stücken für das vergangene Verhalten Verantwortung übernehmen und für die Zukunft das in der Zuschreibung zum Ausdruck Gekommene als Orientierungspunkt des Handelns nehmen. Das Modell der dreistufigen Kommunikation setzt also Akteure voraus, die sensibel mit Blick auf die im Schuldspruch stattgefundene Zuschreibung sind, die die Missbilligung annehmen. In Gesellschaften, die enge Sozialbeziehungen und Abhängigkeiten aufweisen, mag es die natürliche Reaktion auf ein soziales Missbilligungsurteil sein, diese Missbilligung aus freien Stücken anzunehmen und konstruktiv zu wenden. In unserer gegenwärtigen Gesellschaft steht jedoch in vielen Fällen wohl nicht zu vermuten, dass die Akteure *aus sich heraus* so reagieren werden. Und für die Hoffnung, dass ein solches Annehmen mithilfe des Umfelds oder der Inanspruchnahme professionell Helfender gelingen möge, fehlt es an Anreizen dafür, diesen mühevollen Prozess zu unternehmen.[37] Kurz gesagt: Die Vorstellung, dass die reine Feststellung von Unrecht als Reaktion auf kriminelles Verhalten hinreicht, ist theoretisch einleuchtend, setzt allerdings eine Transformation der Gesellschaft voraus: Sie setzt Akteure voraus, die mit hinreichend hoher Wahrscheinlichkeit Akte der Zuschreibung von Verantwortung ernst nehmen und eigenständig ihr künftiges Verhalten im Großen und Ganzen im Einklang mit dieser Zuschreibung ausrichten. Die Praxis der reinen Unrechtsfeststellung setzt also Akteure voraus, die für Feststellungen sensibel sind und ihnen Relevanz beimessen.

Der hier verfolgte Ansatz versucht einen Weg zu einer Praxis des Strafens ohne Strafschmerz aufzuzeigen, *ohne* eine drastische Transformation der Gesellschaft und ihrer Akteure vorauszusetzen. Das Selbstverständnis der Akteure, so die hier verfolgte These, muss sich nicht grundlegend ändern, bevor der Strafschmerz tentativ abgeschafft werden kann. Vielmehr sind die Fähigkeiten zur dahingehenden Entwicklung bereits gegenwärtig existent.

Die Aussicht, dass die Person, der ein Missbilligungsvorwurf gemacht wurde, sich für die Vergangenheit und Zukunft entsprechend verhält,

37 Das unmittelbare soziale Umfeld dürfte vielmehr nicht selten den Täter, den eine Verantwortungszuschreibung durch Gerichtsurteil trifft, in der Ablehnung oder Neutralisierung dieser Zuschreibung bestärken.

kann nicht ohne Weiteres vorausgesetzt werden. Gleichwohl ist eine Sichtweise zu überwinden, die versucht, diese Aussicht durch Abschreckung, also die Auferlegung von Strafschmerz, wahrscheinlicher zu machen. Vielmehr lässt sich diese Aussicht dadurch herstellen, dass dieser Person Vertrauen (wieder) eingeräumt werden kann.[38] Es geht daher, so mein Verständnis des Kerns des Strafvorgangs, darum, dass dem Täter – im Akt des Schuldspruchs verkörpert – das Vertrauen entzogen wird, für die Sphäre des Rechts ein vertrauenswürdiger Akteur zu sein. Der kommunikative Vorgang des Strafens endet daher nicht mit dem Feststellungsurteil seitens der Gemeinschaft, also mit der Feststellung, dass die Tat vorwerfbares Unrecht war. Der kommunikative Vorgang ist vielmehr um eine vierte Stufe zu ergänzen, nämlich um die Reaktion der Täterin/des Täters, die mittels eigener verbaler und non-verbaler Akte derartige Bedingungen herstellt, die das entzogene Vertrauen wieder zurückerlangen lassen – und zwar in einem rechtlich geregelten Verfahren.[39]

V. Refiduzierung als Ansatzpunkt der Alternative zum Strafschmerz

Welche Konsequenzen ergeben sich daraus? Wie sieht die Alternative zur Praxis des Strafschmerzes aus und was setzt sie voraus? Die hier geschilderte Vorstellung des Strafens setzt *nicht* erst voraus, dass die Gesellschaft oder ihre Mitglieder sich zunächst grundlegend transformieren. Vielmehr setzt die Vorstellung an der bereits gegenwärtigen Selbst-Interpretation der Akteure an, nämlich sprachliche Wesen zu sein. Gleichwohl ist der Wegfall des Strafschmerzes als ein Wegfall einer Konvention, die gegenwärtig gesellschaftlich etabliert ist, realistisch betrachtet ein *tentativer* Vorgang.

Die im vorherigen Kapitel skizzierte vierte Stufe des kommunikativen Vorgangs des Strafens, der Kommunikationsakt der verurteilten Person, setzt voraus, dass sie Gründe liefert, weshalb es angemessen ist, ihr wieder Vertrauen zu gewähren, ein zuverlässiger rechtlicher Akteur zu sein. Die Zentralstellung dieser vierten Stufe verschiebt den Schwerpunkt der strafrechtlichen Sanktionierung: Statt darum, dass die Gemeinschaft der Täterin/dem Täter Schmerzen zufügt, geht es darum, dass die Täterin/der Täter *sich wieder als vertrauenswürdig*

38 Dies gilt zumindest insoweit, als die Gesellschaft auf Vertrauen, der Normverstoß werde unterbleiben, angewiesen ist (anders z.B. bei Maßnahmen der *situational crime prevention*, die Normverstöße durch entsprechendes Setting objektiv unmöglich machen).

39 Abraham, *Sanktion, Norm, Vertrauen*, S. 212ff., 263ff.

erweist.[40] Die Gemeinschaft stellt den Normbruch lediglich fest. Das der Feststellung nachfolgende Verhalten liegt nicht bei der Gemeinschaft, sondern bei der verurteilten Person. Insofern verschiebt sich das Zentrum der Aktivität – es geht darum, Bedingungen zu schaffen, unter denen die Wiedergewährung von Vertrauen (ridare fiducia) möglich ist: Es geht um *Refiduzierung*.[41]

Um das Versprechen, sich künftig legal zu verhalten, als glaubhaft zu erweisen, sind gegebenenfalls konstruktive Akte erforderlich, die die Form der Wiedergutmachung annehmen können, sich allerdings darin nicht erschöpfen müssen. Ein Beispiel: Bei Taten etwa, die wirtschaftlich motiviert sind, könnte die Widerherstellung des Vertrauens eine Leistung erfordern, deren Höhe auch das Ausmaß miteinbezieht, zu dem der Täterin/dem Täter die Entdeckung der Tat wahrscheinlich erschien. Dabei ist das Erfordernis solcher Leistungen kein Rückfall in die Praxis der Zufügung von Strafschmerz,[42] dient vielmehr dazu, Bedingungen zu schaffen, unter denen auf die Bereitschaft, rechtlichen Gründen zu folgen, wieder vertraut werden kann.[43] In den Worten von *Klaus Lüderssen*:

> »[D]aß die Gesellschaft beruhigt, das Opfer versöhnt und entschädigt, der Täter fähig gemacht wird, zu seinem eigenen und anderer Nutzen in der Gesellschaft frei von – jedenfalls – schwersten Konflikten zu leben – diese Zwecke sind durchweg so beschaffen, dass sie auch ohne Übelszufügung erreicht werden können.«[44]

Welche konkreten Auswirkungen ergeben sich nun für die Rechtspraxis? Es sei vorausgeschickt, dass die hier propagierte Praxis der Rückgewährung von rechtlichem Vertrauen aus Perspektive rechtsstaatlicher Garantien zwei Vorbedingungen erfüllen muss: Die konstruktive Einbeziehung der verurteilten Person setzt erstens voraus, dass die Einschätzung darüber, was für die Einräumung erneuten Vertrauens in die Legalität des Verhaltens notwendig ist, durch eine dazu legitimierte Instanz beurteilt wird und in einem rechtlich strukturierten Verfahren abläuft.[45] Freie Formen des Aushandelns drohen allzu schnell in oppressive Strukturen

40 Am Gedanken des Vertrauens zeigt sich ein grundlegender Unterschied zur Idee der Resozialisierung: Die angepasst lebende, gut sozialisierte Wirtschaftsstraftäterin mag keiner »Resozialisierung« bedürfen, aber in ihrem Willen, zuverlässige rechtliche deontische Kontoführerin zu sein, ist sie unsicher geworden.

41 Abraham, *Sanktion, Norm, Vertrauen*, S. 267f.

42 Vgl. zu Einwänden hiergegen dann bei VI.

43 Abraham, *Sanktion, Norm, Vertrauen*, S. 248.

44 So – bezogen auf die präventiven Strafzwecke – Klaus Lüderssen, »Die Perspektive der Wiedergutmachung«, in: Klaus Lüderssen (Hg.), *Abschaffen des Strafens*, Frankfurt a.M.: Suhrkamp 1995, S. 156.

45 Abraham, *Sanktion, Norm, Vertrauen*, S. 265.

auszulaufen. Zweitens setzt eine Praxis konstruktiver Miteinbeziehung voraus, dass Erkenntnisverfahren und Rechtsfolgenausspruch zweigeteilt werden, also ein Strafzumessungs-Interlokut existiert.[46] Nur so ist es für die angeklagte Person möglich, bei der Beweisaufnahme eine verteidigende Haltung unter Wahrung ihrer Grundrechte (Passivität, *nemo tenetur*) einzunehmen, später dann – nach dem Schuldspruch – eine konstruktive Haltung.

Betrachtet man nun das gegenwärtig existierende Sanktionenrecht, ist der wohl wichtigste Ansatzpunkt für eine Praxis der Wiederherstellung des Vertrauens das Institut der Bewährung. Um ganz konkret zu werden, möchte ich drei Ansatzpunkte nennen.[47]

Erstens ist zu überlegen, wie vom bereits existenten Spielraum in der Bestimmung der Rechtsfolge in stärkerem Maße Gebrauch gemacht werden kann: Bereits nach gegenwärtiger Rechtslage ist es möglich, dass die verurteilte Person sich aktiv einbringt und Zusagen für die künftige Lebensführung macht oder Genugtuungsleistungen anbietet, die das Gericht davon absehen lassen, Weisungen oder Auflagen zu erteilen.[48] Derartige von der verurteilten Person angebotene Leistungen und Zusagen lassen sich genau so interpretieren, was hier als Kern der vierten Stufe des Strafvorgangs beschrieben wurde: Sie etablieren Bedingungen, nach denen das Legalversprechen einer verurteilten Person als konsistent und glaubhaft erachtet werden kann, also ihr das entzogene Vertrauen wiedergewährt werden kann.

Zweitens ist der Anwendungsbereich des Instituts der Bewährung auszudehnen. Dies folgt bereits aus der konzeptuellen Überlegung, dass Kern der Strafe die Rückgewährung von Vertrauen infolge einer konstruktiven Leistung seitens der Tatperson ist. Denn nur das Institut der Bewährung ermöglicht eine solche konstruktive Reaktion. Die Sinnhaftigkeit einer Ausweitung ergibt sich aber auch aus einer empirisch-pragmatischen Überlegung: Es wurde gezeigt, dass gerade im obersten derzeit aussetzungsfähigen Strafbereich von zwei Jahren Freiheitsstrafe der Anteil derer, die eine günstige Legalprognose erhalten, groß ist. Diese Beobachtung stützt nach *Enrico Weigelt* die Annahme, dass auch im Bereich der Strafen, die über den Strafausspruch von zwei Jahren Freiheitsstrafe hinausgehen, ebenfalls eine erhebliche Anzahl an Personen zu finden sein dürfte, von denen nur geringe Rückfallgefahr ausgeht.[49]

46 Vgl. dazu Michael Kilchling, *Opferinteressen und Strafverfolgung*, Freiburg i.Br.: Ed. iuscrim 1995, S. 703f.

47 Vgl. näher zu Bewährung, aber auch zu weiteren Ansatzpunkten, nämlich der Feststellungsfunktion des Schuldspruchs (Absehen von Strafe, § 60 StGB; Verwarnung nach § 59 StGB) sowie der Berücksichtigung von Verletzteninteressen, Abraham, *Sanktion, Norm, Vertrauen,* S. 251ff.

48 Siehe die Möglichkeit in § 56b Abs. 3 und § 56c Abs. 4 StGB.

49 Siehe Enrico Weigelt, *Bewähren sich Bewährungsstrafen?*, Göttingen: Universitätsverlag Göttingen 2009, S. 297f.

Drittens dürfte ein wichtiger Ansatzpunkt sein, das Angebot der Bewährungshilfe zu verbessern. Was hier konzeptionell verbessert werden könnte, werden Expertinnen und Experten der Bewährung vermögen zu benennen (s. dazu auch sogleich bei VI.). Was jedoch offenkundig als verbesserungsbedürftig erscheint, ist die personelle Ausstattung der Bewährungshilfe. Die derzeitigen Belastungszahlen sind immens hoch, liegen bei etwa siebzig Probanden je Bewährungshelfer/Bewährungshelferin.[50] Eine aufwändige, intensive und tiefgreifende Hilfe ist so von vornherein nicht vorstellbar. Hier wären also Strukturen zu schaffen, innerhalb derer der Prozess der Rückgewinnung von Vertrauen, auch was die Möglichkeit zu zeitlicher Befassung und Interaktion betrifft, sich wirklich unterstützten lässt.

VI. Zwei Einwände: Schmerz der Einsicht und Schmerz der Bewährung

Ansatzpunkte für eine Strafpraxis ohne Strafschmerzzufügung lägen, so habe ich vorgebracht, insbesondere in einer reformierten und ausgeweiteten Idee der Bewährung. Doch wird der Strafschmerz so wirklich überwunden? Adressieren möchte ich zwei Einwände, die – abstrakt formuliert – darin bestehen, dass der vorgeschlagene Ansatz zur *Sublimierung* (i) und zur *Verschiebung* des Strafschmerzes (ii) führt, nicht jedoch zu dessen *Überwindung*.

Der erste Einwand (i) lässt sich folgendermaßen entwickeln: Strafrechtliche Reaktion ist, und das gilt auch für die vorgeschlagene Praxis des Entzuges und der Wiedereinräumung von Vertrauen, eine Instanzierung der Praxis des Zum-Vorwurf-Machens, des Beschuldigens. Das Beschuldigen als allgemeine soziale Praxis hat *Miranda Fricker* untersucht. *Fricker* analysiert, dass die paradigmatische Grundform des Beschuldigens ein »communicative blame« ist, nämlich ein illokutionärer Sprechakt innerhalb einer Zwei-Personen-Beziehung, ein Urteil, das bei jemandem einen Fehler in dessen Verhalten findet.[51] Der Sprechakt habe den spezifischen Zweck (Illokutionärer Witz), bei den Beschuldigten

50 In Hamburg lag die durchschnittliche Fallzahl zum Stichtag 5.2.2018 bei 67, vgl. die Antwort des Senats auf eine große Anfrage, Bürgerschaft der Freien und Hansestadt Hamburg, Drs. 21/11826. In Bayern im Jahr 2014 bei 75,8 Probanden pro Bewährungshelfer, Konrad Bess/Cornelia Schuh-Stötzel/Andreas Maltry, »Quo vadis, Bewährungshilfe Bayern?«, *Bewährungshilfe* (2016), S. 64.

51 Miranda Fricker, »What's the Point of Blame? A Paradigm Based Explanation«, *Noûs* (2016), S. 171f. Den Hinweis darauf verdanke ich Klaus Günther.

Bedauern über das Getane hervorzurufen. Es solle »jene Mischung aus Urteilsvermögen und moralischem Gefühl geweckt werden, die als Reue bezeichnet wird«.[52] Das Beschuldigen könne dies bewirken, weil es das Potential habe, die Beurteilung der Geschehnisse durch die Beschuldigten und deren Beurteilung von Handlungsgründen an die Sichtweise der Beschuldigenden anzunähern.[53] Und die damit konventionell ausgelöste Wirkung des Sprechaktes ist es (Perlokutionärer Witz), bei den Beschuldigten eine Verhaltensänderung zu bewirken.

Die Haltung der *Reue*, die das Beschuldigen bezweckt,[54] sei nun durchaus mit Schmerz verbunden: Wenn wir nämlich erkennen, welches sozial-ethische Unrecht in unserem vergangenen Tun liegt, ist das eine schmerzhafte Einsicht.[55] Und da die Beschuldigung eben darauf zielt, dass eben jene Einsicht einsetzt, zielt sie darauf, Schmerzen beizubringen. Solange wir, so könnte man den Einwand zusammenfassen, an der Praxis des Vorwurf-Machens festhalten, bleiben wir der Praxis des Strafschmerzes – in sublimierter Form – verhaftet.

Wie lautet der zweite Einwand (ii), der den Strafschmerz als lediglich *verschoben* erachtet? Ausgangspunkt ist die Beobachtung, dass die hier entwickelte Sichtweise das Paradigma der strafenden Schmerzzufügung in der Gefängnisstrafe ausmacht. Nach dem Überwinden von Strafen explizit physischer Peinigung ist gegenwärtig das Gefängnis Ort der intentionalen Schmerzzufügung. Die Inhaftierung ist mit Schmerzen verbunden, die aus verschiedenen Deprivationen herrühren: Deprivation von Freiheit, Gütern und Dienstleistungen, einvernehmlichen sexuellen Beziehungen, Autonomie, Sicherheit.[56] Zu diesen – nach Abschaffung der Körperstrafe nunmehr psychisch vermittelten – Schmerzen der Deprivation ist überdies der »Prognosedruck« hinzuzunehmen: Die Gefangenen lebten wegen der Möglichkeit der Reststrafen-Aussetzung unter ständigem Druck, eine positive Prognose zu erhalten – und würden dazu getrieben, einen »Penal Avatar« auszubilden, der den Desiderata von intramuralen Behandlungsprogrammen genügt.[57] Der Einwand (ii) lautet

52 Ebd., S. 172f. (Übers. d. Verf.).

53 Ebd., S. 175ff.

54 Vgl. zum Hervorrufen von Reue als Strafziel auch die Straftheorie von Antony Duff, *Punishment, Communication and Community*, Oxford: Oxford University Press USA 2001.

55 Fricker, »What's the Point of Blame? A Paradigm Based Explanation«, S. 173 und S. 167.

56 Gresham Sykes, *The Society of Captives*, Princeton: Princeton University Press 1958/2007, S. 63ff. (dort: heterosexuelle Beziehungen).

57 Christine Graebsch, »Behandlung von Gefangenen im Strafvollzug«, in: AK HochschullehrerInnen Kriminologie/Straffälligenhilfe in der Sozialen Arbeit (Hg.), *Kriminologie und Soziale Arbeit*, Weinheim: BELTZ Juventa 2022, S. 233.

nun, dass nicht nur der Gefängnisstrafe die angeführten Strafschmerzen zukommt. Vielmehr ergäben sich auch bei ambulanten Sanktionsformen vergleichbare Strafschmerzen, wie eben bei der Bewährung. In einer Studie konnten *Wendy Fitzgibbon*, *Christine Graebsch* und *Fergus McNeill* mittels der Methode der Photo-Elicitation bei Adressaten einer ambulanten Sanktion schmerzvolle Erfahrungen nachweisen. Die Überwachung werde als Fortsetzung der Bestrafung verstanden,[58] was verschiedene Wahrnehmungen belegten:[59] Die Unterordnung unter die Autorität der Bewährungshilfe werde teilweise als dehumanisierende Gehorsamsbeziehung empfunden, die vermeintliche Unterstützung der Beaufsichtigenden als infantilisierend und entmündigend. Schmerzhaft sei auch die Wahrnehmung, rein objektifizierend als Träger von Risikofaktoren angesehen zu werden. Die ambulante Überwachung entfalte einen »alldurchdringenden Einfluss«, was in Zusammenschau mit der permanenten enormen Drohung des Bewährungswiderrufs als schmerzhaft empfunden werde.[60] Auch *Ioan Durnescu* berichtet in seiner interviewgestützten Untersuchung von den *Pains of probation* und benennt eine Reihe von Deprivationserfahrungen, insbesondere Autonomie-Einschränkungen, Stigmatisierungs-Effekte, und das wiederholte Zurückgeworfen-Werden auf die zugrundliegende Tat.[61] Der zweite Einwand (ii) lautet also zusammengefasst: Ambulante Sanktionen sind nicht frei vom Strafschmerz, die Deprivationen des Gefängnisses existieren dort in abgewandelter Form, führen zu einer ausgrenzenden Beziehung als »Halbbürger:in«.[62]

Die Einwände erscheinen mir ganz berechtigt. In der Tat könnte man die darin zum Vorschein kommende These unterstreichen, dass die hier propagierte Abschaffung des Strafschmerzes die Abschaffung allein des Gefängnisstrafschmerzes ist, aber keine Abschaffung der Schmerzzufügung generell, also bestenfalls eine tentative Reduktion. Gleichwohl erscheint mir eine weniger defensive Antwort auf die Einwände überzeugender. Die Antwort besteht darin, genauer darzulegen, was unter der zu überwindenden Praxis intentionaler Schmerzzufügung zu verstehen ist. Es ist völlig zutreffend: Solange wir uns an der Praxis des Beschuldigens beteiligen, zielen wir darauf, dass der oder die Beschuldigte die von *Fricker* analysierte, schmerzhafte Realisierung macht, dass das eigene

58 Wendy Fitzgibbon/Christine Graebsch/Fergus McNeill, »Alldurchdringendes Strafkontinuum«, *Kriminologisches Journal* (2022/3), S. 199.

59 Ebd., S. 207ff.

60 Ebd., S. 215f.

61 Ioan Durnescu, »Pains of Probation: Effective Practice and Human Rights«, *International Journal of Offender Therapy and Comparative Criminology* (2011/4), S. 534ff.

62 Fitzgibbon/Graebsch/McNeill, »Alldurchdringendes Strafkontinuum«, S. 216.

vergangene Tun aus gegenwärtiger (oder erst zu gewinnender) Einschätzung als Unrecht erscheint. Um den Strafschmerz zu überwinden, wäre es demnach erforderlich, dass wir uns von der Praxis des Beschuldigens lossagen – und auf das Beobachten beschränken. Dieser Beobachtungsmodus mag für das eigene Lebensglück durchaus empfehlenswert sein.[63] Im Angesicht begangener gravierender Straftaten dürfte das bloße Beobachten allerdings eine problematische Untätigkeit darstellen und sich als Solidarisierung mit dem Unrecht auffassen lassen. Solange wir als Gesellschaft die Praxis des Beschuldigens daher richtigerweise nicht aufgeben, zielen wir auf den *Schmerz der Einsicht.*

Doch erstens könnte man sich fragen, ob der Schmerz der Einsicht wirklich in dieselbe Kategorie wie der Schmerz der Freiheitsstrafe passt, oder ob hier nicht eher die begriffliche Distanz angemessen wäre, man bei ersterem also statt vom Strafschmerz eher von einer *unangenehmen Empfindung* sprechen sollte. Unbenommen von diesem Argument spricht zweitens folgende Überlegung gegen die Bedenklichkeit des Einsicht-Schmerzes: Zu versuchen, eine Person zur Einnahme einer reuenden Haltung zu bewegen, ist nicht dasselbe, wie wenn es *uns gerade darum geht*, ihr Schmerzen beizubringen.[64] Es kommt uns nämlich nicht darauf an, dass die Person durch ihre Reue eine schmerzhafte Erfahrung macht, sondern darauf, dass sie sich von ihrem vergangenen Verhalten distanziert.[65] Bei der Rede von der Überwindung des Strafschmerzes geht es also darum, die Leitvorstellung des Leiden-machen-Wollens zu überwinden. Diese Leitvorstellung liegt auch den gegenwärtigen Theorien zur Strafe zu Grunde, seien sie tendenziell präventiv oder tendenziell retributiv ausgerichtet: Es geht dort darum, eine Person Leiden machen zu wollen, um sie oder andere abzuschrecken – oder darum, jemanden Leiden machen zu wollen, weil sie das Opfer leiden machte (und nun verdient, selbst zu leiden). *Diese Leitvorstellung* intentionaler Schmerzzufügung ist es, die es zu überwinden gilt. Insofern ist dem Einwand entgegenzuhalten, dass die schmerzhafte Einsicht tatsächlich notwendiger Bestandteil der Praxis des Beschuldigens ist, gleichwohl jedoch nicht der Schmerz Dasjenige ist, das intendiert wird, sondern die Einsicht.

Dem Vorstehenden ließe sich wiederum entgegenhalten, dass man nicht herauspicken könne, was Bezugsobjekt der Intention ist – und, dass die Akteure einer Praxis, von der man sicher weiß, dass sie mit

63 Vgl. auch Fricker, »What's the Point of Blame? A Paradigm Based Explanation«, S. 180.

64 Nathan Hanna, »Say What? A Critique of Expressive Retributivism«, *Law and Philosophy* (2008), S. 144 (in Bezug auf Duffs Straftheorie, vgl. Duff, *Punishment, Communication and Community*).

65 Abraham, *Sanktion, Norm, Vertrauen*, S. 169f.

Schmerzen verbunden ist (hier: Schmerzen der Einsicht), sich die Intention eben nolens volens zuschreiben lassen müssen – im Sinne eines dolus directus zweiten Grades. Um hier eine Antwort zu formulieren, ist es erforderlich, näher darzulegen, was mit der hier kritisierten Praxis intentionaler Schmerzzufügung gemeint ist. Genauer gesagt fordert der Einwand dazu heraus, zu behaupten, dass es möglich ist, eine Grenzlinie zu ziehen zwischen einer Praxis intentionaler Schmerzzufügung und einer davon differenten Praxis der Sanktionierung, die auch belastend ist und von den Adressaten als schmerzhaft empfunden werden kann. Mit Blick auf den *Schmerz der Einsicht* lässt sich die Möglichkeit einer solchen Differenzierung bei den von *Durnescu* gefundenen Ergebnissen erahnen: Während die Zumutung, wiederholt auf die begangene Tat zurückgeworfen zu werden, von den Adressaten in der Tat als belastend und schmerzhaft beschrieben wurde, brachten gleichzeitig einige Probanden selbst zum Ausdruck, dass sie dieses Zurückkommen für die Verarbeitung mit Blick auf künftige Desistenz als essentiell erachten würden.[66]

Der Verweis darauf, dass die erwähnte Grenzziehung möglich ist, scheint zugleich eine Antwort hinsichtlich des zweiten Einwands zu liefern (ii). Nicht nur die Gefängnisstrafe, sondern auch ambulante Sanktionen können auf eine Praxis der intentionalen Schmerzzufügung hinauslaufen beziehungsweise in sie umschlagen. Das ist jedoch nicht zwangsläufig der Fall. Aus der hier entwickelten Perspektive wäre als entscheidendes Kriterium anzusehen, ob eine Belastung von den betroffenen Personen auch nicht als intentional zugefügter Strafschmerz, sondern als positiver (durchaus belastender) Impuls im Rahmen des transformativen Prozesses der Vertrauensrückgewinnung verstanden werden kann. Und ob das der Fall ist, hängt entscheidend von der inhaltlichen Ausgestaltung der Bewährung ab. Die Grenzziehung sei hier beispielhaft an einigen Aspekten versucht: Legitimierbare Belastung wäre die Zumutung der Beschäftigung mit der vergangenen Tat, unzulässige Schmerzzufügung hingegen, wenn die genannte Beschäftigung auf abwertende Urteile gegen die Person hinausläuft.[67] Zulässig wäre es, mit Blick auf Faktoren sozialer Integration Ausstiegsprozesse und positive Identitäts-Entwürfe zu ermöglichen;[68] auf unzulässige Schmerzzufügung liefe es hinaus, wenn eine solche Analyse die betroffene Person nicht als Menschen wahrnimmt, sondern lediglich objektivierend betrachtet, nämlich

66 Durnescu, »Pains of Probation: Effective Practice and Human Rights«, S. 537.

67 Zu dieser Wahrnehmung Fitzgibbon/Graebsch/McNeill, »Alldurchdringendes Strafkontinuum«, S. 214.

68 Vgl. zu dieser Wahrnehmung Graebsch, »Behandlung von Gefangenen im Strafvollzug«, S. 234. Diskutiert wird hier, anstelle eines *Risk-Need-Responsivity-Model* auf ein *Good Lives Model* zu setzen, ebd., S. 230f. Zum *Good Lives Model*: Tony Ward, »Good lives and the rehabilitation of offenders. Promises and problems«, *Aggression and Violent Behaviour* (2002), S. 513–528;

als eine Ansammlung kriminovalenter und kriminoresistenter Faktoren.[69] Zulässig wäre es, die Einhaltung von Normen einzufordern, die innerhalb der unterstützenden Beziehung erforderlich sind; unzulässig wäre es hingegen, wenn der Normgehorsam in einer infantilisierenden Weise[70] verlangt wird – ohne dass ein gemeinsames Verständnis für die Bewährungssituation entwickelt wird.[71] Zulässig wäre es, wenn darauf hingewiesen wird, dass das Verhalten des Probanden Folgen hat; unzulässig hingegen wäre es, wenn als Drohkulisse bewusst Angst vor dem Widerruf der Bewährung geschürt und instrumentalisiert wird.[72]

Kurz: Es erscheint möglich, die Praxis der Vertrauensrückgewinnung als belastend zu begreifen, ohne den Akteuren die Intention zur Schmerzzufügung zuzuschreiben zu müssen. Entscheidend ist, dass die Praxis so ausgestaltet ist, dass sie sich berechtigterweise als eine Praxis beschreiben lässt, der es gerade nicht um die intentionale Beibringung von schmerzlicher Erfahrung geht.[73] Der Maßstab für diese Einschätzung, dürfte sich dabei nicht – jedenfalls nicht allein – aus Wahrnehmungen derjenigen ergeben, die unmittelbar an der Praxis teilnehmen, sondern auch aus der Perspektive beobachtender Dritter.

Überblick bei Fritzjof von Franqué/Peer Briken, Das »›Good Lives Model‹ (GLM)«, *Forensische Psychiatrie, Psychologie, Kriminologie* (2013), S. 22–27.

69 Graebsch, »Behandlung von Gefangenen im Strafvollzug«, S. 234. Eindrücklich auch Fitzgibbon/Graebsch/McNeill, »Alldurchdringendes Strafkontinuum«, S. 215: »Die ham da so vorgegebene Fragenkataloge, die sie dann haben. […] Ich bin zum Beispiel, sag ich mal, ›Ohne Sozialkontakte‹ in einer Schublade… Ohne Arbeit. […] Der [Bewährungshelfer] hat mich nicht gefragt, wie es mir damit [dem Jobverlust] geht im Augenblick ohne Arbeit. Der hat nur diesen Gedanken gehabt, dass bei mir alles schiefläuft, ich dann querschlagen würde. Also ist wieder ein stabilisierender Faktor weggefallen, ne?«.

70 Vgl. Fitzgibbon/Graebsch/McNeill, »Alldurchdringendes Strafkontinuum«, S. 214.

71 Ebd., S. 209: »Dabei zeigt er [ein Teilnehmer], dass mit der Bewährungshelferin ein gemeinsam geteiltes Verständnis zu entwickeln dazu beitragen könne, die Schmerzen abzumildern, die dadurch entstehen veranlasst oder gezwungen zu werden, sich ihrer Autorität unterzuordnen.«.

72 Durnescu, »Pains of Probation: Effective Practice and Human Rights«, S. 538: »In their practice, probation services use a very large repertoire of tools to amplify the fear of imprisonment.« Vgl. auch zur problembehafteten Vorstellung negativer Motivation mittels Drohungen, die eher dazu ermutige »to play the system«, ebd., S. 542.

73 Nun könnte man auf den Gedanken kommen, ob sich nicht auch die Gefängnisstrafe in der besagten nicht-schmerzzufügenden Weise interpretieren ließe. Das ist allerdings nicht der Fall, denn das strukturelle Setting des Gefängnisses als totale Institution und die deprivierenden Aspekte sind der Gefängnisstrafe derart eigentümlich, dass sie einer solchen konstruktiven Deutung nicht zugänglich ist.

VII. Kurzfazit

Ein Strafrecht ohne Strafschmerz ist möglich und nötig. Vorgeschlagen wurde hier, ein Modell der Rückgewinnung von Vertrauen zu entwickeln, das durchaus mit Belastungen verbunden ist, jedoch nicht mehr eine – nicht zu legitimierende – Praxis intentionaler Schmerzzufügung abgibt. Ob dieses Modell, wie hier behauptet, eine erstrebenswerte Alternative zur gegenwärtigen Strafpraxis ist, ob es sich, wie hier behauptet, ohne eine fundamentale Transformation der Gesellschaft, vielmehr mit der gegenwärtigen Gesellschaft und ihren Akteuren umsetzen lässt, und ob die hier behauptete Grenze zwischen zulässiger Belastung (Vertrauensrückgewinnung) und unzulässiger Oppression (Schmerzzufügung) überzeugend gezogen werden kann, soll zur Diskussion gestellt sein.

Thomas Galli

Rationale Resozialisierung

Ein Gegenmodell zum Schuldstrafrecht

I. Einführung/Vorüberlegung

Wie kann der Kriminalität möglichst wirksam begegnet und dabei den Interessen aller Betroffenen gerecht werden? Unsere derzeitige Strafidee, die für die Begehung einer Straftat die Zufügung eines Übels vorsieht, dessen Maß sich an dem begangenen Unrecht orientiert, scheint allenfalls bedingt zu diesen Zwecken geeignet. Im Zentrum steht Vergeltung, nicht Wiedergutmachung oder Heilung. (Re-)Sozialisierung kann im Kontext der Strafhaft kaum funktionieren,[1] zumal bereits das Strafrecht selbst an ungleichen Verhältnissen ansetzt und diese oft noch verstärkt.[2] Die Abschreckungswirkung von Strafen ist geringer als allgemeinhin angenommen, und hängt eher von der Aufdeckungswahrscheinlichkeit und weniger von der Härte der Sanktion ab.[3]

Den Opfern von Straftaten wird unterstellt, vor allem eine Bestrafung des Täters zu brauchen. Das trifft jedoch nur zum Teil zu. Tatsächlich sind die Bedürfnisse von Opfern differenzierter. Bei allen individuellen Unterschieden lassen sich anhand von Opferbefragungen doch einige generelle Aussagen treffen. Ein Bedürfnis besteht oft eher nach normativer Klarstellung der Fronten zwischen Täter und Opfer sowie nach Entschädigung und Wiedergutmachung als nach Bestrafung des Täters.[4] Häufig wird der Wunsch nach Schadensersatz und gemeinnütziger Arbeit geäußert, deren Verdienst den Opfern zugutekommen soll.[5] Vergleichbar fallen auch Bevölkerungsbefragungen zum generellen Sühneverlangen aus. Diese Befragungen, die eher die Vernunft und weniger die auch medial

1 Vgl. Michael Lindemann, »Vor § 2 LandesR.«, in: Johannes Feest/Wolfgang Lesting/Michael Lindemann (Hg.), *Kommentar Strafvollzugsgesetze*, Hürth: Carl Heymanns 2022.

2 Vgl. insgesamt Thomas Galli, *Weggesperrt – Warum Gefängnisse niemandem nützen*, Hamburg: Edition Körber 2020.

3 Jörg-Martin Jehle, »Wie sieht die Verbrechenswirklichkeit aus und wie können wir Kriminalität begrenzen? Eine kriminologische Einführung«, in: ders. (Hg.), *Das sogenannte Böse – Das Verbrechen aus interdisziplinärer Perspektive*, Baden-Baden: Nomos 2020, S. 46.

4 So Winfried Hassemer/Jan Philipp Reemtsma, *Verbrechensopfer – Gesetz und Gerechtigkeit*, München: C.H. Beck Verlag 2002, S. 102, 103.

5 Tobias Singelnstein/Karl-Ludwig Kunz, *Kriminologie*, Bern: utb. 2021, S. 437.

beeinflussten Emotionen ansprechen, zeigen, dass wiedergutmachende Reaktionen in der Bevölkerung ein hohes Ansehen haben.[6] Das gilt gerade bei Eigentums- und Vermögensdelikten.[7]

Dem Schuldstrafrecht soll daher ein Modell der rationalen Resozialisierung gegenübergestellt werden. Dieses Modell nimmt über die individuelle Entscheidung der Handelnden hinausgehende Ursachen kriminellen Verhaltens in den Blick und begegnet diesem Verhalten und seinen Folgen mit anderen Mitteln. Es vereint die sinnvollen Anteile unseres derzeitigen Strafsystems mit den sinnvollen Anteilen der Ideen, die vor allem unter den Begriffen »Restorative und Transformative Justice«[8] erarbeitet wurden.

Die Kompetenz für Konfliktlösungen gänzlich vom Staat auf die Menschen untereinander zu übertragen, wäre dabei nicht sinnvoll. Zu den erhaltenswerten Anteilen unseres derzeitigen Systems gehören vielmehr das staatliche Gewaltmonopol und die Justiz. Der langfristige Rückgang von Tötungsraten in Westeuropa auf unter zwei pro 100.000 Einwohner pro Jahr wird auch auf dieses Gewaltmonopol zurückgeführt, das die Legitimität privater Gewaltanwendung minimiert.[9] Es wäre anderenfalls wohl unvermeidbar, dass sich individuelle Macht gegen eine ausgleichende Gerechtigkeit durchsetzt. Es würde ansonsten das Recht des Stärkeren regieren.[10] Gerade auch für die Opfer von Straftaten war es ein großer zivilisatorischer Fortschritt, dass der Staat das Problem schwerer Interessenverletzung zwischen Täter und Opfer in seine Kompetenz nahm.[11] Jörg Albrecht ist zuzustimmen, dass auch das Funktionieren einer Streitschlichtung von dem Vorhandensein der Rekursmöglichkeit auf staatliche Streitentscheidung und damit verbundenen Zwang abhängig ist.[12]

Eine Resozialisierung im Umgang mit Kriminalität muss jedoch auch darin bestehen, Straftaten nicht mehr ausschließlich als Regelverletzungen zu sehen, auf die der Staat mit einer mathematischen Logik von oben

6 Ebd., S. 436/437.

7 Ebd., S. 437.

8 Vgl. z.B. Otmar Hagemann, *Restorative Justice – Heilung, Transformation, Gerechtigkeit und sozialer Frieden*, Köln: Verlag DBH – Fachverband für Soziale Arbeit u.a. 2023, S. 199.

9 Lioba Werth/Beate Seibt/Jennifer Mayer, *Sozialpsychologie – Der Mensch in sozialen Beziehungen*, Berlin: Springer 2020, S. 356.

10 Hans-Jörg Albrecht, »Strafe und Herrschaft«, in: Hans-Helmuth Gander/Monika Fludernik/Hans-Jörg Albrecht (Hg.), *Bausteine zu einer Ethik des Strafens – Philosophische, juristische und literaturwissenschaftliche Perspektiven*, Würzburg: Ergon 2008, S. 112, 113.

11 So Hassemer/Reemtsma, *Verbrechensopfer – Gesetz und Gerechtigkeit*, S. 19, 20: »Damit waren Rachebedürfnisse, waren Schrecken und Ratlosigkeit, die einer kriminellen Verletzung zu folgen pflegen, wenigstens gebändigt, geformt und in kundige Hände gelegt oder doch in sie weitergeleitet«.

12 Albrecht, »Strafe und Herrschaft«, S. 112.

nach unten reagiert, sondern auch als Ausdruck höchst individueller zwischenmenschlicher Konflikte, die persönliche Probleme und Bedürfnisse zur Grundlage und Folge haben. Ein möglichst konstruktiver Umgang mit diesen individuellen Konflikten sollte das Ziel sein, um nicht nur Rechtsfrieden, sondern tatsächlichen Frieden zu erreichen.

Neben stärkeren Mitwirkungsrechten der unmittelbar Beteiligten ist es dabei wichtig, dass die Mitglieder einer Gesellschaft, in deren Namen Urteile gesprochen und vollstreckt werden, ein Gefühl für die Lebenswirklichkeit derjenigen behalten und bekommen, die davon vor allem betroffen sind. Der Umgang mit dem, was als kriminelles Verhalten definiert wird, darf nicht völlig delegiert und weitgehend aus dem Blick und Bewusstsein der Öffentlichkeit verdrängt werden. Je stärker sich Justiz, Strafen und Strafvollzug von sozialen Bezügen entfernen, desto größer wird die Gefahr, dass die Strafjustiz ein Eigenleben entfaltet, in dem notgedrungen die Interessen der Justiz, und weniger die der Allgemeinheit im Vordergrund stehen.

II. Theoretische Grundlagen der Resozialisierung

Der Rechtswissenschaftler Horst Schüler-Springorum, einer der wichtigsten Wegbereiter eines auf Resozialisierung ausgerichteten Strafvollzuges in Deutschland, hat Sozialisation als einen Prozess verstanden, in dem der Mensch lernt, mit anderen nach Maßgabe jener Normen, Werte, Orientierungen und Handlungsmuster, die innerhalb der ihn umgebenden Gesellschaft als angemessen gelten, in soziale Beziehungen zu treten.[13] Dies sollte auch im Kontext der Strafhaft erreicht werden. Gefängnis und Strafe waren allerdings lange vor der Resozialisierungsidee entstanden, die nicht vorangestellt, sondern in den Straf- und Gefängnisgedanken hineingepresst worden ist. Instinkt, Vergeltung und Repression sind nach wie vor tragende Säulen des derzeitigen Schuldstrafrechts und unserer Gefängnisse. Um der Idee der Resozialisierung mehr Geltung zu verschaffen, müssen diese Säulen durch Vernunft, Verantwortung und Prävention ersetzt werden.

Die scheinbar rationale Begründung dafür, Straftaten durch die Zufügung eines Übels zu vergelten, lautet häufig, dass dies eben dem Vergeltungsbedürfnis der Mehrheit der Menschen entspräche. So stellt Tonio Walter fest: »Die Jurisprudenz setzt sich selbst die Prämissen, aus denen sie dann schließt, und diese Prämissenwahl richtet sich nicht nach den Gesetzen der Logik, sondern nach den Ansprüchen eines Publikums, das

13 Zitiert nach Annelie Ramsbrock, *Geschlossene Gesellschaft. Das Gefängnis als Sozialversuch - eine Bundesdeutsche Geschichte*, Frankfurt am Main: Fischer 2020, S. 53.

überzeugt werden möchte.«[14] Dieses tief in der Geschichte der Menschheit zurückreichende und immer noch weit verbreitete Vergeltungsbedürfnis ist jedoch rational nicht (mehr) zu rechtfertigen.

Biologisch unterscheiden wir uns kaum von den Menschen vor Zehntausenden von Jahren. Unsere Instinkte und Triebe sind noch weitgehend identisch mit denen der ersten »echten« Menschen.[15] Bis heute sind unsere Gehirne daher auf ein Leben in kleinen Gruppen von Jägern und Sammlern programmiert.[16] Nur in einer solchen Gruppe konnten Individuen überleben. Es gab ein individuell angelegtes Bedürfnis nach Zusammenhalt, und eine grundsätzliche Notwendigkeit zur Kooperation, um erfolgreich bei der Jagd oder in der Abwehr von Feinden zu sein. Allerdings könnten unsolidarische oder unkooperative Individuen andere übervorteilen, die sich ihrerseits solidarisch verhalten. Das Überleben der ganzen Gruppe wäre gefährdet, wenn unkooperatives Verhalten »Schule machen« würde, oder Einzelne zu aggressiv gegenüber anderen Gruppenmitgliedern sind. Dem zu begegnen war ein wesentlicher Teil der Grundidee des Vorläufers von dem, was wir heute unter Strafe verstehen. Gewalt und Aggressionen durch die Gruppe wurden eingesetzt, um das wieder auszugleichen, was sich einer im Übermaß genommen hat. Es ging darum, den »Täter« zu verletzen, zu schädigen oder gar zu töten.

Der Gedanke, ihn dabei mindestens ebenso zu schädigen, wie er einen anderen geschädigt hat, macht jedoch vor allem unter Konkurrenzgesichtspunkten Sinn. In der ersten Zeit der Menschen war der Schaden des Opfers oft gleich mit dem Gewinn des Täters. In einer Gesellschaft von über 80 Millionen Menschen fällt der Einzelne als Konkurrent des Anderen dagegen kaum noch ins Gewicht, zumal es bei vielen strafrechtlich relevanten Handlungen wenig um Konkurrenz geht. Auch die Kooperation des Einzelnen spielt gesamtgesellschaftlich eine marginale Rolle und ist durch das Strafrecht nur zum geringen Teil überhaupt betroffen. In den kleinen Gruppen der ersten Menschen war zu aggressives oder destruktives Verhalten Einzelner eine offene Kampfansage an die Gruppe, der entsprechend begegnet werden musste. Verhaltensnormen mussten zunächst in der körperlichen Auseinandersetzung geschaffen werden. Heute ist der Staat ungleich mächtiger als jeder Einzelne. Er muss das nicht mit aller Gewalt beweisen. Es werden auch nicht mehr vor allem die zu Mächtigen oder Unsozialen bestraft, sondern in der Mehrheit Menschen aus prekären sozialen Milieus. Strafe in ihrer jetzigen Form bewirkt so das Gegenteil

14 Tonio Walter, *Strafe und Vergeltung – Rehabilitation und Grenzen eines Prinzips*, Baden-Baden: Nomos 2016, S. 13.

15 Konrad Lorenz, *Das sogenannte Böse – Zur Naturgeschichte der Aggression*, München: dtv 2020, S. 230ff.

16 Yuval Noah Harari, *Eine kurze Geschichte der Menschheit*, München: Pantheon 2015, S. 57.

einer (Re-)Sozialisierung, und versperrt mit ihrer falschen Symbolik den Blick auf sinnvollere Wege. Allgemeinverbindliche Regeln werden vor allem dann eingehalten, wenn sie internalisiert worden sind, und weniger durch Abschreckung, die wie angedeutet auch wenig vom Maß der Übelszufügung und eher von der Aufdeckungswahrscheinlichkeit abhängt.

Das Konzept einer durch (zumindest in gewissem Umfang) freie Entscheidung entstehenden individuellen Schuld war wohl auch der Versuch, die Übelszufügung, für die sonst nicht (mehr) ausreichend Gründe gefunden werden konnten, irgendwie zu rechtfertigen. Fritz Bauer[17] bezeichnet die »Konzeption des freien Willens als Ideologie, um ein Vergeltungsstrafrecht zu legitimieren und das schlechte Gewissen zu besänftigen, das aus der Aggressivität des Vergeltungstriebs der Menschheit erwächst.«

Unabhängig davon, dass schon die Fiktion von Schuld und die Feststellung der Schwere einer individuellen Schuld der Willkür der Menschen unterliegt, erschließt es sich allerdings nicht, warum diese Schuld (nur) durch den Komplementärbegriff der Vergeltung,[18] d.h. durch Zufügung bzw. die zwangsweise Inkaufnahme eines Übels getilgt werden kann. Denkbar wäre auch eine Vergebung, oder eben eine Wiedergutmachung. Vergeltung weckt bei den Betroffenen oft ihrerseits Rachebedürfnisse. Sie kann Menschen in die Opposition zu Staat und Gesellschaft treiben.

Das Prinzip von Schuld und Vergeltung sollte daher rational reflektiert und durch das eher an der sozialen Realität orientierte Prinzip Verantwortung ersetzt werden. Der Umgang mit Kriminalität kann auch insofern resozialisiert werden. Der Täter muss seiner Verantwortung gegenüber Opfer und Gesellschaft gerecht werden. Gegenüber dem Opfer steht dabei der Täter-Opfer-Ausgleich bzw. die Schadenswiedergutmachung im Vordergrund. Selbst wenn die Rückfälligkeit im Einzelfall auch durch das alternative Modell nicht wirksam gesenkt würde, so wäre damit doch immerhin etwas Positives erreicht. Zum anderen muss der Täter Maßnahmen absolvieren bzw. in Kauf nehmen, mit denen eine Rückfallgefahr reduziert werden soll, um seiner Verantwortung gegenüber der Gesellschaft gerecht zu werden. Das können therapeutische Maßnahmen oder auch eine Einschränkung der Bewegungsfreiheit sein, die jedoch nicht in großen geschlossenen Anstalten (»Gefängnis«) erfolgen sollte. Stattdessen könnten z.B. dezentrale Wohngruppen oder ins Stadtbild eingefügte Hafthäuser eingerichtet werden,[19] die auch gegen Entweichung gesichert sein könnten. Sozialisierung heißt auch, Straftäter und Allgemeinheit insoweit näher zusammenzubringen. Bei höchst gefährlichen

17 Lena Foljanty/David Johst (Hg.), *Fritz Bauer: Kleine Schriften (1962–1969)*, Frankfurt a.M./New York: Campus 2018, S. 1080.

18 Ebd., S. 1076.

19 Unbekannt, »European movement für detention houses«, *Rescaled.org* 25.06.2021 https://www.rescaled.org/ (Zugriff: 30.12.2023).

Menschen kann auch ein bis zu lebenslangem Freiheitsentzug notwendig sein. Das betrifft jedoch nur wenige Prozent der derzeit Inhaftierten. Sozialisierend wirkt vor allem auch der unmittelbare Freundes- und Bekanntenkreis,[20] sodass – von den wenigen höchstgefährlichen Straftätern abgesehen – versucht werden muss, Straffällige in normtreue Menschengruppen zu integrieren, anstatt sie mit Hunderten anderer Straftäter in eine geschlossene Anstalt einzusperren.

Im Hinblick auf Opfer und Allgemeinheit bleibt es wichtig, dass offiziell und grundsätzlich öffentlich festgestellt wird, wie falsch und schlimm etwas ist, das der eine getan und der andere erlitten hat. Recht und Unrecht müssen klar benannt, gewogen und getrennt werden. Auch haben negative Reaktionen auf unerwünschtes Verhalten zumindest in gewissem Umfang abschreckende Wirkung, so dass auf sie nicht völlig verzichtet werden sollte. Bereits die öffentliche Beschämung durch einen Urteilsspruch hat abschreckenden Charakter. Auch darüber hinaus sollte verbotenes Verhalten teurer als legales sein. Wer z.B. Geld stiehlt, sollte über den Ersatz des Gestohlenen hinaus finanzielle Nachteile erleiden.

Die Zufügung eines Übels bzw. die Drohung damit macht darüber hinaus jedoch nur noch Sinn, um den Täter z.B. zu einer Schadenswiedergutmachung oder zur Teilnahme an Behandlungsmaßnahmen zu bewegen. Ähnlich wie bei der bislang gegebenen Möglichkeit der Strafaussetzung zur Bewährung mit bestimmten Auflagen und Weisungen könnte eine den Täter belastende Maßnahme (z.B. ein elektronisch überwachter Hausarrest) dann zum Tragen kommen, wenn er zumutbare Maßnahmen zur Schadenswiedergutmachung oder die Erbringung gemeinnütziger Leistungen verweigert.

Zumindest auf staatlicher Ebene können wir es uns zumuten, rational zu handeln, und unsere instinktiven Impulse hintanzustellen, auch wenn es nicht immer ganz einfach ist. Unsere Vernunft kann erreichen, was unsere Triebe nicht schaffen.[21] Robert Sapolsky ist überzeugt,[22] dass unsere dopaminergen Pfade, die uns Lust auf Bestrafung der »Bösen« machen, ihre Stimulierung anderswo finden müssen und können. Wir hätten dies in der Vergangenheit auch geschafft, indem heute zum Beispiel keine Menschen mehr bestraft würden, die bei einem epileptischen

20 Vor allem – aber nicht ausschließlich – in jüngeren Jahren ist dieser Gesichtspunkt relevant, vgl. schon Renate Valtin/Sabine Walper, »Strafe muss sein! – Oder nicht? Was Kinder über den Umgang mit Missetätern denken«, *Zeitschrift für Pädagogik* (1991/6), S. 995.

21 Gottfried Lischke, »Ist Aggression böse? Zur Ethologie, Soziobiologie und Psychologie des Kampfes und der Moral«, in: Carsten Colpe/Wilhelm Schmidt-Biggemann (Hg.), *Das Böse – Eine historische Phänomenologie des Unerklärlichen*, Frankfurt am Main: Suhrkamp 2016, S. 296.

22 Robert Sapolsky, *Gewalt und Mitgefühl*, München: Hanser 2019, S. 785.

Anfall Schaden anrichten. Auch Martha Nussbaum ist Recht zu geben,[23] wenn sie feststellt:

> »...scheint es schlichtweg keine Entschuldigung dafür zu geben, wenn Rechtsinstitutionen toleriert oder sogar gefördert werden, die sich die Beschränktheit des Vergeltungsgeists zu eigen machen und sie aufwerten. Unsere Institutionen sollten unser bestes Selbst verkörpern, nicht unser schlechtestes. Sie sollten einer erwachsenen Haltung Ausdruck geben, auch wenn wir oft wie Kinder sind.«

Für die konkreten Opfer (zu denen auch die Angehörigen gehören) von Straftaten jedoch kann es fast unerträglich sein, wenn dem Täter überhaupt kein Übel zugefügt wird. Es gehört auch zur staatlichen Vernunft, dem Rechnung zu tragen. Das kann bei leichter und mittlerer Kriminalität z.B. die Verpflichtung von Arbeit, deren Gewinn den Opfern zugutekommt, oder die Freiheitsbeschränkung durch elektronische Aufenthaltsüberwachung (»Fußfessel«) sein. Bei den schwersten Straftaten kommt zudem die genannte Möglichkeit der ggf. auch lebenslangen Unterbringung in einer Einrichtung zum Schutz der Allgemeinheit in Betracht, die für den Betroffenen auch ein Übel darstellt.

Das Prinzip Verantwortung nimmt auch die Gesellschaft insgesamt stärker in die Pflicht. Dazu gehört es, unser Wissen über Risikofaktoren kriminellen Verhaltens und deren Reduzierung zu erweitern und zu berücksichtigen. Prävention ist wirksamer und sinnvoller als Repression. Viele dieser Risikofaktoren – Thomas Bliesener spricht von biologisch-genetischen,[24] psychologischen und sozialen – hat man bereits erforscht. Wer etwa in seiner Kindheit missbraucht oder vernachlässigt wurde, begeht Studien zufolge später mit einer um 53 % größeren Wahrscheinlichkeit als Jugendlicher und mit einer um 38 % größeren Wahrscheinlichkeit als Erwachsener eine Straftat oder ein Gewaltverbrechen.[25] Andere Risikofaktoren sind etwa Verwahrlosung (auch vor dem Bildschirm), oder Tabak- oder Alkoholkonsum der Mutter während der Schwangerschaft.[26] Wie vielfältig und komplex Risikofaktoren sein können, zeigen

23 Martha Nussbaum, *Zorn und Vergebung – Plädoyer für eine Kultur der Gelassenheit*, Darmstadt: wbg 2017, S. 346.

24 Thomas Bliesener, »Beschädigte Seelen – Frühkindliche Sozialisations- und spätere Verhaltensstörungen«, in: Jörg-Martin Jehle (Hg.), *Das sogenannte Böse – Das Verbrechen aus interdisziplinärer Perspektive*, Baden-Baden: Nomos 2020, S. 151.

25 Robert I. Simon, *Die dunkle Seite der Seele – Psychologie des Bösen*, Bern: Huber Verlag 2011, S. 286.

26 Gila Schindler/Heike Hoff-Emden, »Die Fetale Alkoholspektrumstörung«, in: Marlene Mortler (Hg.), *Die Fetale Alkoholspektrumstörung*, Berlin: Geschäftsstelle der Drogenbeauftragte der Bundesregierung 2017, https://www.bundesgesundheitsministerium.de/fileadmin/

etwa Studien, wonach Länder mit hoher Importrate von Fisch eine niedrige Mordrate haben.[27] Es hat sich herausgestellt, dass Japan das Land mit höchster Fischimport- und niedrigster Mordrate war. Das könnte an den Omega 3 Fettsäuren liegen. So fordert Adrian Raine pointiert:[28] »Fisch für Verbrecher!« Auch große Einkommensunterschiede innerhalb einer Population begünstigen Gewalt und Aggressionen.[29] Je höher die Einkommensunterschiede eines Landes sind, desto häufiger sind in der Regel Mord und Totschlag.[30]

Bei einem langfristigeren und tiefgreifenderen Denken und Agieren geht es dabei nicht um eine Stigmatisierung z.B. von Menschen, die in ärmeren Wohnvierteln aufwachsen, oder deren Eltern gewalttätig waren, nach dem Motto: »Aus dem wird sicher einmal ein Verbrecher.« Verhalten ist von einer Vielzahl von inneren und äußeren Faktoren abhängig. Aufgrund von einzelnen Risikofaktoren darauf schließen zu wollen, dass ein Kind als Erwachsener sicher kriminell werden wird, ist daher ohnehin nicht möglich.

Die Forschung zeigt, dass präventive Maßnahmen möglichst früh zum Einsatz kommen müssen.[31] Die besten Effekte lassen sich in der Altersgruppe zwischen zwei und sechs Jahren erreichen.[32] Spätestens muss Prävention in der Grundschule beginnen. Kinder, die hier bereits auffällig sind, können besonders problematische Entwicklungsverläufe nehmen.[33] Projekte wie die vom Weißen Ring in Kooperation mit

Dateien/5_Publikationen/Drogen_und_Sucht/Broschueren/FASD_SozR-Fragen.pdf (Zugriff: 30.12.2023).

27 Michael Roque/Adrian Raine/Brandon Welsh, »Experimental Neurocriminology – Etiology and Treatment«, in: Brandon Welsh/Anthony Braga/Gerben Bruinsma (Hg.), *Experimental Criminology – Prospects for Advancing Science and Public Policy*, Cambridge: Cambridge University Press 2013, S. 53.

28 Adrian Raine, *Als Mörder geboren – Die biologischen Wurzeln von Gewalt und Verbrechen*, Stuttgart: Klett-Cotta 2015, S. 354.

29 Richard Wrangham, *Die Zähmung des Menschen – Warum Gewalt uns friedlicher gemacht hat*, München: DVA 2019, S. 50.

30 Joachim Bauer, *Schmerzgrenze. Vom Ursprung alltäglicher und globaler Gewalt*, München: Heyne 2013, S. 114.

31 Christian Böhm/Peer Kaeding, »Prävention und Intervention bei Gewalt an Schulen«, in: Wolfgang Melzer/Dieter Hermann/Uwe Sandfuchs/Mechthilde Schäfer/Wilfried Schubarth/Peter Daschner (Hg.), *Handbuch Aggression, Gewalt und Kriminalität bei Kindern und Jugendlichen*, Bad Heilbrunn: Verlag Julius Klinkhardt 2015, S. 405.

32 Mario Gollwitzer, »Ansätze zur Primär- und Sekundärprävention aggressiven Verhaltens bei Kindern und Jugendlichen«, in: Mario Gollwitzer/Jan Pfetsch/Vera Schneider/André Schulz/Tabea Steffke/Christiane Ulrich (Hg.), *Gewaltprävention bei Kindern und Jugendlichen*, Göttingen: Hogrefe 2007, S. 145.

33 Dieter Hermann/Vanessa Jantzer, »Schulsozialarbeit – kriminalpräventive Wirkungen und Verbesserungsmöglichkeiten«, in: Erich Marks/Wiebke

dem Bundesverband Mediation e.V. umgesetzte »Streitschlichtung durch Gleichaltrige«[34] weisen in die richtige Richtung. Neben einem deutlichen Ausbau der Schulsozialarbeit[35] (in Baden-Württemberg beispielsweise gibt es nach Angaben der Gewerkschaft nur für gut 55 % der Grundschulen Schulsozialarbeiter;[36] in Sachsen betreut ein Schulsozialarbeiter rechnerisch 624 Schüler)[37] sollten zudem Maßnahmen wie ein Anti-Gewalt-Training in Schulen zumindest angeboten werden.[38]

III. Praktische Umsetzung

1. Trennung von Unrechtsausspruch und Rechtsfolgen

Künftig sollte ein Gericht nach Anklage durch die Staatsanwaltschaft entscheiden, wer welches Unrecht begangen hat und wie groß dieses Unrecht im Verhältnis zu anderen Normverletzungen ist. Sinnvoll wären gesetzlich vorgegebene Unrechtskategorien (z.B. von 1–10), die einen jeweils sehr großen Rahmen möglicher Maßnahmen zur Schadenswiedergutmachung, Behandlung, Sicherung und auch Strafe im engeren Sinn eröffnen. So könnte beispielsweise ein Wohnungseinbruchsdiebstahl in die Unrechtskategorie 5 fallen, bei der kraft Gesetzes u.a. eine elektronische Aufenthaltsüberwachung und -beschränkung (»Fußfessel« oder entsprechend überwachter Hausarrest) bis zu vier Jahren, eine Geldstrafe, das Erbringen gemeinnütziger Leistungen,

Steffen (Hg.), *Bildung – Prävention – Zukunft – Ausgewählte Beiträge des 15. Deutschen Präventionstages*, Godesberg: Forum Verlag 2012, S. 220.

34 Werner Brall, »Präventionsverständnis im Weißen Ring und dessen praktische Umsetzung an Beispielen«, in: Mario Gollwitzer/Jan Pfetsch/Vera Schneider/André Schulz/Tabea Steffke/Christiane Ulrich (Hg), *Gewaltprävention bei Kindern und Jugendlichen*, Göttingen u.a.: Hogrefe 2007, S. 267ff.

35 Roland Bertet/Gustav Keller, *Gewaltprävention in der Schule – Wege zu prosozialem Verhalten*, Bern: Verlag Hans Huber 2011, S. 73.

36 Unbekannt, »Gewerkschaft fordert vom Land mehr Geld für Schulsozialarbeit«, *StN.de* 06.12.2023 https://www.stuttgarter-nachrichten.de/inhalt.unterricht-in-baden-wuerttemberg-gewerkschaft-fordert-vom-land-mehr-geld-fuer-schulsozialarbeit.0199b34e-d4e2-4014-a5bf-e8ee397695a8.html (Zugriff: 30.12.2023).

37 Andrea Schawe, »Sachsen plant mehr Schulsozialarbeiter«, *SächsischeSZ.de* 22.11.2022 https://www.saechsische.de/sachsen/sachsen-plant-mehr-schulsozialarbeiter-5780763.html (Zugriff: 30.12.2023).

38 Bertet/Keller, *Gewaltprävention in der Schule – Wege zu prosozialem Verhalten*, S. 64.

Behandlungsmaßnahmen wie ein Empathietraining und eine monetäre Solidaritätsleistung durch den Staat an das Opfer bis zur Höhe von 10.000 Euro vorgesehen sind.

2. *Resozialisierungsgremium*

Wie dieser vorgegebene Rahmen im konkreten Fall ausgefüllt wird, sollte jedoch nicht mehr das Gericht entscheiden. Auch sollte es nicht zu einem Zeitpunkt für die nächsten Monate oder gar Jahre festgelegt werden, sondern immer wieder an die aktuellen Entwicklungen der Beteiligten angepasst werden. Um die Interessen der Allgemeinheit sowie von Opfer und Täter und dem jeweiligen Umfeld möglichst konstruktiv miteinander in Einklang zu bringen, wäre vielmehr die Einsetzung eines Gremiums unter staatlicher Leitung (in Betracht kommen die derzeitigen Leiterinnen und Leiter der Gefängnisse) sinnvoll. Man könnte es »Resozialisierungsgremium« nennen. In diesem Gremium könnten (die derzeit in den Justizvollzugsanstalten tätigen) Vertreter:innen verschiedener Disziplinen wie Psychologie oder (Sozial-)Pädagogik vertreten sein, und je nach Eignung und Konstellation Opfer, Täter und Umfeld eingebunden werden. Zudem wären als Vertreter der Allgemeinheit Resozialisierungsschöffinnen bzw. -schöffen beteiligt.

Da immer mehr Menschen mit Migrationshintergrund in Deutschland leben, ist es vor allem auch wichtig Fachleute einzubinden, die die jeweiligen religiösen und kulturellen Traditionen und Normen kennen.[39] Ende März 2022 lag der Anteil der Untersuchungsgefangenen mit ausländischer Staatsbürgerschaft beispielsweise in Bayern bei etwa 59 %, und der Anteil der Strafgefangenen bei etwa 45 %. Die nichtdeutschen Gefangenen kamen aus 102 verschiedenen Staaten.[40] Nicht wenige sprechen weder Deutsch noch Englisch. Eine Sozialisierung kann nicht gelingen, wenn man im Umgang mit diesen Straffälligen ihren kulturellen Hintergrund nicht berücksichtigt, zumal viele auch nach dem Strafverfahren in Deutschland bleiben.

Resozialisierung kann nach der überzeugenden Ansicht von Bernd Maelicke zudem nur gelingen,[41] wenn die Einzelleistungen der zuständigen Organisationen und ihrer Fachkräfte zu einem interdisziplinär

39 Hartmut Lehmann, »Das Recht auf Strafe und Vergeltung im Zeitalter der Globalisierung: Ein Kommentar«, in: Günther Schlee/Bertram Turner (Hg.), *Vergeltung*, Frankfurt/New York: Campus 2008, S. 174, 175.

40 Bayerisches Staatsministerium der Justiz, »Belegungssituation«, *justiz.bayern.de* 2022 https://www.justiz.bayern.de/justizvollzug/anstalten/belegungssituation/ (Zugriff: 30.12.2023).

41 Bernd Maelicke, *Das Knast Dilemma – Wegsperren oder resozialisieren?*, Frankfurt am Main: Nomen 2019, S. 28.

abgestimmten Handlungskonzept mit einer einzelfallübergreifenden Koordination und einer einzelfallbezogenen Kooperation zusammengeführt werden. Dazu muss die freie (im Sinne von nicht staatlicher) Straffälligenhilfe mit in die Arbeit des Gremiums eingebunden werden.[42] Diese Verbände entwickeln oft sehr kreative und zielgenaue Angebote. Auch Vertreter von Verbänden für Opferbelange (wie etwa der »Weiße Ring«[43]) sollten in dem Gremium mit am Tisch sitzen. Je nach Einzelfall ist es zudem sinnvoll Behörden zu beteiligen, die früher oder später ohnehin mit dem Fall befasst wären. Zu denken wäre hier etwa an die Ausländerbehörde, die Jugendbehörde, die Agentur für Arbeit, die Sozialbehörde oder die Polizei.

Das Gremium bliebe dann für eine bestimmte Zeit zuständig, und hätte zu entscheiden, welche Maßnahmen getroffen werden, und wie sie im Laufe des Prozesses sinnvoll angepasst werden. Die Bereitschaft insbesondere der Opfer vorausgesetzt sollte in geeigneten Fällen neben der Schadenswiedergutmachung eine Mediation zwischen Opfer und Täter im Mittelpunkt dieses Prozesses stehen.[44] Es geht dabei nicht darum, die Opfer aufzufordern oder gar zu zwingen, Tätern zu vergeben oder sich mit ihnen zu versöhnen. Es geht darum, einen Kontext herzustellen, in dem das eine oder andere geschehen kann.[45] Vergebung wird allzu häufig auf den Täter bezogen (»Das hat er nicht verdient!«), und als Belastung für das Opfer angesehen. Dabei kann sie vor allem eine Erleichterung sein und ist weniger als altruistischer Akt und eher als wohlverstandenes Eigeninteresse zu begreifen. Studien zeigen, dass sich der allgemeine Gesundheitszustand (im Hinblick z.B. auf das Herz-Kreislauf-System oder psychische Probleme) von Opfern, die vergeben konnten, verbessert hat.[46]

Zudem kann das Gremium den Täter z.B. zu der Teilnahme an Maßnahmen zur Reduzierung einer Rückfallgefahr wie etwa einem Antigewalttraining verpflichten. Psychologische und psychiatrische Gutachter:innen werden heute häufig von Gerichten oder Justizvollzugsanstalten herangezogen, um z.B. die künftige Gefährlichkeit der Probanden besser beurteilen zu können. Dazu werden auch Prognoseinstrumente verwendet, die Risikofaktoren für künftiges straffälliges Verhalten des Probanden (z.B. negative Auffälligkeiten schon in jungem Alter, Persönlichkeitsstörung, Suchtproblematik) berücksichtigen. Diese Risikofaktoren sind u.a. anhand von vielen anderen individuellen Fällen ermittelt worden.

42 Viele sind Mitglied in der Bundesarbeitsgemeinschaft für Straffälligenhilfe e.V.: https://www.bag-s.de/ (Zugriff: 30.12.2023).

43 https://weisser-ring.de/ (Zugriff: 30.12.2023).

44 Vgl. dazu https://soundcloud.com/fritz-bauer-forum/christoph-willms-im-tater-opfer-ausgleich-liegt-viel-ungenutztes-potential (Zugriff: 20.08.2025).

45 Howard Zehr, *Fairsöhnt*, Schwarzenfeld: Neufeld Verlag 2010, S. 15.

46 Sapolsky, *Gewalt und Mitgefühl*, S. 824.

Ebenso wichtig wäre es jedoch, die anhand jedes Einzelfalls ermittelten möglichen Risikofaktoren den Stellen, die davon betroffen sind (insbesondere Schul- und Jugendbehörden) zu kommunizieren (soweit sie nicht ohnehin schon Teil des Gremiums sind). Dieser Austausch, der in gewissem Umfang bereits stattfindet, könnte so über die Gremien institutionalisiert werden, über die wir so aus jedem einzelnen Fall etwas für die Zukunft lernen können.

3. Problemfelder des alternativen Modells

Neue Wege werfen auch neue Fragen auf. So hat eine stärkere Berücksichtigung der individuellen Bedürfnisse und Umstände der Beteiligten notgedrungen zur Folge, dass vergleichbare Straftaten ganz unterschiedliche Folgen auslösen können. Ein Verstoß gegen den Gleichbehandlungsgrundsatz im Sinne des Art. 3 GG wäre darin gleichwohl nicht zu sehen. Die gerichtliche Verurteilung einer Tat erfolgt weiterhin nach den gleichen Regeln. Dass die weiteren Rechtsfolgen dann viel stärker als bisher etwa vom Verhalten der Beteiligten abhängen, macht die Sachverhalte insofern schon nicht mehr vergleichbar, und lässt sich jedenfalls sachlich u.a. durch eine stärkere Berücksichtigung der Bedürfnisse der Opfer begründen.

Damit zusammen hängen die Fragen, inwieweit bzw. welche (unterlassenen) Maßnahmen des Gremiums justiziabel sind, und welche Teilnehmer welche Rechte bzw. Pflichten haben. Eine zu starke Verrechtlichung des Verfahrens würde dessen Sinn widersprechen, auf sehr individuellen Wegen vor allem ein Miteinander der Beteiligten anzustreben. Die Täter sollten jedoch bei besonders belastenden Maßnahmen ebenso die Möglichkeit zum gerichtlichen Rechtsschutz haben, wie es derzeit bereits im Strafvollzug nach §§ 109 ff. StVollzG der Fall ist. Auch den Opfern sollte gegen die Unterlassung von Maßnahmen Rechtsschutz ermöglicht werden, wobei dem Gremium (vertreten durch die Vorsitzende bzw. den Vorsitzenden) ein Beurteilungs- und Ermessensspielraum einzuräumen wäre. Auch müsste das Gremium die Möglichkeit haben, Zwangsmaßnahmen wie etwa eine einstweilige sichere Unterbringung des Täters zur Sicherung des Verfahrens anzuordnen.

Die Einbeziehung etwa des familiären Umfelds der Beteiligten und ein zu großes Ausmaß von Freiheit oder Mitbestimmungsrechten ist auch nicht in allen Fällen sinnvoll. Dies könnte gerade bei gänzlich uneinsichtigen Tätern oder allzu rachsüchtigen Opfern zu einer Ausweitung von Konflikten und zu einem Verlust von staatlicher Kontrolle führen. In dem Maße, in dem der Umgang mit Straftat, Täter und Opfer nicht mehr allein in Gerichtssälen und hinter Gefängnismauern stattfindet, und in dem zunehmend Menschen etwa aus dem Umfeld der

Betroffenen beteiligt werden, kann sich zudem das Problem des Schutzes von Daten und Persönlichkeitsrechten vergrößern. Auch die in einer strafrechtlichen Verurteilung liegende Stigmatisierung und Beschämung könnte ausufern.

Allerdings ist es gerade auch das Ziel, ein neues kollektives Verständnis von Kriminalität bzw. von dem vom Menschen ausgehenden Schlechten oder Bösen zu entwickeln. Dieses darf nicht normal oder akzeptiert und der Täter nicht aus der Hauptverantwortung dafür entlassen werden. Ein zunehmendes Bewusstsein für eine stärkere Verantwortungsübernahme jedes Gesellschaftsmitglieds für die Ursachen und Folgen von kriminellem Verhalten drängt jedoch die Neigung zur Stigmatisierung Einzelner zurück. Damit zusammen hängt auch die Bereitschaft, mehr Zeit und Aufwand zu investieren, und die Kriminalitätsbekämpfung nicht mehr fast ausschließlich an Fachleute zu delegieren.

Das dazu erforderliche Umdenken auch hinsichtlich einer zunehmenden allgemeinen Akzeptanz gerade des Verzichts auf einen wesentlichen Teil von Strafe bzw. Vergeltung setzt dabei mehr Transparenz und Kommunikation durch die Strafjustiz voraus. Diese darf sich nicht allein als Vollstrecker des (vermuteten) Willens der Allgemeinheit begreifen. Sie muss dieser vielmehr auch aktiv spiegeln, was Vergeltung erreicht und was gerade nicht.

4. *Skizze eines Beispiels*

Bei einer Auseinandersetzung im Festzelt eines Volksfests schlägt der 23-jährige Anton dem Boris mit der Faust mehrfach ins Gesicht, weil dieser ihn beleidigt hatte. Boris bricht sich dabei u.a. die Nase, und ist einige Wochen auch aus psychischen Gründen krankgeschrieben. In unserem derzeitigen System würde Anton, der schon eine vergleichbare Vorstrafe hat, wohl zu einer mehrmonatigen – womöglich sogar mehrjährigen – Freiheitsstrafe ohne Bewährung verurteilt werden. Schmerzensgeld könnte er dem Boris kaum zahlen, da er während der Haft wenig Geld verdienen, und danach erst einmal längere Zeit arbeitslos sein würde. Von Staat und Justiz würde er sich ungerecht behandelt fühlen, und in Haft die ›falschen‹ Leute kennenlernen.

Nach dem hier vorgestellten Modell könnte das Verfahren dagegen wie folgt ablaufen: Das Gericht verurteilt Anton wegen gefährlicher Körperverletzung und stellt fest, dass er ein Unrecht in Höhe der Kategorie 4 verübt hat. Anton und Boris sind bereit, an den Sitzungen des Resozialisierungsgremiums teilzunehmen. Der Betreiber des Festzeltes wird verpflichtet, an einigen Sitzungen teilzunehmen, um gemeinsam mit ihm zu erörtern, was er tun kann, um derartige gewalttätige Konflikte künftig zu reduzieren. Auch Antons Lebensgefährtin nimmt freiwillig an dem

Resozialisierungsverfahren teil. Boris berichtete im Gremium, dass es für ihn am schlimmsten war, vor aller Augen zu Boden geschlagen worden zu sein. Anton berichtete, dass es für ihn eine ungeheure Kränkung war, dass Boris ihn vor seinen Bekannten und seiner Freundin beleidigt hatte. Antons Freundin vertritt in den ersten Sitzungen des Gremiums noch die Ansicht, dass Anton das Recht hatte, Boris für dessen Beleidigungen eine Abreibung zu verpassen. Das erwarte sie von einem »richtigen Mann«. Möglicherweise hätte er jedoch etwas weniger hart zuschlagen sollen. Die anderen Teilnehmer des Gremiums sensibilisieren sie für die Konsequenzen ihrer Einstellung, und zeigen ihr Alternativen auf.

Boris akzeptiert Antons aufrichtige Entschuldigung. Für ihn hat es auch heilende Wirkung zu spüren, dass Anton aus einem Gefühl der Unterlegenheit zugeschlagen hatte, und dass auch er (Boris) in der Situation anders hätte handeln können. Er hätte Anton nicht vor allen Augen bloßstellen müssen. Das Gefühl, sich selbst auch nicht ganz richtig verhalten zu haben, war einerseits schmerzhaft, gab ihm jedoch anderseits auch die Hoffnung, künftig ähnliche Angriffe vermeiden zu können, indem er sich selbst anders verhielt.

Anton erklärt sich bereit, eine 20-stündige Verhaltenstherapie zu absolvieren, um zu lernen, mit Kränkungen anders umzugehen. Zudem leistete er Arbeit in einem staatlich betriebenen Kaufhaus, deren Gewinn zur Hälfte Boris, und zur Hälfte einer Stiftung für Gewaltopfer zugutekommt. Dafür muss er einige Samstage und einen Teil seines Jahresurlaubes investieren. Richtiggehend alkoholabhängig war Anton nach Auffassung des Gremiums zwar nicht. Da er jedoch zum Tatzeitpunkt erheblich alkoholisiert war und generell einen problematischen Konsum zeigte, beschließt das Gremium, dass er ein Jahr lang keinen Alkohol trinken darf, und dies auch kontrolliert werden sollte. Anton verweigert dies. Auf sein regelmäßiges Feierabendbier will er auf keinen Fall verzichten. Das Gremium ordnet daher für ein Jahr an, dass Anton abends ab 18 Uhr seine Wohnung nicht mehr verlassen darf. Dies wird mit der »Fußfessel« elektronisch überwacht.

Die über den im Gremium vertretenen Polizeibeamten informierte örtliche Polizeibehörde entschließt sich auch infolge einer Häufung solcher Schlägereien bei Bierfesten, in Kooperation mit dem örtlichen Krankenhaus Informationsveranstaltungen in Schulen und lokalen Sportvereinen durchzuführen. Ärzte sollen anhand von konkreten Beispielen sichtbar machen, welche zum Teil tödlichen Verletzungen nicht nur durch Messer und Schlagwerkzeug, sondern auch durch Faustschläge und ähnliches entstehen können. Sie versprechen sich davon eine höhere abschreckende Wirkung als von einer Strafandrohung.

Bei der Aufarbeitung von Antons Biografie wird deutlich, dass dessen Mutter alleinerziehend und in Vollzeit arbeitstätig war. Früh kam es bei ihm zum Schulschwänzen und zu anderen Auffälligkeiten, wobei die

Konsequenz vor allem die war, dass er von mehreren Schulen verwiesen wurde, bis er seinen Hauptschulabschluss geschafft hatte. Auch den im Gremium vertretenen Resozialisierungsschöffen wird bewusst, dass Anton und seine Mutter viel mehr Unterstützung gebraucht hätten. Ihm hat vor allem auch eine Vaterfigur gefehlt. Ein älterer Resozialisierungsbeamter (im derzeitigen System wäre dies ein Vollzugsbeamter) wird ihm daher für die nächsten Jahre als Mentor/Coach und im besten Falle als väterliche Bezugsperson zur Seite gestellt. Die Kosten des Resozialisierungsverfahrens sind insgesamt geringer als die einer Strafhaft, auch da zwar einzelne Maßnahmen wie das Coaching länger andauern, andere jedoch, wie die Freiheitsbeschränkung durch elektronische Aufenthaltsbewachung, weniger aufwendig und begrenzter sind. So kann Anton weiter arbeiten und wohnen, und muss nicht auf Staatskosten verköstigt und untergebracht werden.

IV. Zusammenfassung

Das hier vorgestellte Modell baut mehr auf Wissen statt auf Glauben, und auf Begründung statt auf Behauptung. Es passt die Umsetzung überholter Instinkte und Gerechtigkeitsgefühle auf die heutige soziale Realität an und setzt das Prinzip Verantwortung an Stelle des Prinzips von Schuld und Vergeltung. Der Staat sorgt dabei für die Rahmenbedingungen und ein Mindestmaß an Gleichbehandlung. Opfer, Täter, Umfeld und Vertreter der Allgemeinheit gestalten die Aufarbeitung von kriminellen Taten mit. Der Vollzug von Maßnahmen zur Behandlung von Tätern findet – ebenso wie ein ggf. erforderlicher Freiheitsentzug – weit möglichst im Sozialen und nicht in abgeschiedenen Einrichtungen statt. Auch Opfer werden bei Bedarf in der Resozialisierung gefördert.

Die Ursachen straffälligen Verhaltens werden nicht mehr fast ausschließlich in individueller Schuld, sondern auch im Sozialen verortet. Tat, Täter und Opfer werden zu integralen Bestandteilen der Gesellschaft und nicht verdrängt. Normbrüche sind Anlass dazu, die Verhältnisse sozialer zu gestalten, anstatt gesellschaftliche Spaltungen zu vergrößern. Die Energie aus der Bekämpfung des vom Menschen ausgehenden »Bösen« kann so von der eher destruktiven Zufügung eines Übels in eine konstruktive Richtung geleitet werden.

Helmut Pollähne

Alternativen zur Freiheitsstrafe[1]

Der Titel »Alternativen zur Freiheitsstrafe« (weder mit einem Ausrufe- noch mit einem Fragezeichen versehen) impliziert zweierlei: Erstens, dass es solcher Alternativen offenbar bedarf, weil man meint, mit der Freiheitsstrafe nicht mehr leben zu können, und zweitens, dass es solcher Alternativen offenbar bedarf, weil man meint, ohne die Freiheitsstrafe ebenfalls nicht leben zu können. Ersteres stößt hier womöglich auf einen gewissen Konsens, ganz im Sinne der berühmten Radbruch'schen Wendung von der Suche nach etwas Besserem als dem Straf-Recht; Letzteres ist bewusst doppeldeutig und markiert Widersprüche, Vorannahmen und Nachwirkungen einer Debatte, die mindestens so alt ist wie die neue Kriminalpolitik.

Es wird – auch durch einen solchen Titel – mehr oder weniger bewusst der Eindruck erweckt, über die Abschaffung der Freiheitsstrafe dürfe nur reden, wer Alternativen im Gepäck hat. Wozu dieses Denken führt, wird noch zu besichtigen sein; bevor aber über »Alternativen zur Freiheitsstrafe« gesprochen wird, ist über die Freiheitsstrafe zu sprechen, sodann darüber, ob es der Alternativen überhaupt bedarf und was als Alternative gelten darf. Schließlich wird danach zu differenzieren sein, ob es solche – ggf. erforderlichen und tauglichen – Alternativen bereits gibt (de lege lata) oder ob sie erst noch eingeführt werden müssten bzw. sollten (de lege ferenda).

Nach der leisen Kritik an dem Titel noch ein lautes Lob: Das Unwort des Jahres 2010 war »alternativlos«, Lieblingswort einer Kanzlerin, die kontroverse Debatten beenden wollte, bevor sie überhaupt aufkamen. Ob es den Zustand der »Alternativlosigkeit« semantisch überhaupt gibt, konnte im vorliegenden Kontext dahingestellt bleiben, ginge es nicht um ein zentrales Wesensmerkmal der vorherrschenden Kriminalpolitik, die in den letzten Jahren zumindest in puncto freiheitsentziehender Strafrechtsfolgen vom Nimbus der Alternativlosigkeit umgeben oder, je nach Sichtweise; vom Virus der Alternativlosigkeit befallen ist. In Anbetracht dieser Entwicklung, dieses Zustands der vorherrschenden Kriminalitäts- und Sicherheitspolitik, ist der mir vorgegebene Titel des Vortrags, »Alternativen zur Freiheitsstrafe«, nicht nur anachronistisch und antizyklisch, sondern eben auch: mutig!

1 Der Text wurde zuerst abgedruckt in: Strafverteidigervereinigungen (Hg.), *Alternativen zur Freiheitsstrafe (36. Strafverteidigertag)*, Hannover 2013, S. 9–27.

Ich habe nicht vor, den Titel des Eröffnungsvortrages zu variieren, muss aber zugeben, dass mich in meinen ersten Überlegungen der Arbeitstitel »Muss Strafe sein?« antrieb und umtrieb. Und es lässt sich ja auch gar nicht bestreiten, dass die Frage nach den Alternativen und insbesondere nach ihrer Erforderlichkeit und Eignung eine Antwort auf die Frage voraussetzt, ob es der Strafe im Allgemeinen und der Freiheitsstrafe im Besonderen bedarf.

I. Straf-Verteidigung?

Also: Muss Strafe sein? Was für eine seltsame Frage an einen Straf-Verteidiger!? Erste Spontanantwort auf flachem Niveau: klar muss Strafe sein, sonst waren wir unseren Job los. Versuchen wir es auf etwas höherem Niveau: Ich habe eine gewisse Vorstellung davon, was etymologisch hinter dem Wort Verteidiger steckt – aber ehrlich gesagt keine Ahnung, wann Verteidiger zu Strafverteidigern wurden.

Verteidigen wir die Strafe? Eigentlich nicht, es sei denn, sie sollte von einem totalitären, moderner gewendet: ganzheitlich-nachhaltigen System effektiver Sicherheitsinterventionen abgelöst werden...

Verteidigen wir das Straf-Recht? Eigentlich nicht, es sei denn, es würde seiner schützenden Formen beraubt, kriminal- und sicherheitspolitisch missbraucht, informalisiert und dereguliert, oder – und sei es ›nur‹ terminologisch – militarisiert (ich erinnere an die unselige Debatte über das Feindstrafrecht)...

Verteidigen wir das Straf-Verfahren? Eigentlich nicht, es sei denn, es sollte instrumentalisiert werden für verfahrensfremde Zwecke, umgewandelt in ein Opferschutzverfahren, oder würde zum Basar, auf dem die Strafprozessordnung, wenn überhaupt, dann unter dem Ladentisch liegt (von Grundgesetz und Menschenrechtskonvention ganz zu schweigen)...

Verteidigen wir die Straf-Justiz? Eigentlich nicht, es sei denn, sie würde in ihrer Unabhängigkeit angegriffen, exekutivisch unterminiert oder populistisch kontaminiert...

Verteidigen wir den Straf-Vollzug? Eigentlich erst recht nicht, es sei denn gegen moderne Bedrohungen, etwa durch zunehmende Privatisierung, Ökonomisierung, Psychiatrisierung oder Perikularisierung...

Sind wir also doch Straf-Verteidiger? Eigentlich nicht, aber gewissermaßen eben doch und in dem genannten Sinne in den letzten Jahren immer häufiger – die Dokumentationen der Straf-Verteidigertage zeugen davon. Und trotzdem ist unsere Verfahrensrolle selbstverständlich nicht, die Strafe zu verteidigen, sondern, den Mandanten gegen die Strafe zu verteidigen. Wem das wiederum zu platt ist, der frage sich: Warum und wozu, wofür und wogegen verteidigen wir?

Verteidigen wir, weil wir den Mandanten für unschuldig halten? Ja, das kommt vor, sollte aber nicht zur Richtschnur werden, denn es kann dazu führen, die Regeln der Kunst aus dem Blick zu verlieren, und es kann bewirken, diejenigen nicht mehr professionell zu verteidigen, die wir für schuldig halten – von da wäre es nur noch ein kleiner Schritt dahin, ihre Bestrafung zu befürworten. Das ist gar nicht so aus der Luft gegriffen: Wer schuldig durch »gefährlich« ersetzt und Bestrafung durch Maßregelung, der weiß, wie schmal der Grat ist.

Verteidigen wir, weil es jemanden geben muss, der dem Verdächtigten, Beschuldigten, Angeschuldigten, Angeklagten, Verurteilten, Gefangenen, Untergebrachten, Vorbestraften ... zur Seite steht, um seine Rechte und für ein faires Verfahren kämpft? Das will ich hoffen. »Verteidigung ist Kampf« – so lauten auch in der siebten Auflage noch die ersten drei Worte des legendären Handbuchs von Hans Dahs, im Kapitel über den »Berufsauftrag des Verteidigers« unter der Überschrift »Der Zugriff des Staates«! Aber gehört es legitimerweise auch zum Kampf um die Rechte des Mandanten, gegen eine gerechte und faire Bestrafung zu kämpfen? Und dann wiederum – gibt es das überhaupt: eine gerechte und faire Freiheitsstrafe? Verteidigung gegen den Zugriff des Staates mit dem Mittel der Freiheitsstrafe ist immer legitim.

Verteidigen wir, weil wir Organe der Rechtspflege sind? Das will ich nicht hoffen, womit nicht bestritten werden soll, dass wir, jedenfalls als Rechtsanwälte, solche Organe sein wollen (jedenfalls gemäß § 1 unserer Bundesordnung), wobei wir zu Recht besonderen Wert auf unsere Unabhängigkeit legen. Als Organe der Straf-Rechtspflege stehen wir aber beständig in Gefahr, kriminal und justizpolitisch vereinnahmt zu werden. Im vermeintlich erzieherisch intendierten Jugendstrafverfahren kommt dies bisweilen erschreckend deutlich zur Geltung, im Kriminalrecht der Gefahrenabwehr erst recht. Vergessen wir nicht, was uns der Kollege *Adolf Arndt* einst ins Stammbuch schrieb: dass wir nämlich gerade auch vor dem Straf-Gericht *das Unerhörte zur Gehör zu bringen* haben!

Verteidigen wir, weil wir davon überzeugt sind, dass Strafe keine Lösung ist, dass insb. die Freiheitsstrafe – nicht nur dem Mandanten, sondern auch der Gesellschaft – mehr schadet als nutzt, dass Straf-Anstalten sträfliche Veranstaltungen sind? Das will ich hoffen! Ob eine solche Gegen-Straf(e)-Verteidigung immer Alternativen anzubieten hat (und ggf.: welche), wird noch zu untersuchen sein.

Sind wir nach allem gar keine Straf-Verteidiger, sondern Straf-Bestreiter und -Bekämpfer? Es lohnt zumindest, darüber nachzudenken – z.B. im Kontext folgender Fragen:

Vertreten wir auch die Nebenklage? Und wenn ja: Fordern wir dann auch Strafen, ggf. sogar Freiheitsstrafen? Erstatten wir Anzeigen und betreiben wir Klageerzwingungsverfahren? Oder – in kleinerer Münze – wenn wir als Straf-Verteidiger plädieren: stellen wir Straf-Anträge?

Fordern wir allen Ernstes für unseren Mandanten eine Freiheitsstrafe von – sagen wir – zwei Jahren (weil die dann noch zur Bewährung ausgesetzt werden kann), oder eine Freiheitsstrafe von drei Jahren (weil dann noch offener Vollzug möglich wird)? Ich ertappe mich selbst gelegentlich dabei... Der Verweis auf den jeweiligen gesetzlichen Strafrahmen, der Anderes gar nicht zulasse, ist aber nur ein schwacher Trost. Eines zumindest sollten wir dabei nicht vergessen: wir fordern die Freiheitsstrafe nicht für unseren Mandanten, sondern gegen ihn.

Es mag in diesem Zusammenhang überraschen, danach zu fragen: aber wo fängt der Parteiverrat an? Wenn ich (wie das in § 356 Abs. 1 StGB heißt) »in derselben Rechtssache beiden Parteien durch Rat oder Beistand pflichtwidrig diene«? Oder schlimmer noch: wenn ich »im Einverständnis mit der Gegenpartei zum Nachteil meiner Partei« handele? Spätestens beim sog. ›Deal‹, bei dem es ja im Kern um das Einverständnis mit der Gegenpartei über eine Strafe – nicht selten eine Freiheitsstrafe – geht, lugt der Parteiverrat um die Ecke, und das rechtfertigende Einverständnis des Mandanten ist bisweilen ebenso erschlichen wie sein Geständnis. Wie gut können wir damit leben, dem inhaftierten Mandanten erklären zu müssen, dass alles noch schlimmer hätte kommen können?

Aber mal dagegen gefragt: Wo fängt Straf-Vereitelung an? Wenn ich (wie das in § 258 Abs. 1 StGB heißt) »ganz oder zum Teil« vereitele, dass »ein anderer dem Strafgesetz gemäß wegen einer rechtswidrigen Tat bestraft oder einer Maßnahme unterworfen« wird, oder absichtlich oder wissentlich »die Vollstreckung einer gegen einen anderen verhängten Strafe oder Maßnahme« ganz oder zum Teil vereitele? Die Bestrafung »dem Strafgesetz gemäß« ist die juristische Zauberformel der Sozialadäquanz, die uns Straf-Verteidiger vor der Verfolgung als Straf-Vereiteler (beide Begriffe trennen bekanntlich nur drei Buchstaben) bewahren soll. Aber wenn wir ehrlich sind, dann wollen wir (und sollen dies auch, ob als Wahl oder als Pflichtverteidiger) ganz oder doch wenigstens zum Tell »dem Strafgesetz gemäß« vereiteln, dass unser Mandant »dem Strafgesetz gemäß [...] bestraft« wird. Um es auf den Punkt zu bringen: Parteiverrat wäre, Strafvereitelung nicht wenigstens zu versuchen! Oder mit anderen Worten, und bewusst mit etwas Pathos: Ein Freiheits-Strafverteidiger muss sich zumindest bemühen, ein Freiheits-Straf-Vereiteler zu sein!

Zurück zur Frage: Muss Straf-Recht sein? Eine zirkulare Antwort wäre: ja, solange es Strafe gibt. Aber das ist keineswegs nur banal. Es ist kein Zufall, dass das Strafrecht Straf-Recht heißt, denn es begründet das Recht des Staates, zu strafen! Mehr noch: wird die Strafbarkeit begründet, so zwingt das Gesetz zur Bestrafung – über Ausnahmen von dieser Regel wird noch zu reden sein.

Straftaten – und das heißt konkret: Straftäter, oder präziser: einer Straftat Verdächtigte – sind immer von Freiheitsstrafe bedroht. Das wird allzu gerne auch von denen verdrängt, die der Strafe im Allgemeinen und dem Gefängnis im Besonderen durchaus kritisch gegenüberstehen und die trotzdem nach dem Straf-Recht rufen, wenn eines der ihnen politisch nahestehenden Schutzgüter bedroht erscheint: die Umwelt, die soziale Marktwirtschaft, der freie Wettbewerb, die Volksgesundheit, der Frieden... diese oder jene Moral oder politische Korrektheit. Die Rede ist von den sog. atypischen Moralunternehmern im Geschäftsfeld der Kriminalisierung. Wenn sie das Straf-Recht zum Einsatz bringen, dann kommt unweigerlich die Freiheitsstrafe zum Einsatz, was gerne verdrängt wird. Um das noch einmal zu verdeutlichen und zugleich der Lächerlichkeit preiszugeben: Auch die Beleidigung wird mit Gefängnis bestraft, auch der Hausfriedensbruch und der Titelmissbrauch, das Schwarzfahren und der Ladendiebstahl, der Beischlaf zwischen Verwandten, der Exhibitionismus und die Erregung öffentlichen Ärgernisses, die Bedrohung, der unbefugte Gebrauch eines Fahrzeuges und die Beteiligung an einem öffentlichen Glücksspiel, die Gefährdung einer Entziehungskur und – liebe Kolleginnen und Kollegen – auch die Gebührenüberhebung (Parteiverrat und Strafvereitelung sowieso)!

All das ist mit Gefängnis bedroht – und selbst wenn es ›nur‹ mit einer Geldstrafe belegt wird, dann droht immer noch die Ersatzfreiheitsstrafe! Worauf ich damit hinaus will: Das Straf-Recht steht und fällt mit der Freiheits-Strafe, sie ist sein konstitutives Element; das Straf-Recht ist im normativen Kern ein Freiheitsstrafrecht. Für den Einzelfall halt es Alternativen zur Freiheitsstrafe vor, darüber wird zu sprechen sein – kriminalpolitisch bedürfte es hingegen entweder eines Systembruchs im Strafrecht oder der Alternativen außerhalb des Strafrechts.

II. Alternativen zur Freiheitsstrafe

Bevor ich auf konkrete Alternativen zur Freiheitsstrafe zu sprechen komme, bedarf es hinsichtlich beider Begriffe einiger prinzipieller Vorbemerkungen – insbesondere muss noch einmal in Erinnerung gerufen werden, worüber wir eigentlich reden bei der Freiheitsstrafe:

1. Freiheits-Strafe

Das StGB definiert nicht, was das ist: die Freiheitsstrafe; es teilt uns nur mit, sie würde in Wochen und Monaten, bei längerer Dauer in Monaten und Jahren bemessen (§ 39 StGB), sie sei zeitig, wenn das Gesetz nicht lebenslange Freiheitsstrafe androhe, und betrage im Mindestmaß einen Monat und im Höchstmaß 15 Jahre (§ 38 StGB). Wir erfahren auch ein wenig darüber, wie sie zu bemessen ist: Grundlage dafür sei »die Schuld des Täters«, im Übrigen seien »die Wirkungen«, die von der Freiheitsstrafe für sein »künftiges Leben [...] in der Gesellschaft zu erwarten« sind, zu »berücksichtigen« (§ 46 Abs. 1 StGB); alles weitere richte sich nach den »Umständen, die für und gegen den Täter sprechen« und gegeneinander abzuwägen seien (§ 46 Abs. 2 S. 1 StGB). Und an eher versteckter Stelle erfahren wir, dass die Freiheitsstrafe »angemessen« zu sein hat (§ 354 Abs. la StPO).

Was aber eine Freiheitsstrafe ist und was sie soll, darauf bleibt das materielle Strafrecht Antworten schuldig – noch kann man dafür ins Bundes-StVollzG schauen und erfahrt dort in § 2 ein wenig über das sog. Vollzugsziel; ob es von der Föderalisierung gedeckt ist, das Vollzugsziel (und damit implizit den Freiheitsstrafzweck) den Landesgesetzgebern zu überlassen, soll hier nicht problematisiert werden. Zweifel sind aber angebracht.

Wichtiger erscheint mir im vorliegenden Kontext § 3 Abs. 2 StVollzG: »Schädlichen Folgen des Freiheitsentzuges ist entgegenzuwirken.«

Es geht also um den Entzug von Freiheit i.S.d. Art. 104 Abs. 2 GG und des Art. 5 Abs. I EMRK – wäre das nicht legalisiert, dann hieße es schlicht: Freiheitsberaubung! Und nicht nur das StVollzG, sondern auch die §§ 120, 121 StGB reden ebenso schlicht von Gefangenen – nur der Begriff »Gefängnis« wird in einschlägigen Gesetzen peinlich vermieden. Warum ich darauf herumreite: Es wird vor allem in internationalen Regelwerken immer wieder betont, der Strafcharakter der Freiheitsstrafe habe sich in dem Entzug der persönlichen Bewegungsfreiheit zu erschöpfen – bereits der genannte § 3 Abs. 2 StVollzG lässt Zweifel aufkommen, ob sich Freiheitsstrafe überhaupt darin erschöpfen kann. Schädliche Folgen des Freiheitsentzuges, denen entgegenzuwirken ist, hat bereits der Gesetzgeber selbst attestiert – ob ihnen entgegengewirkt wird, ist fraglich, ob ihnen überhaupt entgegengewirkt werden kann, ebenfalls. Wie heißt es so trefflich im Einladungsflyer zu diesem Strafverteidigertag: »zwar sollte der Freiheitsentzug die körperliche Züchtigung ersetzen, doch war sie [gemeint ist die Freiheitsstrafe] in der Realität immer auch Züchtigung und körperliches Leid«. Dem ist nicht viel hinzuzufügen. Wer Mandanten im Strafvollzug betreut, der erfährt und erkennt, dass das Gefängnis nicht ›nur‹ eine Freiheits- sondern auch eine Körper- und Seelenstrafe ist. Art. 3 EMRK verbietet »erniedrigende und unmenschliche Strafe oder Behandlung«. Das CPT, das sog. Europäische ›Anti-Folter-Komitee‹ (genauer: Komitee zur Verhütung von Folter und erniedrigender und unmenschlicher Strafe oder Behandlung), bemüht sich seit Jahren darum, die unscharfen Kategorien der Erniedrigung und der Unmenschlichkeit zu konkretisieren. Auf der Grundlage unangekündigter Besuche in europäischen Gefängnissen formuliert das CPT-Standards, überprüft, ob sie eingehalten werden, und entwickelt sie fort. Ich empfehle nicht nur die genannten CPT-Standards zur Lektüre, sondern auch den Bericht über den letzten Deutschlandbesuch Ende 2010, der gerade erst vor wenigen Wochen veröffentlicht wurde. Jenseits aller Bemühungen darum, den schädlichen Wirkungen des Freiheitsentzuges entgegenzuwirken, wird deutlich, dass Alternativen zur Freiheitsstrafe ein Gebot der Menschenrechte sind, weil Erniedrigung und Unmenschlichkeit in totalen Institutionen strukturell angelegt sind. Und das gilt ganz unabhängig davon, wie das Gefängnis legitimiert wird, welche Zwecke ihm zugedacht werden, an welchen Ansprüchen es sonst gemessen wird – all das klammere ich hier bewusst aus. Der Hinweis auf – je nach Sichtweise – niedrige oder hohe Rückfallquoten führt in diesem Zusammenhang ohnehin in die Irre.

Nur wer offen dazu steht, die schädlichen Folgen des Freiheitsentzuges seien intendiert, das Gerede vom Strafübel sei ernst gemeint und wörtlich zu nehmen, die »Einwirkung« des Strafvollzuges »auf den Täter« (wie das in §§ 47 Abs. 1 und 56 Abs. 1 StGB heißt) müsse spürbar sein – nur der hat keinen Anlass, über Alternativen nachzudenken.

2. *Alternativen*

Über das Unwort der Alternativlosigkeit habe ich mich bereits ausgelassen – was aber sind Alternativen? Schon der Plural irritiert, denn es wird durchaus vertreten, es gebe immer nur eine Alternative. Dieser linguistische und etymologische Streit muss hier nicht ausgetragen werden, aber es sei doch der Hinweis gestattet, dass die eine Alternative zur Freiheitsstrafe lautet: keine Freiheitsstrafe. Dazu gleich mehr.

Spannender – zumal juristisch gewendet – ist die Frage, ob die Existenz von Alternativen auf der Rechtsfolgenseite Beliebigkeit signalisiert. Aus dem öffentlichen Recht sind uns die Prinzipien der Verhältnismäßigkeit wohl vertraut: Funktionalität, Subsidiarität und Proportionalität. Es ist erstaunlich, welch geringer Stellenwert diesen hehren verfassungsrechtlichen Grundsätzen im Rechtsfolgensystem des Strafrechts zugedacht wird – was damit zu tun haben mag, dass man sich schon auf den legitimerweise zu verfolgenden Zweck nicht verständigen kann, weshalb man die Frage der Geeignetheit lieber gar nicht erst zulässt (bzw. sich scheut darauf zu verweisen, dass Gefängnisse allemal dazu geeignet sind, Freiheit zu entziehen).

Alles Weitere scheint eine Frage der Schuld zu sein (§ 46 Abs. 1 S. 1 StGB), auch wenn die Revisionsgerichte – wie bereits erwähnt – die Angemessenheit der Rechtsfolge im Blick haben sollen (§ 354 Abs. Ia StPO). Erwähnung verdient in diesem Zusammenhang Art. 49 Abs. 3 der sog. Europäischen Grundrechte-Charta: »Das Strafmaß darf gegenüber der Straftat nicht unverhältnismäßig sein«, wohl wissend, dass diese Charta, die Ende 2009 in Kraft getreten ist, nur »bei der Durchführung des Rechts der Union« unmittelbare Wirkung entfaltet (Art. 51 GRCh). Der »allgemeine Grundsatz der Verhältnismäßigkeit von Straftat und Strafmaß« wurde ausweislich der sog. »Erläuterungen, die als Anleitung für die Auslegung dieser Charta verfasst wurden« und in dem genannten Anwendungsbereich auch von den Gerichten der Mitgliedstaaten »gebührend zu berücksichtigen« sind (Art. 52 Abs. 7 GRCh), so aufgenommen, wie er »durch die gemeinsamen verfassungsrechtlichen Traditionen der Mitgliedstaaten und die Rechtsprechung des Gerichtshofs der Gemeinschaften festgeschrieben worden ist«. Die strafrechtswissenschaftliche Rezeption dieses europäischen Grundrechts steht hierzulande noch am Anfang.

Wenn ich in diesem Zusammenhang die Prinzipien der Verhältnismäßigkeit strapaziere, dann aber eher, um auf das Subsidiaritätsprinzip aufmerksam zu machen, das bemerkenswerter Weise sowohl im Jugendstrafrecht als auch im Maßregelrecht Beachtung findet (oder doch jedenfalls finden soll) – im Zusammenhang mit der Freiheitsstrafe aber weitgehend ignoriert wird: In Anbetracht von Alternativen stellt sich – generell wie im Einzelfall – einerseits die Frage nach der Erforderlichkeit einer Freiheitsstrafe, andererseits aber auch die nach der Milde des alternativen Mittels. Dass dabei auf die jeweils gleiche Eignung zur Erreichung des legitimerweise angestrebten Zwecks abzustellen ist, macht die Erforderlichkeitsprüfung in puncto Freiheitsstrafe bzw. die Subsidiaritätsprüfung in puncto Alternative sicher nicht einfach – überflüssig wird sie deshalb aber nicht.

III. Die Alternative zur Freiheitsstrafe ist: keine Freiheitsstrafe!

Um einen Punkt noch einmal aufzugreifen und zu vertiefen: Die Alternative zur Freiheitsstrafe ist: keine Freiheitsstrafe! Das ist nur auf den ersten Blick banal – immerhin geht es um das Spannungsverhältnis zwischen positiven und negativen Reformen, zwischen Abolitionismus und Systemstabilisierung, sowie um die Ambivalenzen strafrechtspolitischer Projekte, die als Reform, Modernisierung oder Harmonisierung des Rechtsfolgensystems daherkommen – und es geht um Etikettenschwindel:

1. net-widening-Gefahr

Solange die Freiheitsstrafe nicht abgeschafft oder doch zumindest messbar zurückgedrängt wird, erweist sich die Implementation von Alternativen zunächst einmal als Ausweitung und Verfeinerung des

Strafrechtsfolgensystems – soziologisch gewendet als Erweiterung des Netzes der kriminalrechtlichen Sozialkontrolle. Die Rede ist vom »net widening-Effekt«. Dies war insbesondere in den Reformen des Jugendstrafrechts zu beobachten, erweist sich aber auch im allgemeinen Strafrecht als Problem – aktuelle Beispiele sind etwa die Verschärfung der Führungsaufsicht und die Ausweitung der sog. elektronischen Fußfessel; darauf wird zurückzukommen sein.

2. *Modernisierung, Harmonisierung etc. (positive Reformen)*

Kriminalpolitische Aktivitäten und Programme kommen oft als Modernisierung oder Harmonisierung daher, in letzter Zeit auch als Sicherung oder Neuordnung (wenn nicht ohnehin nur noch auf Bekämpfung und Opferschutz gesetzt wird). Aber selbst wenn von Reform die Rede ist (wie zuletzt 2007 bei der Führungsaufsicht), heißt das noch lange nicht, dass Bestehendes angetastet werden soll: Günstigstenfalls handelt es sich um sog. »positive Reformen«, die vermeintlich Bewahrtes – also etwa die Freiheitsstrafe und das Gefängnis – effektiver und allenfalls erträglicher machen sollen.

3. *abolitionistische Alternativen (negative Reformen}*

Abolitionistische Alternativen hingegen wollen Bestehendes hinter sich lassen, Mauern überwinden, das Gefängnis abschaffen, die Freiheitsstrafe beseitigen. Die Rede ist dann von negativen Reformen. Sie haben ein strategisches Dilemma: Das Mindeste was von ihnen erwartet wird ist, eine gleichwertige Alternative anzubieten. Die ersatzlose Streichung (im Sinne einer Irrtumskorrektur) erscheint inakzeptabel oder auch neudeutsch: nicht darstellbar – die Geschichte der Kriminalpolitik kennt nur ganz wenige Beispiele, und selbst die erweisen sich rückblickend bisweilen als ambivalent. Ob die angebotene Alternative als gleichwertig gelten darf, muss dann erst in Modellversuchen erprobt werden, die von Anfang an unter irregulären Rahmenbedingungen stattfinden – Scheitern als Alternative vorprogrammiert, als Ergänzung des Sanktionsinstrumentariums aber ggf. willkommen.

Im Jahre 1986 habe ich an der Universität Bielefeld gemeinsam mit einem Kollegen am Lehrstuhl von Peter-Alexis Albrecht im Auftrag der Bundestagsfraktion der Grünen einen Gesetzentwurf zur ersatzlosen Abschaffung der Jugendstrafe erarbeitet. Vorgeschlagen wurde die Anhebung der sog. Bestrafungsmündigkeit auf 18. Wie Sie alle wissen, wurde die Jugendstrafe seinerzeit nicht abgeschafft, und das nicht etwa, weil sich die Grünen damals im Bonner Parlament mit ihrem Entwurf nicht durchsetzen konnten, sondern weil der Entwurf bereits innerhalb der Fraktion nicht durchsetzbar war – er verschwand in den Schubladen der Realpolitik. »Knast? Nein Danke!« taugt nicht als mehrheitsfähige Parole für alternativ-bürgerliche Bewegungen – und spätestens der militante Abolitionismus à la Weiterstadt hat den negativen Reformansatz desavouiert.

4. *Etikettenschwindel*

Nicht überall, wo Alternative zur Freiheitsstrafe draufsteht, ist auch eine solche drin – sei es, dass sie zwar eine Alternative ist, aber eben, wie gerade ausgeführt, nicht zur Freiheitsstrafe, sei es, dass sie den Subsidiaritätstest nicht besteht:

Andere freiheitsentziehende Sanktionen als Alternativen zur Freiheitsstrafe zu deklarieren etwa, erweist sich zumeist als Etikettenschwindel – und nicht selten kommt der Betroffene damit vom Straf-Regen in die Maßregel-Traufe. Die Sicherungsverwahrung kann dabei außer Betracht bleiben, denn sie baut ohnehin auf der Vollverbüßung einer Freiheitsstrafe auf und erweist sich letztlich als Doppelbestrafung; dass die laufende Gesetzgebung zum Abstandsgebot daran Entscheidendes andern wird, erscheint fraglich.

Aber auch die Unterbringung in der forensischen Psychiatrie, über die absurderweise schon mal in den Kategorien einer »Rechtswohltat« diskutiert wurde, erweist sich nicht selten als Sackgasse, in der das Reden über ihre Funktion als Alternative zur Freiheitsstrafe nicht frei von Zynismus ist. Und sogar die Unterbringung in der Entziehungsanstalt, so gut wie immer neben einer Freiheitsstrafe angeordnet, gerat oft – jedenfalls in puncto Freiheitsentziehung – zum größeren Übel, als die bloße Freiheitsstrafe es gewesen wäre. Das Gesetz ließe andere Lösungen zu, insbesondere in puncto erleichterter Halbstrafenentlassung; die klinische und justizielle Praxis sieht aber anders aus. Die Betroffenen verrechnen sich, fühlen sich am Ende (das sie allzu oft im Gefängnis erleben) verschaukelt und, bisweilen leider zu Recht, anwaltlich nicht gut beraten. In welchem Ausmaß die freiheitsentziehenden Maßregeln mittlerweile trotz allem als Ersatz für Freiheitsstrafen herhalten, wird noch zu erörtern sein.

Was hier ebenfalls nicht als Alternativen zur Freiheitsstrafe diskutiert werden soll, sind die Alternativen im Strafvollzug: So wichtig es für die Mandanten selbstverständlich ist, ob sie eine Freiheitsstrafe, wenn sie denn nicht zu vermeiden war, im offenen oder geschlossenen Vollzug oder gar im Hochsicherheitstrakt verbüßen, ob sie frühzeitig weitgehende Vollzugslockerungen genießen können oder auf Endstrafe gehen, ob sie ggf. in die Sozialtherapie kommen oder schlicht verwahrt werden usw. – all das soll hier nicht thematisiert werden, weil es schlicht nicht zum Thema »Alternativen zur Freiheitsstrafe« gehört. Sicher gibt es fließende Übergänge, etwa beim Jugendstrafvollzug in »weitgehend freien Formen«, aber auch Freiheitsstrafen auf Schiffen, Inseln etc. sind am Ende doch: Freiheitsstrafen!

IV. Alternativen zur Freiheitsstrafe

Vor diesem Hintergrund sind die Rechtsfolgen zu bewerten, die das geltende Strafrecht als Alternativen im Angebot hat, wobei jeweils insb. auch zu beurteilen ist, ob die Angebote tatsächlich als Alternative zur Freiheitsstrafe taugen und genutzt werden. Ich beschränke mich auf zehn Punkte:

1. Ordnungswidrigkeiten

Die früher ebenfalls im Strafrecht verankerten Übertretungen wurden 1974 großteils als Bußgeldtatbestande ins Ordnungswidrigkeitenrecht verlagert, einige wurden vollständig entkriminalisiert, andere als Vergehen im StGB neu gefasst. Dies verdient hier deshalb Erwähnung, weil es seitdem als ungeschriebene Regel gilt, dass Straftaten mit Freiheitsstrafe zu bedrohen sind. Nur das Ordnungswidrigkeitenrecht kennt keine freiheitsentziehenden Sanktionen – sieht man einmal von der Erzwingungshaft (§§ 96, 97 OWiG) ab, die mit der Ersatzfreiheitsstrafe, über die noch zu reden sein wird, aber nur ansatzweise vergleichbar ist. Als gesetzliche Alternative zur Freiheitsstrafe, auch zur Ersatzfreiheitsstrafe, wird das Bußgeld für Ordnungswidrigkeiten aber allenfalls dort gesehen werden können, wo es, wie insb. im Bereich der sogenannten Ungehorsamsstrafen, fließende Übergänge zu Straftatbestanden gibt.

Soweit jenseits einschlägiger Bußgeldtatbestände bisweilen eine Unternehmensstrafbarkeit gefordert wird, fällt auf, dass sich dies regelmäßig an der bereits erwähnte Grundkonstruktion des Strafrechts bricht, das Straftaten mit Freiheitsstrafe bedroht, was bei einem Unternehmen zwangsläufig scheitern muss. Sollte sich dereinst ein Vorschlag durchsetzen, Unternehmen mit Geldstrafen zu belegen, so wäre die Diskussion wiederbelebt, warum es nicht auch im geltenden Strafrecht Taten gibt, die ›nur‹ mit Geldstrafe geahndet werden können.

2. Geldstrafe auf Bewährung

Die Verwarnung mit Strafvorbehalt gem. § 59 StGB schafft die Möglichkeit des Vorbehalts der Verhängung einer Geldstrafe, die damit faktisch zur Bewährung ausgesetzt wird. Als Alternative zur Freiheitsstrafe kommt sie (obwohl darauf abgestellt wird, ob Geldstrafe bis max. 180 Tagessätzen verwirkt sei) insoweit in Betracht, als der Verstoß gegen Auflagen und Weisungen nicht direkt ins Gefängnis, sondern zunächst einmal (bei Vorliegen der Voraussetzungen des § 56f StGB) zur Festsetzung der vorbehaltenen Geldstrafe führt. Erst in einem zweiten Schritt konnte es dann bei Nichtzahlung der Geldstrafe zur Ersatzfreiheitsstrafe kommen.

Von der Verwarnung wird zu selten Gebrauch gemacht; die gesetzliche Forderung besonderer Umstände gerät in der Praxis zur Abwägung zwischen Würdigkeit und Unwürdigkeit und verleiht der Verwarnung den normativen Status der Außergewöhnlichkeit. Im Jahre 2010 kam es in gut 8.000 Fällen zu einer Verwarnung, das sind nur 1,15 % aller Verurteilungen. Dabei verdient Erwähnung, dass nur in 7,5 % dieser Fälle nachträglich zu der vorbehaltenen Geldstrafe verurteilt wurde. In deutlich mehr als 90 % der Fälle war also offenkundig die Erwartung berechtigt, der Täter werde »künftig auch ohne Verurteilung zu Strafe keine Straftaten mehr begehen«.

Zu sehr spukt offenbar die »Verteidigung der Rechtsordnung« in den Köpfen der Straf-Richter herum und verführt zu der Annahme, nur die »Verurteilung zu Strafe« sei eine richtige Verurteilung. Der Sanktionscharakter der Verurteilung wegen einer Straftat wird banalisiert..., ganz abgesehen davon, dass anstelle der Geldstrafe zur »Genugtuung« nicht selten eine Geldauflage gem. § 56b StGB verhängt wird.

3. *Geldstrafe*

Sie ist in der Strafjustizpraxis seit Jahrzehnten *die* Alternative zur Freiheitsstrafe. Von allen Verurteilungen eines Jahres (Strafbefehle inbegriffen) entfallen regelmäßig rund 4/5 auf die Geldstrafe, im Jahre 2010 waren es 81,6 %.

Das ist auch deshalb bemerkenswert, weil – wie bereits erwähnt – jede Strafandrohung neben der Geldstrafe, soweit diese überhaupt vorgesehen ist, immer auch die Freiheitsstrafe vorsieht; und noch bemerkenswerter ist, dass das StGB dem Gericht nur wenige Vorgaben für die Entscheidung zwischen Geld- und Freiheitsstrafe an die Hand gibt: Am deutlichsten noch die Forderung, kurze Freiheitsstrafen (unter sechs Monaten) nur in Ausnahmefällen zu verhängen, nämlich wegen ihrer Unerlässlichkeit zur Einwirkung auf den Täter oder zur Verteidigung der Rechtsordnung (§ 47 StGB). In welch erheblichem Ausmaß gleichwohl kurze Freiheitsstrafen verhängt und vollstreckt werden, ist Jahr für Jahr in den Bestandszahlen des bundesdeutschen Justizvollzuges abzulesen – dass sie irgendeine positive Einwirkung auf den Täter ermöglichen oder irgendwie positiv zur Verteidigung der Rechtsordnung beitragen, ist aber weiterhin der Ideologie deutlich näher als der Empirie.

Das ist die eine Seite der Geldstrafenmedaille – auf der Schattenseite finden wir die Ersatzfreiheitsstrafe in Fällen sog. Uneinbringlichkeit (§ 43 StGB). Bundesweit verlässliche Zahlen über das Ausmaß der EFS existieren nicht. Wenn aber alleine im kleinsten Bundesland Bremen im Tagesdurchschnitt mehr als 60 Menschen mit einer Ersatzfreiheitsstrafe im Knast sitzen, so wird der tägliche Skandal damit wenigstens ansatzweise deutlich. In den Stichtagsbestandszahlen der Gefangenen in Justizvollzugsanstalten werden bundesweit durchschnittlich rund 3.900 Ersatzfreiheitsstrafler verzeichnet, das sind inzwischen knapp 6 % aller Inhaftierten und knapp 8 % aller Strafgefangenen. Es ist durchaus anzuerkennen, dass es landauf landab zahlreiche Anstrengungen gab und gibt, die Vollstreckung der Ersatzfreiheitsstrafe zu vermeiden – nicht zuletzt aus Kostengründen, denn der Aufwand von durchschnittlich mehr als 100 € pro Hafttag ist lächerlich im Vergleich zu den zumeist sehr geringen Geldstrafen, um die es geht. Umso erstaunlicher, dass dies die Zahl der Gefangenen in Ersatzfreiheitsstrafe praktisch nicht beeinflusst hat. Sie ist über die letzten 10 Jahre hinweg relativ stabil geblieben.

All das wird sicherlich in der Arbeitsgruppe 1 »Die Bestrafung der Armen/die Verteidigung der Armen« gründlich vertieft. An dieser Stelle sei aber ein Punkt noch einmal in Erinnerung gerufen, der bereits zum Stichwort Abolitionismus Erwähnung fand: Die Alternative zur Ersatzfreiheitsstrafe ist – keine Ersatzfreiheitsstrafe! § 43 StGB gehört sofort und ersatzlos abgeschafft; danach wird man sehen, ob das verbleibende Vollstreckungsinstrumentarium ausreicht oder um nicht-freiheitsentziehende Alternativen zu bereichern ist. Alle bisher als Alternativen zur Ersatzfreiheitsstrafe eingeführten Maßnahmen haben es nicht vermocht, sie auch nur zurückzudrängen. Und wenn behauptet wird, ohne die bisherigen Maßnahmen säßen noch viel mehr Menschen in der Ersatzfreiheitsstrafe, so können wir das getrost mit Nichtwissen bestreiten. Der Vollzug von Ersatzfreiheitsstrafen ist und bleibt ein kriminal- und sozialpolitischer Schandfleck!

4. *Absehen von Strafe*

An einigen, wenn auch wenigen Stellen bietet das Gesetz dem Gericht die Möglichkeit, von Strafe – und damit implizit auch von Freiheitsstrafe – ganz abzusehen (oder bereits im Ermittlungsverfahren gem. § 153b StPO einzustellen). Prominentestes Beispiel ist sicherlich § 60 StGB (daneben insb. auch in Fallen tätiger Reue, s.o. zu § 49 Abs. 2 StGB), der ausweislich der Verurteiltenstatistik 2010 in 379 Fällen Anwendung fand, das sind 0,5 Promille aller Verurteilungen. Ich betone ausdrücklich »Verurteilungen«, denn es handelt sich keineswegs ›nur‹ um sog. »Aburteilungen«. Noch stärker als bereits bei § 59 StGB herrscht hier aber der unzutreffende Eindruck vor, es handele sich gar nicht um ein ›richtiges‹ Straf-Urteil!

Im Übrigen geht es um die Frage, ob in Anbetracht der Folgen der Straftat, die den Täter selbst getroffen haben, die Verhängung einer Strafe »offensichtlich verfehlt« wäre – dies gilt selbst dann, wenn der Täter nach Einschätzung des Gerichts ›eigentlich‹ eine Freiheitsstrafe »verwirkt« hat, solange diese ein Jahr nicht übersteigen würde. Hier eröffnet sich bereits nach geltendem Recht ein deutlich größerer Anwendungsspielraum, als es die Gerichte wahrhaben wollen, die an die »Schwere« der Folgen der Tat, die den Täter getroffen haben, deutlich zu hohe Anforderungen stellen. Dabei ist auch in diesem Zusammenhang das Subsidiaritätsprinzip zumindest ansatzweise anerkannt, wenn zum Teil darauf abgestellt wird, ob andere mittelbare Tatfolgen eine zusätzliche Strafe als offensichtlich verfehlt erscheinen lassen.

Wer das Absehen von Strafe in den Blick nimmt, kommt allerdings auch an den §§ 46a und 46b StGB nicht vorbei – auch wenn wir aus der Justizpraxis wissen, dass die Anwendung dieser Vorschriften von wenigen Ausnahmen abgesehen allenfalls zur Strafmilderung, aber eben gerade nicht zum Verzicht auf Strafe führt.

Die normativ missglückte Vorschrift zum Täter-Opfer-Ausgleich und zur Schadenswiedergutmachung (§ 46a StGB) soll das Flaggschiff einer Reihe von Regelungen sein, die den Grundgedanken der sog. »restorative justice« zumindest ansatzweise erkennen lassen. Was allerdings bereits für § 46a StGB gilt, gilt für die anderen über das Verfahrens- und Vollstreckungsrecht verstreuten Vorschriften erst recht: Als Alternative zur Freiheitsstrafe taugen sie kaum, allenfalls bieten sie in Einzelfällen einen zusätzlichen Einstieg in die Bewährungsstrafe. Rechtspolitisch ist das Reformpotenzial hier aber sicher noch nicht ausgeschöpft, wobei der Teufel einerseits im Detail steckt, andererseits Grundstrukturen des materiellen und formellen Strafrechts zur Disposition stehen.

Die Kronzeugenregelung, mit der schon viel zu lange Schindluder im Drogenstrafrecht getrieben wurde (§ 31 BtMG), verdient hier nur deshalb Erwähnung, weil sie nun einmal, wie das so schön heißt, geltendes Recht ist (§ 46b StGB). Sich eine Alternative zur Freiheitsstrafe dadurch zu verdienen, dass man, noch vor Eröffnung des Hauptverfahrens, nicht nur in eigener Sache vollumfänglich geständig ist, sondern darüber hinaus andere denunziert, ist eines rechtsstaatlichen Strafrechts nicht würdig. Ganz abgesehen davon ist es hoch riskant und nützt im Zweifel nur den Strafverfolgungsbehörden.

5. *Bewährung*

Wenden wir uns der sog. Bewährungsstrafe zu, ein Begriff, der ähnlich schief ist, wie die amtliche Überschrift zu § 56 StGB »Strafaussetzung«: Weder wird der Verurteilte mit Bewährung bestraft (auch wenn die konkrete Ausgestaltung der Bewährung, über die gleich noch zu reden ist, durchaus diesen Eindruck entstehen lassen kann) noch wird die Strafe selbst ausgesetzt, vielmehr wird ›nur‹, aber immerhin, die Vollstreckung der Freiheitsstrafe zur Bewährung ausgesetzt.

Von allen Verurteilungen (nach allgemeinem Strafrecht, das Jugendstrafrecht muss hier einmal außen vorbleiben) des Jahres 2010 entfielen 18,4 % auf Freiheitsstrafen, aber nur zu 5,3 % auf Freiheitsstrafen ohne Bewährung – oder mit anderen Worten und Zahlen: Bei rund 70 % aller verhängten Freiheitsstrafen wird die Vollstreckung zur Bewährung ausgesetzt. Dass selbst in diesen Fällen, nicht nur in der Öffentlichkeit, sondern auch in der Straf-Justiz, die Vorstellung vorherrscht, der verurteilte Straftäter komme »ungeschoren« davon, kommt u.a. darin zum Ausdruck, dass von der Möglichkeit, ihm Genugtuungs-Auflagen und/oder Präventions-Weisungen zu erteilen (§§ 56b, 56c StGB), reichlich Gebrauch gemacht wird. Dies ist jedoch in nicht wenigen Fällen der Einstieg in die Widerrufsspirale.

In diesen Kontext gehört auch der sog. Warnschussarrest im Jugendstrafrecht: Wer gehofft hatte, der Vorschlag läge längst in der kriminalpolitischen Mottenkiste, der hat die realpolitische Not der FDP unterschätzt. Hierzu ist von vielen alles Nötige mindestens einmal gesagt worden; den Stellungnahmen der Strafverteidigervereinigungen und der DVJJ vom 5.3.2012 ist nichts hinzuzufügen!

Im Bereich Bewährung und Widerruf steckt noch ein erheblicher Gestaltungsspielraum für Alternativen zur Freiheitsstrafe, oder zumindest zu deren Vollstreckung, sowohl in der Justizpraxis, aber auch für den Gesetzgeber. Vorschläge dafür gibt es genug, dazu hat sich der Strafverteidigertag auch in der Vergangenheit schon positioniert. Stichworte sind etwa, ohne Anspruch auf Vollständigkeit: Ausweitung des Anwendungsbereichs in § 56 Abs. 1 und Abs. 2 StGB; Eröffnung der Aussetzungsmöglichkeit nach Anrechnung von Untersuchungshaft und nach Anrechnung eines Abschlags für überlange Verfahrensdauer; weitere Beschränkung der Widerrufsmöglichkeiten.

6. Bewährung zur Therapie

In § 183 Abs. 3 StGB hat der Gesetzgeber eine Bewährungsstrafe zum Zwecke »längerer Heilbehandlung« vorgesehen für schwerere Wiederholungsfälle exhibitionistischer Handlungen (in Abs. 4 ausgedehnt auf weitere Fälle aus den §§ 174, 176 StGB), also eine Strafaussetzung trotz vorübergehend ungünstiger Prognose. In einschlägigen Standardkommentaren findet man den Hinweis, der Gesetzgeber habe hiermit sein schlechtes Gewissen beruhigt, überhaupt an der Kriminalisierung des Exhibitionismus festzuhalten. Es erfordert nicht allzu viel Fantasie, diesen Grundgedanken auf andere Erscheinungsformen fragwürdiger Kriminalisierung zu übertragen.

7. Bewährung nach Therapie

Ein ähnliches, allerdings stationär ausgerichtetes Modell bietet die Zurückstellungslösung gem. §§ 35, 36 BtMG: Über die Bewährung wird nach Absolvieren einer Drogentherapie entschieden. Auf Einzelheiten und Fragwürdigkeiten kann hier aus Zeitgründen nicht eingegangen werden, ob etwa die Drohung mit dem Vollzug der Strafe überhaupt eine erfolgversprechende Therapiemotivation erzeugen kann und ob es ethisch vertretbar ist, dass Scheitern in der Therapie mit Gefängnis zu bestrafen; ganz abgesehen davon, dass die Konstruktion nur ein schwacher Trost ist für die kriminalisierenden Absurditäten einer verfehlten Drogenpolitik. Immerhin ist es aber ein Ansatz zur Vermeidung der Vollstreckung von Freiheitsstrafen, wobei man sich allerdings fragt, warum er auf Verurteilte beschränkt wurde, die illegalisierte Drogen konsumieren, nicht aber z.B. auf Menschen anwendbar ist, die vergleichbare Alkoholprobleme haben. Auch die Übertragung auf andere Problemgruppen erscheint vorstellbar, etwa auf Verurteilte mit massiven Spielsuchtproblemen.

8. Schwitzen statt Sitzen

Diese ebenso populäre wie verharmlosende Parole steht stellvertretend für den Einsatz der sog. »gemeinnützigen Arbeit« und markiert zugleich den fließenden Übergang zur verfassungswidrigen Zwangsarbeit, die bemerkenswerter Weise nur »bei einer gerichtlich angeordneten Freiheitsentziehung« zulässig ist (Art. 12 Abs. 3 GG), nicht aber als Alternative dazu. Eine gemeinnützige oder wie auch immer geartete Arbeit als Hauptstrafe scheidet damit aus. Als Bewährungsauflage zum Zwecke der Genugtuung (§ 56b Abs. 2 S.1 Nr. 3 StGB) erlangt sie eine gewisse Bedeutung, trägt aber kaum dazu bei, Bewährungsstrafen möglich zu machen, die ohne diese Auflage von Rechts wegen nicht vertretbar waren. Allenfalls dient sie als Alternative zur Ersatzfreiheitsstrafe, die allerdings, wie erwähnt, ersatzlos gestrichen werden sollte. Erst danach ließe sich über das Konzept »Abarbeiten von Geldstrafen« unbefangener diskutieren.

9. Elektronische Freiheitsstrafen

Die Freiheitsstrafe ist, wie dargelegt, orientiert an dem Freiheitsentziehungsbegriff des Art. 104 Abs. 2 GG. Eine der modernen Alternativen, die insb. im Ausland nicht nur diskutiert, sondern verstärkt praktiziert werden, firmiert unter dem Label »electronic monitoring«; in Deutschland bekannt als elektronisch überwachter Hausarrest bzw. Fußfessel aus dem Hessischen Modellprojekt, seit Anfang 2011 bundesgesetzlich eingeführt als Weisung für die Führungsaufsicht (§ 68b Abs. 1 Nr. 12 StGB) in Gestalt einer GPS-gestützten elektronischen Aufenthaltsüberwachung. Sie als Alternative zu freiheitsentziehenden Strafrechtsfolgen zu werten, erscheint mindestens in zweierlei Hinsicht fragwürdig: Erstens haben Studien im In- und Ausland nicht überzeugend belegen können, dass der Einsatz einer solchen Überwachungstechnologie tatsächlich den Einsatz der Freiheitsstrafe zurückdrängt; und zweitens tut man sich schwer, diese Maßnahme nicht als Freiheits-Strafe zu charakterisieren, denn der mit ihr verbundene Eingriff in die persönliche Freiheit ist gravierend. Damit begibt sich die Kriminalpolitik auf einen Irrweg und befördert den Ausbau des straf-industriellen Komplexes.

10. Folgenorientierung ernst nehmen

Die sog. Folgenorientierung erweist sich als eine der Zauberformeln moderner und rationaler Kriminalpolitik. Im Strafgesetzbuch verbirgt sie sich u.a. in § 46 Abs. 1 S. 2, führt dort aber eher ein Schattendasein: »Die Wirkungen, die von der [Freiheits-]Strafe für das künftige Leben des Täters in der Gesellschaft zu erwarten sind, sind [bei der Strafzumessung] zu berücksichtigen.«

Abgesehen davon, dass die Klausel als der legislative Inbegriff von Spezialprävention und Resozialisierung schlechthin gilt, erscheint sie kaum justiziabel. Immerhin besteht aber ein gewisser Konsens, dass die Vorschrift nicht dafür herhalten kann, die Verhängung einer Freiheitsstrafe zu legitimieren, so dass sie also vor allem dafür nutzbar zu machen ist, die Verhängung von Freiheitsstrafen unter Hinweis auf deren schädliche Wirkungen (ich erinnere noch einmal an § 3 Abs. 2 StVollzG) für das künftige Leben des Täters in der Gesellschaft (dazu gehört zweifellos auch seine Familie) einzudämmen. Die praktischen Probleme fangen spätestens dort an, wo jene schädlichen Wirkungen als strafzumessungsrelevante Tatsachen zum Gegenstand der Beweisaufnahme gemacht werden sollen. Wie dem auch sei: Das Potenzial der Vorschrift zur Begründung der Notwendigkeit von Alternativen zur Freiheitsstrafe ist keineswegs ausgeschöpft.

V. Ausblick

Ich muss zum Ende kommen, obwohl es noch etliche Stichworte gäbe, die in puncto »Alternativen zur Freiheitsstrafe« eine nähere Betrachtung verdient hätten: materielle Entkriminalisierung etwa; oder auch ›nur‹ Entpönalisierung im Sinne eines deliktspezifischen Verzichts auf die Freiheitsstrafe; im Jugendstrafrecht, wie erwähnt, das Verschieben der Bestrafungsmündigkeit; selektiver Abolitionismus, wobei die Abschaffung der Ersatzfreiheitsstrafe bereits Erwähnung fand, ebenso die Abschaffung der Jugendstrafe, zumindest für Jugendliche; auch die Abschaffung des Frauenstrafvollzuges wäre ein lohnendes Modellprojekt. Und dass ich die Ausweitung des Fahrverbots nicht auch noch diskutiert habe, sei mir nachgesehen. Ich bin Radfahrer und war noch nie im Besitz einer Kraftfahrerlaubnis.

Und damit zum letzten Teil meiner Ausführungen, der insofern überraschen mag, als er noch einmal die Frage aufwirft, warum wir die Diskussion um Alternativen zur Freiheitsstrafe überhaupt und gerade jetzt führen: Diese Diskussionen haben eigentlich Konjunktur, wenn Gefängnisse zu voll und/oder zu teuer werden. Dass der Vollzug von Freiheitsstrafen mit zu den teuersten Unternehmungen der Kriminalpolitik gehört, übertroffen nur noch vom Maßregelvollzug, muss hier nicht vertieft werden, auch wenn immer wieder mit Recht beklagt wird, dass er immense öffentliche Mittel verschlingt, die an anderen Stellen für eine rationale und menschengerechte Kriminalpolitik dringend fehlen.

Einer Reaktualisierung der zu früheren Zeiten vehementer geführten Debatte um Alternativen zur Freiheitsstrafe könnte entgegengehalten werden, dass die Gefangenenzahlen doch bereits rückläufig sind, die Debatte also gewissermaßen zur Unzeit komme. Etwa in den Jahren 2003 bis 2005 war der Höhepunkt in den sog. Bestandszahlen erreicht mit über 80.000 Gefangenen inklusive Untersuchungshaft und sonstigen Freiheitsentziehungen in Justizvollzugsanstalten. Der Ausbau der Belegungsfähigkeit dauerte bis ins Jahr 2007 an. Als diese ebenfalls einen Wert von nahezu 81.000 erreicht hatte, war die Zahl der Gefangenen aber bereits rückläufig. Dies beruhte zunächst nahezu ausschließlich darauf, dass die Zahl der Untersuchungshäftlinge in den letzten acht Jahren um mehr als ein Drittel zurückgegangen ist; sodann auf einem beständigen Rückgang im Jugendstrafvollzug, der im selben Zeitraum (2003–2011) immerhin um ein Sechstel geschrumpft ist; und schließlich, wenn auch auf niedrigerem Niveau, dafür umso deutlicher und erfreulicher, ein Rückgang in der Abschiebungshaft um nahezu drei Viertel.

All das leitete eine beständige Reduzierung der Gefangenenzahlen ein, die aber zunächst noch durch weiterhin steigende Zahlen von Strafgefangenen im Erwachsenenvollzug relativiert wurden. Aber seit rund fünf Jahren ist auch in diesem Kerngeschäft des Strafvollzuges ein deutlich spürbarer Rückgang um insgesamt rund 7 % zu verzeichnen. Es ist ein Wert erreicht, der etwa dem des Jahres 1998 entspricht.

Diese in der Tendenz erfreulichen Zahlen müssen allerdings relativiert werden unter Verweis auf einen gegenläufigen Trend im Maßregelsektor: Abgesehen davon, dass die Belegung in der Sicherungsverwahrung seit Jahren ansteigt (freilich auf sehr niedrigem Niveau, aber immerhin wurde 2009 die Fünfhundertergrenze überschritten), erweist sich vor allem der Maßregelvollzug in der Forensischen Psychiatrie und in den Entziehungsanstalten als ungebremste Wachstumsbranche: Allein im sog. »früheren Bundesgebiet« (gesamtdeutsche Zahlen liegen noch immer nicht vor) wurde im Jahr 2010 erstmalig die Grenze von 10.000 Untergebrachten überschritten. Die Gesamtzahl hat sich innerhalb von zehn Jahren verdoppelt. Kamen im Jahr 1995 auf zehn Strafgefangene noch ein Untergebrachter, sind es nun bereits zwei, ein Verhältnis vom Strafvollzug zum Maßregelvollzug von fünf zu eins. Addiert man die Zahlen von Strafgefangenen, Sicherungsverwahrten und Untergebrachten, so wird der Rückgang im Strafvollzug nahezu durch den Zuwachs im Maßregelvollzug ausgeglichen. Damit ist zwar nicht belegt, dass es eine unmittelbare Verschiebung gab, es besteht aber sicher ein Anfangsverdacht: Die Gesamtzahl der Menschen in kriminalrechtlicher Freiheitsentziehung aufgrund rechtskräftigen Urteils liegt nach wie vor deutlich über den Zahlen von vor zehn Jahren. Hier ist ein stabiler Trend zu Umkehr noch nicht auszumachen. Damit erweist sich der Maßregelvollzug offenbar zunehmend als Alternative zu Freiheitsstrafe: eine beunruhigende Entwicklung, die es, wie dargelegt, gar nicht verdient hat, unter der Überschrift »Alternativen zur Freiheitsstrafe« zu firmieren.

Wie dem auch sei – der deutliche Rückgang in den Zahlen der Strafgefangenen ist unbestreitbar, die Zeiten der Überbelegung in deutschen Justizvollzugsanstalten sind bis auf Weiteres passé. Der in der Kriminalpolitik der letzten Jahre zu Recht beklagte Trend zur Punitivität, die neue Straflust, wie die Entwicklung auch charakterisiert wurde, hat sich in der Strafjustiz offenbar, von einzelnen Deliktsbereichen abgesehen, nicht nachhaltig niedergeschlagen.

All das ist jedoch kein Grund, nicht über Alternativen zur Freiheitsstrafe nachzudenken – ganz im Gegenteil: Die gegenwärtige Lage bietet die Möglichkeit, wieder offen kriminalpolitisch über Alternativen zu diskutieren, und nicht unter ökonomischem Druck. Wenn derzeit laut Statistik mehrere tausend Haftplatze leer stehen, dann sollte dies nicht nur dazu genutzt werden, die bestehenden Gefängnisse zu modernisieren und menschenrechtlichen Standards anzugleichen, sondern vor allem auch dazu, tatsächlich Haftraumkapazitäten in erheblichem Umfang unwiederbringlich abzubauen. Die dadurch freigesetzten Ressourcen können kriminal- und sozialpolitisch sinnvoll umgeschichtet werden, mit dem Ziel menschengerechter und gemeinnütziger Integration statt Exklusion.

Das Ziel wäre eine Kriminalpolitik, die sich wieder dem Credo »In dubio pro libertate!« verpflichtet sieht.

Helene Spieles

Gefängnisalternativen als Trojanisches Pferd?

Die Ambivalenz liberalisierender Reformen aus abolitionistischer Perspektive

I. Einleitung

Reformen, die das Gefängnis liberalisieren sollen, scheinen auf den ersten Blick erstrebenswert. So versprechen vollzugsöffnende Maßnahmen, die Haftbedingungen von Strafgefangenen humaner zu gestalten sowie ihre Aussicht auf Wiedereingliederung in die freie Gesellschaft zu verbessern. Auch die letzte Regierungskoalition hatte es sich zum Ziel gesetzt, das Sanktionensystem in Deutschland hinsichtlich Prävention und Resozialisierung zu überarbeiten.[1] Ein naheliegendes Beispiel ist die diskutierte Einführung von Hausarrest mittels elektronischer Fußfessel als Vollzugsform.[2] Und doch bedürfen solche Reformen, die teils sogar als Alternativen zum Gefängnis bezeichnet werden, einer kritischen Untersuchung. Die schwierige Frage nach einer Alternative zum Gefängnis, die Kritik an der Institution oft schon im Keim zu ersticken scheint, wird in den letzten Jahren wieder vermehrt diskutiert, nachdem sie erstmals im Rahmen der abolitionistischen Debatte der 70er und 80er Jahre in vielen europäischen Ländern aufgekommen war.[3] Entsprechend aktuell sind die

1 Koalitionsvertrag 2021–2025 zwischen SPD, BÜNDNIS 90/DIE GRÜNEN und FDP, 2021, S. 84.

2 So z.B.: Alexander Kolz/Jochen Müller, »Statement des Hessischen Justizministeriums«, in: Frieder Dünkel/Christoph Thiele/Judith Treig (Hg.), *Elektronische Überwachung von Straffälligen im europäischen Vergleich – Bestandsaufnahme und Perspektiven*, Mönchengladbach: Forum Verlag Godesberg 2017, S. 307ff.; Helmut Fünfsinn/Alexander Kolz, »›Gar nicht erst ausgliedern‹. Stand und Möglichkeiten ›elektronischer Fußfesseln‹«, *Forum Kriminalprävention* (2016/4), S. 12f.

3 Siehe z.B. Nils Christie, *Grenzen des Leids*, Bielefeld: AJZ Verlag 1986; Thomas Mathiesen, *Überwindet die Mauern! Die skandinavische Gefangenenbewegung als Modell politischer Randgruppenarbeit*, Neuwied: Luchterhand 1979; in Deutschland z.B.: Heinz Steinert, »›Sicherlich ist Zweifel am Sinn von Strafe, von Freiheitsstrafe erlaubt‹. Über Abolitionismus als intellektuelle Praxis«, in: Karl F. Schumann/Heinz Steinert/Michael Voß (Hg.), *Vom Ende des Strafvollzugs. Ein Leitfaden für Abolitionisten*,

Überlegungen Michel Foucaults in seinem Vortrag »›Alternativen zum Gefängnis‹: Verbreitung oder Abnahme der sozialen Kontrolle« [4], den er 1976 im Rahmen der »Woche des Gefangenen« in Montreal hielt und der erst 2022 ins Deutsche übersetzt wurde.[5] So gibt dieser, hinsichtlich den Strafvollzug liberalisierender Maßnahmen wie des offenen Vollzugs, Impulse, diese im Hinblick auf ihre Vereinbarkeit mit abolitionistischen Bestrebungen zu hinterfragen. Vor diesem Hintergrund gilt es konkret zu untersuchen, ob als Alternativen zum Gefängnis betitelte Reformen zu einer Ausweitung sozialer Kontrolle auf mehr Personen führen und eine legitimierende Wirkung für das Gefängnissystem haben könnten – woraus sich die Frage nach möglichen Handlungsperspektiven ergibt.

II. Vermeintliche Alternativen zum Gefängnis in Deutschland

Als »Alternativen« zum Gefängnis werden hier Versuche in den Blick genommen, das klassische Gefängnis des 19. Jahrhunderts durch neue Formen in dem Sinne zu liberalisieren, dass den Gefangenen mehr Freiheiten belassen werden. So spricht auch Foucault insbesondere von vergleichsweise offeneren Strafanstalten, in denen den Gefangenen mehr Kontakt mit der Außenwelt ermöglicht wird.[6] Solche Maßnahmen finden sich auch heutzutage in Deutschland; wie der klassische Strafvollzug dienen auch sie dem in § 2 StVollzG festgehaltenen Zweck, »künftig in sozialer Verantwortung ein Leben ohne Straftaten zu führen«. Es spricht viel dafür, dass dieses Resozialisierungsziel, dem das Bundesverfassungsgericht Verfassungsrang zubilligt,[7] durch offenere Formen des Strafvollzugs besser erreicht werden kann, insbesondere durch das Entgegenwirken der schädlichen Wirkungen des geschlossenen Vollzugs.[8]

Bielefeld: AJZ Verlag 1988, S. 1ff.; Sebastian Scheerer, »Die abolitionistische Perspektive«, *Kriminologisches Journal* (1984/2), S. 90ff.; Karl F. Schumann, »Labeling Approach und Abolitionismus«, *Kriminologisches Journal* (1985/1), S. 19ff.

4 Michel Foucault, »›Alternativen‹ zum Gefängnis: Verbreitung oder Abnahme der sozialen Kontrolle«, *Neue Rundschau* (2022/3), S. 11ff.; französische Fassung: Jean-Paul Brodeur, »Alternatives à la prison : diffusion ou décroissance du contrôle social : une entrevue avec Michel Foucault«, *Criminologie* (1993/1), S. 13ff.

5 Sylvain Lafleur, »Vorwort«, *Neue Rundschau* (2022/3), S. 7.

6 Foucault, »Alternativen zum Gefängnis«, S. 14ff.

7 BVerfG NJW 1998, 3337.

8 Frieder Dünkel/Stefan Harrendorf/Bernd Geng/Ineke Pruin/Paul Beresnatzki/Judith Treig, »Vollzugsöffnende Maßnahmen und Entlassungsvorbereitung

In Deutschland handelt es sich bei solchen Maßnahmen vor allem um liberalisierte Formen des Strafvollzugs wie den offenen Vollzug, dessen praktische Relevanz in den verschiedenen Bundesländern stark variiert.[9] Gefangene leben hier in einer Einrichtung, in der keine oder nur verminderte Vorkehrungen gegen eine Entweichung getroffen werden, und gehen z.B. einer Arbeit außerhalb der Anstalt nach.[10] Auch im geschlossenen Vollzug können aber verschiedene vollzugsöffnende Maßnahmen wie Beurlaubungen und Freigänge zum Einsatz kommen, die nach der Rechtsprechung des Bundesverfassungsgerichts für die Resozialisierung der Gefangenen sogar essentiell sind.[11] Im Jugendstrafvollzug gibt es zusätzlich den bislang wenig verbreiteten Vollzug in freien Formen; dieser findet in Erziehungseinrichtungen oder Übergangseinrichtungen freier Träger statt, in denen größere pädagogische Handlungsspielräume genutzt werden können.[12]

Auch die Bewährungsstrafe, bei der die Freiheitsstrafe nach den §§ 56 ff. StGB ausgesetzt und die betroffene Person der Aufsicht eines Bewährungshelfers oder einer Bewährungshelferin unterstellt wird, kann in diesem Sinne als vermeintliche Alternative zum Gefängnis betrachtet werden. Daneben sind Reformen denkbar, die neue Alternativen innerhalb des strafvollzuglichen Systems einführen, wie den Einsatz einer elektronischen Fußfessel anstelle der Freiheitsstrafe, mithilfe derer der Aufenthaltsort einer Person überwacht werden kann.[13]

– Gesetzgebung und Praxis in den Bundesländern«, *Monatsschrift für Kriminologie und Strafrechtsreform* (2024/1), S. 12.

9 Ebd., S. 11ff.

10 Susann Prätor, »Anspruch und Wirklichkeit. Zur Auslastung des offenen Vollzuges in Deutschland«, *Forum Kriminalprävention* (2016/4), S. 3; Marc Arnold, *Lockerungen und offener Vollzug. Verfassungsrechtliche Grundlagen und vollzugsrechtliche Umsetzung*, in: *Göttinger Studien zu den Kriminalwissenschaften* Bd. 39, hrsg. v. Kai Ambos/Gunnar Duttge/Katrin Höffler/Jörg-Martin Jehle/Uwe Murmann, Göttingen: Universitätsverlag Göttingen 2020, S. 285.

11 BVerfG NJW 2020, 206.

12 Philipp Walkenhorst/Sarah E. Fehrmann, » Jugendarrest, Jugendstrafvollzug und Jugenduntersuchungshaft: Grundlegungen – Wirkungen – Perspektiven«, in: Bernd Maelicke/Stefan Suhling (Hg.), *Das Gefängnis auf dem Prüfstand. Zustand und Zukunft des Strafvollzugs*, Wiesbaden: Springer 2018, S. 270; z.B. das Seehaus Leonberg in Baden-Württemberg: https://seehaus-ev.de/arbeitsbereiche/seehaus-leonberg/ (Zugriff: 02.07.2025).

13 Vgl. z.B. Fünfsinn/Kolz, »Gar nicht erst ausgliedern«, S. 12ff.

III. Kritik an ›Alternativen‹ zum Gefängnis

1. *Grundlegende Überlegungen Foucaults*

Es stellt sich allerdings die Frage, ob solche neuen Sanktionsformen tatsächlich einen Gewinn an Freiheit und einen Bruch mit den disziplinierenden und kontrollierenden Mechanismen des Gefängnisses darstellen und somit humanere und erstrebenswerte Alternativen sind. Dies lässt sich, anknüpfend an Überlegungen Foucaults, bezweifeln. Foucault hat mit dem Werk »Überwachen und Strafen. Die Geburt des Gefängnisses«[14], in dem er das Gefängnis als Paradigma einer modernen Disziplinargesellschaft beschreibt, den wohl zentralsten Text in der Diskussion um den Strafvollzug verfasst. In seinem Vortrag von 1976 führt er aus, dass die beschriebenen »Alternativen« zum Gefängnis lediglich Versuche seien, die Funktionen des klassischen Gefängnisses auf andere Institutionen zu übertragen,[15] und es sich deshalb also gerade nicht um *tatsächliche* Alternativen zum Gefängnis handele. Versteht man das System des Gefängnisses als weiter gefasst als den geschlossenen Vollzug und schließt alle Sanktionsformen ein, die auf einer Überwachung und Disziplinierung von Personen beruhen und dabei in ausgeprägten Machtstrukturen verankert sind, so kann es sich bei den beschriebenen Maßnahmen in der Tat kaum um wirkliche Alternativen handeln, das heißt solche, die einen Bruch mit der Institution Gefängnis darstellen. Das ist eine ernüchternde Erkenntnis, sofern man eine abolitionistische Perspektive zugrunde legt. Obwohl Foucault selbst nur selten explizit als Vertreter des Abolitionismus bezeichnet wird, bietet seine Analyse von Macht in der Gesellschaft und der Disziplinarkontrolle, die sich im Gefängnis entfaltet, doch die Grundlage für eine radikale Kritik an der Institution Gefängnis aus herrschaftskritischer Perspektive.[16] So stellt er auch zu Beginn des Vortrags die grundlegende Frage in den Raum: »Ist es wirklich notwendig, bestraft zu werden?«[17]

Hinterfragt man mit Foucault das Gefängnissystem als Ganzes und bewertet die Sinnhaftigkeit von Reformen vor diesem Hintergrund, so geschieht dies eben nicht anhand des Maßstabs der empirischen Sanktionenforschung (»what works?«)[18]. Die Einschätzungen entziehen sich

14 Michel Foucault, *Überwachen und Strafen. Die Geburt des Gefängnisses*, Berlin: Suhrkamp 2021.

15 Foucault, »Alternativen zum Gefängnis«, S. 14ff.

16 Rolf S. De Folter, »On the Methodological Foundation of the Abolitionist Approach to the Criminal Justice System. A Comparison of the Ideas of Hulsman, Mathiesen and Foucault«, *Contemporary Crises* (1986), S. 52.

17 Foucault, »Alternativen zum Gefängnis«, S. 12.

18 Robert Martinson, »What works? – Questions and Answers about Prison Reform «, *The Public Interest* (1974), S. 22ff.

damit gänzlich einer Argumentation auf Grundlage der »evidence crime prevention«,[19] d.h. insbesondere der Frage, wie das Resozialisierungsziel am besten erreicht werden kann. Foucault legt vielmehr von vornherein einen gefängniskritischen Maßstab an, wobei die Verbreitung von sozialer Kontrolle zentral in seiner Analyse ist. Daran anschließend soll im Folgenden der Frage nachgegangen werden, ob »Alternativen« zum Gefängnis zu einer Abnahme oder einer Ausweitung von sozialer Kontrolle führen und ob sie das bestehende Gefängnissystem langfristig konsolidieren.

2. *Ausweitung von sozialer Kontrolle – Wandel zu einer »Überwachungsgesellschaft«?*

a) Integration der Überwachungsmechanismen in den Alltag der freien Gesellschaft

Nach Foucault seien die dem Gefängnis inhärenten Grundmechanismen der Disziplinierung, wie die Erzwingung von Arbeit, in abgewandelter Form auch in dessen liberalisierten Formen zu finden. Selbst bei Sanktionsformen, die nicht auf der Unterbringung des Einzelnen in einer Einrichtung beruhen, handele es sich im Grunde um dasselbe System der Überwachung und Disziplinierung:[20] Strafen wie der Entzug der Fahrerlaubnis oder die Bewährungsstrafe würden den erzwungenen Aufenthalt im Gefängnis lediglich hinauszögern oder »die Gefängniszeit auf eine ganze Lebensphase [...] verteilen«[21]. Die Funktionen des Gefängnisses würden durch dessen vermeintliche Alternativen von vielfältigen Kontrollinstanzen übernommen werden, seine Machtformen würden sich »wie eine Art Krebsgewebe über die Gefängnismauern hinaus [...] verbreiten«[22]. Die Mechanismen der ständigen Überwachung und Unterwerfung in regulierte Tagesabläufe, die zu Formen der permanenten Selbstdisziplinierung führe und sich nach Foucault in ihrer »idealen Form« im Gefängnis entfaltet, würde durch den »Kerker-Archipel« auf die gesamte Gesellschaft übertragen.[23]

19 Christine M. Graebsch/Sven-Uwe Burkhardt, *Vergleichsweise menschlich? Ambulante Sanktionen als Alternative zur Freiheitsentziehung aus europäischer Perspektive*, in: *Schriftenreihe des Strafvollzugsarchivs*, hrsg. v. Christine M. Graebsch/Sven-Uwe Burkhardt/Johannes Feest, Wiesbaden: Springer 2015, S. 69f.

20 Foucault, »Alternativen zum Gefängnis«, S. 17ff.

21 Ebd., S. 18.

22 Ebd., S. 19.

23 Foucault, *Überwachen und Strafen*, S. 385f.

Durch diese Übertragung von geschlossenen in offene Räume wird, wie der britische Kriminologe Stanley Cohen ausführt, die Einwirkung auf den Gesellschaftskörper durch soziale Kontrolle vergrößert und gleichzeitig weniger sichtbar.[24] Beispielsweise stellt die Bewährungsstrafe eine Möglichkeit dar, im scheinbar freien Leben des Individuums Überwachungsfunktionen auszuüben.[25] Das Gefängnis wird gewissermaßen in den Alltag der freien Gesellschaft integriert;[26] eine verstärkte Anwendung alternativer Sanktionen könnte als Folge zu einem Klima gesteigerter Punitivität führen.[27] Eine klare Abgrenzung zwischen Personen unter formeller Kontrolle und denjenigen nicht unter Kontrolle würde durch diese Entwicklung erschwert.[28]

Durch Möglichkeiten der technischen Überwachung kann diese Ausübung sozialer Kontrolle nun im Alltag noch vielfältiger, subtiler und intrusiver geleistet werden.[29] Zwischen öffentlicher und privater Sphäre können die Grenzen so immer mehr verschwimmen,[30] ebenso zwischen reaktiven und proaktiven Formen sozialer Kontrolle.[31] So besteht, verbunden mit einem gesteigerten Sicherheitsbedürfnis in der Gesellschaft, die Gefahr, dass auch nicht verurteilte Personen präventiv Objekte von starker sozialer Kontrolle werden.[32] Im Zuge der Etablierung dieser »›weiche[n]‹ Überwachungsarchitektur«[33] ist teilweise die Rede von einem Übergang von der Disziplinar- zur Kontrollgesellschaft,[34] wobei sich dabei die Frage stellt, ob das Gefängnissystem durch neue Formen der sozialen Kontrolle abgelöst oder lediglich ergänzt wird.[35] Jedenfalls schwebt

24 Stanley Cohen, *Visions of Social Control. Crime, Punishment and Classification*, Cambridge: Polity 1985, S. 83f.
25 Foucault, »Alternativen zum Gefängnis«, S. 18f.
26 Serge Portelli, »Les alternatives à la prison«, *Pouvoirs* (2010), S. 24.
27 Graebsch/Burkhardt, *Vergleichsweise menschlich?*, S. 130.
28 Cohen, *Visions of Social Control*, S. 57ff.
29 Schon Gary T. Marx, »La société de sécurité maximale«, *Déviance et société* (1988/2), S. 150.
30 Sylvain Lafleur in: Tony Ferri, »Haus unter Überwachung. Ein Gespräch mit Sylvain Lafleur«, *Neue Rundschau* (2022/3), S. 57.
31 Sebastian Scheerer, »Zwei Thesen zur Zukunft des Gefängnisses – und acht über die Zukunft der sozialen Kontrolle«, *Widersprüche* (1997), S. 17f.; Stanley Cohen, »Soziale Kontrolle und die Politik der Rekonstruktion«, in: Detlev Frehsee/Gabi Löschper/Karl F. Schumann (Hg.), *Strafrecht, soziale Kontrolle, soziale Disziplinierung. Jahrbuch für Rechtssoziologie und Rechtstheorie* Band 15, Opladen: Westdeutscher Verlag 1993, S. 220.
32 Cohen, »Soziale Kontrolle und die Politik der Rekonstruktion«, S. 220.
33 Sylvain Lafleur, »Mit Foucault unsere Strafaktualität denken«, *Neue Rundschau* (2022/3), S. 41.
34 Gilles Deleuze, »Das elektronische Halsband. Innenansicht der kontrollierten Gesellschaft«, *Kriminologisches Journal* (1992/3), S. 181ff.
35 Vgl. Scheerer, »Thesen zur Zukunft des Gefängnisses«, S. 23.

über diesen Überlegungen der Gedanke einer dystopischen »Überwachungsgesellschaft«[36]; Begriffe wie »Freiluftgefängnis«[37] und »Hochsicherheitsgesellschaft«[38] kommen in den Sinn.

b) Net Widening

Diese theoretischen Überlegungen werden durch die Gefahr einer quantitativen Ausweitung sozialer Kontrolle, dem sogenannten Net-Widening-Effekt, ergänzt. Cohen beschreibt in seinem 1985 erschienenen Werk »Visions of Social Control«[39] das Phänomen, dass vermeintliche Alternativen zur Freiheitsstrafe zwar eingeführt werden mit dem Ziel, die Anzahl der Gefangenen zu verringern, diese Sanktionen jedoch stattdessen für Personen verhängt werden, die andernfalls gar keine Freiheitsstrafe, sondern eine mildere oder gar keine Strafe erhalten hätten.[40] Dies führe dazu, dass das Netz der sozialen Kontrolle sich erweitert, dass also die Zahl an Personen, die sich insgesamt in dem System der Strafjustiz und damit unter der Kontrolle des Staates befinden, zunimmt.[41] Studien zu diesem Effekt werden allerdings teils aufgrund der Gefahr übergeneralisierender Schlüsse kritisiert.[42] Auch wird darauf hingewiesen, dass mögliche positive Effekte alternativer Maßnahmen zu sehr in den Hintergrund rücken;[43] so seien z.B. Sozial- und Jugendarbeiter:innen nicht bloß »Agent:innen« sozialer Kontrolle, sondern würden auch wichtige Ressourcen in benachteiligte Milieus bringen.[44] Mögliche Alternativen sollten aber trotzdem differenziert hinsichtlich ihrer Anfälligkeit für den Net-Widening-Effekt bewertet werden.

36 Vgl. Jens Puschke, »(Was bleibt vom) Strafrecht in einer Überwachungsgesellschaft?«, *Zeitschrift für die gesamte Strafrechtswissenschaft* (2023/4), S. 765ff.

37 Theodor W. Adorno, *Kulturkritik und Gesellschaft*, in: *Gesammelte Schriften in 20 Bänden* Bd. 10.1, Berlin: Suhrkamp 1997, S. 29.

38 »Maximum-security society«; Gary T. Marx, *Undercover. Police surveillance in America*, Los Angeles: University of California Press 1988, S. 219ff.

39 Cohen, *Visions of Social Control.*

40 Ebd., S. 44.

41 Ebd.

42 Maeve McMahon, »Net-Widening – Vagaries in the Use of a Concept«, *The British Journal of Criminology* (1990/2), S. 129ff.; Antony A. Vass/Alan Weston, »Probation Day Centres as an Alternative to Custody: A ›Trojan Horse‹ Examined«, *The British Journal of Criminology* (1990/2), S. 191.

43 Z.B. Vass/Weston, »Probation Day Centres«, S. 189f.

44 Roger Mathews, »Decarceration and Social Control: Fantasies and Realities«, in: John Lowman/Robert J. Menzies/Ted S. Palys (Hg.), *Transcarceration: Essays in the Sociology of Social Control*, Aldershot: Gower 1987, S. 344.

Ein Beispiel in Europa liefert die Studie von Spaans aus dem Jahr 1998 zu gemeinnütziger Arbeit in den Niederlanden.[45] Obwohl diese Maßnahme 1981 mit dem Ziel ins Leben gerufen wurde, die Inhaftierungsraten zu verringern, und sogar entsprechende Regelungen erlassen wurden, blieb die Anzahl an Freiheitsstrafen zwischen 1985 und 1994 relativ gleich, während die Anordnung von gemeinnütziger Arbeit stetig stieg.[46] Diese war also zwar als Alternative zum Gefängnis betitelt, jedoch nicht als solche gehandhabt worden. Zahlreiche Studien in den USA aus den 1970er und 80er Jahren, deren Rückschlüsse sich aufgrund der dortigen deutlich höheren Gefangenenrate[47] jedoch nur bedingt auf deutsche Verhältnisse übertragen lassen, liefern ähnliche Ergebnisse.[48] Sie beziehen sich auf sogenannte *community based programs*, die insbesondere jugendliche Straftäter:innen vor dem Antreten einer formellen Haftstrafe bewahren und stattdessen mit erzieherischen Maßnahmen auf sie einwirken sollen.[49] Gerade bezogen auf Jugendliche, die noch besonders beeinflussbar sind, bergen solche

45 E. C. Spaans, »Community Service in the Netherlands: Its Effects on Recidivism and Net-Widening«, *International Criminal Justice Review* (1998/1), S. 1ff.

46 Ebd.

47 United States of America, Institute for Crime & Justice Policy Research, https://www.prisonstudies.org/country/united-states-america (Zugriff: 16.03.2024).

48 Paul Lerman, *Community Treatment and Social Control: A Critical Analysis of Juvenile Correctional Policy*, Chicago: University of Chicago Press 1975; James Austin/Barry Krisberg, »Wider, Stronger, and Different Nets: The Dialectics of Criminal Justice Reform«, *Journal of Research in Crime and Delinquency* (1981/1), S. 165ff.; Thomas Blomberg, »Diversion and Accelerated Social Control«, *The Journal of Criminal Law and Criminology* (1977/2), S. 274ff.; Malcolm W. Klein, »Deinstitutionalization and Diversion of Juvenile Offenders: A Litany of Impediments«, *Crime and Justice* (1979/1), S. 145ff.; Barry Krisberg/Ira Schwartz, »Rethinking Juvenile Justice«, *Crime & Delinquency* (1983/3), S. 333ff.; Thomas Blomberg, »Widening the Net: An Anomaly in the Evaluation of Diversion Programs«, in: Malcolm W. Klein/Katherine S. Teilmann (Hg.), *Handbook of Criminal Justice Evaluation*, Beverly Hills: Sage Publications 1980, S. 572ff.; Daniel J. Curran, »Destructuring, Privatization, and the Promise of Juvenile Diversion: Compromising Community-Based Corrections«, *Crime and Delinquency* (1988/4), S. 363ff.; Tony Dittenhoffer/Richard V. Ericson, »The Victim/Offender Reconciliation Program: A Message to Correctional Reformers«, *The University of Toronto Law Journal* (1983/3), S. 315ff.

49 Cornelia Schweppe, *Es geht auch ohne Jugendgefängnisse. Zur Entinstitutionalisierung jugendlicher Straftäter in den USA*, Weinheim: Beltz 1984, S. 28ff.

alternativen Maßnahmen jedoch die Gefahr, die »falsche« Gruppe in das Netz der sozialen Kontrolle zu ziehen (»wrong nets«);[50] sie können als Folge negativen Effekten wie Stigmatisierung ausgesetzt werden.[51] Auch dadurch, dass Personen in alternativen Programmen eine erhöhte Überwachung erfahren im Vergleich zu Personen, die keine Sanktion erhalten haben, wird das Risiko einer erneuten und eventuell härteren Sanktionierung dieser Personen wegen kleinerer Gesetzeswidrigkeiten, etwa dem Verstoß gegen eine Weisung, erhöht.[52] Schließlich könnten Personen im sozialen Nahraum der verurteilten Person, insbesondere aus deren Familie, in den Kreis der sozialen Kontrolle einbezogen werden,[53] z.B. indem Lehrer:innen in die Rolle des »Bewachungspersonals« gedrängt werden.[54]

3. Legitimierende Wirkung für das Gefängnissystem

Neben dieser Gefahr der Verbreitung sozialer Kontrolle sieht Foucault als zweiten Kritikpunkt an vermeintlichen Alternativen zum Gefängnis die legitimierende Wirkung derselben für das System des Gefängnisses an sich. Ihm zufolge gehört die Reform, die darauf abzielt, die resozialisierende Wirkung des Gefängnisses zu erhöhen und die Haftbedingungen zu verbessern, selbst zur Logik des Gefängnisses:[55] »Sie ist gleichsam dessen Programm«[56]. Es sollen die gleichen Ziele mit anderen

50 Cohen, *Visions of Social Control*, S. 50.

51 Stephanie Béchard/Connie Ireland/Bruce Berg/Brenda Vogel, »Arbitrary Arbitration: Diverting Juveniles Into the Justice System – A Reexamination After 22 Years«, *International Journal of Offender Therapy and Comparative Criminology* (2011/4), S. 605ff.

52 Daniel Mears/Joshua Kuch/Andrea M. Lindsey/Sonja E. Siennick/George B. Pesta/Mark A. Greenwald/Thomas Blomberg, »Juvenile Court and Contemporary Diversion. Helpful, Harmful or Both?«, *Criminology & Public Policy* (2016/3), S. 965.

53 Blomberg, »Diversion and Accelerated Social Control«, S. 277; Lafleur in: Ferri, »Haus unter Überwachung«, S. 53; Cohen, *Visions of Social Control*, S. 78f.

54 Karl F. Schumann/Michael Voß/Knut Papendorf, »Über die Entbehrlichkeit des Jugendstrafvollzuges«, in: Helmut Ortner (Hg.), *Freiheit statt Strafe. Plädoyers für die Abschaffung der Gefängnisse*, Frankfurt am Main: Fischer 1981, S. 54.

55 Vgl. auch Liza Mattutat, »Nous sommes tous des prisonniers! Foucaults Genealogie des Gefängnisses«, in: Rehzi Malzahn (Hg.), *Strafe und Gefängnis. Theorie, Kritik und Alternativen. Eine Einführung*, Stuttgart: Schmetterling Verlag 2022, S. 91.

56 Foucault, *Überwachen und Strafen*, S. 299.

Mitteln erreicht werden, womit neue punitive Strukturen errichtet werden könnten und die bestehenden durch ihre Verfeinerung und Erneuerung stärker legitimiert würden.[57] Der norwegische Soziologe Thomas Mathiesen spricht von einem konservierenden Effekt für die bestehende Ordnung.[58] So habe er bei seiner früheren Arbeit in der Organisation KROM (Norwegische Vereinigung für Kriminalreform) beobachtet, wie die Forderung nach Alternativen durch Befürworter:innen des bestehenden Gefängnissystems als taktisches Argument gegen das Ziel des Abolitionismus verwendet wurde.[59] Die Situation erinnert an das Kautionssystem in den USA, das in den 1960er Jahren als ungerecht empfunden und durch das »release-on-recognizance-Programm« reformiert wurde.[60] Dies hat jedoch tiefgreifende Änderungen und insbesondere die Entwicklung eines Systems verhindert, das nicht auf Klassenzugehörigkeit beruht.[61] Auch innerhalb des Gefängnissystems könnten oberflächliche Reformen die Aufmerksamkeit von den grundsätzlichen Bedingungen im Gefängnis sowie Machtmissbrauch abziehen, und stattdessen die auf diskriminierenden Gewaltverhältnissen beruhenden Strukturen reproduzieren.[62] Eine Entwicklung des Gefängnisses an solchen Reformen entlang könnte also verhindern, dass fundamentale Veränderungen im Strafrechtssystem angestoßen und unterdrückerische Machtbeziehungen in den Blick genommen werden. Somit wird auch die viel grundlegendere Frage ignoriert, welche Personen in erster Linie kriminalisiert und inhaftiert werden und warum dies geschieht. Foucault stellt diesbezüglich die These auf, dass die tatsächliche Funktion des Gefängnisses in der Regulierung von Delinquenz liege, um einen aus Sicht der herrschenden Klasse wirtschaftlich und politisch nützlichen Zustand zu erzielen.[63] Dies geschehe durch die unterschiedliche Behandlung von »Illegalismen« der unterschiedlichen sozialen Gruppen, die in Foucaults Analyse zentral ist.[64] Der Begriff drückt dabei die Notwendigkeit aus, die Beziehung zwischen als grenzüberschreitend definierten Umgangsweisen mit geltenden Normen und

57 Vgl. auch Mattutat, »Foucaults Genealogie des Gefängnisses«, S. 91.

58 Mathiesen, *Überwindet die Mauern!*, S. 70.

59 Thomas Mathiesen, »The Politics of Abolition«, *Contemporary Crises* (1986), S. 81f.

60 David F. Greenberg, »Problems in Community Corrections«, *Issues in Criminology* (1975/1), S. 21.

61 Ebd.

62 Ebd., S. 21f.; Lafleur, »Mit Foucault unsere Strafaktualität denken«, S. 42.

63 Foucault, »Alternativen zum Gefängnis«, S. 21ff.

64 Ebd., S. 21; s. auch Michel Foucault, *Die Strafgesellschaft. Vorlesung am Collège de France 1972–1973*, Berlin: Suhrkamp 2015, S. 197ff.; s. Lafleur in: Anthony Amicelle, »›Was ist ein Illegalismus?‹ Ein Gespräch mit Sylvain Lafleur«, *Neue Rundschau* (2022/3), S. 72f.

den Reaktionen auf diese in den Blick zu nehmen,[65] und soll dadurch einen Bruch mit einer falschen Neutralität juristischer Kategorien bewirken.[66] Durch die Folgen der sozialen Ausgrenzung würden Gefangene mithin in die Rolle »des Delinquenten« gedrängt, wodurch eine leicht kontrollierbare Randgruppe geschaffen werde.[67] Der in der Kriminologie nicht einheitlich verwendete Begriff der Delinquenz kann bei Foucault dabei als besondere Form der Gesetzeswidrigkeit verstanden werden,[68] die sich auf Delikte schwacher Intensität bezieht und an der das starke Zusammenwirken von Armut und Strafpraxis deutlich wird.[69] Die Zuschreibung von Kriminalität kann daran anschließend herrschaftskritisch gedeutet und als Ausdruck der systematischen Diskriminierung sozial schwacher Gesellschaftsteile angesehen werden.[70]

Ein Diskussionsrahmen, der nur von Reformen ausgeht, könnte also eben solche Fragen außer Acht lassen und den in der Gesellschaft vorherrschenden Gedanken verfestigen, dass es jenseits der Gefängnisse nichts geben könne.[71] Auf diese Weise stärken viele vorgeschlagenen Alternativen zum Gefängnis als »Technologien der Macht«[72] letztlich den Erhalt und die Legitimation von Gefängnissen.

4. *Bedeutung in Deutschland*

Die vorangegangenen Überlegungen zu einer möglichen Verbreitung von Überwachung und Kontrolle bleiben zunächst recht abstrakt. Konkret denkbar wäre eine solche Entwicklung aber etwa bei einer Einführung der elektronischen Aufenthaltsüberwachung mittels einer Fußfessel. Eine solche ist seit 2012 in Deutschland unter anderem nach Entlassung von

65 Antony Amicelle, »›Deux attitudes face au monde‹: La criminologie à l'épreuve des illégalismes financiers«, *Cultures & Conflits* (2014), S. 67.

66 Pierre Lascoumes, »L'illégalisme, outil d'analyse«, *Sociétés & Représentations* (1996/2), S. 79.

67 Foucault, »Alternativen zum Gefängnis«, S. 27f.

68 Mattutat, »Foucaults Genealogie des Gefängnisses«, S. 90.

69 KNAS[] Initiative für den Rückbau von Gefängnissen, »Armut und Strafe. Über die Produktion von Delinquenzmilieus und das Gefängnis als Armenhaus«, in: Rehzi Malzahn (Hg.), *Strafe und Gefängnis. Theorie, Kritik und Alternativen. Eine Einführung*, Stuttgart: Schmetterling Verlag 2022, S. 68ff.

70 Karl-Ludwig Kunz/Tobias Singelnstein, *Kriminologie. Eine Grundlegung*, Bern: Haupt 2016, 7. Aufl., § 13 Rn. 22f.

71 Angela Y. Davis, »Gefängnisreform oder Abschaffung des Gefängnisses?«, in: Daniel Loick/Vanessa E. Thompson (Hg.), *Abolitionismus. Ein Reader*, Berlin: Suhrkamp 2022, S. 138.

72 Dany Lacombe, »Les liaisons dangereuses: Foucault et la criminologie«, *Criminologie* (1993/1), S. 56.

als besonders gefährlich eingestuften Straftäter:innen im Rahmen der Führungsaufsicht gem. § 68b Abs. 1 Nr. 12 StGB möglich.[73] Ein Einsatz der Fußfessel als Alternative zur Gefängnisstrafe, wie dies in anderen Ländern möglich ist,[74] ist in Deutschland indes nicht vorgesehen, wird aber zunehmend diskutiert.[75] Eine solche subtilere soziale Kontrolle, deren starker Eingriff in die Grundrechte aufgrund der geringen Sichtbarkeit eventuell als weniger einschneidend wahrgenommen wird, könnte zu einer Normalisierung von Überwachung im Alltag führen und die Gefahr einer Ausweitung z.B. auf als verdächtig eingestufte Personen bergen. Bei der Einführung solcher neuen, als Alternativen betitelten »front-end«-Maßnahmen, die also vor einem eventuellen Haftantritt greifen,[76] liegt nach den vorangegangenen Überlegungen außerdem nahe, dass die Sanktion in vielen Fällen nicht an die Stelle einer Freiheitsstrafe treten, sondern im Sinne des Net-Widening-Effekts gerade zusätzlich verhängt würde.[77] Hierfür sprechen auch ein entsprechendes Experiment von Wößner und Schwedler aus dem Jahr 2012[78]

73 Fünfsinn/Kolz, »Gar nicht erst ausgliedern«, S. 12.

74 Zum europäischen Vergleich siehe: Frieder Dünkel/Christoph Thiele/Judith Treig (Hg.), *Elektronische Überwachung von Straffälligen im europäischen Vergleich – Bestandsaufnahme und Perspektiven*, Mönchengladbach: Forum Verlag Godesberg 2017.

75 S. z.B. Kolz/Müller, »Statement des Hessischen Justizministeriums«, S. 307; Fünfsinn/Kolz, »Gar nicht erst ausgliedern«, S. 12ff.; aktuell werden elektronische Fußfesseln erstmals auch in Deutschland nach dem spanischen Modell zur Kontrolle eines Kontakt- und Annäherungsverbots eingesetzt, https://rsw.beck.de/aktuell/daily/meldung/detail/fussfessel-spanisches-modell-deutschland-erstmalige-anwendung-haeusliche-gewalt (Zugriff: 08.07.2025).

76 S. Michael Tonry/Mary Lynch, »Intermediate Sanctions«, *Crime and Justice* (1996/1), S. 99ff.

77 Ebd.; Gaby Temme, »Braucht unsere Gesellschaft Strafe? Welche Alternativen gibt es im Vergleich zum deutschen Strafvollzugssystem?«, in: Jens Puschke (Hg.), *Strafvollzug in Deutschland: strukturelle Defizite, Reformbedarf und Alternativen*, Berlin: Berliner Wissenschafts-Verlag 2011, S. 40; BT-Drs. 17/4062, S. 12; Nicholas Mohr, »EM zur Haftvermeidung im deutschen Sanktionenrecht«, in: Frieder Dünkel/Christoph Thiele/Judith Treig (Hg.), *Elektronische Überwachung von Straffälligen im europäischen Vergleich – Bestandsaufnahme und Perspektiven*, Mönchengladbach: Forum Verlag Godesberg 2017, S. 94f.; Michael Lindenberg, »Elektronisch überwachter Hausarrest auch in Deutschland? – Kritische Anmerkungen für die Diskussion in der Praxis«, *Bewährungshilfe* (1999/1), S. 14f.

78 Gunda Wößner/Andreas Schwedler, »Aufstieg und Fall der elektronischen Fußfessel in Baden-Württemberg: Analysen zum Modellversuch der elektronischen Aufsicht im Vollzug der Freiheitsstrafe«, *Neue Kriminalpolitik* (2014/1), S. 60ff.

sowie Erfahrungen der elektronischen Aufenthaltskontrolle im Sicherungsverwahrungsrecht[79].

Demgegenüber obliegt die Entscheidung über die Unterbringung im offenen Vollzug sowie vollzugsöffnende Maßnahmen der Justizvollzugsbehörde im Rahmen der Erstellung des Vollstreckungsplans oder im Verlauf der Haftzeit.[80] Die Tatsache, dass nicht die Gerichte für die Anordnung zuständig sind, lässt die Gefahr eines Net-Widening-Effekts gering erscheinen, was u.a. von Befürworter:innen des Jugendstrafvollzugs in freien Formen betont wird.[81] Die Möglichkeit ist jedoch nicht von der Hand zu weisen, dass Richter:innen in dem Bewusstsein, dass es innerhalb der Vollzugsgestaltung auch weniger eingriffsintensive Formen gibt, durch die aber trotzdem auf Täter:innen etwa durch erzieherische Maßnahmen eingewirkt werden kann, vermehrt eine Freiheitsstrafe aussprechen. Es besteht also zumindest eine gewisse Gefahr, dass Reformen zugunsten von Vollzugsöffnungen zu einem Anstieg an Freiheitsstrafen führen könnten, wenn nämlich das Gefängnis als Institution als »weniger schlimm« wahrgenommen würde und sich hiervon verstärkt positive Wirkungen, gerade für Jugendliche, erhofft würden. Ähnliches gilt für die Aussetzung einer Haftstrafe auf Bewährung.

Eine Analyse der modernen Strafrechtsentwicklung bestätigt die Beobachtungen Foucaults also dahingehend, dass vermeintliche Alternativen zum Gefängnis zu einer Ausweitung von Überwachung und Kontrolle führen können, zum einen durch die Integration von Überwachungsmechanismen in die ganze Gesellschaft, zum anderen durch eine mögliche Zunahme an Personen, die in das System der Strafjustiz geraten. Hinzu kommt die Gefahr, dass Reformen des Gefängnisses in Deutschland den Blick von grundlegenden Mängeln des Systems weglenken und für dieses langfristig sogar eine legitimierende Wirkung haben können.

79 Rita Haverkamp/Andreas Schwedler/Gunda Wößner, »Führungsaufsicht mit satellitengestützter Überwachung«, *Neue Kriminalpolitik* (2012/2), S. 63.

80 Prätor, »Anspruch und Wirklichkeit«, S. 3.

81 Rüdiger Wulf, »Entwicklung des Jugendstrafvollzugs in freien Formen«, in: Dieter Rössner/Rüdiger Wulf (Hg.), *Wahr.Haft.Leben. 10 Jahre Jugendstrafvollzug in freien Formen*, Tübinger Schriften und Materialien zur Kriminologie, 2014, S. 17.

IV. Umgang mit der Ambivalenz von Gefängnisreformen

1. Das »reformistisch-abolitionistische Dilemma«

Die genannten vermeintlichen Alternativen zum Gefängnis vermögen bei genauerer Betrachtung demnach nicht, das bestehende System grundlegend zu ändern und das Gefängnis als Institution zurückzudrängen. Sie stehen vielmehr im Konflikt zu diesem abolitionistischen Ziel, welches bei Anlegung eines gefängniskritischen Maßstabs jedoch naheliegt. Es entsteht ein »reformistisch-abolitionistisches Dilemma«[82]: Auf der einen Seite können den Strafvollzug liberalisierende Reformen mit Foucault kritisch gesehen werden, da sie die soziale Kontrolle gerade vergrößern und ausweiten und das System selbst legitimieren; laut Cohen seien sie ein »trojanisches Pferd«[83]. Eine bloße Liberalisierung der vollzuglichen Verhältnisse könnte Unterdrückung und Gewaltdynamiken begünstigen[84] und eine langfristige Bewegung gegen die Institution des Gefängnisses verhindern.[85] Selbst wenn man aber Johannes Feest darin zustimmen würde, dass »eine wahrhaft humanistische Haltung zum Strafvollzug in Gefängnissen ihren besten Ausdruck im Wunsch nach dessen Abschaffung findet«[86], da diese Institutionen »mala in se«[87] seien, so stellt sich doch die Frage, welcher Handlungsbedarf abgeleitet werden kann, um dieses in der heutigen Gesellschaft utopisch wirkende Fernziel zu erreichen. Dieses scheint gerade nur durch ein schrittweises Zurückdrängen des Gefängnisses vorstellbar zu sein,[88] das mit den »Alles-oder-Nichts-Forderungen« mancher

82 Sebastian Scheerer, »Abschaffung der Gefängnisse«, *Kriminologisches Journal* (2018/3), S. 171.

83 Cohen, *Visions of Social Control*, S. 38.

84 Gerhard Rehn, »Anmerkungen zur Situation des Strafvollzuges«, in: Jens Puschke (Hg.), *Strafvollzug in Deutschland: strukturelle Defizite, Reformbedarf und Alternativen*, Berlin: Berliner Wissenschafts-Verlag 2011, S. 77.

85 Thomas Mathiesen, *The Politics of Abolition*, London/New York: Routledge 1974, S. 25.

86 Johannes Feest, »Humanismus und Strafvollzug. Drei Thesen und ein Resümee«, in: Jens Puschke (Hg.), *Strafvollzug in Deutschland: strukturelle Defizite, Reformbedarf und Alternativen*, Berlin: Berliner Wissenschafts-Verlag 2011, S. 85.

87 Herman Bianchi, »Conference on Prison Abolition«, *IAHCCJ Newsletter* (1985), S. 13.

88 Heinz Cornel, »Abschaffung der Freiheitsstrafe als konkrete Utopie – Überlegungen zu Stand und Zukunft kriminalpolitischer Forschungen«, in: Hans-Jürgen Kerner/Helmut Kury/Klaus Sessar (Hg.), *Deutsche Forschungen zur Kriminalitätsentstehung und Kriminalitätskontrolle* Band 6/3, Köln: Carl Heymanns 1983, S. 1474.

Vertreter:innen des Abolitionismus nicht vereinbar ist.[89] Das führt dazu, dass konkrete Reformen (oder allein die Stärkung des offenen Vollzugs gegenüber dem geschlossenen), die die Situation von Gefangenen verbessern könnten, nicht durchgeführt werden.[90] Diese Ambivalenz zwischen realem und ideellem Abolitionismus[91] wird durch die Schwierigkeit ergänzt oder vielmehr bedingt, Theorie und Praxis zu vereinen.[92] So stellt auch Foucault kritische Überlegungen an, ohne konkrete Vorschläge für abolitionistische Aktivitäten zu liefern.[93] Es entsteht die Gefahr einer »Lähmung« gerade der Personen, die gesellschaftlichen Wandel im Bereich des Strafvollzugs anstoßen könnten.[94]

Dabei können sich sowohl anhand der vermeintlichen Alternativen, die im Gefängnissystem selbst verhaftet und insofern systemintern sind, als auch anhand von außerhalb des Strafvollzugs ansetzenden, systemexternen Reformansätzen Lösungen herausarbeiten lassen, die mit abolitionistischen Bestrebungen vereinbar sind.

2. *Systeminterne Lösungen durch Reformen des Gefängnissystems*

Zynisch und nicht mit einem allgemeinen Gerechtigkeitsgefühl vereinbar wäre es jedenfalls, aus den kritischen Überlegungen die Konsequenz zu ziehen, sich nicht für bessere Haftbedingungen von Gefangenen und die Reduzierung menschenunwürdiger Behandlung im Strafvollzug einzusetzen.[95] Allerdings stößt der Reformismus an seine Grenzen, wenn er nicht Bestandteil einer langfristig abolitionistischen Strategie ist.[96] So könnte

89 Stephan Quensel, »Gibt es eine abolitionistische Kriminalpolitik?«, *Monatsschrift für Kriminologie und Strafrechtsreform* (1994/5), S. 332.

90 Hans Haferkamp, »Herrschaftsverlust und Sanktionsverzicht. Kritische Bemerkungen zur Theorie des starken Staates, der neuen sozialen Kontrolle und des ideellen Abolitionismus«, *Kriminologisches Journal* (1984/2), S. 115.

91 Ebd., S. 112ff.

92 Stephan Quensel, »Persönliches Resümee. Ein grundsätzliches Dilemma der Kriminologie in Deutschland aus kritisch-kriminologischer Sicht«, *Monatsschrift für Kriminologie und Strafrechtsreform* (2013/2-3), S. 279ff.

93 De Folter, »On the Methodological Foundation of the Abolitionist Approach to the Criminal Justice System«, S. 53.

94 Jan van Dijk, »Strafsanktionen und Zivilisationsprozess«, *Monatsschrift für Kriminologie und Strafrechtsreform* (1989/6), S. 440.

95 Vgl. Heinz Cornel, »Alternativen zum Gefängnis zwischen Alibi, Reformpolitik und realem Abolitionismus«, *Kriminologisches Journal* (2008/1), S. 66; Mattutat, »Foucaults Genealogie des Gefängnisses«, S. 92.

96 Alessandro Baratta, »Resozialisierung oder soziale Kontrolle? Für ein kritisches Verständnis der sozialen ›Reintegration‹«, in: Guido Britz (Hg.),

eine Kompromisslösung wie ein »moralischer Pragmatismus«[97] im Sinne einer »konkreten Utopie«[98] einen sinnvollen Lösungsansatz darstellen, in dessen Rahmen ideelle Ziele durch eine realistische Perspektive der Überwindung des gegenwärtigen Gesellschaftszustands ergänzt werden. Dabei scheint es unvermeidlich zu sein, Diskrepanzen zwischen den beiden Ebenen zulassen zu müssen.[99]

Eine solche Strategie könnte sich aus den Überlegungen Mathiesens ergeben. Dieser analysiert 1974 die Beziehung zwischen kurzfristigen Reformen und langfristiger Abolition.[100] Auch er beschreibt unter Verweis auf Studien zum Net-Widening-Effekt[101] die Gefahr, durch vermeintliche Alternativen zum Gefängnis gefängnisähnliche Strukturen mit ähnlichen Funktionen zu schaffen, wenn sie im Vorhinein als solche geplant und strukturiert werden.[102] Wirkliche Alternativen sind für ihn nur solche, die sich nicht ohne Weiteres in das alte System integrieren lassen und nicht abschließend konzeptualisiert sind.[103] Die hier als systemintern verstandenen Alternativkonzepte müssen ihm zufolge also immer »unfertig« bleiben, er beschreibt einen Zustand permanenter, unvollendeter Revolution.[104] Gegen das Konzept des »Unfertigen« wendet Cornel zwar grundsätzlich zu Recht ein, dass die konservative Forderung nach einer »fertigen Alternative« angesichts der Unlegitimierbarkeit des Bestehenden ohnehin nicht überzeugt,[105] in der Praxis bleibt das abolitionistische Ideal ohne eine greifbare Alternative jedoch trotzdem bloß ein abstraktes Konzept.[106] Aus diesem Grund hält Mathiesen kurzfristige Veränderungen für erstrebenswert, jedoch nur, wenn es sich – im Gegensatz zu *positiven Reformen*, die das System »optimieren« und so stärken – um *negative Reformen* han-

Grundfragen staatlichen Strafens. Festschrift für Heinz Müller-Dietz zum 70. Geburtstag, München: Beck 2001, S. 4.

97 Cohen, *Visions of Social Control*, S. 252.

98 Ernst Bloch, *Das Prinzip Hoffnung*, in: *Werkausgabe*, Frankfurt am Main: Suhrkamp 1985, S. 523–1085; vgl. William Munro, »What is to be Done? A Reconsideration of Stan Cohen's Pragmatic Utopianism«, *Justice, Power and Resistance* (2016/1), S. 97ff.

99 Steinert, »Sicherlich ist Zweifel am Sinn von Strafe, von Freiheitsstrafe erlaubt«, S. 13.

100 Mathiesen, *The Politics of Abolition* (1974); siehe auch Thomas Mathiesen, *The Politics of Abolition. Revisited*, London/New York: Routledge 2015.

101 Mathiesen, »The Politics of Abolition« (1986), S. 85ff.

102 Ebd., S. 81.

103 Mathiesen, *The Politics of Abolition* (1974), S.16.

104 Ebd., S. 13ff.; Mathiesen, »The Politics of Abolition« (1986), S. 81.

105 Cornel, »Abschaffung der Freiheitsstrafe«, S. 1467 Fn. 15.

106 Vgl. Mirko Bagaric/Dan Hunter/Jennifer Svilar, »Prison Abolition: From Naïve Idealism to Technological Pragmatism«, *The Journal of Criminal Law and Criminology* (2021/2), S. 395.

delt, also solche, die die Gefängnisstruktur negieren.[107] Als Beispiel nennt er gerade vollzugsöffnende Maßnahmen wie den Freigang.[108] Diese seien in ihrer Konzeption grundsätzlich »Anti-Gefängnis« und würden helfen, es zu öffnen.[109]

Neben solchen Überlegungen darf auch die konkrete Situation von Strafgefangenen nicht aus dem Blick geraten. So ist ein Spektrum verschiedener Sanktionsformen grundsätzlich auch deshalb sinnvoll, um im Einzelfall passende Maßnahmen anwenden zu können. Zudem macht es auch aus abolitionistischer Perspektive durchaus Sinn, sich z.B. mit Rückfallquoten als Faktor des »Erfolgs« einer Maßnahme zu beschäftigen, weil staatliches Handeln sich an seinen selbst gesetzten Ansprüchen misst und vor diesem Hintergrund der Verhältnismäßigkeitsgrundsatz strenge Anwendung finden muss.[110] Es darf insbesondere nicht in Vergessenheit geraten, dass alternative Sanktionen zum geschlossenen Vollzug nicht lediglich ein Privileg für die betroffene Person darstellen, sondern in der Regel ebenfalls einen massiven Grundrechtseingriff begründen, der gerechtfertigt sein muss.[111] Insofern wäre es auch aus grundrechtlicher Sicht verfehlt, jegliche systeminterne Reformen aufgrund eines Konflikts mit ideellen Zielen von vornherein abzulehnen.

3. Systemexterne Lösungen

Daneben stellt sich die Frage nach »echten« Alternativen zum Gefängnis, also solchen, die nicht in dessen System verhaftet sind. Drei solcher systemexterner Lösungsansätze sollen kurz skizziert werden; gemeinsam ist ihnen, dass sie das Gefängnis als soziales Kontrollinstrument dadurch zurückdrängen, dass es gar nicht erst zur Strafe kommt, sondern der Konflikt auf vorgelagerter Stufe gelöst bzw. verhindert wird.

Der Gesetzgeber könnte zunächst vor dem Eintritt eines Konflikts in das Strafrechtssystem ansetzen, indem er die Anzahl der mit Strafe bedrohten Verhaltensweisen durch Entkriminalisierung verringert.[112] Die Regulation durch das Strafrecht stellt nur eine von vielen Möglichkeiten dar und entspricht oft gar nicht den Interessen der betroffenen

107 Mathiesen, *The Politics of Abolition* (1974), S.202f.
108 Mathiesen, »The Politics of Abolition« (1986), S. 82.
109 Ebd.
110 Graebsch/Burkhardt, *Vergleichsweise menschlich?*, S. 35f.
111 Vgl. Peer Stolle, »Das Strafrecht, seine Zwecke und seine Alternativen«, *Studentische Zeitschrift für Rechtswissenschaft* (2006/1), S. 35.
112 Vgl. z.B. ebd., S. 36; Cornel, »Abschaffung der Freiheitsstrafe«, S. 147ff.; Daniel Loick, »Strafe muss nicht sein. Zur Kritik des Strafrechts auf nationaler und internationaler Ebene«, *Zeitschrift für Menschenrechte* (2012/1), S. 36.

Personen.[113] Bei der Bestrafung von Verhaltensweisen bzw. Personen spielen politische und wirtschaftliche Gründe eine Rolle, vor allem bestimmte Bevölkerungsgruppen werden kriminalisiert.[114] So gehören in Deutschland neun von zehn Gefangene der Unterschicht an,[115] ein Zusammenhang, der sich als »soziale Eigenlogik der Strafpraxis«[116] beschreiben lässt und dem durch das Aufheben bestimmter Straftatbestände entgegengewirkt werden könnte. So ist an die Entkriminalisierung von Drogenkonsum[117] sowie von Bagatelldelikten wie des Diebstahls geringwertiger Sachen[118] zu denken. Auch die geplante Änderung[119] des Fahrens ohne Fahrschein von einer Straftat i.S.d. § 265a StGB zu einer Ordnungswidrigkeit fällt in diesen Bereich.[120] Neben der Abschaffung materieller Straftatbestände erscheint die Aufhebung der Ersatzfreiheitsstrafe unter Gleichheitsgesichtspunkten erforderlich und würde viele Haftstrafen entfallen lassen.[121]

Unter den Begriff der *Restorative Justice* lassen sich Formen der Konfliktregelung durch ein Wiedergutmachungsverfahren fassen, in dessen Rahmen die Beteiligten gemeinsam nach Lösungen suchen.[122] Dabei wird

113 Gerhard Hanak/Johannes Stehr/Heinz Steinert, *Ärgernisse und Lebenskatastrophen. Über den alltäglichen Umgang mit Kriminalität*, Bielefeld: AJZ 1989; s. auch Arno Pilgram/Heinz Steinert, »Plädoyer für bessere Gründe für die Abschaffung der Gefängnisse und für Besseres als die Abschaffung der Gefängnisse«, in: Helmut Ortner (Hg.), *Freiheit statt Strafe. Plädoyers für die Abschaffung der Gefängnisse*, Frankfurt am Main: Fischer 1981, S. 142ff.

114 Angela Y. Davis, »Strategien zur Abschaffung des Gefängnisses«, in: Daniel Loick/Vanessa E. Thompson (Hg.), *Abolitionismus. Ein Reader*, Berlin: Suhrkamp 2022, S. 510ff.

115 Stand 2013; Stefan Hradil, »Soziale Ungleichheit. Eine Gesellschaft rückt auseinander«, in: ders. (Hg.), *Deutsche Verhältnisse. Eine Sozialkunde*, Frankfurt am Main: Campus 2012, S. 172; Foucault weist auf entsprechende Zahlen hin: Foucault, *Überwachen und Strafen*, S. 355.

116 KNAS[] Initiative für den Rückbau von Gefängnissen, »Armut und Strafe«, S. 68.

117 Stolle, »Das Strafrecht«, S. 39f.

118 Ebd., S. 37.

119 Jens Eberl, »Kein Gefängnis mehr fürs Schwarzfahren«, *tagesschau* 25.03.2024, https://www.tagesschau.de/inland/innenpolitik/schwarzfahren-koeln-100.html (Zugriff 04.07.2025).

120 Vgl. z.B. Sebastian Scheerer, »Entrümpelung und Entkriminalisierung«, *Kritische Justiz* (2019/2), S. 135.

121 Hierfür plädierend z.B. Johannes Feest, »Weg mit der Ersatzfreiheitsstrafe«, in: Felix Herzog/Jürgen Wolter/Reinhold Schlothauer/Wolfgang Wohlers (Hg.), *Rechtsstaatlicher Strafprozess und Bürgerrechte. Gedächtnisschrift für Edda Weßlau*, Berlin: Duncker & Humblot 2016, S. 491ff.

122 Rehzi Malzahn, »Restorative Justice – eine andere Unrechtsbewältigung ist möglich«, in: ders. (Hg.), *Strafe und Gefängnis. Theorie, Kritik und*

auf deren Verantwortungsübernahme und die Wiederherstellung von sozialen Beziehungen abgezielt.[123] In Deutschland ist der Täter-Opfer-Ausgleich institutionalisiert und in § 46a StGB geregelt. Kritisch lässt sich argumentieren, dass dieser in herkömmliche Strafpraxen integrierbar ist und er das strafrechtliche System eher um eine zusätzliche Dimension ergänzt als eine tatsächliche Alternative darzustellen.[124] Eine Informalisierung könnte außerdem gesellschaftliche Machtstrukturen verstärken.[125] Staatsorganisierte Restorative-Justice-Verfahren bergen darüber hinaus die Gefahr des Net-Widening-Effekts.[126] Andererseits findet hier tatsächlich eine Verschiebung des Schwerpunktes der Intervention weg von der Funktion des Strafens und insofern ein Paradigmenwechsel statt.[127] Es müsste also untersucht werden, in welchem Rahmen der Ansatz realisiert werden könnte und inwiefern er tatsächlich die erhofften positiven Wirkungen zeigt.

An einem noch grundlegenderen Punkt setzt die Idee der *Transformative Justice* an. Diese möchte die Entstehungsbedingungen von Konflikten durch die nachhaltige Veränderung von gesellschaftlichen Gewaltverhältnissen beheben,[128] wie durch Maßnahmen zur Reduzierung von misogyner Gewalt[129] und gesundheitspolitische Präventions- und Interventionsprogramme im Bereich des Drogenkonsums[130]. Die US-amerikanische Bürgerrechtlerin Angela Y. Davis plädiert dafür, unter dem übergeordneten Ziel der Entkerkerung ein ganzes Kontinuum von Alternativen zur Haft zu entwickeln, bestehend z.B. aus der Stärkung des Gesundheitswesens und Programmen zur Schaffung von Arbeitsplätzen.[131] Insbesondere auf *Race*- und Klassenzugehörigkeit

Alternativen. Eine Einführung, Stuttgart: Schmetterling Verlag 2022, S. 195.

123 Gaby Temme, »Restorative & Transformative Justice – Abschaffung, Informalisierung oder Reformalisierung des Strafrechts?«, *Kriminologisches Journal* (2019/3), S. 238.

124 Ebd., S. 242ff.

125 Tobias Singelnstein/Peer Stolle, *Die Sicherheitsgesellschaft. Soziale Kontrolle im 21. Jahrhundert*, Wiesbaden: VS 2006, S. 125; Boris Burghardt, »Informalisierung der Strafjustiz – Begriff, Begründung und Kritik«, *Kriminologisches Journal* (2019/3), S. 183.

126 Malzahn, »Restorative Justice«, S. 206.

127 Thomas Galli, »Realistische Alternativen zur Freiheitsstrafe«, *Forum Strafvollzug* (2019/3), S. 192f.; Christa Pelikan, »Restorative Justice – was es ist und was es sein kann«, *BAG-S Informationsdienst Straffälligenhilfe* (2019/3), S. 11.

128 Temme, »Braucht unsere Gesellschaft Strafe?«, S. 43.

129 Franziska Dübgen, »Rechtsbruch und Strafe. Gerechtigkeitstheoretische Erwägungen«, *Ethik und Gesellschaft* (2018/1), S. 15.

130 Stolle, »Das Strafrecht«, S. 39.

131 Davis, »Strategien zur Abschaffung des Gefängnisses«, S. 506, 510.

basierende Unterschiede beim Zugang zu sozialen Infrastrukturen müssten beseitigt werden.[132] Auch in Deutschland findet sich die Idee, soziale Infrastrukturen als »Alternative zum Gefängnis« zu stärken.[133] Foucault selbst insistiert, dass die Frage nach einer Gesellschaft ohne Gefängnisse nicht getrennt von der Frage nach gesellschaftlichen Hierarchien aufgeworfen werden könne, vernachlässigt allerdings bei seiner Analyse die Rolle von Rassismus sowohl bezogen auf die spezifischen Straftechniken im Gefängnis als auch die politischen Umstände.[134] Dabei müssten im Rahmen von Maßnahmen der Transformative Justice alle sozialen Verhältnisse einbezogen werden, die zum Fortbestand des Gefängnisses beitragen; es müssen also insbesondere rassistische und geschlechtsspezifische Dimensionen von Macht und Herrschaft mitgedacht und die Verbindungen zwischen *Race*, Klasse, Geschlecht und Strafe destabilisiert werden.[135]

V. Fazit und abzuleitende Handlungsperspektiven

Legt man von vornherein einen gefängniskritischen Maßstab an, sind sogenannte Alternativen zum Gefängnis wie der offene Vollzug durchaus kritisch zu sehen. Sie können erstens Überwachungsmechanismen im alltäglichen Leben der freien Gesellschaft verbreiten, was den Wandel zu einer »Überwachungsgesellschaft« befürchten lässt. Zweitens besteht insbesondere bei der Einführung neuer Maßnahmen wie der elektronischen Überwachung durch Fußfesseln als Alternative zur Freiheitsstrafe die Gefahr des Net-Widening-Effekts, also einer quantitativen Ausweitung sozialer Kontrolle. Da die vermeintlichen Alternativen zum Gefängnis mit den im Grunde gleichen Mechanismen dieselben Ziele wie das klassische Gefängnis verfolgen, könnten dahingehende Reformen das bestehende Strafsystem drittens verfestigen, anstatt es auf lange Sicht zu verbessern.

132 Ebd., S. 507.

133 Z.B. Dübgen, »Rechtsbruch und Strafe«, S. 13ff.

134 Kritisch zum Verschweigen von staatlicher rassistischer Gewalt in »Überwachen und Strafen«: Joy James, »Foucaults Schweigen vom Spektakel rassistischer staatlicher Gewalt«, in: Daniel Loick/Vanessa E. Thompson (Hg.), *Abolitionismus. Ein Reader*, Berlin: Suhrkamp 2022, S. 160ff.

135 Jeanette Ehrmann/Vanessa E. Thompson, »Abolitionistische Demokratie: Intersektionale Konzepte und Praktiken der Strafkritik«, in: Rehzi Malzahn (Hg.), *Strafe und Gefängnis. Theorie, Kritik und Alternativen. Eine Einführung*, Stuttgart: Schmetterling Verlag 2022, S. 173ff.; Davis, »Strategien zur Abschaffung des Gefängnisses«, S. 511; Angela Y. Davis, *Are Prisons Obsolete?*, New York: Seven Stories 2003, S. 113.

Dieses »reformistisch-abolitionistische Dilemma« sollte dabei nicht zu einer Lähmung in dem Kampf führen, sich für humanere Bedingungen durch weniger scharfe Formen des Strafvollzugs einzusetzen; nicht nur Reformen ohne Utopien, sondern auch Utopien ohne konkrete Reformen können das System konsolidieren.[136] Mögliche alternative Maßnahmen sollten jedoch mit der konkreten Bedingung eingeführt werden, die Gefängnispopulation zu senken.[137] So könnte ein schrittweiser Rückbau der Gefängnisstrukturen nach dem Entwurf Mathiesens,[138] der sich grundsätzlich auch auf Deutschland übertragen ließe, [139] angestrebt werden. Momentan scheint allerdings die Akzeptanz in der Bevölkerung für einen solchen fundamentalen kriminalpolitischen Transformationsprozess zu fehlen.[140] Erforderlich ist darum ein Paradigmenwechsel, der den Blick vom existierenden Strafrecht als Ausgangspunkt für Veränderungen auf die Entstehung gesellschaftlicher Probleme und den Umgang mit ihnen lenkt.[141] Statt der Darstellung des Gefängnisses als einzige Antwort auf Kriminalität[142] müsste der öffentliche Diskurs grundlegende gesellschaftliche Fragen zu Schuld und Strafe in den Blick nehmen[143] und die auf politisch-medialer Ebene geschürte Kriminalitätsfurcht und damit die Haltung gegenüber Straffälligen reflektieren.[144]

Vor diesem Hintergrund sollte gleichzeitig ein Bewusstsein dafür geschaffen werden, dass Reformen wie die Einführung von vollzugsöffnenden Maßnahmen nicht wirklich etwas an der fundamentalen Logik und den Machtstrukturen des Gefängnisses zu verändern vermögen. Neben möglichen Reformen des Strafvollzugs, also systeminternen Lösungsansätzen, sollten daher langfristig auch systemexterne Lösungen angestrebt werden. So sollten Restorative-Justice-Verfahren erprobt und das Strafrecht in verschiedenen Bereichen zurückgedrängt werden, wobei auch solche Maßnahmen einer kritischen Untersuchung hinsichtlich sich möglicherweise reproduzierenden Mechanismen und der Gefahr des Net-Widening-Effekts unterzogen werden müssen. Mit dem Ziel

136 Vgl. Quensel, »Gibt es eine abolitionistische Kriminalpolitik?«, S. 332.

137 Mathiesen, »The Politics of Abolition« (1986), S. 87.

138 Thomas Mathiesen, *Gefängnislogik. Über alte und neue Rechtfertigungsversuche*, Bielefeld: AJZ 1989, S. 164ff.

139 Klaus Roggenthin, »Das Gefängnis ist unverzichtbar! Wirklich?«, *BAG-S Informationsdienst Straffälligenhilfe* (2018/1), S. 30.

140 Ebd.

141 Heinz Steinert, »Alternativen zum Strafrecht«, in: Günther Kaiser (Hg.), *Kleines Kriminologisches Wörterbuch*, 3. Aufl., Heidelberg: Müller 1993, S. 9.

142 Vgl. Portelli, »Les alternatives à la prison«, S. 27.

143 Galli, »Realistische Alternativen zur Freiheitsstrafe«, S. 192.

144 Ebd., S. 192f.

ganz grundlegender Veränderungen – und dies nicht nur in Bezug auf die Institution Gefängnis – müssen schließlich bestehende gesellschaftliche Machtverhältnisse als Wurzeln von systematischer Unterdrückung und sozialer Ungleichheit in den Blick genommen werden.

Andrea Păroşanu und Ineke Pruin

Potentiale und Herausforderungen der Integration von Restorative Justice in das Straf-(verfahrens-)recht am Beispiel von Neuseeland und Deutschland

I. Einführung

In Bezug auf Alternativen im und zum Strafrecht werden international zunehmend Konzepte der Restorative Justice diskutiert. In den vergangenen Jahrzehnten haben diverse Länder Ansätze der Restorative Justice in das Straf-(verfahrens-)recht eingeführt oder ausgeweitet. Die Ziele und Beweggründe sind vielfältig.[1] Vorrangig geht es um die Einführung oder den Ausbau eines von Wiedergutmachung geprägten Umgangs mit Geschädigten und Tatverantwortlichen im Nachgang von Straftaten. Veränderte Perspektiven auf die diesbezügliche Rolle des Straf-(verfahrens-)rechts zeigen sich nicht nur in der Kriminalpolitik. Restorative Justice ist auch zunehmend Gegenstand zivilgesellschaftlicher und wissenschaftlicher Debatten geworden. Restorative Justice kann sowohl im Rahmen des Strafrechts als auch gänzlich außerhalb davon in unterschiedlichen Kontexten zum Einsatz kommen. Claessen[2] beschreibt anhand des Subsidiaritätsprinzips,[3] dass Restorative Justice alternative Wege der Konfliktlösung fördert und dadurch die Notwendigkeit strafrechtlicher Maßnahmen im Straf-(verfahrens-)recht minimiert (sog. interne Subsidiarität). Ferner können Ungerechtigkeiten durch andere Mittel als das Strafrecht bewältigt werden, wobei Restorative Justice als weniger eingreifende

1 Einen Überblick für Europa bieten u.a. Frieder Dünkel/Johanna Grzywa-Holten/Philip Horsfield (Hg.), *Restorative Justice and Mediation in Penal Matters – A stocktaking of legal issues, implementation strategies and outcomes in 36 European countries*, Mönchengladbach: Forum Verlag Godesberg 2015 und Frieder Dünkel/Andrea Păroşanu/Ineke Pruin/Christoph Willms, »Germany«, in: Frieder Dünkel/Marianne Johanna Lehmkuhl/Andrea Păroşanu/Ineke Pruin (Hg.), *Restorative Justice in Criminal Matters in Europe*, Leiden: De Gruyter Brill 2026.

2 Jacques Claessen, »The role of restorative justice *inside* and *outside* criminal law«, *The International Journal of Restorative Justice* 2023, S. 415–425 (415).

3 Strafrecht und Bestrafung sollten nur als letztes Mittel eingesetzt werden, wenn alle weniger eingreifenden Mittel (bspw. Schule, Disziplinarrecht und auch Restorative Justice) versagen.

Alternative eine Rolle bei der Begrenzung von Kriminalisierung und Förderung von Prävention spielen kann (sog. externe Subsidiarität). Seit einigen Jahren mehren sich kritische Stimmen im Hinblick darauf, dass eine starke, als Institutionalisierung bezeichnete Einbindung der Restorative Justice in das Straf-(verfahrens-)recht dazu führe, dass deren Wesenskern verlorenginge und sich somit die Restorative Justice zu stark von ihren Prinzipien entferne und in der Folge die Grundsätze und Verfahren zu sehr vom »klassischen« Straf-(verfahrens-)recht bestimmt und die Grundprinzipien der Restorative Justice verwässert würden.

Der folgende Beitrag will sich mit der These, eine starke Implementierung führe letztlich zur Verwässerung des Konzeptes der Restorative Justice, für die Länder Neuseeland und Deutschland auseinandersetzen. Diese beiden Länder eignen sich insofern besonders für einen funktionalen Strafrechtsvergleich, weil sie international als Länder gelten, in welchen Restorative Justice-Konzepte entweder gesetzlich (Deutschland) oder darüber hinaus auch in der Praxis (Neuseeland) stark in das Straf-(verfahrens-)system einbezogen sind. Bei der Frage nach Gründen für eine Institutionalisierung der Restorative Justice und ihrer Folgen ist ein Einfluss sozio-kultureller Kontexte zu vermuten, die deshalb im Rahmen des Vergleichs berücksichtigt werden.[4] Um zu erkennen, in welchem Ausmaß in beiden Ländern von einer Institutionalisierung im obigen Sinne gesprochen werden kann, wird insofern zunächst die Entstehungsgeschichte der grundlegenden Konzepte der Restorative Justice im internationalen Kontext dargestellt. Sodann widmet sich der Beitrag der Integration von Restorative Justice in das Straf-(verfahrens-)recht am Beispiel von Neuseeland und Deutschland. Im Anschluss werden die Vor- und Nachteile einer solchen Implementierung, insbesondere auch mit Blick auf die aktuelle Debatte um die Institutionalisierung von Restorative Justice, diskutiert. Der Beitrag schließt mit einem Fazit.

II. Entwicklungsgeschichte und Konzepte der Restorative Justice

Konzepte und Entwicklungsgeschichte der Restorative Justice wurden in den vergangenen Jahren vielfach ausführlich beschrieben und sollen hier nur so weit skizziert werden, wie es für die anschließende Diskussion notwendig ist.

4 Wir verstehen den Einbezug der kulturbezogenen Aspekte mit Christoph Zehetgruber, »Perspektiven der Rechtsvergleichung – Strafrechtsvergleichung, quo vadis?«, *Zeitschrift für die gesamte Strafrechtswissenschaft* 2020, S. 195–219 als Ergänzung der funktionalen Methode.

Restorative Justice ist zunächst aus der Praxis heraus entstanden und hat anschließend die Theorie beeinflusst. Die Wurzeln der modernen Restorative Justice-Bewegung reichen bis in die 1970er Jahre in Nordamerika zurück. Erste sogenannte *victim-offender reconciliation programmes* wurden Mitte der 1970er Jahre mit Unterstützung der (von Gewaltfreiheit geprägten) mennonitischen Kirche (*Mennonite Central Committee*) in Kanada ins Leben gerufen. Bald darauf entstanden ähnliche Programme in den USA, die darauf abzielten, Wiedergutmachung und Versöhnung zwischen Geschädigten und Tatverantwortlichen zu fördern.[5]

In Europa hielten erste in diesem Sinne geprägte Ansätze ihren Einzug in den 1980er Jahren. Hier spielten neben Inspirationen aus Nordamerika insbesondere die theoretischen Grundlegungen von Nils Christie sowie weiteren Vertretern des Abolitionismus vor allem aus Norwegen und den Niederlanden eine Rolle. Zu diesen zählten beispielsweise Bianchi, Hulsman und Mathiesen. Christies Beitrag »Conflicts as Property«[6] entfachte eine grundlegende Debatte um die Ermächtigung von Individuen im Umgang mit strafrechtlichen Konflikten und (mit-)initiierte vor allem in Europa eine Bewegung, die in den nachfolgenden Jahrzehnten als Restorative Justice charakterisiert werden sollte. Ferner spielten weitere Aspekte, wie die Stärkung der Rechte von Opfern, auch vor dem Hintergrund der Frauenrechtsbewegungen, sowohl in Europa als auch weltweit eine Rolle. Darüber hinaus waren Bestrebungen, die Diversion zu stärken und Gerichte zu entlasten, in der Anfangszeit mitursächlich für die Einführung von Restorative Justice.[7]

Oftmals und unzureichend kritisch reflektiert findet sich die Zuschreibung in der Literatur, dass Restorative Justice auf indigenen Praktiken beruht. Dieser Mythos hält sich insbesondere auch in Bezug auf Neuseeland.[8] Auch wenn Vertreter:innen der Restorative Justice und indigenen Nationen häufig eine kritische Sichtweise auf die retributiv geprägten

5 Chris Marshall, »Restoring what? The practice, promise and perils of Restorative Justice in New Zealand«, *Policy Quarterly* 10/2014, S. 3–11; Chris Marshall, »Restorative justice«, in: Paul Babie/Rick Sarre (Hg.), *Religion Matters: The Contemporary Relevance of Religion*, Singapore: Springer 2020, S. 101–117. Ausführlicher zu den religiösen Wurzeln siehe Marshall, »Restorative justice«; Thomas Noakes-Duncan, *Communities of Restoration: Ecclesial Ethics and Restorative Justice*, London: Bloomsbury T&T Clark 2017.

6 Nils Christie, »Conflicts as Property«, *British Journal of Criminology* 1977, S. 1–15.

7 Vgl. Dünkel/Grzywa-Holten/Horsfield (Hg.), *Restorative Justice and Mediation in Penal Matters – A stocktaking of legal issues, implementation strategies and outcomes in 36 European countries.*

8 Paora Moyle/Juan Tauri, »Māori, Family Group Conferencing and the Mystifications of Restorative Justice«, *Victims & Offenders* 2016, S. 1–20.

Strafrechtssysteme gemein ist, so sollte dies jedoch nicht zu der Annahme führen, dass Restorative Justice und indigene Rechtsansätze gleichzusetzen seien,[9] und es ist vor der Gefahr einer »Vereinnahmung« der indigenen Konzepte durch einen solchen Mythos zu warnen. Indigene rechtliche Ansätze und Traditionen sind sehr vielschichtig, und auch wenn gewisse Werteüberschneidungen bzw. Synergien mit Restorative Justice in bestimmten Regionen der Welt existieren, können diese Konzepte nicht ohne Weiteres aufeinander übertragen werden. Im kanadischen Kontext wurde beispielsweise von Chartrand akzentuiert, dass im Unterschied zu Restorative Justice in indigenen Rechtsansätzen Gemeinschaftsbeziehungen von grundlegender Bedeutung sind und die Erfüllung der Bedürfnisse der Gemeinschaft höher gewichtet wird als das Ziel einer individuellen Schadenswiedergutmachung.[10]

In Neuseeland und Australien wurden Familiengruppenkonferenzen im Jugendrecht Ende der 1980er, Anfang der 1990er Jahre gesetzlich implementiert und erprobt. Diese beinhalten restorative Elemente; allerdings war der Begriff Restorative Justice zu dieser Zeit noch nicht bekannt bzw. geläufig. Erst im Nachhinein erfolgte eine Zuschreibung dieser Verfahren als restorativ. Die Einführung von Familiengruppenkonferenzen verfolgte nicht das Anliegen, indigene Māori-(Rechts-)Praktiken wiederzubeleben, sondern zielte vielmehr darauf, flexible und kulturell verantwortungsbewusste Verfahren anzubieten, um die Rechte von Kindern und Jugendlichen zu stärken und Familien in Entscheidungsfindungsprozesse einzubeziehen.[11]

Von grundlegender theoretischer Bedeutung für die Restorative Justice-Bewegung weltweit und auch für die kriminalpolitische Diskussion

9 Chris Cunneen, »What are the Implications of Restorative Justice's Use of Indigenous Traditions?«, in: Howard Zehr/Barb Toews (Hg.), *Critical Issues in Restorative Justice*, Monsey u.a.: Criminal Justice Press and Willan Publishing 2004, S. 341–349.

10 Department of Justice Canada, »Panel Discussion Report: Indigenous and Restorative Justice Approaches«, Canada: Department of Justice Canada 2022, S. 13 (https://www.justice.gc.ca/eng/rp-pr/jr/irja-afajr/pdf/RSD_2022_Indigenous_and_RJ_Panel_Discussion_EN.pdf (Zugriff: 18.06.2025)). Ferner sei auch der historische Hintergrund miteinzubeziehen, und da Restorative Justice innerhalb des kolonialen Strafjustizsystems, das über lange Zeit indigene Nationen kontrolliert bzw. unterdrückt habe, fungiere, seien auch »zugrunde liegende soziale Aspekte, die Auswirkungen traumatischer Erfahrungen, Kolonisation und systemischer Rassismus« mitzubedenken. Restorative Justice-Prozesse sollten flexibel und auf die jeweiligen Besonderheiten und Bedürfnisse diverser Gemeinschaften angepasst werden.

11 Vgl. Marshall, »Restoring what? The practice, promise and perils of Restorative Justice in New Zealand«; Nessa Lynch, *Youth Justice in New Zealand*, Wellington: Thompson Reuters 2019.

war das 1990 erschienene Werk von Howard Zehr, *Changing Lenses*.[12] Der Begriff »Restorative Justice« erfuhr in Zehrs Buch eine Grundsteinlegung. Zwar nahm bereits der amerikanische Psychologe Albert Eglash in seiner Arbeit (1958, 1977) auf den Begriff Bezug, betrachtete sich jedoch nicht als wegweisend für das aufkommende Gebiet der Restorative Justice. Vielmehr sah er in Zehr denjenigen, der dieses neue strafrechtliche Paradigma geprägt hatte.[13]

In seinem Grundlagenwerk forderte Zehr eine Neuausrichtung im Umgang mit strafrechtlich relevantem Verhalten. Es betonte, dass Straftaten vor allem eine Verletzung von Beziehungen zwischen Individuen darstellten, die der Wiedergutmachung bedürfen. Im Mittelpunkt stünden die Bedürfnisse der Beteiligten und die sich aus den Verletzungen ergebenden Verantwortlichkeiten. Ausgerichtet ist sein ganzheitlicher Ansatz darauf, gesellschaftlichen Wandel im Umgang mit strafrechtlich relevantem Verhalten zu bewirken. Neben Zehr zeichneten sich zahlreiche weitere Wegbereiter:innen verantwortlich für die theoretische und praktische Entwicklung restorativer Ansätze. Diesen gebührend Raum einzuräumen, steht jedoch nicht im Mittelpunkt dieses Beitrags.

In der Praxis haben sich verschiedene Modelle entwickelt, die im Rahmen eines sogenannten Kontinuums von Ansätzen im engeren Sinne wie Täter-Opfer-Ausgleich und *Conferencing*-Verfahren bis hin zu weit gefassten Möglichkeiten wie materieller Schadenswiedergutmachung oder Wahrheits- und Versöhnungskommissionen reichen. Das restorative Potential der Ansätze hängt von verschiedenen Faktoren ab, wie zum Beispiel dem Grad der Beteiligung der von einer Straftat Betroffenen und dem zugrunde liegenden Verfahren. Vertretende eines weit gefassten (bislang als »maximalistisch« bezeichneten) Ansatzes[14] sehen die Wiedergutmachung der durch die Straftaten hervorgerufenen Schäden als primäres Ziel der Restorative Justice an, der Schwerpunkt liegt somit auf dem restorativ geprägten *Ergebnis*.[15] Vorzugsweise beruht auch dieses Ergebnis auf einem restorativ geprägten Verfahren. Im weiteren Sinne zielt dies

12 Howard Zehr, *Changing lenses: a new focus for crime and justice*, Harrisonburg: Herald Press 1990.

13 Noakes-Duncan, *Communities of Restoration: Ecclesial Ethics and Restorative Justice*, zitiert in Marshall, »Restorative justice«.

14 Insbesondere Gordon Bazemore/Lode Walgrave, *Restorative Juvenile Justice. Repairing the Harm of Youth Crime*, Monsey/New York: Criminal Justice Press 1999; Lode Walgrave, *Restorative Justice, Self-interest and Responsible Citizenship*, London: Routledge 2008.

15 Nunmehr bezeichnet Walgrave diesen Ansatz als *consequential*, konsequent und prioritär auf Wiedergutmachung des Schadens ausgerichtet, jeweils mit Blick auf die individuellen Straftaten und Verantwortlichkeiten (Lode Walgrave, »Concerns about the meaning of ›restorative justice‹. Reflections of a veteran«, *International Journal of Restorative Justice* 2023, S. 353-369

auf einen tiefgreifenden Wandel und eine Transformation des Straf-(verfahrens-)rechts an sich, ausgerichtet auf Schadenswiedergutmachung. Andere befürworten den sogenannten »minimalistischen« oder »puristischen« Ansatz, der den Fokus insbesondere auf das individuelle *Verfahren* der Wiedergutmachung, das durch freiwillige und aktive Beteiligung der Betroffenen charakterisiert sind, legt.[16]

Weitgehende Übereinstimmung besteht im Hinblick auf bestimmte Kernprinzipien, welche Restorative Justice prägen. Neben einem restorativen Prozess, der idealerweise auf einen Dialog zwischen den Beteiligten an einer Straftat und gegebenenfalls ihrem Umfeld beinhaltet, spielen Werte wie Freiwilligkeit, ein respektvoller Dialog, Verantwortlichkeit und Aufrichtigkeit eine Rolle. Darüber hinaus sind die anvisierten Ergebnisse von Relevanz – die Klärung dessen, was geschehen ist, eine gemeinsame Entscheidungsfindung, wie Wiedergutmachung und positive Veränderungen für alle Beteiligten bestmöglich erreicht werden können.[17]

Die 2018 durch den Europarat verabschiedete Empfehlung »CM/Rec(2018)8 über Restorative Justice in Strafsachen« beinhaltet die derzeit aktuellste Definition. Danach bezieht sich Restorative Justice

> »to any process which enables those harmed by crime, and those responsible for that harm, if they freely consent, to participate actively in the resolution of matters arising from the offence, through the help of a trained and impartial third party (hereinafter the »facilitator«)«.

III. Implementierung von Restorative Justice in das Straf-(verfahrens-)recht am Beispiel von Neuseeland und Deutschland

1. Neuseeland

Neuseeland, gefolgt von Australien, gilt als erstes Land, das Restorative Justice im Jugendstrafrecht institutionalisiert hat.[18] Weitreichende Reformen im neuseeländischen Jugendstrafrecht 1989 legten den Grundstein

(363)). Idealerweise liegt das Ergebnis auch einem restorativ geprägten Verfahren zugrunde.

16 Z.B. Paul McCold, »Toward a mid-range theory of restorative criminal justice: A reply to the maximalist model«, *Contemporary Justice Review* 2000, S. 357–414.

17 Marshall, »Restorative justice«, S. 104.

18 Vgl. hierzu William R. Wood/Masahiro Suzuki/Juan Tauri, »Restorative Justice in Australia and New Zealand. A Faustian Bargain with the State?«, in: Guiseppe Maglione/Ian D. Marder/Brunilda Pali (Hg.), *Restorative justice*

für innovative Ansätze wie die Familiengruppenkonferenzen, die weltweit für Inspiration sorgten. Zu dieser Zeit war das Konzept der Restorative Justice allerdings noch nicht verbreitet, erst mit der Veröffentlichung von Zehrs Arbeit Anfang der 1990er erlangte es Bekanntheit.[19] Die Reformen fokussierten sich vielmehr auf die Förderung der Diversion, die verstärkte und auch kulturell verantwortungsbewusste Einbindung von (Māori) Familien in die Entscheidungsfindung sowie die Verantwortungsübernahme jugendlicher Tatverantwortlicher. Insbesondere wachsender Unmut über die Überrepräsentation jugendlicher Māori im Jugendstrafrechts- und Wohlfahrtssystem lagen den Reformbemühungen zugrunde.[20] Obwohl Familiengruppenkonferenzen ursprünglich nicht explizit als restorative Verfahren eingeführt wurden, da das Konzept noch unbekannt war, wurden erste restorative Elemente faktisch im Jugendrecht institutionalisiert.[21] Die Rolle der Geschädigten in den *Conferencing*-Verfahren war zu diesem Zeitpunkt nicht von primärer Bedeutung, erfuhr jedoch in den nachfolgenden Jahren auf legislativer Ebene eine Aufwertung.

Inwieweit Familiengruppenkonferenzen – im engeren Sinn – tatsächlich als restorative Verfahren bezeichnet werden können, ist Gegenstand zahlreicher Diskussionen. Die Kritik beruht u.a. auf einer unzureichenden Einbindung der Geschädigten in die Verfahren, Bedenken bezüglich gemeinsamer Entscheidungsfindung aufgrund mangelnder aktiver Einbeziehung der Jugendlichen und deren Familien in die Verfahren, die teilweise unzureichende kulturelle Kompetenz der Vermittler:innen, und unzureichenden Ressourcen (z.B. für Trainings) für Vermittler:innen.[22] Becroft konstatiert deshalb, dass die Praxis die

at crossroads: Dilemmas of institutionalisation, London: Routledge 2024, S. 11–39.

19 Vgl. Chris Marshall, »A gracious legacy: changing lenses in New Zealand«, *Restorative Justice* 3/2015, S. 439–444.

20 Siehe ausführlicher hierzu Andrea Păroşanu, »Jugendstrafrecht in Neuseeland im Lichte aktueller Reformentwicklungen«, *Zeitschrift für Jugendkriminalrecht und Jugendhilfe* 2018, S. 331–337.

21 Section 247 Oranga Tamariki Act. Vgl. hierzu auch Sarah Roth Shank, »Congruent or Contradictory? What Isomorphism Teaches Us about the Relationship between Restorative Justice and the Mainstream Criminal Justice System«, in: Guiseppe Maglione/Ian D. Marder/Brunilda Pali (Hg.), *Restorative justice at crossroads: Dilemmas of institutionalisation*, London: Routledge 2024, S. 170.

22 Zusammenfassend hierzu vgl. Andrew Becroft, »Fulfilling the vision. Improving Family Group Conference preparation and participation«, *manamokopuna.org* 01.12.2017, https://www.manamokopuna.org.nz/publications/reports/state-of-care-2017-family-group-conferences/ (Zugriff: 28.10.2023); Michael David Roguski, »The reclamation of whānau decision making in the

ursprüngliche gesetzgeberische Vision nicht hinreichend umgesetzt habe.[23]

Im Zuge der Reformierung des Jugendrechts wurde 2019 nunmehr gesetzlich eingeführt, dass während der Familiengruppenkonferenzen Restorative Justice-Maßnahmen (*actions*) einzubeziehen sind.[24] Diese können sich u.a. auf Entschuldigungen, Entschädigungen materieller und immaterieller Art, Leistungen für die Geschädigten oder gemeinnützige Leistungen beziehen.[25]

Im Erwachsenenstrafrecht spielten mehrere Faktoren eine entscheidende Rolle für die Einführung von *Conferencing*-Verfahren, die seit 1994 zunächst auf experimenteller Ebene implementiert wurden. Neben der Vorbildwirkung der Familiengruppenkonferenzen im Jugendstrafrecht sorgte insbesondere das Grundlagenwerk Zehrs für weitreichende Inspiration innerhalb der Zivilgesellschaft und Justiz. Die theoretischen Konzepte fanden Anklang innerhalb der (christlich geprägten) Richterschaft, Anwaltschaft, unter kirchlichen Repräsentant:innen sowie gemeindebasierten Praktiker:innen.[26] Das richterliche Engagement, insbesondere durch Richter McElrea,[27] und die zweifache Einladung von Zehr nach Neuseeland 1994 führten zu weitreichenden Debatten, die die Einführung von Restorative Justice-Verfahren mit Erwachsenen zur Folge hatten. Auf Anregung von McElrea wurde das Modell dahingehend angepasst, dass anstelle der Einbeziehung von Familienmitgliedern Repräsentant:innen aus der Gemeinschaft teilnehmen sollten. Ferner sollten neutrale, ausgebildete Dritte, die für gemeindebasierte Einrichtungen tätig waren, anstelle staatlich

context of child welfare. A case study of Iwi-led family group conferences«, *International Journal of Critical Indigenous Studies* (2/2020), S. 86–100.

23 Becroft, »Fulfilling the vision. Improving Family Group Conference preparation and participation«.

24 S. 258(2) Oranga Tamariki Act.

25 Vgl. Oranga Tamariki Webseite https://practice.orangatamariki.govt.nz/our-work/interventions/family-group-conferencing/youth-justice-family-group-conference/restorative-justice-and-the-family-group-conference-section-2582#examples-of-restorative-justice-actions-within-a-family-group-conference (Zugriff: 29.06.2025).

26 Douglas B. Mansill, »Prophecy and social justice: Christian influences and the development of restorative justice in New Zealand's adult systems of social regulation, control and punishment«, *Stimulus: The New Zealand Journal of Christian Thought and Practice* 2/2015, S. 4–11; vgl. auch Marshall, »A gracious legacy: changing lenses in New Zealand«; David Carruthers, »Restorative Justice: Lessons from the Past, Pointers for the Future«, *Waikato Law Review* 2012, S. 1ff.

27 Darüber hinaus ist auch das Engagement des Richters Jim Consedine (1995) zu erwähnen.

Angestellter die Restorative Justice-Verfahren durchführen.[28] Das bevorzugte Modell stellte das *Conferencing*-Setting im Rahmen des gerichtlichen Vorverfahrens dar, zu dessen Grundvoraussetzung die freiwillige Teilnahme gehörte.

Nach einer Phase experimenteller Erprobung in den 1990er Jahren kam es im darauffolgenden Jahrzehnt zu einer stärkeren formalen Integration, in der die experimentell durchgeführte Praxis auch institutionell anerkannt und gefördert wurde.[29] 2002 und 2004 wurden *Conferencing*-Verfahren erstmals legislativ verankert. Im *Sentencing Act* (2002) wurden restorative Prinzipien wie Verantwortungsübernahme und Einbeziehung Geschädigter in den Zielen und Prinzipien der Urteilsfindung (*sentencing purposes and principles*) festgeschrieben. Ferner enthält der *Victims' Rights Act* (2002) Passagen, die es den Geschädigten ermöglichen, Restorative Justice-Verfahren auf eigene Initiative in die Wege zu leiten und Informationen über entsprechende RJ-Einrichtungen zu erhalten. Darüber hinaus verweisen der Parole Act 2002 und der *Corrections Act* 2004 auf Restorative Justice-Grundsätze und -Verfahren nach der Urteilsfindung bzw. im Strafvollzug.[30]

Eine deutliche Erweiterung des *Conferencing*-Modells erfolgte im Zuge einer Gesetzesreform von 2014, kurz nachdem die finanzielle Förderung durch das Justizministerium landesweit signifikant erhöht worden war. Ab diesem Zeitpunkt waren die Gerichte (*district courts*, den Amtsgerichten vergleichbar) verpflichtet, bei Vorliegen bestimmter Voraussetzungen wie dem Schuldeingeständnis obligatorisch zu prüfen, ob Restorative Justice als mögliche Option in Betracht gezogen werden sollte. Dies kann zu einer Strafmilderung führen, die im Ermessen der Gerichte liegt und in der Praxis üblicherweise gewährt wird.[31] Damit erfolgte eine gewichtige Einbettung von Restorative Justice in das Strafrecht, die einen bedeutsamer Schritt vom Rande des Strafrechtssystems

28 Zusammenfassend hierzu auch Sarah B. Roth Shank, *Institutionalizing Restorative Justice in New Zealand's Criminal Justice System: Gains, Losses and Challenges for the Future*, Wellington: Victoria University of Wellington 2021, S. 72.

29 Roth Shank, »Congruent or Contradictory? What Isomorphism Teaches Us about the Relationship between Restorative Justice and the Mainstream Criminal Justice System«, S. 170ff. m. w. N.

30 In der Praxis sind diese Regelungen jedoch nicht von weitreichender Bedeutung (vgl. Roth Shank, *Institutionalizing Restorative Justice in New Zealand's Criminal Justice System: Gains, Losses and Challenges for the Future*).

31 Eine weitere Gesetzesreform 2014 (*Victims' Rights Amendment Act*) stärkte den Zugang der Geschädigten zu Restorative Justice, denen prinzipiell in jeder Phase des Strafverfahrens das Recht auf Teilnahme an Restorative Justice eingeräumt wurde.

in dessen Mitte (»*mainstream*«) darstellt.[32] Durch eine scheinbar kleine Gesetzesänderung wurden die Möglichkeiten der Restorative Justice deutlich ausgeweitet und die institutionelle Verankerung vertieft. Rasant gestiegene Fallzahlen waren die Folge, was in den ersten Jahren auch Herausforderungen für die Praxis mit sich brachte.

Statistische Daten zum Gebrauch von Restorative Justice in Neuseeland sind nur recht eingeschränkt verfügbar.[33] Die *Restorative Justice Victim Satisfaction Survey* (2023)[34] mit Bezug auf Erwachsene verdeutlicht, dass sich die Mehrzahl (79%) der befragten Geschädigten oder deren Repräsentant:innen (N=371) mit dem *Conferencing*-Verfahren zufrieden zeigte. Auf die Frage, inwieweit die Teilnahme am Verfahren für sie von Nutzen war, konnten 82% der Befragten mindestens einen Vorteil benennen. Dazu zählte beispielweise, mit dem Geschehen abschließen zu können.

2. *Deutschland*

In Deutschland[35] sind an verschiedenen Stellen Implementierungen von Restorative Justice-Elementen in das Strafverfahrensrecht erkennbar.[36]

32 Roth Shank, *Institutionalizing Restorative Justice in New Zealand's Criminal Justice System: Gains, Losses and Challenges for the Future*, S. 81.

33 Die Anzahl der Fallzuweisungen zu Restorative Justice (exklusive häuslicher und sexualisierter Gewalt) hat sich von 4.587 in 2014/15 (finanzielles Jahr) auf 6.135 in 2018/19 erhöht, Ministry of Justice, persönliche Information.

34 Ministry of Justice, *Restorative Justice Victim Satisfaction Survey*, New Zealand: Ministry of Justice/Gravitas OPG 2023.

35 Aktuelle und umfassende Berichte über die Situation der RJ in Deutschland finden sich bei Frieder Dünkel/Christoph Willms, »Täter-Opfer-Ausgleich und Restorative Justice in Deutschland – Aktuelle Entwicklungen und kriminalpolitischer Handlungsbedarf«, *Neue Kriminalpolitik* 2023, S. 172–189; Dünkel/Păroşanu/Pruin/Willms, »Germany«; Christoph Willms, »Restorative Justice«, in: Heinz Cornel et al. (Hg.), *Resozialisierung, Handbuch*, Baden-Baden: Nomos 2023, S. 491–508; Frank Winter, »Täter-Opfer-Ausgleich«, in: Heinz Cornel et al. (Hg.), *Resozialisierung, Handbuch*, Baden-Baden: Nomos 2023, S. 509–528; Otmar Hagemann, *Restorative Justice: Heilung, Transformation, Gerechtigkeit und sozialer Frieden*, Köln: DBH-Fachverband 2023; Clivia von Dewitz, *Täter-Opfer-Ausgleich und strafrechtliche Mediation: Ein Leitfaden für die Anwendung des § 46a StGB in der richterlichen Praxis*, Baden-Baden: Nomos 2023; Christoph Willms/Rehzi Malzahn, »The ›Deadly Embrace‹ of Restorative Justice in Germany«, in: Guiseppe Maglione/Ian D. Marder/Brunilda Pali (Hg.), *Restorative Justice at a Crossroads. Dilemmas of Institutionalisation*, London: Routledge 2024, S. 189–210.

36 Die Möglichkeiten rund um rein finanzielle Wiedergutmachungskonzepte ohne kommunikativen Prozess zwischen Täter:innen und Geschädigten lassen wir an dieser Stelle weitgehend unbeachtet.

Im internationalen Vergleich gibt es verhältnismäßig viele Normen, die als Einfallstore für RJ gesehen werden können. Restorative Justice-Elemente wurden zunächst im Rahmen der Jugendstrafrechtsreform im Jahr 1990 in das Jugendstrafverfahren eingefügt und etwa zehn Jahre später auch in das Erwachsenenstrafverfahren übernommen.

Im jugendstrafrechtlichen Vorverfahren kann die Staatsanwaltschaft von der Verfolgung absehen, wenn sich der Jugendliche bemüht, »einen Ausgleich mit dem Verletzten zu erreichen«, § 45 Abs. 2 JGG. Die gleiche Möglichkeit hat das Jugendgericht im Hauptverfahren nach § 47 Abs. 1 Nr. 2 JGG (Diversionsverfahren). Im erwachsenenstrafrechtlichen Vorverfahren eröffnet § 153 a StPO der Staatsanwaltschaft ebenfalls die Möglichkeiten einer Verfahrenseinstellung für den Fall, dass der Täter »sich ernsthaft zu bemüht, einen Ausgleich mit dem Verletzten zu erreichen (Täter-Opfer-Ausgleich) und dabei seine Tat ganz oder zum überwiegenden Teil wieder gut zu machen oder deren Wiedergutmachung zu erstreben«. Im Gegensatz zum Jugendstrafrecht ist diese Möglichkeit nur bei Vergehen eröffnet. Für das Hauptverfahren eröffnet § 46 a Abs. 1 StGB eine fakultative Strafmilderungsmöglichkeit, wenn der Täter oder die Täterin »in dem Bemühen, einen Ausgleich mit dem Verletzten zu erreichen (Täter-Opfer-Ausgleich), seine Tat ganz oder zum überwiegenden Teil wiedergutgemacht oder deren Wiedergutmachung ernsthaft erstrebt«. Wenn keine höhere Strafe als Freiheitsstrafe bis zu einem Jahr oder Geldstrafe bis zu dreihundertsechzig Tagessätzen auszusprechen wäre, kann das Gericht in diesen Fällen sogar insgesamt von Strafe absehen.

Für die Nachurteilsphase gibt es darüber hinaus einige Vorschriften, die Restorative Justice – insbesondere im Rahmen von Bewährungsmaßnahmen – ermöglichen oder anregen können (§§ 56 iVm 56b Abs. 1 StGB, §§ 32 iVm 23 JGG, §§ 57 Abs. 3 iVm 56b Abs. 1 StGB, §§ 88 iVm 23 JGG). Ein Schwerpunkt liegt hier allerdings auf der finanziellen Entschädigung der Opfer und nicht auf kommunikativen Prozessen zwischen den Beteiligten.

In vielen Strafvollzugsgesetzen ist die Rede davon, dass die Gefangenen bei der Schadenswiedergutmachung unterstützt werden sollen.[37] Einige Strafvollzugsgesetze[38] sehen ausdrücklich auch den Zugang der Gefangenen zur Mediation vor.[39] Ein interessantes Einfallstor für RJ im

37 Frieder Dünkel/Andrea Păroşanu/Ineke Pruin, »Restorative Justice im Strafvollzug, Aktuelle Entwicklungen im europäischen Vergleich«, *TOA-Magazin* 2/2023, S. 4–8 (6ff.).

38 § 9 I Nr. 20 StVollzG M-V, § 11a I Nr. 20 SächsStVollzG, § 21 I 1 LStVollzG SH.

39 Johannes Kaspar/Isabel Kratzer-Ceylan, »Täter-Opfer-Ausgleich im Strafvollzug«, *TOA-Magazin* 2/2023, S. 44–47 (44ff.), Dünkel/Păroşanu/Pruin, »Restorative Justice im Strafvollzug, Aktuelle Entwicklungen im europäischen Vergleich«, S. 6ff.

Strafvollzug sind die in zwölf Landesstrafvollzugsgesetzen vorgesehenen Konfliktregelungsmechanismen bei Problemen zwischen Gefangenen und zwischen Gefangenen und Bediensteten, um förmliche Disziplinarmaßnahmen zu vermeiden.[40] Während im Durchschnitt nur ein kleiner Teil der Disziplinarmaßnahmen in diesem Sinne »geschlichtet« wird,[41] spielt diese Möglichkeit in Rheinland-Pfalz offenbar eine größere Rolle (21,7% Streitschlichtungen bezogen auf alle disziplinarisch relevanten Ereignisse).[42]

Erwähnenswert ist zudem für den Bereich des Übergangs vom Vollzug in die Freiheit das »Gesetz zur Ambulanten Resozialisierung und zum Opferschutz« aus Schleswig-Holstein (2022), das ein flächendeckendes Angebot von TOA-Fachstellen sowie die Möglichkeit der Initiierung eines TOA durch die Betroffenen selbst gesetzlich verankert.[43] Breite Informationspflichten runden das Bild eines auf allen Ebenen des Strafverfahrens möglichen Einflusses von Restorative Justice ab (§§ 136 Abs. 1, 153, 153a, 155a, 155b, 406i Abs. 1 Nr. 5, 406k StPO).

Auf gesetzlicher Ebene wird Deutschland im europäischen Vergleich als eines der Länder mit der breitesten gesetzlichen Verankerung der Restorative Justice im Strafverfahrensrecht angesehen.[44] Dennoch kann man nicht von einer breiten Anwendung von Restorative Justice im deutschen Strafverfahren sprechen. Voranzuschicken ist zunächst, dass die diesbezügliche statistische Erfassung ausbaufähig ist und nur einen Teil der Angebote erfasst.[45] Auswertungen ergeben, dass nur ein verschwindend kleiner Teil der (potentiell geeigneten) Strafverfahren bei Erwachsenen mit Restorative Justice-Elementen in Berührung kommt. In Jugendstrafsachen wird geschätzt, dass in etwa 3% der Verfahren Restorative Justice-Maßnahmen (ganz überwiegend der Täter-Opfer-Ausgleich) in Betracht gezogen wird.[46]

Die Auswertung der TOA-Statistik zeigt außerdem, dass Mediationen im Strafverfahren ganz überwiegend im Vorverfahren stattfinden und die

40 Vgl. Johannes Feest/Wolfgang Lesting/Michael Lindemann, »Strafvollzugsgesetze. Bundes- und Landesrecht. Kommentar«, Hürth: Carl Heymanns Verlag 2022, § 89 LandesR, Rn. 6; Hans-Dieter Schwind/Alexander Böhm/Jörg-Martin Jehle/Klaus Laubenthal (Hg.), »Strafvollzugsgesetze. Bund und Länder. Kommentar«, Berlin/Boston: de Gruyter 2020, 11. Kapitel, Rn. 60.

41 Dünkel/Păroșanu/Pruin, »Restorative Justice im Strafvollzug, Aktuelle Entwicklungen im europäischen Vergleich«, S. 7.

42 Ebd.

43 Vgl. Dünkel/Willms, »Täter-Opfer-Ausgleich und Restorative Justice in Deutschland – Aktuelle Entwicklungen und kriminalpolitischer Handlungsbedarf«, S. 177.

44 Michael Kilchling, »Restorative Justice in Europa«, *TOA-Magazin* 2/2019, S. 4–9; Willms/Malzahn, »The ›Deadly Embrace‹ of Restorative Justice in Germany«.

45 Ebd., S. 192; umfassend Dünkel/Păroșanu/Pruin/Willms, »Germany«.

46 Auswertungen bei Dünkel/Păroșanu/Pruin/Willms, »Germany«

Initiative ganz überwiegend von der Staatsanwaltschaft ausgeht.[47] Es besteht dadurch die Gefahr, dass die Hoffnung auf eine Verfahrenseinstellung die für die Restorative Justice vorausgesetzte freiwillige Entscheidung in Richtung einer Teilnahme manipuliert. Kritisch ist zu sehen, dass Mediationsverfahren offenbar in der Regel in leichten bis mittelschweren Fällen durchgeführt werden[48] und ein »net widening«-Effekt nicht ausgeschlossen werden kann.[49]

Die Zuständigkeit für die Durchführung der Restorative Justice-Verfahren ist nicht einheitlich geregelt. Teilweise werden Freie Träger beauftragt, teilweise führen bei der Jugendgerichtshilfe oder der Bewährungshilfe angestellte Sozialarbeiter:innen mit einer Mediator:innenausbildung[50] die Verfahren (in der Regel TOA) durch. Im letzteren Fall ist die Finanzierung der Verfahren über den Haushalt gesichert, während Freie Träger für jede Förderperiode neu Gelder beantragen müssen. Es besteht jedoch auch die Gefahr, dass die staatlich angestellten Mediator:innen oder Vermittler:innen von den Parteien nicht als allparteilich und unabhängig wahrgenommen werden.[51] Dennoch ist insbesondere im Erwachsenenstrafverfahren in jüngerer Zeit die Tendenz wahrzunehmen, dass einige Bundesländer Mediationsverfahren eher in die Hände der »staatlichen« Mediator:innen legen,[52] was in der Folge aufgrund von Unterfinanzierungen zu einer Reduktion der gut aufgestellten Freien Träger führen könnte.

IV. Institutionalisierung – Chancen und Risiken

Im Rahmen der derzeit international geführten Institutionalisierungsdebatte im Bereich der Restorative Justice wird befürchtet, dass der aktuelle Implementierungsstand der Restorative Justice in das Straf-(verfahrens-)recht den Wesenskern und Prinzipien der Restorative Justice nachteilig beeinträchtigen könnte.[53]

47 Arthur Hartmann/Marie Schmidt/Sophie Settels/Hans-Jürgen Kerner, *Täter-Opfer-Ausgleich in Deutschland. Auswertung der bundesweiten Täter-Opfer-Ausgleich-Statistik für die Jahrgänge 2019 und 2020*, Berlin: Bundesministerium der Justiz 2021, S. 29ff.

48 Ebd., S. 37ff.

49 Dünkel/Păroşanu/Pruin/Willms, »Germany« m.w.N.; Willms/Malzahn, »The ›Deadly Embrace‹ of Restorative Justice in Germany«, S. 192.

50 In der Regel wird die Ausbildung des TOA-Servicebüros (https://www.toa-servicebuero.de/ueber-uns (Zugriff: 23.05.2024)) durchlaufen.

51 Dünkel/Păroşanu/Pruin/Willms, »Germany«.

52 Ebd.

53 Zur Diskussion um die Institutionalisierung von Restorative Justice siehe u.a. Guiseppe Maglione/Ian D. Marder/Brunilda Pali (Hg.), *Restorative justice at crossroads: Dilemmas of institutionalisation*, London: Routledge 2024;

1. Das Konzept der Institutionalisierung

In der soziologischen Interpretation bezeichnet Institutionalisierung die Habitualisierung menschlicher Handlungen.[54] Es handelt sich um einen Prozess, durch den soziale Normen und Strukturen stabilisiert und etabliert werden. In Bezug auf Konfliktlösung liegt nach Merry[55] Institutionalisierung vor, wenn vorhandene Sozialstrukturen wesentliche Aspekte eines neuen Ansatzes kontrollieren, insbesondere Finanzierung, Fallzuweisung und Personal.

Detailliert beschreibt Faget[56] sechs Phasen der Institutionalisierung bezogen auf Mediation in Strafsachen am Beispiel Frankreichs: Zunächst werden auf Initiative kleiner Gruppen engagierter Personen Praxismodelle entwickelt, welche die Utopie mit der sozialen Wirklichkeit in Einklang bringen. Anschließend werden Praxisregeln entworfen, um die Verfahren zu festigen. Es folgen Finanzierungsanfragen zur Fortführung der Experimente, die zugleich eine institutionelle Legitimität begründen.[57] Daraufhin entstehen professionelle Organisationen, die eine Kontrolle (ein »Quasi-Monopol«) über Trainings und Programme ausüben. Dadurch verliert die ursprüngliche Bewegung einen Teil ihrer Autonomie und unterwirft sich staatlichen Anforderungen. In einem weiteren Schritt erfolgt die Legalisierung, d.h. die rechtliche Implementierung der Verfahren. Als Ergebnis dieses Institutionalisierungsprozesses steht die Professionalisierung der (Aktivität der) Mediation. Das bedeutet beispielsweise, dass

Ivo Aertsen, »Die Institutionalisierung von Restorative Justice«, *TOA-Magazin* 02/2022, S. 8–11; Guiseppe Maglione, »Pushing the theoretical boundaries of restorative justice: Nonsovereign justice in radical political and social theories«, in: Theo Gavrielides (Hg.), *Routledge International Handbook of Restorative Justice*, London/New York: Routledge 2019, S. 21–31; Theo Gavrielides, »Repositioning Restorative Justice in Europe«, *Victims & Offenders* 2016, S. 71–86; Ivo Aertsen/Tom Daems/Luc Robert (Hg.), *Institutionalizing Restorative Justice*, London: Willan Publishing 2006.

54 Peter L. Berger/Thomas Luckmann, *The Social Construction of Reality*, Garden City, New York: Anchor Books 1966, zitiert in Ivo Aertsen, »The intermediate position of restorative justice: the case of Belgium«, in: Aertsen/Daems/Robert (Hg.), *Institutionalizing Restorative Justice*, London: Willan Publishing 2006, S. 75.

55 Sally Engle Merry, »Myth and practice in the mediation process«, in: Martin Wright and Burt Galaway (Hg.), *Mediation and Criminal Justice. Victims, Offenders and Community*. London: Sage 1989, S. 239–250, zitiert in Aertsen/Daems/Robert (Hg.), *Institutionalizing Restorative Justice*, S. 77.

56 Jaques Faget, »The French phantoms of restorative justice: the institutionalization of ›penal mediation‹«, in: Aertsen/Daems/Robert (Hg.), *Institutionalizing Restorative Justice*, S. 151–165 (155ff.).

57 Jedoch auch eine ökonomische Abhängigkeit zur Folge haben.

diejenigen, die diese Aktivität ausüben möchten, durch Trainings zertifiziert oder durch staatliche Stellen autorisiert werden müssen.

Aertsen[58] differenziert nach zwei Bedeutungen der Institutionalisierung in Bezug auf Restorative Justice. Im soziologischen Sinn bezeichnet er Institutionalisierung als

> »einen Prozess, bei dem bestimmte Verhaltensmuster aufgrund ihres wiederkehrenden Auftretens eine gesellschaftliche Entität oder ›Einrichtung‹ werden. Das könnte z. B. mit der Mediation passieren, wenn ihre Praxis stetig zunimmt und sie sich auf eine kollektive Anwendung, Kontinuität und Struktur verlassen kann. Diese neue Institution wird dann eine eigene, bestimmende Körperschaft und übt allein durch ihre Existenz eine Form primärer sozialer Kontrolle aus. … Restorative Justice wird eine eigene Institution, die gemäß ihrer originären Werte und Prinzipien funktioniert.«

Als problematischer erachtet Aertsen die Art der Institutionalisierung, in der Restorative Justice zu einem abhängigen Teil einer bereits bestehenden Institution wie der Staatsanwaltschaft, der Polizei etc. wird. Dies würde einen Prozess der Übernahme, auch bekannt als sog. Kooptierung, von Restorative Justice in das Strafrechtssystem bedeuten. Innerhalb dieser Strukturen würden Aspekte wie Fallzuweisung, Finanzierung und Personalbesetzung von der übergeordneten Einrichtung kontrolliert werden. Restorative Justice wäre somit von den Zielen, Werten und Prioritäten der existierenden Einrichtung abhängig, was sich auf das Selbstverständnis und die Werte der Restorative Justice-Praktiker:innen sowie Verfahren auswirken würde.

Aertsen [59] beispielsweise spricht sich für einen mittleren Weg aus, in dem Restorative Justice als semi-autonomes Feld zu verstehen ist und eine Zwischenposition zwischen öffentlichen und privatem bzw. gemeindebasierten Bereich einnimmt. Diese sei insbesondere durch gleichberechtigte Partnerschaft von Akteuren der Restorative Justice, dem staatlichen bzw. öffentlichen Bereich sowie gemeindebasierten Einrichtungen gekennzeichnet. Grundlegende Werte und Prinzipien der Restorative Justice wie Vertraulichkeit und Freiwilligkeit müssten gesetzlich geschützt und garantiert werden. Dieser Ansicht, die die Gewährung eines semiautonomen Bereiches und die Betonung von Partnerschaften mit gemeindebasierten Akteuren befürwortet, ist grundsätzlich zuzustimmen, um einer Verwässerung der Prinzipien entgegenzuwirken und Expert:innen aus der Praxis gebührend Selbstbestimmung im Hinblick auf die praktische Umsetzung einzuräumen.

58 Aertsen, »Die Institutionalisierung von Restorative Justice«, S. 8–9.

59 Aertsen, »Die Institutionalisierung von Restorative Justice«, S. 9; vgl. auch Anne Lemonne, »The adventure of the institutionalisation of restorative justice in Belgium«, *International Journal of Restorative Justice* 2018, S. 230–251.

Im Folgenden werden Aspekte der Institutionalisierung im Zusammenhang mit Restorative Justice am Beispiel von Neuseeland und Deutschland diskutiert.

2. *Institutionalisierung in Neuseeland*

Wie bereits erwähnt, wurden Familiengruppenkonferenzen bereits 1989 in das Jugendstrafrecht aufgenommen, und *Conferencing*-Verfahren für Erwachsene wurden erstmals im Jahr 2002 gesetzlich verankert. Damit verfügt Neuseeland über eine langjährige gesetzliche Erfahrung mit Restorative Justice, die schon früh institutionalisiert wurde. Mit Blick auf Fagets Phasenmodell verlief die Entwicklung im Erwachsenenstrafrecht in Neuseeland grundsätzlich wie von Faget beschrieben. Im Jugendstrafrecht hingegen erfolgte zunächst die legislative Verankerung, die die weiteren Phasen der praktischen Umsetzung und Professionalisierung nach sich zog.

Inwieweit zeigen sich Chancen und Risiken bei der Integration von Restorative Justice in das neuseeländische Straf-(verfahrens-)recht?

Ein Vorteil der gesetzlichen Implementierung liegt darin, dass der *Zugang* zu Restorative Justice in Fällen nach Anklageerhebung für die Betroffenen einer Straftat grundsätzlich gewährleistet ist. Dies gilt insbesondere seit der Gesetzesreform 2014, durch die die Gerichte verpflichtet sind zu prüfen, ob Restorative Justice grundsätzlich in Betracht kommt. Dadurch konnte die Fallzuweisung und Anwendungspraxis erheblich ausgeweitet werden, die Zuweisung bei Vorliegen der Voraussetzungen ist nunmehr »Standard«. Folglich hängen die Fallzuweisung und praktische Umsetzung nicht mehr vom Ermessen und Kenntnisstand der zuweisenden Behörden ab, wie Willms & Malzahn (2024) in Bezug auf Deutschland kritisch anmerken.

Die langjährige gesetzliche Verankerung hat außerdem zu einer größeren Bekanntheit bzw. Bewusstsein über Restorative Justice innerhalb der Justiz sowie der Gesellschaft geführt. Parallel zu Restorative Justice im Strafrecht haben sich in den vergangenen Jahrzehnten z.B. im schulischen Bereich und darüber hinaus restorative Praktiken vielfach etabliert, die vermutlich zur weiteren Bekanntheit und Akzeptanz innerhalb der Gesellschaft beigetragen haben könnten. Die Anwendung in weiteren Sphären wie dem Bildungsbereich kann sich tendenziell vorteilhaft auch auf den justiziellen Bereich auswirken und als Alternative zum Straf-(verfahrens-)recht zu dessen Entlastung beitragen.

Einhergehend mit der legislativen Implementierung ist auch das flächendeckende Angebot zu sehen, das in der Praxis tatsächlich einen regionalen ausgewogenen Zugang zu Restorative Justice-Diensten in Neuseeland erlaubt, abgesichert durch staatliche Finanzierung.

Die Entwicklung von Praxisstandards und die notwendige Zertifizierung der Vermittler:innen kann die Qualität der Verfahren grundsätzlich fördern und das Vertrauen der Beteiligten in die Prozesse stärken. Die Vermittler:innen aus der Mitte der Zivilgesellschaft haben vielfältige Hintergründe, und entsprechen gleichzeitig den Standards der Professionalisierung durch festgelegte Ausbildungs- und Zertifizierungsvorgaben.

Bei Betrachtung der nachteiligen Folgen der Institutionalisierung auf gesetzlicher Ebene ist zunächst anzumerken, dass in Neuseeland, ähnlich wie in einer Reihe anderer Länder, ein spezifisches Verfahrensmodell der Restorative Justice gesetzlich festgeschrieben worden ist. Dabei handelt es sich um das *Conferencing*-Modell im Rahmen des gerichtlichen Vorverfahrens, das als bevorzugtes Modell eingeführt wurde und sich faktisch als »Standardmodell« herausgebildet hat. Dies führte einerseits dazu, dass die Anwendung in anderen Verfahrensstadien, insbesondere nach der Urteilsfindung, einschränkt worden ist, und auch die Förderung außerhalb dieses Modells prinzipiell nicht vorgesehen ist. Zum anderen verengt die Fokussierung auf ein bestimmtes Verfahrensmodell den Blick für andere Modelle.[60]

Die gesetzliche Implementierung kann auch dazu führen, dass die Flexibilität der Verfahrensmodelle eingeschränkt wird. Dies kann zum Beispiel den bestmöglichen Zeitpunkt der Durchführung im Rahmen des Strafverfahrens betreffen. Manchmal brauchen Geschädigte einer Straftat einen längeren Zeitraum, um sich für die Teilnahme an einem Restorative Justice-Verfahren zu entscheiden. Die Fokussierung auf das Verfahrensmodell vor der Urteilsfindung schränkt ihre Möglichkeiten ein, selbstbestimmt den für sie optimalen Zeitpunkt zu wählen. Die Forschung zeigt, dass Geschädigte einer Straftat Wahlmöglichkeiten im Umgang mit dem Unrecht brauchen, um ihren individuellen Bedürfnissen gerecht zu werden. Dazu gehören beispielsweise die Wiedererlangung von Kontrolle und die Stärkung der Selbstbestimmung. Der Gebrauch *vor* Anklageerhebung ist unter bestimmten Voraussetzungen zwar möglich, aber in der Anwendungspraxis sehr marginal. Auch ist als problematisch zu sehen, dass Fälle, die keine strafrechtliche Relevanz aufweisen, nicht einbezogen werden, da sie außerhalb des gesetzlich vorgegeben Rahmens liegen. Insofern beschränkt die gesetzliche Implementierung die Anwendungsmöglichkeiten.

Im Zwischenfazit ist festzuhalten, dass in Neuseeland das Restorative Justice *Conferencing*-Verfahren klar gesetzlich geregelt ist und die festgeschriebene Prüfung durch die Gerichte den Zugang der Beteiligten zu Restorative Justice stärker geöffnet hat. Im Hinblick auf die Flexibilität

60 Vgl. Roth Shank, »Congruent or Contradictory? What Isomorphism Teaches Us about the Relationship between Restorative Justice and the Mainstream Criminal Justice System«.

könnte jedoch eine stärkere Offenheit für Restorative Justice in allen Phasen des gerichtlichen Verfahrens sowie für andere Verfahrensmodelle unterstrichen werden, im Einklang mit den zugrunde liegenden Konzepten der Restorative Justice. Ähnlich dem zuvor beschriebenen »mittleren Weg« im Hinblick auf die Institutionalisierung ist festgelegt, dass gemeindebasierte Organisationen für die Durchführung verantwortlich sind und somit prinzipiell einen neutralen Raum zur Konfliktbearbeitung bieten.

3. *Institutionalisierung in Deutschland*

Als ein Anzeichen eines hohen Institutionalisierungsgrades in Deutschland ist zunächst die international vergleichsweise hohe gesetzliche Regelungsdichte vor allem in Bezug auf den Täter-Opfer-Ausgleich anzusehen. Diese spricht gleichzeitig für das Verfolgen eines maximalistischen Ansatzes in Bezug auf Restorative Justice: Die Regelungen demonstrieren, dass der Zweck der Wiedergutmachung an vielen Stellen vor das staatliche Strafverfolgungsinteresse gestellt werden kann.

Ein weiteres Indiz für einen hohen Grad an Institutionalisierung ist die Praxis: Wenn in der Mehrheit der Fälle Mediationsverfahren im Strafrecht durch die Staatsanwaltschaften oder Gerichte und nicht durch die an einem Konflikt beteiligten Parteien selbst initiiert werden, liegt die Befürchtung nahe, dass nicht mehr die Bedürfnisse der betroffenen Parteien, sondern der Justiz im Vordergrund stehen.[61]

In Bezug auf Fagets sechs Phasen der Institutionalisierung ist interessant, dass in Deutschland die dritte Phase (die rechtliche Implementierung der Verfahren) zumindest in Teilen vor der zweiten Phase (Entwicklung professioneller Organisationen) stattgefunden hat. Nach einer ersten Phase der Entwicklung von Praxismodellen und Ideen durch lokale Initiativen in den 1980er Jahren[62] und der anschließenden Überzeugung der für das Jugendstrafrecht zuständigen Referenten im Bundesjustizministerium (vgl. Jugendstrafrecht durch die Praxis) wurde bereits 1990 der Täter-Opfer-Ausgleich in das JGG aufgenommen. Erst im Anschluss daran entwickelte sich eine Professionalisierung durch das 1992 gegründete TOA-Servicebüro und die dort entwickelten Standards und Fortbildungen.[63]

61 Maglione, »Pushing the theoretical boundaries of restorative justice: Nonsovereign justice in radical political and social theories«, S. 21f. benennt einen solchen Zustand als »Co-optierung«.

62 Willms/Malzahn, »The ›Deadly Embrace‹ of Restorative Justice in Germany«, S. 190; Dünkel/Păroşanu/Pruin/Willms, »Germany«.

63 Willms/Malzahn, »The ›Deadly Embrace‹ of Restorative Justice in Germany«, S. 190.

Andererseits führt dieser vergleichsweise hohe Grad an Institutionalisierung offenbar nicht zu einer weiten Anwendung der Restorative Justice/des Täter-Opfer-Ausgleichs. Auch zeigt die jüngste Evaluation in Sachsen, dass sich die Strafverfolgungsorgane trotz der hohen gesetzlichen Implementierung nicht gut über die Möglichkeiten der Restorative Justice im Strafrecht informiert fühlen und deshalb (und mit Blick auf ihre hohe Arbeitsbelastung) die »klassischen« Sanktionen und Verfahren des Strafrechts präferieren.[64]

Sehr negativ wird der Zustand der Institutionalisierung von Willms und Malzahn bewertet.[65] Ihrer Ansicht nach hat

> »like other informal alternatives to punishment over the past decades (...), the German state official model of restorative justice – Täter-Opfer-Ausgleich (TOA) – only led to further differentiation and expansion of the state's grip on the definition and handling of ›crime‹, that is, to the creation of a double-track system of criminal justice, focused on guilt and reacting with punishment (fines, imprisonment) or rehabilitation orders (care order, therapy).«[66]

Ihre Argumentation ist, dass die aktuellen Regelungen zu viel Raum dafür ließen, Verfahren unter dem Deckmantel der Restorative Justice als klassische, punitiv orientierte Strafverfahren durchzuführen, weil insbesondere die Methoden nicht festgelegt werden, sondern lediglich ein »kommunikativer Prozess« zwischen Tatverantwortlichen und Geschädigten stattfinden muss, der zwar auf Wiedergutmachung gerichtet ist, aber die wesentlichen Elemente bzw. die Haltung der Restorative Justice nicht zwingend integrieren muss.[67]

Dieser Befürchtung ist grundsätzlich zuzustimmen. Es ist zutreffend, dass die Gefahr besteht, die deutsche Strafjustiz bzw. Kriminalpolitik könne angesichts der hohen Regelungsdichte sowie den grundsätzlich großen »Einfallstoren« insbesondere für den TOA behaupten, Restorative Justice sei weitgehend implementiert und es seien insofern keine weiteren Diskussionen oder gar Investitionen mehr notwendig. Eine solche Argumentation wiederum würde zusätzlich die Gefahr manifestieren, dass in Deutschland die strafrechtliche Mediation mit Restorative Justice gleichgesetzt würde, obwohl sie aus Sicht der Grundsätze und Prinzipien der Restorative Justice lediglich als ein »Einfallstor« angesehen werden kann, also als ein Verfahren, das im Sinne der Restorative

64 Elisa Hoven/Anja Rubitzsch/Jan Schriever, *Der Täter-Opfer-Ausgleich im Erwachsenenbereich in Sachsen: Eine Evaluierungsstudie*, Baden-Baden: Nomos 2024.

65 Willms/Malzahn, »The ›Deadly Embrace‹ of Restorative Justice in Germany«, S. 189ff.

66 Ebd., S. 189.

67 Ebd., S. 191ff.

Justice-Prinzipien durchgeführt werden *kann*, wenn im individuellen Fall auf die Einhaltung der Grundprinzipien (und hier insbesondere dem Aspekt der Freiwilligkeit) geachtet wird.[68] Andere Verfahrensarten wie die Kreisverfahren sind hingegen von vorneherein weniger anfällig für Verwässerungen der Ursprungsidee der Restorative Justice (und stehen nicht so stark im Dilemma rechtsstaatlicher Grundsätze wie der Unschuldsvermutung). Für die Grundidee der Restorative Justice wäre es tatsächlich nahezu vernichtend, wenn mit Hinweis auf die derzeitige gesetzliche Implementierung die Diskussion über die Ausweitung und Umsetzung der Restorative Justice Ideen im Sinne eines »das haben wir doch schon alles«-Arguments niedergeschlagen würde.

Allerdings gibt es auch eine andere Seite. Aufgrund des aktuellen Implementierungsstands, zumindest der Mediation in Strafsachen, ist in Deutschland ein gewisser Grundstein für die Aufwertung der Restorative Justice gelegt. Weil es im Rahmen der Restorative Justice stark um emotionale Veränderungen bei den an Straftaten beteiligten Personen geht, überzeugt Restorative Justice am stärksten auf der Ebene von Erfahrungen. Die verschiedenen straf-(verfahrens-)rechtlichen Einfallstore und die dadurch (mit-)bedingte Implementierung fester Institutionen und Finanzierungen für Angebote wie dem Täter-Opfer-Ausgleich bringen die Chance mit sich, dass Menschen Erfahrungen machen, »Gegnern« auf Augenhöhe zu begegnen, andere Sichtweisen zu hören, Verantwortung zu übernehmen und als Folge schwere und auch traumatische Erlebnisse besser bewältigen zu können. Zu bedenken sind in diesem Zusammenhang die Stimmen von Betroffenen, die zufrieden sind mit dem Ausgang der strafrechtlichen Mediationsverfahren: Abgesehen davon, dass die Forschung im Bereich der Restorative Justice auch in Deutschland ausbaufähig ist und häufig die Methode dazu führt, dass Selektionseffekte nicht auszuräumen sind, deuten die vorhandenen Ergebnisse darauf hin, dass die an Mediationsverfahren teilnehmenden Geschädigten ganz überwiegend (zu 80-90%) zufrieden sind[69] und nochmal an einem Täter-Opfer-Ausgleich teilnehmen würden.[70] Auch ist es wohl nicht von der Hand zu weisen, dass der hohe

68 Otmar Hagemann/Kim Magiera, »Restorative Justice und Wiedergutmachung: was ähnlich klingt, ist nicht dasselbe«, in: Tillmann Bartsch et al. (Hg.), *Resozialisierung, Opferschutz, Restorative Justice: Grundlagen und Rahmenbedingungen*, Baden-Baden: Nomos 2023, S. 57f.

69 Nadine Bals/Christian Hilgartner/Britta Bannenberg, *Täter-Opfer-Ausgleich im Erwachsenenbereich. Eine repräsentative Untersuchung für Nordrhein-Westfalen*, Mönchengladbach: Forum Verlag Godesberg 2005; Günter Gutsche/Dieter Rössner (Hg.), *Täter-Opfer-Ausgleich: Beiträge zur Theorie, Empirie und Praxis*, Mönchengladbach: Forum Verlag Godesberg 2000.

70 Franziska Kunz, »Im Osten was Neues: Täter-Opfer-Ausgleich aus Sicht der Beteiligten. Ergebnisse einer Befragung von jugendlichen bzw.

Grad an Institutionalisierung des Täter-Opfer-Ausgleichs im Jugendstrafrecht – insbesondere durch die Klarheit der Finanzierung durch die Jugendhilfe – immerhin zu einem in der Theorie vergleichbar weitem und auch gleichem »Zugang« von Restorative Justice bzw. zumindest Mediation in Strafsachen führt. Und nicht zuletzt führt der aktuelle Stand der Institutionalisierung dazu, dass immer wieder neue Fachleute aus- und fortgebildet werden und die Grundprinzipien und Verfahren der Restorative Justice kennenlernen und wiederum ihre Erfahrungen weiterverbreiten können.

Abwehrhaltungen in politischen und gesellschaftlichen Diskussionen (die sich insbesondere in den Finanzierungsdebatten von RJ-Angeboten manifestieren) im Sinne eines »wir haben schon genug«-Arguments deuten darauf hin, dass aktuell die Ideen der Restorative Justice – auch und gerade in der Abgrenzung zur Mediation – in der breiten gesellschaftlichen Masse noch nicht wirklich angekommen sind. Dieses Argument wird dadurch bestärkt, dass – selbst bei juristischem Fachpersonal – offenbar an vielen Stellen grundsätzliche Informationsdefizite zu Restorative Justice bestehen.[71] Statt die Verantwortlichkeit für diesen Umstand der Institutionalisierung zuzuschieben, könnte die aktuelle Lage auch als Ansporn gesehen werden, die gesellschaftliche und wissenschaftliche Kommunikation der Grundideen der Restorative Justice noch stärker und vielleicht auch anders als bisher voranzutreiben.[72] Eine besondere Rolle spielen dabei die Institutionen, die für die Durchführung und die Aus- und Weiterbildung in Restorative Justice verantwortlich sind. Eine Stärkung der Restorative Justice Idee bedeutet dann, Argumentationskraft auch und vor allem in die Sicherung und Erweiterung etwa des TOA-Servicebüros zu bündeln und die Bedeutung der vielen auf Restorative Justice spezialisierten Institutionen der »Freien Träger« hervorzuheben. Ob zunehmend gute Erfahrungen mit Restorative Justice-Ansätzen gemacht werden, hängt aktuell maßgeblich von den Fachkräften ab, auf denen insofern eine hohe Verantwortung lastet. Dass sie Anerkennung erhalten, auch indem sie nicht ständig um ihre Finanzierung kämpfen müssen, dürfte eigentlich nicht diskutiert werden müssen.

heranwachsenden Tätern und ihren Opfern«, *Monatsschrift für Kriminologie und Strafrechtsreform* 2007, S. 466-483 (473ff.).

71 Hoven/Rubitzsch/Schriever, *Der Täter-Opfer-Ausgleich im Erwachsenenbereich in Sachsen: Eine Evaluierungsstudie.*

72 In diesem Sinne Dünkel/Willms, »Täter-Opfer-Ausgleich und Restorative Justice in Deutschland – Aktuelle Entwicklungen und kriminalpolitischer Handlungsbedarf«, S. 181ff.

V. Fazit

Ein Blick mit der Perspektive des Institutionalisierungskonzepts auf die Implementierung von Restorative Justice-Ansätzen in Neuseeland und Deutschland offenbart in beiden Ländern Tendenzen der Verwässerung der Grundprinzipien und Kernideen der Restorative Justice. Das Konzept der Institutionalisierung hilft, diesbezügliche Gefahren zu erkennen und beispielsweise Gemeinsamkeiten sowie Unterschiede zwischen der Mediation in Strafverfahren und den Grundprinzipien der Restorative Justice deutlich zu machen und zu diskutieren. Insofern ist das Institutionalisierungskonzept von besonderer Bedeutung für die gesellschaftlichen Debatten über die Implementierung von Restorative Justice.

Besonders relevant ist in diesem Zusammenhang die Rückbesinnung auf die Philosophie und Grundgedanken der Restorative Justice. Diese betonen unter anderem, dass der Umgang mit strafrechtlichen Konflikten in die Hände gemeindebasierter Expert:innen bzw. Organisationen gelegt werden solle.

Gleichwohl sollten die Diskussionen über die Institutionalisierung nicht zu einer resignativen oder ablehnenden Haltung gegenüber dem Status quo führen. Institutionalisierung bringt auch die Chance mit sich, alternative Möglichkeiten des Umgangs mit strafrechtlichen Konflikten zu stärken und den Betroffenen von Straftaten mehr Wahlmöglichkeiten zu bieten, um ihren individuellen Bedürfnissen besser gerecht werden zu können. Implementierungen von Ansätzen, die nach Prinzipien der Restorative Justice ausgestaltet werden können, verschaffen Menschen Zugang, Erfahrungen im Sinne der Restorative Justice machen zu können, die dahinter liegenden Werte kennenzulernen und die transformative Kraft kommunikativer Prozesse zu erfahren.

In einem »Mittelweg«, der den Anbietern von Restorative Justice eine gewisse Autonomie zugesteht, partnerschaftliche Beziehungen mit dem Gesetzgeber fördert und die Flexibilität des Restorative Justice-Ansatzes betont, könnte sich eine nachhaltigere Integration von Restorative Justice entwickeln. Gleichzeitig erfordert die Einbindung in das Straf-(verfahrens-)recht in diesem Zusammenhang einen hohen Grad an Achtsamkeit und Professionalität der Mediator:innen und Vermittler:innen. Die Ausbildung der Fachkräfte ermöglicht ebenfalls eine Vertiefung und Weiterverbreitung der Grundprinzipien der Restorative Justice. Der Zuwachs von (positiven) Erfahrungen und Wissen kann dazu führen, dass künftig mehr und mehr Restorative Justice als Alternative oder als zusätzliche Ebene in Konflikten zwischen Menschen und Menschengruppen anerkannt wird und sich somit die Idee der Restorative Justice immer stärker in der Gesellschaft verwurzelt.

Ein Vergleich zwischen Deutschland und Neuseeland zeigt Unterschiede in der Implementierung und Praxis. Während in Deutschland ein weitreichender rechtlicher Rahmen theoretisch Raum für die Anwendung von Restorative Justice bzw. des Täter-Opfer-Ausgleichs bietet, spiegelt sich dieses Potential offensichtlich in der Praxis nicht ausreichend wider. In Neuseeland hingegen hat sich Restorative Justice (im Erwachsenenbereich) zunächst in der Praxis konsolidiert, bevor es gesetzlich verankert wurde, was zu einer breiteren Anwendung geführt hat. Dennoch gibt es auch in Neuseeland Einschränkungen: Die gesetzliche Institutionalisierung hat zur Fokussierung auf *ein* spezifisches Verfahrensmodell in *einer* Phase des Strafverfahrens geführt.

Abschließend bleibt offen, ob die Institutionalisierung von Restorative Justice langfristig dazu beitragen kann, das Strafrecht zu transformieren. Einerseits besteht die Gefahr, dass Restorative Justice durch die Kooptierung in das Strafrecht an Wirkkraft und Authentizität verlieren kann. Andererseits eröffnet die Institutionalisierung gleichzeitig Chancen für eine größere Akzeptanz in der Gesellschaft und Verbreitung von Restorative Justice, und kann somit einen positiven Wandel des Strafrechts durchaus befördern.

VI. Alternativen durch Strafrecht

Boris Burghardt und Leonie Steinl

Jenseits von »Carceral Feminism«

Überlegungen zu einer feministischen Kriminalisierungstheorie[1]

Feministische Akteur:innen in Deutschland fordern gerade in jüngerer Zeit neue Straftatbestände zur Kriminalisierung von unterschiedlichen Formen geschlechtsspezifischer Gewalt. Die Kampagnen sind erfolgreich: Sie führen nicht nur zu breiten öffentlichen Diskussionen und rechtspolitischen Positionierungen im parteipolitischen Spektrum, sondern auch zu konkreten strafgesetzgeberischen Interventionen. Der zum 01.01.2021 eingeführte Straftatbestand der Verletzung des Intimbereichs durch Bildaufnahmen gem. § 184k StGB lässt sich etwa auf eine im Frühjahr 2019 geschaltete Online-Petition zurückführen.[2] Eine ähnliche Petition zum Thema Catcalling[3] hat immerhin zu anhaltenden Diskussionen um die Kriminalisierung verbaler sexueller Belästigung in Politik[4] und Strafrechtswissenschaft[5] geführt. Zu nennen sind auch die Diskussionen um

1 Bei dem Beitrag handelt es sich um eine gekürzte und geringfügig überarbeitete Fassung des Beitrags Boris Burghardt/Leonie Steinl, »A Master's Tool? Zur Notwendigkeit einer feministischen Kriminalisierungstheorie«, *Kritische Justiz* 2024, S. 14ff.

2 Hanna Seidel, »Verbietet #Upskirting in Deutschland«, *change.org* 03.04.2019 https://www.change.org/p/verbietet-upskirting-in-deutschland (Zugriff: 08.04.2025).

3 Antonia Quell, »Es ist 2020. Catcalling sollte strafbar sein«, *openPetition* August 2020, https://www.openpetition.de/petition/online/es-ist-2020-catcalling-sollte-strafbar-sein (Zugriff: 08.04.2025).

4 S. etwa »SPD-Fraktion für den neuen Straftatbestand ›verbale sexuelle Belästigung‹«, *beck-aktuell* 20.06.2023 https://rsw.beck.de/aktuell/daily/meldung/detail/spd-fraktion-fuer-neuen-straftatbestand-verbale-sexuelle-belaestigung (Zugriff: 08.04.2025).

5 S. nur die Beiträge von Elisa Hoven/Anja Rubitzsch/Barbara Wiedmer, »Catcalling – Eine phänomenologische und strafrechtliche Betrachtung«, *KriPoZ* 2022, S. 175–185; Miriam Gemmel/Johanna Immig, »Catcalling – Umfrage zur Strafwürdigkeit von verbaler sexueller Belästigung«, *Kriminalpolitische Zeitschrift* 2022, S. 83–90; Daniel Steiner, »Catcalling: Gesetzgeber in der Pflicht?«, *Zeitschrift für Rechtspolitik* 2021, S. 241–243; Till Pörner, »Das sog. Catcalling – Strafwürdiges Unrecht oder bloße Bagatelle?«, *Neue Zeitschrift für Strafrecht* 2021, S. 336–341; Mustafa Temmuz Oğlakcıoğlu, »Sexuell konnotierte Äußerungen – eine sprechakttheoretische Annährung

den strafjustiziellen Umgang mit Trennungstötungen, die bereits zu der Ergänzung des § 46 Abs. 2 StGB um »geschlechtsspezifische« Beweggründe geführt haben, ohne dass damit aber die weitergehende Forderung nach einem eigenen Femizidtatbestand verschwunden wäre.[6] Zugleich sieht sich dieses feministisch-kriminalpolitische Engagement für ein Mehr an Strafrecht Kritik ausgesetzt, die zum Teil ihrerseits dezidiert feministisch in Abgrenzung zu einem sog. *Carceral Feminism* begründet wird.

Der Beitrag rekapituliert diese Entwicklungen und versucht zugleich, eine Mittelposition aus der Perspektive einer feministischen Strafrechtswissenschaft zu begründen. Es soll gezeigt werden, dass die feministische Grundhaltung gegenüber dem Strafrecht zwar von der Einsicht in die Verflechtung strafrechtlicher Grundstrukturen in patriarchale Deutungsmuster, in die begrenzte Leistungsfähigkeit und politische Instrumentalisierbarkeit des Strafrechts ausgehen muss. Zugleich erfüllt das Strafrecht aber in der gesellschaftlichen Wahrnehmung Funktionen, die es auch aus der Perspektive eines kritisch geläuterten Feminismus zu einem legitimen und – jedenfalls unter den kontingenten Bedingungen der gegenwärtigen politischen und rechtlichen Ordnung – unverzichtbaren Instrument der Rechtspolitik werden lassen können. Entscheidend ist es, die Diskussion von Kriminalisierungsforderungen so zu gestalten, dass die aus feministischer Perspektive relevanten Fragen tatsächlich adressiert werden. Es bedarf mithin einer feministischen Kriminalisierungstheorie, deren Eckpunkte im Beitrag vorgestellt werden.

I. Carceral Feminism – Feministische Kritik an einem »Strafrechtsfeminismus«

Der Vorwurf, feministische Akteur:innen forderten sorglos Ausdehnungen und Verschärfungen des Strafrechts, ist nicht neu.[7] In der jüngeren Vergangenheit wurde er insbesondere im Zuge der langjährigen Diskussionen um eine Reform des deutschen Sexualstrafrechts laut, die 2016

im Dienste des Strafrechts«, *Zeitschrift für die gesamte Strafrechtswissenschaft* 2023, S. 165–185.

6 Vgl. z.B. Denise Dahmen, »Femizide im Strafrecht: Vom Gesetzbuch in die Köpfe«, *beck-aktuell* 21.03.2025 https://rsw.beck.de/aktuell/daily/meldung/detail/femizide-strafrecht-gesetz-italien-frauenhass-mordmerkmale (Zugriff: 09.07.2025); Hanna Welte, »Femizide im Fokus. Die Tötung ›aufgrund geschlechtsspezifischer Motive‹ als neuntes Mordmerkmal?«, *Verfassungsblog* 17.09.2024 https://verfassungsblog.de/femizide-neues-mordmerkmal/ (Zugriff: 10.04.2025).

7 Vgl. etwa Sebastian Scheerer, »Neue soziale Bewegungen und Strafrecht«, *Kritische Justiz* 1985, S. 245–254.

in das 50. Strafrechtsänderungsgesetz mündete. Begründet wurde dieser Vorwurf insbesondere aus einer (vermeintlich) liberalen Position: Feministische Kriminalpolitik vernachlässige klassische Errungenschaften und Grundsätze eines freiheitlichen Strafrechts, den ultima-ratio-Grundsatz etwa, die Trennung von Recht und Moral oder die Unschuldsvermutung.[8]

In den vergangenen Jahren hat dagegen eine andere Kritik deutlich an Sichtbarkeit gewonnen. Sie begründet sich damit, dass feministische Kriminalisierungsforderungen die eigentlichen Erkenntnisse und Stoßrichtungen einer feministischen Rechtskritik aus den Augen verlieren. Strafrechtliche Antworten seien gerade aus feministischer Perspektive abzulehnen, selbst wenn es um die Reaktion auf geschlechtsspezifische Gewalt gegen Frauen gehe. Es handelt sich somit um eine innerfeministische Diskussion. Der schillernde Begriff, unter dem diese Kritik geäußert wird, ist der eines sog. *Carceral Feminism*.

Den Begriff *Carceral Feminism* prägte die US-amerikanische Soziologin *Elizabeth Bernstein*, die ihn 2007 zur Kennzeichnung einer Entwicklung feministischer Kämpfe hin zu einer »law and order agenda« und zu einem »carceral state« als Durchsetzungsmechanismus für feministische Ziele nutzte.[9] Die Kritiker:innen eines solchen »Strafrechtsfeminismus«[10] machen im Kern geltend, dass sich feministische Kriminalisierungsforderungen zur Bekämpfung von sexualisierter Gewalt von einem strafenden,

8 Vgl. z.B. Thomas Fischer, »Noch einmal: § 177 StGB und die Istanbul Konvention. Entgegnung auf Hörnle«, *Zeitschrift für Internationale Strafrechtsdogmatik* 2015, S. 312–319; Sebastian Scheerer, »Mut zur Lücke – auch im Sexualstrafrecht«, in: Martin Rettenberger/Axel Dessecker (Hg.), *Sexuelle Gewalt als Herausforderung für Gesellschaft und Recht*, Wiesbaden: Kriminologische Zentralstelle 2017, S. 51–68; Ralf Kölbel, »›Progressive‹ Criminalization? A Sociological and Criminological Analysis Based on the German ›No Means No‹ Provision«, *German Law Journal* 2021, S. 817–832; Thomas Fischer, »Frauenfilme zu Frauenwahrheiten und Frauenfragen«, *Zeit* 21.06.2016 https://www.zeit.de/gesellschaft/zeitgeschehen/2016-06/rechtspolitik-sexualstrafrecht-vergewaltigung-taeter-opfer-fischer-im-recht (Zugriff: 08.04.2025).

9 Elizabeth Bernstein, »The Sexual Politics of the ›New Abolitionism‹«, *Differences* (2007/3), S. 128–151; dies., »Carceral politics as gender justice? The ›traffic in women‹ and neoliberal circuits of crime, sex and rights«, *Theory and Society* (2012/41), S. 233–259.

10 So die Übersetzung des englischen »carceral feminism«, vgl. z.B. Victoria Law, »Gegen den Strafrechtsfeminismus«, in: Daniel Loick/Vanessa E. Thompson (Hg.), *Abolitionsmus: Ein Reader*, Berlin: Suhrkamp 2022, S. 448ff.; Jan Tölle/Lisa Tölle, »Strafrechts(anti)feminismus – diskursive Annäherung, feministische Kritik und transformative Alternativen«, in: Ansgar Drücker/Sebastian Seng/Lea Winterscheidt (Hg.), *Antifeminismus und Feminismen der Migrationsgesellschaft*, Düsseldorf: Eigenverlag des Informations- und Dokumentationszentrums für Antirassismusarbeit e.V. 2023, S. 70ff.

neoliberalen Staat vereinnahmen und von diesem für seine Zwecke instrumentalisieren ließen.[11] Nicht nur würden so die zugrundeliegenden strukturellen Ursachen ignoriert. Ein weiteres Resultat sei die Masseninhaftierung Schwarzer und minderjähriger Männer sowie vulnerabler – häufig ebenfalls Schwarzer und minderjähriger – Frauen, etwa durch obligatorische Verhaftungen bei häuslicher Gewalt.[12] Starke inhaltliche Überschneidungen bestehen dabei mit Vertreter:innen des sog. *Abolition Feminism*, die sich als Teil des größeren *Prison Abolition Movements* für ein Ende des *Prison Industrial Complex* einsetzen.[13]

Formuliert wird diese Kritik folglich vor dem Hintergrund eines neoliberalen Masseninhaftierungssystems, das insbesondere zu Lasten rassistisch diskriminierter Personen wirkt. Dennoch gewinnt sie auch außerhalb der USA an Bedeutung und wird zunehmend auch zur Beschreibung der strafrechtspolitischen Entwicklungen in verschiedenen europäischen Ländern verwendet.[14] In Deutschland sind *Christine Morgenstern* und *Johanna Nickels* in ihrer Analyse der Statements von Frauenverbänden zu dem Schluss gelangt, dass das Strafrecht »allgemein akzeptiert und als adäquates Reaktionsmittel fast durchweg gefordert wird, wenngleich es keine Exklusivität für sich verbuchen kann«,[15] während es häufig an systemischen und intersektionalen Überlegungen fehle. Sie halten daher

11 Ebd.; Bernstein, »The Sexual Politics of the ›New Abolitionism‹«; dies., »Carceral politics as gender justice?«; Kristin Bumiller, *In an abusive State: How Neoliberalism Appropriated the Feminist Movement against sexual violence*, Durham: Duke University Press 2008; Aya Gruber, *The Feminist War on Crime: The Unexpected Role of Women's Liberation in Mass Incarceration*, Oakland: University of California Press 2020.

12 Leigh Goodmark, »›Law and Justice are not Always the Same‹: Creating Community-Based Justice Forums for People Subjected to Intimate Partner Abuse«, *Florida State University Law Review* 2015, S. 707–766; Leigh Goodmark, *Decriminalizing Domestic Violence. A Balanced Approach to Intimate Partner Violence*, Berkley: University of California Press 2018; Antonia Porter, *Prosecuting Domestic Abuse in Neoliberal Times. Amplifying the Survivor's Voice*, Palgrave: Springer 2020; Beth Richie, *Arrested Justice: Black Women, Violence, and America's Prison Nation*, New York: New York University Press 2012.

13 Angela Davis/Gina Dent/Erica R. Meiners/Beth E. Richie, *Abolition. Feminism. Now.*, Chicago: Penguin 2022.

14 Vgl. etwa Marcus Lauri/Maria Carbin/Ida Linander, »The rise of carceral feminism in Sweden: Analysing political debate and policy on men's violence against women«, *Women Studies International Forum* 2023, 102780; Amia Srinivasan, *The Right to Sex*, London: Bloomsbury 2021.

15 Christine Morgenstern/Johanna Nickels, »›Carceral Feminism‹? Feministische Positionen in der deutschen Kriminalpolitik«, in: Tillmann Bartsch/Yvonne Krieg/Inga Schuchmann/Helena Schüttler/Leonie Steinl/Maja Werner/Bettina Zietlow (Hg.), *Gender and Crime*, Baden-Baden: Nomos 2022, S. 97–107.

die unter dem Begriff *Carceral Feminism* vorgebrachte Kritik für eine vielversprechende Analyselinie.

Tatsächlich lassen sich zumindest vier grundsätzliche Kritikpunkte formulieren, die auch auf das deutsche Strafrecht und die deutsche Strafjustiz übertragbar sind. Dies ist zum einen die Fokussierung auf individuelle Verantwortlichkeit, die dem Strafrecht inhärent ist. Geschlechtsspezifische Gewalt wird als Straftat und damit als individuelles Fehlverhalten konzeptualisiert. Die Kehrseite dieser Konzeptualisierung ist die Ausblendung und Vernachlässigung struktureller Ursachen, die in der Logik des Strafrechts weitgehend irrelevant sind.[16] Aus feministischer Perspektive ist diese Fokussierung des Strafrechts ungenügend, weil sie die gesellschaftlichen Bedingungen, unter denen sich geschlechtsspezifische Gewalt im Einzelfall entfaltet, unangetastet lässt.

Sodann sind die staatlich geschaffenen Institutionen, die zur Anwendung und Durchsetzung des Strafrechts berufen sind, eben jene, die traditionell dazu genutzt worden sind, um eine *weiße*, rassifizierende, cismännliche Hegemonie in der deutschen Gesellschaft abzusichern und zu verstärken. Selbst wenn die rechtlichen Regelungen angepasst werden und inhaltlich zumindest punktuell feministische Anliegen verfolgen, bleibt die gelebte Praxis dieser Institutionen von rassistischen, sexistischen, ableistischen, anti-LGBTQI* und anderen diskriminierenden Vorurteilen geprägt und wirkt sich daher tendenziell stets zu Lasten jener Personengruppen aus, die des Schutzes durch Recht aufgrund gesellschaftlich fortbestehender Machtasymmetrien besonders bedürfen. Dieser Vorwurf trifft mit besonderer Vehemenz die Polizei.[17] Aber auch in der Justiz finden sich entsprechende Handlungsmuster, ohne dass die empirische Forschung und politische Diskussion dies mit ähnlicher Intensität thematisieren würde.[18] Für den strafjustiziellen Umgang mit sexualisierter Gewalt zeigt sich dies etwa in der Fortwirkung von

16 Vgl. z.B. Ralf Kölbel, »Die dunkle Seite des Strafrechts«, *Neue Kriminalpolitik* 2019, S. 249 (260f.); Dilken Çelebi plädiert vor diesem Hintergrund für eine stärkere Berücksichtigung struktureller Ursachen im Rahmen einer intersektionalen Nutzung des Strafrechts, s. Dilken Çelebi, »Intersektionalität und Strafrecht«, *Kritische Justiz* 2024, S. 30–45.

17 Vgl. den Forschungsstand zusammenfassend Benjamin Derin/Tobias Singelnstein, *Polizei – Helfer, Gegner, Staatsgewalt*, Berlin: Econ Verlag 2022, S. 64ff., 166ff.; umfassend zu Erkenntnissen über rassistische Einstellungen und Diskriminierungstendenzen in der Polizeiarbeit zuletzt Daniela Hunold/Tobias Singelnstein (Hg.), *Rassismus in der Polizei. Eine wissenschaftliche Bestandsaufnahme*, Wiesbaden: Springer 2022.

18 Vgl. Deutsches Institut für Menschenrechte (Hg.), »Rassismus in der Strafverfolgung. Von der Notwendigkeit struktureller Veränderungen«, *Praxis/Deutsches Institut für Menschenrechte*, Berlin: Deutsches Institut für Menschenrechte 2023; Rita Haverkamp/Tim Lukas, »Diskriminierung im

Vergewaltigungsmythen über den Kontext und die Gestalt von Sexualstraftaten sowie über die Reaktion des Opfers auf die Tat.[19]

Drittens erweist sich der hinlänglich bekannte Befund der Selektivität des Strafrechts auch aus einer intersektional-feministischen Perspektive als ein tiefgreifendes Problem.[20] Das repressiv-exkludierende Instrumentarium des Strafrechts wird keineswegs gleichmäßig oder abgestuft nach einer normativ begründbaren Prioritätensetzung zur Anwendung gebracht.[21] Vielmehr fließen die begrenzten Verfolgungskapazitäten überwiegend in die Verfolgung von Straftaten, die in kriminologischer Hinsicht als Resultat und Ausdruck sozialer Marginalisierung bis hin zur Armutskriminalität erscheinen.[22] Strafrechtliche Sanktionen verstärken diese Marginalisierung, Ausgrenzung und Exklusion von Personengruppen, deren gesellschaftliche Handlungs- und Gestaltungsmacht ohnehin gering ist.[23] Andererseits werden für die ressourcenintensive strafrechtliche Verfolgung der Kriminalität der Mächtigen nicht die erforderlichen Mittel bereitgestellt, die komplexen Verfahren führen seltener zu einer Anklage oder Verurteilung und es kommt in der Folge von strafrechtlichen Sanktionen nur selten zu einem dauerhaften Verlust gesellschaftlicher Privilegien und Machtpositionen.[24]

Strafrecht«, in: Albert Scherr/Aladin El-Mafaalani/Anna Cornelia Reinhardt (Hg.), *Handbuch Diskriminierung*, Wiesbaden: Springer VS 2022, S. 9ff.

19 Vgl. dazu Barbara Krahé, »Vergewaltigungsmythen und Stigmatisierungen in Justiz, Polizei, Beratung und Therapie«, in: Jan Gysi/Peter Rüegger (Hg.), *Handbuch sexualisierter Gewalt*, Bern: Hogrefe 2018, S. 45ff.; vgl. dazu auch Leonie Steinl, »Der Einfluss der Istanbul-Konvention auf das deutsche Strafrecht – Völkerrechtliche Vorgaben für den Umgang mit Gewalt gegen Frauen und häuslicher Gewalt«, *Zeitschrift für die gesamte Strafrechtswissenschaft* 2021, S. 819–839.

20 Allgemein zu diesem Befund Ulrich Eisenberg/Ralf Kölbel, *Kriminologie*, Tübingen: Mohr Siebeck 2019, § 26 Rn. 30ff.

21 Klassisch für die verschiedenen Institutionen der Strafverfolgung Günter Albrecht/Fritz Sack, »Die Polizei als gesellschaftliche Kontrollinstanz der Kriminalität«, *Kriminologisches Journal* 1969, S. 24–30.; Erhard Blankenburg, »Die Staatsanwaltschaft im Prozeß sozialer Kontrolle«, *Kriminologisches Journal* 1973, S. 181–195.

22 Vgl. z.B. Rainer Geißler (Hg.), *Soziale Schichtung und Lebenschancen in der Bundesrepublik Deutschland*, Stuttgart: Enke Verlag 1987, S. 146ff.; Beate Wernitznig, *Strafverfolgung und Sanktionierung von deutschen und ausländischen Jugendlichen und Heranwachsenden*, Konstanz: University of Konstanz 2002, S. 114ff.; Frank Wilde, *Armut und Strafe*, Wiesbaden: Springer 2016, S. 18ff.

23 Eindringlich für den Faktor Armut z.B. ebd., S. 70, 214ff.

24 Vgl. etwa zur faktischen Privilegierung von Wirtschaftskriminalität in der strafjustiziellen Praxis z.B. Hans Theile, *Wirtschaftskriminalität und Strafverfahren*, Tübingen: Mohr Siebeck 2009, S. 203ff.; Bernd-Dieter Meier/

Der vierte grundsätzliche Kritikpunkt, der auch im deutschen Kontext zutrifft, bezieht sich darauf, dass die Fixierung des Strafrechts auf die vergangene Tat und die dafür verantwortliche(n) Person(en) zu einer notorischen Vernachlässigung von Maßnahmen der Reparation und Wiedergutmachung der unmittelbar Verletzten und ihrer Angehörigen führt, die sich in den strafverfahrensrechtlichen Settings und insbesondere in dem täterbezogenen Reaktionsinstrumentarium selten angemessen in ihren Interessen wahrgenommen und berücksichtigt finden.[25] Dies gilt trotz des beständigen Ausbaus von Partizipations- und Repräsentationsmöglichkeiten von Verletzten im Strafverfahren. Empirische Untersuchungen weisen daher darauf hin, dass insbesondere Opfer sexualisierter Gewalt mit der strafjustiziellen Behandlung ihrer Fälle auch heute noch unzufrieden sind.[26] Zwar wird in rechtspolitischen Diskussionen zur Begründung von Forderungen nach einer schärferen Sanktionierung oder Neukriminalisierung von Verhalten häufig reklamiert, dies geschehe im Interesse der Opfer. Dies steht allerdings in einem bemerkenswerten Missverhältnis zu der mangelnden Aufmerksamkeit, die kleinteiligeren Forderungen zur Verbesserung der tatsächlichen und prozessualen Situation von Verletzten entgegengebracht wird, die sich nicht auf Täter externalisieren lassen, sondern mit Kosten für die Allgemeinheit und/oder der Verbesserung der staatlichen und gesellschaftlichen Infrastruktur zur Unterstützung verbunden sind.

Dem Vorwurf des *Carceral Feminism* ist zuzugestehen, dass er das Instrument des Strafrechts und die strafjustiziellen Akteur:innen aus einer feministischen Perspektive zu Recht sehr kritisch sieht und tiefgreifende Zweifel daran formuliert, ob sich über Reformen des Strafrechts allein eine nachhaltige Verbesserung der Situation von Opfern geschlechtsspezifischer Gewalt erreichen lässt. Diese Zweifel haben auch im deutschen Kontext ihre Berechtigung.

Denise Homann, »Die Verfolgungspraxis der Staatsanwaltschaften und Gerichte bei Vermögensstraftaten im System der gesetzlichen Krankenversicherung«, *Monatsschrift für Kriminologie und Strafrechtsreform* 2009, S. 359–375.

25 Vgl. dazu Rehzi Malzahn, »Jenseits des Rechts? Gerechtigkeit für Opfer«, *Kritische Justiz* 2024, S. 58–70; Liza Mattutat, »Feministische Begriffe von Gerechtigkeit«, *Kritische Justiz* 2024, S.71–82.

26 Vgl. Weisser Ring Stiftung, »Forschungsprojekt Belastung von Opfern im Ermittlungsverfahren: Forschungsbericht«, *Weisser Ring Stiftung* Juni 2017, S. 79; LKA Nordrhein-Westfalen, »Forschungsprojekt ›Sexuelle Gewalt gegen Frauen‹, Opfer sexueller Gewalt (Teil 1): Belastungen und Bedürfnisse von Opfern im Ermittlungs- und Strafverfahren«, *Landeskriminalamt Nordrhein-Westfalen* April 2023 https://lka.polizei.nrw/sites/default/files/2023-09/projekt_sexuelle_gewalt_opfer_teil1.pdf (Zugriff: 09.04.2025).

II. Feministische Kritik am Carceral Feminism-Vorwurf

Gegen den Vorwurf des *Carceral Feminism* hat sich derweil eine feministische Erwiderung und Gegenkritik formiert. Dieser Position zufolge beruht die Gegenüberstellung von *Carceral* und *Anti-Carceral Feminism* auf einer unzulänglichen Dichotomisierung.[27] Aus feministischer Perspektive überzeuge es insbesondere nicht, nicht-staatliche Konfliktlösungsmechanismen ohne nähere Betrachtung als gegenüber staatlicher Strafjustiz vorzugswürdig zu verstehen. Übersehen werde dabei, dass gerade das Plädoyer für eine Hinwendung zu *Community-Based Accountability*-Mechanismen und weg von staatlichen Maßnahmen neoliberalen und neokonservativen Akteur:innen in die Hände spielen und damit letztlich patriarchale Strukturen sogar stärken könne. Zugleich würden mögliche positive Effekte strafrechtspolitischer Interventionen vernachlässigt.[28] Insbesondere bedeute Gerechtigkeit für einige Betroffene von geschlechtsspezifischer Gewalt auch Strafrecht.[29]

Vor diesem Hintergrund wird zunehmend ein vermittelnder Ansatz vertreten, der sowohl strafrechtliche Forderungen als auch radikale, transformative Reformen umfasst.[30] So hebt etwa *Clare McGlynn* die Notwendigkeit einer intersektionalen Analyse der Auswirkungen einer Kriminalisierung hervor und plädiert dafür, strafrechtliche Maßnahmen als *kleinen* Teil eines holistischen Ansatzes zu verstehen.[31] Sie wendet sich jedoch gegen feministische Strömungen, die jedwede Form der Neukriminalisierung ablehnen. Dadurch würde lediglich der bereits existierende Rechtszustand privilegiert und damit strafrechtliche Kategorien und Konventionen konserviert, die von *weißen* heterosexuellen Männern entwickelt worden sind und weder die Erfahrungen der Betroffenen widerspiegeln, noch neuere gesellschaftliche

27 Anna Terwiel, »What is Carceral Feminism?«, *Political Theory* 2019, S. 421–442; Amy Masson, »A critique of anti-carceral feminism«, *Journal of International Women's Studies* 2020, S. 64–76.

28 Ebd.; Lise Gotell, »Reassessing the Place of Criminal Law Reform in the Struggle Against Sexual Violence«, in: Anastasia Powell/Nicola Henry/Asher Flynn (Hg.), *Rape Justice*, London: Palgrave Macmillan UK 2015, S. 53–71.

29 Clare McGlynn/Nicole Westmarland, »Kaleidoscopic Justice: Sexual Violence and Victim-Survivors' Perceptions of Justice«, *Social and Legal Studies* 2019, S. 179–201; Oona Brooks-Hay, »Doing the ›right thing‹? Understanding why rape victim-survivors report to the police«, *Feminist Criminology* 2020, S. 174–195.

30 Ravi Thiara/Sumanta Roy, *Reclaiming Voice*, London: Imkaan 2020.

31 Clare McGlynn, »Challenging anti-carceral feminism: Criminalisation, justice and continuum thinking«, *Women's Studies International Forum* 2022, 102614.

Entwicklungen, wie etwa die der Digitalisierung, berücksichtigten. Dies sei gerade vor dem Hintergrund der Tendenz einer Unter-Kriminalisierung von geschlechtsspezifischen Rechtsverletzungen von Frauen bedenklich.

Auch wir denken, dass diese vermittelnde Position am besten der Situation feministischer Akteur:innen unter den gegebenen Bedingungen gerecht wird. Jenseits der Frage, wie Alternativen, die das Strafrecht ersetzen sollen, in praktischer Hinsicht aussehen und ob sie tatsächlich die Defizite der strafjustiziellen Praxis vermeiden könnten, ist festzuhalten, dass Strafrechtsnormen wichtige Funktionen erfüllen, die noch nichts mit der spezifisch strafenden Reaktion zu tun haben. Dies betrifft insbesondere ihren symbolisch-kommunikativen Gehalt. Das in einem Straftatbestand zum Ausdruck kommende sozial-ethische Unwerturteil markiert den gesellschaftlichen Konsens über die Inakzeptabilität eines bestimmten Verhaltens.[32] Bisher bietet die deutsche Rechtsordnung keine Alternative für eine gesetzliche Verankerung von spezifischen interpersonellen Verhaltensverboten außerhalb des Strafrechts. Eine in ihrem Anwendungsbereich sehr beschränkte Ausnahme bildet das Allgemeine Gleichbehandlungsgesetz.

Eine strafrechtliche Regelung bringt den Opfern einer Straftat gegenüber zum Ausdruck, dass ihnen Unrecht widerfahren ist.[33] Diese rechtliche Anerkennung kann in zweifacher Weise als Anknüpfungspunkt für eine Selbstermächtigung der Betroffenen dienen: Zum einen werden Betroffene in ihrer Wahrnehmung bestätigt, dass sie ein bestimmtes Verhalten nicht hinzunehmen brauchen, sondern sich gegen die Rechtsverletzung wehren können. Zugleich verleiht ihnen die Kriminalisierung eines Verhaltens die Grundlage dafür, Hilfe und Solidarität von anderen einzufordern. In institutioneller Hinsicht bedeutet eine Strafrechtsnorm die Möglichkeit für die Betroffenen, den Staat für eine Intervention anzurufen und die Aufarbeitung der Verletzung in die Hände des Strafjustizsystems zu geben. Gleichsam in Umkehrung zu *Nils Christies* bekannter Kritik, nach der das Strafrecht den unmittelbar Beteiligten die Herrschaft über die zugrundeliegenden Konflikte stiehlt,[34] lässt sich Strafrecht auch als eine staatlich bereitgestellte Handlungsoption

32 Vgl. dazu z.B. Tatjana Hörnle, »Straftheorien«, in: Eric Hilgendorf/Hans Kudlich/Brian Valerius (Hg.), *Handbuch des Strafrechts*, Heidelberg: C.F. Müller 2019, S. 507–538 (Rn. 27) m.w.N.

33 Vgl. z.B. Klaus Günther, »Die symbolisch-expressive Bedeutung der Strafe«, in: Cornelius Prittwitz u.a. (Hg.), *Festschrift Klaus Lüderssen*, Baden-Baden: Nomos 2002, S. 205–220 (218); Andrew von Hirsch, *Censure and Sanctions*, Oxford: Clarendon Press 1993, S. 10.

34 Nils Christie, »Conflicts as Property«, *British Journal of Criminology* 1977, S. 1–15.

der Verletzten verstehen, die Regulierung belastender Konflikte zumindest in gewissem Umfang über die Institutionen der Strafjustiz externalisieren zu können.[35]

Es können mithin Gründe für eine strafrechtliche Regelung interpersonaler Rechtsverletzungen bestehen, die unabhängig davon sind, ob eine strafende Reaktion für unverzichtbar oder die Ausgestaltung von Polizei und Strafjustiz für verbesserungsbedürftig gehalten werden. Eine kategorische Ablehnung des Strafrechts unter allen Umständen bedeutete, dem feministischen Engagement die Last der Veränderung der gesamten Rechts- und Gesellschaftsverhältnisse aufzuerlegen. Aus einer akteursbezogenen Perspektive wirkt eine derart weitreichende, geradezu utopische Veränderungsperspektive lähmend. Die Geringschätzung einer punktuellen Verbesserung des *Status quo*, die bereits in der Anerkennung des Unrechts- und Verletzungscharakters von bestimmten Verhaltensweisen durch Neuschaffung oder Erweiterung strafrechtlicher Regelungen liegen kann, steht dabei in einem Spannungsverhältnis zu der Wichtigkeit, die Sprache im Hinblick auf Welterfahrung, Sichtbarkeit und damit mittel- und langfristig auch Gestaltung gesellschaftlicher Wirklichkeit zuerkannt wird.

Das Bedürfnis der Unrechtsanerkennung lässt sich dabei von der Frage einer Bestrafung entkoppeln. In der gängigen Verklammerung aus der kontradiktorischen Formulierung von Verhaltensverboten in Straftatbeständen mit den strafrechtsspezifischen Sanktionen zeigt sich aus unserer Perspektive eine Fehlentwicklung, welche die Suche nach Alternativen zum Strafrecht immens erschwert. Regelungstechnisch wäre es zweifellos denkbar, zum Schutz von individuellen Rechten Verhaltensverbote zu kodifizieren, die ebenso unmissverständlich sind, aber für die Frage nach der angemessenen Reaktion noch keine Engführung auf strafrechtliche Sanktionen und Verfahrensformate vorsehen, sondern eine größere Offenheit für andere Formen der Verantwortungszuschreibung und -übernahme aufweisen. Wie ein solches Regelungswerk aussehen könnte, zeigt für einen engen Anwendungsbereich das Allgemeine Gleichbehandlungsgesetz (AGG).[36] Derzeit besteht für die staatlich-autoritative Klarstellung, welches intersubjektive Verhalten inakzeptabel ist, aber noch keine wirkliche Alternative zum Strafrecht. Ohne den Verweis auf die strafrechtliche Tatbestandsmäßigkeit misslingt regelmäßig auch die außerstrafrechtliche Zurückweisung und Sanktionierung von Verhalten als Verletzung normativer Verhaltenserwartungen im Einzelfall.[37]

35 Vgl. in diesem Sinne auch Susanne Walter, »Was soll Strafe?«, *Zeitschrift für die gesamte Strafrechtswissenschaft* 1999, S. 123–143 (138).

36 BGBl. I 2006 S.1897, zuletzt geändert durch Artikel 4 des Gesetzes vom 19. Dezember 2022 (BGBl. I S. 2510).

37 Eindrücklich für den Umgang mit sexualbezogener hate speech auf Onlineplattformen z.B. Josephine Ballon, »Die Rolle sexueller Selbstbestimmung bei der Regulierung von Onlineplattformen«, in: Boris Burghardt/

III. Der expressive Mehrwert strafrechtlicher Regelung – zwei Beispiele

Aus historischer Perspektive lassen sich Beispiele finden, in denen die symbolische Klarstellung durch eine strafbarkeitsausdehnende Einführung oder Neufassung von Straftatbeständen eine eindeutige Verbesserung gegenüber dem zuvor bestehenden Zustand darstellte. Ein Verzicht auf die normative Richtigstellung nur deswegen, weil sie im Rahmen einer strafrechtlichen Regelung bei im Übrigen unangetasteten Gesellschaftsverhältnissen erfolgte, erschiene jedenfalls im Rückblick nahezu unverständlich. Besonders plastisch ist insoweit die Debatte um die Strafbarkeit der Vergewaltigung in der Ehe. Erst mit dem 33. Strafrechtsänderungsgesetz vom 01.07.1997 wurde diese als solche strafbar.[38] In der damaligen Neufassung von § 177 StGB wurde nicht nur das Wort »außerehelich« gestrichen; die Vorschrift regelte die sexuelle Nötigung und Vergewaltigung nunmehr geschlechtsneutral, so dass auch männliche Opfer anerkannt wurden. Retrospektiv erscheint die Klarstellung, dass es bei normativer Betrachtung zutreffend ist, die kategoriale Zuordnung sexualisierter Gewalt nicht vom Bestehen eines ehelichen Verhältnisses oder dem Geschlecht der verletzten Person abhängig zu machen, überfällig und unverzichtbar; der Aspekt, dass dies im Rahmen einer Erweiterung des Strafrechts erfolgte, nebensächlich.

Als zweites Beispiel soll hier die Sexualstrafrechtsreform 2016 herangezogen werden: Vor der Reform blieben zahlreiche Fälle von sexualisierten Übergriffen straflos,[39] etwa wenn der Täter lediglich eine einfache Drohung aussprach, das Opfer einen zu geringen körperlichen Widerstand leistete, es am Finalzusammenhang zwischen qualifiziertem Nötigungsmittel und sexueller Handlung fehlte oder das Opfer vom Angriff überrascht wurde und deshalb keinen Widerstand leistete.[40] Insbesondere blieben auch Fälle straflos, in denen das Opfer seinen entgegenstehenden Willen – sei es konkludent oder gar explizit in Form eines Neins – bekundete. Nach

Anja Schmidt/Leonie Steinl (Hg.), *Sexuelle Selbstbestimmung jenseits des Körperlichen*, Tübingen: Mohr Siebeck 2024, S. 233–246 (239ff.).

38 Dreiunddreißigstes Strafrechtsänderungsgesetz vom 01.07.1997 (BGBl. I, 1607).

39 Vgl. dazu Dilken Çelebi/Inga Schuchmann/Leonie Steinl, »Feministische Strafrechtskritik: Geschlechterdimensionen im materiellen Strafrecht«, in: Helena Schüttler/Paulina Lutz/Maja Werner/Leonie Steinl/Inga Schuchmann/Yvonne Krieg/Dilken Çelebi (Hg.), *Gender & Crime: Sexuelle Selbstbestimmung und geschlechtsspezifische Gewalt*, Baden-Baden: Nomos 2024, S. 11–38.

40 Tatjana Hörnle, *Menschenrechtliche Verpflichtungen aus der Istanbul-Konvention. Ein Gutachten zur Reform des § 177 StGB*, Leipzig: DIMR 2015, S. 8ff.

langem Ringen wurde mit dem 50. Strafrechtsänderungsgesetz zur Verbesserung des Schutzes der sexuellen Selbstbestimmung vom 9. November 2016 in § 177 Abs. 1 StGB schließlich ein Nein-heißt-Nein-Modell umgesetzt, das auf den erkennbaren Willen des Opfers abstellt. Des Weiteren wurde in § 184i StGB ein neuer Tatbestand geschaffen, der die körperliche sexuelle Belästigung erstmals als solche unter Strafe stellte.

Die Sexualstrafrechtsreform stellte somit klar, dass strafbare Beeinträchtigungen der sexuellen Selbstbestimmung grundsätzlich dann vorliegen, wenn sexuelle Handlungen und körperliche sexuelle Belästigungen gegen den erkannten Willen des Opfers oder in Situationen erfolgten, in denen das Opfer überhaupt keine Entscheidung treffen konnte. Erneut war diese normative Klarstellung wertvoll, unabhängig davon, dass sie für sich betrachtet nichts an den gesellschaftlichen Machtverhältnissen oder den Institutionen der Strafverfolgung und Strafjustiz änderte. Die strafrechtlichen Regelungen markieren eindeutige Fälle der Verletzung des sexuellen Selbstbestimmungsrechts und geben Betroffenen die Möglichkeit der Selbst-Vergewisserung, eine Sprache, um die Verletzungen als solche zu bezeichnen, sich dagegen zur Wehr zu setzen, Hilfe einzufordern und staatliche Antworten auf diese Verletzungen zu verlangen.

IV. Eckpunkte einer feministischen Kriminalisierungstheorie

Als Schlüsselfrage erweist sich damit die Frage, unter welchen Voraussetzungen eine Neukriminalisierung aus einer feministischen Perspektive zu begrüßen ist. Wünschenswert ist es, Grundsätze zu formulieren, die als allgemeine Vorgaben feministische kriminalpolitische Interventionen leiten können. Es bedarf, mit anderen Worten, einer feministischen Kriminalisierungstheorie.[41] Dazu lassen sich die folgenden Eckpunkte formulieren:

Ausgangspunkt einer feministischen Kriminalisierungstheorie ist zunächst ein dienendes Verständnis von Recht. Recht ermöglicht die Idee rechtlicher Gleichberechtigung.[42] Eine feministische Rechtspolitik kann aber nicht bei der Konstruktion gleichberechtigter Subjekte in einem idealen normativen Raum stehenbleiben. Sie zielt vielmehr stets auf die

41 Zum Begriff der Kriminalisierungstheorie vgl. Tatjana Hörnle, »Theories of Criminalization«, in: Markus D. Dubber/Tatjana Hörnle (Hg.), *The Oxford Handbook of Criminal Law*, Oxford: Oxford University Press 2014, S. 679–701 (685ff.).

42 Klassisch Karl Marx, *Zur Judenfrage*, Berlin: Dietz Verlag 2006, S. 347–377 (354ff.), der dann freilich die entpolitisierende Wirkung dieser Leistung des Rechts kritisiert.

gleichberechtigte Ausgestaltung der Lebensrealität von Menschen, also auf materielle, nicht bloß formale Gleichheit ab. Als Instrument der Transformation gesellschaftlicher Machtverhältnisse hin zu materieller Gleichberechtigung kann Recht vor allem dort funktionieren, wo es denjenigen unmittelbar Ansprüche auf mehr gesellschaftliche Teilhabe einräumt, die derzeit noch nicht in gleichem Maß partizipieren, und wo es direkt zur Beseitigung von Ungleichheiten verpflichtet.[43]

Eine feministische Kriminalisierungstheorie steht unter der Prämisse, dass das Recht auch dann einen politisierenden und daher auf mittlere Sicht transformierenden Effekt entfaltet, wenn es normative Festschreibungen trifft, die über den bestehenden gesellschaftlichen Status hinausweisen, und Verhaltensanforderungen formuliert, denen die tatsächlichen Lebensverhältnisse (noch) nicht genügen. Aus dieser Annahme folgt, dass die Verhaltensverbote, die sich als kontradiktorische Kehrseite jedem strafrechtlichen Tatbestand entnehmen lassen, eine Anerkennungsfunktion erfüllen, die einen besonders symbolträchtigen potenziellen Anknüpfungspunkt individuellen und kollektiven Verhaltens bildet. Der Mehrwert dieser normativen Klarstellungen ist umso größer, wenn sie im Widerspruch nicht nur zur tatsächlichen Lebensrealität, sondern auch zu verbreiteten Deutungsmustern dieser Lebensrealität stehen. Die mit der Kriminalisierung eines Verhaltens zum Ausdruck gebrachte Anerkennung ihres Unrechtsgehaltes ist in kommunikativer Hinsicht dann besonders wertvoll, wenn sich entsprechende intrapersonale Rechtsverletzungen nicht nur tatsächlich mit einer gewissen Häufigkeit ereignen, sondern im gesellschaftlichen Diskurs zudem als unveränderliche oder jedenfalls hinnehmbare Normalität gedeutet oder als vorhersehbares Ergebnis von Opferverhalten verharmlost werden.

Eine feministische Kriminalisierungstheorie muss eine politische Theorie des Einsatzes von Strafrecht sein. Die Frage, ob sich eine Forderung nach der Kriminalisierung eines Verhaltens begründen lässt, stellt sich nicht unabhängig von den gesellschaftlichen und politischen Rahmenumständen, von den bestehenden Machtverhältnissen und Exklusionsmechanismen, von den konkret an der Realisierung von Strafansprüchen beteiligten Institutionen, von der Ausgestaltung des Strafverfahrens und des Strafvollzuges formulieren. Eine feministische Kriminalisierungstheorie muss die soziale Realität der Straftatbegehung und des Strafrechts berücksichtigen. Ihre Antworten werden daher im US-amerikanischen Kontext anders ausfallen

43 Vgl. dazu z.B. Tim Wihl, *Aufhebungsrechte*, Weilerswist: Velbrück Wissenschaft 2019, S. 231ff.; Tim Wihl, »Immanente Kritik durch ›Aufhebungsrechte‹«, *Kritische Justiz* 2021, S. 145–154 (151ff.). Ähnlich Liza Mattutat, *Emanzipation und Gewalt. Feministische Rechtskritik mit Karl Marx, Jacques Derrida und Gilles Deleuze,* Berlin: J.B. Metzler 2020, S. 167ff., die insoweit von einem gegenhegemonialen oder »minoritären Gebrauch« des Rechts spricht.

als für die Bundesrepublik. Zugleich verstehen sich die Antworten einer feministischen Kriminalisierungstheorie deshalb auch nicht als abschließend und endgültig, sondern nur als Teil eines fortgesetzten Prozesses.

Zugleich ergibt sich aus diesen Überlegungen, dass eine feministische Fürsprache für ein Mehr an Kriminalisierung nicht bei diesem Schritt stehen bleiben kann. Um zu verhindern, dass Strafrecht zur kostengünstigen Simulation politischer Handlungsfähigkeit genutzt und eine versicherheitlichende Logik verstärkt wird, die vorgibt, gesellschaftliche Probleme ließen sich durch Überwachung und Exklusion devianter Einzelpersonen lösen, gehören zu feministischen Kriminalisierungsforderungen daher stets auch Vorschläge, die gezielt die Bedürfnisse der Opfer sowie strukturelle Problemlagen adressieren. Dazu zählt die zumindest bereichsweise Ausformulierung von nichtstrafrechtlichen Verhaltensverboten, die Umgestaltung und Reform bestehender Strafverfolgungsinstitutionen, die Etablierung alternativer (staatlicher) Unterstützungs- und Aufarbeitungsstrukturen und die Einbettung strafrechtlicher Maßnahmen in soziopolitische Maßnahmen.

Die traditionellen Begriffe und Kategorien, mit denen im deutschen Kontext kriminalisierungstheoretische Fragen diskutiert werden, bilden die aus einer feministischen Perspektive relevanten Fragen nicht ab. Mit einem starken Fokus auf verletzte oder gefährdete Rechtsgüter wird weder berücksichtigt, dass es erhebliche gruppen- und geschlechtsspezifische Unterschiede hinsichtlich der Gefährdung gibt, überhaupt Opfer verletzenden Verhaltens zu werden, noch, dass die Auswirkungen eines solchen Verhaltens für Opfer bestimmter Gruppen angesichts ihrer bereits bestehenden gesellschaftlichen Vulnerabilität deutlich schwerwiegender sein können als für Mitglieder anderer Gruppen.[44] Zugleich reflektiert der Begriff des Rechtsguts nicht die gruppenspezifischen Ungleichheiten in der praktischen Durchsetzung des Strafanspruchs.[45]

Ohnehin erschweren es die gängigen Topoi der deutschsprachigen Kriminalisierungstheorie, die genannten Zweifel an der Wirksamkeit

44 Ansätze zur Berücksichtigung solcher Überlegungen finden sich – soweit erkennbar – nur bei der Bestimmung, wann eine Eignung zur Beeinträchtigung des öffentlichen Friedens vorliegt, vgl. z.B. Karsten Altenhain, »§ 130«, in: Holger Matt/Joachim Renzikowski (Hg.), *Strafgesetzbuch: StGB*, München: Verlag Frank Vahlen 2020, Rn. 12; Heribert Ostendorf/Milan Kuhli, »§ 130«, in: Urs Kindhäuser/Ulfrid Neumann/Hans-Ullrich Paeffgen/Frank Saliger (Hg.), *Systematischer Kommentar zum StGB*, Baden-Baden: Nomos 2023, Rn. 16. Allgemeiner in diesem Sinne zur Konkretisierung des öffentlichen Friedens als Rechtsgut Detlev Sternberg-Lieben/Ulrike Schittenhelm, »§ 126«, in: Adolf Schönke/Horst Schröder (Hg.), *Kommentar zum StGB*, München: C.H. Beck 2019, Rn. 1.

45 Beispielhaft etwa die Ausführungen bei Claus Roxin/Luís Greco, *Strafrecht Allgemeiner Teil*, München: C.H. Beck 2020, § 2 Rn. 8ff.

strafrechtlicher Interventionen und die Kritik an den Institutionen, die an der Durchsetzung staatlicher Strafansprüche mitwirken, in der Diskussion um die Kriminalisierung von Verhalten zu reflektieren. Die Überlegungen zur Legitimität des Einsatzes von Strafrecht stehen bislang eigentümlich unverbunden neben der insbesondere in der Kriminologie durchaus verbreiteten Kritik am Strafrecht.[46] Aus feministischer Perspektive ist eine Integration der empirisch fundierten und kontextsensiblen Kritik am Strafrecht in die kriminalisierungstheoretische Diskussion dringend erforderlich.

V. Aktuelle feministische Kriminalisierungsforderungen auf dem Prüfstand

Auf Grundlage dieser Eckpunkte soll kurz zu den eingangs genannten feministisch begründeten Kriminalisierungsforderungen zu Upskirting, Catcalling und Femiziden Stellung bezogen werden:

Die Kriminalisierung von Upskirting in § 184k StGB erscheint unter Berücksichtigung des symbolisch-kommunikativen Gehalts von Strafnormen als wertvolle Klarstellung gegenüber dem *Status quo ante*: Durch die Verankerung als gegen die sexuelle Selbstbestimmung gerichtete Straftat wird ausdrücklich anerkannt, dass dieser Aspekt der Persönlichkeitsentfaltung nicht nur durch Verhaltensweisen beeinträchtigt wird, die eine unmittelbar körperliche Einwirkung beinhalten.[47] Diese Klarstellung hat aus feministischer Perspektive besondere Bedeutung, weil bildbezogene sexualisierte Instrumentalisierungen ebenso wie auch körperliche sexualisierte Gewalt weit überproportional häufig Frauen betreffen und unter den Bedingungen der Digitalisierung als geschlechtsspezifische Form der Herabwürdigung und »Bestrafung« von Frauen zunehmende Verbreitung findet.[48] Während die Opfer zum Teil in der individuellen Lebensführung erheblich verunsichert werden, finden sich in

46 Vgl. in diesem Sinne auch Ralf Kölbel, »Die dunkle Seite des Strafrechts«, S. 249–268 (257).

47 Vgl. dazu Boris Burghardt/Anja Schmidt/Leonie Steinl, »Der strafrechtliche Schutz der sexuellen Selbstbestimmung vor nicht-körperlichen Beeinträchtigungen«, *Juristen Zeitung* 2022, S. 502ff.; zu den Kritikpunkten der konkreten Formulierung des Tatbestands vgl. Inga Schuchmann, »Geschlecht im Sexualstrafrecht – Aktuelle Entwicklungen und Reformbedarf«, in: Magdalena Januszkiewicz/Alina Post/Alexander Riegl/Luisa Scheideler/Alisha Treutlein (Hg.), *Geschlechterfragen im Recht*, Berlin: Springer 2021, S. 91–120 (109ff.).

48 Vgl. dazu Danielle K. Citron, »Sexuelle Privatsphäre – Eine US-amerikanische Perspektive«, in: Boris Burghardt/Anja Schmidt/Leonie Steinl (Hg.),

dem öffentlichen Diskurs häufig Bagatellisierungen und Schuldzuweisungen an die Betroffenen. Bereits die Petition fokussierte nicht vorschnell und exklusiv auf das Strafrecht. Vielmehr zeigt gerade das Beispiel der Kriminalisierung des Upskirting, dass die Möglichkeit der rechtlichen Inpflichtnahme von Plattformbetreibern als besonders handlungsmächtigen Akteur:innen und auch die Effektivität zivilrechtlicher Abhilfe die unmissverständliche Strafbarkeit des Verhaltens voraussetzen. Schließlich gelang es den beteiligten rechtspolitischen Akteur:innen zumindest in Ansätzen, die Forderung nach einer Strafnorm in einen breiteren gesellschaftlichen Kontext einzubetten und eine Diskussion über sexuelle Belästigung und ihre Auswirkungen anzuregen.[49]

Weniger gelungen erscheint die Petition zu Catcalling, die Strafrecht als »Lösung des Problems« propagiert und seinen Einsatz auch bzw. gerade für niedrigschwellige Fälle fordert. Begrüßenswert ist auch diese Initiative insofern, als sie eine erhöhte gesellschaftliche Aufmerksamkeit für ein in der öffentlichen Diskussion vielfach verharmlostes, teils sogar positiv konnotiertes Belästigungsverhalten geschaffen hat, das erneut eine deutliche geschlechtsspezifische Dimension aufweist. Wichtig ist zudem der Hinweis auf die nahezu konstitutive Relativierung und Infragestellung der sexuellen Selbstbestimmung in diesem Belästigungsverhalten. Problematisch erscheint der Vorstoß, weil er sich vor allem auf Belästigungen im öffentlichen Raum bezieht, ohne zu reflektieren, dass eine allgemeine Kriminalisierung solchen Kommunikationsverhaltens in der Durchsetzung damit absehbar besonders selektiv erfolgte und vor allem für ein noch stärkeres *Policing* von ohnehin schon marginalisierten Personengruppen genutzt werden dürfte. Aus einer intersektional-feministischen Perspektive erscheint es daher erforderlich, Kriminalisierungsforderungen auf solche nicht-körperlichen sexuellen Belästigungen zu beschränken, in denen weitere Umstände der Tat, insbesondere bereits bestehende Abhängigkeitsverhältnisse und Machtasymmetrien, eine besondere Intensität der Belästigungswirkung bedingen.[50]

Zwiespältig ist auch die Forderung nach einem eigenen Femizid-Straftatbestand zu sehen. Anders als in den Fällen von Upskirting und Catcalling handelt es sich hier nicht um eine strafrechtliche Regelungslücke.

Sexuelle Selbstbestimmung jenseits des Körperlichen, Tübingen: Mohr Siebeck 2024, S. 65–84.

49 Jan Petter, »Sexuelle Belästigung »Upskirting«-Opfer froh über geplantes Gesetz«, *Tagesspiegel* 13.11.2019 https://www.tagesspiegel.de/gesellschaft/panorama/upskirting-opfer-froh-uber-geplantes-gesetz-4118431.html (Zugriff: 10.04.2025).

50 Vgl. dazu Anja Schmidt, »Gesetzesvorschlag zur Regelung sexueller Belästigung«, *Kriminalpolitische Zeitung* 2023, S. 235–241 (238); Leonie Steinl, »Zur Strafbarkeit und Strafwürdigkeit der nicht-körperlichen sexuellen Belästigung«, in: Boris Burghardt/Anja Schmidt/Leonie Steinl (Hg.), *Sexuelle*

Vielmehr bietet der Mordtatbestand eine geeignete Grundlage zur Aburteilung dieser Fälle.[51] Den in der Praxis bestehenden Defiziten im Umgang mit trennungsbedingten Intimpartnerinnen-Femiziden wäre durch die Schaffung eines neuen Femizid-Tatbestandes nicht abgeholfen. Vielmehr bestünde die Gefahr, dass die gleichen problematischen patriarchalen Deutungsmuster unter Verkennung geschlechtsspezifischer Tatmotive in den neuen Tatbestand übertragen werden.[52] Zu begrüßen ist daher, dass sich die Diskussion schnell hin zu anderen Lösungsoptionen – etwa in Gestalt von Fortbildungsverpflichtungen für Richter:innen oder der mittlerweile umgesetzten Ergänzung des § 46 Abs. 2 StGB um »geschlechtsspezifische Beweggründe« – verlagerte.[53] Ebenfalls positiv zu bewerten ist zudem die im Zuge der Kriminalisierungsdiskussion von einigen feministischen Akteur:innen vorgenommene Verknüpfung mit Forderungen nach strukturellen sowie präventiven Maßnahmen zum Umgang mit Femiziden, wie sie etwa in der Anhörung des Familienausschusses des Bundestages debattiert wurden.[54]

Einzuräumen ist zugleich, dass die tatsächliche politische Umsetzung vielfach ausschließlich in Bezug auf die strafrechtlichen Forderungen gelingt, auch wenn die feministischen Kriminalisierungsforderungen differenziert und im Bemühen um eine Kontextualisierung des Problems sowie umfassende Lösungsansätze vorgebracht werden.[55]

Selbstbestimmung jenseits des Körperlichen, Tübingen: Mohr Siebeck 2024, S. 201–216.

51 Vgl. dazu Inga Schuchmann/Leonie Steinl, »Femizide – Zur strafrechtlichen Bewertung von trennungsbedingten Tötungsdelikten an Intimpartnerinnen«, *Kritische Justiz* 2021, S. 312–327 (312ff.).

52 Vgl. dazu Dilken Çelebi/Inga Schuchmann/Leonie Steinl, »Feministische Strafrechtskritik: Geschlechterdimensionen im materiellen Strafrecht«.

53 Vgl. dazu Dilken Çelebi, »Ein Plädoyer für die Änderung der Strafzumessungsgründe in § 46 Abs. 2 Satz. 2 StGB«, *Verfassungsblog* 22.07.2022 https://verfassungsblog.de/ein-pladoyer-fur-die-anderung-der-strafzumessungsgrunde/ (Zugriff: 10.04.2025).

54 Siehe »Lob und Kritik der Expert:innen für Linken-Antrag zu Femiziden«, *Deutscher Bundestag* 01.03.2021, https://www.bundestag.de/dokumente/textarchiv/2021/kw09-pa-familie-femizide-822324 (Zugriff: 10.04.2025); vgl. auch Deutscher Juristinnenbund, »Stellungnahme zum Antrag ›Femizide in Deutschland untersuchen, benennen und verhindern‹«, *Bundestag-Drucksache* 19/23999 25.02.2021 https://www.djb.de/presse/stellungnahmen/detail/st21-04 (Zugriff: 28.04.2025).

55 Vgl. dazu Ralf Kölbel, »Die dunkle Seite des Strafrechts«, S. 249–268 (255f.); Isabel Kusche, *Politikberatung und die Herstellung von Entscheidungssicherheit im politischen System*, Wiesbaden: VS Verlag für Sozialwissenschaft 2008, S. 217ff.

VI. Fazit

Der Vorwurf des *Carceral Feminism* greift zu kurz, soweit er impliziert, jede Forderung nach Kriminalisierung eines Verhaltens stehe im Widerspruch zu den eigentlichen Zielsetzungen einer feministischen Analyse und Kritik des Rechts. Weil in unserer Rechtsordnung nur das Strafrecht für eine normative Festschreibung von Mindeststandards interpersonalen Verhaltens zur Verfügung steht, bleibt es ein unverzichtbares Element im Arsenal eines feministischen rechtspolitischen Engagements. Zugleich liegen die grundlegenden Schwächen und Defizite des Strafrechts gerade auch aus einer feministischen Perspektive auf der Hand. Gegenüber rechtspolitischen Forderungen einer Neukriminalisierung und Verschärfung ist daher grundsätzlich Zurückhaltung angebracht. Auch in den Fällen, in denen das Strafrecht genutzt wird, um die Inakzeptabilität eines Verhaltens klarzustellen, muss feministische Kriminalpolitik auf die begrenzte Problemlösungskapazität des Strafrechts hinweisen und auf dem Erfordernis weiterer, struktureller Maßnahmen insistieren. Mittel- und langfristig besteht ein zentrales Anliegen feministischer Kriminalpolitik darin, die für unsere Rechtsordnung kennzeichnende Verklammerung von Verhaltensverboten und strafrechtlicher Sanktionierung aufzulösen. Kurzfristig bedarf es einer feministischen Kriminalisierungstheorie, welche die aus feministischer Sicht relevanten Gesichtspunkte für und gegen den Einsatz des Strafrechts formuliert und in der strafrechtspolitischen und strafrechtswissenschaftlichen Diskussion begrifflich verankert.

Johanna Nickels

Gesellschaftstransformation durch Strafrecht?

Kritische Anmerkungen ausgehend von der internationalen Diskussion um Carceral Feminism[1]

Inwieweit können durch Recht grundlegende gesellschaftliche Veränderungen oder gar Umbrüche herbeigeführt oder jedenfalls gefördert werden? Diese Frage wird zurzeit unter dem Schlagwort »Transformation« vielfältig gestellt.[2] Sie ist allerdings keine neue und wird seit langem in unterschiedlichen Disziplinen kontrovers diskutiert.[3] Kritische Stimmen

1 Ich danke Tobias Singelnstein sowie allen Teilnehmer:innen des professurinternen Kolloquiums im September 2024 für die überaus konstruktive Diskussion und die wertvollen Anregungen zu diesem Kapitel.

2 So wird die Idee eines *transformative law* insb. von Poul. F. Kjaer, »What is transformative law?«, *European Law Open* 2022, S. 760–780 erörtet, Recht in politischen oder technologischen Transformationsphasen beleuchtet (Christian Boulanger, »Recht in der Transformation – Transformation durch Recht? Die Stunde der Juristen«, in: Christian Boulanger (Hg.), *Recht in der Transformation: Rechts- und Verfassungswandel in Mittel- und Osteuropa Beiträge zur Debatte, Potsdamer Textbücher*, Berlin: Berliner Debatte Wissenschaftsverlag 2022, S. 7–12; Wolfgang Hoffmann-Riem, *Recht im Sog der digitalen Transformation: Herausforderungen, Schriften zum Recht der Digitalisierung*, Tübingen: Mohr Siebeck 2022) oder die Mobilisierung von Recht zur Gesellschaftsveränderung durch strategische Prozessführung untersucht (Sonja Buckel/Maximilian Pichl/Carolina A. Vestena, »Legal Struggles: A Social Theory Perspective on Strategic Litigation and Legal Mobilisation«, in: *Social & Legal Studies* 2024, S. 21–41; Riccardo Fornasari, »The Legal Form of Climate Change Litigation: An Inquiry into the Transformative Potential and Limits of Private Law«, *Journal of Law and Political Economy* 2024, S. 820–862).

3 Die Frage ist vielmehr seit jeher im Zentrum vieler sozialtheoretischer, rechtswissenschaftlicher sowie rechtssoziologischer Beiträge. Für Beiträge der letzten 50 Jahre, vgl. z. B. Gunther Teubner, *Recht als autopoietisches System*, Frankfurt am Main: Suhrkamp 1989, S. 81ff.; Manfred Rehbinder, *Rechtssoziologie*, Berlin: De Gruyter 1977, S. 158ff.; Stuart A. Scheingold, *The Politics of Rights: Lawyers, Public Policy, and Political Change*, New Haven/London: Yale University Press 1974. Die Rolle des Rechts bzw. von Rechten wird dabei durch Beiträge der Critical Legal Studies (für Überblicke m. w. N. sowie Kritik, s. z. B. Kimberlé W. Crenshaw, »Race, Reform,

arbeiten dabei den entpolitisierenden und primär stabilisierenden Charakter des Rechts heraus[4] oder schlagen vor, Rechte im Hinblick auf Gesellschaftsveränderung jedenfalls als paradox einzuordnen.[5]

Gleichzeitig wurden in das Strafrecht schon vielfach Regelungen mit der Hoffnung auf gesellschaftliche Veränderungen eingeschrieben. So wurde insbesondere feministisch begründeten Strafrechtsintensivierungen[6] das Potenzial zugeschrieben, die Geschlechtergleichstellung

and Retrenchment: Transformation and Legitimation in Antidiscrimination Law«, *Harvard Law Review* 1988, S. 1331–1387 (1349ff.); Duncan Kennedy, »The Critique of Rights in Critical Legal Studies«, in: Wendy Brown/Janet Halley (Hg.), *Left Legalism/Left Critique*, Durham: Duke University Press 2002, S. 66 ff. sowie gerade auch durch Beiträge der Legal Gender Studies (z. B. Kathrin Arioli/Michelle Cottier/Patrizia Farahmand/Zita Küng (Hg.), *Wandel der Geschlechterverhältnisse durch Recht?*, Zürich/St. Gallen: Dike-Verlag 2008; Wendy Brown, »Suffering the Paradoxes of Rights«, in: Wendy Brown/Janet Halley (Hg.), *Left Legalism/Left Critique*, Durham: Duke University Press 2002, S. 420–434; Elisabeth Holzleithner, »Recht und Staat: Gegner oder Verbündeter im Bemühen um Geschlechtergleichstellung?«, in: Gundula Ludwig/Birgit Sauer/Stefanie Wöhl (Hg.), *Staat und Geschlecht*, Baden-Baden: Nomos 2009, S. 47–60, Elisabeth Holzleithner, »Emanzipation durch Recht?«, *Kritische Justiz* 2008, S. 250–256) ambivalent eingeordnet. Konkret im Hinblick auf das Strafrecht wurde die Transformationsfrage für Kanada bspw. bereits Anfang der 1990er von Laureen Snider, »Feminism, Punishment and the Potential of Empowerment«, *Canadian Journal of Law and Society* 1994, S. 75–104 verneinend beantwortet. Boris Burghardt/Leonie Steinl, »A Master's Tool? – Zur Notwendigkeit einer feministischen Kriminalisierungstheorie«, *Kritische Justiz* 2024, S. 14–29 (25) hingegen hielten jüngst »transformierende Effekte« für grundsätzlich möglich.

4 Vgl. z. B. *Mattutats* Analyse, die insb. im Anschluss an *Marxs* und unter Bezug auf *Menkes* Rechtsdenken die entpolitisierende Wirkung subjektiver Rechte, konkret im Hinblick auf die Eheschließung für Personen gleichen Geschlechts, nuanciert erörtert (Liza Mattutat, *Emanzipation und Gewalt. Feministische Rechtskritik mit Karl Marx*, Berlin: J.B. Metzler 2020, S. 11ff.).

5 Vgl. z. B. Brown, »Suffering the Paradoxes of Rights«, S. 420.

6 Gemeint sind insb. Neukriminalisierungen, aber auch z. B. Strafrahmenhöhungen. Für einen (kritischen) Überblick im anglo-amerikanischen nationalen sowie internationalen und transnationalen Kontext s. Prabha Kotiswaran, »Feminist Approaches to Criminal Law«, in: Markus D. Dubber/Tatjana Hörnle (Hg.), *The Oxford Handbook of Criminal Law*, Oxford/New York: Oxford University Press 2014, S. 59–83 (63ff.). Für Deutschland z. B. konkret zur Reform des Sexualstrafrechts 2016: Burghardt/Steinl, »A Master's Tool? – Zur Notwendigkeit einer feministischen Kriminalisierungstheorie«, S. 14ff.; Ralf Kölbel, »›Progressive‹ Criminalization? A Sociological and Criminological Analysis Based on the German ›No Means No‹

nachhaltig zu fördern und somit über das Recht hinaus gesamtgesellschaftliche Transformation zu induzieren.[7]

Inwieweit kann diesen Strafrechtsintensivierungen allerdings tatsächlich ein entsprechendes transformatorisches Potenzial attestiert werden? Und welche allgemeinen Überlegungen lassen sich aus den konkreten Erfahrungen zu feministisch begründeten Strafrechtsintensivierungen für das transformatorische Potenzial des Strafrechts ablesen?[8] Neue Einsichten verspricht eine zunächst US-amerikanische und nun international geführte plurale Diskussion[9] unter dem Schlagwort »Carceral Feminism«[10]

Provision«, *German Law Journal* 22/2021, S. 817–832 (822f.), Ralf Kölbel, »Sexualstrafgesetzgebung, Kriminalpolitik und Strafrechtsaffinität in der Kriminologie«, in: Ingke Goeckenjan/Jens Puschke/Tobias Singelnstein (Hg.), *Für die Sache – Kriminalwissenschaften aus unabhängiger Perspektive: Festschrift für Ulrich Eisenberg zum 80. Geburtstag*, Berlin: Duncker & Humblot 2019, S. 61–78 (66ff.).

7 Allerdings zeigt z. B. Ulrike Lembke, »›Vergebliche Gesetzgebung‹. Die Reform des Sexualstrafrechts 1997/1998 als Jahrhundertprojekt und ihr Scheitern in und an der sogenannten Rechtswirklichkeit«, *Zeitschrift für Rechtssoziologie* 2014, S. 253–284 (259f.) m. w. N. für Deutschland auf, dass es sich dabei oft auch um äußerst zurückhaltende Zuschreibungen handeln konnte.

8 Nicht im Fokus dieses Beitrags, aber trotzdem von großer Relevanz sind die vorhandenen strafrechtswissenschaftlichen sowie insb. kriminologischen Forschungsbeiträge, die sich mit den relativen Strafzwecken im Lichte rechtstatsächlicher Befunde auseinandersetzen.

9 Vorangetrieben wurde und wird diese Diskussion insb. von Denker:innen und Aktivist:innen des *Black Feminism* (s. Abschnitt B.I). Dieser Beitrag möchte sich die Gedanken und Impulse nicht zu eigen, sondern vielmehr die Relevanz der Beiträge kenntlich machen und dazu beitragen, sie im deutschen Strafrechtsdiskurs zu vervielfältigen. Damit verbunden ist das gleichzeitige, dringliche Plädoyer für eine deutlich diverser aufgestellte Strafrechtswissenschaft sowie das Bewusstsein, dass auch der eigenen Untersuchung erhebliche epistemische Leerstellen zugrunde liegen können.

10 Der Begriff wurde erstmals durch Elizabeth Bernstein, »The Sexual Politics of the ›New Abolitionism‹«, *differences* 2007, S. 128–151 (137) eingeführt und in weiteren Analysen etabliert (Elizabeth Bernstein, »Militarized Humanitarianism Meets Carceral Feminism: The Politics of Sex, Rights, and Freedom in Contemporary Antitrafficking Campaigns«, *Signs: Journal of Women in Culture and Society* 2010, S. 45–71; Elizabeth Bernstein, »Carceral politics as gender justice? The ›traffic in women‹ and neoliberal circuits of crime, sex, and rights«, *Theory and Society* 2012, S. 233–259). Inhaltliche Überschneidungen gibt es allerdings auch mit Beiträgen unter dem Begriff *Governance Feminism*, s. Janet Halley/Prabha Kotiswaran/Hila Shamir/Chantal Thomas, »From the International to the Local in Feminist Legal Responses to Rape, Prostitution/Sex Work, and Sex Trafficking: Four Studies in Contemporary Governance Feminism«, *Harvard Journal of Law*

(im Folgenden: CF), die von der deutschen Strafrechtswissenschaft noch kaum rezipiert wurde.[11] Auf Deutsch am ehesten als Strafrechtsfeminismus[12] übersetzt, werden mit CF gerade die genannten Strafrechtsintensivierungen beschrieben.[13] Innovativ an der CF-Debatte ist, dass die meisten kritischen Beiträge entsprechende Strafrechtsintensivierungen interdisziplinär im Hinblick auf das ihnen zugeschriebene Emanzipationsversprechen untersuchen und dafür selbst eine dezidiert intersektional-feministische Perspektive nutzen.[14] Insofern liegt der Kritik am CF selbst also auch ein (normativer) Maßstab von emanzipatorischer

& Gender 2006, S. 335–423; Janet Halley/Prabha Kotiswaran/Rachel Rebouché/Hila Shamir (Hg.), *Governance Feminism: An Introduction*, Minneapolis/London: University of Minnesota Press 2018; speziell zur Strafrechtsmobilisierung z. B. Janet Halley, »Which Forms of Feminism Have Gained Inclusion?«, in: Janet Halley/Prabha Kotiswaran/Rachel Rebouché/Hila Shamir (Hg.), *Governance Feminism: An Introduction*, Minneapolis/London: University of Minnesota Press 2018, S. 23–53 (28f.).

11 Eine wichtige Ausnahme bilden die jüngst erschienen Beiträge im Schwerpunktheft der *Kritischen Justiz* (für einen Überblick s. Daria Bayer/Boris Burghardt/Liza Mattutat/Leonie Steinl, »Feministische Kritik des Strafrechts: Unrechtsanerkennung ohne Strafe?«, *Kritische Justiz* 2024, S. 10–13). Explizit dem Thema haben sich mit Bezug auf Deutschland nur wenige, vor allem sozialwissenschaftliche Beiträge gewidmet (z. B. Jenny Künkel, »Carceral Feminism in Deutschland? Debatten um Vergewaltigungsrecht und sexuelle Gewalt in Partyräumen«, *Kriminologisches Journal* 2021, S. 105–120; Johanna Nickels/Christine Morgenstern, »›Carceral Feminism‹? Feministische Positionen in der deutschen Kriminalpolitik«, in: Tilmann Bartsch/Yvonne Krieg/Inga Schuchmann/Helena Schüttler/Leonie Steinl/Maja Werner/Bettina Zietlow (Hg.), *Gender & Crime*, Baden-Baden: Nomos 2022, S. 97–107) sowie Beiträge, die über den Wissenschaftsdiskurs hinausgehen und oftmals starke anglo-amerikanische Bezüge aufweisen (z. B. Beiträge in Melanie Brazzell (Hg.), *Was macht uns wirklich sicher? Ein Toolkit zu intersektionaler, transformativer Gerechtigkeit jenseits von Gefängnis und Polizei*, Münster: edition assemblage 2018; Daniel Loick/Vanessa E. Thompson (Hg.), *Abolitionismus: ein Reader*, Berlin: Suhrkamp 2022). Außerhalb der strafrechtswissenschaftlichen Diskussion lassen sich auch einzelne Überlegungen der CF-Kritik in Beiträgen der Legal Gender Studies finden.

12 Diese Übersetzung trifft es allerdings nicht ganz, da »carceral« vor allem eine *Gefängnis*affinität meint. Insofern ist der in Deutschland verbreitete Begriff des Strafrechtsfeminismus etwas weiter gefasst.

13 Für einen Kurz-Überblick der Diskussion, s. Anna Terwiel, »What Is Carceral Feminism?«, *Political Theory* (4/2020), S. 427ff. Für eingehende Analysen s. z. B. Aya Gruber, *The Feminist War on Crime: The Unexpected Role of Women's Liberation in Mass Incarceration*, Oakland: University of California Press 2020.

14 S. Abschnitt B.

Gesellschaftsveränderung zugrunde und verspricht für die Frage nach Gesellschaftstransformation durch Strafrecht wichtige Einsichten.[15]

Aufbauend auf dieser kritischen Literatur arbeitet dieser Beitrag konkrete Mechanismen und Dynamiken heraus, durch die Strafrechtsintensivierungen bestehende Verhältnisse stabilisieren oder gar vertiefen können, anstatt Emanzipation und damit Gesellschaftstransformation zu fördern, und plädiert dafür, Strafrecht – insb. im Hinblick auf die Frage nach seinem transformatorischen Potenzial – deutlich stärker in seiner gesellschaftlichen Einbettung wahrzunehmen. Dafür skizziert dieser Beitrag nach einer konzeptionellen Konkretisierung von gesellschaftlicher Transformation (Abschnitt I.) zunächst die zentralen Eckpunkte der kritischen Debatte zu CF und ordnet diese wiederum selbst kritisch ein (Abschnitt II). Auf dieser Grundlage wird schwerpunkthaft analysiert, welche konkreten Einsichten für das gesellschaftliche Veränderungspotenzial von Strafrecht aus der CF-Debatte gewonnen werden können und inwieweit diese auch verallgemeinerbare Schlüsse zulassen (Abschnitt III). Ausgehend davon werden schließlich neue Impulse und Fragestellungen für die deutsche Strafrechtswissenschaft identifiziert (Abschnitt IV). Eine Beurteilung der Angemessenheit von Strafrechtsintensivierungen insgesamt hat diese Untersuchung hingegen nicht zum Ziel.[16]

I. Konzeptionelle Vorbemerkungen zu rechtlich induzierten gesellschaftlichen Veränderungen

Die eingangs erwähnte Vielfalt an Perspektiven auf die Frage, ob Recht im Sinne von Rechtsetzung und Rechtspraxis Gesellschaft nicht nur stabilisieren, sondern grundlegend verändern kann, erfordert für die eigene Analyse ein besonderes Maß an konzeptioneller Klarheit.[17] Festzuhalten ist zunächst, dass der Bezugspunkt von Veränderung außerhalb des (Straf-)Rechts liegt und sich im Sinne von Gesellschaftsveränderung auf alle möglichen außerhalb des Rechts liegenden gesellschaftlichen Sphären beziehen kann.[18]

15 Rechtspolitisch fordern viele dieser Beiträge ausgehend von ihren Analysen strafrechtszentrierter Politik *Transformative Justice*-Konzepte als Alternativen zum Strafrecht, s. Abschnitt B. Damit ist der Topos der Transformation auch hier explizit vertreten.

16 Mithin unterscheidet sie sich von der Zielsetzung vieler kritischer Beiträge zu CF, s. Abschnitt B.II.

17 Diese konzeptionellen Vorbemerkungen dienen somit primär der eigenen Analyse, eine darüberhinausgehende Aussagekraft ist denkbar, aber erst zu prüfen.

18 Insofern wird Recht im Gleichlauf mit einflussreichen rechtssoziologischen Denkfiguren in dieser Untersuchung auch als eine in Teilen eigene

Dieser Beitrag wählt dabei den Begriff der Transformation als zentrale und gleichzeitig maximale Veränderungskategorie. Damit soll nicht nur an die aktuellen Debatten um gesellschaftliche Transformation angeknüpft werden, sondern gerade das Potenzial des Strafrechts, *grundlegende* gesellschaftliche Veränderungen zu evozieren, untersucht werden. Transformation wird hier als eine tiefgehende und nachhaltige Rekonfiguration von Beziehungsstrukturen, sozialer Praktiken sowie Denkkategorien verstanden, die über rein punktuelle bzw. individuelle Veränderungen hinausgeht.

Analytisch wird in dieser Untersuchung darüber hinaus zwischen zwei Ebenen, der ideellen und der materiellen,[19] unterschieden, auf denen sich derartige Veränderungen manifestieren können. Die ideelle Ebene, auf der auch viele der etablierten relativen Strafzwecke[20] ansetzen, meint hier das Empfinden, Bewusstsein und Denken. Transformation kann sich also z. B. als grundlegender Bewusstseinswandel zeigen. Mit der materiellen Ebene werden insb. die sozio-ökonomische Positionierung von Gesellschaftsmitgliedern sowie entsprechende Beziehungsstrukturen inklusive der tatsächlichen sozialen Praktiken gemeint. Hier sind z. B. Veränderungen in ökonomischen Abhängigkeitsstrukturen bzw. Ressourcenverteilungen oder Umordnungen von Teilhabemöglichkeiten zu beleuchten.

Im Fall von feministisch begründeten Strafrechtsintensivierungen ist die *intendierte* Gesellschaftstransformation demnach als eine

gesellschaftliche Sphäre verstanden. Statt vieler, s. entsprechende systemtheoretische Überlegungen zum Recht (im Anschluss an *Luhmann* z. B. Teubner, *Recht als autopoietisches System*, S. 88ff.) oder *Bourdieus* Konzept des juridischen Felds, der dieses als eigenes von der Gesellschaft nicht völlig unabhängiges, aber zugleich auch nicht prädeterminiertes soziales Feld sieht (Pierre Bourdieu, »The Force of Law: Toward a Sociology of the Juridical Field«, *The Hastings Law Journal* 1987, S. 814–853 (816)). Insofern wird in dieser Analyse davon ausgegangen, dass Änderungen im Recht nicht automatisch die entsprechenden gesamtgesellschaftlichen Veränderungen nach sich ziehen, sondern die Sphäre des Rechts erst transzendieren müssen und damit auch inhaltliche Umformungen sowie nicht intendierte Effekte einhergehen können.

19 Je nach Denkströmung werden diese Ebenen unterschiedlich und auch als unterschiedlich miteinander verknüpft gedacht. Anknüpfend an die etablierte Differenzierung zwischen Idealismus und Materialismus (für einen ideengeschichtlichen Überblick aus erkenntnistheoretischer Sicht z. B. Gerhard Schurz, *Erkenntnistheorie: Eine Einführung*, Stuttgart: J.B. Metzler 2021, S. 151ff.) dient die vorgenommene Differenzierung allerdings einzig einer besseren analytischen Trennschärfe und ist daher theorieoffen konzipiert.

20 Für einen Überblick über die bekannten spezial- und generalpräventiven Strafzwecke, s. z. B. Claus Roxin/Luís Greco, *Strafrecht Allgemeiner Teil Bd. 1: Grundlagen. Der Aufbau der Verbrechenslehre*, München: C.H. Beck 2020, S. 134ff. m. w. N.

Rekonfiguration patriarchaler Gesellschaftsstrukturen, Praktiken und Denkkategorien im Sinne von grundlegenden, nachhaltigen Veränderungen auf ideeller sowie materieller Ebene zu verstehen.

II. Die internationale kritische Debatte zu »Carceral Feminism«

Die sich im Laufe der Jahre entsponnene, umfassende Debatte zu CF ist überaus plural[21] und mit anderen Forschungsansätzen und -feldern verschränkt.[22] Dennoch können spezifische Charakteristika der Analyseperspektive sowie thematische Schwerpunkte der CF-Kritik ausgemacht werden, die als Grundlage für die konkreten Einblicke zum transformatorischen Potenzial von Strafrecht zu skizzieren sind.

1. Analyseperspektiven und zentrale Themen der Kritik am *Carceral Feminism*

Analytisch baut die Kritik am CF insb. auf Denkfiguren kritischer Theorien sowie konkret auf Beiträgen des *Black Feminism* auf.[23] Anders als viele bisherige strafrechtskritische Stimmen rücken die Beiträge marginalisierte Betroffene in den Fokus und nehmen ihre konkrete Lebenssituation in den Blick. Anhand einer intersektionalen Perspektive[24] werden

21 Die Debatte wird sowohl in der Wissenschaft als auch aktivistisch im öffentlichen Diskurs geführt. Teilweise wird explizit das Schlagwort CF genutzt, oft wird darauf verzichtet. Bezuggenommen wird für diese Untersuchung primär auf die wissenschaftlichen Beiträge, womit aber keine Aussage über die Beiträge im öffentlichen Diskurs einhergeht.

22 Neben der Forschung zu *Governance Feminism* (s. Fn. 10), siehe die Anknüpfungspunkte und Analyseperspektiven in Abschnitt B.I.

23 Insb. Beiträge ab den 1970er Jahren sprechen zentrale Themen der CF-Diskussion an. Vgl. z. B. das *Combahee River Collective Statement* (2021) oder den einflussreichen Aufsatz von Audrey Lorde, »The Master's Tools Will Never Dismantle the Master's House«, in: Cherríe Moraga/Gloria E. Anzaldúa (Hg.), *This Bridge Called My Back: Writings by Radical Women of Color. 40. Jubiläumsausgabe*, Albany: State University of New York Press 2021, S. 94–97 und etwas später auch Angela Y. Davis, *Women, Race and Class*, London: Penguin Books 2019. Darüber hinaus finden sich auch Themen der Critical Legal Studies, der Legal Gender Studies sowie der »Punishment & Society«-Forschung in der Kritik am CF.

24 Diese Perspektive wird primär auf die Arbeiten von Crenshaw zurückgeführt, s. erstmals Kimberlé W. Crenshaw, »Demarginalizing the Intersection of Race and Sex: A Black Feminist Critique of Antidiscrimination Doctrine,

dabei die Folgen der Verschränkungen verschiedener Diskriminierungsdimensionen wie z. B. Sexismus, Rassismus, Klassismus, Ableismus oder Diskriminierungen aufgrund der sexuellen Identität[25] herausgearbeitet. Diese umfassenden Analysen wurden insb. auch aus der Strafrechts*praxis* heraus entwickelt[26] und stellen abstrahierenden politischen sowie juristischen Diskursen das *law in action* anhand konkreter rechtstatsächlicher Befunde gegenüber.[27] Insofern werden auch rechtssoziologische bzw. kriminologische (empirische) Befunde aufgegriffen und weiterentwickelt.

Ursprünglich lag der Fokus der CF-Kritik regional auf dem US-amerikanischen Raum und thematisch auf feministischen Strafrechtsintensivierungsforderungen, die Prostitution bzw. Sexarbeit durchweg als zu bestrafendes *sex trafficking* einordneten.[28] Im Laufe der Zeit hat sich die Debatte inhaltlich aber erheblich geweitet. So wurden zum einen Strafrechtsintensivierungen für andere Phänomene, insb. Gewalt im sozialen Nahraum sowie sexualisierte Gewalt, miteinbezogen.[29] Zum anderen weitete sich der geographische Fokus durch Analysen für verschiedene europäische[30]

Feminist Theory and Antiracist Politics«, *University of Chicago Legal Forum* 1989, S. 139–167; sowie konkret im Hinblick auf Gewalt Kimberlé W. Crenshaw, »Mapping the Margins: Intersectionality, Identity Politics, and Violence against Women of Color«, *Stanford Law Review* 1991, S. 1241–1299; Kimberlé W. Crenshaw, »From Private Violence to Mass Incarceration: Thinking Intersectionally about Women, Race, and Social Control«, *UCLA Law Review* 2012, S. 1418–1472. Allerdings bauen Crenshaws Analysen auf vielen Beiträgen des *Black Feminism* auf (Anna Carasthatis, »The Concept of Intersectionality in Feminist Theory«, *Philosophy Compass* 2014, S. 304–314 (304ff.) m. w. N.; für eine umfassende Analyse, Ange-Marie Hancock, *Intersectionality. An intellectual history*, New York: Oxford University Press 2016).

25 Diese Aufzählung ist nicht abschließend.

26 So nehmen sowohl Gruber, *The Feminist War on Crime: The Unexpected Role of Women's Liberation in Mass Incarceration*, S. 1ff. als auch Beth Richie, *Arrested justice: black women, violence, and America's prison nation*, New York: New York University Press 2012, S. 1ff. für ihre umfassenden Analysen eigene praktische Erfahrungen zum Ausgangspunkt.

27 Vgl. die Ausführungen in diesem Abschnitt, aber vor allem auch Abschnitt C.

28 S. Fn. 10.

29 Vgl. z. B. die umfangreichen Analysen von Kristin Bumiller, *In an abusive state: how neoliberalism appropriated the feminist movement against sexual violence*, Durham/London: Duke University Press 2008; Marie Gottschalk, *The Prison and the Gallows: The Politics of Mass Incarceration in America*, New York: Cambridge University Press 2001, S. 115ff.; Gruber, *The Feminist War on Crime: The Unexpected Role of Women's Liberation in Mass Incarceration*; Richie, *Arrested justice: black women, violence, and America's prison nation.*

30 Vgl. Analysen für z. B. Schweden (Marcus Lauri/Maria Carbin/Ida Linander, »The rise of carceral feminism in Sweden: Analysing political debate and

sowie lateinamerikanische Länder[31], die die Diskussion erheblich nuancierten. Insb. die Beobachtungen aus den lateinamerikanischen Ländern halten dabei wichtige Impulse bereit und verknüpfen die Diskussion um CF bspw. mit einer kritischen, dekolonialen Analyse dominanter Menschenrechtsdiskurse.[32]

Eine Zusammenschau zeigt, dass vor allem drei zentrale Themenkomplexe in der Kritik am CF identifiziert werden können. Dazu zählt erstens die Analyse der Entstehungsbedingungen einflussreicher, strafrechtsaffiner feministischer Diskurse und ihrer Charakteristika. Festgestellt werden hier erhebliche Diskursverengungen, die sich insb. als Ausschluss marginalisierter Perspektiven und Lebensumstände zeigen. So würden durch universell formulierte Forderungen vor allem die Bedürfnisse von privilegierten weiß gelesenen Frauen[33] ohne intersektional-verschränkte Diskriminierungserfahrungen im CF zum Ausdruck kommen.[34] Verdeutlicht wird dies zuweilen auch konkret an einflussreichen juristisch geprägten Argumentationen, nach denen vermeintlich das primäre Interesse *aller*

policy on men's violence against women«, *Women's Studies International Forum* 2023, 102780, Frankreich (Gwenola Ricordeau, *Pour elles toutes: femmes contre la prison*, Montréal: Lux éditeur 2019) oder Spanien und Polen (Magdalena Grzyb, »Penal populism: Negotiating the feminist agenda. Evidence from Spain and Poland«, *European Journal of Criminology* 2021, S. 836–854). Konkret für Deutschland, s. z. B. Künkel, »Carceral Feminism in Deutschland? Debatten um Vergewaltigungsrecht und sexuelle Gewalt in Partyräumen«; Nickels/Morgenstern, »›Carceral Feminism‹? Feministische Positionen in der deutschen Kriminalpolitik«.

31 Für eine umfassende Studie zu Ecuador s. Silvana Tapia Tapia, *Feminism, Violence Against Women, and Law Reform: Decolonial Lessons from Ecuador*, London: Routledge 2022. Für eine intersektionale Analyse der Kriminalisierungen von Femi(ni)ziden in neun Ländern, s. Melissa Padilla, »A Path Forward to #NiUnaMenos Based on an Intersectional Analysis of Laws Criminalizing Femicide/Feminicide in Latin America«, *San Diego International Law Journal* 2022, S. 111–161.

32 Vgl. insb. Silvana Tapia Tapia, »Feminism and Penal Expansion: The Role of Rights-Based Criminal Law in Post-Neoliberal Ecuador«, *Feminist Legal Studies* 2018, S. 285–306; Tapia Tapia, *Feminism, Violence Against Women, and Law Reform: Decolonial Lessons from Ecuador*; Silvana Tapia Tapia, »Human Rights Penality and Violence Against Women: The Coloniality of Disembodied Justice«, *Law and Critique* 2023, S. 1–25.

33 Insofern sind hier explizit Cis-Frauen gemeint.

34 Gruber, *The Feminist War on Crime: The Unexpected Role of Women's Liberation in Mass Incarceration*, S. 56f., 96f.; Richie, *Arrested justice: black women, violence, and America's prison nation*, S. 101f. Für eine eingehende Analyse s. insb. Adele M. Morrison, »Changing the Domestic Violence (Dis) Course: Moving from White Victim to Multi-Cultural Survivor«, *U.C. Davis Law Review* 2006, S. 1061–1118 m. w. N.

Betroffenen Strafverfolgung sei.[35] Im Widerspruch dazu stehen die analysierten kriminalpolitischen sowie insb. rechtstatsächlichen Auswirkungen dieser Strafrechtsintensivierungsforderungen, die das zweite zentrale Thema der Kritik am CF darstellen und im nächsten Abschnitt detaillierter ausgewertet werden. Als wesentliches Resümee halten die Beiträge dabei fest, dass kaum eine erhebliche Reduzierung der Kriminalitätsphänomene erzielt werden konnte. Vielmehr habe eine entsprechend strafrechtszentrierte Politik gerade für marginalisierte Betroffene sogar zu einer erheblichen Schlechterstellung geführt, die sie in Verbindung mit einem gleichzeitig beobachteten Abbau von wohlfahrtsstaatlich geprägter Politik in Teilen von jeglicher (staatlichen) Unterstützung ferngehalten habe.[36] Basierend auf diesen vielfältigen Beobachtungen stellt die Kritik am CF schließlich drittens eigene (rechts-)politische Forderungen. Verlangt wird ein Umdenken in der Kriminalpolitik. Zum einen werden Alternativen befürwortet, die materielle Ressourcen umverteilen und damit prekären Lebensumständen begegnen.[37] Zum anderen werden andere außerhalb des (Straf-)Rechts liegende Mechanismen[38] zur Gerechtigkeitswiederherstellung wie z. B. *Transformative* oder auch *Restorative Justice*-Ansätze gefordert.[39]

Die Kritik am CF nimmt somit die Schwere von Phänomenen, wie sexualisierter Gewalt für Betroffene, überaus ernst und auch ihre strukturellen Ursachen in den Blick. Gleichzeitig hat die Kritik nachhaltige

35 Gruber, *The Feminist War on Crime: The Unexpected Role of Women's Liberation in Mass Incarceration*, S. 45, 59ff.

36 S. Abschnitt C. sowie bereits Crenshaw, »Mapping the Margins: Intersectionality, Identity Politics, and Violence against Women of Color«, S. 1246; Morrison, »Changing the Domestic Violence (Dis)Course: Moving from White Victim to Multi-Cultural Survivor«, S. 1076. Für konkrete Beispiele Richie, *Arrested justice: black women, violence, and America's prison nation*, S. 99f., 118ff.

37 Vgl. Gruber, *The Feminist War on Crime: The Unexpected Role of Women's Liberation in Mass Incarceration*, S. 192ff., die auf die in der Diskussion um *Governance Feminism* vorgeschlagene Distributionsanalyse (Janet Halley, »Conclusion. Distribution and Decision: Assessing Governance Feminism«, in: Janet Halley/Prabha Kotiswaran/Rachel Rebouché/Hila Shamir (Hg.), *Governance Feminism: An Introduction*, Minneapolis/London: University of Minnesota Press 2018, S. 253–267 (253ff.); für einen Überblick, s. auch Aziza Ahmed, »Governance Feminism and Distributional Analysis«, in: Deborah Brake/Martha Chamallas/Verna L. Williams (Hg.), *The Oxford Handbook of Feminism and Law in the United States*, New York: Oxford University Press 2023, S. 187–200) rekurriert.

38 Statt aller Angela Y. Davis/Gina Dent/Erica R. Meiners/Beth R. Richie, *Abolition. Feminism. Now.*, London: Penguin Books 2022.

39 Für einen Überblick s. z. B. Mimi E. Kim, »Transformative justice and restorative justice: Gender-based violence and alternative visions of justice

politische bzw. gesellschaftliche Antworten für eine tatsächliche Besserstellung Betroffener zum Ziel und ordnet Strafrechtsintensivierung anhand dieser Maxime ein.

2. Kritik an der Kritik am *Carceral Feminism*

Die Kritik am CF blieb selbst nicht ohne Widerspruch.[40] Er bezieht sich einerseits auf die analytischen Aussagen sowie andererseits auf die rechtspolitischen Forderungen und ist daher auch vorab im Hinblick auf die Fragestellung dieses Beitrags einzuordnen. Hinsichtlich der Analyse des Phänomens CF wird zunächst berechtigt angemerkt, dass viele feministische rechtspolitische Forderungen – auch ab den 1980er Jahren – ein äußerst abwägendes, kritisches oder ablehnendes Verständnis von Strafrecht[41] oder sogar Recht insgesamt[42] aufweisen. Es war also keineswegs so, dass die Intensivierung strafrechtlicher Eingriffe durchweg und unhinterfragt gefordert worden ist. Feministisches Denken ist vielmehr plural. Insofern besteht Anlass, CF primär als das Ergebnis gesamtgesellschaftlicher Verhältnisse zu sehen, in denen insbesondere strafrechtsaffine Diskurse und so auch vor allem als strafrechtsorientiert verstandene feministische Forderungen einflussreich werden.[43]

in the United States«, *International Review of Victimology* 27/2021, S. 162–172 (167ff.).

40 Auf die wiederum reagiert wurde, sodass sich eine lebhafte Debatte entspannte. Entsprechend untertitelte *Taylor* (Chloë Taylor, »Anti-Carceral Feminism and Sexual Assault — A Defense: A Critique of the Critique of the Critique of Carceral Feminism«, *Social Philosophy Today* 34/2018, S. 29–49) einen Beitrag bereits mit »The Critique of the Critique of the Critique of Carceral Feminism«.

41 Vgl. Lise Gotell, »Reassessing the Place of Criminal Law Reform in the Struggle Against Sexual Violence«, in: Anastasia Powell/Nicola Henry/Asher Flynn (Hg.), *Rape Justice. Beyond the Criminal Law*, London: Palgrave Macmillan 2015, S. 53–71 (57ff.). Konkrete Gegenbeispiele sind bspw. Snider (Snider, »Femnism, Punishment and the Potential of Empowerment«) für Kanada oder der zurückhaltende Diskurs in Deutschland, vgl. Lembke, »›Vergebliche Gesetzgebung‹. Die Reform des Sexualstrafrechts 1997/1998 als Jahrhundertprojekt und ihr Scheitern in und an der sogenannten Rechtswirklichkeit«, S. 260 m. w. N. oder Nickels/Morgenstern, »›Carceral Feminism‹? Feministische Positionen in der deutschen Kriminalpolitik«, S. 106.

42 S. nur Brown, »Suffering the Paradoxes of Rights«.

43 So zeigen *Whittier* (Nancy Whittier, »Carceral and Intersectional Feminism in Congress: The Violence Against Women Act, Discourse, and Policy«, *Gender and Society* 5/2016, S. 791–818), wie vorhandene intersektional-feministische Überlegungen in der tatsächlichen Politikformulierung im US-amerikanischen Congress zurückgedrängt wurden, und Tapia Tapia, *Feminism, Violence*

Die zweite Stoßrichtung und der Hauptfokus der Gegenstimmen zur Kritik am CF bezieht sich auf die rechtspolitische Forderung vieler CF-kritischer Beiträge, jegliche Unterstützung der Strafverfolgung zu unterlassen und stattdessen (langfristig) Alternativen zur Gerechtigkeitswiederherstellung zu unterstützen.[44] Kritisiert wird hier insb. die binäre Unterscheidung zwischen abzulehnenden *carceral* Politikinhalten und zu befürwortenden *non-carceral* bzw. *decarceral* Optionen, die ein Nachdenken i. S. e. Kontinuums verunmögliche.[45] Dieser Kritikpunkt ist grundsätzlich sehr ernst zu nehmen. Er kommt allerdings für diese Untersuchung zum transformatorischen Potenzial strafrechtsaffiner Rechtspolitik kaum zum Tragen. So rekurriert die eigene Untersuchung vorrangig auf die analytischen Einordnungen der CF-Kritik, die von den rechtspolitischen Forderungen entkoppelt und insofern unabhängig für sich betrachtet werden können.

Für die Fragestellung dieses Beitrags ist allerdings ein weiterer Kritikpunkt mitzudenken. So beruhen viele der sehr weitreichenden Argumente der Kritik am CF, auf spezifischen Beobachtungen aus der Strafverfolgungspraxis oder auf qualitativen Untersuchungen, die nicht ohne Weiteres verallgemeinert werden können, sondern zukünftig noch durch weitere, ggf. auch größer angelegte empirische Studien zu ergänzen und auch konzeptionell bzw. theoretisch zu nuancieren sind.[46] Diese Untersuchung geht insofern nicht von vollumfänglich erforschten Annahmen aus, sondern von wichtigen Impulsen.

III. Einsichten zur Gesellschaftstransformation durch Strafrecht

Die Kritik am CF steht dem Strafrecht und seinem Potenzial, gesellschaftliche Veränderungen zu induzieren oder jedenfalls zu fördern, wie bereits angedeutet überaus kritisch gegenüber. Welche Einsichten können allerdings konkret aus der Diskussion abgeleitet werden?

Global können viele Beiträge – im Gleichlauf mit anderer kriminologischer Forschung – zunächst aufzeigen, dass die genannten Kriminalitätsphänomene trotz strafrechtlicher Bewehrung geradezu allgegenwärtig

Against Women, and Law Reform: Decolonial Lessons from Ecuador, S. 160 für Ecuador, dass es zu Umformulierungen feministischer Forderungen kam. Insofern plädiert auch Gottschalk, *The Prison and the Gallows: The Politics of Mass Incarceration in* America, S. 14 dafür, feministische Forderungen nicht für den Ausbau von repressiver Kriminalpolitik verantwortlich zu machen.

44 S. z. B. Gotell, »Reassessing the Place of Criminal Law Reform in the Struggle Against Sexual Violence«, S. 67f.

45 Vgl. Terwiel, »What Is Carceral Feminism?«, S. 423, 431ff.

46 Das gilt insb. für Deutschland.

sind[47] und somit jedenfalls kein Verschwinden und auch keine drastische Reduktion festzustellen ist.[48] Auch Dunkelfeldstudien legen dies für seit Jahrzehnten kriminalisierte Phänomene wie der schon lange strafbaren physischen bzw. sexualisierten Gewalt oder Gewalt im sozialen Nahraum nahe.[49] Gleichzeitig sei in der Praxis für die meisten Betroffenen und insb. für marginalisierte Personen Strafverfolgung keine veritable Reaktion. Entsprechend werde fast nie Anzeige erstattet.[50] Wurden Vorfälle tatsächlich zur Anzeige gebracht, folgten rechtskräftige Verurteilungen wiederum nur in sehr wenigen Fällen.[51] Insofern kann bereits anhand des Persistierens der Kriminalitätsphänomene sowie des oftmals fehlenden Zugangs für Betroffene zur Strafverfolgung das Potenzial des

47 Zu dieser Einschätzung kam z.B. Ines Hohendorf, »Geschlechtsspezifische körperliche Gewalt im halböffentlichen und privaten Raum: Das Beispiel häusliche Gewalt«, in: Eva Labouvie (Hg.), *Geschlecht, Gewalt und Gesellschaft*, Bielefeld: transcript Verlag 2023, S. 141–154 (144f.) jüngst nach einer Auswertung von Dunkelfeldstudien zu Beziehungsgewalt sowie als Grundlage einer eigenen Erhebung.

48 Kleinere Reduktionseffekte wurden zuweilen beobachtet. Allerdings sind diese grundsätzlich multifaktoriell bedingt. So wird das für die USA beobachtete allgemeine Absinken der Kriminalitätsprävalenzen bspw. gerade nicht auf Strafrechtsintensivierungen zurückgeführt, vgl. Gruber, *The Feminist War on Crime: The Unexpected Role of Women's Liberation in Mass Incarceration*, S. 90f. m. w. N. Eine nähergehende Diskussion überschreitet das Format dieses Beitrags.

49 So zeigt z. B. eine EU-weite Dunkelfeldbefragung, dass 33% der Befragten und konkret 35% der in Deutschland Befragten ab dem Alter von 15 Jahren physische oder sexualisierte Gewalt erlebt haben (European Union Agency for Fundamental Rights, *Violence against women: an EU wide survey: main results*, Luxemburg: Publications Office 2015, S. 28f.).

50 Dieses Problem wurde vielfach von der Literatur herausgearbeitet und empirisch belegt. Hingewiesen sei z. B. nur auf das Ergebnis der genannten EU-weiten Dunkelfeldbefragung, demzufolge nur 15% der von physischer oder sexualisierter Gewalt Betroffenen die Polizei kontaktiert haben (European Union Agency for Fundamental Rights, *Violence against women: an EU wide survey: main results*, S. 59). Auch durch Strafrechtsintensivierungen kam es zu keiner signifikant erhöhten Anzeigebereitschaft, vgl. z. B. Lembke, »›Vergebliche Gesetzgebung‹. Die Reform des Sexualstrafrechts 1997/1998 als Jahrhundertprojekt und ihr Scheitern in und an der sogenannten Rechtswirklichkeit«, S. 261ff. S. außerdem auch die Zusammenschau in Lizzie Seal, *Gender, Crime and Justice*, Cham: Springer International Publishing 2022, S. 73f. m. w. N.

51 Auch dies wurde von der Literatur vielfach herausgearbeitet: für einen Überblick m. w. N. s. Seal, *Gender, Crime and Justice*, S. 73ff.; zur Reform des Sexualstrafrechts in 2016 z. B. Kölbel, »›Progressive‹ Criminalization? A Sociological and Criminological Analysis Based on the German ›No Means No‹ Provision«, S. 826f.

Strafrechts, gesellschaftliche Veränderungen zu induzieren, erheblich in Zweifel gezogen werden. Anhand der CF-Kritik können dafür aber auch spezifische Dynamiken bzw. Wirkmechanismen identifiziert werden, die entsprechend der eingangs beschriebenen Unterscheidung zwischen ideeller und materieller Ebene, im Folgenden herausgearbeitet und auf ihre Verallgemeinerbarkeit hin überprüft werden.

1. Strafrechtlich induzierte Veränderungen auf ideeller Ebene?

Auf ideeller Ebene wird insb. auf die kommunikative Funktion strafrechtlicher Bewehrung verwiesen. Durch diese soll Unrecht staatlich sowie gesellschaftlich anerkannt[52] und ein Bewusstseinswandel erzeugt oder jedenfalls gefördert werden.

Bereits im Hinblick auf den öffentlichen bzw. politischen Diskurs können aus der CF-Kritik allerdings mindestens drei wichtige Leerstellen dieser Kommunikationsidee abgeleitet werden, die diese sogar konterkarieren könnten. Erstens ist ausgehend von den Beiträgen zu konstatieren, dass durch die dem Strafrecht innewohnenden Logiken erhebliche diskursive Engführungen bzw. Verschiebungen entstehen können. So wird aufgezeigt, dass der strafrechtliche Fokus auf die Tat sowie auf die individuelle Schuld ein angemessenes Erfassen und Adressieren der Kriminalitätsphänomene diskursiv gerade versperrt. Vielmehr werde ein Narrativ perpetuiert, nachdem individuelle Straftäter:innen[53] sich gegen (vermeintlich) allgemein anerkannte Normen stellten. Diese Individualisierung von Verantwortung mache mithin aus einem auch gesamtgesellschaftlich bedingtem Phänomen ein Problem weniger Einzeltäter:innen.[54] Dadurch

52 Zu dieser expressiven Funktion der Strafe, vgl. z. B. Joel Feinberg, »The Expressive Function of Punishment«, *The Monist* 1965, S. 397–423 (400, 404ff.). Anknüpfend an u.a. Klaus Günther, »Die symbolisch-expressive Bedeutung der Strafe. Eine neue Straftheorie jenseits von Vergeltung und Prävention?«, in: Cornelius Prittwitz/Michael Baurmann/Klaus Günther/Lothar Kuhlen/Reinhard Merkel/Cornelius Nestler/Lorenz Schulz (Hg.), *Festschrift für Klaus Lüderssen zum 70. Geburtstag*, Baden-Baden: Nomos 2002, S. 205–220 (218) zogen auch *Burghardt* und *Steinl* (Burghardt/Steinl, »A Master's Tool? – Zur Notwendigkeit einer feministischen Kriminalisierungstheorie«, S. 22) jüngst im Kontext feministisch begründeter Kriminalisierungen die staatliche Anerkennung von Unrecht als wichtiges Argument heran.

53 Vgl. Gruber, *The Feminist War on Crime: The Unexpected Role of Women's Liberation in Mass Incarceration*, S. 61f., 68ff.; Terwiel, »What Is Carceral Feminism?«, S. 433.

54 S. z. B. bereits Bernstein, »The Sexual Politics of the ›New Abolitionism‹«, S. 144. *Tapia Tapia* spricht auch eindrücklich von einer »*atomisation of systemic issues*« (Tapia Tapia, »Human Rights Penality and Violence Against

könnten strukturelle Entstehungsbedingungen kaum adressiert werden. Unangesprochen bleiben so z. B. gesamtgesellschaftlich akzeptierte Erzählungen, die unter dem Begriff *rape culture* zusammengefasst werden,[55] oder auch ökonomische Abhängigkeiten. Das Narrativ der einzelnen Straftäter:innen ermögliche es zudem, diese – oftmals in Verschränkung mit rassifizierenden Diskursen – als »Andere« zu labeln.[56] Kriminalisiertes Verhalten muss dadurch gerade nicht als Symptom der Mehrheitsgesellschaft gesehen werden, sondern kann externalisiert werden. Außerdem wird darauf hingewiesen, dass die im Strafrecht angelegte klare Dichotomie von strafbarem und nichtstrafbarem Verhalten es verhindert, sexualisierte Gewalt, wie von vielen Betroffenen erlebt, als Kontinuum zu erfassen.[57] Insofern stehe auch ein Unsichtbarbleiben von nicht als strafrechtlich relevant ausgewiesenen Phänomenen zu befürchten.[58] Fast im Sinne eines gesellschaftlichen *Whitewashings* können durch diese Mechanismen somit vielfältig kommunikative Anknüpfungspunkte für gesamtgesellschaftliche Veränderungen verschwinden.

Women: The Coloniality of Disembodied Justice«, S. 17); ähnlich Tapia Tapia, *Feminism, Violence Against Women, and Law Reform: Decolonial Lessons from Ecuador*, S. 162.

55 Für eine eingehende Beschäftigung mit dem Begriff der *rape culture*, s. z. B. Alexandra Fanghanel, *Disrupting Rape Culture: Public Space, Sexuality and Revolt*, Bristol: Bristol University Press 2019, S. 8ff.

56 Vgl. z. B. die Analyse von *Spies* zu »Othering«-Prozessen in Diskursen um sexualisierte Gewalt (Tina Spies, »Aktuelle Debatten um sexualisierte Gewalt: Hegemoniale Vorstellungen und ›Othering‹«, in: Eva Labouvie (Hg.), *Geschlecht, Gewalt und Gesellschaft*, Bielefeld: transcript Verlag 2023, S. 121–140).

57 Dies führe auch dazu, dass sexualisierte, strafrechtlich nicht erfasste Gewalt kaum anerkannt werde, vgl. Liz Kelly/Jill Radford, »›Nothing really happened‹: the invalidation of women's experiences of sexual violence«, *Critical Social Policy* 1990, S. 39–53 (39, 41). Ausgangspunkt ist *Kellys* (Liz Kelly, *Surviving sexual violence, Feminist perspectives*, Cambridge/Blackwell/Oxford: Polity Press 1988) einflussreiche Analyse von sexualisierter Gewalt als Kontinuum, die strafrechtliche Kategorien gerade transzendiert. Anknüpfend daran forderte und entwickelte Karen Boyle, »What's in a name? Theorising the Inter-relationships of gender and violence«, *Feminist Theory* 2019, S. 19–36 auch für die feministische Theorie ein Denken i. S. e. Kontinuums. Inwieweit es zukünftig doch möglich sein könnte, Kontinuumdenken und Strafrecht miteinander zu verbinden, exploriert *Wegerstad* (Linnea Wegerstad, »Theorising sexual harassment and criminalisation in a Swedish context«, *Bergen Journal of Criminal Law & Criminal Justice* 2021, S. 61–81).

58 Vgl. z. B. die Analyse von Kelly/Radford, »›Nothing really happened‹: the invalidation of women's experiences of sexual violence«, sowie explizit S. 41.

Zweitens reproduziert ein strafrechtsaffirmativer öffentlicher Diskurs oftmals Narrative, die emanzipatorischen Logiken entgegenstehen. So würden von Gewalt betroffene Personen nicht nur wie beschrieben stereotyp und zu eng gedacht. Vielmehr werde betroffenen Personen oftmals als »Opfer« kaum eine eigene Persönlichkeit, Stärke oder ein Gestaltungswunsch zugestanden.[59] Der Strafverfolgung komme hingegen häufig die Rolle eines »männlichen Beschützers« zu, der Betroffene aus einer gefährlichen Situation rettet oder sie davor beschützt.[60] Diese Denkfiguren perpetuieren somit nicht nur heteronormative Geschlechterbilder und legitimieren den rechtlichen Status Quo, sondern zeichnen auch ein kaum angreifbares, der Praxis aber sehr selten entsprechendes öffentliches Bild von Strafverfolgung.[61]

Drittens werden gesetzgeberische Strafrechtsintensivierungen oftmals als (vermeintliche) politische Lösungen präsentiert und akzeptiert. Im öffentlichen Diskurs als besonders einschneidend und zugleich als wichtiger Schutzmechanismus verstanden,[62] werde Strafgesetzgebung oft als

59 Vgl. Leigh Goodmark, *A troubled marriage: domestic violence and the legal system*, New York: New York University Press 2012, S. 3f., 141, wonach diese essentialisierende Erzählung insb. mit dem auf *MacKinnon* zurückgehenden *Dominance Feminism* in Verbindung zu bringen sei (S. 10ff.); ähnlich zum Einfluss *MacKinnons* Denken: Gruber, *The Feminist War on Crime: The Unexpected Role of Women's Liberation in Mass Incarceration*, S. 123ff.

60 Vgl. Bernstein, »The Sexual Politics of the ›New Abolitionism‹«, S. 144. Allein die #BlackLivesMatter-Proteste zeigen dabei außerdem auf, dass diese Erzählung von Strafverfolgung auch primär Ausdruck einer privilegierten Perspektive ist und der Wahrnehmung vieler marginalisierter Personen gerade nicht entspricht, in der Strafverfolgungsbehörden oft selbst als Gefahr gesehen werden.

61 Siehe nur die in Fn. 50 genannte Dunkelfeldforschung, die aufzeigt, dass Strafverfolgungsbehörden fast nie involviert sind. Für Deutschland sei auf z. B. Ralf Kölbel, »Die dunkle Seite des Strafrechts. Eine kriminologische Erwiderung auf die Pönalisierungsbereitschaft in der strafrechtswissenschaftlichen Kriminalpolitik«, *Neue Kriminalpolitik* 2019b, S. 249–268 (257ff.) verwiesen, der der Erzählung von beschützender Strafverfolgung »die dunkle Seite des Strafrechts« gegenüberstellt.

62 Donna Coker, »Crime Control and Feminist Law Reform in Domestic Violence Law: A Critical Review«, *Buffalo Criminal Law Review* 2001, S. 801–860 (824ff.) spricht von einer Überschätzung der Schutzwirkung. Auch in Deutschland ist die Idee des Schutzes stark verankert, s. z. B. Kölbel, »Die dunkle Seite des Strafrechts. Eine kriminologische Erwiderung auf die Pönalisierungsbereitschaft in der strafrechtswissenschaftlichen Kriminalpolitik«, S. 256f. Viele Frauen:verbände schreiben dem Strafrecht zudem eine abschreckende Wirkung zu, vgl. hierzu Nickels/Morgenstern, »›Carceral Feminism‹? Feministische Positionen in der deutschen Kriminalpolitik«, S. 106.

politischer Erfolg geframed.[63] Dies birgt aber die Gefahr, dass auch öffentliche Debatten um Veränderungen außerhalb des Strafrechts zum Erliegen kommen bzw. mit dem Verweis auf den bereits erfolgten Einsatz des »schärfsten Schwertes des Rechtsstaats« ungehört bleiben. Insofern kann im politischen Diskurs der Rückgriff auf das Strafrecht nicht nur als eine Entpolitisierung feministischer Forderungen, sondern auch als ein mögliches Ausbremsen weitergehender Forderungen wirken.

Diese Beobachtungen setzen sich im Hinblick auf staatliche Institutionen insoweit fort, als dass auch hier das Fortbestehen etablierter Denkfiguren im Gegensatz zu einem tatsächlichen Bewusstseinswandel festgestellt wird. So zeigen rechtstatsächliche Befunde verschiedener Länder im Gegenteil, dass die beschriebenen stereotypen Vorstellungen über Betroffene in der Strafverfolgungs- und Sanktionierungspraxis überaus wirkmächtig sind und viele, insb. marginalisierte Betroffene in der Strafverfolgungspraxis gerade nicht als solche anerkannt würden.[64] Dies gelte selbst, wenn gegenteilige Impulse explizit ins Strafrecht eingeschrieben worden seien. So führte bspw. die explizite Kriminalisierung von Femi(ni)ziden in Mexiko aufgrund weiterhin vorherrschender stereotyper Annahmen zu kaum Veränderungen in der Strafverfolgungspraxis.[65] Auch für Australien wurde beobachtet, dass aufgrund misogyner Narrative in der Praxis immer wieder ein *implied consent* angenommen und damit das neu eingeführte Konsenserfordernis für den Vergewaltigungstatbestand stark ausgehöhlt wurde.[66]

Schließlich zeigt die Kritik am CF auch im Hinblick auf von Gewalt Betroffene sowie auf Personen, die die Gewalt ausüben bzw. dazu geneigt

63 S. z. B. Silvana Tapia Tapia/Kate Bedford, »(In)seguridad especializada: la violencia contra las mujeres, los juzgados penales y la presencia engenerizada del Estado en Ecuador«, *Latin American Law Review* 2021, S. 21–42 (24); Kölbel, »›Progressive‹ Criminalization? A Sociological and Criminological Analysis Based on the German ›No Means No‹ Provision«, S. 828, mit expliziten Beispielen in Fn. 50.

64 Vgl. Morrison, »Changing the Domestic Violence (Dis)Course: Moving from White Victim to Multi-Cultural Survivor«, S. 1082, 1088f., 1095f. m. w. N.; Seal, *Gender, Crime and Justice*, S. 74ff. m. w. N. Die Wirkmächtigkeit stereotyper Annahmen wurde z. B. auch experimentell für Jury-Beratungen bestätigt, s. Louise Ellison/Vanessa E. Munro, »Of ›Normal Sex‹ and ›Real Rape‹: Exploring The Use of Socio-Sexual Scripts in (Mock) Jury Deliberation«, *Social & Legal Studies* 2009, S. 291–312.

65 Vgl. Paulina García-Del Moral/Pamela Neumann, »The Making and Unmaking of Feminicidio/Femicidio in Laws in Mexico and Nicaragua«, *Law & Society Review* 2019, S. 452–486 (469f.) m. w. N.

66 Vgl. Rachael Burgin/Asher Flynn, »Women's behavior as implied consent: Male ›reasonableness‹ in Australian rape law«, *Criminology & Criminal Justice* 2021, S. 334–352 (339ff.).

sind, Mechanismen auf, die die Annahme von Veränderungen wiederum größtenteils konterkarieren. Ein Großteil der Mechanismen wurde bereits durch die kriminologische Forschung identifiziert, sodass nur eine skizzenhafte Darstellung erfolgt. Festzuhalten ist zunächst, dass sich für viele *konkret* Betroffene die Idee der strafrechtlichen Unrechtsanerkennung sowie der häufig kommunizierten Schutzfunktion von Strafverfolgung als leeres Versprechen entpuppt. Vielmehr führten die beschriebenen Zugangsprobleme, die Selektivität und das Vorgehen der Strafverfolgung in der Praxis immer wieder dazu, dass sich diese Botschaften für viele von Gewalt Betroffene in ihr Gegenteil verkehrten.[67] Dies gelte für viele, aber wiederum insb. für Betroffene, die nicht dem beschriebenen stereotypen Opferbild entsprächen.[68] Gerade der Ausbau des Kriminaljustizsystem schüre dabei die (falsche) Erwartung, dass tatsächlich Betroffene dieses auch in Anspruch nähmen,[69] und kann damit diesen Mechanismus noch verstärken. Schließlich führe auch die beschriebene Dichotomie zwischen zumeist stereotyp gedachter, strafrechtlich bewehrter Gewalt und Gewaltausübungen, die diesen engen (Strafrechts-)Kategorien nicht entsprechen, dazu, dass Betroffene viele Gewalterfahrungen selbst kaum als solche ansprechen könnten und vielmehr bagatellisieren müssten.[70]

Bezüglich potenziell Gewalt ausübender Personen[71] seien ausgehend von dem eingangs beschriebenen Persistieren der Phänomene auf ideeller Ebene einzig zwei Mechanismen skizziert. So ist erstens kaum von einer abschreckenden Wirkung auszugehen. Diese ohnehin kriminologisch kaum belegte Annahme[72] erscheint aufgrund des geringen

67 Aufbauend auf einer Durchsicht über den Forschungsstand zeigt Linda Mills, »Killing Her Softly: Intimate Abuse and the Violence of State Intervention«, *Harvard Law Review* 1999, S. 550–613 (554f.) auf, wie Interventionen der Strafverfolgung für Betroffene sogar selbst emotionale Gewalt darstellen können.

68 S. hierzu Fn. 63.

69 Vgl. Leigh Goodmark, »Gender-Based Violence, Law Reform, and the Criminalization of Survivors of Violence«, *International Journal for Crime, Justice and Social Democracy* 2021, S. 13–25 (16).

70 Vgl. die Analyse von Kelly/Radford, »›Nothing really happened‹: the invalidation of women's experiences of sexual violence«, wofür der Ausdruck »*nothing really happened*« (z. B. S. 42) symptomatisch sei.

71 Insofern sind hier sowohl spezial- als auch generalpräventive Überlegungen gemeint.

72 Für die abschreckende Wirkung des Strafrechts gibt es kaum empirische Anhaltspunkte, einzig das Entdeckungsrisiko scheint bei leichteren Alltagsdelikten, zu denen die hier beschriebenen Phänomene fast nie gehören, eine Rolle zu spielen, vgl. Karl-Ludwig Kunz/Tobias Singelnstein, *Kriminologie*, Bern: Haupt Verlag 2021, S. 288ff. m. w. N. Das Risko ist außerdem bei dem

Entdeckungsrisikos sowie der Beschaffenheit der Kriminalitätsphänomene besonders zweifelhaft. Zweitens betreffen mögliche resozialisierende Maßnahmen und damit einhergehende Lerneffekte aufgrund der minimalen Verurteilungszahl nur einen minimalen Teil der Personen, die diese Taten ausüben oder fördern. Insofern können davon kaum gesamtgesellschaftlich maßgebliche Veränderungen erwartet werden.[73]

Festzuhalten ist somit, dass die Literatur zu CF vielfältige Dynamiken und Diskurse aufzeigt, die auf der ideellen Ebene grundlegenden Veränderungen entgegenstehen. Zentral sind dabei auf der einen Seite die epistemischen Leerstellen in einem strafrechtszentrierten öffentlichen Diskurs und auf der anderen Seite die Denkfiguren und Narrative, die durch einen entsprechenden Diskurs reproduziert und bestätigt werden.

2. *Strafrechtlich induzierte Veränderungen auf materieller Ebene?*

Auf der materiellen Ebene zeigt die Kritik am CF auf, dass die Intensivierung der Strafverfolgung häufig sogar mit einer Schlechterstellung von Betroffenen einhergeht. Allgemein lässt sich zunächst festhalten, dass mit dem Fokus auf Strafgerechtigkeit für Betroffene vor allem eine rein ideelle Gerechtigkeitsherstellung priorisiert wird. Materielle Ansprüche von Betroffenen sind hingegen nicht Teil dieser Gerechtigkeitserzählung.[74] Konkret zeigt die Literatur zu CF, dass insb. die Zentralität, die dem Strafrecht politisch zugeschrieben wird und die auch rechtlich verankert ist, konkret zu erheblichen materiellen Nachteilen für Betroffene führen kann. Wie bereits erwähnt, seien viele dieser Nachteile erstens Folge des Umstands, dass mit der Intensivierung des Strafrechts oftmals auch ein Abbau oder jedenfalls die Nichtumsetzung wohlfahrtsstaatlicher Politik sowie insb. auch zivilgesellschaftlicher Initiativen einhergehe.[75] Gerade in (nichtstaatlichen) Angeboten mit niedrigschwelligem Zugang sowie

im Verborgenen stattfindenden Tatgeschehen und der äußerst selten involvierten Strafverfolgung minimal.

73 Dies bedeutet allerdings nicht, dass die relativen Strafzwecke nicht dennoch aus anderen Gründen ihre Berechtigung haben können.

74 So jedenfalls auch die rechtliche Konzeption. Für eine derartige Verknüpfung wirbt dieser Beitrag auch nicht.

75 Diese Beobachtung bezieht sich insb. auf die USA und zeigt sich nicht nur in allgemeinen politischen Entwicklungen, vgl. z. B. Richie, *Arrested justice: black women, violence, and America's prison nation*, S. 105ff., sondern auch konkret an feministischen Forderungen selbst, s. hierzu Gottschalk, *The Prison and the Gallows: The Politics of Mass Incarceration in America*, S. 120ff.; Gruber, *The Feminist War on Crime: The Unexpected Role of Women's Liberation in Mass Incarceration*, S. 41ff., 57; Tapia Tapia, *Feminism, Violence Against Women, and Law Reform: Decolonial Lessons from*

(re-)distributiver Politik liegen aber die Möglichkeiten, Abhängigkeitsverhältnisse durch eine Verbesserung der sozio-ökonomischen Positionierung zu reduzieren.

Zweitens hat die dem Strafrecht zugeordnete politische und rechtliche Zentralität zur Folge, dass ein Informieren staatlicher Behörden oder eine Anzeigeerstattung für viele Ansprüche auf materielle Ressourcen bzw. Schutzmöglichkeiten zur Voraussetzung werden.[76] Rechtstatsächlich können diese Verschränkungen aufgrund des beschriebenen faktisch fehlenden Zugangs zur Strafverfolgung für viele Betroffene somit auch den Ausschluss von entsprechenden Schutzmöglichkeiten sowie von Leistungsansprüchen zur Folge haben. Für die USA wird sogar beobachtet, dass der Ausbau der Strafverfolgung auch eine Kriminalisierung Betroffener, die nicht dem stereotypen Skript entsprachen, mit sich brachte.[77]

Besonders für marginalisierte Betroffene sind diese Mechanismen aufgrund der häufig auch sozio-ökonomisch prekären Positionierung und dem wie beschrieben noch häufiger fehlenden Zugang zur Strafverfolgung, wiederum deutlich wirkmächtiger.[78] Etliche Beiträge zeigen dabei die teilweise überaus gefährlichen Konsequenzen für Betroffene auf.[79] Darüber hinaus werden gerade für Betroffene marginalisierter Communities noch weitere Mechanismen der mittelbaren materiellen Schlechterstellung beschrieben. So fokussiere sich die Intensivierung der

Ecuador, S. 114 zeigt für Ecuador, dass ein Ausbau der Strafverfolgung aber auch mit wohlfahrtsstaatlich geprägter Politik einhergehen kann.

76 So war bspw. für die Aufnahme in eine Schutzunterkunft in NYC erforderlich, dass die Person von staatlicher Seite als »battered women« anerkannt wurde, s. Susan Schechter, *Women and Male Violence. The Visions and Struggles of the Battered Women's Movement*, Cambridge: South End Press 1982, S. 130. Besonders fatale Konsequenzen habe dies auch im Zusammenspiel mit obligatorischen staatlichen Interventionen wie z. B. Festnahmen durch die Polizei gehabt, vgl. Goodmark, »Gender-Based Violence, Law Reform, and the Criminalization of Survivors of Violence«; Goodmark, *A troubled marriage: domestic violence and the legal system*, S. 107ff.; Mills, »Killing Her Softly: Intimate Abuse and the Violence of State Intervention«.

77 Vgl. Goodmark, »Gender-Based Violence, Law Reform, and the Criminalization of Survivors of Violence«, S. 15ff.; Richie, *Arrested justice: black women, violence, and America's prison nation*, S. 7.

78 Crenshaw, »Mapping the Margins: Intersectionality, Identity Politics, and Violence against Women of Color«, S. 1245ff. zeigt bereits, wie die Positionierung von Betroffenen im Fall von verschränkten Diskriminierungsdimensionen und ihrer fehlende Berücksichtigung fatale Folgen für Betroffene haben kann.

79 Statt aller, s. Richie, *Arrested justice: black women, violence, and America's prison nation*, S. 99f., 118ff. für besonders eindrückliche Beispiele.

Strafverfolgung oftmals gerade auf diese Communities.[80] Dabei träfe das Polizieren sowie die Folgen von überproportional häufigen Freiheitsstrafen alle und somit auch von Gewalt *Betroffene*, z. B. durch das Entfallen des familiären Einkommens.[81] Die mit der selektiven Intensivierung der Strafverfolgung einhergehenden Stigmata verstärken schließlich auch rassifizierende Diskurse,[82] die Ausschlussmechanismen zur Folge haben und Betroffene im Hinblick auf materielle Ressourcen oder Teilhabemöglichkeiten schlechterstellen.

Diese Mechanismen auf materieller Ebene zeigen somit gerade das Fehlen sozio-ökonomischer Gesellschafts*rekonfiguration*. Vielmehr deuten die kritischen Beiträge zum CF – trotz möglicher, punktueller Veränderungen – vor allem eine Stabilisierung gesellschaftlicher Verhältnisse an oder gar eine Vertiefung bestehender Machtasymmetrien.

3. Verallgemeinerbarkeit der kritischen Analysen zum Carceral Feminism?

Die von der CF-Kritik aufgezeigten Mechanismen der Stabilisierung bzw. der Vertiefung des Status quo decken sich in vielerlei Hinsicht mit anderem kritisch-emanzipatorischen Nachdenken über das (Straf-)Recht.[83] Inwieweit können die konkreten Einsichten aber auch für den deutschen strafrechtswissenschaftlichen Diskurs um das Veränderungspotenzial von Strafrecht fruchtbar gemacht werden? Für die Frage der Übertragbarkeit bzw. Verallgemeinerbarkeit gilt es, die Grenzen dieser epistemischen Linse vor allem in dreifacher Hinsicht auszuloten.

Erstens ist zu bedenken, dass CF als *gesamt*gesellschaftliches Phänomen in einem spezifischen gesellschaftlichen Kontext entsteht. Ein Großteil der Kritik am CF bezieht sich bislang auf die US-amerikanische Gesellschaft. Unter den folgenden Prämissen, die allesamt durch weitere

80 Insb. für die USA wurde dies empirisch vielfältig belegt. Statt aller, s. z. B. die einflussreiche Analyse von Michelle Alexander, *The New Jim Crow. Mass Incarceration in the Age of Colorblindness*, New York: New Press 2012. Wie Rassismus auch in der deutschen Polizeiarbeit vielfältig wirkmächtig ist, zeigten jüngst die Beiträge in Daniela Hunold/Tobias Singelnstein (Hg.), *Rassismus in der Polizei: eine wissenschaftliche Bestandsaufnahme*, Wiesbaden: Springer VS 2022.

81 Vgl. India Thusi, »Book Review. Feminist Scripts for Punishment«, *Harvard Law Review* 2021, S. 2449–2484 (2471).

82 S. z. B. die von Spies (Spies, »Aktuelle Debatten um sexualisierte Gewalt: Hegemoniale Vorstellungen und ›Othering‹«) festgestellten Othering-Prozesse. Richie (Richie, *Arrested justice: black women, violence, and America's prison nation*, S. 7) spricht von »scapegoating marginalized groups«.

83 S. z. B. die in der Einleitung genannten Zweifel.

Untersuchungen zu überprüfen sind, können die analytischen Einordnungen der CF-Kritik jedoch auch für andere Gesellschaften und damit auch für die deutsche einen epistemischen Mehrwert bieten. Zunächst ist CF als gesamtgesellschaftliches Phänomen nicht nur multifaktoriell bedingt, sondern auch überaus kontextabhängig. US-amerikanische Beobachtungen und Analysen können daher nicht direkt auf die deutsche Gesellschaft übertragen werden. Des Weiteren kann CF gleichzeitig aber auch als Spektrum verstanden werden, dessen (womöglich) intensivste Ausprägung zurzeit in den USA zu finden ist, dessen Dynamiken und rechtstatsächlichen Auswirkungen in kontextabhängiger Ausprägung aber auch in anderen Gesellschaften entstehen können. Dafür sprechen die Beiträge, die ähnliche Beobachtungen für andere Länder und auch explizit für Deutschland beschreiben.[84] Schließlich ist für die Kernfrage nach den aus der CF-Kritik abzuleitenden Einsichten für das Veränderungspotenzial von Strafrecht keine vollständige Deckungsgleichheit notwendig. Vielmehr erscheint es ausreichend, dass, wie auch für Deutschland beschrieben, in Ansätzen ähnliche Dynamiken und Charakteristika in der Gesellschaft identifizierbar sind, die sich vor allem auf Ungleichheiten trotz formal-rechtlicher Gleichheit beziehen.[85] Gemeint ist damit insb., dass (materielle) Ressourcen ungleich verteilt sind, bestimmte Personen(-gruppen) marginalisiert sind bzw. werden und damit auch Möglichkeiten der politischen Teilhabe und Einflussnahme unterschiedlich sind.

Die zweite auszulotende Dimension im Hinblick auf die Verallgemeinerbarkeit bezieht sich auf den Einsatz des Strafrechts[86] selbst. So nimmt die CF-Kritik nur eine bestimmte Stoßrichtung, nämlich die Intensivierung des Strafrechts durch Neukriminalisierungen, Erhöhungen des Strafmaßes oder stärkere Zugriffsmöglichkeiten der Strafverfolgungsbehörden in den Blick.[87] Gleichzeitig beziehen sich die Analysen auf ein in seinen Grundmerkmalen unverändertes Strafrecht. Gleiches gilt für die Praxis der Strafverfolgung. Insoweit ergibt sich die Limitation, dass die Einordnungen der CF-Kritik nur ein »Mehr« von Strafrecht betref-

84 Siehe Abschnitt B.I sowie die entsprechenden Verweise in den Fn. Wichtige Nuancierungen ergeben sich z. B. aus den Analysen von Michael Cavadino/James Dignan, *Penal systems: a comparative approach*, London: SAGE 2006, S. 14ff., 21ff.; für erste Unterschiede s. auch Nickels/Morgenstern, »›Carceral Feminism‹? Feministische Positionen in der deutschen Kriminalpolitik«, S. 102f. m. w. N.

85 Allerdings dürfte der Befund der Ungleichheit aktuell auf fast alle Gesellschaften zutreffen.

86 Im Hinblick auf länderspezifische Charakteristika des Strafrechts ist auf die vorherigen Prämissen zur Gesellschaft zu verweisen.

87 Über das transformatorische Potenzial von bspw. Entkriminalisierungen sind also gerade keine Schlüsse möglich.

fen. Außerdem liegt der Analysefokus primär auf den rechtstatsächlichen Folgen für marginalisierte Betroffene. Im Hinblick auf die Frage nach einem gesamtgesellschaftlichen Transformationspotential sind insofern Ausweitungen der Analyseperspektive erforderlich.[88]

Drittens fokussieren sich die Analysen zum CF auf spezifische soziale Phänomene und damit verbunden auch auf eine bestimmte Transformationsausrichtung. Charakteristisch ist unter anderem, dass es sich zumeist um interpersonale bzw. sexualisierte Gewalt handelt, die häufig im Verborgenen stattfindet sowie äußerst schambelastet ist[89] und die Strafverfolgung (in ihrer jetzigen Ausgestaltung) vor erhebliche Beweisschwierigkeiten stellt.[90] Die angestrebte Gesellschaftstransformation zielt hier also auf die Reduktion sowohl der Gewaltphänomene als auch der zugrundeliegenden und dadurch perpetuierten Ungleichheitskonstellationen. In Teilen bereits bestätigt ist davon auszugehen, dass viele der Untersuchungsergebnisse auch im Hinblick auf andere soziale Phänomene sowie Transformationsbestrebungen wichtige Impulse bereithalten. Dies bezieht sich z. B. auf die beschriebenen Diskursverengungen und -verzerrungen sowie auf die praktische Selektivität der Strafverfolgung. Dennoch sind erhebliche Nuancierungen zu erwarten, die es durch weitere Untersuchungen zu identifizieren gilt.[91]

Insofern sind für diese Untersuchung nicht nur die Kontextabhängigkeit von CF mitzudenken, sondern auch die Limitationen der Aussagekraft über das Veränderungspotenzial von Strafrecht anzuerkennen. Daraus folgt aber auch die Notwendigkeit weiterer empirischer Untersuchungen sowie theoretischer Nuancierungen. Zudem muss festgehalten werden, dass die Analysen der CF-Kritik empirisch informierte, zumeist rechtssoziologische Analysen sind. Insofern erhellen sie den Blick auf die gesellschaftliche Einbettung von Strafrecht und damit einhergehende funktionale Dynamiken. Denknotwendige, i. S. v. logisch zwangsläufige Zusammenhänge, können aus diesen Beobachtungen nicht induktiv abgeleitet werden.

88 Diese Limitation bezieht sich nur auf die Frage zum Transformationspotenzial. Das normative Problem im Hinblick auf marginalisierte Betroffene bleibt dennoch eklatant und unverändert.

89 Vgl. Morrison, »Changing the Domestic Violence (Dis)Course: Moving from White Victim to Multi-Cultural Survivor«, S. 1087f. m. w. N. Zu Verbindungen zu *rape culture* bzw. *myths*, s. z. B. Seal, *Gender, Crime and Justice*, S. 63ff. m. w. N.

90 So ist insb. die Glaubwürdigkeit ein zentrales Kriterium. Für einen Überblick zur Relevanz und Wahrnehmung von »Glaubwürdigkeit«, s. z. B. Seal, *Gender, Crime and Justice*, S. 75ff. m. w. N.

91 Zu denken wäre hier z. B. an das Phänomen der Umweltverschmutzung oder das Transformationsziel der Nachhaltigkeit bzw. des Klimaschutzes.

IV. Impulse für die deutsche Strafrechtswissenschaft

Die hier rezipierten Beiträge zeigen die Notwendigkeit, aber auch den Mehrwert eines holistischen Blicks auf das Strafrecht, der das strafrechtsimmanente liberale Gedankengerüst transzendiert. Letzteres taxiert die Angemessenheit des Strafrechts vorrangig anhand eines identifizierbaren und schutzwürdigen Rechtsguts und entsprechend des *ultima ratio-Gedankens*.[92] Diese liberale Strafrechtskritik läuft tatsächlich schnell Gefahr, sich dem Vorwurf aussetzen zu müssen, die beschriebenen Kriminalitätsphänomene in ihrer Intensität und Dringlichkeit nicht ausreichend anzuerkennen. Der hier rezipierte umfassende und insb. auch sozialwissenschaftlich informierte Zugang der Diskussion um CF offenbart hingegen andere Kritik- und Analyseansätze. Insofern bietet die internationale Literatur zum einen neue Impulse für ein kritisches Nachdenken über ein primär liberal gedachtes Strafrecht sowie Reflektionsmöglichkeiten für die Strafrechtswissenschaft selbst. Zum anderen sind ausgehend von dieser Literatur aber auch im Hinblick auf den Topos der Transformation, neue und anders gelagerte Fragen zu stellen.

1. Globale Impulse

Für die deutsche Strafrechtswissenschaft zeigt die internationale Kritik am CF Impulse mit neuer Dringlichkeit auf, die für sich genommen nicht neu sind, aber weiterhin kaum als dezidiert strafrechtswissenschaftliche Forschung institutionalisiert sind. Dazu gehört erstens eine deutlich stärkere inter- bzw. transdisziplinäre Ausrichtung,[93] d.h. die Einbeziehung kriminologischer und feministischer Perspektiven sowie im weiten Sinne gedachter sozialwissenschaftlicher Forschung als integralem Bestandteil strafrechtswissenschaftlicher Forschung. Nur so können einem abstrahierenden rechtsdogmatischen Denken, Erkenntnisse darüber gegenübergestellt werden, wie bestimmte Rechtsdiskurse einflussreich werden, welche Perspektiven sie privilegieren und wie sich Recht – oftmals ganz anders – in der Rechtspraxis materialisiert.[94]

92 Vgl. z. B. Roxin/Greco, *Strafrecht Allgemeiner Teil Bd. 1: Grundlagen. Der Aufbau der Verbrechenslehre*, S. 26ff., 86ff. Andere Ansichten werden vertreten, sind aber weniger einflussreich.

93 Es soll weder die Notwendigkeit liberaler oder rechtsdogmatischer Überlegungen per se in Frage gestellt noch eine abschließende Liste der zu integrierenden Disziplinen suggeriert werden.

94 Insofern kann inhaltlich vielfältig an (internationale) Beiträge, insb. der Legal Gender Studies, kritischer Rechtstheorie aber auch der Punishment &

Zweitens weist die Kritik an der Zentralität strafrechtlicher Forderungen darauf hin, Strafrecht deutlich stärker intradisziplinär in seinen Verschränkungen mit anderen Rechtsgebieten wahrzunehmen und damit auch die Beschränkungen eines rechtsgebietsspezifischen Denkens zu überwinden. Gemeint sind damit zum einen das stärkere Ausloten und Hinterfragen des theoretisch-gedachten Zusammenspiels mit Regelungen anderer Rechtsgebiete sowie dessen rechtstatsächliche Folgen.[95] Zum anderen kann ein stärkerer Rekurs auf privat- oder öffentlichrechtliche Regelungsmöglichkeiten Leerstellen aufzeigen, die durch die häufig fast automatische und isolierte Erfassung bestimmter Phänomene anhand von strafrechtsspezifischen Denkfiguren bedingt sind,[96] sowie neue rechtspolitische Forderungen für andere Rechtsgebiete formulieren.

Drittens zeigen die rezipierten Beiträge die Notwendigkeit einer deziidiert intersektionalen Perspektive auf Strafrecht(-spraxis), die das Zusammentreffen mehrerer Diskriminierungsdimensionen in ihrer Spezifität aufzeigen kann.[97] Konkret bedarf es dafür nicht nur mehr empirischer Daten, sondern auch eines normativen Denkens, das die rechtstatsächlichen Folgen für diejenigen, die am stärksten marginalisiert sind, zum Ausgangspunkt macht.[98] Übergeordnet stellt sich schließlich auch für

Society-Forschung angeknüpft werden, die (Straf-)Recht bzw. staatliches Strafen allesamt in ihrem gesellschaftlichen Kontext denken.

95 S. z. B. *Elsunis* Analyse zu von Gewalt betroffenen Elternteilen und familienrechtlichen Umgangspflichten, vgl. Sarah Elsuni, »Gewaltschutz und Recht im Lichte der Intersektionalität«, in: Katja von Auer/Chrristiane Micus-Loos/Stella Schäfer/Kathrin Schrader (Hg.), *Intersektionalität und Gewalt: Verwundbarkeiten von marginalisierten Gruppen und Personen sichtbar machen*, Münster: Unrast 2023, S. 117–130 (120ff.).

96 Vgl. Tapia Tapia, *Feminism, Violence Against Women, and Law Reform: Decolonial Lessons from Ecuador*, S. 162.

97 Sehr zu begrüßen sind daher auch jüngst erschienene einschlägige strafrechtswissenschaftliche Beiträge, vgl. Dilken Çelebi, »Intersektionalität und Strafrecht. Eine theoretische und dogmatische Annäherung«, *Kritische Justiz* 2024, S. 30–45; Dilken Çelebi/Inga Schuchmann/Leonie Steinl, »Feministische Strafrechtskritik – Geschlechterdimensionen im materiellen Strafrecht«, in: Helena Schüttler/Paulina Lutz/Maja Werner/Leonie Steinl/Ingke Schuchmann/Yvonne Krieg/Dilken Çelebi (Hg.), *Gender & Crime. Sexuelle Selbstbestimmung und geschlechtsspezifische Gewalt*, Baden-Baden: Nomos 2024, S. 11–38. Zur Gefahr, dass »Intersektionalität« auch zu einem Schlagwort verkommen kann und zu einem verantwortungsbewussten Umgang mit dem Konzept, s. z.B. Hancock, *Intersectionality. An intellectual history*, S. 17, 21ff.

98 Vgl. z. B. bereits Combahee River Collective, »A Black Feminist Statement«, in: Cherríe Moraga/Gloria E. Anzaldúa (Hg.), *This Bridge Called My Back: Writings by Radical Women of Color*. 40. Jubiläumsausgabe, Albany: State University of New York Press 2021, S. 210–218 (215) sowie Crenshaw, »Demarginalizing the Intersection of Race and Sex: A Black Feminist Critique of

die Rechtswissenschaft selbst die Frage, welche Perspektiven und Lebenswelten im rechtswissenschaftlichen Diskurs vertreten bzw. rezipiert werden, aber vor allem auch, welche (noch) nicht.[99]

2. *Neue Fragen zum Zusammenspiel von Strafrecht und Gesellschaftsveränderung*

Ausgehend von diesen in Teilen bekannten Neuausrichtungsimpulsen können für die Rolle des Strafrechts im Hinblick auf gesellschaftliche Transformation wiederum drei neue Fragen gestellt werden. Zurzeit wird in politischen sowie strafrechtswissenschaftlichen Debatten – und auch in diesem Kapitel – primär ausgeleuchtet, inwiefern Strafrecht für transformative Prozesse mobilisiert werden sollte. Aus der rezipierten Literatur ergeben sich hingegen andere, neue Fragestellungen, die von der deutschen Strafrechtswissenschaft intensiver – trans-, inter- und intradisziplinär sowie mit einer intersektionalen Brille – adressiert werden sollten.

Die erste Frage kehrt die zurzeit dominante Frage nach dem Transformationspotenzial des Strafrechts um und schlägt im direkten Anschluss an die CF-Kritik umgekehrt vor, auszuleuchten, inwiefern und wodurch der Rückgriff auf das Strafrecht Gesellschaftstransformation vielmehr verhindert oder jedenfalls deutlich erschwert. So kann ausgehend von der Literatur gefragt werden, über welche Politikoptionen im Falle von Strafrechtsmobilisierung nicht (mehr) gesprochen wird, oder, spezifischer auf das Strafrecht selbst bezogen, welche Denkmuster implizit ins Strafrecht eingeschrieben sind bzw. welche Annahmen dadurch reproduziert und stabilisiert werden. Hier können bspw. die individualisierende Logik, aber auch die genannten stereotypen, engen Annahmen über Betroffene und Täter:innen Ausgangspunkte sein. Genauer zu untersuchen ist auch, inwiefern ein liberales, primär abstrakt gedachtes und verfassungsrechtlich begrenztes Strafrechtsverständnis zu der im öffentlichen Diskurs wirkmächtigen Erzählung eines durchsetzungsstarken, schützenden und legitimen Strafrechts beiträgt.[100]

Antidiscrimination Doctrine, Feminist Theory and Antiracist Politics«; s. auch Catherine A. MacKinnon, »Intersectionality as Method: A Note«, *Signs* 2013, S. 1019–1030; Morrison, »Changing the Domestic Violence (Dis)Course: Moving from White Victim to Multi-Cultural Survivor«, S. 1102.

99 Insofern ist auch kritisch zu hinterfragen, welchen Einfluss der Umstand hat, dass am Rechtsdiskurs grundsätzlich nur Personen teilnehmen, die Recht selbst lesen, sprechen und navigieren können.

100 Vgl. z. B. *Tapia Tapia* (Tapia Tapia, »Human Rights Penality and Violence Against Women: The Coloniality of Disembodied Justice«, S. 5.) oder allgemein *Scheingolds* Analyse von Rechten als Mythos (Scheingold, *The Politics of Rights: Lawyers, Public Policy, and Political Change*, S. 3ff., 13ff.).

Die zweite Frage bezieht sich darauf, inwieweit und wie das Strafrecht womöglich selbst zu transformieren ist. Gerade die rezipierten rechtstatsächlichen Befunde geben Anlass, das Strafrecht grundlegend anders zu denken und tiefgehende Veränderungen, die Gesellschaftsveränderungen ggf. besser fördern könnten, zu explorieren. Neben den abolitionistischen Forderungen vieler Beiträge sind grundsätzlich aber auch andere, weniger weitreichende normative Überlegungen denkbar.[101] So wird bspw. vorgeschlagen, Strafrecht stärker nach einer umfangreichen Distributionsanalyse auszurichten, die die praktischen Auswirkungen mehrdimensional und über die Zeit hinweg ausleuchtet,[102] oder dafür plädiert, die Strafhöhe nicht länger als proportionalen Ausdruck von gesellschaftlicher Unrechtsanerkennung zu denken.[103] Auch wenn diese Logik in Deutschland bereits durch die Einbeziehung weiterer strafzumessungsrelevanter Umstände abgeschwächt ist, wäre auszuloten, inwieweit eine tatsächliche Entkopplung dieses Zusammenhangs bspw. mehr Raum für Gerechtigkeitserzählungen außerhalb des Strafrechts lassen würde und damit womöglich einige der beschriebenen transformationshemmenden Dynamiken reduzieren könnte. Darüber hinaus könnten Überlegungen für eine stärkere Verankerung von Elementen der *restorative* bzw. *transformative justice* im Strafrecht oder für eine Ausweitung von Gerechtigkeitserzählungen außerhalb der staatlichen Strafe intensiviert werden.

Die dritte aus der Literatur zum CF, aber auch aus anderen Forschungsbeiträgen abzuleitende Frage ist, inwiefern gesellschaftliche Veränderung(-simpulse) vielmehr außerhalb des Strafrechts, d.h. in anderen Rechtsgebieten oder gar außerhalb des Rechts, zu suchen sind. Dies kann einerseits bedeuten, normative oder rechtspolitische Forderungen zu den beschriebenen Phänomenen gerade nicht aus strafrechtsdogmatischen Überlegungen abzuleiten, sondern z. B. zunächst auf philosophische, soziologische aber auch politikwissenschaftliche Perspektiven zurückzugreifen.[104] Dadurch könnten umfassendere Transformationsansätze bzw. Gerechtigkeitserzählungen berücksichtigt werden, die sich z. B. auf andere ontologische Grundannahmen von Gesellschaft wie gegenseitigem Verbundensein

101 Auch Beiträge in diesem Sammelband gehen dieser Frage nach.

102 Dies fordert insb. die Literatur zu *Governance Feminism*, vgl. Fn. 37.

103 Vgl. Clare McGlynn, »Challenging anti-carceral feminism: Criminalisation, justice and continuum thinking«, *Women's Studies International Forum* 2022, 102614, S. 7, im Anschluss an Dianne L. Martin, »Retribution Revisited: A Reconsideration of Feminist Criminal Law Reform Strategies«, *Osgoode Hall Law Journal* 1998, S. 151–188 (170).

104 Vgl. allgemein zu Recht und sozialem Wandel z. B. Scheingold, *The Politics of Rights: Lawyers, Public Policy, and Political Change*, S. 6ff., 84ff. Auch *Burghardt* und *Steinl* (Burghardt/Steinl, »A Master's Tool? – Zur Notwendigkeit einer feministischen Kriminalisierungstheorie«, S. 20) fordern bspw. eine politische Kriminalisierungstheorie.

stützen,[105] stärker materielle Aspekte miteinbeziehen oder die Phänomene selbst als Kontinuum sowie in ihren strukturellen gesamtgesellschaftlichen Entstehungsbedingungen denken.[106] Auf diese Weise können bspw. im Fall von Gewalt im sozialen Nahraum gerade auch sozio-ökonomische Positionierungen durch heteronormative Geschlechterrollen, rassifizierende Narrative, unbezahlte Care-Arbeit, oder die Ehe als soziale und rechtliche Institution einbezogen und adressiert werden. So gedachte Ansätze könnten mithin auch über unmittelbare Reaktionen auf einzelne Taten hinausgehen und zugleich jedoch konkret die individuellen Bedürfnisse Betroffener in den Blick nehmen.[107]

Davon ausgehend könnten andererseits nicht nur andere, zum Strafrecht komplementäre oder alternative rechtliche Regelungen entwickelt und umgesetzt werden, sondern auch die Zentralität des Strafrechts bzw. der Strafverfolgung im gesamten Rechtssystem vermindert werden. Konkret meint dies insb. eine Ausweitung der Rechtsansprüche von Betroffenen auf materielle Ressourcen außerhalb des Strafrechts sowie Anpassungen anderer privat- und öffentlich-rechtlicher Regelungen, um sozio-ökonomische Ungleichheiten und Abhängigkeiten und damit auch viele der strukturellen Faktoren zu adressieren. Schließlich wären vor allem auch mögliche Transformationsmechanismen außerhalb des Rechts in der Zivilgesellschaft auszuloten und zu stärken, wobei wiederum auch (aber nicht nur) an *restorative* und *transformative justice*-Konzepte angeknüpft werden könnte.[108]

Viele der genannten Aspekte werden bereits in Teilen von der feministischen Rechtswissenschaft diskutiert, sie stellen sich aber aufgrund der Einsichten aus der Kritik am CF auf der einen Seite sowie den neuen Forderungen nach Gesellschaftstransformation durch (Straf-)Recht auf der anderen Seite mit einer neuen Dringlichkeit.

105 Insofern kann bspw. an *Nedelskys* Überlegungen zum *relational feminism* angeknüpft werden, s. hierzu Jennifer Nedelsky, *Law's Relations: A Relational Theory of Self, Autonomy, and Law*, New York: Oxford University Press 2012, S. 200ff.

106 S. Ausführungen in Abschnitt C.

107 Jüngst erschienene wichtige Beiträge dazu z. B. Rehzi Malzahn, »Jenseits des Rechts: Gerechtigkeit für Opfer?«, *Kritische Justiz* 2024, S. 58–70; Liza Mattutat, »Strukturell und opferzentriert. Zwei feministische Begriffe von Gerechtigkeit«, *Kritische Justiz* 2024, S. 71–82.

108 So sind bspw. auch Elemente der sog. *rape culture* außerrechtlich zu adressieren, vgl. Fanghanel, *Disrupting Rape Culture: Public Space, Sexuality and Revolt*, die i. S. v. *spatial justice* z. B. nach neuen Wegen sucht, den öffentlichen Raum zu transformieren.

V. Fazit

Dieser Beitrag hat ausgehend von der internationalen Debatte zu CF Einordnungen und Impulse im Hinblick auf das Potenzial, die Gesellschaft durch Strafrecht zu verändern, herausgearbeitet. Dabei eröffnete gerade eine intersektional-feministische Perspektive, die rechtstatsächliche Befunde einbezieht, den Blick auf vielfältige Mechanismen, durch die Strafrechtsintensivierungen bestehende Machtasymmetrien sowohl auf ideeller als auch auf materieller Ebene stabilisieren oder gar vertiefen können. Danach ist in einer primär strafrechtsaffinen Politik also kaum der intendierte gesamtgesellschaftliche Veränderungsmotor zu sehen. Vielmehr zeigen die herausgearbeiteten Mechanismen, dass der prioritäre Rekurs auf das Strafrecht gerade Ausdruck und Stabilisator der bestehenden gesellschaftlichen Konfiguration sein kann.

Mit der Frage nach dem *gesamtgesellschaftlichen* Transformationspotenzial von (gesetzgeberischen) Strafrechtsintensivierungen ging der Beitrag einer spezifischen rechtswissenschaftlichen bzw. rechtspolitischen Fragestellung nach. Dafür wurden neben dem öffentlichen Diskurs, in denen entsprechende Strafrechtsintensivierungen eingebettet sind, auch Konkretisierungen strafrechtlicher Regelungen in der Strafverfolgungspraxis in den Fokus gerückt. Andere Fragen auf der individuellen Handlungsebene aktuell Betroffener wurden hingegen nicht ausgeleuchtet. Insb. die Frage, inwieweit das Strafrecht aktuell trotz der beschriebenen Mechanismen als einzig institutionalisiertes Instrument bemüht, im individuellen Fall dennoch stärkend oder zumindest taktisch sinnvoll sein kann, lag außerhalb der eigenen Untersuchung. Allerdings zeigt gerade die Kritik am CF, dass individuelle Fälle ganz unterschiedlich gelagert sein können, individuelle Transformationserfahrungen durch Strafverfolgung daher gerade nicht verallgemeinert werden können und somit auch nicht ohne weiteres Aussagen zum gesamtgesellschaftlichen Transformationspotenzial auf der Makroebene zulassen.

Auf der analysierten Ebene der Rechtspolitik hat dieser Beitrag gleich mehrere konkrete Aufforderungen für die Strafrechtswissenschaft aufgezeigt, um die Kritikpunkte am CF für Überlegungen zur Gesellschaftstransformation durch Strafrechtsintensivierungen weiter zu explorieren. Dafür ist der Kritik am CF erstens empirisch sowie theoretisch weiter nachzugehen, um die identifizierten Mechanismen für den deutschen Raum aber auch für andere soziale Phänomene näher zu überprüfen, zu substantiieren und ggf. zu nuancieren. Zweitens fordert dieser Beitrag die Strafrechtswissenschaft zu mehreren Perspektivwechseln oder jedenfalls -erweiterungen auf. So sollten abstrahierenden liberalen, strafrechtsdogmatischen Überlegungen Analysen anderer Disziplinen sowie trans-, inter- sowie intradisziplinärer Ansätze gegenübergestellt werden. Nur so können soziale Phänomene, Transformationsverständnisse aber auch die Wechselwirkungen sowie Verschränkungen von Recht und anderen sozialen Sphären angemessen erfasst werden. Schließlich zeigt die Kritik am CF drittens eindringlich die Notwendigkeit intersektionaler Analysen auf, die sowohl die Entstehungsbedingungen als auch die rechtstatsächlichen Konsequenzen von Versuchen (straf-)rechtlich-induzierter Gesellschaftstransformation umfassen sollten. Insofern folgt aus diesem Beitrag also auch der (erneuerte) Appell zu grundlegenden Veränderungen im strafrechtswissenschaftlichen Denken – für eine sich ohnehin transformierende aber auch zu transformierende Lebenswelt.

Die Autorinnen und Autoren

Abraham, Markus
Dr., M.A., wissenschaftlicher Mitarbeiter und Habilitand am Lehrstuhl für Rechtsphilosophie und Strafrecht an der Universität Hamburg

Bung, Jochen
Prof. Dr., Lehrstuhl für Rechtsphilosophie und Strafrecht an der Universität Hamburg

Burghardt, Boris
Prof. Dr., Professur für Strafrecht, Strafprozessrecht, Rechtsphilosophie und Juristische Zeitgeschichte an der Philipps-Universität Marburg

Burchard, Christoph
Prof. Dr., Professur für Straf- und Strafprozessrecht, Internationales und Europäisches Strafrecht, Rechtsvergleichung und Rechtstheorie an der Goethe-Universität Frankfurt am Main

Cremer-Schäfer, Helga
Prof'in. (i.R.) Dr., von 1997 bis 2009 Professorin für Erziehungswissenschaft mit dem Schwerpunkt Sozialpädagogik und Jugend, von 2009 bis 2013 mit dem Schwerpunkt Sozialpädagogik und soziale Ungleichheit an der Goethe-Universität Frankfurt am Main

Dömming, Eric von
Doktorand in Frankfurt am Main

Dübgen, Franziska
Prof'in. Dr., Professur für Philosophie mit den Schwerpunkten Politische Philosophie und Rechtsphilosophie an der Universität Münster.

Galli, Thomas
Dr., seit 2001 im Strafvollzug tätig, unter anderem in der Justizvollzugsanstalt Straubing, seit 2013 Leiter der Justizvollzugsanstalt Zeithain, 2015 zusätzlich Leiter der Justizvollzugsanstalt Torgau, seit 2016 Rechtsanwalt in Augsburg

Graebsch, Christine
Prof'in. Dr., Professur für das Recht der Sozialen Arbeit an der Fachhochschule Dortmund

Günther, Klaus
Prof. Dr., Professur für Rechtstheorie, Strafrecht und Strafprozessrecht an der Goethe-Universität Frankfurt am Main

Herz, Clara
Dr., LL.M., wissenschaftliche Mitarbeiterin am Lehrstuhl für Strafrecht und Kriminologie an der Ludwig-Maximilians-Universität München

Kalfelis, Melina C.
Prof'in. Dr., Juniorprofessur für Sozial- und Kulturanthropologie mit Schwerpunkt soziale Zugehörigkeiten an der Universität Bayreuth

Kölbel, Ralf
Prof. Dr., Lehrstuhl für Strafrecht und Kriminologie an der Ludwig-Maximilians-Universität München

Langer, Máximo
Prof. Dr., David G. Price and Dallas P. Price Professor of Law, Director of the UCLA Transnational Program on Criminal Justice

Mattutat, Liza
Dr., wissenschaftliche Mitarbeiterin am Graduiertenkollegs »Kulturen der Kritik« Leuphana Universität Lüneburg

Naucke, Wolfgang
Prof. em. Dr., von 1964 bis 1971 Professur für Strafrecht und Rechtsphilosophie an der Christian-Albrechts-Universität Kiel, von 1971 bis 1998 Professur für Strafrecht und Rechtsphilosophie an der Goethe-Universität Frankfurt am Main, Richter am Schleswig-Holsteinischen Oberlandesgericht und am Oberlandesgericht Frankfurt am Main

Nickels, Johanna
Doktorantin am Fachbereich Rechtswissenschaft der Freien Universität Berlin und Referendarin am Oberlandesgericht Braunschweig

Pichl, Maximilian
Prof. Dr. Dr., Rechts- und Politikwissenschaftler, Professor für Recht der Sozialen Arbeit an der Frankfurt University of Applied Sciences

Păroşanu, Andrea
Dr., von 2016 bis 2025 wissenschaftliche Mitarbeiterin am Chair in Restorative Justice/Centre for Restorative Practice der Victoria University of Wellington in Neuseeland, seit 2021 Lehrbeauftragte an der

Ruhr-Universität Bochum, Leiterin des TOA-Servicebüros beim DHB-Fachverband für Soziale Arbeit, Strafrecht und Kriminalpolitik e.V.

Pollähne, Helmut
Prof. Dr., Rechtsanwalt und Honorarprofessor in Bremen sowie Senatsvorsitzender am dortigen Anwaltsgerichtshof; Redakteur der Fachzeitschrift *Strafverteidiger*; wiss. Leiter des Kölner Instituts für Konfliktforschung

Pruin, Ineke
Prof'in. Dr., Dozentur für Kriminologie an der Universität Bern

Scheerer, Sebastian
Prof. em. Dr., von 1988 bis 2014 Professur für Kriminologie an der Universität Hamburg, in dieser Zeit Direktor des dortigen Instituts für Kriminologische Sozialforschung

Singelnstein, Tobias
Prof. Dr., Professur für Kriminologie und Strafrecht an der Goethe-Universität Frankfurt am Main

Spieles, Helene
Studentische Hilfskraft, Professur für Kriminologie und Strafrecht an der Goethe-Universität Frankfurt am Main

Steinl, Leonie
Jun. Prof'in. Dr., Juniorprofessur für Strafrecht, Internationales Strafrecht und Interdisziplinäre Rechtsforschung an der Universität Münster

Trotha, Trutz von
Prof. Dr., (†), von 1989 bis 2009 Professur für Soziologie an der Universität Siegen

Zabel, Benno
Dr. Hochschullehrer am Institut für Kriminalwissenschaften und Rechtsphilosophie der Goethe-Universität Frankfurt am Main